Die regelmäßige Rechtsgemeinschaft

Von

Dr. Konrad Engländer

Teil I: Grundlegung

Berlin 1914
J. Guttentag, Verlagsbuchhandlung,
G. m. b. H.

Roßberg'sche Buchdruckerei, Leipzig

VORWORT.

Die Wissenschaft des gemeinen Rechts hat, namentlich in der zweiten Hälfte des vorigen Jahrhunderts, eine große Zahl dogmatischer Arbeiten über das Miteigentum und über die Lehre von der Teilbarkeit und der Teilung der Rechte geliefert. Dagegen ist es seit der Schaffung unseres Deutschen Bürgerlichen Gesetzbuchs auf diesem Gebiete recht still geworden. An Einzelschriften haben wir nur die Arbeiten von v. Seeler, E. Joerges und Saenger. Die neuen konstruktiven Auffassungen von Enneccerus und v. Tuhr wären zwar wohl geeignet, fördernd und anregend zu wirken; sie scheinen aber, wie die Schrift Saengers beweist, vorläufig noch keinen oder jedenfalls keinen merklichen Eindruck hinterlassen zu haben. Im übrigen behandeln die meisten dieser Untersuchungen nicht das allgemeine Problem der sog. schlichten Rechtsgemeinschaft, sondern beschränken sich auf das Miteigentum; die sonstigen dinglichen Rechte und die große Kategorie der Immaterialgüterrechte bleiben regelmäßig beiseite, und die Frage schließlich nach der Anwendbarkeit der Bestimmungen des Gemeinschaftstitels auf unteilbare Forderungen und auf Gestaltungsrechte ist nahezu — bis auf die wenigen neuerdings von v. Tuhr gegebenen Ausführungen — juristisches Neuland.

Ich möchte in dieser Monographie zeigen, daß in dem üblichen bedingungslosen Anschluß an die gemeinrechtlichen Miteigentumskonstruktionen eine Gefahr für ein eindringenderes und vollkommeneres Verständnis unserer heutigen Gemeinschaftsbestimmungen liegt, und daß, namentlich zufolge der Aufnahme der gesamthänderischen Rechtsgemeinschaft in unser Rechtssystem, eine zutreffende konstruktive Erklärung unseres Rechtsinstituts aus einem anderen Gedankengange heraus gewonnen werden muß, als es die heut üblichen Auffassungen tun.

In diesem I. Teile werden vielleicht die praktischen Resultate nicht in dem Maße hervortreten, als es mancher Leser erwarten mag. Es kam mir aber in erster Linie auf die Bestimmung des allgemeinen Begriffs der „Rechtsgemeinschaft" an, weil ich, auch in unserer Zeit der Freirechtsbewegung, daran festhalte, daß wir in der Rechtsdogmatik wie in der Rechtsanwendung ohne klar herausgearbeitete Begriffe nicht auskommen können.

Die Zahl und der Umfang der Anmerkungen ließen sich nicht vermeiden wegen der Eigenart des Stoffes und der Berücksichtigung der ausländischen Literatur. —

Ich wollte diese Schrift Emil Strohal widmen als Zeichen der Verehrung und der Dankbarkeit für sein gütiges Interesse an meiner Arbeit. Das unerwartete Hinscheiden dieses großen Meisters unseres bürgerlichen Rechts hat meine Absicht zu meinem aufrichtigen Schmerze vereitelt.

Leipzig, im Juli 1914.

Konrad Engländer.

INHALT.

EINLEITUNG. Seite

§ 1. Die beiden Grundformen der Rechtsgemeinschaft 1
§ 2. „Gemeinschaft" und „Rechtsgemeinschaft" 9

HAUPTTEIL.

Der Begriff der „Rechtsgemeinschaft" im Sinne des materiellen bürgerlichen Rechts.

§ 3. Die „Zuständigkeitsformen" subjektiver Rechte 28
§ 4. Die „Konstanz des Rechtsinhalts" 45
§ 5. Die Personeneinheit 57
§ 6. Rechtszuständigkeit und Rechtssubjekt 75
§ 7. Der „Rechtsanteil" 102
§ 8. Die Rechtsgemeinschaft als System von Rechtsanteilen . 124
§ 9. Die „innere Ordnung" des gemeinschaftlichen Rechts . . 162
§ 10. Rechtsanteil und Quotenrecht 226
§ 11. Rechtsanteil und Ganzrecht 264

SCHLUSS.

§ 12. Rückblick 283

ANHANG.

I. Zur sprachlichen Ableitung und zur Terminologie 294
II. Zum Begriff der „Zuständigkeit" eines subjektiven Rechts 301
III. „Konstanz des Gesamtinhalts", subjektlose Rechte und Korrealobligation 326
IV. Die angebliche Rechtsgemeinschaft in den §§ 1025, 1109 Abs. 1 BGB. 333

Die Abkürzungen der deutschen Zeitschriften und Entscheidungssammlungen entsprechen der durch die „Vorschläge des deutschen Juristentags" (2. Ausgabe, Berlin 1910) festgestellten Zitierweise.

Berichtigungen.

S. 7 Z. 11 v. unt. (Anm. 10 a. E.) lies: Anm. 131; S. 126.
S. 139 Z. 9 v. ob. (Anm. 251 a. E.) statt 243 lies: 343.
S. 157 Z. 24 v. ob. (Anm. 285 Z. 4) lies: vide":
S. 160 Z. 11 v. ob. (Anm. 292 a. E.) lies: 423/4).
S. 170 Z. 4 v. ob. (Anm. 320 a. E.) lies: Strohal).
S. 224 Z. 6 v. ob. statt prohibendis lies: prohibentis.
S. 260 Z. 25 v. ob. statt 288 lies: 228.

EINLEITUNG.

§ 1. Die beiden Grundformen der Rechtsgemeinschaft.

Die zivilrechtliche Lehre von den Rechtsgemeinschaften war von jeher ein bevorzugtes Gebiet konstruktiver Untersuchungen. Für den Romanisten war es in erster Linie das römisch-gemeinrechtliche Miteigentum, das stets zu neuen Konstruktionsversuchen und zur Kritik früherer Theorien reizte; daneben hatte er gewisse, auf deutschrechtlichem Boden entstandene oder umgebildete Gemeinschaftsformen vom romanistischen Standpunkte aus — wenn auch vielleicht unter Anerkennung einzelner deutschrechtlicher Besonderheiten — zu erklären. Die germanistische Wissenschaft andererseits suchte, nachdem die Einführung des Begriffs des Gesamteigentums, des „ersten bewußten Versuches selbständiger Konstruktion"[1]), zur Erklärung der deutschrechtlichen Formen gemeinschaftlichen Eigentums gescheitert war, in schwerem Ringen den eigenartigen deutschen Rechtsbegriff der gesamten Hand auszubilden und die große Zahl deutschrechtlicher Gemeinschaftsverhältnisse mit Hilfe dieses germanistischen Rechtsprinzips konstruktiv zu erklären. Damit trat neben die gemeinrechtliche Miteigentumslehre und ihre Abzweiger eine selbständige germanistische Theorie der Gemeinschaften zur gesamten Hand, zugleich im Sinne eines wissenschaftlichen Kompetenzstreites, indem die Romanisten manche einheimischen Rechtsbildungen für überwiegend mit römischrechtlichen Elementen durchsetzt erklärten, die Germanisten sie als rein deutschrechtliche für sich in Anspruch nahmen.

Diese rechtsdogmatischen Untersuchungen gelangten gegen Ende des 19. Jahrhunderts in beiden Zweigen unserer Rechts-

[1]) Gierke, Deutsches Privatrecht, Bd. II, Leipzig 1905, S. 377 § 122 I.

wissenschaft zu einem gewissen Abschluß. Während in dem Streit um die rechtliche Konstruktion des römisch-gemeinrechtlichen Miteigentums die Lehre von der Geteiltheit des Rechts (oder des Rechtsinhalts) triumphierte, gewann die germanistische Gesamthandlehre unter der Führung Gierkes immer mehr Anerkennung, erreichte die Ausscheidung einer Anzahl von Rechtsfiguren (wie namentlich der offenen Handelsgesellschaft) aus der römischrechtlichen Gemeinschaftskategorie der societas und befestigte die Theorie der deutschrechtlichen Gemeinschaft zur gesamten Hand im Sinne einer Auffassung, die die mehreren Gemeinschafter in ihrer Verbundenheit zur Personeneinheit zum Subjekt einer ungeteilten Sachherrschaft erklärte.

So fand an der Wende des Jahrhunderts die Wissenschaft des neuen bürgerlichen Rechts auf dem Gebiete der Rechtsgemeinschaften eine reiche gemeinrechtliche und deutschrechtliche Literatur dogmatisch-kritischen Inhalts vor und in ihr für die Erklärung der romanistischen und der germanistischen Gemeinschaftsform, an welche die beiden Haupttypen von Rechtsgemeinschaft des neuen positiven Rechts, die sog. schlichte[2]) oder — wie wir sie nennen wollen — die regelmäßige Rechtsgemeinschaft (Gemeinschaft nach Bruchteilen) und die gesamthänderische Gemeinschaft, anknüpften,

---

[2]) Der Ausdruck „schlichte Rechtsgemeinschaft" für die gesetzlich sog. Gemeinschaft nach Bruchteilen (§§ 741 ff. BGB.) stammt von Cosack, Lehrbuch des deutschen bürgerlichen Rechts, jetzt 6. Aufl., Bd. II, Jena 1913, S. 464 § 284. Wir möchten für die gesetzliche Regelform der Gemeinschaft einen anderen Ausdruck, etwa den farbloseren Ausdruck „regelmäßige Rechtsgemeinschaft" als passender in Vorschlag bringen; um diese Rechtsfigur zutreffend eine „schlichte" zu nennen, scheint sie uns doch zu kompliziert, wie sich an späterer Stelle zeigen wird. (Vgl. unten § 9 S. 162 ff. und namentlich später Teil II sowie einstweilen Enneccerus in Enneccerus-Kipp-Wolff, Lehrbuch des deutschen bürgerlichen Rechts, Bd. I 1, 9.—11. Aufl., Marburg 1913, S. 173 § 69 Anm. 6; Bd. I 2, 6.—8. Aufl., 1912, S. 506 f. § 403 I.) Anscheinend beginnt aber jener andere Ausdruck sich einzubürgern, nachdem ihn namentlich Hellwig, Anspruch und Klagrecht, Leipzig 1900 bzw. 1910, S. 182; Lehrbuch des deutschen Zivilprozeßrechts, Bd. I, Leipzig 1903, S. 321 § 49 I 2; System des deutschen Zivilprozeßrechts, Leipzig 1912, S. 332 § 121 II a übernommen hat; vgl. z. B. v. Tuhr, Der allgemeine Teil des deutschen bürgerlichen Rechts, Bd. I, Leip-

je eine nahezu zum sicheren Besitz der Wissenschaft gewordene Theorie. Kein Wunder daher, daß, trotz gewisser unzweifelhaft vorhandener positivrechtlicher Eigentümlichkeiten (namentlich innerhalb der regelmäßigen Rechtsgemeinschaft und innerhalb der gesamthänderischen Erbengemeinschaft), die Dogmatik des neuen bürgerlichen Rechts für die Erklärung der beiden Gemeinschaftsgrundformen die früheren konstruktiven Ergebnisse im ganzen übernehmen zu können glaubte. Damit wurden die genannten Auffassungen herrschende Lehre auch für unser heutiges deutsches bürgerliches Recht [3]).

Wenn dieser Umstand zunächst angesichts des Herstammens unserer beiden Gemeinschaftstypen kein Befremden erregen mag, ja vielleicht im Hinblick auf die Kontinuität der rechtswissenschaftlichen (auch der rechtsdogmatischen) Forschung eher als eine Selbstverständlichkeit anmutet, so muß doch bei näherem Zusehen eine eigenartige Verschiedenheit der Gedankenrichtungen auffallen, in denen sich die rechtlichen Konstruktionen beider Gemeinschaftsformen bewegen, eine Verschiedenheit, die vielleicht im Rahmen einer Dogmatik des heutigen Rechts nicht unbedenklich erscheinen mag. Werden nämlich die beiden heutigen Grundformen der Rechtsgemeinschaft in der genannten Weise in Anlehnung an die Ergebnisse der romanistischen und der germanistischen Forschung konstruiert, so setzt die Konstruktion an zwei verschiedenen Punkten ein. Bei der Gesamthandschaft, bei der eine kollektive Personeneinheit als Subjekt der gesamthänderischen Rechte fungieren soll, wird die Betrachtung von seiten des Rechtssubjekts aus unternommen; für die Theorie der regelmäßigen Rechtsgemeinschaft im Sinne einer Geteiltheit des Rechts in (selbständige) Teilrechte, von denen jedes einen der mehreren Gemeinschafter zu seinem beson-

---

zig 1910, S. 80 § 3 II 2; auch Gierke, a. a. O., der jedoch nicht bloß von „schlichtem Miteigentum" (S. 383 § 122 II 2), sondern auch von „schlichtem Körperschaftseigentum" (= Alleineigentum einer juristischen Person; S. 382 § 122 II 1) spricht.

[3]) Literaturnachweise für die gesamthänderische Gemeinschaft unten in §§ 4 und 5 auf S. 45 ff., für die regelmäßige Rechtsgemeinschaft in § 8 auf S. 124 ff. sowie später in Teil II.

deren Subjekte hat, bildet der Rechtsinhalt den konstruktiven Mittelpunkt.

Es läßt sich nicht verkennen, daß eine solche von verschiedenem, ja entgegengesetztem Ausgangspunkte beginnende dogmatische Betrachtung die beiden Hauptformen der Rechtsgemeinschaft unseres geltenden Rechts gewaltsam auseinanderreißt, und es scheint selbst der Hinweis darauf, daß wir es im einen Falle mit einer individualistischen, im anderen Falle mit einer kollektivistischen Gemeinschaftsform zu tun haben, nicht das Bedenken hintanhalten zu können, ob denn bei so verschiedenartiger Auffassung des Wesens der beiden Gemeinschaftsgrundformen sich noch ein einheitlicher Oberbegriff der „Rechtsgemeinschaft" im Sinne unseres geltenden materiellen Rechts feststellen läßt, oder ob nicht vielmehr zufolge dieser Verschiedenheit der rechtlichen Betrachtungsweise der gemeinsame Charakter verschwinden muß, den beide Gemeinschaftsformen in unserem Rechte unzweifelhaft haben müssen, wenn anders sie Unterarten einer „Rechtsgemeinschaft", einer „Gemeinschaft" im technischen Sinne sein sollen. Daß sie dies letztere jedenfalls nach der Auffassung des Gesetzgebers sind, ist unbestreitbar [4]).

Indem sich bei jener Verschiedenheit des konstruktiven Ausgangspunktes für die herrschende Gesamthandlehre das „gemeinschaftliche Vermögen" als ein Vermögen einer Gesamtheit oder einer Personeneinheit, für die herrschende Auffassung der Bruchteilsgemeinschaft das „gemeinschaftliche Recht" als eine Mehrheit selbständiger subjektiver Rechte (Teilrechte, Einzelrechte) [5]) darstellt, läßt sich das eben angeregte Bedenken — vielleicht mit einer kleinen Variante — auch dahin formulieren: Ist in der Tat, wie neuerdings v. Tuhr [6]) ausdrücklich betont, für die konstruktive Erklärung der möglichen Arten von Rechtsgemeinschaft eines positiven Rechts und insbesondere für die konstruktive Erklärung der beiden Grundformen der Rechtsgemeinschaft

---

[4]) Vgl. auch unten S. 30 Anm. 56 zu § 3.

[5]) Vgl. z. B. Binder, Die Rechtsstellung des Erben, Bd. III, Leipzig 1905, S. 43, 47; Crome, System des deutschen burgerlichen Rechts, Bd. III, Tübingen und Leipzig 1905, S. 431 § 420 II.

[6]) v. Tuhr a. a. O. S. 78 § 3 I.

unseres heutigen Rechts „die theoretische Möglichkeit zweier Auffassungen“ zuzulassen, von denen die eine auf „ein Recht mit mehreren Subjekten“, die andere auf „mehrere Rechte mit je einem Subjekt“ geht, und ist der Satz anzuerkennen: „Keine dieser Auffassungen kann . . . als die allein zutreffende gelten, sondern je nach der Art der Rechtsgemeinschaft erscheint die eine oder die andere Konstruktion als passend“? Oder wird nicht damit ein einheitlicher Begriff der „Rechtsgemeinschaft“ für unser heutiges Recht im Grunde verneint?

Bei der grundsätzlichen Stellungnahme zu diesen Fragen darf man nicht aus den Augen lassen, daß der Standpunkt des Dogmatikers gegenüber der Frage der rechtlichen Konstruktion der regelmäßigen Rechtsgemeinschaft einerseits, der gesamthänderischen andererseits, auf dem Boden des neuen deutschen bürgerlichen Rechts ein grundsätzlich anderer sein muß, als es der Standpunkt des Dogmatikers vor dem Inkrafttreten des bürgerlichen Gesetzbuches war oder jedenfalls sein konnte. Der Gegensatz deutschrechtlicher und römischrechtlicher Gemeinschaftsbildungen, die Annahme zweier heterogener Gemeinschaftsgrundformen, von denen die eine als eigenartiges deutschrechtliches Gebilde sich den konstruktiven Bestrebungen eines romanistisch denkenden Dogmatikers entziehen soll, während wiederum ihm die rechtliche Konstruktion der anderen Gemeinschaftsform überlassen bleibt; die Gegenüberstellung einer rein romanistischen Theorie für diese, einer rein germanistischen für jene Form, unter der scharfen Betonung seitens der Germanisten, daß allein die deutsche „personenrechtliche“ Gemeinschaft echte Gemeinschaft sei, während sich die römische Rechtsfigur in gesonderte Rechtssphären isolierter Einzelpersonen auflöse [7]), — alles dies ist für die heutige Gemeinschaftslehre nicht mehr angängig [8]).

---

[7]) Vgl. z. B. Gierke, Personengemeinschaften und Vermögensinbegriffe usw. (in Bekkers und Fischers Beiträgen zur Erläuterung und Beurteilung des Entwurfs usw., Heft 18), Berlin 1889, S. 350 ff. und öfters in seinen Schriften.

[8]) Vgl. dazu ferner unten S. 123 Anm. 228 am Schluß von § 7 sowie E. Joerges, Zur Lehre vom Miteigentum und der gesamten Hand usw., Dissert. Rostock, Stuttgart 1900, S. 26 f. (= GoldschmidtsZ.

Wir haben heute ein einheitliches bürgerliches Recht und damit eine einheitliche zivilrechtliche Dogmatik, und diese verlangt die konstruktive Erfassung unserer beiden Gemeinschaftsgrundformen im Rahmen des ganzen materiellrechtlichen Systems. Es müssen daher die zur rechtlichen Konstruktion verwendeten Rechtsbegriffe aus dem positiven Recht selbst entwickelt werden, es darf die einheitliche Grundlage, die den beiden Gemeinschaftsformen vom Gesetz dadurch gegeben wird, daß sie als Arten eines sie gleichmäßig umfassenden Rechtsbegriffs der „Gemeinschaft" erachtet und geregelt sind, nicht schlechthin beiseite gesetzt werden. Die Dogmatik des heutigen Gemeinschaftsrechts muß zunächst einmal nach dem gemeinsamen Element suchen, welches nach dem Gesetz den einzelnen Gemeinschaftsarten als den Untergattungen einer „Gemeinschaft" zukommen muß; sie muß den dem positiven Recht angehörigen Begriff der „Gemeinschaft", der „Rechtsgemeinschaft", zum Ausgangspunkt der konstruktiven Untersuchung für die einzelnen Gemeinschaftsformen machen und die in ihm vereinigten Begriffsmerkmale bei der Konstruktion der Gemeinschaftsunterarten festhalten [9]).

Bd. 49, 1900, S. 140 ff. auf S. 164 f.); Binder a. a. O., S. 6 ff., 226 Anm. 17; auch Joerges, Literaturbesprechung, in GoldschmidtsZ. Bd. 72, 1912, S. 551.

[9]) Gegen die beherzigenswerte Mahnung Strohals (Übergang der Sicherungsrechte des Gläubigers usw., in JheringsJ. Bd. 61, 1912. S. 58 ff. auf S. 67), das BGB. nicht lediglich aus sich selbst, sondern als Produkt historischer Entwicklung unter Aufdeckung dieses Rezeptionsprozesses zu erklären, verstößt die Auffassung des Textes nicht. Daß gerade die Lehre von den Rechtsgemeinschaften dasjenige Gebiet unseres heutigen bürgerlichen Rechts ist, auf dem, wohl erkennbarer als an anderen Punkten, romanistische und germanistische Rechtsbildungen zusammentreffen, kann nicht verkannt werden, und wenn wir die heutige positive Regelung unseres Rechtsinstituts — im ganzen wie in Einzelbestimmungen — voll verstehen wollen, dürfen wir den römischrechtlichen und den deutschrechtlichen Einschlag gewiß nicht übersehen. Aber mit dieser Erkenntnis ist nicht auch die Forderung gegeben, eine (selbst allgemein angenommene) Rechtskonstruktion des Ursprungsinstituts schlechthin zu übernehmen. Ein jedes Rechtsinstitut muß — und dies ist vor allem für unsere heutigen Gesamthandgemeinschaften festzuhalten (dazu unten S. 123 Anm. 228 zu

Ein solches rechtsdogmatisches Vorgehen scheint um so notwendiger[10]), als von den Hauptvertretern der herrschenden Gesamthandlehre das Subjekt des gesamthänderischen Vermögens geradezu als eine „rechts- und handlungsfähige" Personeneinheit[11]) bezeichnet wird, andererseits von bedeutenden Vertretern der für die Bruchteilsgemeinschaft (bzw. das Miteigentum) des heutigen Rechts herrschenden Lehre — insoweit in Übereinstimmung mit der genannten germanistischen Gemeinschaftsauffassung — das Vorhandensein einer Rechtsgemeinschaft offen verneint wird[12]). In solchen Auffassungen liegt ein klarer Verzicht darauf, die beiden Gemeinschaftstypen unseres heutigen Rechts überhaupt noch als Rechtsfiguren zu begreifen, die den Namen einer „Gemeinschaft" verdienen und zusammen einer Rechtsgattung angehören. Für die regelmäßige Rechtsgemeinschaft wird in jener zuletzt genannten Auffassung geradezu der von

---

§ 7) — in seiner Rechtsordnung für sich konstruiert werden (vgl. auch Stammler, Theorie der Rechtswissenschaft, Halle 1911, S. 336 ff., 360), und daher können frühere wissenschaftliche Konstruktionen von Rechtsinstituten, die geschichtlich Vorgänger eines heutigen Instituts sind, wohl Fingerzeige und Anhaltspunkte für eine heutige Konstruktion, nicht aber schlechthin maßgebende und unverrückbare Richtlinien der dogmatischen Auffassung unseres Instituts sein.

[10]) Die einheitliche Betrachtung der beiden gesetzlichen Grundtypen von Rechtsgemeinschaft ist auch deshalb angebracht, weil, wie man erkennen wird, die verschiedenen Versuche einer rechtlichen Konstruktion der beiden Gemeinschaftsformen in der früheren wie in der heutigen Wissenschaft sich durchaus in denselben Bahnen bewegen, so daß wir geradezu — abgesehen von der sog. Sachteilungslehre beim Miteigentum — jeder Theorie für die eine Form gemeinschaftlichen Eigentums eine entsprechende Theorie für die andere an die Seite stellen können. Vgl. etwa unten S. 54 Anm. 102; S. 66 Anm. 131 S. 126 Anm. 230 und öfters.

[11]) Vgl. insbesondere Gierke, Deutsches Privatrecht, Bd. I, Leipzig 1895, S. 682 ff. § 80 4 und 5.

[12]) Vgl. z. B. Gierke, Deutsches Privatrecht, Bd. II S. 383 f. § 122 II 2; Binder, Die Rechtsstellung des Erben, Bd. III S. 65; Binder, Das Problem der juristischen Persönlichkeit, Leipzig 1907, S. 79, 102; Joerges, Zur Lehre vom Miteigentum und der gesamten Hand usw., in GoldschmidtsZ. Bd. 51, 1902, S. 47, 80 und bereits Bd. 49, 1900, S. 146 und Anm. 25. Vgl. dazu unten S. 143 Anm. 265 zu § 8.

hervorragender Seite[13]) ausdrücklich ausgesprochene Vorwurf gegen den Gesetzgeber gefunden werden können, daß er in falscher und daher für uns unverbindlicher „theoretischer Konstruktion" von „Gemeinschaft" und „gemeinschaftlichem Rechte" rede, wo er zutreffender von mehreren selbständigen Einzelrechten sprechen müßte[14]).

Rechtfertigt sich schon damit der Versuch, die beiden Grundformen von Rechtsgemeinschaft von einem einheitlichen Gesichtspunkte aus zu betrachten, so kommt für die Theorie des (schlichten) Miteigentums noch hinzu, daß durch die übliche Verquickung mit der Lehre von der Teilbarkeit der Rechte die große Unsicherheit, die über den letzteren Begriff in der Wissenschaft herrscht, in die ganze Theorie von der Bruchteilsgemeinschaft hineingetragen und so der allgemeine Begriff der Rechtsgemeinschaft noch mehr verdunkelt worden ist.

Nach alledem scheint der Zweifel berechtigt, ob die üblichen konstruktiven Auffassungen der beiden Gemeinschaftsgrundformen des heutigen Rechts[15]) den gesetzlichen Vorschriften

---

[13]) v. Tuhr, Der allgemeine Teil, Bd. I S. 82/3 § 3 IV, sowie auch z. B. Joerges a. a. O. Bd. 49 S. 146 Anm. 25: Für das BGB. sei das Vorhandensein einer „Rechtsgemeinschaft" nur scheinbar.

[14]) Auch Saenger, Gemeinschaft und Rechtsteilung, Marburg 1913, S. 84 meint, daß „immerhin die Möglichkeit besteht, daß der Gesetzgeber irrt, wenn er das Miteigentum als ein gemeinschaftliches Recht bezeichnet".

[15]) Die folgende Zergliederung und Bestimmung des Begriffs der „Rechtsgemeinschaft" nimmt in erster Linie auf diese beiden Grundtypen Rücksicht. Daß unser positives bürgerliches Recht neben ihnen noch einzelne besondere Arten wahrer Rechtsgemeinschaft kennt, die weder regelmäßige Gemeinschaft (nach Bruchteilen) noch Gesamthandschaft sind, ist sicher; man denke etwa an das (zum mindesten nach einzelnen seiner Bestandteile) gemeinschaftliche Altenteilsrecht der Ehegatten sowie an die aus § 1172 BGB. sich kraft Gesetzes ergebende — ihrer rechtlichen Natur nach sehr umstrittene — Rechtsgemeinschaft der Grundstückseigentümer bei einer Gesamthypothek.

Die im weiteren Verlaufe der Arbeit für den Begriff der „Rechtsgemeinschaft" aufgestellten Wesensmerkmale sollen und müssen auch für jene außertypischen Gemeinschaftsformen zutreffen (vgl. übrigens z. B. unten S. 253 Anm. 474 zu § 10); über ihre Abweichung von der Regelform der Bruchteilsgemeinschaft ist an anderer Stelle (in Teil II) zu sprechen. Ebenso wird sich später (in Teil III) zeigen, ob Gesamt-

gerecht werden, ja sogar, ob sie überhaupt noch mit den Grundanschauungen unseres positiven Rechts vereinbar sind [16]). Eine dogmatische Arbeit, die sich mit der Theorie der einen oder der anderen Gemeinschaftsform des heutigen Rechts beschäftigt, und damit auch unsere Arbeit, die sich die Untersuchung des rechtlichen Wesens der schlichten Rechtsgemeinschaft (regelmäßigen Mitberechtigung) zur Aufgabe setzt, wird daher zunächst einmal die Frage aufwerfen müssen:

Was charakterisiert den Gattungsbegriff der „Rechtsgemeinschaft“, der „Gemeinschaft“, im technischen Sinne des heutigen bürgerlichen Rechts? Welche Merkmale kommen ihm nach dem Gesetze zu? [17])

Ehe jedoch in diese Untersuchung und damit in den Hauptteil unserer Arbeit eingetreten wird, mag noch ein anderer Gedankengang den Wert einer Feststellung des Oberbegriffs der Rechtsgemeinschaft aufzeigen.

§ 2. „Gemeinschaft“ und „Rechtsgemeinschaft“.

Wenn bereits im vorstehenden und wenn im weiteren Verlaufe unserer Untersuchungen der Begriff der „Gemeinschaft“

---

gläubigerschaft, Gesamthypothek im Sinne unseres Rechts „Rechtsgemeinschaften“ sind, evt. warum nicht, sowie ferner (in Teil IV), inwieweit „gemeinschaftliche“ Gestaltungsrechte (vgl. z. B. §§ 502, 513 BGB.) im technischen Sinne „Rechtsgemeinschaften“ sind. Vgl. dazu unten S. 27 Anm. 53 zu § 2.

[16]) Daß der Begriff der rechts- und handlungsfähigen (kollektiven) Personeneinheit dies nicht ist, wird sich später zeigen. Vgl. unten § 5 S. 57 ff., insbes. S. 62 ff.

[17]) Mit Unrecht verneinen Thalmessinger, Der Begriff der Gemeinschaft usw., Diss. Tübingen, Ulm 1899, S. 1 und Dübi, Die Gemeinschaften zur gesamten Hand usw., Bern 1910, S. 3 f. (beide wörtlich übereinstimmend) die Möglichkeit einer „positiven Definition“ der Gemeinschaft, die nach ihnen „kein allgemein anerkannter Rechtsbegriff“ sein soll, und zwar um deswillen, weil „sich unter dieser kollektiven Bezeichnung eine große Anzahl verschiedenartiger Rechtsverhältnisse vereinigt“. Vgl. dazu wegen einer entsprechenden Auffassung des gesetzlichen Ausdrucks Rechtsgemeinschaft unten S. 12 f. und Anm. 23 zu § 2.

(im Sinne des bürgerlichen Gesetzbuchs) und der „Rechtsgemeinschaft“ in der üblichen zivilistischen Terminologie als gleichbedeutend gesetzt und verwendet werden, so bedarf dies, trotz des Fehlens des Ausdrucks „Rechtsgemeinschaft“ in unserem Bürgerlichen Gesetzbuche weniger einer Rechtfertigung vor einer Dogmatik des bürgerlichen Rechts, in der eine Gleichsetzung jener beiden Ausdrücke gang und gäbe ist, als vielmehr einer Rechtfertigung gegenüber einer weit verbreiteten Auslegung des Wortes „Rechtsgemeinschaft“ in gewissen außerzivilistischen Gesetzesvorschriften. Es hat sich nämlich für diese Vorschriften in Wissenschaft und Praxis eine Auffassung eingebürgert, die sich mit der Annahme eines möglichst weiten oder geradezu untechnischen Begriffs der „Rechtsgemeinschaft“ von unserer heutigen materiellrechtlichen Gemeinschaftslehre bewußt entfernt, anstatt umgekehrt, wie es bei der Äquivalenz jener beiden Ausdrücke und Begriffe im Bereich unserer materiellrechtlichen Wissenschaft näher liegen müßte, den Anschluß an die zivilistische Terminologie und Begriffsbestimmung der „Gemeinschaft“ zu suchen.

Als gesetzlicher Ausdruck findet sich das Wort „Rechtsgemeinschaft“ — soweit ich sehe — nur außerhalb des Bürgerlichen Gesetzbuches und der übrigen Zivilgesetze, nämlich im § 59 ZPO.[18]), in verschiedenen einzelstaatlichen Stempelsteuergesetzen in der Tarifstelle betr. „Vollmachten, Ermächtigungen, Aufträge“[19]), und in mehreren einzelstaatlichen

---

[18]) „Mehrere Personen können als Streitgenossen gemeinschaftlich klagen oder verklagt werden, wenn sie in Ansehung des Streitgegenstandes in Rechtsgemeinschaft stehen, oder wenn sie aus demselben tatsächlichen und rechtlichen Grunde berechtigt oder verpflichtet sind.“ — Völlig gleichlautend damit § 11 Ziff. 1 der österreichischen ZPO. Beide Bestimmungen gehen auf den sog. hannoverschen Entwurf unserer ZPO. zurück; vgl. unten S. 13 Anm. 27.

[19]) Stempelsteuergesetze für: Preußen vom 31. Juli 95 bzw. 26./30. Juni 09, Tarifst. 73 Abs. 6; Sachsen vom 12. Jan. 09, Tarifst. 33 Anm. 2; Anhalt vom 21. Mai 09, Tarifst. 67 Abs. 6; Braunschweig vom 23. Mai 03 bzw. 10. April 06, Tarifst. 73 Abs. 6. — Die preußische Bestimmung, der die übrigen nachgebildet sind, lautet: „Zu Vollmachten, in denen mehrere nicht in einer Erb- oder sonstigen Rechtsgemeinschaft stehende Personen einen Bevollmächtigten bestellen, ist der

Gerichtskostengesetzen in einer Bestimmung, die an Stelle der grundsätzlich eintretenden gesamtschuldnerischen Haftung mehrerer Kostenschuldner eine anteilmäßige Haftung setzt[20]). Wenn für die Auslegung dieser Gesetzesstellen eine „weitere“ oder „weiteste“ Bedeutung des Wortes Rechtsgemeinschaft behauptet wird, so wird gewöhnlich darunter verstanden, daß man es nicht mit einem Begriff des materiellen Rechts, sondern mit einem besonderen Begriff des Prozeß-, Stempel-, Kostenrechts und insofern mit einem „weiteren“ Begriff der Rechtsgemeinschaft zu tun habe[21]);

Vollmachtstempel so oft zu verwenden, als Vollmachtgeber vorhanden sind.“ Vgl. auch Hessen, Gesetz über den Urkundenstempel vom 24. März 10, Tarifst. 89, Zusatzbestimmung 2: „. . . in einer Erben- oder sonstigen Gemeinschaft oder in einem Gesellschaftsverhältnisse stehende Personen . . .“ Die Erwähnung des Gesellschaftsverhältnisses findet sich auch im sächsischen Gesetz.

[20]) Gerichtskostengesetze für: Preußen vom 25. Juli / 6. Aug. 10, § 2 Abs. 2; Württemberg vom 1. Dez. 06, Art. 2 Abs. 2; Mecklenburg-Schwerin (Gerichtskostenordnung) vom 18. Dez. 99/20. Jan. 11, § 2 Abs. 2; Coburg-Gotha vom 13. Dez. 99, § 2 Abs. 2; Sachsen-Altenburg (Kostenordnung für die Gerichte) vom 24. Dez. 99, § 3 Abs. 2. — Die Bestimmung des preußischen Gesetzes, die von den anderen Landesgesetzen übernommen wird, geht dahin: „Stehen auf seiten einer Partei mehrere in Rechtsgemeinschaft befindliche Personen, so haften dieselben für die Kosten nach Verhältnis ihres Anteils und soweit ein bestimmter Anteil nicht zu ermitteln ist, nach Kopfteilen.“

[21]) So Horten, Österreichische ZPO., Bd. I, Wien 1908, S. 72 Bem. II a 1 α zu § 11: Rechtsgemeinschaft nicht Gemeinsamkeit des geltend gemachten Rechts, sondern soviel wie rechtliche Gemeinschaft, die aus dem objektiven Recht fließende communio, sei sie vertragsmäßig oder ohne Vertrag, gehöre sie dem öffentlichen oder dem privaten Recht an. — Hummel-Specht, Das Stempelsteuergesetz usw., Berlin 1906, S. 170 Bem. 13 X a zu § 10: Das Wort Rechtsgemeinschaft sei in der Tarifst. 73 Abs. 6 nicht nur „im materiellen Sinne gebraucht“, sondern habe „eine weitergehende Bedeutung“ (vgl. aber auch S. 1231 Anm. 198 in Bem. 36 IV zur Tarifst. 73). Heinitz, Kommentar zum preuß. Stempelsteuergesetz, 3. Aufl., Berlin 1909, S. 729 Bem. IV 6 a α zu Tarifst. 73: Rechtsgemeinschaft nicht nur, wenn ein Recht mehreren gemeinschaftlich zusteht (§§ 741 ff. BGB.), sondern auch bei den Gesamtschuldverhältnissen (§§ 421 ff. BGB.); auch im Falle der Teilschuldverhältnisse des § 420 BGB. bestehe „im Sinne der Tarifvorschrift eine Rechtsgemeinschaft“. Vgl. ferner KG. in KGJ. Bd. 30, 1905, Abt. B S. 73 ff.: „Man wird aber den Begriff der ‚sonstigen Rechtsgemeinschaft‘ im stempelrechtlichen Sinne nicht auf eine Rechts-

es geht aber des öfteren die Auffassung auch dahin, es handle sich um einen überhaupt untechnischen und rechtlich unbestimmten Begriff[22]), um eine „Rechtsgemeinschaft im weitesten Sinne“, um einen Sammelnamen für verwandte, wenn auch zivilrechtlich nicht zusammengehörige und jedenfalls durch den engeren materiellrechtlichen Begriff der „Gemeinschaft“ nicht gedeckte Rechtserscheinungen[23]). Beide Auffassungen bedeuten eine Verwässerung des Begriffs der

---

gemeinschaft in Ansehung eines zivilprozessualen Streitgegenstandes, wie dies der § 59 ZPO. tut, beschränken dürfen, sondern eine Rechtsgemeinschaft auch auf nichtzivilrechtlichem Gebiete überall da annehmen müssen, wo die Gemeinschaftlichkeit von Rechten und Pflichten sich in der Einheitlichkeit des wahrzunehmenden Interesses bzw. des zu verfolgenden Zweckes offenbart.“ (Anders früher Gutachten des KG. vom 10. Mai 97, JMBl. 1899 S. 151 f.) Demgemäß sollen der Angeklagte und sein gesetzlicher Vertreter, die einem Rechtsanwalt gemeinschaftlich Vollmacht ausstellen, im Sinne des Stempelrechts in einer „Rechtsgemeinschaft“ stehen.

[22]) Vgl. wegen einer entsprechenden Auffassung für das Wort „Gemeinschaft“ oben S. 9 Anm. 17 zu § 1.

[23]) So Wilmowski-Levy, Zivilprozeßordnung, Bd. I, 7. Aufl., Berlin 1895, S. 110 Bem. 3 zu § 56 der alten ZPO. (= heute § 59): „Der Begriff der Rechtsgemeinschaft, an sich kein allgemein rezipierter Kunstausdruck, ist hier im weitesten Sinne aufzufassen.“ Es genüge, wenn die mehreren Personen zu demselben Streitgegenstand in rechtlichen Beziehungen stehen und dem Gegner gegenüber ein gemeinsames rechtliches Interesse haben. Daher fallen nach ihm unter die „Rechtsgemeinschaft“ im Sinne dieses § 56 auch das Verhältnis von Eigentümer und Nießbraucher, Eigentümer und Pfandgläubiger, Eigentümer und Besitzer, Erbe und Legatar. Ebenso Kroll, Klage und Einrede nach deutschem Recht, Berlin 1884, S. 129 f.; Skedl, Das österreichische Zivilprozeßrecht, Bd. I, Leipzig 1900, S. 184 Anm. 6 zu § 18. Vgl. ferner Hellwig, Lehrbuch des deutschen Zivilprozeßrechts, Bd. III 1, Leipzig 1909, S. 89 § 151 II 1 a: Unter seine „Rechtsgemeinschaft im weitesten Sinne“ rechnet er z. B. das geteilte Eigentum (Ober- und Untereigentum), die Gesamtschuldverhältnisse, die Teilschuldverhältnisse (vgl. dazu aber unten S. 128 Anm. 234 zu § 8). Mügel, Die preußischen Kostengesetze usw., 6. Aufl., Berlin 1910, S. 31 f. Bem. 5 zu § 2: Der Begriff Rechtsgemeinschaft sei „nicht zu eng zu fassen“, vielmehr unter ihn auch das Verhältnis von Eigentümer und Nießbraucher, einschließlich Ehegatten im gesetzlichen Güterstande, Vater und Kind, zu bringen, sofern ein gemeinsames Interesse verfolgt werde. Priester, Die mecklenburg-schwerinschen Kostengesetze, Schwerin i. M. 1912, S. 5 Bem. 2 zu § 2: „Die ‚Rechtsgemeinschaft‘ ist jedoch

„Rechtsgemeinschaft“, die durch den besonderen, in jenen Gesetzesstellen gegebenen Zusammenhang des Wortes sowie durch den Gegenstand der gesetzlichen Regelung nicht gerechtfertigt wird und zu einer sachlich befriedigenden Auslegung der Bestimmungen keineswegs erforderlich ist.

Dies zeigt sich mit besonderer Deutlichkeit im Falle des § 59 ZPO., der von der sog. echten Streitgenossenschaft handelt. Die ganze heutige Lehre von der Streitgenossenschaft findet ihre Grundlage und ihren Ausgangspunkt so sehr in den letzten Ergebnissen der gemeinrechtlichen Wissenschaft, vor allem[24]) in den grundlegenden Untersuchungen von Planck[25]) und Wetzell[26]) über die subjektive Klagenkumulation und das Litiskonsortium, daß die Auffassung, es könnte mit dem Ausdruck „Rechtsgemeinschaft“ in § 59 ZPO. etwas anderes gemeint sein, als diejenige Rechtsfigur, die gemeinrechtlich unter diesem Begriff verstanden wurde, und die nach jenen prozeßrechtlichen Untersuchungen den Hauptfall der subjektiven Klagenhäufung bilden soll, von vornherein Zweifel erregen muß. Betrachten wir aber dazu den legislativen Werdegang unserer Bestimmung etwas näher, so ergibt sich mit Sicherheit, daß der Gesetzgeber mit dem Ausdruck „Rechtsgemeinschaft“ grundsätzlich die Fälle der gemeinrechtlich sog. communio iuris treffen wollte[27]).

---

nicht in streng juristischem Sinne, sondern weiter zu nehmen“; es sind danach die sämtlichen obigen Beispiele, sowie auch Vormund und Mündel „geeignetenfalls als eine Partei zu betrachten“.

[24]) Vgl. die Begründung zum Entwurf einer deutschen Zivilprozeßordnung, Berlin 1872 (= E. II), S. 98, sowie auch die technisch sog. Motive (zum E. II), Berlin 1874, S. 80 f.

[25]) Planck, Die Mehrheit der Rechtsstreitigkeiten im Prozeßrecht, Göttingen 1844, insbes. hierzu S. 105 ff., 385 ff.

[26]) Wetzell, System des ordentlichen Zivilprozesses (1. Aufl., Leipzig 1854), 3. Aufl., 1878, S. 826 ff. § 63 Nr. 1.

[27]) Die Fassung des § 59 ZPO. (des § 56 der alten ZPO.) entstammt bereits der 1. Lesung des hannoverschen Entwurfs. Sie ist in der 50. Sitzung vom 16. Jan. 1863 (Protokolle der Kommission zur Beratung einer allgemeinen Zivilprozeßordnung für die deutschen Bundesstaaten Bd. II, Hannover 1863, S. 675 ff. auf S. 692 ff.) als § 55 des ersten Hannoverschen Entwurfs angenommen, sodann als § 52 des endgültig in 2. Lesung festgestellten und technisch sog. „Hannoverschen Ent-

Das ist auch nur allzu verständlich. Denn der Ausdruck „Rechtsgemeinschaft“ — und dies gilt nicht minder für die obengenannten landesgesetzlichen Bestimmungen, die das Wort verwenden — war ja nicht etwa eine neue sprachliche Erfindung des Gesetzgebers, die, mit der Zivilprozeßordnung erstmalig in unsere Reichsgesetzgebung eingeführt, erst einen neuen rechtstechnischen Begriff geschaffen hätte; sondern das Wort wurde, wie zahlreiche andere sprachliche Bildungen (man denke z. B. an Rechtsurheber, Rechtsnachfolger) vom Gesetzgeber bereits als ein bestimmter, in der romanistischen

---

wurfs“ (von 1864) unverändert übernommen und von da wiederum ohne jede Änderung des Wortlautes in § 91 des sog. norddeutschen Entwurfs (von 1870), § 55 des im preuß. Justizministerium umgearbeiteten „Entwurfs einer deutschen Zivilprozeßordnung“, des sog. E. I (von 1871), und in § 56 des E. II, des E. III und der alten ZPO. übergegangen. Debatten über die Fassung und den Inhalt haben einzig und allein bei der ersten Lesung des hannoverschen Entwurfs stattgefunden.

In der hannoverschen Gesetzeskommission nun bestand Einigkeit darüber, daß als Fall der Streitgenossenschaft zunächst hervorgehoben werden müsse „die Rechtsgemeinschaft (communio iuris), welche schon nach dem ältesten Stande der Rechtswissenschaft eine Streitgenossenschaft begründet und über welche nirgends Streit sei“ (Prot., a. a. O., S. 693/4); es wurde gerade als ein Mangel der Fassung des § 398 Satz 1 des sächsischen Entwurfs betont, „daß bei ihr der Fall der Rechtsgemeinschaft ganz weggelassen sei. Man müsse aber auf den Stand der Wissenschaft und Literatur Rücksicht nehmen, und da die frühere Theorie jene Fälle allein hervorgehoben habe, so dürfe man sie nicht mit Stillschweigen übergehen . . .“ (S. 695). — Auch der § 11 Ziff. 1 der österreichischen ZPO. entstammt dem hannoverschen Entwurf. Die Bestimmung findet sich zuerst in § 64 des Entwurfs einer Zivilprozeßordnung, Wien 1867, nachdem die früheren Entwürfe von 1858 und 1862 in § 11 bzw. § 123 nicht nur in der Wortfassung, sondern auch sachlich abweichende Grundsätze aufgestellt hatten. Die Bestimmung ist dann gleichfalls stets unverändert in die österreichischen Entwürfe von 1870, 1878 (§ 64), in den in Anlehnung an den deutschen E. II (von 1872) ausgearbeiteten Entwurf von 1876 (§ 87) und aus ihm in den letzten Entwurf von 1893 (§ 11 Ziff. 1) übergegangen. Die erläuternden Bemerkungen zu diesem Entwurfe (S. 165, vom Justizminister Klein) decken sich hinsichtlich der Unterscheidung der beiden Alternativen in § 11 Ziff. 1, die als „Bestand der Rechtsgemeinschaft“ und als „einheitliches Entstehen der Ansprüche“ einander gegenübergestellt werden, durchaus mit der Auffassung der hannoverschen Gesetzeskommission.

Wissenschaft üblicher Schulausdruck angetroffen, der einen technischen römischrechtlichen Begriff in wörtlicher Übersetzung und (jedenfalls zunächst) ohne Veränderung seiner rechtlichen Bedeutung im deutschen Sprachgewande wiedergeben sollte, und der als ein solcher gemeinrechtlicher Schulausdruck gerade in der Lehre von der subjektiven Klagenhäufung eine Rolle spielte. „Rechtsgemeinschaft" ist nichts anderes, als die römische und gemeinrechtliche communio iuris [28]) der römischen Quellen und der gemeinrechtlichen Wissenschaft; der deutsche Ausdruck war damit bereits zur Zeit seiner Einführung in die Gesetze ein ebenso bestimmter rechtstechnischer Ausdruck wie der römische.

Nun eignet allerdings diesem römisch-gemeinrechtlichen Ausdruck ein eigentümlicher Doppelsinn. Dem Worte ius als objektivem (ius civile usw.) und als subjektivem Recht entsprechend [29]), hat schon die communio iuris in den römischen Quellen einerseits den Sinn einer Gemeinsamkeit [30]) des objektiven Rechts [31]), andrerseits den der Gemeinsamkeit

---

[28]) Wie Rechtsurheber, Rechtsnachfolger der auctor, successor iuris.

[29]) Fast alle europäischen Sprachen haben zur Bezeichnung der beiden Begriffe des objektiven und des subjektiven Rechts nur ein Wort. Nur die englische Sprache macht eine Ausnahme; sie bringt den Gegensatz gut zum Ausdruck durch die beiden Worte „law" und „right".

[30]) Nach der Grundbedeutung von communio = „id quod commune est" hat die Hinzufügung des Substantivs im Genitiv („iuris") den Sinn, daß „additur res, per quam communio constat"; so Thesaurus linguae Latinae, Bd. III 2, Leipzig 1906—12, S. 1962 unter I A 2 zu communio. Sprachlich bedeutet also „communio iuris" zunächst „Gemeinschaft oder Gemeinsamkeit des Rechts" und nicht „rechtliche Gemeinschaft" (rechtlich geordnete Gemeinschaft). Unzutreffend daher die Polemik von Ferd. Bianchi (La divisibilità delle cose corporali, im Archivio giuridico vol. XXIX, 1882, S. 61 Anm. 4) gegen Steinlechner (Das Wesen der iuris communio und iuris quasi communio, Abt. I, Innsbruck 1876, S. 80 f.). Mit jener Grundbedeutung im Einklang die Wortverbindungen communio rei: L. 14 § 1 D. 10, 3; communio rerum: L. 23 D. 50, 17; communio bonorum: L. 80 § 8 D. 36, 1; vgl. dazu wiederum den technischen Ausdruck des italienischen Rechts: comunione dei beni, Art. 673 codice civile.

[31]) Vgl. Cicero, de republica 2, 48; de legibus 1, 23; sowie L. 20 § 7 D. 28, 1: iuris civilis communionem habere.

subjektiven Rechts[32]). Den gleichen Doppelsinn[33]) hat das deutsche Wort „Rechtsgemeinschaft"[34]) [35]).

---

[32]) Vgl. L. 19 § 2 D. 10, 3 (Paulus) für den Fall mehrerer gesonderter Wegegerechtigkeit an demselben Grundstück: quae enim communio iuris separatim (oder separati) intellegi potest? ; L. 32 D. 45, 3 (Paulus), die — für die geschichtliche Entwicklung der actio communi dividundo von besonderem Interesse — uns erkennen läßt, daß noch für Sabinus der Begriff der communio iuris mit dem der Eigentumsgemeinschaft zusammenfiel und insbes. nicht auch eine etwaige Nießbrauchsgemeinschaft umfaßte, während Paulus hier die actio communi dividundo gibt. Vgl. ferner L. 16 pr. D. 10, 2 (Ulpian): communio usus fructus.

[33]) Vgl. z. B. auch den Doppelsinn von „Rechtsgebrauch": einerseits = „Rechtsbrauch", Rechtsübung (objektives Recht), andrerseits = Rechtsausübung (subjektives Recht).

[34]) „Rechtsgemeinschaft" ist Gemeinschaft des Rechts. Das Wort „Gemeinschaft" bzw. dieser Wortbestandteil im Worte „Rechtsgemeinschaft" bedeutet — ebenso wie die communio (vgl. oben S. 15 Anm. 30) — zunächst so viel als „Gemeinsamkeit von etwas"; es bezeichnet damit den Zustand eines Gegenstandes. Daneben drückt „Gemeinschaft" sprachlich auch die Verbindung oder Vereinigung von Menschen aus, in der irgendeine Gemeinsamkeit (des Lebens, der Anschauungen, der Arbeit, des Genusses, des Rechts usw.) sich findet, sowie weiter die gegenseitige Beziehung von Menschen auf Grund einer derartigen Gemeinsamkeit; ihre (gedachte) Zusammenfassung oder Gesamtheit und weiterhin die gegenseitige Beziehung nennen wir gleichfalls „Gemeinschaft". Im Gebiete des Rechts ist insbes. die gegenseitige rechtliche Beziehung der an einem gemeinschaftlichen Recht (einer Rechtsgemeinschaft) beteiligten Personen gleichfalls „Gemeinschaft", „Gemeinschaftsverhältnis" (vgl. dazu insbes. unten S. 183 ff. in § 9).

Der sprachliche Grund für diesen Doppelsinn des Wortes Gemeinschaft (der also mit der durch den Wortbestandteil „Recht" in Rechtsgemeinschaft vermittelten Bedeutungszweiheit nichts zu tun hat; vgl. aber dazu auch unten S. 20 Anm. 42) liegt in dem ursprünglichen Bedeutungsinhalt des adjektivischen Stammwortes „gemein" in Verbindung mit der Doppelbedeutung des Suffixes „-schaft". Näheres über die sprachliche Ableitung und die genannte Doppelbedeutung von „Gemeinschaft" in unseren Gesetzen wird unten im Anhang I auf S. 294 ff. gegeben. — Festzuhalten bleibt aber auch für die zivilrechtliche Terminologie, daß die primäre Bedeutung unseres Wortes (und insbes. des Wortes „Rechtsgemeinschaft" im Gebiete der Vermögensrechte) die der Gemeinsamkeit subjektiven Rechts ist. Die gegenteilige Behauptung von Goldmann-Lilienthal (Das bürgerliche Gesetzbuch usw., Bd. I, 2. Aufl., Berlin 1903, S. 785 Anm. 3 zu § 202 sowie im Texte), daß unter „Gemeinschaft" nicht das gemeinschaftliche Recht selbst, sondern

Soweit aber die gemeinrechtliche Wissenschaft im Gebiete des Zivilrechts (und insbesondere der dinglichen Rechte) von

---

nur das durch die Gemeinschaftlichkeit des Rechts begründete Schuldverhältnis der Teilhaber zu verstehen sei (wie dies auch sonst in der Literatur des öfteren behauptet wird), wird nicht nur durch ihre eigenen nachfolgenden Ausführungen (vgl. z. B. S. 786: „Gegenstand der Gemeinschaft kann ... jedes Recht sein“), sondern vor allem durch ihre späteren Ausführungen über das Miteigentum widerlegt, wenn dort (Bd. II, 1912, S. 375 § 54 1) das Miteigentum (gemeinschaftliche Eigentum nach Bruchteilen) als eine „Unterart der Gemeinschaft nach Bruchteilen“, also eben selbst als eine „Gemeinschaft“ bezeichnet wird (vgl. auch noch Anm. 1 dazu in Verbindung mit Bd. I S. 789 § 202 I 4). — Damit ergibt sich zugleich die Erklärung dafür, daß selbst in der für den Text interessierenden Phrase „in Rechtsgemeinschaft stehen“, der Begriff der „Rechtsgemeinschaft“ (als dem der „Gemeinschaft“ aequivalent) nicht den Sinn einer nur „rechtlichen“ Gemeinschaft (vgl. dazu unten S. 19 Anm. 39), eines schuldrechtlichen, familienrechtlichen, erbrechtlichen Gemeinschaftsverhältnisses annimmt, sondern daß diese Phrase besagt: die mehreren Personen stehen als Subjekte gleichzeitig in derjenigen, durch einen konkreten Rechtsinhalt näher umschriebenen, rechtlichen Machtstellung, die wir subjektives Recht nennen (vgl. dazu auch unten S. 31 Anm. 59 zu § 3); sie stehen in einer „Gemeinsamkeit des Rechts“ (insbes. für § 59 ZPO. und die Gerichtskostenbestimmungen: des prozessual geltendgemachten Rechts). Vgl. auch § 11 Ziff. 1 der österreichischen ZPO. (S. 10 Anm. 18) in Verbindung mit der Überschrift vor § 825 ABGB. (S. 19 Anm. 39); auch z. B. Erläuterungen zum Vorentwurf des schweizerischen Zivilgesetzbuches (von Huber), Heft III, Bern 1902, S. 36.

[35]) Als Gemeinschaft (Gemeinsamkeit) objektiven Rechts (vgl. z. B. die „Gemeinschaft der Gesetzgebung“ in Art. 3 des Zollvereinigungsvertrages zwischen dem Norddeutschen Bund und den süddeutschen Staaten vom 8. Juli 67) nimmt das Wort Rechtsgemeinschaft ferner zufolge des mit dem Worte Gemeinschaft wiederum verbundenen Doppelsinnes (vgl. im Anhang I auf S. 297 f.) zuweilen die Bedeutung einer kollektivistischen Zusammenfassung der durch die Gemeinsamkeit des objektiven Rechts verbundenen Personen oder sonstigen (z. B. staatlichen) Einheiten an (vgl. die sog. Völkerrechtsgemeinschaft) und bezeichnet dann die Gesamtheit der innerhalb eines (objektiven) Rechtsganzen existierenden bzw. als existierend gedachten Individuen oder Gesamteinheiten. In der letzten Bedeutung wird dann Rechtsgemeinschaft geradezu mit der für diese Gesamtheit von Individuen etwa bestehenden besonderen Rechtsform der juristischen Person promiscue gebraucht (wobei bei den niederen juristischen Personen der Sinn der Wortbedeutung, sofern nicht nur an die Gemeinsamkeit der die Mitglieder verbindenden Satzung gedacht wird, nahezu der einer recht-

communio iuris oder von Rechtsgemeinschaft sprach, ergab sich von selbst als alleinige Bedeutung die einer Gemeinschaft subjektiver Rechte[36]), insbesondere auch im Gegensatz einerseits zu einer bloßen Gemeinschaft des Gegenstandes (der Sache) mehrerer selbständiger und solidarischer Rechte — also einem Falle, in dem schon die römischen Quellen (vgl. L. 19 § 2 D. 10, 3) das Vorliegen einer „communio iuris“ ausdrücklich verneint hatten[37]) —, sowie im Gegensatz andrerseits zur universitas, der juristischen Person. Der Rechtsgemeinschaft (in diesem Sinne einer Gemeinsamkeit subjektiver Rechte) ist sodann wiederum die „Gemeinschaft“ schlechthin, wie schon der communio iuris die „communio“ schlechthin[38]), begrifflich gleichbedeutend; das galt für die

---

lichen Gemeinschaft wird); immerhin drückt, wenn wir die Gesamtheit der Staatsbürger ebensowohl als Staat wie als Rechtsgemeinschaft bezeichnen, der erste Begriff mehr die reine Rechtsform, der zweite mehr das hier entsprechende soziale Gebilde, das soziologische Phänomen aus. Vgl. dazu noch die Idee der Rechtsgemeinschaft in den Erörterungen einer allgemeinen Rechtslehre, z. B. bei Nicol-Speyer, Systematische Theorie des heutigen Rechts, I. Abt., Berlin 1911, S. 101 ff., 111 ff. (Rechtsgemeinschaft als „Panpersönlichkeit“ der bei der Rechtsordnung beteiligten autonomen Personen), 114 (Staat und Rechtsgemeinschaft). Im übrigen vgl. den Anhang I S. 294 ff., 299 ff.

[36]) So sprechen schon die Pandektenlehrbücher von communio oder Gemeinschaft schlechthin (so insbes. Windscheid, Bd. II § 449) und von communio iuris, Rechtsgemeinschaft, Gemeinschaft von Vermögensrechten (so z. B. Puchta, § 373; Arndts, § 320). Vgl. ferner für diese Bedeutung von Rechtsgemeinschaft und die Identifizierung mit communio iuris z. B. Unterholzner, Lehre des römischen Rechts von den Schuldverhältnissen, Bd. II, Leipzig 1840, S. 393 ff. Nr. 529 ff.; Ubbelohde, Die Lehre von den unteilbaren Obligationen, Hannover 1862, S. 14 und vor allem das Hauptwerk der gemeinrechtlichen Doktrin: Steinlechner, Das Wesen der iuris communio und iuris quasi communio, Abt. I, Innsbruck 1876; Abt. II, 1878 (wobei der zweite Begriff im Sinne von gemeinschaftsähnlichen Rechtsfiguren gemeint ist, die in dem Werke allerdings noch nicht zur Erörterung gelangen) und darin z. B. Abt. I S. 4, Abt. II S. 1, 130.

[37]) Vgl. dazu unten S. 139 Anm. 252 zu § 8.

[38]) Vgl. schon die römischen Quellen, z. B. L. 6 D. 27, 9 (Ulpian): Zwischen Eigentümer und Usufruktuar „nulla enim communio est“, d. h. eben (vgl. auch Steinlechner, a. a. O., Abt. II, S. 132 Anm. 4) keine communio iuris. Die „communio“ im technischen Sinne ist wiederum

Zivilistik des gemeinen Rechts und ist in die Dogmatik des heutigen bürgerlichen Rechts übergegangen [39]).

Kann somit der genannte Doppelsinn des Wortes Rechtsgemeinschaft für uns außer Betracht bleiben, so ist doch weiterhin die Möglichkeit einer andersartigen Bedeutungszweiheit unseres Wortes gegeben, die ihre Parallele in einem Doppelsinn anderer Wortbildungen mit dem Bestandteil „Recht“ findet. Wie uns das „Rechtssubjekt“ nicht nur das

---

eine „communio pro indiviso“ (vgl. L. 94 § 1 D. 46, 3; Papinian). Zur Bezeichnung der nicht durch Vertrag entstandenen Gemeinschaft hat sich gemeinrechtlich der Ausdruck „communio incidens“ (im Anschluß an L. 31 D. 17, 2; Ulpian), „zufällige Gemeinschaft“ eingebürgert.

[39]) Daß der Ausdruck „Rechtsgemeinschaft“ in der Dogmatik des materiellen Rechts und in allen den Gesetzesstellen, in denen er ein zivilistisches Rechtsverhältnis bezeichnen soll, den Sinn einer Gemeinschaft (Gemeinsamkeit) subjektiver Rechte hat und nicht eine „rechtliche“, rechtlich geordnete, eine durch das objektive Recht normierte Gemeinschaft bedeutet (wobei dann Gemeinschaft mehr im Sinne von Gemeinschaftsverhältnis zwischen den Teilhabern genommen würde), dürfte im Hinblick auf die Grundbedeutung des Wortes Gemeinschaft sicher sein; es steht damit ebenso wie mit dem Worte „Rechtssubjekt“ (als dem Subjekt eines subjektiven Rechts bzw. subjektiver Rechte; vgl. auch S. 77 Anm. 155 zu § 6) oder dem Worte Rechtsnachfolger, Rechtsvorgänger usw. So anscheinend auch die übliche, wenngleich nicht besonders ausgesprochene Auffassung der zivilistischen Doktrin, indem sie zugleich die Begriffe „Rechtsgemeinschaft“ und „Gemeinschaft“ im Sinne des materiellen Rechts einander gleichsetzt. Vgl. z. B. v. Tuhr, Allgemeiner Teil, Bd. I S. 78 § 3 I; Cosack, Lehrbuch des deutschen bürgerlichen Rechts, 6. Aufl., Bd. II, Jena 1913, S. 436 ff. § 274 ff. (und wegen der „schlichten Rechtsgemeinschaft“ bereits oben S. 2 Anm. 2); vgl. ferner auch — wegen des § 11 Ziff. 1 der österreichischen ZPO. von Bedeutung (vgl. S. 10 Anm. 18) — die Überschrift „Von der Gemeinschaft des Eigentums und dinglicher Rechte. Ursprung einer Gemeinschaft“ vor § 825 des österreichischen ABGB., sowie auch die französische Ausdrucksweise communauté des droits oder des biens, die englische community of goods, die italienische technisch sog. comunione dei beni, Artikel 673 codice civile (dazu wiederum den Titel des neuesten italienischen Hauptwerkes von Ramponi: „Della comunione (di proprietà) o comproprietà“, Torino 1903 ff.); auch den Gegensatz von Rechtsgemeinschaft und Interessengemeinschaft, welch letztere (bei einer Gemeinsamkeit von Interessen) sehr wohl ein rechtlich geordnetes Verhältnis sein kann, ohne eben eine Gemeinsamkeit subjektiver Rechte zu bedeuten. Vgl. dazu noch S. 15 Anm. 30 und S. 296/7 im Anhang I.

Subjekt von subjektiven Rechten, sondern auch das Subjekt von subjektiven Pflichten (die „Person“ im Rechtssinne) ist[40]), und wie der Begriff der Rechtsnachfolge nicht nur im Sinne einer Nachfolge in subjektive Rechte, sondern auch einer Nachfolge in Rechtspflichten, in Schulden, verstanden wird[41]), so muß auch für den Begriff der Rechtsgemeinschaft im Gebiete des materiellen Rechts eine Auffassung als berechtigt anerkannt werden, die über den engeren und eigentlichen Sinn der Gemeinschaft subjektiver Rechte hinaus, dem Wort Rechtsgemeinschaft die weitere Bedeutung einer Gemeinschaft von subjektiven Rechten oder von subjektiven Pflichten[42]) beimißt. Damit erhält das Wort ebensowenig den Sinn einer „rechtlichen“[43]) (durch das objektive Recht geordneten) Gemeinschaft, als sich uns der Sinn der Wortzusammensetzungen Rechtssubjekt oder Rechtsnachfolger durch die gedankliche Einbeziehung der Rechtspflichten, der Schulden, wandelt.

In diesem Sinne werden wir allerdings im Bereiche des materiellen bürgerlichen Rechts von einem eigentlichen und einem uneigentlichen, einem engeren und einem weiteren Begriff der „Rechtsgemeinschaft“ sprechen können[44]), und auch nur in diesem Sinne werden wir für die Auslegung des

---

[40]) Vgl. unten S. 79 in § 6.

[41]) Die sich hieran knüpfenden Streitfragen, insbes. für die Auslegung des Wortes Rechtsnachfolge in den verschiedenen zivilprozessualen Vorschriften, bleiben beiseite. Vgl. hierüber neuestens Weiskopf, Der Begriff der Rechtsnachfolge in der Zivilprozeßordnung (Würzburger Abhandlungen zum deutschen und ausländischen Prozeßrecht, Heft 7), Leipzig 1913.

[42]) Oder — entsprechend Reichel, Die Schuldmitübernahme (Fischers Abhandlungen zum Privatrecht und Zivilprozeß, Bd. XIX), München 1909, S. 3 Anm. 5 —: Es können möglicherweise in der Zusammensetzung des Wortes Rechtsgemeinschaft unter den „Rechten“ nicht nur „Aktivrechte“, sondern auch „Passivrechte“, also rechtliche Positionen schlechthin, verstanden sein. Vgl. S. 33 Anm. 65 zu § 3 (über die Zweideutigkeit des Wortes „Vermögen“).

[43]) Vgl. auch oben S. 19 Anm. 39 sowie die Auffassung bei Horten u. a. (oben S. 11 Anm. 21).

[44]) Die sehr zweifelhafte Frage, ob eine solche Gemeinschaft von Rechtspflichten, von Schulden, nach bürgerlichem Rechte in der Tat

Wortes Rechtsgemeinschaft in § 59 ZPO. (und wohl ebenso in den anderen Gesetzesstellen) eine „weitere" Bedeutung des Wortes als möglich anzuerkennen und zugleich als zutreffend[45]) zu erachten haben. Damit ist aber der Begriff immer noch in zivilistischem Sinne genommen und wird nicht etwa als ein „weiterer", „prozessualer", „kostenrechtlicher", „stempelrechtlicher" Begriff in einen Gegensatz zum materiellen Recht gebracht. Gerade die Vorgeschichte des § 59 ZPO.[46]) vermittelt uns, hinsichtlich einer gesetzlichen

---

vorkommt, insbes. im Falle einer „Vermögensgemeinschaft" (bei den zu einem gesamthänderischen Vermögen gehörenden Schulden vor allem), hat hier natürlich beiseite zu bleiben. Vgl. unten S. 33 Anm. 65 zu § 3.

[45]) Denn auch in der ersten Alternative des § 59 ZPO. sowie bei der genannten Bestimmung der Gerichtskostengesetze ist eben nicht nur an eine Rechtsgemeinschaft auf klägerischer Seite zu denken; das ergeben deutlich die gesetzlichen Fassungen. Daß damit nur der Fall getroffen würde, wo Gemeinschafter eines subjektiven Rechts in der Beklagtenrolle auftreten (etwa bei einer Feststellungsklage), wird man nicht annehmen wollen. — In diesem Sinne übrigens auch ausdrücklich einzelne der neuesten schweizerischen kantonalen Zivilprozeßordnungen in den Bestimmungen über die Streitgenossenschaft; vgl. z. B. ZPO. für den Kanton Luzern vom 28. Jan. 13, Art. 58 Abs. 1: „Mehrere Personen, die in der Gemeinschaft eines Rechtes oder einer Verbindlichkeit stehen, können als Streitgenossen oder Mithafter gemeinschaftlich klagen, oder als Beklagte gemeinschaftlich belangt werden"; ZPO. für den Kanton Zürich vom 13. April 13, § 37 Abs. 1: „Mehrere Personen können gemeinsam als Kläger auftreten oder als Beklagte belangt werden, soweit das streitige Recht oder die streitige Verpflichtung ihnen gemeinsam zukommt."

Ebenso wie in § 59 ZPO. muß auch für die stempelrechtliche Vorschrift an die Möglichkeit einer „passiven" Rechtsgemeinschaft (im doppelten Sinne) gedacht werden.

[46]) Bei der Beratung der für die Auffassung des heutigen § 59 PZO. maßgebenden Bestimmung des hannoverschen Entwurfs (oben S. 13 Anm. 27) wurden als sachlich mit der ersten Alternative („. . ., wenn sie in Ansehung des Streitgegenstandes in Rechtsgemeinschaft stehen, . . .") übereinstimmend die Bestimmungen der früheren hannoverschen und der badischen Zivilprozeßordnung angesehen. Von diesen lautet § 33 Abs. 1 der hannoverschen Prozeßordnung in seinem hier interessierenden Teile: „Wenn mehreren oder gegen mehrere einzelne Personen der streitige Gegenstand oder Anspruch gemeinschaftlich zusteht, oder . . ."; § 89 der badischen Prozeßordnung: „Diejenigen Personen, die in Gemeinschaft eines in Anspruch genommenen

Umschreibung des Rechtsbegriffs der Gemeinschaft oder Rechtsgemeinschaft im Gebiete des Zivilrechts, deutlich den Übergang zu unserem heute grundlegenden § 741 BGB.

Rechtes oder einer Verbindlichkeit stehen, oder ...“ (vgl. dazu auch oben S. 16 Anm. 34 a. E. sowie die vorige Anm.).

Bei dieser Sachlage und angesichts des ausdrücklichen Hinweises der verschiedenen Motive auf die Vorarbeiten der Pandektenwissenschaft (vgl. oben S. 13 Anm. 24 u. 27) ist es außer Zweifel, daß nach der Auffassung der Gesetzeskommission der Begriff der Rechtsgemeinschaft sich mit dem der communio iuris der Pandektenwissenschaft durchaus decken sollte, und zwar in dem weiteren Sinne einer „Gemeinschaft eines Rechts oder einer Verbindlichkeit“, wie er in der gemeinrechtlichen Wissenschaft z. B. von Wächter, Handbuch des im Königreich Württemberg geltenden Privatrechts, Bd. II, Stuttgart 1842, § 75 S. 579, 586; Unterholzner, a. a. O., S. 393 ff. Nr. 529 ff.; S. 400 f. § 534 verstanden wird. Ohne sich den Vorwurf zuzuziehen, daß man die Bedeutung der Materialien für die Auslegung des Gesetzes überschätze, wird man daran festhalten dürfen, daß, sofern diese vom Gesetzgeber, als dem gemeinrechtlichen Sprachgebrauch und den Ergebnissen der damaligen Wissenschaft entsprechend, angenommene und mit dem heutigen Sprachgebrauch der Dogmatik des materiellen Rechts übereinstimmende Bedeutung des Wortes Rechtsgemeinschaft im heutigen § 59 ZPO. eine zutreffende Auslegung vermittelt, eine andere Auffassung, insbes. die einer weitergehenden oder gar untechnischen Bedeutung des Wortes, als willkürlich und unberechtigt abzulehnen ist.

Es spricht daher eher gegen als für die von Hellwig, Wilmowski-Levy, Kroll u. a. behauptete (vgl. oben S. 12 Anm. 23) „weiteste“ Bedeutung des Wortes Rechtsgemeinschaft, wenn, wie Hellwig, Lehrbuch des deutschen Zivilprozeßrechts, Bd. III 1 S. 89 § 151 zu II 1a (vgl. auch Wilmowski-Levy, ZPO., Bd. I S. 111 Bem. 1 zu § 57; Stein, Die Zivilprozeßordnung usw., 10. Aufl., Bd. I, Tübingen 1911, S. 177 Bem. II zu § 59; Skonietzki-Gelpcke, Zivilprozeßordnung Bd. I, Berlin 1911, S. 145 Bem. 1 zu § 60 u. a.) sagt, wohl fast alle Fälle, die er unter die „Rechtsgemeinschaft“ bringt, sich „auch unter einen der folgenden Gesichtspunkte bringen“ lassen (d. h. unter die zweite Alternative des § 59 bzw. unter den § 60 ZPO.) — was übrigens bereits in der hannoverschen Kommission gegenüber dem § 298 Satz 1 des sächsischen Entwurfs bemerkt wurde; vgl. Prot., a. a. O., S. 695. Der Umstand, daß „die Frage, wie weit der Begriff der Rechtsgemeinschaft (im Sinne des § 59 ZPO.) auszudehnen ist, keine große praktische Bedeutung hat“ (Hellwig, a. a. O.; vgl. auch Stein, a. a. O.), mag vielleicht das Fehlen einer scharfen Begriffsbestimmung und Abgrenzung unseres Begriffs bei den Prozessualisten erklären; er entbindet aber doch, streng genommen, den Dogmatiker durchaus nicht von der Pflicht, für die Auslegung des Wortes Rechtsgemeinschaft nach einer festen Begrenzung dieses Begriffs zu

Mit diesem materiellrechtlichen Begriff der Rechtsgemeinschaft (in dem erwähnten weiteren, die gemeinschaftlichen

---

suchen. Den Satz Hellwigs (a. a. O., S. 89 Anm. 14), es müsse „für die Auslegung des § 59 irrelevant sein“, ob und inwieweit gewisse Fälle einer Streitgenossenschaft aus § 59 „den zivilrechtlichen Grundsätzen über die Gemeinschaft unterstehen“, können wir daher nur insoweit gelten lassen, als eben die unter die zweite Alternative des § 59 gehörenden Fälle nicht zugleich materiellrechtlich Rechtsgemeinschaften zu sein brauchen, nicht aber in dem von Hellwig angenommenen Sinne, daß es für die Auslegung des Begriffs Rechtsgemeinschaft in § 59 irrelevant sei, ob die „im Sinne des § 59“ hierzu gezählten Fälle auch zivilrechtlich dem Gemeinschaftsrecht unterfallen.

Für die Auslegung des § 59 ZPO. uns einen prozessualen Begriff der Rechtsgemeinschaft zurecht zu machen, unter den ein weiterer Kreis von materiellrechtlichen Rechtsfiguren gerechnet werden soll, als die Dogmatik des bürgerlichen Rechts unter den Begriff der „Gemeinschaft“ oder der „Rechtsgemeinschaft“ zählt, liegt somit nicht der geringste Grund vor. Gerade Hellwig, der an anderer Stelle (im Falle des Begriffs „Rechtsnachfolge“; vgl. Wesen und subjektive Begrenzung der Rechtskraft, Leipzig 1901, S. 92 ff.; Lehrbuch des deutschen Zivilprozeßrechts, Bd. I, Leipzig 1913, S. 273 § 39 I) sich mit Entschiedenheit für eine die technische Bedeutung eines materiellrechtlichen Begriffs wahrende Auslegung ausspricht, hätte das anerkennen müssen.

Nach dem Gesagten bedeutet also „Rechtsgemeinschaft“ in § 59 ZPO. die „Gemeinschaft“ (im Sinne der Überschrift des 15. Titels des II. Buches des BGB.) subjektiver Rechte bzw. (soweit dies im positiven Rechte vorkommt; vgl. auch unten S. 33 Anm. 65 zu § 3) subjektiver Pflichten (Verbindlichkeiten, Schulden). Zutreffend daher die Begriffsbestimmung z. B. bei Petersen-Remelé-Anger, Die Zivilprozeßordnung usw., 5. Aufl., Bd. I, Lahr 1904, S. 160 Bem. 4 zu §§ 59, 60; Stein, a. a. O., S. 177 Bem. II 1 zu § 59 (wenn auch in der engeren, nur auf subjektive Rechte beschränkten Bedeutung, womit allerdings dann die Beispiele in Widerspruch stehen).

Im übrigen entsprechen die von den Schriftstellern gegebenen Beispiele in den allermeisten Fällen der vorher aufgestellten — engeren oder weiteren oder weitesten — Begriffsbestimmung durchaus nicht. So insbes. nicht, wenn von Petersen-Remelé-Anger, Stein u. a. der Fall des Hauptschuldners und des Bürgen, von Stein ferner das Verhältnis von Schuldner und Schuldmitübernehmer, von Grundeigentümer und (persönlichem) Hypothekenschuldner, von persönlich und dinglich zur Rechtseinräumung Verpflichteten als materiellrechtliche Rechtsgemeinschaften aufgefaßt werden, was diese Fälle unzweifelhaft nicht sind, wogegen wiederum andere Schriftsteller (so z. B. Hellwig) hier das Vorliegen einer Rechtsgemeinschaft, trotz angeblich „weitester“ Auslegung dieses Wortes, verneinen und die Fälle der zweiten Alternative des § 59 unter-

Rechtspflichten mit umfassendem Sinne) gewinnen wir aber — was hier natürlich nicht näher ausgeführt werden kann, aber durch die Untersuchungen einzelner hervorragender Kommentatoren bestätigt wird — auch eine durchaus sachgemäße Auslegung der genannten stempelrechtlichen [47]) und

---

stellen. (Die österreichische ZPO. gibt in § 12 für den Fall des Hauptschuldners und des Bürgen eine Sonderbestimmung, weshalb die österreichischen Schriftsteller diesen Fall niemals unter die „Rechtsgemeinschaft“ bringen.) Am meisten gehen die Auffassungen auseinander hinsichtlich der Teilschuldverhältnisse (§ 420 BGB.), der aktiven und der passiven Gesamtschuldverhältnisse (§§ 421 ff. BGB.) und der Schuldverhältnisse auf unteilbare Leistungen (§ 423 BGB.), von denen sich jedenfalls die ersten beiden Fälle richtiger Auffassung nach nicht als eine „Rechtsgemeinschaft“ im technischen Sinne des materiellen Rechts (insbes. eine sog. schlichte Rechtsgemeinschaft gemäß §§ 742 ff. BGB.) darstellen (vgl. auch unten S. 128 Anm. 234 zu § 8, sowie etwa Oertmann, Recht der Schuldverhältnisse, 3./4. Aufl., Berlin 1910, S. 899 f. Vorbem. 1 vor § 741; v. Tuhr, Der allgemeine Teil, Bd. I S. 88 ff. § 3 IV 1 und 2. Anders aber z. B. Cosack, Lehrbuch, a. a. O., Bd. II S. 474 ff., § 291 f., RG. Bd. 58 S. 252). Sie werden zuweilen unter den eng verstandenen Begriff der Rechtsgemeinschaft gebracht (so z. B. von Stein), zuweilen aus einer „Rechtsgemeinschaft im weitesten Sinne“ ausgeschieden und der zweiten Alternative unterstellt (so z. B. von Skedl, a. a. O., S. 184 Anm. 7 für den § 11 Ziff. 1 des österreichischen Gesetzes, obwohl gerade für dieses Recht zufolge der Regelung jener Verhältnisse unter der Überschrift „Gemeinschaftliche Verbindlichkeit oder Berechtigung“ vor § 888 ABGB. die gegenteilige Auffassung näher gelegen hätte). Nach Skonietzki-Gelpcke, a. a. O., S. 143 Bem. 2c soll sogar eine Rechtsgemeinschaft vorliegen, wenn Ansprüche oder Verbindlichkeiten aus der Zugehörigkeit zu einer juristischen Person von deren Mitgliedern gegeneinander geltend gemacht werden.

Man sieht aus dieser Uneinheitlichkeit der Literatur, wie — trotz des hier vielleicht geringeren praktischen Wertes einer scharfen Begriffsabgrenzung — doch für eine sachgemäße Auslegung des § 59 ZPO. nicht nur eine klare Begriffsbestimmung unseres zivilistischen Begriffs, sondern auch eine materiellrechtliche Untersuchung über den Kreis der dem Begriff unterfallenden Rechtsfiguren von Wert ist.

[47]) Vgl. vor allem Böhme, Das Kgl. Sächs. Stempelsteuergesetz usw., Bd. I, Leipzig 1910, S. 151 f. Bem. 22b 2 ff. zu § 10 (der auch die Parallele zu § 59 ZPO. zieht); Böhme-Lorey, Das Kgl. Sächs. Stempelsteuergesetz usw., Bd. II, Leipzig 1911, S. 631 ff. Bem. 28 II zur Tarifst. 33; Heinitz, a. a. O., S. 728 ff. Bem. IV 6 zur Tarifst. 73 (der zwar zunächst unter Berufung auf §§ 6—8 I 17 ALR. einen materiellrechtlichen Begriff zugrunde legt, aber dann in seinen Beispielen darüber hinausgeht);

kostenrechtlichen [48]) Gesetzesbestimmungen. Für die stempelrechtlichen Vorschriften wird eine solche Auffassung noch besonders dadurch nahegelegt, daß der Begriff „Rechtsgemeinschaft“ [49]) in Verbindung mit der „Erbengemeingemeinschaft“ bzw. mit dieser und dem „Gesellschaftsverhältnis“ [50]) auftritt [51]).

Hummel-Specht, a. a. O., S. 1226 f. (dessen Auffassung jedoch schwankt; vgl. S. 169 f., 1231 Anm. 198).

[48]) Vgl. besonders Haidlen, Kommentar zum württembergischen Gerichtskostengesetz, Stuttgart 1907, S. 15 Bem. III zu Art. 2: „Unter Rechtsgemeinschaft ist eine Gemeinschaft des bürgerlichen Rechts zu verstehen ... Andere Rechtsverhältnisse, an welchen mehrere mit gemeinsamen Interessen beteiligt sind, ... fallen nicht unter den Begriff einer Rechtsgemeinschaft“ (so ausdrücklich gegen Mügel und dessen Beispiele; vgl. oben S. 12 Anm. 23). Pietsch-Brathuhn-Grassow, Die preußischen Kostengesetze, 3. Aufl., Berlin 1911, S. 9 Anm. 7 zu § 2 wollen sogar mit dem engeren Begriff einer Gemeinschaft nur von subjektiven Rechten auskommen.

[49]) Das hessische Urkundenstempelgesetz spricht übrigens nur von „Gemeinschaft“ (vgl. auch oben S. 10 Anm. 19) und weist damit noch stärker auf einen, dem des bürgerlichen Gesetzbuches entsprechenden Rechtsbegriff hin.

[50]) So im sächsischen und im hessischen Gesetz; vgl. oben S. 10 Anm. 19.

[51]) Hinsichtlich der stempelrechtlichen Bestimmung kann im übrigen auf eine extensive Auslegung des Wortes Rechtsgemeinschaft, insbes. auf eine solche, die auch andere als zivilrechtliche Verhältnisse umfaßt, um so leichter verzichtet werden, als in den wenigen bisher von der Praxis zuweilen als solche „Rechtsgemeinschaften“ angesprochenen Fällen (vgl. insbes. den Fall des KG. im KGJ. Bd. 30 Abt. B S. 73 ff.) sich eine der uns interessierenden Bestimmung entsprechende Entscheidung — Einheitlichkeit der Vollmacht trotz Mehrheit der Vollmachtgeber, daher einmalige Verstempelung — aus dem allgemeinen Prinzip ableiten läßt, wonach dann, wenn das Rechtsgeschäft, dessen Ausführung den Gegenstand der Ermächtigung bildet, ein einheitliches ist (vgl. dazu §§ 10 des preußischen bzw. des sächsischen Gesetzes), im stempelrechtlichen Sinne nur eine Vollmacht vorliegt, selbst wenn darin mehrere Ermächtigungen enthalten sind. Wie die von uns besprochene Bestimmung nur einen einzelnen Anwendungsfall dieses Prinzips darstellt, insofern eine Mehrheit von in Rechtsgemeinschaft stehenden Personen auf Seite des Vollmachtgebers in allen Fällen für die stempelrechtliche Einheit der Vollmachturkunde genügen soll, so haben Verwaltungsbrauch und Rechtsprechung über diese Sondervorschrift hinaus des weiteren zufolge jenes allgemeinen

Es liegt somit keine Veranlassung vor, für die Auslegung der genannten Gesetzesstellen einen vagen und abgeblaßten oder einen völlig untechnischen Begriff der „Rechtsgemeinschaft“ anzunehmen. Wir werden vielmehr richtigerweise diesen Ausdruck, wo er in unseren Gesetzen vorkommt, und wo der sprachliche Zusammenhang auf ein materiellrechtliches Verhältnis hindeutet, durchaus im Sinne des materiellen bürgerlichen Rechts und als gleichbedeutend mit der „Gemeinschaft“ des Bürgerlichen Gesetzbuches zu verstehen haben[52]). Indem wir so in den angegebenen Grenzen für unsere gesetzliche und unsere wissenschaftliche Terminologie eine durchaus einheitliche Bestimmung des Begriffes der

Grundsatzes eine Einheitlichkeit der Vollmacht auch in dem vom Gesetz nicht besonders vorgesehenen Fall einer Bevollmächtigung mehrerer Personen angenommen, die zu gemeinschaftlicher Vertretung berechtigt sein sollen, sowie unter Umständen in dem Fall einer Bevollmächtigung mehrerer nicht in gemeinschaftlicher Vertretung berufener Personen, letzterenfalls nämlich dann, wenn das Rechtsgeschäft, dessen Ausführung den Gegenstand der Ermächtigung solcher mehrerer Bevollmächtigten bildet, ein einheitliches ist. Der Gedanke einer „Rechtsgemeinschaft“ liegt allen diesen Entscheidungen fern. Vgl. zum ersten Falle die Kommentare, zum zweiten jetzt RG. in Warneyers Jahrb. der Entsch., Erg.-Bd., 6. Jahrg. 1913 S. 42 ff. Nr. 35.

[52]) Im übrigen würde die Annahme einer über das materielle Recht hinausgehenden Bedeutung des Wortes Rechtsgemeinschaft am ehesten für die stempelrechtliche Vorschrift erklärlich sein, da die Bedeutung der Tarifstelle betr. die Verstempelung von Vollmachten zweifellos über das Gebiet des bürgerlichen Rechts hinausgeht, und da das Stempelrecht an anderen Stellen eine Anzahl spezifisch bürgerlichrechtlicher Begriffe und Kunstausdrücke in einem besonderen, durch die Fassung der gesetzlichen Vorschriften nahe gelegten (evt. weiteren) stempelrechtlichen Sinne versteht, so z. B. den Begriff des „vermögensrechtlichen Gegenstandes“ (Preußen, Tarifst. 71; Sachsen, Tarifst. 32; vgl. dazu RG. im PrZBl. 1903 S. 464; JW. 1903 S. 349 Nr. 15; Böhme-Lorey, a. a. O., S. 562 f. Bem. 2c zur Tarifst. 32: „im weitesten Sinne auszulegen“, so daß auch Verträge öffentlichrechtlicher Art darunter fallen), den Begriff des „Gesellschaftsvertrages“ (Preußen, Tarifst. 1; Sachsen, Tarifst. 13; vgl. Böhme-Lorey, a. a. O., S. 162 f. Bem. 3 zu Tarifst. 13), den Begriff der „Schuldverschreibung“ (Preußen, Tarifst. 58, Sachsen, Tarifst. 24, wobei übrigens der Begriff zugleich für das preußische und das sächsische Stempelrecht verschieden ist; vgl. dazu RG. Bd. 74 S. 11 ff.; Böhme-Lorey, a. a. O., S. 412 ff. Bem. 2 zu Tarifst. 24), wie schließlich auch der Begriff des „einheitlichen Rechtsgeschäfts“ im Sinne des wich-

„Rechtsgemeinschaft" und der „Gemeinschaft" im bürgerlichrechtlichen Sinne festhalten, wird der in den folgenden Ausführungen unseres Textes unternommene Versuch einer Begriffsbestimmung, wenn sich eine solche auch auf den Fall der Gemeinschaft subjektiver Rechte beschränkt, und wenn auch die Feststellung der möglichen Formen oder Arten von Rechtsgemeinschaft (insbesondere im Gebiete der relativen Rechte) einer besonderen Untersuchung vorbehalten bleiben muß[53]), auch der Auslegung jener Gesetzesstellen

---

tigen und oben (S. 25 Anm. 51) erwähnten § 10 Abs. 2 des preußischen bzw. sächsischen Gesetzes nicht schlechthin gleichbedeutend ist mit dem einheitlichen Rechtsgeschäft im Sinne des bürgerlichen Rechts (so RG. Bd. 69 S. 188 ff., 191).

[53]) Daß die absoluten Vermögensrechte einer Rechtsgemeinschaft, und zwar in den beiden Grundformen des heutigen Rechts, der regelmäßigen und der gesamthänderischen Rechtsgemeinschaft, zugänglich sind, wird in der Literatur nicht bezweifelt; ebensowenig wird die Möglichkeit gesamthänderisch gemeinschaftlicher Forderungen bestritten. Zweifelhaft aber ist vor allem die Möglichkeit einer Rechtsgemeinschaft überhaupt bei nicht vermögenswerten absoluten Rechten (insbes. Persönlichkeitsrechten) und die Möglichkeit einer regelmäßigen Rechtsgemeinschaft (nach Bruchteilen) bei Forderungen.

Für eine konstruktive Arbeit über die Bruchteilsgemeinschaft als eine Grundform von Rechtsgemeinschaft ergibt sich daraus als der für die Untersuchungen einzuschlagende Weg, daß nach Feststellung des allgemeinen Oberbegriffes der Rechtsgemeinschaft (Teil I unserer Arbeit) zunächst die rechtliche Natur der Bruchteilsgemeinschaft bei den absoluten Vermögensrechten untersucht und sodann die Frage nach der Möglichkeit einer solchen Gemeinschaft bei nicht vermögenswerten absoluten Rechten sowie beim Besitz aufgeworfen (Teil II) und schließlich auf Grund der so erkannten rechtlichen Struktur unserer Rechtsfigur ihre Verwendungsmöglichkeit im Gebiete der relativen Rechte, insbes. der Forderungsrechte (Teil III), und im Gebiete der Gestaltungsrechte (Teil IV) untersucht wird. (Daß übrigens die Frage nach einer Besitzesgemeinschaft nach Bruchteilen, auf welche die Vorschriften der §§ 742 ff. BGB. Anwendung fänden, nicht identisch ist mit der Frage, ob Bruchteilsmitbesitz anzuerkennen ist, liegt auf der Hand.)

Der angedeutete literarische Streitstand muß es zugleich erklären, wenn vorläufig (im vorliegenden I. Teile unserer Arbeit) die Beispiele für gemeinschaftliche Rechte überwiegend dem Gebiet der absoluten Vermögensrechte entnommen werden, da nur insoweit unzweifelhafte Beispiele für Rechtsgemeinschaften in den beiden gesetzlichen Grundtypen gegeben werden können.

dienlich sein, die das Wort „Rechtsgemeinschaft“ als rechtstechnischen Ausdruck enthalten.

Es rechtfertigt sich damit auch von dieser außerzivilistischen Seite her die bereits oben gestellte Grundfrage:

Was charakterisiert den allgemeinen Begriff der „Rechtsgemeinschaft“ oder der „Gemeinschaft“ im Sinne unseres geltenden bürgerlichen Rechts?

HAUPTTEIL.

Der Begriff der „Rechtsgemeinschaft" im Sinne des materiellen bürgerlichen Rechts.

§ 3. Die „Zuständigkeitsformen" subjektiver Rechte.

Die grundlegende Gesetzesbestimmung, von der heute jede konstruktive Untersuchung einer einzelnen Rechtsgemeinschaftsart ausgehen muß, ist der Anfangsparagraph des Titels über die „Gemeinschaft" (15. Titel des II. Buches des BGB.), § 741:

> „Steht ein Recht mehreren gemeinschaftlich zu, so finden, sofern sich nicht aus dem Gesetz ein anderes ergibt, die Vorschriften der §§ 742 bis 758 Anwendung (Gemeinschaft nach Bruchteilen)." [54])

Indem hierin in dem Nebensatz („sofern sich . . .") auf alle sonst im bürgerlichen Recht geregelten Rechtsgemeinschaften Bezug genommen ist und diese sozusagen diesem Grundparagraphen eingegliedert, in ihn eingeordnet zu denken sind, gewinnt der Vordersatz („Steht ein Recht mehreren gemeinschaftlich zu,") eine weit über den Bereich der §§ 742 bis 758 BGB. hinausgehende Bedeutung [55]). In dem Vordersatz wird dasjenige gesetzliche Merkmal ausgesprochen, das als die notwendige Voraussetzung einer jeden irgendwie

[54]) (Hinsichtlich des Vordersatzes) Wörtlich gleichlautende Fassungen für besondere Fälle von Rechtsgemeinschaft insbes. in §§ 502 Satz 1, 513 Satz 1 BGB.; § 30 LitUG.; § 27 KunstUG. Ähnliche Fassungen in §§ 737 Satz 2, 1172 Abs. 1 BGB. („Das . . . Recht steht . . . gemeinschaftlich zu"); § 225 Abs. 1 HGB.; § 18 Abs. 1 GmbHG. („Steht . . . mehreren Mitberechtigten zu"); § 489 Abs. 1 HGB. („. . . von mehreren Personen ein ihnen gemeinschaftlich zustehendes Schiff . . ."); § 181 Abs. 3 ZVG. („. . ., daß das Eigentum . . . gemeinschaftlich zusteht . . ."). Vgl. ferner hierzu §§ 1008, 706 Abs. 2, 718 Abs. 1, 1438, 1519 Abs. 1, 356 BGB.; auch § 48 GBO. („. . . ein Recht für mehrere gemeinschaftlich . . .").

[55]) Vgl. ferner unten S. 35 Anm. 70.

gearteten gesetzlich normierten „Gemeinschaft" des bürgerlichen Rechts und damit zugleich als der Grundzug des Wesens jeder solchen „Gemeinschaft" im technischen Sinne [56]) zu gelten hat: es muß ein Recht mehreren gemeinschaftlich zustehen; nur dann haben wir eine „Gemeinschaft" im Sinne und in der Sprache des Gesetzes[57]), eine „Rechtsgemeinschaft" oder auch eine „Mitberechtigung" (im weiteren Sinne)[58]) in der üblichen zivilrechtlichen Terminologie.

Wenn man sich daher über das Wesen und die rechtliche Struktur irgendeiner Art von Rechtsgemeinschaft des bürgerlichen Rechts Rechenschaft geben will, muß man mit der Untersuchung der Zuständigkeit des „gemeinschaftlichen" subjektiven Rechts bzw. der zu einem „gemeinschaftlichen" Vermögen vereinigten subjektiven Rechte beginnen. Denn

---

[56]) Daß nach der Auffassung und der Terminologie unseres heutigen deutschen bürgerlichen Rechts sämtliche Gesamthandschaften — Gesellschaft, eheliche Gütergemeinschaft und ihre Abarten, Miterbenschaft — „Gemeinschaften" sind, kann nicht wohl bezweifelt werden. Man vgl. z. B. noch §§ 16 Abs. 1, 51 KO. („. . . in einem Miteigentume, in einer Gesellschaft oder in einer anderen Gemeinschaft . . ."); auch § 88 des preußischen Gerichtskostengesetzes und die gleichlautende Vorschrift der verschiedenen kleinstaatlichen Kostengesetze, sowie die oben (S. 10 Anm. 19 zu § 2) angeführten stempelrechtlichen Bestimmungen. Ob wir aber das Gesamthandsverhältnis in seiner Totalität oder nur nach einer bestimmten Seite hin als „Gemeinschaft" (im technischen Sinne) zu bezeichnen haben, ist eine andere Frage, die wir erst später beantworten können; vgl. dazu unten S. 187 ff. und S. 190 Anm. 361 zu § 9. Jedenfalls bedeutet „Gemeinschaft" schlechthin im BGB. sowohl zuweilen lediglich die Regelform, die „Gemeinschaft nach Bruchteilen" (so — außerhalb der §§ 742—758 — in den Verweisungen bei Auseinandersetzung der Gesamthandvermögen: §§ 731 Satz 2, 1477 Abs. 1; dazu §§ 1498 Satz 1, 1546 Abs. 2, 1549) als auch lediglich eine gesamthänderische (so z. B. in den §§ 1545 Abs. 2, 1547, 1548 Abs. 3, 1549, 1551 Abs. 1) als schließlich auch Gemeinschaften aller Art (§ 1669) vgl. aber ferner unten S. 187 f. in § 9.

[57]) Vgl. vor allem die Überschrift vor § 741 BGB.

[58]) Im engeren Sinne wird man Mitberechtigung, Mitrecht, entsprechend dem vom Gesetz mit dem Begriff „Miteigentum" (§ 1008 BGB.) verbundenen Sinn, nur für Mitberechtigungen in der Regelform der Gemeinschaft nach Bruchteilen zu verwenden haben und im übrigen (zur Bezeichnung des Oberbegriffs) lieber von gemeinschaftlicher Berechtigung reden. Vgl. übrigens auch unten S. 259 Anm. 484 zu § 10 (auf S. 260).

eine bestimmte Besonderheit dieser Rechtszuständigkeit, eine Abweichung des „gemeinschaftlichen Rechts" gerade hinsichtlich der Zuständigkeit von der Normalform der subjektiven Rechte, dem Alleinrecht, bei dem ein Recht einer Person allein zusteht, ist zunächst das Charakteristische jeder Rechtsgemeinschaft.

Dabei verstehen wir unter diesem Begriff der „Zuständigkeit" eines subjektiven Rechts[59]) [60]), den wir als einen tech-

[59]) Der Streit um den Begriff des subjektiven Rechts braucht an dieser Stelle nicht aufgerollt zu werden. Er ist heute vielfach nur noch ein Streit um die Formulierung, insofern fast durchweg die von der Rechtsordnung verliehene Willensmacht (Windscheid) als das wesentliche Element festgehalten und nur zuweilen mit dem Jheringschen Gedanken des Interessenschutzes kombiniert wird. Von den neuesten, eingehenderen Untersuchungen, die der Begriff erfahren hat, wollen allerdings die von Ferrara, Le persone giuridiche, Napoli e Torino 1907ff., S. 342 ff. und Kelsen, Hauptprobleme der Staatsrechtslehre, Tübingen 1911, S. 567 ff. mehr sein, als Versuche einer besseren Formulierung der üblichen Auffassung; doch dürfte der Gegensatz, den sie zu der herrschenden Auffassung durch Ablehnung des Gedankens einer Willensmacht und Hervorkehrung der Korrelation zwischen objektivem und subjektivem Recht herstellen wollen, künstlich vertieft sein. Denn auch von der herrschenden Lehre wird, seitdem Windscheid selbst (Lehrbuch des Pandektenrechts, 9. Aufl. von Kipp, Frankfurt a. M. 1906, § 37 Anm. 3 auf S. 158 oben) im Anschluß an die Grundauffassung von Thon (Rechtsnorm und subjektives Recht, Weimar 1878) den im subjektiven Recht gebietenden Willen als den Willen der Rechtsordnung erklärt hat — was allerdings Kelsen, a. a. O., S. 589 als eine „beispiellose Begriffskonfusion" nachzuweisen sucht —, der Zusammenhang des objektiven und des subjektiven Rechts nicht mehr außer acht gelassen und ganz allgemein das subjektive Recht als eine Befugnis kraft objektiven Rechts anerkannt (so bekanntlich — außer Thon und Windscheid — von älteren Schriftstellern G. Jellinek, Bierling, Zitelmann, von neueren z. B. v. Tuhr, Der allgemeine Teil, Bd. I S. 54ff. § 1; Hirsch, Die Übertragung der Rechtsausübung usw. Bd. I, Berlin 1910, S. 1 ff. § 1; auch Walsmann, Der Verzicht, Leipzig 1912, S. 47).

Daß die Betonung der (ausschließlich) imperativischen Natur der Rechtsnormen Ferrara nicht in einen grundsätzlichen Gegensatz zu der heute üblichen Auffassung des subjektiven Rechts bringen kann, beweisen am schlagendsten die Ausführungen von Windscheid selbst (a. a. O., S. 116 ff. § 27). Daher ist auch die Abweichung der Formulierung Ferraras (S. 348) von der heute üblichen Definition nur unbedeutend. (Im Ergebnis mit ihm übereinstimmend übrigens

nischen Ausdruck der Rechtssprache, und zwar insbesondere für die Dogmatik des materiellen bürgerlichen Rechts, in Anspruch nehmen dürfen, die Zugehörigkeit des subjektiven Rechts zu einem Subjekt, die subjektive Seite des subjektiven

---

neuestens Nicol-Speyer, Systematische Theorie usw., Bd. I S. 181 ff., bei Festhalten der Korrelation von Recht und Pflicht sowie von Pflicht und Rechtsnorm.) Die Formulierung bei Kelsen — subjektives Recht ist der Rechtssatz in seinem Verhältnis zur anspruchsberechtigten Person; vgl. z. B. S. 625, 663 — ist nichtssagend oder mindestens unzulänglich. Die von Kelsen ganz allgemein geforderte Notwendigkeit, alle „teleologischen" Elemente aus den juristischen Begriffsbestimmungen wegzudenken, und die Tendenz, die Rechtsbegriffe als ganz abstrakt formale zu bestimmen, führt ihn hier, wie bei seinen sonstigen Begriffsbestimmungen — von der seines Zentralbegriffs des Rechtssatzes angefangen —, zu einer inhaltsleeren Formel. (Vgl. dazu die Besprechungen von Caro in SchmollersJ. Bd. 39, 1912, S. 1928 ff., 1941; Tezner im ArchÖffR. Bd. 28, 1912, S. 325 ff. auf S. 341/2, 343 Anm. 55.) Seine Definition besagt in Wahrheit nichts weiter, als daß das subjektive Recht ein durch das objektive Recht gewährter Anspruch ist, und deckt sich daher letzten Endes mit dem Gedanken, der für die herrschende Auffassung lediglich den Ausgangspunkt für die Entwicklung der Begriffsbestimmung bildet, und den wir z. B. bei Filomusi Guelfi (Enciclopedia giuridica, 6a. ed., Napoli 1910, S. 10 § 6), einem Anhänger der „Kombinationstheorie", in einer mit Kelsens Definition nahezu wörtlich übereinstimmenden Formulierung dahin ausgesprochen finden: „La ragione del diritto subiettivo si ha nella relazione del subietto verso la norma, o il diritto nel senso obiettivo."

Bei diesem Streitstand erübrigt es sich, den vielen Versuchen einer Begriffsbestimmung des subjektiven Rechts hier einen neuen anzureihen. Es genügt, wenn die grundsätzliche Übereinstimmung der Auffassung des Verfassers mit dem Begriff des subjektiven Rechts im Sinne der herrschenden Meinung festgestellt wird, und zwar unter Ablehnung des Aufnahme der Jheringschen Zweckgedankens in die Definition, also etwa in der Formulierung von Hirsch (a. a. O. S. 1, 18): Das subjektive Recht ist „eine von der Rechtsordnung einer bestimmten Person zugeteilte Machtstellung, kraft deren sich diese Person in bestimmter Weise verhalten darf."

[60]) Zu dem in der Literatur bisher recht vernachlässigten Begriff der „Rechtszuständigkeit" oder der „Zuständigkeit" eines subjektiven Rechts, der für die Lehre von den Rechtsgemeinschaften große Bedeutung gewinnt, und zu dem Verhältnis dieses Begriffes zu dem namentlich der prozessualischen Terminologie geläufigeren Begriff der „Zuständigkeit" im Sinne von „Kompetenz" (körperschaftlicher Organe) bedarf es einiger Erläuterungen; sie werden im Anhang II auf S. 301 ff. gegeben.

Rechts, die Beziehung des Rechtsinhalts[61]) zum Subjekte des Rechts (und zwar diese Beziehung betrachtet vom Rechtsinhalt aus)[62]). Rechtszuständigkeit ist damit weder das subjektive Recht selbst, noch etwas außer ihm Gelegenes, sondern eine besondere (innere) Beziehung innerhalb des Gesamtgebildes des subjektiven Rechts (und damit ein Bestandteil des ganzen Rechts); wir könnten auch sagen, sie ist eine Funktion, die „aktive" Funktion des subjektiven Rechts.

Während wir also beim Alleinrecht die Zuständigkeit eines Rechtsinhalts an ein Subjekt haben, also eine einheitliche Zuständigkeit (einfache, Einzelzuständigkeit, Einheitszuständigkeit)[63]), wird der allgemeine Oberbegriff der „Rechtsgemeinschaft" in seiner für das bürgerliche Recht technischen und für uns zunächst[64]) allein in Betracht kommenden Bedeutung einer (irgendwie gearteten) Gemeinschaft oder Gemeinsamkeit subjektiver Rechte bzw. einer Summe subjektiver Rechte (eines Vermögens)[65]) gekenn-

---

[61]) Genau genommen steht nicht das subjektive Recht (als Ganzes), sondern nur der Rechtsinhalt (einem Subjekte oder mehreren Subjekten) zu; der „Rechtsinhalt" als der Inhalt der von der Rechtsordnung erteilten Erlaubnis, als der Inbegriff aller rechtlichen Befugnisse, die das Recht gewährt. Doch ist allgemeiner juristischer Sprachgebrauch, Rechtsinhalt und subjektives Recht gleichzusetzen bzw. von „subjektivem Recht" auch da zu sprechen, wo nur der Rechtsinhalt gemeint ist. Vgl. auch Hirsch, Die Übertragung der Rechtsausübung, Bd. I S. 30 Anm. 1.

[62]) Die Beziehung des Subjekts eines Rechts zum Rechtsinhalt (in dieser Richtung), die Innehabung des einzelnen subjektiven Rechts, nennen wir die (konkrete) „Rechtsträgerschaft". Vgl. dazu unten S. 75 ff. in § 6.

[63]) Vielleicht auch Alleinzuständigkeit.

[64]) Vgl. oben S. 17 Anm. 35 zu § 2 und S. 17 ff.

[65]) „Vermögen" also nur im Sinne eines Inbegriffs subjektiver Rechte (der „Aktiva") verstanden, nicht als Inbegriff von Rechten und Pflichten (Verbindlichkeiten, Schulden). Die bekannte Streitfrage, ob die Rechtspflichten zum Vermögen gehören (als dessen Bestandteile), kann hier beiseite bleiben. Man wird sie wohl mit v. Tuhr (Der allgemeine Teil, Bd. I S. 324 f. § 18 IV) mit der Unterscheidung des Bruttovermögens (Summe der Aktiva) und des Nettovermögens (Aktiva und Passiva) abtun können (vgl. Wenger, Besprechung in GoldschmidtsZ. Bd. 70, 1911, S. 562, sowie auch oben S. 20 Anm. 42 zu § 2). Rechnet man die Passiva ganz allgemein mit zum „Vermögen", so würde allerdings beim „ge-

zeichnet durch die Zuständigkeit eines subjektiven Rechts (Rechtsinhalts) oder eines Vermögens an mehrere Personen gemeinschaftlich[66]), d. h. durch eine mehrheitliche Zuständigkeit (mehrfache, Mehrheitszuständigkeit)[67]) eines Rechtsinhalts. Der eine Rechtsinhalt

meinschaftlichen Vermögen" neben der Summe der gemeinschaftlichen subjektiven Vermögensrechte eine Summe gemeinschaftlicher subjektiver Pflichten stehen müssen, und beide zusammen würden erst die sog. „Vermögensgemeinschaft" (das gemeinschaftliche Vermögen) ausmachen. Aber der § 741 BGB., von dem die Lehre von der Rechtsgemeinschaft nach materiellem Recht auszugehen hat, trifft jedenfalls auf eine Gemeinschaft von subjektiven Pflichten seinem Wortlaute nach nicht zu. Es ist daher wohl berechtigt, wenn sich eine Untersuchung des materiellrechtlichen Begriffs der Rechtsgemeinschaft (der „Gemeinschaft") zunächst auf eine Gemeinschaft subjektiver Rechte beschränkt. Ob es parallel mit den Rechtsgemeinschaften (im engen Sinne) noch Gemeinschaften von Rechtspflichten, Verbindlichkeiten, Schulden gibt, und ob weiterhin eine solche „Pflichtgemeinschaft" oder „Schuldgemeinschaft" in der unserer regelmäßigen Rechtsgemeinschaft (Bruchteilsgemeinschaft) entsprechenden Form in unserem positiven Rechte vorkommt und welchen Regeln sie folgen würde, bedarf gesonderter Untersuchung, die nicht so sehr auf Grund einer Erörterung des sicherlich rechtlich zweideutigen Begriffs des Vermögens zu einem erfolgreichen Ergebnis gelangen dürfte, als vielmehr unter Berücksichtigung des Gedankens der Vermögenshaftung und des Verhältnisses von Rechtspflicht (Schuld) und Haftung. Vgl. dazu v. Tuhr, Der allgemeine Teil, Bd. I S. 121 f § 4 VIII; S. 350 ff. § 20 IV sowie Sohm, Der Gegenstand, Leipzig 1905, S. 23 ff., 41, 67, welche beide die Möglichkeit einer Schuldgemeinschaft verneinen, Sohm, weil das Vermögen kein „Gegenstand" sei, v. Tuhr von dem Begriff der Rechtspflicht aus; andererseits Gierke, Schuld und Haftung im älteren deutschen Recht, Breslau 1910 (Heft 100 seiner Untersuchungen zur deutschen Staats- und Rechtsgeschichte), S. 109 ff. über Schuldgemeinschaften und Haftungsgemeinschaften nach Anteilen, Schuldgemeinschaften und Haftungsgemeinschaften zur gesamten Hand (dazu wegen der Bedeutung dieser Untersuchungen für das heutige Recht, a. a. O., S. 115 Anm. 59 und S. 6).

[66]) Für die Bruchteilsgemeinschaft (communio pro indiviso) des gemeinen Rechts zutreffend Sintenis, Das praktische gemeine Zivilrecht, 3. Aufl., Bd. 2, Leipzig 1868, S. 722 § 122 A: „Die Gemeinschaft ist die Zuständigkeit eines Rechts nach intellektuellen Teilen für zwei oder mehrere."

[67]) Das Wort Mehrheitszuständigkeit als Zuständigkeit an eine Mehrheit ist ebenso gebildet, wie z. B. Staatsangehörigkeit als Angehörigkeit zu einem Staate, Bundesangehörigkeit, Bundestreue usw. Man könnte vielleicht auch kürzer von „Mehrzuständigkeit" sprechen, etwa wie man

ist „gemeinschaftlich" zufolge der Mehrheit von Zuständigkeitsbeziehungen (subjektiven Bezogenheiten)[68]), und darum sprechen wir, indem wir Rechtsinhalt und subjektives Recht gleichsetzen[69]), von dem „gemeinschaftlichen subjektiven Rechte".

Es handelt sich also um den gleichen Rechtsinhalt, um den gleichen Komplex rechtlicher Machtbefugnisse (z. B. den Rechtsinhalt des „Eigentums", des „Urheberrechts", des „Nießbrauchs), der — als Ganzes betrachtet — das eine Mal in Beziehung zu einem Subjekte (Alleinrecht), das andere Mal in Beziehung zu mehreren Subjekten (gemeinschaftliches Recht) tritt[70]). Das bedeutet aber, daß ein solcher Rechtsinhalt jedenfalls hinsichtlich seines

---

von einem „Mehrstimmrecht" (Pluralstimmrecht) spricht. — Der Begriff einer „gemeinschaftlichen Zuständigkeit", an den man gleichfalls denken könnte und den gelegentlich Gierke (Deutsches Privatrecht, Bd. II S. 382 § 122 II) verwendet, ist nicht recht brauchbar, weil das „Gemeinschaftliche" nicht sowohl die Zuständigkeit als vielmehr der (eine) Rechtsinhalt ist, und in seiner subjektiven Bezogenheit eben das Mehrheitsmoment zum Ausdruck kommen muß.

[68]) Das Wesen dieser Mehrheitszuständigkeit und der nähere Charakter der „Gemeinschaftlichkeit" des Rechts ist später festzustellen. Vgl. insbes. §§ 7 ff. S. 102 ff. und S. 124 ff.

[69]) Vgl. oben S. 32 Anm. 61.

[70]) Die Bedeutung des § 741 BGB. als der positivrechtlichen Grundlage aller und jeder privatrechtlichen „Gemeinschaft" subjektiver Rechte (im technischen Sinne des materiellen Rechts) liegt daher — neben dem oben (S. 28 ff.) Gesagten — darin, daß diese Vorschrift unseres Gesetzes — an sich für jedes subjektive Recht vorbehaltlich besonderer gesetzlich bestimmter Ausnahmen, einschließlich der aus der gesetzlichen Fixierung des Rechtsinhalts der einzelnen Rechte sich ergebenden Ausnahmen — neben der normalen Einzelzuständigkeit eine Zuständigkeit des subjektiven Rechts an mehrere Subjekte gemeinschaftlich überhaupt erst einmal anordnet, d. h. die Möglichkeit einer Zuteilung eines Rechts in der Weise, daß es mehreren gleichzeitig (und der Art nach gleichmäßig) in irgendeiner näher zu regelnden Form zukommt, zunächst einmal ausspricht. Indem das Gesetz aber dies tut, gibt es der dogmatischen Wissenschaft die positivrechtliche Grundlage, innerhalb dieser gesetzlich anerkannten und angeordneten zweiten Hauptzuständigkeitsform einzelne Unterarten von „Rechtsgemeinschaft" zu unterscheiden, immer aber doch nur in der Weise, daß die Wissenschaft bei ihren Versuchen der konstruktiven Erklärung einer Gemeinschaftsart die positivrechtliche Basis der mehrheitlichen Zu-

Gesamtbestandes an Einzelbefugnissen durch die Art seiner subjektiven Bezogenheit nicht berührt wird. Der Gesamtbestand an Einzelbefugnissen, der den Rechtsinhalt eines gemeinschaftlichen Rechts ausmacht, ist durchaus derselbe, wie der Gesamtbestand an Einzelbefugnissen (der Rechtsinhalt) eines entsprechenden, einer Einzelperson zustehenden subjektiven Rechts.

Wenn sonach zwar der potentielle Gehalt des einzelnen subjektiven Rechts selbst infolge der verschiedenen Art seiner Zuständigkeit keine Veränderung erleidet, so kann doch diese Verschiedenheit in der Zuständigkeit nicht ohne Einfluß bleiben auf die Struktur des subjektiven Rechts als eines Ganzen genommen. Denn die Zuständigkeit ist ebensogut Bestandteil des subjektiven Rechts wie der Rechtsinhalt (im engeren Sinne); die mehrheitliche Zuständigkeit des einen (gemeinschaftlichen) Rechtsinhalts kann aber nicht eine mehrmals gesetzte einheitliche Zuständigkeit mehrerer solcher Rechtsinhalte sein. Sonst wäre es doch eben nicht das eine

---

ständigkeit eines (gemeinschaftlichen) Rechtsinhalts festzuhalten hat (vgl. auch oben § 1 S. 6).

Damit ergibt sich von selbst die Zurückweisung der bereits in § 1 (S. 7/8) erwähnten Ansicht v. Tuhrs (Der allgemeine Teil, Bd. I S. 82/83), die Vorstellung eines „gemeinschaftlichen Rechts“ sei für die Bruchteilsgemeinschaft unzutreffend, der Gesetzgeber nehme mit diesem Ausdruck eine unverbindliche „theoretische Konstruktion“ vor. Dann wäre es also „theoretische Konstruktion“ des Gesetzgebers, wenn er für den gesetzlichen Regelfall von Rechtsgemeinschaft seine grundsätzliche Auffassung der Gemeinschaft als eines Falles mehrheitlicher Zuständigkeit eines Rechts festhält!

Im übrigen ist zu betonen (zugleich zu Binder, Die Rechtsstellung des Erben, Teil III S. 16), daß für die dogmatische Behandlung eines gegebenen Rechtsstoffes und für das Geltungsgebiet dieses objektiven Rechts die grundsätzliche Möglichkeit einer Zuständigkeit eines subjektiven Rechts an mehrere Personen gemeinschaftlich neben dem Normalfall der Einzelzuständigkeit niemals lediglich auf Erwägungen der allgemeinen Rechtslehre (insbes. über den Begriff des subjektiven Rechts) beruht, sondern stets aus positivrechtlicher Vorschrift folgt. Es kann daher — insofern unzulänglich Ferrara, Le persone giuridiche, S. 464 Anm. 1 — im Bereiche dogmatischer Untersuchungen das wirkliche Vorhandensein („realtà“) von Zuständigkeiten subjektiver Rechte an mehrere Subjekte allenfalls von „apriorischen“ Erörterungen über ihre Denkbarkeit oder Undenkbarkeit, nicht aber von einer Betrachtung ihrer positivrechtlichen Grundlage entbinden.

Recht, der eine Rechtsinhalt, der den mehreren Berechtigten zusteht. Der einzelne Mitberechtigte ist also nicht schlechthin ein Alleinberechtigter. Der Unterschied in der Art der subjektiven Bezogenheit kommt vielmehr zum Ausdruck in einer Verschiedenheit des rechtlichen Aufbaues des einheitlich zuständigen bzw. des mehrheitlich zuständigen (gemeinschaftlichen) subjektiven Rechts.

Diese auf Grund der verschiedenen Zuständigkeit veränderliche rechtliche Gestaltung des unverändert bleibenden Gesamtbestandes der Einzelbefugnisse eines bestimmten Rechtsinhaltes, der verschiedene rechtliche Aufbau des Alleinrechts einerseits, des gemeinschaftlichen Rechts[71]) andererseits, erscheint uns damit als eine ganz bestimmte Art immanenten Verbundenseins der Elemente eines subjektiven Rechts, als die jeweilige „Form", unter der sich die im Rechtsinhalt enthaltenen Einzelbefugnisse, der potentielle Gehalt des Rechts, zu dem rechtlichen Ganzen des (in den Rechtsverkehr eintretenden) einzelnen subjektiven Rechts zusammenschließen[72]).

---

[71]) In seinen verschiedenen möglichen bzw. positivrechtlich verwirklichten Arten der Gemeinschaftlichkeit.

[72]) Man könnte auch sagen: es wird durch die Verschiedenheit der Rechtszuständigkeit nicht die Qualität, der Charakter des subjektiven Rechts überhaupt, der Rechtsinhalt in seinen Bestandteilen (als Ganzes angenommen) verändert, wohl aber die „Gestaltqualität", wenn wir diesen wichtigen philosophischen Begriff in unser Rechtsgebiet übernehmen wollen. Vgl. dazu insbes. Kreibig, Die intellektuellen Funktionen, Wien und Leipzig 1909, S. 111 ff. (Literaturangaben S. 111 Anm. 1), der die Gestaltqualität als das zur „Summe der . . . Bestandteile auf Grund bestimmter Relationen sich ergebende neue Merkmal des Ganzen" definiert (S. 111) und gerade auch die Geeignetheit dieses Begriffs dafür betont, „das Verständnis des Verhältnisses der Denkkomplexe zu ihren Bestandteilen wesentlich zu fördern" (S. 113; über das Verhältnis von „Gestaltqualität" zur „Form" vgl. ebenda S. 121). — Wie die Gestaltqualität, so darf aber auch die „Zuständigkeitsform", von der unser Text im folgenden redet, nicht als ein „schaffendes Prinzip" betrachtet werden, sondern als eine „Wirkungsform des verbindenden Denkens" (vgl. Kreibig, a. a., O. S. 99 ff., 113, 121). Der Gedanke an eine Hypostasierung des subjektiven Rechts, an die Entstehung eines individuellen „Rechtskörpers" (im Sinne der naturhistorischen Methode Jherings) zufolge der Zuständigkeitsform liegt dem Texte fern und scheint uns durch die Wahl des Ausdrucks „Zuständigkeitsform" nicht erweckt werden zu müssen. Andernfalls wäre der Begriff der „Gestaltqualität" gewiß brauchbarer als der der „Form". Aber der Übertragung

Insofern die Verschiedenheit dieser Form durch die Verschiedenheit der Zuständigkeit des Rechtsinhalts vermittelt wird, können wir von den mehreren und verschiedenen „Zuständigkeitsformen“ eines subjektiven Rechts (oder Rechtsinhalts) sprechen und als die Hauptzuständigkeitsformen das in Einzelzuständigkeit[73]) an eine (phy-

---

dieses ersteren Begriffs in unser Rechtsgebiet stehen leicht erkennbare sprachliche Bedenken entgegen; von „Rechtsgestaltqualität“ zu sprechen geht nicht gut an. Dagegen scheint der Begriff der Zuständigkeitsform, richtig aufgefaßt, in geeigneter Weise auf dasjenige besondere Merkmal („Gestaltmerkmal“) des einzelnen subjektiven Rechts hinzuweisen, das sich auf Grund einer bestimmten inneren Relation der Elemente ergibt. So ist uns also die Zuständigkeitsform nur eine Denkform, und der Begriff betont in seiner sprachlichen Zusammensetzung das eine wichtige Merkmal, das mit anderen (inhaltlichen) zusammen die Besonderheiten des einzelnen subjektiven Rechts herstellt; nicht aber bedeutet etwa Zuständigkeitsform die auf Grund der Erfüllung eines rechtlichen Tatbestandes geschehende Umwandlung des nach Rechtsinhalt und Zuständigkeitsform im positiven Recht näher bestimmten möglichen subjektiven Rechts in ein „aktuelles“ Recht, das Aktuellwerden des einzelnen Gebotes der Rechtsordnung, auf dem jenes subjektive Recht beruht, insbes. das rechtliche Existentwerden eines absoluten Vermögensrechts auf Grund eines entsprechenden konkreten Entstehungs- oder Erwerbstatbestandes.

[73]) Die Einzelzuständigkeit ist der Normalfall; auf ihn sind die gesetzlichen Bestimmungen der Rechtsinstitute zugeschnitten, an ihm werden die inhaltlichen Besonderheiten der einzelnen subjektiven Rechte entwickelt. Das bedarf keines näheren Nachweises; es genügt innerhalb des BGB. ein Blick auf die Regelung der dinglichen Rechte (vgl. z. B. §§ 903, 937, 965, 1030, 1090, 1094, 1105, 1113, 1191) und auf die Regelung der Obligationen (vgl. z. B. §§ 433 ff., 498, 519 ff., 535 ff.). — Die Einzelzuständigkeit ist aber in allen diesen Fällen und überhaupt, soweit die den juristischen Personen zugänglichen subjektiven Rechte in Betracht kommen, also vor allem bei den Vermögensrechten (aber auch z. B. beim Namensrecht), regelmäßig ebensogut als Zuständigkeit an eine physische („Einzelperson“) wie als Zuständigkeit an eine juristische Person gemeint. Das zeigt sich deutlich an denjenigen Stellen, wo ausdrücklich der Sonderfall der Zuständigkeit an eine juristische Person zum Zweck einer Sonderbestimmung erwähnt und zufolge dieser Gegenüberstellung die zunächst genannte Zuständigkeit ausnahmsweise nur als Einzelzuständigkeit an eine natürliche Person gemeint ist; so z. B. in § 1061 BGB. (ähnlich Art. 749 des schweizerischen ZGB.), § 2044 Abs. 2 Satz 2 und 3 BGB.; § 25 KunstUG.; §§ 29, 32 LitUG.; § 6 Abs. 2 gegenüber §§ 2, 3 der preuß. JagdO. vom 15. Juni 07; § 3 Satz 4 gegenüber § 2 der JagdO. für die Hohenzollernschen Lande vom 10. März 02.

sische oder juristische) Person zustehende Alleinrecht und das in mehrheitlicher Zuständigkeit (an mehrere Personen) zustehende gemeinschaftliche Recht bezeichnen, welche letztere Zuständigkeitsform dann wieder Unterarten aufweisen kann.

Die verschiedenen Zuständigkeitsformen sind somit die „Zustände", sozusagen die Aggregatzustände eines und desselben subjektiven Rechts (Rechtsinhalts), die zufolge der verschiedenen Art seiner Zuständigkeit eintreten und sich mit dem Wechsel der Zuständigkeitsart wandeln[74]).

---

[74]) Aus dieser Auffassung folgt als etwas ganz Selbstverständliches, daß diejenige rechtliche Qualität des Gesamtinhalts eines subjektiven Rechts, die sich nach dem Objekt der in diesem Gesamtinhalt erteilten Rechtsmacht bestimmt und das einzelne subjektive Recht einer bestimmten Kategorie der Vermögensrechte (innerhalb der absoluten insbes. der Kategorie der dinglichen, der Immaterialgüterrechte) zuweist, durch den Wechsel der Zuständigkeitsformen unbeeinflußt bleibt, ebenso wie sie durch einen Wechsel des Einzelsubjekts (ohne Veränderung der Zuständigkeitsform) nicht berührt wird. Nach dem Gesagten ist daher der Satz Cromes (System, Bd. II S. 807 § 286 II): „Die Gemeinschaft des Eigentums ist (wie das Eigentum selbst) ein dingliches Recht" (vgl. auch Bd. III S. 432 § 421 I: „Das gemeinschaftliche Eigentum ist Eigentum im Sinne des Gesetzes, also ein dingliches Recht"), einerseits ungenau, indem darin (nach dem üblichen Sprachgebrauch) zuerst „Eigentum" als das Recht an sich (der Rechtsinhalt) ohne Rücksicht auf seine Zuständigkeitsform, sodann als Alleineigentum genommen wird, und er kommt andererseits auf eine Selbstverständlichkeit hinaus, die besonderer Hervorhebung nicht bedarf. (Darüber, daß der Satz mit Cromes eigener Auffassung vom Wesen der Bruchteilsgemeinschaft nicht recht zusammenpaßt, vgl. unten S. 143 Anm. 265 zu § 8). Ist jede Gemeinschaft des Eigentums (auch die gesamthänderische!) eine neben die Einzelzuständigkeitsform tretende zweite mögliche Zuständigkeitsform des Rechtsinhalts „Eigentum", so kann in Wahrheit die Frage nach der dinglichen oder etwa nichtdinglichen Rechtsqualität der „Gemeinschaft des Eigentums" gar nicht gesondert entstehen. — Damit ist von vornherein eine Auffassung abgeschnitten, wie die Bonellis, der (I concetti di comunione e di personalità etc., in der Rivista di diritto commerciale vol. I, 1903, parte Ia S. 285 ff. auf S. 299 ff.) aus dem Mangel der Ausschließlichkeit der Rechtsstellungen der Miteigentümer für das römische und das italienische Miteigentum den Satz ableitet, daß während der Dauer dieser Rechtsgemeinschaft überhaupt kein Eigentum an der Sache bestehe, sondern daß es in der Schwebe („in sospeso") sei; vgl. dazu unten S. 146 Anm. 272 zu § 8.

Als leitenden Grundsatz für alle Arten der Zuständigkeit eines subjektiven Rechts erkennen wir den:

Konstanz des Gesamtinhalts (nach seinen Bestandteilen) bei Wechsel der Zuständigkeitsformen.

Auf die verschiedenen denkbaren Formen mehrheitlicher Zuständigkeit bezogen, liegt hierin eine Umschreibung des Problems der Rechtsgemeinschaften de lege ferenda: In welcher näher differenzierten Art und Weise kann ein positives Recht unter Wahrung der eben genannten Maxime Formen mehrheitlicher Zuständigkeit von subjektiven Rechten (Rechtsgemeinschaftsformen) anordnen? Und auf die verschiedenen in einer bestimmten geschichtlichen Rechtsordnung enthaltenen Formen mehrheitlicher Zuständigkeit bezogen, ergibt sich für die Versuche einer rechtlichen Konstruktion dieser verschiedenen Zuständigkeitsformen der dabei unter allen Umständen festzuhaltende Grundgedanke[75]), daß die Rechtsstellungen der mehreren, dem einen Rechtsinhalt gegenübertretenden Subjekte zusammengenommen[76]) nicht „plus iuris", aber auch nicht „minus iuris" ergeben können und ergeben dürfen, als ein Alleinberechtigter dieses Rechts haben würde[77]) [78]).

---

[75]) Neben dem oben (S. 35 Anm. 70) betonten Gedanken der „Gemeinschaftlichkeit" überhaupt.

[76]) Eine rein numerische Zusammenfassung (Summierung) von Einzelrechten, insbes. von Quotalrechten, ist hiermit nicht gemeint. Vgl. unten S. 124 ff. §§ 8, 9.

[77]) Man bemerkt, wie gerade aus diesem Grundsatz in der Lehre vom Miteigentum (und der regelmäßigen Rechtsgemeinschaft überhaupt) der gemeinrechtlich wie heute noch vertretenen sog. Ungeteiltheitstheorie in ihren beiden Ausprägungen (vgl. unten S. 165 Anm. 282 zu § 8) besondere Schwierigkeiten erwachsen. Nimmt sie ein einziges Recht an, das den mehreren Mitberechtigten jedem ganz und ungeteilt zusteht (z. B. Steinlechner, Cosack), so wird sie zwar dem Grundsatz der Konstanz gerecht, da eben die mehreren Gemeinschafter auch zusammen immer nur das eine Recht mit dem einen Gesamtinhalt haben; aber dann ergibt sich die Frage, wie es vorstellbar ist, daß das eine und identische Recht (insbes. das eine Eigentum an dieser konkreten Sache) gleichzeitig (als Ganzes) ein subjektives Recht des einen und ein subjektives Recht des anderen sein kann. Scheut aber die Theorie vor dieser kaum überwindlichen Schwierigkeit zurück und nimmt sie an, daß das ungeteilte und ganze Recht jedem der mehreren Gemeinschafter als ihm eigenes (und nicht zugleich als das Recht des anderen) zusteht (so z. B. Dernburg, Scialoja, Wroblewski), so

Dieser erste und allgemeinste Grundsatz für das Verhältnis aller gemeinschaftlichen Berechtigung mehrerer zur entsprechenden Alleinberechtigung ist also, wie man erkennt, keineswegs eine Besonderheit, die auf den Umkreis unseres bürgerlichen Rechts und seiner Dogmatik beschränkt bliebe; die Rechtslogik fordert seine Anerkennung in gleicher Weise für frühere und für ausländische Rechtssysteme. Es läßt sich daher dieser Grundsatz aus den dem § 741 BGB. im wesentlichen entsprechenden gesetzlichen Formulierungen des Miteigentums und der Rechtsgemeinschaft in anderen Rechtsordnungen [79]) in ganz entsprechender Weise ableiten, ja, er

---

gelangt es zu mehreren ganzen (Eigentums- usw.) Rechten und damit in Wahrheit zur Durchbrechung des Grundsatzes, daß die mehreren Rechtsstellungen der Gemeinschafter zusammengenommen nicht plus iuris ergeben dürfen, als der Gesamtinhalt des (mehrheitlich zuständigen) Rechts im Falle seiner Einzelzuständigkeitsform darbieten würde.

[78]) Der Gedanke von der Konstanz des Gesamtinhalts bei Wechsel der Zuständigkeitsformen hat mit der Frage der Selbständigkeit des Rechtsinhalts gegenüber der subjektiven Beziehung, mit der Frage der Unabhängigkeit des Rechtsinhalts (oder des subjektiven Rechts schlechthin) von seinem Subjekte überhaupt, also mit der Frage nach der Möglichkeit subjektloser Rechte nichts zu tun. In der Literatur des gemeinen Rechts ist nicht nur bei der Miteigentumslehre, sondern auch in den Untersuchungen über das Wesen der Korrealobligationen und über die juristische Person die Hineinziehung der Frage nach der Möglichkeit subjektloser Rechte üblich. Hierzu und über das Verhältnis unseres Gedankens im Text mit dem namentlich in der Lehre der Korrealobligationen ausgebildeten Gegensatze des „objektiven Bestandes" des Rechts und der „Mehrheit der subjektiven Beziehungen" vgl. näheres im Anhang III auf S. 326 ff.

[79]) Vgl. insbes. das preußische ALR. I, 8 § 14: „Wenn das volle Eigentum über eine Sache mehreren Personen zukommt, so ist ein gemeinschaftliches Eigentum vorhanden"; I, 17 § 1: „Gemeinschaftliches Eigentum ist alsdann vorhanden, wenn dasselbe Eigentumsrecht über eine Sache oder über ein Recht mehreren Personen ungeteilt zusteht." Österreichisches ABGB. § 825 Satz 1: „So oft das Eigentum der nämlichen Sache oder ein und dasselbe Recht mehreren Personen ungeteilt zukommt, besteht eine Gemeinschaft"; § 361 Satz 1: „Wenn eine noch ungeteilte Sache mehreren Personen zugleich gehört, so entsteht ein gemeinschaftliches Eigentum". Dazu § 7 Abs. 1 Satz 1 des österreichischen Urheberrechtsgesetzes vom 26. Dez. 95: „An den von mehreren gemeinsam hergestellten Werken steht das Urheberrecht allen Miturhebern gemeinschaftlich und ungeteilt zu." (Vgl. auch § 550 Satz 1 ABGB.) Ferner das sächsische BGB. § 225: „Das Eigentum an einer Sache kann zu gleicher Zeit mehreren nicht ungeteilt, wohl aber nach

wird — wie wir sehen werden — sogar zuweilen ausdrücklich von einem Gesetzgeber ausgesprochen; und es zeigen daher auch die üblichen Auffassungen, die sich in der Wissenschaft des gemeinen Rechts und ausländischer Rechte über die Lehre vom Miteigentum und von der Gemeinschaft subjektiver Rechte finden, hinsichtlich dieser allerersten und begrifflich notwendigen Charakterisierung jeder Rechtsgemeinschaft im wesentlichen keine Abweichung voneinander[80]), wenngleich der genannte Grundsatz nirgends so formuliert und seine Bedeutung für die Stellung und die Lösung des Problems nicht immer klar erkannt wird.

---

ideellen Teilen zustehen." Über die Bedeutung des „ungeteilt" in diesen Bestimmungen, das — wie auch neuestens wieder von Saenger, Gemeinschaft und Rechtsteilung, S. 65 verkannt wird — sich auf eine qualitative Ungeteiltheit bezieht, ist an anderer Stelle zu sprechen (vgl. außerdem auch unten S. 150 Anm. 276 gegen Saenger). — Vgl. ferner Art. 392 Abs. 1 des Código civil Español vom 27. Juli 89: „Hay comunidad cuando la propriedad de una cosa ó de un derecho pertenece por indiviso á varias personas." Art. 2175 des Codigo civil Portuguez vom 1. Juli 67: „... propriedade commum é a que pertence a duas ou mais pessoas simultaneamente." Durchaus entsprechende Fassungen ferner in den verschiedenen früheren schweizerischen Kantonalrechten, insbes. Graubünden § 208; Freiburg Art. 541; Zug § 149; Glarus § 11; Luzern § 243 Abs. 1; Aargau § 456; Solothurn § 689 (vgl. dazu Huber, System und Geschichte des schweizerischen Privatrechts, Bd. III, Basel 1889, S. 140 f.) und jetzt Artt. 646 Abs. 1, 652 des neuen schweizerischen ZGB. — Diese Bestimmungen sind oft nur für das Miteigentum als den Hauptanwendungsfall aufgestellt (so z. B. in den schweizerischen Rechten), zuweilen für Gemeinschaften subjektiver Rechte überhaupt, insbes. da, wo „Eigentum" („propriété") im weiteren Sinne, als Vollrecht, verwendet wird.

[80]) Jedoch wird auch zuweilen der Gedanke des Textes und die Formulierung, daß alle Miteigentümer zusammen das (ganze) Eigentum an der Sache haben, als völlig verkehrt verworfen; das Eigentum könne, seinem Wesen nach, immer nur einer einzigen Person zustehen, und es sei daher „contradiction dans les termes", von einer „propriété appartenant à plusieurs personnes" zu reden (so z. B. de Vareilles-Sommières, De la copropriété, in der Revue critique de législation etc., 56e année, 1907, S. 530 ff., auf S. 534 ff., 536; vgl. übrigens auch unten S. 59 Anm. 121). Damit im Zusammenhang einerseits die konstruktive Auffassung der mehreren Berechtigten des einen Rechts als Kollektivperson (vgl. unten S. 57 ff. § 5), andererseits die Auffassung Perozzis und seiner Nachfolger (dazu unten S. 137 in § 8, S. 273 ff. in § 11) bzw. überhaupt die Auffassung, die beim Miteigentum Eigentumslosigkeit der Sache annimmt (vgl. S. 145 ff. und Anm. 272 zu § 8). — Wegen der

Wenn daher in unseren weiteren Untersuchungen konstruktive Auffassungen nicht nur aus der gemeinrechtlichen Doktrin und aus der Wissenschaft der deutschen Partikularrechte (namentlich des preußischen), die unserer heutigen gesetzlichen Regelung mit als Muster gedient haben, sondern vor allem auch aus der ausländischen, insbesondere der für das Problem des Miteigentums sehr ergiebigen italienischen Literatur herangezogen werden, so findet dies seine Rechtfertigung nicht nur in einem allgemeinen Moment, nämlich in der — leider in unserer deutschen Wissenschaft noch viel zu wenig anerkannten — Notwendigkeit einer Beachtung und Heranziehung der bedeutsamsten Ergebnisse der einschlägigen dogmatischen Forschung des Auslandes, einer Notwendigkeit, die für jede umfassendere dogmatische Arbeit gefordert werden sollte[81]), sondern es findet seine

Abweichung, die in den Auffassungen der Rechtsgemeinschaft als einer Kollision mehrerer ganzer Rechte liegt, vgl. bereits oben S. 40 Anm. 77 sowie unten S. 135 in § 8 und später in Teil II.

[81]) Wenn auch, wie schon an anderer Stelle (S. 6 Anm. 9 zu § 1) erwähnt, die juristische Konstruktion eines Rechtsinstituts niemals den Boden des betreffenden positiven Rechts verlassen darf, so scheinen uns doch dogmatische Untersuchungen wirklich fruchtbar und für die einheimische Rechtsanwendung und die Gesetzgebungspolitik wertvoll und förderlich werden zu können letzten Endes erst durch Vergleichung des Rechtsinstituts, seiner inländischen gesetzlichen Regelung und dogmatischen Auffassung mit der entsprechenden Rechtseinrichtung einer anderen modernen Rechtsordnung und den bedeutenderen dogmatischen Ergebnissen der ausländischen Literatur. Wir sind in diesem Punkte, in einer derartigen „Rechtsvergleichung" paralleler Rechtseinrichtungen und Heranziehung der dogmatischen Ergebnisse fremder Doktrinen, hinter anderen Nationen weit zurück, wie ein Blick in die ausländische (insbes. die italienische, schweizerische, französische) dogmatische Literatur zeigt (vgl. auch die neuesten Bemerkungen von Rabel in den Geisteswissenschaften, Bd. I, 1913/14, S. 17). Wie diese letztere in umfassendster Weise die Ergebnisse fremder dogmatischer Forschung, vor allem unserer deutschen, heranzieht und vergleichend verwertet, so sollten auch wir nicht an ihren bedeutenden wissenschaftlichen Arbeiten vorübergehen — wie dies unsere deutsche romanistische und historische Forschung schon längst nicht mehr tut — und sollten aus der „gänzlich unzeitgemäßen Isolierung" (Rabel) unserer dogmatischen Forschung heraustreten.

In unserer Materie, in der Lehre von den Rechtsgemeinschaften (und insbes. in unseren späteren Spezialuntersuchungen über die regelmäßige Rechtsgemeinschaft) hat nun die Heranziehung fremder dogmatischer

Rechtfertigung weiterhin in einem besonderen, auf das Rechtsinstitut der schlichten Rechtsgemeinschaft bezüglichen Moment. Die fremden konstruktiven Versuche nehmen nämlich gleichfalls ein auf römischrechtlicher Grundlage beruhendes, in der Hauptsache nach der gleichen Richtung wie unsere Bruchteilsmitberechtigung (nämlich nach einer von einer rein individualistischen Gestaltung wegstrebenden Richtung) fortentwickeltes[82]) Rechtsinstitut zum Gegenstande, und die grundlegenden Fragen nach dem Wesen einer gemeinschaftlichen Berechtigung überhaupt, wie solche bei der Untersuchung der einzelnen Gemeinschaftsform sich ergeben müssen,

---

Erörterungen eine doppelte Bedeutung. Soweit es sich um die Konstruktion des römisch-gemeinrechtlichen Rechtsinstituts der communio pro indiviso handelt, bedeutet die Verwertung ausländischer Arbeiten lediglich eine — wie sich jedoch zeigen wird, recht wesentliche — Vervollständigung des literarischen Standes der römischrechtlichen und gemeinrechtlichen Lehren. Nur soweit es sich um die Dogmatik der modernen ausländischen Rechte handelt, gewinnt eine Heranziehung ausländischer dogmatischer Literatur die Bedeutung einer „Rechtsvergleichung“ in dem oben genannten Sinne.

Es ist vor allem die neuere italienische Wissenschaft, die in der Frage der rechtlichen Konstruktion der Rechtsgemeinschaften dem Dogmatiker eine reiche Ausbeute liefert. Die Untersuchung der rechtlichen Struktur des römischrechtlichen wie des unserem heutigen deutschen sehr ähnlichen modernen italienischen Miteigentums (nach Bruchteilen), bildet ein Lieblingsthema der italienischen Doktrin, die die Ergebnisse der deutschen Wissenschaft des vergangenen Jahrhunderts in eingehendster und scharfsinnigster Weise kritisiert und verarbeitet. Wir werden daher in der vorliegenden Arbeit, wie bei den späteren Untersuchungen des Wesens der Bruchteilsgemeinschaft, auf die Untersuchungen der Italiener zurückzukommen haben. Wenn dabei vielleicht mehr als sonst üblich die heranzuziehenden Auffassungen der ausländischen Schriftsteller mit ihren eigenen Worten belegt werden, so war der Gedanke bestimmend, daß die Zitierung fremder und dem deutschen Leser sehr schwer zugänglicher Literatur — die deutschen Universitätsbibliotheken versagen auf diesem Spezialgebiet vollständig! — wenig Zweck hat, wenn ihm nicht zugleich die Nachprüfung dieser Zitate ermöglicht bzw. erleichtert wird.

[82]) Die Übereinstimmung mit unserem Rechte bezieht sich vor allem auf die Anerkennung des Mehrheitsprinzips für die Verwaltungs- und Nutzungsregelung. Als sehr bemerkenswerte Verschiedenheit bleibt aber die von den romanischen Rechten (insbes. auch dem italienischen) angeordnete deklaratorische Wirkung der Teilung (Gemeinschaftsaufhebung) und die daraus resultierende veränderte Auffassung der Anteilsverfügungen zu beachten.

sind so sehr allgemeiner Natur[83]) und wurzeln so sehr in den allgemeinen Grundanschauungen einer entwickelten Rechtskultur, daß die Rechtswissenschaft der verschiedenen Länder, wenn sie nach einer befriedigenden Auffassung der entsprechenden Rechtsfigur für ihr positives Recht sucht, mit Notwendigkeit gewisse gleiche grundlegende Fragen zu stellen und zu beantworten hat[84]).

§ 4. Die „Konstanz des Rechtsinhalts".

Die Gesamtheit der Gemeinschafter vereinigt, wie wir sahen, in sich stets die volle, durch den jeweils in Frage stehenden einzelnen Rechtsinhalt umschriebene und bei der „Normalformation" des Rechts einem Alleinberechtigten zustehende Rechtsmacht, mag es sich dabei im einzelnen um welche Gemeinschaftsform subjektiver Rechte auch immer handeln; die Gesamtheit der Berechtigten steht rechtlich so da (im Verhältnis zum Rechtsobjekt, insbesondere der Sache, und gegenüber Dritten)[85]) wie ein Alleinberechtigter. Daher

---

[83]) Dies hebt auch neuestens Saenger, Gemeinschaft und Rechtsteilung, S. 12, wieder hervor. Vgl. auch unten S. 107 Anm. 208 in § 7 (über den Stammlerschen zusammengezogenen rechtlichen Grundbegriff der Rechtsgemeinsamkeit).

[84]) Die Heranziehung dieser allgemeinen Erörterungen bedeutet also nicht lediglich eine Vergleichung einer von der deutschen Dogmatik angenommenen Auffassung mit rechtlichen Konstruktionen für ähnliche, aber doch im einzelnen anders geregelte Rechtsinstitute. Vielmehr ist auf jene Untersuchungen, soweit sie sich über die allgemeine Seite des Problems der Mitberechtigung verhalten, unter der gleichen Bewertung Bezug zu nehmen, unter der die neueren deutschen Untersuchungen und ganz allgemein die gemeinrechtlichen Auffassungen auf unserem Gebiete herangezogen werden, wie wir ja auch gemeinrechtliche und neuere deutsche Gedanken vielfach in den italienischen Schriften wiederfinden. — Daß im übrigen die konstruktiven Erörterungen ausländischer Schriftsteller, soweit sie in gewissen, von der positivrechtlichen Regelung unseres deutschen Instituts (der regelmäßigen Rechtsgemeinschaft) abweichenden Rechtssätzen ihren Grund haben, für uns nicht unmittelbar zu verwerten sind oder übernommen werden können, ist nach dem oben (S. 6 Anm. 9 zu § 1) Gesagten selbstverständlich.

[85]) Wenn Plathner, Über Anteilsrechte, in GruchotsBeitr. Bd. 22, 1878, S. 586 f. einerseits beim Miteigentum das Eigentum „den sämtlichen Eigentümern", der „Gesamtheit" zuspricht, und die „Gemeinschaft als ein Rechtssubjekt" oder, entsprechend den in der nächsten

ist die Vergleichung der mehreren Berechtigten mit einer einzigen Person, die wir des öfteren sowohl in gesetzlichen Aussprüchen [86]) als auch in den Darstellungen [87]) und kon-

---

Anmerkung genannten Bestimmungen des preußischen und österreichischen Rechts, als „eine Person" bezeichnen will (S. 587), andrerseits aber behauptet, daß „natürlich nicht im Verhältnis zu dritten Personen, sondern eben nur im Verhältnis zu der Sache" die Gesamtheit der Miteigentümer als eine Person zu betrachten sei und von den genannten Gesetzbüchern betrachtet würde (S. 586, 587), so ist das ein Widerspruch. Denn wenn die mehreren für die Rechtszuständigkeit „ein Rechtssubjekt" sind, so sind sie es auch im Verhältnis zu Dritten.

[86]) Vgl. z. B. für das Miteigentum Teil II Kap. II § 16 des Bayrischen Landrechts (Codex Maximilianeus Bavaricus civilis) von 1756: „Wenn eine Sach mehr Herrn zugleich hat, so werden sie zwar sammentlich für einen Mann gerechnet, . . ."; § 361 Satz 2, 1. Halbsatz des österreichischen ABGB.: „In Beziehung auf das Ganze werden die Miteigentümer für eine einzige Person angesehen"; § 828 Satz 1 desselben Gesetzes: „Solange alle Teilhaber einverstanden sind, stellen sie nur eine Person vor . . ." So insbes. auch in verschiedenen früheren schweizerischen Kantonalrechten, wie Freiburg Art. 542 (vgl. dazu unten S. 51 Anm. 96); Solothurn § 689: „Die Miteigentümer sind in Hinsicht auf das Ganze wie ein Alleineigentümer anzusehen" (bei Huber, System und Geschichte, a. a. O., S. 141). — Auch I, 8 § 18 ALR. wäre hier zu nennen, obwohl er nicht vom Miteigentum schlechthin spricht, sondern von dem Falle des geteilten Eigentums und der Verfügung über das volle Eigentum (vgl. dazu besonders Göppert, Beiträge zur Lehre vom Miteigentum nach dem preußischen Landrecht, Halle 1864, S. 24 ff., sowie den oben S. 79 Anm. 79 und unten S. 150 Anm. 276 zu § 8 berührten Irrtum Saengers). — Vgl. auch noch Teil IV Kap. I § 21 des bayrischen Landrechts von 1756 für die Korrealobligation: „Wenn zwey oder mehr Paciscenten auf einer Seit gleichsam für einen Mann stehen, . . ." und § 550 Satz 1 des österr. ABGB.: „Mehrere Erben werden in Ansehung ihres gemeinschaftlichen Erbrechts für eine Person angesehen."

[87]) Es braucht kaum gesagt zu werden, daß hier wie in allen folgenden Erörterungen eine erschöpfende Zitierung der Vertreter der verschiedenen Theorien in keiner Weise beabsichtigt ist; es werden, dem Zwecke dieses ersten Teils unserer Arbeit gemäß, nur die Hauptvertreter genannt und Schriftsteller, deren Auffassung uns von dem Gedankengang unserer Arbeit zu weit abführen würden, vorläufig beiseite gelassen.

[88]) Wenn dies in der älteren gemeinrechtlichen Lehre häufig durch den Gedanken an eine „moralische" Person im Sinne des Naturrechts ausgedrückt wurde, so war damit ein prägnanter rechtlicher Begriff nicht gewonnen und letzten Endes nichts anderes als eine Zusammenfassung mehrerer Individuen gemeint (vgl. z. B. Nettelbladt, Systema

struktiven Untersuchungen einer Rechtsgemeinschaftsform der älteren[88]) und der neueren deutschen[89]) und ausländi-

elementare universae iurisprudentiae naturalis, Halae Magdeburgicae 1785, § 83: „plura individua humana simul sumta moralem personam constituunt", und vor allem die durchaus der im Text genannten Vergleichung entsprechende Charakterisierung in § 84: die mehreren Individuen seien „pro una persona habenda". Vgl. etwa auch Dabelow, System des gesamten heutigen Zivilrechts, Bd. I, Halle 1796, § 135: „mehrere Menschen stellen eine Person vor". (Zum Begriff der moralischen Person überhaupt vgl. Gierke, Deutsches Privatrecht, Bd. I S. 462 § 58 IV; S. 668 Anm. 23 zu § 80 und vor allem neuestens Das deutsche Genossenschaftsrecht Bd. IV, Berlin 1913, bes. S. 378 ff., 415 ff. § 16.) In den Formulierungen für das römisch-gemeinrechtliche Miteigentum bedeutet daher der Hinweis auf eine moralische Person oft nur eine Vergleichung der mehreren Berechtigten in ihrer Rechtsstellung mit einer einzigen Person (in anderen Fällen dagegen eine wirkliche rechtliche Konstruktion; Gierke, Deutsches Privatrecht, Bd. I S. 668 Anm. 23 zu § 80 unterscheidet nicht; vgl. auch unten S. 64 Anm. 129 zu § 5); so namentlich (anders v. Gierke, Das deutsche Genossenschaftsrecht, Bd. IV S. 426 und Anm. 175) bei Chr. Wolff, Institutiones iuris naturae et gentium, Halae Magdeburgicae 1754, § 196: „quamobrem cum dominus sit persona moralis (d. h. gemäß dem herangezogenen § 96: da man Eigentümer nicht qua leiblicher Mensch, sondern qua Rechtsperson ist), in communione positiva plures coniunctim spectantur, tanquam una persona et de ipsis coniunctim valent, quae de domino praedicantur"; sowie ohne Hinweis auf eine moralische Person in § 330: „cum in communione positiva omnes coniunctim sint dominus rei indivisae (§ 196), . . ." (Die gewöhnliche Rechtsgemeinschaft heißt in der Sprache des Naturrechts communio positiva im Gegensatz zur communio negativa als derjenigen, „in qua res communes sunt nullius", und die insbes. die „communio primaeva" in sich faßt; vgl. z. B. Wolff, l. c., §§ 191, 186.) In jedem Falle behielt aber der Begriff der persona moralis, da er „zur abgekürzten Bezeichnung für eine irgendwie gemeinschaftlich berechtigte oder verpflichtete Summe von Individuen" herabgesunken war, „nur nach außen hin einen technischen Wert, indem er es ermöglichte, mehrere Personen in bezug auf eine ihnen gemeinsame Sphäre Dritten gegenüber wie eine Person zu behandeln"; dagegen war er für die Frage der Rechtszuständigkeit des gemeinschaftlichen Rechts (des Miteigentums) im ganzen, also insbes. „nach innen . . . unverwertbar, weil diese Einheit, wenn sie wirklich nichts als eine Summe war, notwendig wiederum in eine Vielheit aufgelöst werden mußte, damit in ihr Rechtsverhältnisse denkbar würden" (v. Gierke, Das deutsche Genossenschaftsrecht, Bd. IV S. 425). — Des weiteren gehört hierher der meines Erachtens zu Unrecht in der Theorie des römisch-gemeinrechtlichen Miteigentums allgemein (z. B. von Steinlechner, a. a. O., Teil I S. 32 Anm. 4; Segrè,

schen[90]) Doktrinen finden, stets nicht mehr als eine zur Verdeutlichung dienende Phrase und eben in der Regel nur als

---

Sulla natura della comproprietà in diritto romano, in der Rivista italiana vol. VI, 1888, S. 395 Anm. 134; Luzzatto, La comproprietà etc., Torino 1908, S. 27 Anm. 1) als erster Vertreter einer Theorie der juristischen Person beim Miteigentum in Anspruch genommene Langsdorff (dessen Namen übrigens wiederum meistens, so auch bei Steinlechner, Segrè, Luzzatto, Bonfante — vgl. unten S. 66 Anm. 131 zu § 5 a. E. — als „Langdorff" wiedergegeben wird, und dessen Abhandlung überdies nach sonstigem Brauche mit dem Namen des Praeses des Collegium Senckenberg — als des wahren Verfassers; vgl. hierzu allgemein Stintzing, Geschichte der deutschen Rechtswissenschaft, Bd. II, München und Leipzig 1894, S. 27 f. sowie in der Dissertatio selbst S. 1/2, 38/9 — zu bezeichnen wäre). Der in dieser Abhandlung Senckenbergs (Respondent: Langsdorff) mit dem Titel: Dissertatio iuridica qua primas lineas condominii pro indiviso sive ganerbiatus, derer Gemeinds - Herrschafften ad mores germaniae hodiernas etc. (Goettingae 1736) sich findende (übrigens in der Literatur regelmäßig unvollständig wiedergegebene) Satz in cap. I § 6, der eine Charakterisierung des dominium plurium überhaupt geben will, unter welches dann auch die deutschrechtlichen gesamthänderischen Rechtsfiguren (die er unter Annahme ideeller Anteile, also gerade nicht in dem damals üblichen Sinne eines dominium plurium in solidum konstruiert) fallen sollen, lautet: „Addidi esse Dominium *plurium*, neque enim Dominium hic est Ius excludendi alios, sed omnes intuitu tertii cuiusdam, personam quandam moralem constituunt, inter se vero ut socii versantur, quorum quisque partem suam alteri communicat." Berücksichtigt man, daß im Verlaufe der ganzen Dissertation der Gedanke, daß alle Gemeinschafter zusammen Dritten gegenüber als eine Art moralischer Person dastehen, nicht wieder berührt wird (vgl. auch Duncker, Das Gesamteigentum, Marburg 1843, S. 8) und beachtet man den Schluß des Satzes sowie die Ausführungen in cap. I § 6 a. E., cap. II § 1 Satz 4, so wird man in der Verwertung dieses Gedankens nichts mehr als eine erläuternde und erklärende Vergleichung finden können und keineswegs eine bestimmte rechtliche Konstruktion des Miteigentums, etwa zu dem Zwecke (so anscheinend v. Gierke, a. a. O., Bd. IV S. 584 Anm. 89), die Gebundenheit der Anteile der Gesamthänder zu erklären. — Auch sonst haben wir in den älteren Darstellungen gesamthänderischer Rechtsgemeinschaften (des deutschrechtlichen Gesamteigentums) die bloße Vergleichung der mehreren Gemeinschafter mit einer einzigen Person; vgl. etwa die bei Duncker, a. a. O., S. 86 wiedergegebenen beiden Stellen, in denen es für den Fall der Gesamtbelehnung heißt, daß die „coniunctim investiti . . . velut pro una persona habebantur" bzw. „pro una habeantur persona". Vgl. ferner die Nachweise bei Gierke,

solche gemeint und zu verstehen; sie dient als erklärende Umschreibung für eine bestimmte Gemeinschaftsform oder, genauer betrachtet, nur als Umschreibung des Gemeinschaftsproblems überhaupt und besagt nicht mehr als unsern Satz von der Konstanz des (Gesamt-) Rechtsinhalts bei Wechsel der Zuständigkeitsformen, insbesondere im Verhältnis der Form einheitlicher zu der mehrheitlicher Zuständigkeit. Mehr kann auch die in den dogmatischen Erörterungen über das römisch-gemeinrechtliche Miteigentum beliebte Wendung von der unitas personae[91]) nicht bedeuten; sie kann die „Einheit der Rechtsstellung"[92]) der mehreren Mitberechtigten (insbeson-

---

Deutsches Privatrecht, Bd. II S. 378 Anm. 8 zu § 122. Erst die späteren Schriftsteller (zuerst Hasse, Beitrag zur Revision der bisherigen Theorie von der ehelichen Gütergemeinschaft, Kiel 1808, S. 91 ff.) verwandten die Vorstellung von der moralischen Person nicht lediglich als erläuternde Erklärung, sondern als kunstruktive Lösung im Sinne einer juristischen Person als des Rechtsträgers beim Gesamteigentum; vgl. dazu unten S. 66 Anm. 131 zu § 5 sowie Göppert, Beiträge zur Lehre vom Miteigentum usw., S. 26, und neustens v. Gierke, Das deutsche Genossenschaftsrecht, Bd. IV S. 561 ff. § 19 III.

[89]) Vgl. z. B. Binder, Rechtsstellung des Erben, Bd. III S. 64: „Die Rechtsstellung der Miteigentümer in ihrer Gesamtheit ist identisch mit der des Alleineigentümers . . ."; v. Tuhr, Der allgemeine Teil usw., Bd. I S. 358 § 20 VIII: „Das Gesamtvermögen hat mehrere Subjekte; alle zusammen haben zum Gesamtvermögen die Stellung, welche im normalen Fall dem Einzelsubjekt zukommt"; auch S. 356 Anm. 28.

[90]) Vgl. z. B. für das Miteigentum Luzzatto, La comproprietà nel diritto romano, Torino 1908, S. 17: „*Nella comproprietà . . . la collettività dei comunisti si comporta riguardo alla cosa come nella proprietà solitaria si comporta rimpetto alla cosa il singolo*", jedoch mit unzutreffender Verwendung dieser Vergleichung als Grundlage seiner Konstruktion (vgl. unten S. 56 Anm. 114 zu § 4); ferner Ramponi, Della comunione etc., S. 9 f.; Ferrara, Le persone giuridiche, S. 462: „Tutti i comproprietari . . . rappresentano nel loro insieme il diritto integro sulle cose comuni, e perciò si comportano nell' istesso modo d'un solo proprietario"; Carnelutti, Personalità giuridica e autonomia patrimoniale etc., in der Rivista del diritto commerciale, anno XI, 1913, parte I a S. 105/6: „. . . identità di situazione, rispetto alla cosa . . . del singolo e del gruppo."

[91]) Sie schließt sich insbes. an L. 4 § 7 D. 10, 1 an.

[92]) „persona" heißt sehr oft so viel als „Rechtsstellung"; vgl. z. B. L. 1 § 4 D. 45, 3; L. 7 § 5 D. 34, 3; L. 34 D. 41, 1. Vgl. dazu Ferrara, a. a. O., S. 322. Dieselbe Bedeutung in L. 4 § 7 D. 10, 1: Si communem

dere nach außen) betonen, nicht aber die „Personeneinheit“ im Sinne eines für die Rechtszuständigkeit maßgebenden

---

fundum ego et tu habemus, unius loco habemur. Abweichend namentlich Steinlechner, a. a. O., Teil I S. 131 ff., der diese unitas personae als ungeteilte Einheit des Rechtsverhältnisses mit mehrfacher subjektiver Beziehung auffaßt; gegen ihn ausführlich Segrè, Sulla natura etc., in der Rivista italiana vol. VIII, 1889, S. 168, 223 ff., ferner die von Gradenwitz und Segrè, a. a. O., S. 223 als Justinianische Interpolation erkannte Formel in L. 34 pr. D. de leg. I: coniuncti unius personae potestate funguntur. — Über die „unitas personarum“ bei der Korrealobligation und gegen frühere vereinzelte Auffassungen (z. B. von Hertius, Brackenhöft), wonach die mehreren Gläubiger bzw. Schuldner gegenüber der einen Obligation ebenfalls zu einer Person (una eademque persona) verbunden zu denken wären (also ganz entsprechend der älteren Vorstellung für das gemeinschaftliche Eigentum, die Personeneinheit und solidarisches Miteigentum verband; vgl. Gierke, Deutsches Privatrecht, Bd. II S. 378 Anm. 8 zu § 122), und über die eine solche Auffassung nahelegende L. 9 pr. D. 2, 14 vgl. Helmolt, Die Korrealobligationen, Gießen 1857, S. 160 ff. (Eigentumsgemeinschaft und Korrealobligation werden bekanntlich sehr oft auf gleiche Linie gestellt, insbes. von den Vertretern der Ungeteiltheitslehre beim Miteigentum, die mit der sog. Einheitstheorie bei den Korrealobligationen den Grundgedanken gemein hat; vgl. z. B. Barth, Der Grundbegriff der rechtlichen Teilung, Regensburg 1850, S. 30; Windscheid in der Kritischen Überschau Bd. I, 1853, S. 181 f. und Bd. VI, 1859, S. 219; Steinlechner, a. a. O., Teil I S. 116 ff. Vgl. aber hiergegen unten im Anhang III auf S. 326 ff. Wegen der Verwandtschaft der Ungerschen Auffassung von der Korrealobligation in JheringsJ. Bd. 22, 1884, S. 207 ff. und Bd. 25, 1887, S. 239 ff. mit der „Personeneinheit“ in Barths Miteigentumslehre vgl. auch Segrè, a. a. O., S. 169 Anm. 236.) — Daß der Gedanke der Personeneinheit für die Erklärung des Verhältnisses zwischen dem Vater und dem filius familias „in seiner Unbestimmtheit“ ganz ungeeignet und die Bezeichnung als „unitas personae“ in diesem Fall „durch eine nicht hierhergehörige Phrase Justinians veranlaßt“ (Puchta, Pandekten, 12. Aufl., Leipzig 1876, § 432; nämlich durch L. 11 C. 6, 26), ist kaum mehr zweifelhaft; vgl. dazu insbes. Arndts, Lehrb. der Pandekten, 13. Aufl., Stuttgart 1886, § 435 Anm. 1; auch Segrè, a. a. O., a. a. O., vol. VIII S. 168, 223.

Der Wert der Phrase von der „unitas personae“ für die rechtliche Konstruktion ist also, wie man sieht, ein recht zweifelhafter; er wird dadurch noch geringer, daß diese Wendung in den Quellen einen verschiedenen und oft recht dunklen Sinn hat und überdies in einzelnen Stellen (insbes. in L. 34 pr. D. de leg. I; L. 9 pr. D. 2, 14) stark interpolationsverdächtig ist; vgl. darüber eingehend Segrè, a. a. O., vol. VIII S. 222 ff. Darüber, daß schon von der mittelalterlichen Theorie die

Einheitsfaktors ausdrücken [93]). Daher läßt sich weder aus derartigen harmlosen[94]) und überflüssigen[95]) Rechtssätzen ein Anhalt für eine bestimmte rechtliche Konstruktion einer einzelnen Gemeinschaftsform[96]) oder gar für eine einheitliche

Wendungen von der unitas personae im Sinne kollektiver Einheit verstanden wurden, vgl. Gierke, Das deutsche Genossenschaftsrecht, Bd. III, Berlin 1881, S. 40 Anm. 15.

[93]) So handelt es sich namentlich in L. 4 § 7 D. 10, 1 wohl um eine aktionenrechtliche und nicht um eine materiellrechtliche Frage und Begründung; vgl. dazu Heinsheimer, Zweiparteienprinzip in Prozeß und Vollstreckung usw., in der Festschrift für Adolf Wach, Leipzig 1913, Bd. III S. 125 ff. auf S. 151 (= S. 23); aber auch F. S. Bianchi, Corso di codice civile italiano, vol. IX 1, Torino 1895, S. 926 ff.: Die Begründung der Quellenentscheidung mit dem Gedanken der „unitas personae" sei eine Spitzfindigkeit („sottigliezza"), und für das italienische Recht passe jener Gedanke keinesfalls.

[94]) Bzw. nicht materiellrechtlich gemeinten und insofern für die Frage der rechtlichen Konstruktion nicht relevanten Vorschriften.

[95]) Zu ihnen zählt aber z. B. nicht Art. 1 Abs. 2 des bayr. G., die Abmarkung von Grundstücken betr., vom 30. Juni 00. Wenn hier ein öffentlichrechtlicher Abmarkungszwang für die Eigentümer von Grundstücken innerhalb eines gewissen Komplexes bei Verlangen einer bestimmten qualifizierten Mehrheit normiert ist und Abs. 2 dann sagt: „Bei Berechnung der Mehrzahl werden die Miteigentümer eines und desselben Grundstücks für eine Person gezählt", so hat diese Bestimmung natürlich eine ganz andere Bedeutung, als jene oben genannten Gesetzesstellen aus der Materie des Miteigentums, und besagt lediglich, daß die Stimmenmehrheit sich nach Grundstücken und nicht nach Eigentümern berechnen soll. Ähnlich die Bestimmungen in einzelnen Gerichtskostengesetzen, wenn für die Berechnung der Gebühren für Grundbuchseinsichten, Auszüge usw. gesagt wird: „Miteigentümer gelten hierbei als eine Person", „als ein Eigentümer"; oder: „Im Sinne dieser Bestimmungen gelten Grundstücke, welche ... Miteigentümern gehören, als Grundstücke eines Eigentümers." Vgl. z. B. badisches Kostengesetz vom 24. Sept. 08 §§ 93 Abs. 2; 116 Abs. 1 Satz 2; elsaßlothringisches Gerichtskostengesetz vom 6. Dez. 99 §§ 74, 75 Abs. 1 Satz 2.

[96]) Das zeigt deutlich die Bestimmung des Art. 542 des früheren code civil des schweizerischen Kantons Freiburg, der als nähere Erklärung der Definition des Miteigentums (vgl. oben S. 46 Anm. 86) folgendes besagt: „Lorsqu'il s'agit de l'ensemble de la chose indivise, les copropriétaires sont envisagés comme une seule personne; mais lorsqu'il s'agit de la part qui appartient à chacun d'eux en particulier, ils sont envisagés comme autant de personnes distinctes." Das heißt also: Je nach dem verschiedenen rechtlichen Standpunkt Einheit (Gesamtheit) oder Vielheit. Was ist mit einer solchen Feststellung für die

Auffassung aller möglichen Gemeinschaftsformen eines positiven Rechts entnehmen (insbesondere etwa für die Annahme einer durch die Miteigentümer gebildeten juristischen Person)[97]), noch ist mit einer solchen Feststellung, wenn sie

---

rechtliche Konstruktion, insbes. für die Frage nach der Auffassung der Rechtszuständigkeit gewonnen? Vgl. dazu auch die Auffassung von F. S. Bianchi und Ramponi und ihren Vorgängern unten S. 60 Anm. 123 zu § 5.

[97]) Unzutreffend daher, wenn Konopak, Institutionen des römischen Rechts, Halle 1807, S. 132 § 201 sich zur Begründung der Annahme einer moralischen Person als des Rechtsträgers beim condominium auf L. 4 § 7 D. 10, 1 („unius loco habemur") beruft; unzutreffend, wenn Diez, Zur Lehre vom Miteigentum usw., Leipzig 1888, für seine Auffassung einer beim Miteigentum als Rechtsträger vorhandenen „Personeneinheit" (S. 11, 15/16, 52) die „unitas personae" als quellenmäßigen Beweis heranzieht (S. 15, 16, 52, 58); unzutreffend, wenn v. Zeiller, Kommentar über das ABGB., Wien und Triest, Bd. I, 1811, S. 121 und Schuster, Theoretisch-praktischer Kommentar über das ABGB., Bd. I, 1818, S. 341 f. für das österreichische Recht aus den §§ 361, 828 (vgl. oben S. 46 Anm. 86) für das Miteigentum die Annahme einer juristischen Person begründen wollen (vgl. hiergegen Unger, System des österreichischen Privatrechts, 5. Aufl., Bd. I, Leipzig 1892, S. 322 Anm. 21 zu § 42; Ferrara, Le persone giuridiche, S. 458). Unzutreffend ferner die rechtliche Bewertung der genannten Bestimmungen des österreichischen Rechts bei Gierke, Deutsches Privatrecht, Bd. II S. 379 Anm. 12 zu § 122 (als Ausdruck des Gesamthandprinzips); bei F. S. Bianchi, Corso di codice civile italiano, vol. IX 3, Torino 1900, S. 810 f., 849, 892/3, der diese Bestimmungen geradezu als (maßgebende) theoretische Konstruktion des Gesetzgebers („enunciazione di semplice teoria", S. 810; „dichiarazione meramente dottrinale", S. 811) bezeichnet, und bei Ramponi, Della comunione etc., S. 10, 34/35, letztere beide im Sinne einer Zuständigkeit an die „Gesamtheit" der Teilhaber „quasi come rappresentanti una sola persona" (Bianchi, a. a. O., S. 849), sowie der Bestimmungen des österreichischen und des preußischen (vgl. oben S. 46 Anm. 86) Rechts bei Plathner (vgl. oben S. 45 Anm. 85), des § 361 österr. ABGB. (als Ausdruck des Prinzips der gesamten Hand) bei v. Schuster-Bonnot, Die Spuren des Gedankens der gesamten Hand usw., in der Festschrift zur Jahrhundertfeier des allgemeinen bürgerlichen Gesetzbuchs, Bd. II, Wien 1911, S. 953 ff. auf S. 958. Unzutreffend schließlich neuerdings Saenger, Gemeinschaft und Rechtsteilung, S. 68, 71, soweit er in der oben (S. 46 Anm. 86) angeführten Bestimmung des Kantonalrechts von Solothurn und in § 361 ABGB. die Auffassung ausgesprochen finden will, daß die Sache der Gesamtheit als solcher zukomme. — Zutreffend andererseits z. B., trotz der Auffassung einer Zuständigkeit des ganzen Rechts an „alle zusammen", in diesem Punkte Krainz-Pfaff-

innerhalb der dogmatischen Bearbeitung eines bestimmten positiven Rechts getroffen wird, für die rechtliche Konstruktion einer einzelnen Gemeinschaftsform bereits ein endgültiges Ergebnis gewonnen. Zu beachten bleibt vor allem, daß die erwähnte Phrase durchaus im Dunkeln läßt, ob die Vergleichung der mehreren Mitberechtigten mit einer einzelnen Person sich auf die Rechtszuständigkeit oder auf die Rechtsausübung beziehen soll [98]). Selbst wenn man sie also dahin verstehen will, daß die mehreren Gemeinschafter für gewisse Rechtsausübungen (insbesondere gegenüber Dritten) zusammenwirken müßten, um einheitlich, gewissermaßen als eine Person aufzutreten, so wäre die Frage der rechtlichen Struktur der Gemeinschaftsform damit noch nicht entschieden. Denn es ist unzweifelhaft, daß auch eine solche Auffassung die Möglichkeit einer Zuständigkeit des Rechts an die mehreren Gemeinschafter als einzelne Personen gedacht (also an die „Mehrheit", nicht an die „Gesamtheit" im Sinne einer Einheit) [99]) [100]), insbesondere eine Zuständigkeit „nach

---

Ehrenzweig, System des österreichischen allgemeinen Privatrechts, Bd. I, Wien 1913, S. 538 § 193, wenn er sagt, daß nach §§ 361, 828 ABGB. die Miteigentümer alle zusammen nur „gewissermaßen" für eine Person gelten.

[98]) In letzterem Sinne z. B. — im Gegensatz zu andern insoweit unklaren gesetzlichen Bestimmungen — Art. 2176 zweiter Halbsatz des portugiesischen Zivilgesetzbuchs: „. . . o proprietario em commum, consorte ou com-proprietario, exerce, conjunctamente com os outros seus consortes, todos os direitos que pertencem ao proprietario singular . . .", und so setzt z. B. Kayser, Dissertatio iuridica de communione incidente (Respondent: Schmol dictus Eysenwerth), Gissae 1719, § XXI ausdrücklich die Zuständigkeit und die Rechtsausübung einander gegenüber und bezieht die rechtliche Gleichstellung aller Berechtigten zusammen mit einem Alleinberechtigten gerade nur auf die Rechtsausübung: „dominium enim rei communis *qua communis* apud quemcunque condominorum pro indiviso est, eiusque exercitium condominis competit, ut universis, coniunctim, simul et complexive." — Vgl. auch z. B. RG. in GruchotsBeitr. Bd. 56, 1912, S. 936: Das Gesellschaftsvermögen bei der offenen Handelsgesellschaft sei „für die Zwecke der Gesellschafter dergestalt zusammengefaßt", „daß nur die sämtlichen Gesellschafter, die als eine mit einem Willen ausgestattete Einheit zu denken sind, darüber verfügen (!) können: sog. Gemeinschaft zur gesamten Hand."

[99]) Daß „Rechtszuständigkeit und Rechtsausübung nicht auseinanderfallen können" (Binder, Problem der juristischen Persönlich-

ideellen Anteilen" (so vor allem beim Miteigentum), durchaus offen hält [101]).

Der bloße Ausspruch, das eine Recht (der eine Rechtsinhalt) oder das eine Vermögen (die Summe von Rechten) stehe „allen Gemeinschaftern zusammen" [102]), den „sämt-

---

keit, S. 56; vgl. auch S. 82), ist eine von der herrschenden Auffassung des subjektiven Rechts aus unhaltbare These. Daher ist der Schluß von einer in der Rechtsausübung hervortretenden (zusammenfassenden) Einheit mehrerer Berechtigter auf ihre Einheit als Rechtsträger ebensowenig zulässig als der Schluß von der Einheit einer (mehreren Personen gemeinschaftlichen) Willensmacht auf die Einheit des Subjekts. Das ist wichtig festzustellen gegenüber den Kollektivpersonentheorien im Gebiete der Rechtsgemeinschaften, bei denen jene Schlußfolgerungen meist den grundlegenden Irrtum bilden. Vgl. dazu S. 58 Anm. 119 sowie (gegen Binders Satz) Hölder, Das Problem der juristischen Persönlichkeit, in JheringsJ. Bd. 53, 1908, S. 70, und zu der Unterscheidung von Rechtszuständigkeit und Rechtsausübung überhaupt Hirsch, Die Übertragung der Rechtsausübung, Bd. I.

[100]) Vgl. dazu auch die oben S. 51 Anm. 96 wiedergegebene Bestimmung des Freiburger Kantonalrechts.

[101]) Vgl. z. B. Wolff, Institutiones etc., § 196: „Quodsi pluribus coniunctim in re indivisa pro rata dominium competit, communio positiva vocatur", und wörtlich ebenso § 254, sowie ferner § 692, der nur den Hinweis auf eine Teilung „pro parte", aber nicht den Hinweis auf das „coniunctim" enthält. Daß Wolff in §§ 196, 254 nicht eine Zuständigkeit des einen Rechts einmal an die Gesamtheit, zum andern an die einzelnen nach ideellen Anteilen meint, wie eine solche heute wieder verschiedentlich behauptet wird (vgl. dazu unten S. 60 Anm. 123 zu § 5), scheint mir unzweifelhaft.

[102]) Für Miteigentum so z. B. v. Seeler, Die Lehre vom Miteigentum nach römischem Recht, Halle 1896, S. 2; auch schon Zachariae, Handbuch des französischen Zivilrechts, Heidelberg 1808, Bd. I S. 107 f. § 73: „Das Wesen des Miteigentums besteht darinne, daß allen Miteigentümern zusammengenommen, in Beziehung auf einen jeden Dritten, das auszuschließende (sic!) Eigentum an der Sache zusteht, . . ." Vgl. ferner F. S. Bianchi, Corso di codice etc., vol. IX 3 S. 773 „La proprietà della cosa . . . appartiene . . . à tutti i participanti colletivamente considerati . . ."; ähnlich S. 849 und sonst öfters, z. B. S. 850: „collettivamente à tutti insieme"; Krainz-Pfaff-Ehrenzweig, System usw., Bd. I 538 § 193. — Für gesamthänderische Rechte so die herrschende Lehre des deutschen, insbes. auch unseres heutigen Rechts, deren Hauptvertreter neuestens Schnell, Die Quotenfrage bei der offenen Handelsgesellschaft, Marburg 1913, S. 7, aufführt; vgl. außer den dort genannten insbes. zum Text Enneccerus in seinem Lehrbuch des Bürgerlichen Rechts (mit Kipp und Wolff) Bd. I 1, 9. bis 11. Aufl. 1913, S. 172 § 69 und Anm. 6; Bd. I 2, 9.—11. Aufl. 1914,

lichen Teilhabern"[103]), der „Summe der sämtlichen Personen"[104]), der „Gesamtheit"[105]), der „Totalität" der Gemeinschafter[106]), den „vereinigten" Gemeinschaftern[107]), den Gemeinschaftern „in ihrer Zusammenfassung"[108]), „in ihrer Verbundenheit zu einem Ganzen"[109]) zu, kennzeichnet also die (mehrheitliche) Rechtszuständigkeit bei einer Gemeinschaftsform nicht ausreichend[110])[111]). Er trifft, richtig verstanden,

---

S. 258 und Anm. 3 zu § 312, 6.—8. Aufl. 1912, S. 484 § 396; v. Tuhr, Der allgemeine Teil usw., Bd. I S. 80ff. § 3 III, S. 352 § 20 V; auch Ferrara, Le persone giuridiche, S. 476: „tutti nel loro insieme".

[103]) Z. B. Plathner, Über Anteilsrechte, in GruchotsBeitr. Bd. 22 S. 586 f.; Diez, Zur Lehre vom Miteigentum usw., S. 11.

[104]) Z. B. Diez, a. a. O., S. 8, 11, 41.

[105]) So namentlich die Vertreter der herrschenden Lehre der gesamthänderischen Rechtsgemeinschaften (vgl. auch unten S. 62 ff. in § 5), ferner auch schon Unger, Personengesamtheit und offene Handelsgesellschaft, in JheringsJ. Bd. 25, 1887, S. 239 ff. — Für das Miteigentum z. B. Plathner in GruchotsBeitr. Bd. 22 S. 586 und neustens wieder Saenger, Gemeinschaft und Rechtstellung, S. 118; ferner häufig die italienische Doktrin, die auf diesem Gesichtspunkt (die „colletività" dei condomini, dei partecipanti) in der Lehre vom Miteigentum großes Gewicht legt; vgl. z. B. Manenti, Concetto della communio etc., in Il Filangieri anno XIX, 1894, S. 321 ff. (insbes. 329, 331, 336) und S. 492 ff. (insbes. 494 ff., 497, 500, 506/07); F. S. Bianchi, a. a. O., z. B. S. 810/11, 1026, 1027; Ramponi, a. a. O., S. 7 ff., 34/35. Vgl. hierzu unten S. 60 Anm. 123 zu § 5 und besonders Luzzatto in seinen beiden bereits genannten Schriften (vgl. demnächst S. 56 Anm. 114).

[106]) Z. B. Unger, a. a. O., S. 251, 254, 255.

[107]) Z. B. Unger, a. a. O., S. 258; RG. Bd. 56 S. 209.

[108]) So z. B. RG. Bd. 54 S. 280; Bd. 56 S. 209; Staub-Könige, Kommentar zum Handelsgesetzbuch, 9. Aufl., Bd. I, Berlin 1912, S. 467 Anm. 8 zu § 105 mit zahlreichen Zitaten.

[109]) Z. B. Unger, a. a. O., S. 254, 260.

[110]) Insbes. auch dann nicht, wenn neben der Zuständigkeit des ganzen Eigentums an die Gesamtheit eine (gleichzeitig vorhandene) Zuständigkeit von Teileigentumsrechten an die einzelnen Teilhaber behauptet wird, wie z. B. von Zachariae, F. S. Bianchi, Ramponi u. a. (Vgl. dazu bereits oben S. 51 Anm. 96, sowie unten S. 60 Anm. 123 zu § 5.) Im Text kommt dieser Gesichtspunkt einer doppelten Zuständigkeit vorläufig nicht in Betracht, da einstweilen nur der Wert des Prinzips der Konstanz des Rechtsinhalts für die juristische Konstruktion in Frage steht.

[111]) Dies gilt auch insoweit, als sich eine solche Phrase innerhalb der Untersuchungen über das Miteigentum nicht als Konstruktion der ganzen Rechtsfigur, sondern als Erklärung für die Zuständigkeit

für jede Art von Rechtsgemeinschaft zu [112]) und führt uns über unsern Fundamentalsatz von der „Konstanz", als die Umschreibung des Problems aller Rechtsgemeinschaft, nicht hinaus. Die Bedeutung jener Aussprüche beschränkt sich vielmehr für die Frage der Rechtszuständigkeit auf die reine Negative, daß im Falle dieser oder jener Gemeinschaftsform der einzelne Teilhaber das ganze Recht nicht für sich allein hat [113]), und geht lediglich dahin, daß die mehreren Gemeinschafter dem einen Rechtsinhalt nicht schlechthin als eine einzige Person, sondern als eine Vielheit von Personen gegenübertreten. Hier aber beginnt eben erst die eigentliche konstruktive Frage: In welcher Weise kommt diese Vielheit in der Rechtszuständigkeit zum Ausdruck, welche Bedeutung hat das Moment der Personenmehrheit für die Struktur des einzelnen subjektiven Rechts? [114])

---

einzelner Befugnisse des Rechtsinhalts vorfindet, die man nicht als „bruchteilmäßig geteilt" zuständig sein lassen will; vgl. z. B. Doßmann, Das Recht des Miteigentümers, Diss., Halle 1908, S. 73 f.: „Die Befugnisse zum Gebrauch, zur Zerstörung und zur Veränderung der gemeinschaftlichen Sache . . . stehen nicht den einzelnen zu selbständigen Teilen, sondern nur allen Miteigentümern gemeinschaftlich zu" (vgl. aber auch seine späteren Ausführungen S. 102 ff.).

[112]) Vgl. z. B. die Definition des Miteigentums bei van Biervliet, demnächst Anm. 114.

[113]) Insoweit zutreffend Bonelli, I concetti di comunione e di personalità etc., in der Rivista di diritto commerciale vol. I, 1903, parte Ia S. 285 ff. auf S. 299/300: Man gerate unvermeidlich in ein Meer von Schwierigkeiten und nicht erfaßbarer Gedanken, wenn man der Formel, „che la proprietà nella comunione spetta ai condomini insieme", einen positiven Inhalt geben wolle.

[114]) Diese Auffassung des Textes, daß mit dem Satze, alle zusammen seien Subjekt eines Rechts, noch keine rechtliche Konstruktion für eine Gemeinschaftsform gegeben sei, sondern erst das Problem der „Verteilung" (im weitesten Sinne genommen) des Rechtsinhalts bezeichnet ist, steht also im Gegensatz einerseits zu der herrschenden Auffassung der gesamthänderischen Rechtsgemeinschaften, auch soweit sie den Ausdruck Gierkes von der „rechts- und handlungsfähigen Personeneinheit" nicht annimmt (wie v. Tuhr, Enneccerus u. a.), andrerseits insbes. zu den Auffassungen des (regelmäßigen) Miteigentums, die (wie Plathner, Manenti, Luzzatto, van Biervliet, Saenger; aber auch F. S. Bianchi, Ramponi) der „Gesamtheit" das eine Eigentum zusprechen. Am schärfsten formuliert den gegenteiligen Standpunkt für das römischrechtliche und das italienische Miteigentum Luzzatto, La comproprietà etc., S. 29: „*L'affermazione, che il diritto di proprietà sulla*

§ 5. Die Personeneinheit.

Indem der Gedanke, daß das eine Recht „allen Gemeinschaftern zusammen“ zukomme, das Prinzip der Konstanz des Gesamtinhalts bei Wechsel der Zuständigkeitsformen ausdrückt, ist er ein zutreffender Ausgangspunkt einer rechtlichen Konstruktion; er ist aber nicht bereits selbst eine wirkliche und ausreichende konstruktive Lösung für eine einzelne Rechtsgemeinschaftsform. Aus dem so richtig verstandenen, lediglich umschreibenden und erklärenden, aber konstruktiv unzulänglichen Gedanken der Zuständigkeit an die „Gesamtheit“ wird jedoch geradezu eine fehlerhafte Auffassung, wenn jener Gedanke in der Gemeinschaftslehre unseres heutigen bürgerlichen Rechts[115]) eine volle konstruktive Lösung für irgendeine Gemeinschaftsform (nicht nur für die gesamthänderische, sondern auch für die regelmäßige Rechtsgemeinschaft) in dem Sinne[116]) bedeuten soll, daß die mehreren Personen, denen das eine subjektive Recht (oder das Vermögen als eine Summe subjektiver Rechte) zuständig sein soll, gedanklich zur „Einheit“ zusammengefaßt werden, und daß nun erst dem einzelnen Rechtsinhalt diese „Personeneinheit“ als das Subjekt gegenübergestellt und aus der Beziehung des Rechtsinhalts auf dieses Subjekt (d. h. aus der

---

cosa spetti alla collettività dei condomini, deve per sè sola esaurire il problema“, und vorher: „. . . quel concetto di collettività, al quale indubbiamente deve affidarsi chi voglia risolvere il quesito“; dazu z. B. noch S. 27/28, S. 30 Anm. 1, S. 33, 102, 145. Vgl. ferner für das römische und das heutige französische Miteigentum van Biervliet, De la constitution d'hypothèque sur un immeuble indivis, in der Revue pratique du notariat belge 35me année, 1909, S. 225 ff. auf S. 228: „La propriété indivise ou copropriété . . ., c'est la propriété appartenant à plusieurs personnes conjointement, de telle manière qu'elle ne puisse s'exercer que par le concours de toutes volontés réunies“. Es leuchtet ein, daß eine solche Definition auf jede Rechtsgemeinschaftsform passen muß und nichts weiter besagt als den Gedanken der Konstanz des Gesamtrechtsinhalts, gleichgültig in welcher besonderen (mehrheitlichen) Zuständigkeitsform.

[115]) Und wohl ebenso in der Gemeinschaftslehre aller auf einer entwickelten Rechtskultur stehenden ausländischen Rechtssysteme; vgl. dazu das in Text folgende sowie unten S. 69 Anm. 134 zu § 5 und S. 95 Anm. 185 zu § 6.

[116]) Im übrigen vgl. auch bereits oben S. 56 Anm. 114 zu § 4 a. E.

Zuständigkeit des einzelnen Rechtsinhalts an dieses einheitliche Subjekt) das Ganze des subjektiven Rechts gewonnen wird. Auf diese Weise läßt sich in Wahrheit das Problem der Rechtsgemeinschaft und die Frage des rechtlichen Wesens einer bestimmten Gemeinschaftsform nicht lösen, wenn nicht die herrschende und dem positiven Recht gemäße Auffassung der Rechtsfähigkeit und des Rechtssubjekts (der „Person")[117]) im Sinne einer „Einheit im Rechtsverkehr"[118]) aufgegeben werden soll[119]). Eine solche Zuständigkeit, eine Zuständig-

[117]) Vgl. dazu unten S. 79 Anm. 160 zu § 6.

[118]) Vgl. z. B. Laband in GoldschmidtsZ. Bd. 30, 1885, S. 465; auch W. Stintzing im ArchZivPrax. Bd. 88, 1898, S. 393.

[119]) Dies tut ausdrücklich z. B. Kattausch, Die Anteile der Miteigentümer und Gesamthänder an den gemeinschaftlichen Sachen, Diss. Gießen, Mainz 1911, S. 71 ff. für die Gemeinschaft zur gesamten Hand, indem er die Identität der Begriffe Rechtssubjekt und Person bestreitet und Rechtssubjekte mit umfassender (= juristische Person) und weniger umfassender Rechtsfähigkeit einführen will; also nichts anderes als der Gedanke einer variablen, evt. verminderten Rechtsfähigkeit. Aber dieser Gedanke ist im Rahmen unseres positiven Rechts — und wohl für alle modernen Rechte, soweit sie den Begriff der juristischen Person in unserem Sinne kennen (vgl. unten S. 69 Anm. 134) — unhaltbar. Es steht im Gebiete des Rechts mit dem Begriff der (materiellrechtlichen) Rechtsfähigkeit, der Rechtsperson (des Rechtssubjekts in diesem Sinne), ebenso wie in der Logik mit dem Begriff der Identität (im strengen Sinne von „Dieselbigkeit", „Einerleiheit"); sie können immer entweder nur ganz stattfinden oder gar nicht, sie können keine Grade haben, und die Ausdrücke partielle Rechtsfähigkeit, relative Rechtsfähigkeit (relative juristische Person) wie die Ausdrücke partielle Identität, relative Identität enthalten, „wenn sie Arten oder Grade" der Rechtsfähigkeit bzw. der Identität „bezeichnen sollen, eine contradictio in adjecto" (vgl. Sigwart, Logik, Bd. I, 4. Aufl., Tübingen 1911, S. 112 § 14 Ziff. 5). — Auch die beiden Dissertationen von ten Hompel (Leipzig 1906) und Grimm (Heidelberg 1909) über „Die juristische Natur des Miteigentums" behaupten einen Gegensatz zwischen Rechtssubjekt und Person und bestreiten, daß „Rechtssubjekt und Persönlichkeit für das Recht zusammenfallen" (ten Hompel S. 47; ganz ähnlich Grimm S. 26 f.). Sie verlegen aber (für das Miteigentum), anders als Kattausch (für die Gesamthand), das Wesen des Rechtssubjekts in die Einheit eines Willens und sehen im Miteigentum ein Eigentum eines Rechtssubjekts, weil das Gesetz die Bildung eines einheitlichen Willens (durch „Einstimmigkeit und Majoritätsbeschlüsse"!) vorsieht (ten Hompel S. 32 ff.; Grimm S. 27 ff.). Ganz ähnlich wie die zuletzt genannten für das Miteigentum van Biervliet (vgl.

keit an eine Einheitsperson oder Personeneinheit, kann, wenn anders der Begriff der Einheit ernst gemeint und damit ein nach positivem Recht (als Einheit) rechtsfähiges Subjekt von Rechten bezeichnet werden soll, immer nur eine einfache, eine Einzelzuständigkeit, niemals aber eine mehrfache, mehrheitliche Zuständigkeit (an mehrere Subjekte gemeinschaftlich) bedeuten[120]. Um eine solche aber muß es sich, wie wir sahen, bei jeder Rechtsgemeinschaft handeln[121]. Alleinrecht, charakterisiert durch eine einheit-

oben S. 56 Anm. 114 zu § 4), dessen „collectivité" zwar „un sujet de droit, distinct de chaque individu comme tel" (so z. B. Revue pratique a. a. O., S. 265 und öfters) sein soll, sich aber, wie in dem zweiten Aufsatz (Les sujets collectifs en droit privé, in der Revue pratique du notariat belge, 37me année, 1911, S. 232 ff.) gegenüber Luzzattos Auffassung (vgl. oben S. 56 Anm. 114 zu § 4 und besonders unten S. 66 Anm. 131) ausgeführt wird, „nettement" von der juristischen Person unterscheiden soll. Rechtssubjekt beim Miteigentum sei der durch die Vereinigung aller Miteigentümerwillen gebildete gemeinschaftliche (!) Wille.

Gegen die Auffassungen der drei zuletzt genannten Schriftsteller vgl. das bereits oben S. 53 Anm. 99 Gesagte (nebst Hölder, a. a. O.). — Ganz etwas anderes ist die dem neuen schweizerischen Recht gemäße Trennung der Begriffe „Persönlichkeit" und „Rechtsfähigkeit". Nach schweizerischem Recht ist zwar die „Rechtsfähigkeit" die notwendige Voraussetzung der „Persönlichkeit"; diese ist aber der weitere Begriff, der den gesamten Schutz der Persönlichkeit in sich schließt, die gesamte Rechtsstellung einer Person als solcher bezeichnet: vgl. Artt. 11 ff., 27 ff., 52, 53 des schweizerischen ZGB. und die Marginalnoten zu diesen beiden letzteren Artt.; ferner Egger, Kommentar zum Personenrecht, Zürich 1911, S. 31 Bem. 1 zu Art. 11; Tuor, Das neue Recht, Zürich 1912, S. 48.

[120]) Zumal bei dem Gedanken einer „rechtsfähigen Personeneinheit der Gesamthänder"; vgl. unten S. 70 ff.

[121]) Wenn behauptet wird, daß es „richtig und selbstverständlich . . . ist, daß jedes subjektive Recht Einzelrecht in dem Sinne sein muß, daß es nur ein Subjekt haben kann" (so ten Hompel, a. a. O., S. 34; vgl. übrigens auch oben S. 42 Anm. 80), so ist nach unseren bisherigen Ausführungen gegen einen solchen Standpunkt jede Polemik überflüssig. Jener Auffassung entspricht dann als „positiver Lösungsversuch" für das Miteigentumsproblem der (ten Hompel, a. a. O., S. 32): „Besteht an der einen gemeinschaftlichen Sache Eigentum, so kann dieses eine Eigentum nur ein Subjekt haben. Das Eigentum kann also nur der Gesamtheit der Miteigentümer zustehen." Daß dann (S. 47 f.) diese Gesamtheit als „ein Rechtssubjekt" erklärt wird, welches aber doch nicht (juristische) Person sei, macht jene angebliche Lösung nicht

liche Zuständigkeit (Einzelzuständigkeit) des Rechts, und Rechtsgemeinschaft, charakterisiert durch eine mehrheitliche Zuständigkeit des Rechts, sind Gegensätze, die einander ausschließen[122]); die beiden Hauptzuständigkeitsformen des

brauchbarer und läuft überdies auf eine petitio principii hinaus. (Vgl. dazu noch S. 53 Anm. 99 und S. 58 Anm. 119 dieser Arbeit.) — An ten Hompel schließt sich nach eigener Aussage (S. 26) Grimm (in der gleichfalls oben S. 58 Anm. 119 erwähnten Dissertation) an, der geradezu dahin formuliert: „Das Eigentumsrecht an der gemeinschaftlichen Sache steht der Miteigentümergemeinschaft als solcher (!) zu" (S. 26). — Wegen ähnlicher Auffassungen des (regelmäßigen) Miteigentums, insbes. bei ausländischen Schriftstellern, vgl. unten S. 66 Anm. 131.

[122]) Darum geschieht eben die Aufhebung und Beendigung einer Rechtsgemeinschaft (Auseinandersetzung, Teilung) in erster Linie durch Überführung des mehrheitlich zuständigen Rechts in einheitlich zuständiges (einzelzuständiges) Recht oder in mehrere solche Rechte. Vgl. §§ 752 ff. und dazu die Verweisungen in §§ 731, 1477 Abs. 1, 1546 Abs. 2, 1549, 2042 Abs. 2 BGB.; ferner den Fall des § 757: es „wird bei der Aufhebung der Gemeinschaft ein gemeinschaftlicher Gegenstand einem der Teilhaber zugeteilt"; d. h. es tritt an die Stelle mehrheitlicher Zuständigkeit eines (gemeinschaftlichen) Rechtsinhalts eine Einzelzuständigkeit desselben, es geschieht ein Wechsel in der Zuständigkeitsform. — Die Überführung einer Gemeinschaftsform in eine andere (durch Verfügungsakte) beendet zwar auch die erste Gemeinschaft, läßt aber gleichwohl weiter eine mehrheitliche Zuständigkeit — wenn auch anderer Art — bestehen (Änderung der Zuständigkeitsform des Rechts). Näheres darüber später. Vgl. auch S. 217 Anm. 405 zu § 9.

[123]) Fassen wir für unsere rechtliche Konstruktion die mehreren an einem Recht als Subjekte Beteiligten in ihrer Vereinigung als eine einzige Person (Einheitsperson oder Personeneinheit) auf und beziehen wir jetzt das Recht (den Rechtsinhalt) auf diese eine Person, so haben wir eben die Zuständigkeit eines Rechts an ein Subjekt, und es wird damit die Möglichkeit ausgeschlossen, das eine Recht gleichzeitig als eine Mehrheit von Rechten (Einzelrechten, Teilrechten) der einzelnen zu erklären. Das ergibt sich unmittelbar aus der notwendigen Forderung der Stetigkeit unseres Denkens und führt sich im Grunde auf den Aristotelischen Satz des Widerspruchs zurück, wonach zwei einander kontradiktorisch entgegengesetzte Urteile nicht zugleich im selben Sinne und in derselben Beziehung von derselben Sache ausgesagt werden können. Es müssen daher die neuerlichen Konstruktionen des römischen und des heutigen italienischen Miteigentums von F. S. Bianchi, Corso di codice civile italiano, vol. IX 1 S. 641; vol. IX 3 S. 773, 1025, 1026 und öfters, und von Ramponi, Della comunione etc., S. 6 ff., 10, 34/5, 726 abgelehnt werden, nach welchen das eine Eigentumsrecht einmal als Kollektivrecht der „Kollektivität" als solcher,

subjektiven Rechts lassen eine Vermengung miteinander nicht zu[123]).

---

gleichzeitig aber in Gestalt von einzelnen (durch ideelle Teilung entstandenen) Teilrechten den einzelnen Gemeinschaftern je für sich zustehen soll. Diese Konstruktionen sind ebensowenig haltbar, wie die Konstruktion des „Gesamtrechtsverhältnisses" von Baron (Die Gesamtverhältnisse im römischen Recht, Marburg und Leipzig 1864), nach welcher das Recht „einerseits der Gesamtheit mehrerer Personen als solcher, andrerseits den einzelnen völlig und ungeteilt" (S. 77) zustehen soll. Denn jene angebliche „Gesamtheit als solche" beim Miteigentum ist, trotz aller Verwahrung (namentlich bei Ramponi) gegen ihre Auffassung als die einer wahren juristischen Person, für die Frage der Rechtszuständigkeit, sofern der Gedanke einen brauchbaren Sinn haben soll, nach unseren früheren Ausführungen immer nur als Zuständigkeit an eine kollektive Einheit zu verstehen. (Vgl. auch als einen analogen mißlungenen Versuch zur Vereinigung unvereinbarer Gegensätze die Auffassung von Unger, Passive Korrealität und Solidarität usw., in JheringsJ. Bd. 22, 1884, S. 207 ff., insbes. hierzu S. 216, wonach bei der Korrealobligation sowohl in Ansehung der Obligation als ihres Gegenstandes „eine Einheit und Mehrheit zugleich" vorhanden sei; gegen ihn Hölder, Die Einheit der Korrealobligation usw., im ArchZivPrax. Bd. 69, 1886, S. 201 ff., insbes. S. 211 f. — Bedenklich daher auch die Ausführungen von Bluntschli, Staats- und Rechtsgeschichte der Stadt und Landschaft Zürich, Bd. II, Zürich 1839, S. 235 ff. trotz des dort S. 245 Gesagten.) Die Formulierung Bianchis und Ramponis, bei der dann für die Erklärung der einzelnen Miteigentumssätze je nach Bedürfnis bald auf den Gedanken der Kollektivität, bald auf den der Mehrheit der Einzelrechte (Teilrechte) zurückgegriffen wird, finden wir übrigens auch bisweilen in den älteren gemeinrechtlichen Schriften; vgl. z. B. Schultzii, Dissertatio iuridica de rerum communione (Respondent: Schreiter), Francofurti ad Viadrum 1684: „Jeder hat ein Teilrecht, aber (S. 94) „in causis certis" würden die mehreren Teilhaber zufolge einer „fictio unitatis . . . pro una persona" angesehen. Vgl. ferner auch Chr. Wolff, Institutiones iuris naturae etc., einerseits § 196, andrerseits § 330 (jedoch hierzu oben S. 46 Anm. 88 zu § 4). Daß mit einer solchen Erklärung ein wertvolles Prinzip nicht gewonnen wird, ist klar; vgl. auch bereits oben S. 51 Anm. 96 zu § 4 sowie Rümelin, Die Teilung der Rechte, Freiburg i. B. und Tübingen 1883, S. 95.

Darum müssen wir auch für das gemeinschaftliche Eigentum des preußischen Rechts die der genannten (auch in der Formulierung) nahestehende Auffassung des Reichsgerichts ablehnen, die aus den §§ 4, 10, 11, 15 ff. I, 17 ALR. und 89 der Einleitung den Grundsatz ableitet, daß neben dem Rechte der Gesamtheit der Teilnehmer (also dem „gemeinschaftlichen Rechte" im eigentlichen Sinne) ein Individualrecht des einzelnen Teilnehmers als ein (zugleich mit jenem Rechte

Bereits damit[124]) erscheint also die in Literatur und Rechtsprechung einstweilen noch herrschende Auffassung[125])

---

der Gesamtheit bestehendes) „wirkliches und selbständiges Recht“ anzuerkennen sei (RG. Bd. 20 S. 312 ff., in Übereinstimmung mit der Praxis des Obertribunals). Diese Auffassung trifft wiederum im wesentlichen mit derjenigen einzelner Vertreter der Kollektivpersonentheorie zusammen, die (wie insbes. Manenti in Il Filangieri vol. XIX, 1894, S. 499), ohne Heranziehung des Teilungsgedankens neben dem ganzen Eigentumsrecht der Kollektivität ein selbständiges dingliches ius sui generis (vgl. dazu auch RG. Bd. 21 S. 257/8) des einzelnen annehmen. Vgl. dazu auch später in Teil II. —

Etwas anderes ist es, wenn man eine Vielheit nach gewissen Richtungen hin als Vielheit, nach andern dagegen als Einheit begreift. Vgl. dazu z. B. Sigwart, Logik, Bd. II S. 42 ff. § 66 und (gegen Bluntschli, a. a. O.) Windscheid in der Münchner Kritischen Überschau Bd. VI, 1859, S. 234 f.; dazu aber wiederum Bluntschli ebenda S. 236 Anm.*. (Hier schlägt übrigens auch der Gedanke der communio pro diviso ein; Näheres über diese Rechtsfigur in Teil II dieser Arbeit sowie einstweilen unten S. 142 Anm. 263 zu § 8.) In unserm Text handelt es sich jedenfalls um eine und dieselbe Gedankenrichtung, nämlich um den Gedanken der Zuständigkeit eines Rechtsinhalts; diese kann nicht gleichzeitig eine einzige und eine mehrfache, eine Zuständigkeit an eine Einheit und an eine Vielheit sein. — Das von Binder, Problem der juristischen Persönlichkeit, S. 84 f. für seine Auffassung der Gesamthandschaft Gesagte steht nicht auf gleicher Stufe mit den oben gerügten Gedanken Ramponis und Bianchis, kommt vielmehr auf eine Aufteilung des gemeinschaftlichen Rechtsinhalts in einem Gesamtbereich und eine Mehrheit von Einzelrechtssphären der Teilhaber hinaus. Daß auch eine solche Konstruktion sich mit unserer Grundauffassung vom gemeinschaftlichen Recht als einer Zuständigkeitsform eines Rechtsinhalts nicht verträgt, ist leicht einzusehen. Vgl. dazu auch unten S. 124 ff. § 8 (Ablehnung des Gedankens selbständiger Einzelrechte der Teilhaber) sowie gegen Binders Rechtssubjektsbegriff S. 75 ff. § 6; auch Hölder in JheringsJ. Bd. 53 S. 70.

[124]) Die im Text besprochene Auffassung der gesamthänderischen Rechtsgemeinschaft hat die Negierung von Anteilen als unmittelbaren rechtlichen Beteiligungen der einzelnen Gemeinschafter am Rechtsinhalt zur Folge. Nach unserer Auffassung steht die Negierung solcher Anteile mit dem Begriff der Rechtsgemeinschaft im Sinne unseres Rechts in Widerspruch; vgl. § 7 S. 102 ff. und Anm. 206 auf S. 105. Die Widerlegung der herrschenden Gesamthandlehre ergibt sich aber fernerhin — was hier nicht weiter verfolgt werden soll — auch von der Seite des Rechtsobjekts her, insofern die übliche Annahme eines der Gesamtheit der Berechtigten als solcher zustehenden „Vermögens“ als eines Ganzen die objektive Einheit des Vermögens voraussetzen würde; eine

der gesamthänderischen Rechtszuständigkeit (Vermögenszuständigkeit)[126]) als verfehlt, die einerseits nicht eine Zuständigkeit an eine (juristische) Person, sondern Zuständigkeit an mehrere Personen gemeinschaftlich sein soll, sich aber andrerseits als Zuständigkeit an eine (rechts- und handlungsfähige) Personeneinheit, Einheitsperson, Kollektivperson, kollektive Einheit[127]) (im Sinne einheitlichen Rechtssubjekts)

---

solche Einheit ist jedoch unserem positiven Rechte fremd. Vgl. auch im Anhang II auf S. 323 f., sowie z. B. Binder, Die Rechtsstellung des Erben, Bd. III S. 19 ff.; Schnell, Die Quotenfrage bei der offenen Handelsgesellschaft, S. 14 ff.

[125]) Daß ihre Herrschaft durch die von verschiedenen Seiten (insbes. von Nagler, Binder, Sohm, Oertmann, Joerges, Pringsheim, Schnell) erfolgten Angriffe, sowie durch einen merklichen Wandel in der neuesten Rechtsprechung des Reichsgerichts (vgl. insbes. RG. Bd. 65 S. 227 ff.; Bd. 68 S. 410 ff.) allmählich ins Wanken gerät, dürfte nicht zu leugnen sein, wenn auch Gierke (Deutsches Privatrecht, Bd. II S. 393 Anm. 79 zu § 122) alle diese Bestrebungen für „Versuche mit untauglichen Mitteln" erklärt. Vgl. auch Wieland, Das Sachenrecht, Bd. IV des Kommentars zum schweizerischen Zivilgesetzbuch (von Egger u. a.), Zürich 1909, S. 32 Bem. 1 zu Art. 646; Kaufmann, Das Eigentum am Gesellschaftsvermögen, München 1912 (in Fischers Abhandlungen zum Privatrecht usw., Bd. XXII 2), S. 7. — Zur Zeit der Beratung des Bürgerlichen Gesetzbuchs war die genannte Auffassung jedenfalls unter der machtvollen Einwirkung der Gierkeschen Schriften die fast unangefochten herrschende, was von den Protokollen Bd. II S. 429 verkannt wird. — Im wesentlichen auf dem Boden der Gierkeschen Gesamthandslehre steht auch Ferrara, Le persone giuridiche, S. 474 ff. sowie derselbe, Tracce della comunione di diritto germanico nel diritto italiano, in der Rivista di diritto civile anno I, 1909, S. 498 ff., wenngleich er mehr die Personeneinheit nach außen betont und schwache Ansätze zur Anerkennung von unmittelbar am Rechtsinhalt bestehenden, nicht quotalen Rechtsanteilen des einzelnen erkennen läßt; vgl. unten S. 123 Anm. 228 zu § 7.

[126]) Das Folgende trifft zugleich die Lehre van Biervliets vom sujet collectif du droit, die Auffassungen von Kattausch, ten Hompel, Grimm (vgl. oben S. 58 Anm. 119), sowie die weiteren Vertreter der Kollektivsubjekte, die oben S. 54 f. sowie unten S. 66 Anm. 131 genannt sind.

[127]) Alles dies sind äquivalente Ausdrücke für denselben (bzw. im wesentlichen denselben) Gedanken. Daß insbes. das Prinzip der kollektiven Einheit „immer dann, wenn es von dem Prinzipe der juristischen Person scharf getrennt wird, mit dem Prinzipe der gesamten Hand zusammentrifft", sagt Gierke, Die Genossenschaftstheorie und die

bezeichnet. Ihr grundlegender Mangel wird auch durch Verwendung des Wortes „Gesamtheit“ [128]) statt Personeneinheit nicht beseitigt; es wird damit eine Lösung des Gemeinschaftsproblems vorgetäuscht, die in Wahrheit keine ist. Es fragt sich doch eben, ob diese Gesamtheit rechtlich — und zwar vor allem für die Rechtszuständigkeit — Einheit oder Vielheit (Mehrheit) bedeutet [129]). Denn wenn, wie in dem Aus-

---

deutsche Rechtsprechung, Berlin 1887, S. 341 Anm. 3 ausdrücklich; vgl. ferner S. 343 und Anm. 1 daselbst, sowie Gierke, Deutsches Privatrecht, Bd. I S. 669 Anm. 27 zu § 80 und im ArchBürgR. Bd. 19, 1901, S. 117 f. — Daß die Verbundenheit mehrerer Personen zur kollektiven Einheit zwar besonders deutlich in der gesamten Hand des deutschen Rechts zutage trete, daß aber diese „Einheit der Person“ nichts dem deutschen Recht Eigentümliches sei, betont mit Recht Unger, Passive Korrealität und Solidarität usw., in JheringsJ. Bd. 22, 1884, S. 207 ff. auf S. 225/6. (Vgl. auch wegen gesamthänderischer Rechtsfiguren in ausländischen Rechten, insbes. im italienischen Recht, unten S. 123 Anm. 228 zu § 7.) Es ist übrigens nur zum Teil zutreffend, wenn in der Literatur regelmäßig behauptet wird (so z. B. von Laband in GoldschmidtsZ. Bd. 30, 1885, S. 482 Anm. 16; Meurer, Die juristischen Personen nach deutschem Reichsrecht, Stuttgart 1901, S. 78 Anm. 1; v. Koschembahr-Lyskowski in der Festschrift zur Jahrhundertfeier des österreichischen ABGB., Wien 1911, Bd. I S. 257; Krainz-Pfaff-Ehrenzweig, System des österreichischen allgem. Privatrechts, Bd. I S. 178 Anm. 47 zu § 80), daß Unger den, wie Krainz a. a. O. meint, „fruchtbaren Gedanken“ der kollektiven Personeneinheit, den er zuerst in seinem System des österreichischen allgemeinen Privatrechts, Bd. I (jetzt 5. Aufl., 1892) S. 330 ff. § 43 aufgestellt hatte, später aufgegeben habe (nämlich Kritische Überschau Bd. VI, 1859, S. 180 f.). Vielmehr hat er danach in JheringsJ. Bd. 22, 1884, S. 207 ff. (vgl. insbes. S. 218 Anm. 27) und Bd. 25, 1887, S. 239 ff. den nach seinen eigenen Erklärungen (JheringsJ. Bd. 22 S. 218 Anm. 27) früher von ihm ungenügend formulierten und unrichtig (insbes. auch auf Aktiengesellschaften) angewendeten Begriff der kollektiven Einheit wieder aufgenommen, und zwar „in allgemeinerem Umfange“, in dem er sich sachlich ganz mit der Gierkeschen Auffassung deckt.

[128]) Oder analoger Ausdrücke, wie „aller zusammen“, „insgesamt“, der Gemeinschafter „in ihrer Zusammenfassung“ usw. (vgl. oben S. 54 f. in § 4) sowie auch die „unpersonifizierte Personengesamtheit oder universitas personarum“ Ungers (in JheringsJ. Bd. 25 S. 239 ff.).

[129]) So auch für das italienische Recht gegenüber Luzzattos Miteigentumslehre (vgl. oben S. 56 Anm. 114 zu § 4 sowie im folgenden S. 66 Anm. 131) Brugi, Della proprietà etc., vol. I, Napoli e Torino 1911, S. 369: „Ma bisogna determinare come questa ‚collettività‘ . . .

druck Personeneinheit, eine wahre rechtliche Einheit gemeint ist, die dem subjektiven Rechte (dem Rechtsinhalt) gegenübertritt[130]), so müßte sie sich nach positivem Rechte als

si distingua da una persona giuridica o, se si vuole ascrivere alle persone giuridiche, come si giunga a dimostrare che coì è conforme al nostro diritto positivo. Si sarebbe cosi trovato nella collettività dei partecipanti un altro soggetto del diritto di proprietà. Non si deve nondimeno nascondere che questa formola non elimina le difficoltà pratiche se non nel caso che quella collettività figuri come persona." Ähnlich auch Ferrara, Le persone giuridiche, S. 468. — Es ist eben mit den Worten Gesamtheit, collettività, sujet collectif (van Biervliet), ebensowenig ein prägnanter Rechtsbegriff gewonnen als in der alten Naturrechtslehre mit dem Wort „moralische Person" (vgl. auch oben S. 46 Anm. 88 zu § 4); für die Zuständigkeit an die „Gesamtheit" gilt dasselbe, was gerade im Hinblick auf die Frage der Rechtszuständigkeit schon Weichsel, Theoretisch-praktische Grundsätze über gemeinschaftliches Eigentum, Gemeinheiten und Servituten, Magdeburg 1824, S. 81/2 sagte: „Im allgemeinen ist durch das Wort ‚moralische Person' noch immer nichts erwiesen. Denn wenn man wieder fragt: Was ist diese moralische Person? so . . ."

[130]) Der Gedanke der Personeneinheit wird stets mit Rücksicht auf die Rechtszuständigkeit und somit „materiell" verstanden. Es werden, wie es Gierke (ArchBürgR. Bd. 19 S. 117) ausdrückt, „die mehreren Personen zunächst als verbunden gesetzt und dann in dieser Verbundenheit zur Recht- und Pflichtenträgerin berufen". Die angeblich so notwendige Unterscheidung zwischen der „kollektiven Einheit, welche in der Zusammensetzung einer Mehrheit oder Vielheit zur Einheit besteht" und (der juristischen Person als) „jener höheren ideellen Einheit, für welche die Vielheit nur das Substrat und die Unterlage bildet" (Unger in JheringsJ. Bd. 22 S. 218/9, 228), wird also ad absurdum geführt durch die Betrachtung der Zuständigkeit der subjektiven Rechte, die jener Einheit zugeschrieben werden; zum mindesten erscheint jene Unterscheidung für die materiellrechtliche Betrachtung wertlos. — Der Gedanke einer nicht „materiellen", sondern nur „formellen" Einheit (nur nach außen) bleibt daher hier, wo es sich uns um die Frage der Rechtszuständigkeit handelt, beiseite. Die „relative juristische Person" ist etwas durchaus anderes als das, was Gierkes Lehre von der Personeneinheit als der Trägerin des gesamthänderischen Vermögens besagen will; sie kennzeichnet nur das äußere Funktionieren eines Rechtsgebildes und besagt über sein inneres rechtliches Wesen und seine allgemeine rechtliche Struktur, insbes. über die Art der Zuständigkeit der Rechte, nichts aus (vgl. auch unten S. 72 Anm. 136). Für die Untersuchung der Rechtszuständigkeit bei Gemeinschaften ist daher auch nichts anzufangen mit Unterscheidungen wie der Meurers (Die juristischen Personen usw., S. 78 ff.) von materiellrechtlicher Sachlage

juristische Person auffassen lassen, bzw. es müßte eine solche Auffassung behauptet werden [131]); ist eine rechtliche Vielheit

und formeller Rechtsfähigkeit (hiergegen z. B. Binder, Das Problem usw., S. 107) oder mit Auffassungen wie der Affolters (Zur Lehre von der Gesellschaft, im ArchBürgR. Bd. 35, 1910, S. 224 ff., insbes. S. 233/4, 239/40) von einer „äußeren kollektiven Einheit", die „als Subjekt Rechtsfähigkeit" erhalten soll, ohne daß sich aber „die materiellen Verhältnisse zwischen den Mitgliedern und die Beziehungen der Mitglieder zu Dritten ... im wesentlichen" (!) ändern sollen. Man kann bei konstruktiven Untersuchungen die Frage der Rechtszuständigkeit nicht mit Affolter (a. a. O., S. 288 ff.; vgl. aber auch S. 229 Anm. 17) einmal vom „materiellrechtlichen" und zum andern vom „formellrechtlichen" Standpunkte aus betrachten und je nach dem einen oder andern Standpunkt die Gesamtheit als Einheit oder als Vielheit zur Trägerin der Rechtsbeziehungen erklären. Vgl. auch oben S. 60 Anm. 123 zu § 5. — Die meines Erachtens unhaltbare Unterscheidung zwischen einer formellen (rechtlichen) und einer materiellen (wirtschaftlichen) Zugehörigkeit der subjektiven Rechte findet sich auch anderwärts, namentlich bei der in der Literatur und Rechtsprechung immer mehr sich einbürgernden Auffassung der Rechtszuständigkeit von Treuhandgut und bei der Frage nach der Begründung der (gewiß wünschenswerten) Aussonderung zugunsten des Fiduzianten im Konkurse des Fiduziars (§ 43 KO.), sowie der Interventionsklage des ersteren bei Pfändungen durch Gläubiger des letzteren (§ 771 ZPO.); vgl. hierzu Jaeger, Die Konkursordnung, Bd. I, 3./4. Aufl., Berlin 1911, S. 506 ff., insbes. S. 507 § 43 Anm. 38 ff. mit vielen Belegen für und wider. Dazu insbes. RG. Bd. 45 S. 85: „Die Sache gehört dem Fiduziar zwar formell und juristisch, aber nicht materiell und wirtschaftlich." Dagegen mit Recht, außer den bei Jaeger Genannten, neustens v. Tuhr, Der allgemeine Teil, Bd. I S. 72 § 2 IV (unter Zustimmung von Hellmann in der KrVJSchr. Bd. 51, 1913, S. 377); Fischbach, Treuhand und Treuhandgeschäfte, Mannheim und Leipzig 1912, S. 178 ff., 191 ff., 238, 242 ff.; Walsmann, Der Verzicht auf die Eigentümerhypothek, im ArchBürgR. Bd. 39, 1913, S. 75 ff.; Weber, Der Durchgangserwerb vom Nichtberechtigten (in Leonhards Studien zur Erläuterung des bürgerlichen Rechts, Heft 37), Breslau 1914, S. 71 ff. (jedoch energisch gegen eine Aussonderung). Ist sonach auch mit der üblichen Begründung und der Annahme einer Duplizität des Eigentumssubjekts nichts anzufangen, so wird man doch mit Jaeger (a. a. O., S. 508 Anm. 40 a. E.) sagen können, daß die dem praktischen Bedürfnis und der Verkehrsauffassung Rechnung tragende konstante gerichtliche Praxis zu einer gewohnheitsrechtlichen Anerkennung des Aussonderungsrechts des Treugebers geführt hat.

[131]) Dies erscheint also immerhin noch systematisch korrekter als die Behauptung einer nicht gut verstellbaren rechtlichen Mittelform

gemeint[132]), so muß die damit für die Betrachtung der Rechtszuständigkeit sich ergebende Personengetrenntheit eine mehr-

---

zwischen juristischer Person und Rechtsgemeinschaft (in unserem Sinne), worauf die herrschende Gesamthandlehre — zum mindesten soweit sie Anteile der Gesamthänder an den einzelnen Gegenständen leugnet — letzten Endes hinauskommt (vgl. auch Schnell, Die Quotenfragen, S. 7 ff.), und wie sie für das Miteigentum insbes. früher von dem allerdings häufig (z. B. von Steinlechner, a. a. O., Teil I S. 31 f.; Perozzi in Il Filangieri vol. XV, 1890, S. 65 Anm. 2; Doßmann, Das Recht des Miteigentümers, S. 13 f.; Luzzatto, La comproprietà, S. 26 Anm. 1; vgl. aber dagegen zutreffend F. Bianchi, La divisibilità e la indivisibilità etc., im Archivio giuridico vol. XXIX, 1882, S. 32 ff. auf S. 67 ff. — gegen Steinlechner —; Manenti in Il Filangieri vol. XIX, 1894, S. 321 ff., 492 ff. auf S. 494 — gegen Perozzi —; Segrè in der Rivista italiana vol. VI, 1888, S. 395 und vol. III, 1889, S. 165) mißverstandenen Barth, Der Grundbegriff der rechtlichen Teilung, Regensburg 1850; Manenti, a. a. O.; Diez, Zur Lehre vom Miteigentum usw. (ausdrücklich auf S. 16); und neuestens von van Biervliet in der Revue pratique du notariat belge 35me année, 1909, S. 225 ff., 257 ff., 289 ff.; 37me année, 1911, S. 225 ff., 417 ff., 609 ff.; 38me année, 1912, S. 81 ff., sowie auch von Kattausch, ten Hompel, Grimm (vgl. oben S. 58 Anm. 119 zu § 5) und im Grunde auch von Saenger, Gemeinschaft und Rechtsteilung, behauptet wird. — Wegen der Auffassung unserer offenen Handelsgesellschaft als einer juristischen Person vgl. etwa die Literaturnachweise bei Hagemann, Der Eintritt eines Gesellschafters in die offene Handelsgesellschaft, Bremerhaven 1913, S. 16 Anm. 23, sowie auch unten S. 88 Anm. 175 zu § 6 und neustens Kohler, Nochmals die offene Handelsgesellschaft als juristische Person, im ArchBürgR. Bd. 40, 1914, S. 229 ff. Für das römischrechtliche und das auf seiner Grundlage in späteren Rechtsordnungen geregelte Miteigentum wurde bzw. wird die konstruktive Lösung durch Annahme einer juristischen Person behauptet insbes. von Konopak („moralische Person"), Schuster (für das österreichische Recht; vgl. oben S. 52 Anm. 97 zu § 4), Vogt, Zur Lehre der Handelsgesellschaften, in GoldschmidtsZ. Bd. 1, 1858, S. 477 ff. auf S. 489, 529, und neuerdings (für das römische und das heutige italienische Miteigentum) besonders Luzzatto, dessen „collettività", „ente collettivo" juristische Person ist; vgl. z. B. a. a. O., S. 25: „un soggetto distinto dai singoli suoi componenti"). Ihm schwindet daher der Gegensatz zwischen (gewöhnlichem) Miteigentum und Eigentum einer juristischen Person (vgl. Luzzatto, La comproprietà, Nuovi studii, S. 105) und er glaubt, daß gerade das Miteigentum in seiner Auffassung, als ein einem Kollektivsubjekte zustehendes Recht, greifbar dazu bestimmt sei, den vagen Begriff der juristischen Person konkreter zu machen (Nuovi studii, S. 46). Mit diesem auch dem positiven

fache, mehrheitliche Zuständigkeit des einen (gemeinschaftlichen) Rechtsinhalts zur Folge haben, die, wie wir sahen, durch den Gedanken einer Zuständigkeit an „alle zusammen" noch nicht erklärt ist[133]). Jede andre Auffassung verwischt

italienischen Recht zuwiderlaufenden Ergebnis ist der Mißerfolg dieser Theorie offenbar. Vgl. gegen Luzzatto insbes. Ferrara, a. a. O., S. 467 ff., sowie auch Bonfantes Kritik in der Rivista del diritto civile vol. I, 1909, S. 286 ff., die Luzzattos Auffassung durch historische Erwägungen bekämpft (vgl. ferner oben S. 64 Anm. 129). Für Luzzatto tritt aber neuestens wieder ein Carnelutti, Personalità e autonomia patrimoniale etc., in der Rivista del diritto commerciale vol. XI, 1913, parte Ia S. 86 ff., insbes. S. 100, 106 ff., 119, 122, indem er jede Personengruppe, wenn sie Subjekt eines subjektiven Rechts ist, als Person auffaßt, und zwar, da sie nicht physische (Einzel-) Person ist, als juristische Person. Mit Recht bezeichnet er selbst es (S. 123 Anm. 1) als den „locus maioris resistentiae per il riconoscimento della personalità nella comunione", daß Rechtssubjekt oder Person nach herrschender Lehre nur das (scil. mögliche) Subjekt eines Komplexes von Rechten (und Pflichten) sei. Gegen Carnelutti ablehnend Bonelli, Personalità e comunione, in der Rivista del diritto commerciale vol. XI, 1913, parte Ia S. 733 ff., insbes. 744 ff. (wenn auch nicht in unserem Sinne; vgl. auch unten S. 75 Anm. 148 zu § 6); Bonfante, Il regime positivo e le costruzioni teoriche nel condominio, im Bullettino dell'istituto di diritto romano anno XXV, 1913, S. 196 ff. auf S. 209 Anm. 1 (der Carneluttis Artikel „veramente incendiario" nennt und mit Recht sagt, daß er „demolisce ad uno ad uno i requisiti tradizionali della persona giuridica"); Giovene, Personalità giuridica etc., in der Rivista del diritto commerciale vol. XII, 1914, parte Ia S. 212 ff. auf S. 216 ff.

[132]) Rechtsfähig ist eine Gesamtheit immer nur als Einheit, nicht als Mehrheit gedacht (vgl. auch oben S. 118 Anm. 118 zu § 5). Daher nicht unbedenklich die Fassung des Art. 539 Abs. 2 des schweizerischen ZGB.: (Letztwillige) „Zuwendungen mit Zweckbestimmung an eine Mehrheit von Personen insgesamt werden, wenn dieser das Recht der Persönlichkeit zukommt . . ." Jedoch ist ein Mißverständnis dessen, was der Gesetzgeber damit sagen will, nach dem ganzen Zusammenhange nicht gut möglich und eine präzisere Fassung hätte wohl nicht so kurz ausfallen können.

[133]) Mit dem Gesagten wird also nicht behauptet, daß die Begriffsbestimmung, ein gemeinschaftliches Recht stehe „allen zusammen" zu, einen „Widerspruch mit der Natur der Rechtsnormen" enthalte, wogegen sich Enneccerus in seinem Lehrbuch des bürgerlichen Rechts (mit Kipp-Wolff), Bd. I 2, 9.—11. Aufl., Marburg 1912, S. 258 § 312 I 3 nachdrücklich verwahrt; der Satz, daß die Rechtsordnung ihrer

notwendig die fundamentalen und dem heutigen deutschen positiven Recht gemäßen Gegensätze der Rechtsgemeinschaft und der juristischen Person[134]).

Gebote so erlassen könne, „daß das Gebot nur allen zusammen zugute kommen soll" (Enneccerus, a. a. O.; vgl. auch v. Tuhr, Der allgemeine Teil, Bd. I S. 80 § 3 Anm. 1; Kattausch, Die Anteile der Miteigentümer usw., S. 62 f.; Kaufmann, Das Eigentum am Gesellschaftsvermögen, S. 10), soll nicht bestritten werden. Was dagegen der Text behauptet, ist, daß wir in solchen Fällen niemals dabei stehen bleiben dürfen, jene Rechtsmacht, wenn sie auch als „eine mehreren zusammen zustehende ... Macht denkbar sein sollte" (Enneccerus, a. a. O.), als Rechtsmacht „der Gesamtheit" konstruktiv zu erklären. Denn darin liegt eben noch keine restlose Aufklärung über das Wesen des Rechtsgebildes, keine wirkliche Konstruktion. Die Rechtswissenschaft muß sich entscheiden, ob derartige Rechtsgebilde solche Personeneinheiten darstellen, daß sie in die Kategorie der juristischen Personen gehören — mag selbst eine Rechtsordnung dies im dunkeln lassen oder in ihrer Regelung widerspruchsvoll sein (vgl. auch die nächste Anm.) — oder aber, ob sie, trotz anscheinend noch so großer Annäherung an die juristische Person auf der konstruktiven Basis der Rechtsgemeinschaft zu erfassen sind. Dann aber ist eben ihre rechtliche Erklärung als die einer Rechtsmacht „aller zusammen", einer Rechtsmacht „der Gesamtheit", unzulänglich.

[134]) Auch die übrigen kontinentalen Rechte bzw. die ausländischen Rechtswissenschaften halten diesen Gegensatz streng aufrecht, so insbes. in den romanischen Ländern. (Vgl. Ferrara, a. a. O., S. 95 ff., 455 ff. sowie auch die oben [S. 64 Anm. 129] zitierte Stelle aus Brugi.) Immerhin hat in einzelnen Rechtsgebieten die Rechtsform der juristischen Person infolge der Ausbildung anderer ihre Funktionen erfüllender, d. h. insbes. eine Gesamtheit oder eine Kontinuität von Interessen wahrender Rechtsformen, wie im englischen Recht der trusts, im belgischen Recht der associations non reconnues, eine geringere Bedeutung (vgl. dazu z. B. Heymann, Überblick über das englische Privatrecht, in Kohler-Holtzendorffs Enzyklopädie der Rechtswissenschaft, Bd. I, 6. Aufl., 1904, S. 809 ff.; Ferrara, a. a. O., S. 101 ff., 119 ff., 130, 363/4), und insofern kann man sagen, daß der Gegensatz zwischen Einzelperson und juristischer Person hier im praktischen Rechtsleben nicht die gleiche Rolle spielt, wie in andern Rechtsgebieten. Überall aber, wo der Gegensatz besteht, ist für eine wirtschaftlich zu rechtfertigende Kategorie einer rechtsfähigen Personeneinheit, die nicht Einzelperson, aber auch nicht juristische Person wäre, in der Systematik des Rechts kein Raum. Denn für alle Rechtssysteme, die die Rechtsform der „juristischen Person" unter dieser oder einer andern technischen Bezeichnung überhaupt kennen — und dies werden so ziem-

Wenn also, wie Staub-Könige[135]) (für die bürgerlichrechtliche und damit zugleich für die offene Handelsgesell-

---

lich alle einigermaßen entwickelten Rechtssysteme sein; vgl. auch Mot. Bd. I S. 78; Josserand, Essai sur la propriété collective, im Livre du centenaire du code civil, Paris 1904, Bd. I S. 360 f. (= 6 f.) —, muß der für diese Rechtsform geprägte Begriff, wenn anders er einen brauchbaren Sinn haben soll, als eine einheitliche Kategorie stets alle diejenigen Wesen umfassen, die jene Rechtsordnung außer dem Menschen, der physischen Einzelperson, als „Rechtssubjekte", als im Bereich der Geltung jener Rechtsordnung rechtsfähige Wesen anerkennt, und es wäre selbst bei Unklarheit der gesetzlichen Terminologie oder der gesetzlichen Regelung eines Rechtsgebildes Sache der Wissenschaft, den einzelnen Personenverbindungen und Vermögensorganisationen die ihnen gebührende systematische Stellung anzuweisen (vgl. auch unten S. 90 Anm. 176 zu § 6).

Es kann daher auch nicht zugegeben werden, daß die Theorie der rechtsfähigen kollektiven Einheit als eines Rechtssubjekts, das zwischen physischer Person und Körperschaft steht, „nur innerhalb eines Rechtssystems, das die durch den gemeinsamen Zweck verknüpften Personenmehrheiten ohne weiteres zu Rechtssubjekten erhebt, Wirklichkeitsboden unter sich fühlt", wie Nagler (Die gesamte Hand im Gesellschaftsrechte usw., im SächsArch. Bd. 10, 1900, S. 695 ff. auf S. 722) meint. Auch im Rahmen eines solchen Rechtssystems würde die Unterstellung der rechtsfähigen Personeneinheit unter eine Kategorie zwischen physischer Person und juristischer Person keine Berechtigung haben. Wir könnten für ein solches Rechtssystem vielmehr nur sagen, daß hier die Voraussetzungen für die Entstehung rechtsfähiger Personenverbände, d. h. für die Entstehung einer juristischen Person, den Rechtsgenossen in denkbar weitestem (vielleicht noch über den Gedanken einer „freien Körperschaftsbildung" im üblichen Sinne hinausgehenden) Umfange erleichtert wäre, und daß damit nahezu durch beliebigen Zusammenschluß Personenmehrheiten die rechtlichen Vorteile eigener Rechtsfähigkeit erwerben können; nicht aber könnten wir Rechtssubjekte höheren und minderen Grades, juristische Personen und andere rechtsfähige Personeneinheiten, die nicht juristische Personen sind, unterscheiden.

Es bleibt also bei dem oben Gesagten, daß für alle Rechtssysteme, die den Unterschied zwischen juristischer Person und Rechtsgemeinschaft kennen, die aus dem Zusammenschluß einer Vielheit hervorgewachsene „rechtsfähige Personeneinheit", wenn sie nicht als juristische Person aufgefaßt werden soll, eine systemwidrige Rechtsfigur darstellen würde (dies zugleich gegen Schnell, Die Quotenfrage usw., S. 16/7). Damit wird auch die weitere Ansicht Naglers abgelehnt, daß — „in abstracto genommen — die Theorie" (der rechtsfähigen kollektiven Einheit oder, wie er sie nennt:) „der ungeteilten Mitberechtigung als

schaft) feststellen kann, „Theorie sowohl wie Praxis ... zu der Gierkeschen Auffassung strebt, nach der die Gesellschafter eine Personeneinheit bilden, die keine juristische von den einzelnen Mitgliedern (!) verschiedene Person ist, die aber in ihrer Gesamtheit fähig ist, selbständig (!) Rechte und Pflichten zu haben", so wird diese Auffassung doch stets die Unklarheit darüber zurücklassen, welcher Begriff mit einer solchen Gesamtheit oder Personen-

---

positivrechtlich ohne Künstelei gedacht werden kann", wie dies durch die positivrechtliche Ausgestaltung des Gesamteigentums nach Artt. 603ff. des portugiesischen Handelsgesetzbuchs (dazu Behrend, Lehrb. des Handelsrechts, Bd. I 1, Berlin und Leipzig 1886, S. 473 Zusatz II zu § 66) bewiesen werde. (Naglers Gedanke findet sich fast wörtlich wieder bei Schnell, Die Quotenfrage usw., S. 10 ohne Erwähnung Naglers, wie überhaupt Schnell auch sonst häufig Naglersche Gedanken, Ausdrucksweisen und Satzbildungen ohne Hinweis auf seine Quelle einfach übernimmt; man vgl. — abgesehen von verschiedenen aus Nagler übernommenen Zitaten älterer Auflagen von Kommentaren und Lehrbüchern — etwa Schnell S. 13 gegenüber Nagler S. 721; Schnell S. 16 — S. 43 — S. 71 gegenüber Nagler S. 707 Anm. 34 — S. 717 — S. 707 u. 722 Anm. 75, wobei an einzelnen Stellen sogar eine Ungenauigkeit Naglers in der Zitierung Gierkes bei Schnell wiederkehrt.) Das Argument aus Art. 603 a. a. O. ist jedenfalls verfehlt. Nicht nur deshalb, weil diese „inkonsequente und unklare" (Behrend, a. a. O.) Regelung der Handelsgesellschaft sich — namentlich zufolge der Artt. 605, 606: automatische Umwandlung des „Gesamteigentums" in schlichtes Miteigentum zufolge bilanzmäßiger Ausgleichung der Kapitalkonten — sehr wohl als gesamthänderisch gemeinschaftliches Eigentum (mit Rechtsanteilen) konstruieren ließe, das lediglich vom Gesetzgeber in unzutreffender und daher nicht bindender, aus dem damaligen Stande der Rechtswissenschaft sich erklärender theoretischer Konstruktion im Sinne einer kollektiven Einheit aufgefaßt worden ist; sondern verfehlt ist heute die Berufung auf jene Gesetzesbestimmungen vor allem deshalb, weil diese — von Nagler und Schnell irrigerweise als geltendes Recht angesprochene — Regelung des alten portugiesischen Handelsgesetzbuchs vom 18. Sept. 33 längst durch die Artt. 105, 108 des jetzt geltenden Codigo commercial Portuguez vom 23. Aug. 88 ersetzt sind. Diese aber erklären die unserer offenen Handelsgesellschaft entsprechende „sociedade em nom collettivo" ausdrücklich zur juristischen Person („individualidade juridica differente de dos associados"; vgl. auch unten S. 88 Anm. 175 zu § 6).

[135]) Staub-Könige, Kommentar zum Handelsgesetzbuch, 9. Aufl., Bd. I, Berlin 1912, S. 472 Anm. 28 zu § 105; vgl. z. B. noch Sohm, Der Gegenstand, Leipzig 1905, S. 69.

einheit, die rechtsfähiges Subjekt und doch nicht Rechtsperson sein soll, nach positivem Rechte verbunden sein kann[136]) [137]), und die weitere Präzisierung: „Eigentümer (!)

---

[136]) Das gilt auch von dem „personenähnlichen Gebilde ohne Rechtsfähigkeit“, das — dem Begriff der „relativen juristischen Person“ (Gareis) und wohl ebenso dem der „Quasiperson“ (Hans Goldschmidt, Die Nachlaßpflegschaft usw., Berlin 1905) im wesentlichen äquivalent — neustens von Kormann, Gegensätzliches Handeln usw., in Gruchots-Beitr. Bd. 57, 1913, S. 502 ff. als eine „zur Kennzeichnung gewisser Rechtsbildungen“ unentbehrliche rechtliche Kategorie eingeführt werden soll, unter welche insbes. auch die offene Handelsgesellschaft falle. Uns scheint, als ob mit diesem wesentlich negativen Gedanken mehr als eine erklärende Beschreibung einer bestimmten Eigentümlichkeit gewisser Rechtsgebilde nicht gegeben wird; die Erkenntnis dessen, worauf diese Eigentümlichkeit im Einzelfalle beruht und zu welchem Zwecke sie von der Rechtsordnung eingeführt ist, wird in keiner Weise gefördert. Daher wird auch mit dieser neuen Kategorie eine Handhabung zur Lösung praktischer Fragen nicht gewonnen — ebensowenig etwa wie mit der Annahme der „relativen juristischen Person“, der „unpersonifizierten Personengesamtheit“ (Unger), der Kategorie des „Mehrheitsverbandes“ (L. Goldschmidt; vgl. Regelsberger, Pandekten, Bd. I, Leipzig 1893, S. 313 § 79). Vor allem: In jenem Gedanken eines personenähnlichen Gebildes liegt nicht einmal der richtige Ausgangspunkt für eine rechtliche Konstruktion jener Rechtserscheinungen. Denn wenn in der Rechtsfähigkeit gerade das Wesen der Person ruht, so ist nicht einzusehen, wie für ein „Gebilde ohne Rechtsfähigkeit“ die nahezu widerspruchsvolle Kennzeichnung als „personenähnliches“ eine klare und ausreichende Erkenntnis vom Wesen dieses Gebildes vermitteln sollte und die Notwendigkeit einer solchen rechtlichen Kategorie Kormanns begründen könnte. Nachdem wir die Wertlosigkeit analoger alter zivilistischer Rechtsbegriffe, des Quasikontraktes und des Quasideliktes, einsehen gelernt haben, dürfte sich weder die Quasiperson noch eine ihr entsprechende Kategorie in unserm System einbürgern. Vgl. übrigens auch oben S. 65 Anm. 130, unten S. 75 ff. § 6 und S. 199 Anm. 366 zu § 9 sowie gegen den Begriff der Quasiperson (als eine „categoria negativa, incerta ed equivoca“) Ferrara, Le persone giuridiche, S. 322 Anm. 1; auch Bonelli, La teoria della persona giuridica, in der Rivista di diritto civile anno II, 1910, S. 445 ff., 593 ff. auf S. 489 ff., 665, 668 f. (der aber diese Gebilde unter einen weiter gefaßten Begriff der juristischen Person bringt; dazu unten S. 99 Anm. 193 zu § 6).

[137]) Auch Bonelli, a. a. O., in der Rivista di diritto commerciale vol. I, 1903, parte Ia S. 302/3 erhebt gegen die herrschende deutsche Gesamthandauffassung den Vorwurf, daß sie eine „categoria speciale di subbietti giuridici“ aufstelle, die „una inutile complicazione nella siste-

des Gesellschaftsvermögens sind die Gesellschafter in ihrer Gesamtheit, der einzelne hat keine bestimmte oder bestimmbare Quote, weder am Gesellschaftsvermögen noch an den einzelnen Gegenständen"[138]), kann als ausreichende und befriedigende Lösung des Problems dieser Gemeinschaftsart nicht erachtet werden, da sie nur den unklaren Gedanken einer Zuständigkeit der Rechte an die Gesamtheit als Personeneinheit erläutert und die Einheit in die mehrheitliche Zuständigkeit einführt. Mit der Formulierung Gierkes[139]) und seiner Anhänger[140]) von der „Rechtsfähigkeit der verbundenen Personenmehrheit als solcher" wird also die Erkenntnis der Eigenart der Rechtszuständigkeit bei Gesamthandrechten nur verdunkelt und erschwert; es wird — entgegen Staudinger(-Loewenfeld)[141]) — die Sachlage hinsichtlich der gesamthänderischen Zuständigkeit niemals „richtig dadurch gekennzeichnet, daß die kraft der gesamten Hand verbundene Personenmehrheit als rechtsfähiger Personenverband bezeichnet wird", und es bedeutet nichts als eine Verwirrung der Grundbegriffe unseres positiven Rechts und eine Formel ohne verständlichen rechtlichen Inhalt, wenn man diese Rechtsfähigkeit des Verbandes als die Rechtsfähigkeit — „nicht ... einer von den verbundenen Per-

---

mazione della teorica dei subbietti di diritti" bedeute und darum in das italienische Recht besser nicht übernommen würde.

[138]) Wegen der „Anteile" des einzelnen im Sinne der Gierkeschen Wertanteile vgl. unten S. 230 Anm. 417 zu § 10.

[139]) Vgl. insbes. Gierke, Die Genossenschaftstheorie und die deutsche Rechtsprechung, Berlin 1887, S. 339 ff.; Das deutsche Genossenschaftsrecht, Bd. II, Berlin 1873, S. 923 ff.; Deutsches Privatrecht, Bd. I, Leipzig 1895, S. 660 ff. § 79 (namentlich S. 676 ff.); Handelsgesellschaft und bürgerliches Recht, im ArchBürgR. Bd. 19, 1901, S. 114 ff.; Vereine ohne Rechtsfähigkeit, 2. Aufl., Berlin 1902, S. 27; Deutsches Privatrecht, Bd. II, Leipzig 1905, S. 387 ff. § 122.

[140]) Literaturnachweise etwa neustens bei Schnell, Die Quotenfrage usw., S. 7, Rechtsprechung bei Staub-Könige, a. a. O.

[141]) Staudinger, Kommentar zum BGB., 7./8. Aufl., Bd. I, München und Leipzig 1912, S. 260 Anm. VII 1 zu § 54, im Anschluß an Gierke, Deutsches Privatrecht, Bd. I S. 682 § 79 und v. Seuffert, Deutsches Konkursprozeßrecht, Leipzig 1899, S. 155 § 25 (vgl. auch noch S. 70 § 14 4).

sonen[142]) verschiedenen juristischen Person", sondern — „des Verbandes als solchen, einer rechtlich verbundenen Personenmehrheit" charakterisiert. Ein nicht als Einheit, sondern als Personenmehrheit rechtsfähiger Verband, ein Verband mit (materieller) „kollektiver Rechtsfähigkeit", ist im Bereiche unseres geltenden Rechts eine contradictio in adiecto[143]). Die Zuständigkeit der subjektiven Rechte an einen (scil. hinsichtlich des Innehabens der Rechte und Pflichten) rechtsfähigen Personenverband kann nie und nimmer eine mehrheitliche Zuständigkeit, kann nicht die Zuständigkeit eines „gemeinschaftlichen" Rechts sein. Gehören die Gesamthandschaften, wie unbestritten und auch von Staudinger(-Kober)[144]) nicht bezweifelt, zu den Rechtsgemeinschaften[145]), so müssen sie sämtlich, die engeren wie die loseren, als Formen mehrheitlicher Zuständigkeit von Rechtsinhalten, aber nicht als Formen einheitlicher Zuständigkeit von Rechtsinhalten an eine Personeneinheit erfaßt werden[146]). Die Bezeichnung vom „rechtsfähigen Personenverbande" kann — ebenso wie die von der „materiellen kollektiven Einheit" — niemals ein der wahren Rechtslage adäquater Ausdruck sein; wir müßten denn, zugleich

---

[142]) Es müßte mit Rücksicht auf die folgende Gegenüberstellung richtiger heißen: einer „von dem Verbande" verschiedenen juristischen Person!

[143]) Es ist also auch ein unlöslicher Widerspruch, wenn man einerseits die Personeneinheit als rechts- und handlungsfähig erklärt, andrerseits aber behauptet, die Gesamthandschaft sei kein Rechtssubjekt sondern ein Rechtsverhältnis. So insbes. ausdrücklich und wiederholt Gierke, z. B. Das deutsche Genossenschaftsrecht, Bd. II S. 936; Die Genossenschaftstheorie usw., S. 469; Deutsches Privatrecht, Bd. I S. 660 § 79 I; ferner z. B. (entgegen der oben wiedergegebenen Stelle) Staudinger (-Loewenfeld), a. a. O., S. 151 erste Vorbem. III 3 vor § 21 und sonst die Vertreter der herrschenden Gesamthandauffassung.

[144]) Staudinger, Kommentar, Bd. II Vorbem. vor § 741 unter I auf S. 1429 und Bem. II 1a zu § 741 auf S. 1432.

[145]) Vgl. dazu aber wegen der richtigen Subsumption das unten S. 187 ff. in § 9 Gesagte.

[146]) So wie die herrschende Lehre in den Spuren Gierkes die Gesamthandverhältnisse auffaßt, sind sie eine besondere Art der Organisation eines Rechtssubjekts (im potentiellen Sinne), nicht aber besondere Arten bzw. Formen der Rechtszuständigkeit. Vgl. dazu den folgenden § 6.

mit der üblichen Auffassung des Begriffs der „Person“, die scharfe Unterscheidung zwischen mehrheitlicher und einheitlicher Zuständigkeit, die Unterscheidung der Zuständigkeit eines Rechtsinhalts an mehrere Subjekte gemeinschaftlich und an ein Subjekt allein, fallen lassen[147]).

§ 6. Rechtszuständigkeit und Rechtssubjekt.

Aus den bisherigen Betrachtungen gewinnen wir die Erkenntnis, daß das Problem der Rechtsgemeinschaft auf eine Frage der Zuständigkeit eines Rechtsinhalts (eines subjektiven Rechts) zurückzuführen ist, und daß die Untersuchung der rechtlichen Struktur einer einzelnen Rechtsgemeinschaftsart sich als eine Frage nach einer besonderen Zuständigkeitsform subjektiver Rechte darstellt. Damit tritt das Problem der Rechtsgemeinschaft — wie ja schon die letzten Ausführungen nahelegten — in einen grundsätzlichen Gegensatz zu dem Problem der juristischen Person, welch letzteres nicht eine Frage der Rechtszuständigkeit, sondern des Rechtssubjekts bedeutet.

Der Einwand liegt nahe: Ist denn die Frage der Zuständigkeit eines Rechts nicht auch gerade eine Frage des Rechtssubjekts? Ja und nein! Das hängt nämlich davon ab, wie wir den Ausdruck „Rechtssubjekt“ jeweils gebrauchen. Das Wort „Rechtssubjekt“ hat zwei Bedeutungen, die sich zu dem Begriffe der Zuständigkeit eines Rechts verschieden verhalten.

Wäre „Rechtssubjekt“ sein, wie besonders von Binder und Schwarz, den Gegnern der herrschenden Lehre vom Rechtssubjekt und vom subjektiven Rechte mit Nachdruck betont wird[148]), stets nur so viel, wie „in bestimmt gestalteten

[147]) Die Unterscheidung der Zuständigkeit an eine (insbes. juristische) Person und an mehrere gemeinschaftlich ist dem deutschen Gesetzgeber ganz geläufig. Vgl. einerseits das oben S. 38 Anm. 73 zu § 3 Gesagte und ferner z. B. § 30 LitUG.: „Steht das Urheberrecht mehreren gemeinschaftlich zu ...“ (dazu § 6) gegenüber § 32 Satz 1, ebenda: „Steht einer juristischen Person ... das Urheberrecht zu ...“; ebenso §§ 5, 27 gegenüber §§ 8, 25 Abs. 2 KunstUG.; auch §§ 1061, 2044 Abs. 2 BGB.

[148]) Vgl. Binder, Das Problem der juristischen Persönlichkeit, S. 53; auch S. 49 und öfters (wegen einer Wandelung seiner Auffassung

rechtlichen Beziehungen stehen", und zwar — wie zur Unterscheidung vom Rechtsobjekt ergänzt werden muß[149]) — auf der aktiven Seite, nämlich in denjenigen rechtlichen Beziehungen, „die wir ein subjektives Recht nennen"[150]), so wäre allerdings ein Gegensatz zwischen „Rechtssubjekt" und „Rechtszuständigkeit" nicht aufrechtzuerhalten. Denn daß jemand oder daß mehrere (aktiv) in diesen bestimmt gestalteten rechtlichen Beziehungen, in einem (konkreten) subjektiven Rechte stehen, ist in Wahrheit nichts anderes als das, was wir — von der Seite des Rechtsinhalts aus betrachtet — mit Zuständigkeit des Rechts bezeichnen[151]). Der Mangel der obigen Definition von Binder und Schwarz[152]) ist

---

unten S. 81 Anm. 165); Gustav Schwarz, Kritisches über Rechtssubjekt und Rechtszweck, im ArchBürgR. Bd. 35, 1911, S. 43, 49 f., 53 f.; vgl. auch Schwarz, Rechtssubjekt und Rechtszweck usw., im ArchBürgR. Bd. 32, 1908, S. 12 ff. — Mit ihrer Auffassung (namentlich mit der Binders) berühren sich eng die neuesten Ausführungen von Carnelutti, Personalità giuridica e autonomia patrimoniale nella società e nella comunione, in der Rivista del diritto comerciale vol. XI, 1913, parte Ia S. 86 ff.; vgl. insbes. S. 107: „. . . subbietto di diritti non può essere se non colui, al quale il diritto appartiene, o, in altri termini, colui cui viene dalla norma attribuito il potere giuridico." Sein Ergebnis ist dann, daß jede „Gruppe", jede Personenmehrheit, der ein einzelnes subjektives Recht (in concreto) zusteht, insbes. auch die mehreren Miteigentümer (S. 119 ff.), „Rechtssubjekt" (scil. in potentiellem Sinne!), „juristische Person" sei. Vgl. dazu das folgende im Text sowie auch demnächst Anm. 152 die entsprechende Auffassung Binders (allerdings nicht auch für das Miteigentum; hierzu vielmehr S. 143 Anm. 265 zu § 8). Im übrigen vgl. bereits oben S. 66 Anm. 131 a. E. (auf S. 68).

149) Vgl. Binder, Besprechung von Stammler, Unbestimmtheit des Rechtssubjektes, in der KrVJSchr. Bd. 49, 1911, S. 252.

150) Vgl. Binder, Problem, S. 49; Schwarz im ArchBürgR. Bd. 35 S. 53/4.

151) Vgl. oben S. 31 ff., S. 33 Anm. 62 zu § 3 und unten im Anhang II auf S. 319 ff.

152) Dasselbe gilt von der späteren Definition Binders, KrVJSchr. Bd. 49 S. 267: „Subjekt ist derjenige, dem die den Inhalt des subjektiven Rechts bildende Willensmacht zusteht, . . . oder analytisch ausgedrückt: Rechtssubjekt ist die aktive . . . Funktion des subjektiven Rechtes." Vgl. zu letzterem Ausdruck unten Anhang II auf S. 321 f.; im übrigen auch oben S. 75 Anm. 148. — Weil das „Rechtssubjekt" Binders nach seiner Definition in Wahrheit nichts ist als die Zuständigkeits-

aber, daß sie etwas ganz anderes definiert, als sie nach der Absicht der Urheber definieren soll. Sie beantwortet nicht die von Binder[153]) ausdrücklich gestellte Frage, was das Wesen des Rechtssubjekts überhaupt ausmacht, löst nicht „das Problem der juristischen Persönlichkeit“, sondern beantwortet die Frage, was jemanden als Subjekt eines einzelnen subjektiven Rechts charakterisiert[154]).

In diesem doppelten Sinne aber verstehen wir nach der üblichen Rechtssprache unser Wort „Rechtssubjekt“[155]).

Als (notwendiger) Bestandteil — Faktor, Element — des (einzelnen) subjektiven Rechts, dessen Struktur oder konkrete Zugehörigkeit wir untersuchen, bedeutet „Rechtssubjekt“ das Subjekt eines einzelnen, rechtlich existent gewordenen oder

---

beziehung bestimmter Rechte, ist es erklärlich, daß er das Rechtssubjekt als einen „Relationsbegriff“, eine „variable Größe“ (Problem, S. 70, 84) erklären kann, und daß für ihn, indem ihm das Rechtssubjekt eben niemals ein Wesen, ein „Dingbegriff“, sondern stets eine „Relation“ („eine Relation zu Rechtsobjekten“ [!]: S. 86) ist, die Relation einer Mehrheit von Berechtigten zu dem Inhalt einer rechtlichen Willensmacht ebensogut „das Rechtssubjekt“ sein kann, als die Relation eines individuellen Berechtigten zu jenem Inhalt. So verschwindet ihm der Unterschied zwischen gesamthänderischen Rechtsgemeinschaften und juristischen Personen; im einen wie im anderen Falle stellt sich ihm eine „Mehrheit“ als „das Rechtssubjekt“ dar, sind ihm die Rechte „gemeinschaftliche Rechte“. Vgl. dazu Binder, Problem, S. 84 ff., 103 ff. Später, in der KrVJSchr. Bd. 49 S. 247 ff., insbes. S. 271, erkennt er selbst, daß sein „Rechtssubjekt“ in Wahrheit nichts anderes als das Subjekt eines einzelnen Rechtes ist; vgl. unten S. 81 Anm. 165.

[153]) Binder, Problem, S. 32 ff.

[154]) So deutlich bei Schwarz, ArchBürgR. Bd. 35, z. B. S. 43 f.; auch S. 50: „. . ., daß Rechtssubjekt sein soviel heißt als berechtigt sein . .“

[155]) Daß im Worte Rechtssubjekt der Wortbestandteil „Recht“ stets im Sinne der subjektiven Berechtigung verstanden wird, und daß daher das Wort ein Subjekt von (subjektiven) Rechten und nicht ein Subjekt des (objektiven) Rechtes, d. h. ein von der Rechtsordnung bestimmtes Subjekt bedeutet, lehrt ein Blick auf die in den üblichen Definitionen sich ausdrückende allgemeine Auffassung und sollte nicht bezweifelt werden. Vgl. dazu auch Binder, KrVJSchr. Bd. 49 S. 265/6 (gegen Stammler, Unbestimmtheit des Rechtssubjektes, S. 29). — Die Wortzusammensetzung ist also ebenso zu beurteilen, wie die des Wortes „Rechtsgemeinschaft“ (in materiellrechtlichem Sinne); vgl. dazu (auch wegen der Einbeziehung der subjektiven Pflichten) oben S. 15 ff., 19 Anm. 39; S. 19 ff. in § 2.

als existent gedachten subjektiven Rechtes und ist gleichbedeutend mit dem „Berechtigten“, demjenigen, dem das Recht „zusteht“ oder „gehört“, der das Recht als „sein Recht“ hat, dem „Träger“ des einzelnen Rechts, der je nach der Natur dieses Rechts seine Sonderbezeichnung führt (Gläubiger, Eigentümer, Nießbraucher, Urheber usw.). In der Sprache unseres Bürgerlichen Gesetzbuches und der neueren Kodifikationen, die den Ausdruck Rechtssubjekt nicht kennen, ist es, sofern nicht die Sonderbezeichnung gewählt ist, der „Berechtigte“[156]), „derjenige, dem das Recht

[156]) Der „Berechtigte“ ist ein obligatorisch Berechtigter (z. B. §§ 356 Satz 2, 502, 514, 806 BGB.; Art. 101 EG.BGB.) oder ein dinglich Berechtigter (z. B. §§ 873, 889, 1024), insbes. der Inhaber einer Grunddienstbarkeit (z. B. §§ 1019, 1020 Satz 1, 1021, 1024), einer persönlich beschränkten Dienstbarkeit (z. B. §§ 1091, 1093 Abs. 2 u. 3), eines dinglichen Vorkaufsrechtes (z. B. §§ 1098 Abs. 1 Satz 1, 1099, 1100), einer Reallast (§§ 1109, 1112) usw. Den Ausdruck „Mitberechtigter“ oder „mitberechtigt“ kennt das BGB. nicht; von „gemeinschaftlich berechtigt sein“ spricht es in §§ 921, 922 Satz 1. — Auch andere Reichsgesetze nennen das Subjekt eines Rechts den „Berechtigten“: so z. B. §§ 25 Satz 1, 40 Satz 1, 41 Abs. 1, 48 GBO. (ebenso auch dazu die preußische AusfVO. vom 20. Nov. 1899, z. B. § 4; die sächsische AusfVO. vom 26. Juli 1899, z. B. § 64); §§ 91 Abs. 2 u. 3; 92 Abs. 2, 117 Abs. 1 u. 2, 118 Abs. 2, 120 Abs. 1, 126, 127, 135 Satz 1, 137 ff. ZVG.; § 7 Abs. 1 Satz 2 u. 3 WarenZG.; §§ 15 Abs. 1, 26, 27 Abs. 1, 28 Abs. 1 LitUG; §§ 17, 30, 31 KunstUG. u. a. m. — Ebenso das neue schweizerische ZGB. Artt. 735 ff. (= Grunddienstbarkeitsberechtigter); 777 ff. (Inhaber eines Wohnrechtes); 782 ff. (Grundlastberechtigter) u. ö.; vgl. auch die „berechtigte Person“ schlechthin (für alle Arten dinglicher Rechte) in Art. 964 Abs. 1. — Vgl. ferner z. B. im preußischen ALR. § 137 I 2; §§ 18 ff. I 19; auch „die Person des Berechtigten“ in § 138 I 2; sowie das frühere sächsische BGB. §§ 509, 513 f. (für die Reallast), 515 („der auf den Auszug . . . Berechtigte“), 523 (Dienstbarkeit), 638 ff. (Wohnrecht), 649 (persönliche Dienstbarkeit); ferner = Forderungsberechtigter, Gläubiger in §§ 663, 683, 691 ff.

[157]) Diese Ausdrucksweise ist im BGB. selten. Vgl. z. B. §§ 1237 Satz 2 („Dritte, denen Rechte an dem Pfande zustehen“); 1971 Satz 2 („Gläubiger . . ., denen ein Aussonderungsrecht zusteht“). Öfter begegnen wir der Wendung außerhalb des BGB.; vgl. z. B. § 27 Abs. 2 Satz 1 GBO.; §§ 28 Abs. 2, 30, 32 Satz 1 LitUG.; §§ 25 Abs. 2 Satz 1, 27 KunstUG.; §§ 47, 49 Abs. 1 Ziff. 4 KO. — Vgl. ferner z. B. §§ 569 (für Nießbrauch), 532 (für Dienstbarkeit) des sächsischen BGB.; auch Code civil Art. 697: „Celui auquel est due une servitude . . .“; Codice civile Art. 640: „Colui al

zusteht"[157]), „derjenige, dessen Recht . . ."[158]); auch andere Wendungen finden sich[159]).

Aber „Rechtssubjekt" ist uns nicht nur das Subjekt eines einzelnen Rechtes, sondern ferner und vielleicht an erster Stelle das (mögliche) Subjekt von Rechten (oder richtiger: von Rechten und Pflichten) überhaupt, die „Person" im Rechtssinne[160]) [161])und in der Sprache der Gesetze[162]).

---

quale è dovuta una servitù . . ."; sowie § 128 I 2 ALR.: „Rechte, welche in bezug auf das Subjekt, dem sie zukommen . . ."

[158]) Vgl. z. B. §§ 161 Abs. 2, 885 Abs. 1 Satz 1, 886, 894 BGB.; 19, 22, 40 Abs. 1, 55 GBO.

[159]) Z. B. derjenige, zu dessen Gunsten die Vormerkung besteht (§ 888 BGB.), zu dessen Gunsten die Belastung erfolgt (§ 1012 BGB.); derjenige, für welchen ein Recht im Grundbuche eingetragen ist (§ 893 BGB.; = „der eingetragene Berechtigte" des § 41 Abs. 1 GBO.); derjenige, welcher ein Recht hat (z. B. §§ 48, 49 Abs. 1 Ziff. 2 KO.; vgl. auch Code civil Artt. 627, 632 bzw. 702: „. . . celui qui a un droit d'habitation" bzw. „de servitude"; entsprechend codice civile Art. 646); ferner mit einer auf die Art des Rechtes hinweisenden Bezeichnung: z. B. im Patentrecht und Warenzeichenrecht der Inhaber des Rechts oder Patentinhaber (§§ 4 Satz 1, 9, 11 Ziff. 1 PatG.), der Zeicheninhaber oder Inhaber des Zeichens, auch Inhaber schlechthin (§§ 3 Abs. 1 Ziff. 1 u. 3, 5 Abs. 1 Satz 1, 7 Abs. 3, 8, 10 Abs. 2 WarenZG.); im Urheberrecht der Urheber (§§ 1 ff. LitUG.; §§ 1, 5 ff., 15 ff. KunstUG.); im Verlagsrecht der Verleger (z. B. §§ 1, 4, 5, 6 Abs. 2, 7 ff., 28 VerlG.), dem der Verfasser (z. B. § 2) mit seinen Rechten gegenübersteht. — Vgl. z. B. auch das sächsische BGB. § 560 (derjenige, welcher Rechte an der dienenden Sache hat) und das schweizerische ZGB. Artt. 641—643 („Wer Eigentümer einer Sache ist, kann . . .").

[160]) Der Gebrauch des Wortes „Rechtssubjekt" im Sinne von „Person" (Rechtsperson) in der Literatur ist so allgemein üblich, daß auf Belege verzichtet werden kann. In der Regel finden wir die Identität beider Ausdrücke besonders festgestellt; vgl. z. B. ausführlich Ferrara, Le persone giuridiche, S. 331 ff. Im besonderen etwa Laband in GoldschmidtsZ. Bd. 30, 1885, S. 492 (ebenso: Das Staatsrecht des Deutschen Reiches, Bd. I, 5. Aufl., Tübingen 1911, S. 84 § 8 Ziff. 6): „Die ‚Person' im Rechtssinne hat keine andere Eigenschaft, als die eine, die ihr ganzes Wesen ausmacht, nämlich Rechtssubjekt zu sein"; und Egger, Kommentar zum schweizerischen Personenrecht, Zürich 1911, S. 30/31 Bem. 1 zu Art. 11: „Rechtsfähigkeit ist die Fähigkeit, Rechte und Pflichten zu haben . . . Wer rechtsfähig ist, ist Person. Rechtssubjekt und Person sind identische Begriffe". Vgl. auch noch Schloßmann, Persona und πρόσωπον, Kiel und Leipzig 1906, S. 1 ff. und besonders S. 4 Anm. 1. — Auch in der Recht-

So ist uns nicht nur der Mensch als ein (von der Rechtsordnung) mit Rechtsfähigkeit ausgestattetes Wesen „Rechtssubjekt“, sondern ebensogut die „juristische“ Person.

„Rechtssubjekt“ hat danach zwei Bedeutungen: einmal die aktuelle Bedeutung des (derzeitigen) Inhabers eines bestimmten einzelnen Rechts (evt. auch eines Vermögens: Vermögenssubjekt), zum anderen die potentielle

---

sprechung werden Rechtssubjekt und Person in identischem Sinne gebraucht; vgl. z. B. RG. Bd. 65 S. 23: „Die Handelsgesellschaft ist . . . kein selbständig bestehendes Rechtssubjekt“; RG. Bd. 74 S. 9: sie ist „keine selbständige Rechtsperson“. — Wo zuweilen „Rechtssubjekt“ und „Person“ verschieden definiert werden, wird es in Wahrheit mit der begrifflichen Unterscheidung nicht ernst genommen; so z. B. bei Gareis, Enzyklopädie und Methodologie der Rechtswissenschaft, 4. Aufl., Gießen 1913, S. 66 § 15 I. Vgl. aber oben S. 58 Anm. 119 zu § 5 und unten S. 81 Anm. 165.

[161]) Das aus dem Lateinischen übernommene Wort „Person“ hat im modernen Recht eine feste technische Bedeutung. Es kann daher sein Wert nicht durch den Hinweis in Frage gestellt werden, daß das römische Recht eine solche technische Bedeutung von „persona“ nicht kannte. (Vgl. zu letzterem z. B. Heumann-Seckel, Handlexikon zu den Quellen des römischen Rechts, 9. Aufl., Jena 1907, S. 425 f., welche „persona“ zwar mit Person, aber nicht mit Rechtssubjekt übersetzen; aber andererseits Ferrara, Le persone giuridiche, S. 331 ff.). Deshalb kann dahingestellt bleiben, ob der von Schloßmann, a. a. O., gegen den juristischen Begriff der „Person“ („Rechtsperson“) und seinen wissenschaftlichen und praktischen Wert gerichtete Versuch, nachzuweisen, daß das Wort persona bei den Römern „irgendeinen juristisch wertvollen Gehalt nicht in sich birgt“ (Schloßmann, a. a. O., S. 127), als gelungen zu betrachten ist. (Vgl. dagegen z. B. Binder in der KrVJSchr. Bd. 49 S. 272 Anm. 33; S. 273 Anm. 39; Ferrara, a. a. O., S. 333 f.). Die Stellung des Rechtsbegriffes „Person“ in der Wissenschaft des heutigen Rechts ist einstweilen noch unerschüttert, und dogmatische Versuche, die Wertlosigkeit dieses Begriffes für unser Recht darzulegen und ihn durch einen anderen, etwa den Begriff des Rechtszweckes zu ersetzen, wie dies neuerdings Schwarz im ArchBürgR. Bd. 32 S. 12 ff. und Bd. 35 S. 10 ff. unternommen hat, dürften vergeblich sein, zumal in Anbetracht der Ausdrucksweise unseres BGB. und aller modernen Gesetze, die den Begriff der „Person“ als ganz bestimmten Rechtsbegriff aufgenommen haben und zum Teil sogar — wie neuestens das schweizerische ZGB. in Artt. 11 ff. — ein fein ausgebildetes Personenrecht enthalten.

[162]) Das Wort „Rechtssubjekt“ ist unseren Gesetzen unbekannt, sowohl im einen wie im andern Sinne.

Bedeutung des mit der Rechtsfähigkeit ausgestatteten Wesens, das alle möglichen Rechte (und Pflichten) erwerben und haben kann. Die allgemeine rechtliche Qualifikation als „Rechtssubjekt" (in der potentiellen Bedeutung, als Rechtssubjekt in abstracto), die Empfänglichkeit für Wirkungen der Rechtsordnung überhaupt, ist die — allererste — notwendige rechtliche Voraussetzung für die Erlangung der besonderen rechtlichen Stellung eines „Rechtssubjektes" (in der aktuellen Bedeutung, des Rechtssubjektes in concreto), des Inhabers eines Rechts. Die Frage, wann ein Rechtssubjekt (eine Person) überhaupt für das einzelne positive Recht existiert, und die Frage, wem ein subjektives Recht als seinem Subjekte zusteht, sind durchaus zweierlei; „Rechtssubjekt" wird man im einen Falle in ganz anderem Sinne als im anderen. Die erste Frage hat es mit der Rechtsfähigkeit eines im Rechtsverkehr auftretenden Einheitswesens oder Rechtsgebildes, die zweite mit der Frage der Rechtszuständigkeit eines subjektiven Rechtes (oder einer Vielheit subjektiver Rechte)[163]) zu tun.

Dies alles klingt so einleuchtend und selbstverständlich, daß man glauben sollte, ein Durcheinanderwerfen der beiden Bedeutungen des Wortes wäre gar nicht möglich. Und doch genügt ein Blick in die gemeinrechtliche und in die Literatur unseres[164]) heutigen bürgerlichen Rechts, um zu erkennen, daß dieser begriffliche Unterschied zwar oft genug richtig empfunden, aber ebensooft nicht beachtet und nur ganz ausnahmsweise einmal betont wird[165]). So schreibt z. B., um

[163]) Vgl. unten S. 92 f.

[164]) Ähnlich für die ausländische, insbes. die italienische Literatur.

[165]) So von Regelsberger, Pandekten, Bd. I S. 234 § 56; neuestens von Binder in der KrVJSchr. Bd. 49 S. 271 ff. (Vgl. auch die Formulierung bei Bekker, System des heutigen Pandektenrechts, Bd. I, Weimar 1886, S. 55 § 19 gegenüber S. 154 § 44.) Binder erhebt die Mahnung „die beiden Begriffe Rechtssubjekt und Person zu trennen, weil sie inhaltlich verschieden sind" (S. 276), und zwar so, daß man „Rechtssubjekt" nur für den subjektiv Berechtigten (S. 271, 275, 278, auch 267), „Person" nur für denjenigen gebraucht, „um dessentwillen die Rechtsschutzeinrichtungen des Rechts bestehen, der im Gesichtskreis einer gegebenen Rechtsordnung als rechtsschutzwürdig erachtet wird" (S. 276). Diese Mahnung ist berechtigt nur, sofern man mit

einen typischen Vertreter der modernen Darstellungen vom subjektiven Recht und vom Rechtssubjekt herauszugreifen, Crome[166]):

Binder den Ausdruck „Rechtssubjekt" nicht auch als den adäquaten terminus für das mögliche Subjekt von Rechten überhaupt ansieht, sondern ihn nur zur Bezeichnung des subjektiv Berechtigten für passend hält. Nur dann sind die beiden Begriffe Rechtssubjekt und Person „inhaltlich verschieden". Gegenüber der herrschenden und allgemein angenommenen Terminologie dürfte jedoch das Verlangen nach einer solchen reinlichen Scheidung nicht viel Aussicht auf Erfolg haben; im übrigen kann man mit der Verwendung des sehr viel leistungsfähigeren Begriffes der Rechtszuständigkeit — wie es diese Arbeit zu zeigen versucht — jeder Verwechslungsgefahr aus dem Wege gehen und die nötige Klarheit geben.

Der Fortschritt, den Binders Ausführungen in der KrVJSchr. über seinen früheren Standpunkt hinaus (Problem der juristischen Persönlichkeit) nach seinen eigenen Worten (KrVJSchr., a. a. O., S. 271) bedeuten, scheint mir daher im Grunde darin zu liegen, daß er, nachdem er sich im „Problem" in Wahrheit vorwiegend mit der Frage der Rechtszuständigkeit subjektiver Rechte oder des Rechtssubjektes im aktuellen Sinne befaßt hat (vgl. oben S. 75 f.) und zu sehr von dieser Frage ausgegangen war, in seinen späteren Ausführungen sich mehr zu dem notwendigen Begriff der Rechtsperson überhaupt, dem rechtsfähigen Wesen, der „juristischen Persönlichkeit", gedrängt sieht, der eben nicht aus der Struktur des subjektiven Rechts heraus, sondern aus dem Begriff des objektiven Rechts (bzw. für eine bestimmte Rechtsordnung aus dem Inhalte dieser) unmittelbar abzuleiten ist (vgl. insbes. Stammler, Theorie der Rechtswissenschaft, Halle 1911, S. 381 und demnächst S. 83 Anm. 170). — Der Unterschied zwischen dem Binderschen Personenbegriff (KrVJSchr., a. a. O., S. 271 ff.) und dem der herrschenden Lehre liegt — bei der an sich auch für die leztere zutreffenden Definition (S. 276) — darin, daß für Binder die Person nicht Rechtssubjekt der um ihrer willen bestehenden Rechte zu sein braucht (S. 276); dies hängt aber wiederum mit seiner Auffassung von der Bedeutung der Handlungsfähigkeit für die Rechtsfähigkeit zusammen (vgl. auch unten S. 85 Anm. 173). — Zutreffend unterscheidet ferner z. B. Bonfante, Istituzioni di diritto romano, 5a ed., Milano 1912 (indem er übrigens soggetto del diritto — gerade umgekehrt als Binder — lediglich mit dem „capace di diritti" gleichsetzt: S. 36 ff. § 11 ff.) auf S. 30 § 9: „Colui al quale il diritto subbiettivo . . . può competere, è il *subbietto giuridico* o soggetto del diritto; se effettivamente lo acquista, diviene *titolare del diritto*."

[166]) Crome, System des deutschen bürgerlichen Rechts, Bd. 1, Tübingen und Leipzig 1900, S. 190 § 37.

„Von den Rechtssubjekten oder Personen. Es war bereits davon die Rede, daß jedes Recht einem Subjekte zusteht. Es ist nur natürlich (!), daß unsere Darstellung von diesem Subjekte ihren Ausgang nimmt. Das Subjekt nennt man auch Person. Persönlichkeit heißt demgemäß die Fähigkeit, Subjekt von Rechten und Pflichten (!)[167]) zu sein."[168])

Hier wird ersichtlich mit dem Sinne des Wortes „Rechtssubjekt" gewechselt. Man nennt doch denjenigen, dem ein Recht zusteht, also das Subjekt eines Rechts, nicht deshalb „auch Person", weil ihm dieses Recht zusteht, d. h. weil er Subjekt gerade dieses Rechtes ist; vielmehr ist er darum Person, weil er — ganz allgemein — die Fähigkeit eines Subjektes von Rechten (und Pflichten) hat[169]) [170]). Die Frage,

[167]) Man beachte die plötzliche Einbeziehung der subjektiven Pflichten! Vgl. dazu demnächst Anm. 170.

[168]) Ähnlich auch schon die Darstellung bei Crome, a. a. O., S. 163ff. § 29 Ziff. 5.

[169]) Einen ganz ähnlichen Gedankenfehler wie den im Text gerügten macht Binder, Problem, S. 53 (vgl. oben S. 75 ff.); gegen ihn Hölder in JheringsJ. Bd. 53 S. 48: „Ich bin aber nicht erst dadurch ein Rechtssubjekt, daß ich ein Subjekt bestimmter Rechte bin, sondern dadurch, daß ich ein solches sein kann" (wobei also „Rechtssubjekt" — gerade anders als Binder später in der KrVJSchr. will; vgl. oben S. 81 Anm. 165 — nur im Sinne von Person genommen ist).

[170]) Will man überhaupt zur Bestimmung des Wesens des Rechtssubjektes (oder der Person) von dem subjektiven Rechte ausgehen (dagegen nachdrücklich Stammler, Theorie der Rechtswissenschaft, S. 381, 194 ff.; auch Ferrara, a. a. O., S. 247, allerdings in völligem Gegensatze zu S. 341), obwohl doch das Wesen des Rechtssubjektes oder der Person nicht nur in der rechtlich zuerkannten Fähigkeit zu subjektiven Rechten, sondern auch zu subjektiven Pflichten besteht, und will man nicht vielmehr die abstrakte Rechtsfähigkeit des Rechtssubjektes (in dem erwähnten Sinne) als das zunächst Gegebene denken (vgl. auch Mitteis, Römisches Privatrecht, Bd. I, Leipzig 1908, S. 73/4), das Rechtssubjekt in abstracto als das prius, „ohne dessen vorgängige Bestimmung" (scil. durch die Rechtsordnung) „die Zuteilung der Güter kraft Rechtens gar nicht denkbar wäre" (Huber, System und Geschichte des schweizerischen Privatrechts, Bd. IV, Basel 1893, § 120 S. 210; dazu auch O. Mayer, Deutsches Verwaltungsrecht, Bd. II, Leipzig 1896, S. 366 § 55), so wäre der richtige Gedankengang etwa der:

Das subjektive Recht setzt zu seiner Existenz ein Subjekt voraus, dem es zusteht. Dieses Subjekt muß daher ein Wesen sein, dem nach

ob jemand Person ist, hat es mit einer rechtlichen Eigenschaft des Trägers subjektiver Rechte und nicht mit der Zuständigkeit eines subjektiven Rechts zu tun[171]).

---

positiver Rechtsvorschrift subjektive Rechte an sich zustehen können. Denn sonst könnte ihm ja auch das einzelne subjektive Recht (der Rechtsinhalt) nicht zustehen und es könnte dieses einzelne Recht mangels eines notwendigen Bestandteiles überhaupt nicht entstehen. Daher ist das Subjekt eines subjektiven Rechts nicht nur ein Wesen, dem dieses Recht in concreto zusteht, sondern muß zugleich notwendigerweise auch ein Wesen sein, das überhaupt subjektive Rechte haben kann, also „Rechtsfähigkeit" (hier im engeren Sinne, ohne die Rechtspflichtfähigkeit) hat, „Person" ist. D. h.: das subjektive Recht selbst setzt nicht nur jemand voraus, dem (als Subjekt) dieses Recht zusteht, bzw. mehrere, die die Stelle des Subjektes einnehmen, sondern zugleich und zuvörderst jemand, der überhaupt Person ist, „Rechtssubjekt a priori". Aber Rechtssubjekt des einzelnen Rechtes ist (bei Vermögensrechten; im übrigen vgl. auch unten S. 87 Anm. 174) diese Person nicht so sehr darum, weil sie überhaupt Rechtssubjekt oder Person ist, als vielmehr darum, weil sie — außerdem — auf Grund eines besonderen Tatbestandes in die Zuständigkeitsbeziehung des betreffenden Rechtsinhalts eingetreten ist.

Die Abhängigkeit der beiden Begriffe des „Rechtssubjekts" ist also eine andere, als es nach Crome scheinen muß. Das zeigt sich besonders darin: Die Rechtsordnung muß zwar notwendigerweise bestimmen, wem als Subjekt von Rechten Rechtsfähigkeit zukommen kann (vgl. auch Stammler, Theorie der Rechtswissenschaft, S. 239), aber sie kann die Voraussetzungen für das Vorhandensein und das rechtliche Entstehen und Vergehen der Person so oder anders regeln. Für die Struktur des subjektiven Rechts und der einzelnen Rechte und für die Bedeutung des Subjekts eines Rechts (oder der Zuständigkeit) innerhalb des ganzen subjektiven Rechts ist das ohne Bedeutung; denn hierfür kommt es nur darauf an, daß ein Subjekt vorhanden sei.

Ein Wesen ist also „Person" nicht deshalb, weil das subjektive Recht ein Subjekt verlangt, sondern weil das objektive Recht es (d. h. jenes Wesen) als Person anerkennt.

[171]) Weitere Beispiele aus der Literatur, in denen die beiden Bedeutungen des Wortes Rechtssubjekt durcheinandergehen, ließen sich in großer Zahl beibringen, doch hat eine solche Sammlung für uns wenig Wert. Vgl. z. B. nur die dem Cromeschen Gedankengang sehr nahe kommenden Sätze von Dernburg, Das bürgerliche Recht usw., Bd. I, 4. Aufl., Halle 1909, § 48 I S. 131: „Rechte fordern begrifflich und nach BGB. ein Subjekt, welchem sie zustehen. Nach einem verbreiteten Sprachgebrauch nennt das BGB. die Rechtssubjekte Personen." In umgekehrtem Gedankengange Endemann, Lehrbuch des bürgerlichen Rechts, Bd. I, 8. Aufl., Berlin 1903, S. 108 § 24 Ziff. 1 und dazu

Die Arten des Rechtssubjekts im potentiellen Sinne oder der Person sind verschieden nach den Substraten der Rechtssubjektivität oder der Rechtsfähigkeit; die Arten des Rechtssubjekts im aktuellen Sinne sind verschieden nach der Art der Verknüpfung des Rechtsinhaltes mit dem oder den in concreto Berechtigten, d. h.: sie sind[172]) Arten der Rechtszuständigkeit[173]).

Anm. 2, als ob von dem Rechtssubjekt oder der Person die Frage der subjektlosen Rechte abhängig wäre. — Ferner ähnlich wie Crome und Dernburg auch Enneccerus in seinem Lehrbuch des bürgerlichen Rechts (mit Kipp-Wolff), Bd. I 1 § 76 Anfangssatz auf S. 192/3; auch § 96 II S. 240; Kohler, Lehrbuch des bürgerlichen Rechts, Bd. I S. 320 § 131 Anfangssatz in Verb. mit S. 147 § 45. Vgl. auch Windscheid-Kipp, Lehrbuch der Pandekten, 9. Aufl., Frankfurt a. M. 1906, Bd. I S. 227/8 § 50, wo zuerst Rechtssubjekt = Person (vgl. dazu S. 219 ff. § 49; S. 231 § 52) und unmittelbar darauf = Subjekt eines einzelnen Rechts verwendet wird. — Bedenklich z. B. auch Bornemann, Preuß. Zivilrecht, Bd. I, Berlin 1842, S. 72 Überschrift: „Vom Subjekt des (scil. subjektiven) Rechtes oder der Person", sowie Wächter, Handbuch des im Königreich Württemberg geltenden Privatrechts, Bd. II, Stuttgart 1842, § 32 Nr. 1 S. 193 und derselbe, Pandekten, Leipzig 1880, Bd. I S. 191 Anfangssatz von § 39. — Ähnlich auch in der ausländischen Literatur; vgl. z. B. Biagio Brugi, Istituzioni di diritto privato giustinianeo, parte I, 2a ed., Padova 1910, S. 55 § 10: „Tutti quanti i diritti spettano ad un subietto che dicesi persona ... Il riconoscimento dei diritti in un subietto costituisce la sua personalità ...", sowie derselbe, Istituzioni di diritto civile italiano etc., 3a ed., Milano 1914, S. 73 § 8 a. A. Selbst bei Ferrara (a. a. O.) finden wir überraschende Schwankungen zwischen den beiden Bedeutungen des „Rechtssubjekts". So, wenn er (S. 349) definiert: „Persona vuol dire esser titolare di un potere o dovere giuridico" (! also geradezu wie Carnelutti; vgl. oben S. 75 Anm. 148), wohingegen er vorher an anderer Stelle (S. 296) völlig zutreffend sagte: „... persona non vuol dire altro che *soggetto di diritti*. È la semplice possibilità di aver connessi dei diritti subbiettivi che caratterizza la persona". Unhaltbar auch die Fassung (S. 254): „... la persona guiridica è forma di pertinenza del diritto" (ähnlich S. 324). Diese Schwankungen sind um so erstaunlicher, als Ferrara an anderer Stelle durchaus zutreffend Rechtszuständigkeit und Qualifikation als Rechtssubjekt im potentiellen Sinne auseinanderhält; vgl. unten S. 101 Anm. 195.

[172]) Vom Rechtsinhalt aus betrachtet! Vgl. auch oben S. 33 Anm. 62 zu § 3.

[173]) Diese Gegenüberstellung mag durch einige Beispiele verdeutlicht werden. Fragen des Rechtssubjekts im potentiellen

Der Wert dieser Unterscheidung der beiden Begriffe des „Rechtssubjekts" liegt für uns in folgendem[174]:

Sinne beziehen sich auf die Rechtsfähigkeit als auf einen (vom objektiven Rechte zuerkannten) rechtlichen Zustand oder auch eine rechtlich bedeutsame (genauer: die wesentliche rechtliche) Eigenschaft von Menschen oder gewissen sozialen Organismen und gehören in die Lehre von den „Personen". So z. B. das Verhältnis von Rechtsfähigkeit und Handlungsfähigkeit, insbes. die Bedeutung der letzteren für die Rechtsfähigkeit und damit für die Zuerkennung der Personenqualität (dazu z. B. die der herrschenden Lehre entgegengesetzte Auffassung von Hölder, Natürliche und juristische Personen, Leipzig 1905, S. 117 ff. und Binder, Problem, S. 62 ff., wonach die Handlungsfähigkeit die Voraussetzung für die Rechtsfähigkeit sein soll); die Frage nach dem Beginn und dem Ende der Rechtsfähigkeit bei natürlichen und juristischen Personen, die Frage nach der Bedeutung gewisser Unterschiede der Menschen (hinsichtlich Geschlecht, Alter, körperlicher Mängel, Staatsangehörigkeit, Religion, Standeszugehörigkeit, Ehre) für die Allgemeinheit und Gleichheit der Rechtsfähigkeit natürlicher Personen; die Frage nach einem für das inländische Rechtsgebiet wirkenden Ausschluß der Rechtsfähigkeit für gewisse Menschen (wie ausländische Klostergeistliche, ausländische oder in deutschen Schutzgebieten befindliche Sklaven), die Frage nach dem Umfang und den möglichen Beschränkungen der Rechtsfähigkeit juristischer Personen.

Dagegen beziehen sich Fragen des Rechtssubjekts im aktuellen Sinne auf die Rechtszuständigkeit als auf einen rechtlichen Zustand des subjektiven Rechts (vgl. auch unten im Anhang II S. 321 f.) und gehören in die Lehre von diesem. So z. B. die Frage nach der Bedeutung des Subjekts (oder einer Rechtszuständigkeit überhaupt) für die Existenz des subjektiven Rechts, insbes. die Frage der subjektlosen Rechte, der Unbestimmtheit des Rechtssubjekts, der Anwartschaften, der Unbekanntheit des Rechtssubjekts; die Frage nach der Art der Bestimmung des Subjekts, insbes. die Betrachtung der sog. unmittelbaren und mittelbaren Zuständigkeit eines Rechts (dazu unten S. 322 Anm. 70 in Anhang II), der „Duplizität" des Subjekts (vgl. v. Tuhr, Der allgemeine Teil, Bd. I S. 69 ff. § 2 V), sowie ferner — was uns angeht — die Frage nach den verschiedenen Zuständigkeitsformen der Rechte, insbes. den Arten mehrheitlicher Rechtszuständigkeit (Rechtsgemeinschaftsarten).

Den Gegensatz zum Rechtssubjekt oder der Person bildet die Nicht-Person, worunter vor allem das Rechtsobjekt (in abstracto) oder der Gegenstand (insbes. die „Sache") sowie der nicht rechtsfähige leibliche Mensch oder soziale Organismus gehören; den Gegensatz zum Rechtssubjekt als der (konkreten) Beziehung des Rechtsträgers zum Rechtsinhalt oder (von dieser Seite aus) der Rechtszuständigkeit bilden der

Ist das Charakteristische der Rechtsgemeinschaften im technischen Sinne, daß bei ihnen die subjektiven Rechte

---

Rechtsinhalt, das (konkrete) Objekt des subjektiven Rechts, die Rechtsausübung.

Streng genommen sollte daher ein Lehrbuch von den Rechtssubjekten im potentiellen Sinne nur bei der Lehre von den Personen, nicht auch bei der (in der Regel voranstehenden) Lehre vom subjektiven Recht und seinen Subjekten sprechen (so in der Tat korrekt Regelsberger, Pandekten, Bd. I S. 77 ff. § 15); doch wird dies ganz allgemein nicht beachtet, wie ein Blick in die Lehrbücher lehrt. Noch weniger gehört die Erörterung der Rechtsfähigkeit physischer und juristischer Personen in eine Monographie über das Eigentum oder das Miteigentum (unter das „Subjekt" dieses Rechts); unzutreffend daher z. B. Randa, Das Eigentumsrecht nach österreichischem Rechte, Bd. I, Leipzig, 2. Aufl., 1892, S. 29 ff. § 2 — die Rüge von Krasnopolski in seiner Besprechung in der KrVJSchr. Bd. 27, 1885, S. 486 über die willkürliche Stellung der Untersuchungen über das Miteigentum bei Randa in § 9 trifft gerade diesen springenden Punkt nicht —; Ramponi, Delle comunione etc., S. 462 ff., dieser jedoch gedeckt durch den systematischen Fehler des italienischen Zivilgesetzbuches, das an Stelle der Unterscheidung von Rechtsfähigkeit und Handlungsfähigkeit diejenige von Rechtsgenuß und Rechtsausübung einsetzt und in Artt. 425 ff. eine Aufzählung der möglichen Eigentumssubjekte gibt (vgl. dazu aber auch Brugi, Della proprietà, vol. I S. 295 ff.).

174) Die Unterscheidung des Textes hat ferner prinzipielle Bedeutung für die verschiedenartige Begründung der Rechtszuständigkeit bei zwei großen Gruppen subjektiver Rechte.

Die Rechtszuständigkeit beruht nämlich in der Regel, d. h. für die im Rechtsverkehr in allererster Linie interessierenden subjektiven Rechte nur mittelbar auf der Qualität des in die Beziehung der Rechtszuständigkeit Eintretenden und damit das Recht Erwerbenden als Rechtssubjekts, auf der Personenqualität, nämlich nur insofern, als diese die Voraussetzung für einen Erwerb überhaupt bildet; sie beruht unmittelbar auf einem Erwerbsakte, auf einem besonderen Tatbestand, an den die Rechtsordnung den (sei es rechtsgeschäftlichen, sei es gesetzlichen) Erwerb des subjektiven Rechts für dieses betreffende Subjekt bzw. (die erstmalige) Entstehung des Rechts zugunsten dieses Subjekts knüpft. Diese Art der Begründung der Rechtszuständigkeit bzw. der Entstehung des Rechts charakterisiert insbes. sämtliche Vermögensrechte; sie sind — in der Ausdrucksweise des österreichischen Rechts (Marginalnote zu § 18 ABGB.) — „erwerbliche Rechte".

Die Zuständigkeit kann aber auch unmittelbar auf der Personenqualität des einzelnen Rechtssubjekts beruhen derart, daß das Recht ohne jeden besonderen Erwerbstatbestand entsteht und dem Berechtigten zusteht. Diese Art der Begründung der Rechtszuständig-

nicht in der Normalform der Zuständigkeit an eine (einzige) Person zustehen, so kann die konstruktive Untersuchung eines Rechtsgebildes, das Rechtsgemeinschaft sein soll, niemals zutreffend von der Seite des Rechtssubjekts im potentiellen Sinne, d. h. von dem Gedanken des rechtsfähigen Subjekts her unternommen werden[175]).

---

keit kennzeichnet die allgemeinen Persönlichkeitsrechte (Persönlichkeitsrechte im engeren Sinne), die heutzutage immer mehr zur Anerkennung und Aufnahme gelangen; es werden hier darunter verstanden das Recht auf körperliche Unversehrtheit, Freiheit, Ehre, das Recht am eigenen Bilde, das Recht auf eine gewisse Freiheit der gewerblichen Betätigung, also unter Ausschluß der Namen-, Firmen-, Warenzeichen- und natürlich noch mehr der Urheberrechte. Diese Persönlichkeitsrechte fließen ohne weiteres „aus dem Charakter der Persönlichkeit", wie das Marginale zu §§ 16 ff. des österreichischen ABGB. lautet. (Vgl. dazu neuestens Mauczka, Zur Lehre von den Persönlichkeitsrechten, in GrünhutsZ. Bd. 39, 1912/13, S. 40 ff.) Bei ihnen ist damit, daß eine Rechtsordnung die Rechtsfähigkeit oder Persönlichkeit als eine Qualifikation a priori anerkennt und zuspricht, als Ausfluß dieser allgemeinen Qualifikation ohne weiteres bzw. evt. mit dem Vorhandensein des entsprechenden Bedürfnisses eine Anzahl von Persönlichkeitsrechten entstanden, die dem so als „Person" Anerkannten als ihrem (konkreten) Rechtssubjekte zustehen.

Für diese Persönlichkeitsrechte ist daher die Frage nach verschiedenen Arten und Formen von Rechtszuständigkeit, insbes. auch die Frage nach einer mehrheitlichen Zuständigkeit eines Rechts, ohne Bedeutung, weil hier, mangels der Notwendigkeit oder Möglichkeit eines besonderen Erwerbsaktes und damit mangels der Möglichkeit eines gleichzeitigen Erwerbs durch mehrere oder einer Teilübertragung, eine andere als die (unmittelbare) Einzelzuständigkeit an die individuelle Person nicht vorkommen kann. Als notwendige Folgerung würde sich daraus für uns ergeben, daß bei diesen Persönlichkeitsrechten eine Rechtsgemeinschaft irgendwelcher Art ausgeschlossen sein muß, da jede Rechtsgemeinschaft eine Zuständigkeit des einen Rechts an mehrere (individuelle) Personen gemeinschaftlich voraussetzt. Näheres darüber später (Teil II dieser Arbeit).

[175]) Daher wird die konstruktive Erkenntnis einer gesamthänderischen Rechtsgemeinschaft, insbes. der offenen Handelsgesellschaft unseres deutschen Rechts, welche Rechtsgemeinschaft und nicht juristische Person ist (anders die offene Handelsgesellschaft des französischen, italienischen, spanischen, portugiesischen Rechts nach der herrschenden Auffassung bzw. dem ausdrücklichen gesetzlichen Ausspruch dieser Rechtsgebiete; vgl. bereits oben S. 69 Anm. 134 a. E. zu § 5, sowie etwa Thaller, Traité général théorique et pratique de droit commercial, tome I: Des sociétés

Denn Verschiedenheiten in der Art der Rechtszuständigkeit wirken, wie sich uns eben ergab, keinerlei Differenzierung der Rechtssubjekte im potentiellen Sinne. Im Gegenteil; für das Rechtssubjekt im potentiellen Sinne ist gerade wesent-

---

commerciales von Pic, Paris 1907, S. 194 ff. Nr. 161 ff., insbes. S. 216 ff. Nr. 177 ff., und jetzt vor allem Ferrara, Le persone giuridiche, S. 530 bis 609 und derselbe, La personalità giuridica delle società di commercio, in der Rivista di diritto commerciale vol. VIII, 1910, parte Ia S. 13 ff.; aber andererseits auch die unermüdlichen Angriffe Manaras gegen diese herrschende italienische Lehre, insbes. sein großes Werk Delle società e delle associazione commerciali, Torino, vol. I, 1902 und vol. II, 1905 und seine Abhandlungen in der Rivista di diritto commerciale), nicht dadurch gefördert, und es wird insbes. die materellrechtliche Frage nach der Zuständigkeit der von der Gesellschaft unter ihrer Firma erworbenen subjektiven Rechte nicht dadurch gelöst, daß man mit dem RG., das bekanntlich in der Auffassung der rechtlichen Struktur der Gesamthandschaften sehr schwankt und namentlich früher hinsichtlich der Konstruktion der offenen Handelsgesellschaft wenig zutreffende Entscheidungen gegeben hat, ausspricht, daß die offene Handelsgesellschaft „zwar keine juristische Person ist, sich ihr aber nähert" (RG. Bd. 56 S. 432; Bd. 61 S. 75), oder wenn man zwar den Charakter als einer juristischen Person leugnet, aber ausspricht, es sei doch die offene Handelsgesellschaft selbst „Inhaberin eines Vermögens", „Trägerin von Rechten, insbes. auch von Eigentumsrechten", es müsse „eben die Fähigkeit, Eigentum im wirklichen Sinne zu haben, der Gesellschaft beigemessen werden" (RG. Bd. 54 S. 280). Oder weiter: „Subjekt des Gesellschaftsvermögens ist die Gesellschaft selbst", „Rechtsträgerin des Gesellschaftsvermögens" ist „die Gesellschaft als solche" (RG. Bd. 25 S. 256; auch Bd. 54 S. 280); sie sei „wenn auch keine juristische Person, doch ein Rechtssubjekt mit selbständigem Vermögen" und sei „insofern ganz unabhängig von den Personen der Gesellschafter. . ., als sie neben denselben ein besonderes Rechtssubjekt mit selbständigem Vermögen bildet" (RG. Bd. 16 S. 17; vgl. ferner z. B. RG. Bd. 30 S. 150 ff. — nicht mehr aufrechterhalten gemäß Bd. 57 S. 432 ff. — sowie Bd. 45 S. 218; Bd. 56 S. 209). Alle diese, in der Hauptsache jetzt vom RG. überwundenen (vgl. insbes. Bd. 65 S. 23 und S. 227 ff.; Bd. 68 S. 410 ff.; Bd. 74 S. 9) Auffassungen nehmen, mögen sie auch den Gedanken einer juristischen Person ablehnen, stets einen falschen konstruktiven Ausgangspunkt und stempeln damit immer die Rechtsgemeinschaft, die die offene Handelsgesellschaft doch ist und selbst nach jenen Auffassungen schließlich sein muß, zu einem irgendwie gearteten Rechtssubjekt im potentiellen Sinne. Vgl. dazu auch die oben S. 58 Anm. 119 zu § 5 erwähnte Auffassung von Kattausch sowie das oben S. 72 Anm. 136 zu § 5 gegen Kormanns „personenähnliches Gebilde ohne Rechtsfähig-

lich, daß bei ihm hinsichtlich der Frage der Zuständigkeit der subjektiven Rechte ein der Untersuchung bedürftiges Problem nicht vorhanden ist. Die Zuständigkeit subjektiver Rechte an das als Einheit rechtsfähige Rechtssubjekt oder die Person (auch die juristische Person) ist eben immer die Einzelzuständigkeit, die einheitliche Zuständigkeit, also die Normalform subjektiver Rechte.

Wenn wir also für ein zur Untersuchung stehendes Rechtsgebilde (Personenvereinigung, Vermögenskomplex) die Frage geprüft haben, ob die (allgemeinen oder besonderen) Voraussetzungen erfüllt sind, an welche die Rechtsordnung für das einzelne Gebilde den Erwerb der Rechtsfähigkeit und damit die Erlangung der Stellung eines Rechtssubjektes im potentiellen Sinne knüpft[176]), und wenn wir im konkreten Falle

keit" Gesagte und wegen weiterer oberlandesgerichtlicher Entscheidungen gleicher Art die Angaben bei Schnell, Die Quotenfrage usw., S. 50 ff.

[176]) Die Frage, wann ein Rechtssubjekt, eine Person vorhanden ist, unter welchen Voraussetzungen natürliche Personen zur Bildung einer juristischen Person imstande sein sollen, und welche Grenzen der rechtlichen Wirksamkeit eines als Einheit mit Rechtsfähigkeit ausgestatteten Personenverbandes oder Vermögenskomplexes gesetzt sind, kann immer nur nach den Sätzen eines positiven Rechtes und niemals in einer von den Normen einer bestimmten Rechtsordnung abstrahierenden Untersuchung einer allgemeinen Rechtslehre beantwortet werden. Sie ist eine rechtsdogmatische Frage, nicht ein allgemeines Rechtsproblem. Die Gegenüberstellung und Abgrenzung der Begriffe Rechtsgemeinschaft und Rechtssubjekt (Person) läßt sich daher erschöpfend immer nur für ein bestimmtes positives Recht geben; die Grenzlinie kann in verschiedenen Rechtsordnungen abweichend gezogen sein. „Rechtssubjekt", „Person" ist daher für unsere Ausführungen, wer von den Sätzen unseres positiven Rechts als einheitliches, mit Rechtsfähigkeit begabtes Wesen im Gebiete dieses Rechts anerkannt ist. Für die Abgrenzung dieser Rechtsgemeinschaft von der juristischen Person ist in erster Linie — sozusagen als negatives Unterscheidungsmerkmal der Rechtsgemeinschaften — maßgebend das Verhältnis des zu untersuchenden Rechtsgebildes zu den positivrechtlichen Bestimmungen über den Erwerb der Rechtsfähigkeit durch Personenvereinigungen oder Sondervermögen (Stiftungen) und über die Beendigung der Rechtsfähigkeit. Dabei ist für die Frage der Entstehung und des Vorhandenseins juristischer Personen nicht nur auf solche Vorschriften Bedacht zu nehmen, die sich über die Erlangung der Rechtsfähigkeit unmittelbar verhalten und gewisse Vereinigungen ausdrücklich zu juristischen Personen stempeln (vgl. z. B.

zur Bejahung dieser Frage gelangt sind, so ist damit auch die Untersuchung beendet; die Frage nach den Besonderheiten der Rechtszuständigkeit der einzelnen (bereits erworbenen oder noch zu erwerbenden) subjektiven Rechte an dieses als (juristische) Person erkannte Rechtsgebilde entsteht nicht.

Wenn wir dagegen jene Frage für eine Personenvereinigung oder einen Vermögenskomplex haben verneinen müssen, so ist nunmehr von dem für die Unterscheidung von Zuständigkeitsformen[177]) völlig unfruchtbaren Gedanken des Rechtssubjekts im potentiellen Sinne für die weitere Untersuchung der Natur des (als Nicht-Person erkannten) Rechtsgebildes nichts mehr zu gewinnen. Vielmehr tritt nun die Frage hervor, wie der Charakter der Zuständigkeitsform der vorhandenen subjektiven Rechte, die nicht die Form der einheitlichen Zuständigkeit (Alleinzuständigkeit) ist, rechtlich zu bestim-

---

§ 12 des BankG. vom 14. März 1875; §§ 21 ff., 80 ff. BGB.; § 210 HGB.; §§ 11, 13 GmbHG.; § 17 GenG.; § 86 GewO.; für die landesgesetzlichen Wassergenossenschaften z. B. Art. 80 Abs. 2 des württembergischen WasserG. vom 1. Dez. 1900; Art. 115 Abs. 1 in Verbindung mit dem Marginale „Rechtsfähigkeit" im bayrischen WasserG. vom 23. März 1907; § 101 des sächsischen WasserG. vom 12. März 1909 — anders § 51 Abs. 1 des badischen WasserG. vom 26. Juni 1899), sondern auch auf solche, in deren Geltung gerade sich die Qualität der juristischen Person manifestiert, und die — vom Gesetz auf bestimmte Personenvereinigungen oder Vermögensmassen für anwendbar erklärt — den bestimmten Schluß auf deren juristischen Charakter als volle rechtsfähige Einheiten zulassen. (Vgl. hierzu Laband in GoldschmidtsZ. Bd. 30 S. 472 ff.; Meurer, Die juristischen Personen usw., S. 72 ff.; auch z. B. Dernburg, Bürgerliches Recht, Bd. I S. 181 § 65 I.) Worin das maßgebende Kriterium oder die Kriterien im letzteren Falle zu erblicken sind, kann für die einzelnen Rechtsordnungen zweifelhaft sein (vgl. die Zusammenstellung der verschiedenen Ansichten bei Egger, Kommentar zum schweizerischen Personenrecht, S. 174 Vorbem. vor Art. 52 Anm. 2c; auch Regelsberger, Pandekten, Bd. I S. 316 f. § 79 III); die Entscheidung hierüber ist aber mit dem allgemeinen Problem der Bestimmung des Wesens der juristischen Person nicht identisch. (Unklarheiten über die Verschiedenheit beider Fragen sind häufig; so z.B. bei Dübi, Die Gemeinschaften zur gesamten Hand usw., S. 4 f.)

[177]) D. h. hier speziell: für die Erkenntnis von Abweichungen in der Zuständigkeit gegenüber der Normalform des einzelzuständigen Rechts.

men sei. Denn wir können die Frage, wie für ein einzelnes subjektives Recht die Rechtszuständigkeit aufzufassen ist, niemals entbehren[178]), weil eben, wie wir oben (§ 3) erkannten, gerade diese rechtliche Beziehung der „Zuständigkeit" erst den Rechtsinhalt in bestimmter Weise gestaltet, und weil ohne eine bestimmte „Zuständigkeitsform" (d. h. lediglich als potentieller Gehalt, als Rechtsinhalt ohne jede Zuständigkeitsbeziehung) ein — aktuelles — subjektives Recht nicht sein kann[179]). Dies gilt insbesondere auch für das einzelne subjektive Recht, das einem in bestimmter Weise abgegrenzten Komplex subjektiver Rechte, einem (insbesondere gesamthänderischen) Sondervermögen zugehört. Auch dieses einzelne Recht muß eine Zuständigkeitsform haben und kann nicht einfach als lediglich potentieller Gehalt in dem ganzen Vermögen als einer rechtlichen Einheit oder einem einheitlichen Gesamtrechte untergehen. Für die dogmatische Betrachtung unseres geltenden Rechts, das eine objektive Einheit des Vermögens und ein einheitliches Herrschaftsrecht an dem Vermögen als einem Rechtsobjekte nicht kennt[180]), muß sich alle und jede „Zuständigkeit des Vermögens" — und zwar die Zuständigkeit des Vermögens (auch des „Sondergutes") [181]) einer Einzelperson oder einer Gesamtperson (juristischen Person) nicht weniger als die Zuständigkeit eines Sondervermögens einer

---

[178]) Dies insbes. auch gegen Schwarz, ArchBürgR. Bd. 35 S. 56, nach dessen Auffassung (vgl. noch ArchBürgR. Bd. 32 S. 12 ff.; Bd. 35 S. 10 ff.) das subjektive Recht nicht irgendeinem Wesen, sondern „für einen Zweck" gehöre, der also an die Stelle des herrschenden Rechtssubjektsbegriffes die Zweckbestimmung, den Rechtszweck setzen will (vgl. auch oben S. 80 Anm. 161). Daß die Fragestellung des Textes „für die Fälle, wo ein Recht einen intransitiven Zweck hat (d. h. einen Zweck ohne ein „Ding" als Zweckgegenstand) . . . vollständig im Stich" lasse, wie Schwarz behauptet, ist unrichtig; höchstens kann die Beantwortung hier größere Schwierigkeiten machen als in anderen Fällen (man denke z. B. an die Rechtszuständigkeit bei Sammelvermögen).

[179]) Vgl. dazu auch im Anhang II S. 320. Das im Anhang III S. 326 f. am Anfang Gesagte steht, wie man erkennt, hiermit nicht in Widerspruch.

[180]) Vgl. dazu Anhang II auf S. 323 f. sowie etwa v. Tuhr, Der allgemeine Teil, Bd. I S. 328 f. § 18 VI.

[181]) Vgl. v. Tuhr, a. a. O., S. 330 ff. § 19.

Personenmehrheit[182]) — auflösen in eine Summe von Zuständigkeiten subjektiver Rechte[183]); erst die Erkenntnis der

[182]) Die Zugehörigkeit eines Rechtes zu einem Gesamthandvermögen absorbiert weder (in dem Vermögen als einer Gesamtheit subjektiver Rechte) die rechtliche Selbständigkeit dieses einzelnen subjektiven Rechts noch (in dem Vermögen als einer objektiven Einheit) die selbständige Rechtsobjektsqualität eines einem absoluten Vermögensrecht unterliegenden Rechtsobjekts. Daher bleibt dem einzelnen subjektiven Rechte ebensogut eine eigene Zuständigkeitsform wie dem einzelnen Rechtsobjekt seine Rechtsunterworfenheit unter ein einzelnes subjektives (absolutes) Recht. Darum wird bei gesamthänderisch gemeinschaftlichem Grundeigentum nicht etwa im Grundbuch eingetragen: Das Grundstück (das Eigentum am Grundstück) gehört zum Gesellschaftsvermögen, zum Gesamtgut, zum Nachlaß usw., sondern es wird (vgl. § 48 GBO.) durch den Hinweis auf das einzelne zugrunde liegende Rechtsverhältnis (Gesellschaft, eheliche Gütergemeinschaft usw.) die Zuständigkeitsform des einzelnen Eigentumsrechtes verlautbart (vgl. dazu wegen der Bedeutung dieses „Grundverhältnisses" als der Quelle der die Zuständigkeitsform bildenden „inneren Ordnung" unten §§ 8, 9 auf S. 148 ff. und S. 185 ff., sowie ferner S. 217 Anm. 405). Der einzelne Gesamthänder ist eben — entgegen v. Tuhr, Der allgemeine Teil, Bd. I S. 352 § 20 V — an dem Grundstück wie überhaupt „an einer Sache, die zum Gesamthandvermögen gehört" nicht „nur insofern berechtigt, als er zusammen mit seinen Genossen Subjekt des Gesamtvermögens ist", sondern er ist unmittelbar Mitsubjekt des einzelnen gemeinschaftlichen Rechts. Die in der Literatur (so z. B. auch von Planck, Bürgerliches Gesetzbuch, Bd. V, 1908, S. 248 Bem. 1 zu § 2032) wiederholte Auffassung der Prot. Bd. V S. 383, daß Gegenstand der Erbengemeinschaft der einheitliche Nachlaß in der Weise sei, daß die zu ihm gehörenden Gegenstände nur als Bestandteile eines Ganzen in Betracht kämen und die Gemeinschaft nicht an allen einzelnen Gegenständen des Vermögensganzen bestehe, ist für unser geltendes Recht unhaltbar; denn ihm ist die Auffassung, daß eine objektive Einheit des (gesamthänderischen) Vermögens „sich zwischen die einzelnen Bestandteile des gemeinschaftlichen Vermögens und das Subjekt desselben einzuschieben" (Gierke, Personengemeinschaften und Vermögensinbegriffe, S. 90) imstande wäre, durchaus fremd (vgl. auch die Bemerkung Gierkes selbst, a. a. O., S. 113 f. gegenüber dem E. I).

Das dürfte auch für das neue schweizerische Recht gelten, dessen Art. 602 Abs. 2 die Erben als „Gesamteigentümer der Erbschaftsgegenstände" bezeichnet, während E. I vom „Gesamteigentum an der Erbschaft" sprach. Vgl. auch unten S. 259 Anm. 484 zu § 10. (A. A. aber, gerade unter Berufung auf Planck und unsere Prot., Escher, Das Erbrecht usw. [im Eggerschen Kommentar], Zürich 1912, S. 274 f., Bem. 2 zu Art. 602).

besonderen rechtlichen Struktur ihrer Zuständigkeitsformen im Falle einer mehrheitlichen Zuständigkeit erschließt das Wesen jener Vermögensgemeinschaft.

Indem wir also erkennen, daß die Frage nach Besonderheiten von Zuständigkeitsformen subjektiver Rechte immer nur außerhalb derjenigen Personenvereinigungen entsteht, welche Rechtssubjekte im potentiellen Sinne („Personen") sind, bzw. derjenigen Vermögenskomplexe, die als einem Rechtssubjekt im potentiellen Sinne gehörend erscheinen[184]),

---

[183]) Diese subjektiven Rechte verlieren durch die Zugehörigkeit zum Gesamthandsvermögen nicht etwa ihre ihnen eigentümliche rechtliche Qualität; vgl. bereits oben S. 39 Anm. 74 zu § 3. Unhaltbar daher die Auffassung von Deitigsmann, die sich übrigens von der üblichen Gesamthandlehre, soweit sie die objektive Einheit des Gesamthandvermögens leugnet, nicht weit entfernt: „. . . weder dem einzelnen Gesamthänder noch dem Gesamthandsverbande als solchem steht ein Eigentum im gewöhnlichen Sinne an den einzelnen Stücken des Gesamtgutes zu. Das Gesamtgut und die einzelnen Gegenstände desselben gehören allerdings den Gesamthändern, dieses Herrschaftsrecht der Gesamthänder . . . ist aber kein unmittelbares, an der einzelnen Sache bestehendes dingliches Recht, also auch kein eigentliches „Eigentum" (Deitigsmann, Eigentumsübergang von Gesamthandsgrundstücken ohne Auflassung, Karlsruhe i. B. 1910, S. 26). Also wären während der Zugehörigkeit zum Gesamthandvermögen die Sachen (streng genommen) eigentumsfrei bzw. eigentümerfrei, die Immaterialgüter urheberrechtsfrei usw., die Forderungen gläubigerlos usw., und es entstünden Eigentum, Urheberrecht, Forderungen erst wieder mit dem Ausscheiden aus dem Gesamthandvermögen? — Wegen der Auffassung des Miteigentums als mehrerer Einzelrechte an eigentumsfreier Sache vgl. unten S. 146 f. Anm. 272 f. zu § 8.

[184]) Der Vermögenskomplex ist niemals selbst die juristische Person; (so — ganz abgesehen von den Auffassungen der Zweckvermögenstheorie — z. B. unrichtig Staudinger-Kober, Kommentar zum BGB., Bd. II S. 1389 Bem. II 2 zu § 718); sondern er tritt als Gesamtheit der vermögenswerten Rechte einer juristischen Person in den Rechtsverkehr ein. Auch bei der Stiftung ist daher nicht das Vermögen selbst dasjenige, was „juristische Persönlichkeit" hat. Vielmehr knüpft sich diese hier an eine bestimmte Verwaltungsorganisation, während das Vermögen zwar notwendiges Mittel für die Verwirklichung der Stiftungszwecke, nicht aber Wesensmerkmal der juristischen Person der Stiftung ist. Es gibt „Rechtssubjekte" im potentiellen Sinne, die — zeitweise — keinerlei Vermögensrechte haben, also nicht zugleich (hinsichtlich der Zuständigkeit von Vermögensrechten) „Rechtssubjekte" im aktuellen Sinne sind; vgl. dazu unten S. 99 Anm. 193.

können wir die übliche Gegenüberstellung von Rechtsgemeinschaft und juristischer Person, als der beiden einander ausschließenden Rechtsformen, in der Weise formulieren:

Soll eine Personenmehrheit oder ein in bestimmter Weise abgegrenzter Personenkreis mit subjektiven Vermögensrechten in Beziehung gebracht werden, so sind dafür nach geltendem Rechte die beiden Rechtsformen gegeben: juristische Person oder Rechtsgemeinschaft. Ist im einzelnen Falle eine juristische Person als alleinige (mögliche oder aktuelle) Inhaberin der subjektiven Rechte nicht vorhanden, so muß das Rechtsgebilde eine Rechtsgemeinschaft sein[185]) [186]). Dann aber wird es aus-

[185]) Nur dies, nicht auch das Folgende, entspricht der communis opinio. Der Gegensatz der beiden Rechtsformen selbst wird aber über unser deutsches Recht hinaus gelten müssen für alle Rechte einer entwickelten Rechtsstufe, die die Rechtsform der juristischen Person kennen. (Vgl. auch oben S. 69 Anm. 134 zu § 5). So spricht insbes. auch Ferrara, Le persone giuridiche, S. 472 f. jenen Gegensatz, entsprechend der ganzen Tendenz seines Werkes, ganz allgemein und nicht nur für das italienische Recht aus. Für letzteres selbst werden neuerdings entgegengesetzte Auffassungen einzuführen versucht. So will gerade entgegen dem oben Formulierten Bonelli, I concetti di comunione e di personalità etc., in der Rivista di diritto commerciale vol. I, 1903, parte I a S. 285 ff. den Gegensatz zwischen Gemeinschaft und juristischer Person beseitigen (dazu derselbe in der Rivista di diritto civile vol. II, 1910, S. 665 ff.; zustimmend neustens Giovene, Personalita giuridica etc., in der Rivista del diritto commerciale vol. XII, 1914, parte I a S. 212 ff., insbes. 215 ff.). Wenn für ihn die Vereinbarkeit beider Begriffe darauf beruht, daß bei jeder juristischen Person das „substratum", l'elemento strutturale", eine Rechtsgemeinschaft sei, und daß zwar „dinamicamente ... la persona elimina la comunione", aber „staticamente ... la persona coesiste colla comunione" (S. 305), so degradiert er damit jede juristische Person zu einem nur Dritten gegenüber als Einheit funktionierenden Gebilde, leugnet also damit jede „materiellrechtliche" Rechtsfähigkeit und betrachtet (vgl. auch Ferrara, a. a. O., S. 473) die Sache nicht vom rechtlichen, sondern lediglich vom wirtschaftlichen Standpunkte aus. Noch weiter geht die zum Teil an Bonelli sich anlehnende neueste Auffassung von Carnelutti (vgl. oben S. 75 Anm. 148), welcher Persönlichkeit und Vermögensselbständigkeit identifiziert und schon in jeder Rechtsgemeinschaft nach Bruchteilen, jedem Miteigentume eine „juristische Person" findet; für ihn geht also die Kategorie der Rechtsgemeinschaft völlig in der der juristischen Person auf. Bonelli, Personalità e comunione, in der Rivista del diritto commerciale vol. XI,

nahmslos charakterisiert durch eine mehrheitliche Zuständigkeit der einzelnen subjektiven Rechte, eine Zu-

---

1913, parte Ia S. 733 ff. folgt ihm jedoch nicht, insbes. nicht, soweit Carnelutti auch das gewöhnliche Miteigentum als juristische Person auffassen will. — Die herrschende italienische Doktrin ist hinsichtlich der Unterscheidung von Rechtsgemeinschaft und juristischer Person mit der deutschen konform.

Wenn sonach jede Personenvereinigung, jeder „gesellschaftliche" oder „menschliche" Verband mit Notwendigkeit in eine dieser beiden Rechtskategorien fallen muß, so ist unhaltbar die Auffassung von Kornfeld, Soziale Machtverhältnisse, Wien 1911, „daß gesellschaftliche Verbände auch außerhalb des positiven Rechts sehr wohl denkbar sind" (S. 166), und daß es „Vereinigungen mehrerer Menschen zur Verfolgung gemeinschaftlicher Lebenszwecke" gäbe, die nur „Lebensverhältnisse" sind, ohne daß „mit denselben zugleich Rechtsverhältnisse und demgemäß positivrechtliche Befugnisse und Verbindlichkeiten" ihrer Mitglieder „konstant verbunden sind" (S. 248), wie das nach ihm von dem nicht „rechtlich anerkannten oder rechtsfähigen" Verein gelten soll (S. 248). Gegenüber dieser Auffassung, deren erschöpfende Widerlegung nur im Rahmen einer Stellungnahme zu der gesamten Theorie Kornfelds vom objektiven Recht als dem „regelmäßigen sozialen Verhalten", als einem System tatsächlicher Regeln des gesellschaftlichen Lebens (vgl. insbes. S. 49, 104, 113) erfolgen kann (vgl. gegen Kornfeld Oertmann, JLBl. 1911 S. 202 f.; Friedrich, DJZ. 1912 S. 1484 f. und vor allem neuestens Wielikowski, Die Neukantianer in der Rechtsphilosophie, München 1914, S. 150 ff.), ist daran festzuhalten, daß eine Personenvereinigung damit, daß sie für die Rechtsordnung nicht als rechtsfähige besteht, doch nicht aufhört, eine innerhalb der Rechtsordnung bestehende, eine „rechtlich anerkannte" zu sein, insofern sie nämlich in diesem Falle eine als Rechtsgemeinschaft rechtlich bestehende Vereinigung ist; mit einer solchen Vereinigung, sei sie auch nicht rechtsfähig, sind also stets zugleich Rechtsverhältnisse, positivrechtliche Befugnisse und Verbindlichkeiten irgendwelcher Art verbunden, und daher wird — was uns hier interessiert — die Frage nach der Zuständigkeit der subjektiven Rechte oder des Vermögens einer solchen Vereinigung unumgänglich. Damit ist nicht gesagt, daß das gesamte innere Leben einer Personenvereinigung, insbes. eines idealen Vereins, sich in rechtlichen Regelungen und Beziehungen erschöpft. Aber die Frage, ob ein Verein zugleich auch soziales Gebilde ohne rechtliche Relevanz ist, und ob für viele Vereine ein großer Teil des Vereinslebens als „innersoziales" in das außerrechtliche (rechtsfreie) Gebiet fällt (vgl. hierzu neuestens Heinsheimer, Mitgliedschaft und Ausschließung usw., Berlin 1913, S. 23, 58 f., 74 f., 79 f.; zustimmend Oertmann im JLBl. Bd. 25, 1913, S. 155), deckt sich mit dem von Kornfeld Gemeinten nicht, und ihre Bejahung ändert jedenfalls nichts

ständigkeit des „gemeinschaftlichen" Rechtsinhalts der einzelnen Rechte an eine Personenmehrheit, welche sich niemals für die Rechtszuständigkeit zu einer — sei es auch nur kollektiv verstandenen — „Personeneinheit" zusammenschließt.

Umgekehrt gilt: In allen Personenvereinigungen oder Vermögenskomplexen, deren subjektive Rechte mangels einer Zuständigkeit an ein rechtsfähiges Subjekt (eine „Person" im Sinne des positiven Rechts) sich als Formen mehrheitlicher Rechtszuständigkeit qualifizieren, und die somit Rechtsgemeinschaften (im technischen Sinne) sind, ist für den Gedanken einer Personeneinheit in der Rechtszuständigkeit und für den Gedanken einer — sei es auch nur begrenzten — (materiellen) Rechtsfähigkeit dieses Rechtsgebildes und damit für den Gedanken eines Rechtssubjekts im potentiellen Sinne kein Raum[187]).

Das Problem der Rechtsgemeinschaft — und damit gelangen wir wieder zu unserem anfänglichen Gedankengange — ist also zu lösen als ein Problem der Rechtszuständigkeit, aber nicht des Rechtssubjekts im potentiellen Sinne; dagegen das Problem der juristischen Person als ein Problem des Rechtssubjekts im potentiellen Sinne, aber nicht der Rechtszuständigkeit. Wenn man daher einerseits vom Gesichtspunkte der Bildung oder Nichtbildung

---

daran, daß die Personenvereinigung, soweit vermögensrechtliche Beziehungen in Frage kommen, innerhalb des Rechtsgebietes steht und damit die Entscheidung über ihr rechtliches Wesen notwendig wird.

[186]) Die Fälle des „Sonderguts" von Einzelpersonen (freies Kindesvermögen, Vorbehaltsgut der Ehefrau, Konkursmasse usw.), bei denen innerhalb des Vermögens einer Einzelperson „ein engerer, durch besondere Kriterien fest abgegrenzter Kreis von Rechten" mit möglicherweise wechselndem Bestande steht (vgl. von Tuhr, Der allgemeine Teil, Bd. I S. 330 ff. § 19), bleiben beiseite, da es sich dabei um mehrere Vermögensmassen eines Subjekts handelt.

[187]) Daraus ergibt sich dann wiederum die Ablehnung jeder Auffassung, die den einzelnen Rechtsgemeinschafter als „Komponenten" des Rechtssubjekts im potentiellen Sinne (der Gesamtheit, der Kollektivität, der Personeneinheit) und seine Rechtsstellung als eine Art „Mitgliedschaft" auffaßt. Vgl. unten S. 105 Anm. 206 zu § 7 sowie später im Teil II.

eines besonderen Rechtssubjekts sagen kann: Der Gedanke der Verbindung einer Personenmehrheit zu einem Verbande mit juristischer Persönlichkeit geht infolge der Zusammenfassung der Mehrheit zur wahren (neuen) Einheit über den Gedanken einer Verbindung zur Rechtsgemeinschaft hinaus[188]), so kann man andererseits — und das ist hier für uns von Interesse — im Hinblick auf die Zuständigkeit des einzelnen subjektiven Rechts und in Rücksicht auf die Bedeutung der beiden Probleme innerhalb der Struktur des subjektiven Rechts sagen: Das Problem der Rechtsgemeinschaft beginnt da, wo das der juristischen Person aufhört.

Dies weist uns zugleich auf einen weiteren begrifflichen Unterschied zwischen beiden Rechtsfiguren hin: Wir haben oben nur betont, daß für die Differenzierung der Zuständigkeitsformen der Begriff des Rechtssubjekts im potentiellen Sinne völlig unfruchtbar ist. Wir müssen aber weiter gehen und sagen: er ist sogar indifferent gegen die Zuständigkeit von Vermögensrechten überhaupt[189]). Daß dem Rechtssubjekt im potentiellen Sinne Vermögensrechte wirklich zustehen, ist für seinen Begriff nicht wesentlich; wesentlich ist nur, daß ihm — als einer subjektiven Einheit — Vermögensrechte zustehen können. Es hört also das Problem des Rechtssubjekts im potentiellen Sinne (insbesondere der juristischen Person) schon vor der Frage der Rechtszuständigkeit überhaupt[190]) — nicht erst vor der Frage nach einer

---

[188]) Daher läßt sich, zumal unter Berücksichtigung wirtschaftlicher Gesichtspunkte, der Personenverband mit juristischer Persönlichkeit als eine „höhere Stufe der Vergesellschaftung" bezeichnen; z. B. neuestens Müller-Erzbach in JheringsJ. Bd. 61, 1912, S. 369.

[189]) Für die Gegenüberstellung mit der Rechtsgemeinschaft kommt für uns letzten Endes nur die Zuständigkeit von Vermögensrechten in Betracht. Das im Text Gesagte ließe sich aber auch für Persönlichkeitsrechte halten, wie sich aus dem an anderer Stelle (S. 87 Anm. 174) Erörterten ergibt; auch hier ist das Verhältnis nicht so, daß die Zuständigkeit der Persönlichkeitsrechte Vorbedingung für die Existenz der Rechtsperson wäre, sondern umgekehrt.

[190]) D. h. vor der Frage, ob der juristischen Person aktuelle Rechte zustehen. Denn Rechtszuständigkeit ist eine Funktion des konkreten subjektiven Rechts.

besonderen, von der Normalform abweichenden Zuständigkeitsform! — auf. Aus dem Begriff einer rechtsfähigen, insbesondere vermögensfähigen, rechtlichen Einheit folgt keineswegs die Notwendigkeit, daß diese Einheit (von allem Anfange an) auch Trägerin subjektiver Vermögensrechte sein müßte, folgt nicht, daß sie ohne solche nicht entstehen könnte. Wohl muß ein Rechtssubjekt im aktuellen Sinne zugleich Rechtssubjekt im potentiellen Sinne sein, weil niemand subjektive Rechte erwerben und haben kann ohne die rechtliche Fähigkeit zu ihrem Erwerbe[191]); nicht aber gilt das Umgekehrte[192]). Es können „Rechtspersonen" ebensogut als aktuell vermögenslose entstehen, wie sie im Verlaufe ihrer Betätigung, unbeschadet ihrer Fortexistenz, vermögenslos werden können. Das trifft physische Personen ebenso wie juristische. Das „Vermögen" einer (insbesondere juristischen) Person ist niemals Teil ihres Wesens, niemals Vorbedingung ihrer Existenz[193]). Jede gegenteilige Auffassung wirft die

---

[191]) Vgl. auch oben S. 83 Anm. 170.

[192]) Vgl. oben S. 81 Anm. 165 (gegen Binder).

[193]) Die Frage ist für juristische Personen bekanntlich sehr bestritten und hängt mit dem Problem der juristischen Person überhaupt zusammen; namentlich für die Stiftung wird oft ein Vermögen als wesentliche Existenzbedingung verlangt. Wegen der Ansichten für und gegen vgl. besonders Oertmann, Allgemeiner Teil, 1908, S. 213 f. Bem. 9 zu § 80. Wie der Text für die Verneinung namentlich außer Oertmann und den dort Zitierten noch Gierke, Deutsches Privatrecht, Bd. I S. 648 Anm. 16 zu § 78; Crome, System des deutschen bürgerlichen Rechts, Bd. I S. 227 § 48; v. Tuhr, Der allgemeine Teil, Bd. I S. 597 § 41 I, jedoch in offenbarem Widerspruche zu S. 456 § 32 I, sowie vor allem eingehend Ferrara, Le persone giuridiche, S. 170f., 373ff., 437 ff. (ausländische Literatur: S. 439 Anm. 1), insbes. S. 441: „Il patrimonio è un *mezzo* per lo svolgimento dell' attività dell' ente, non un *requisito* (oder S. 377 Anm. 1: un elemento strutturale) della sua esistenza"; vgl. auch Josserand, Essai sur la propriété collective, im Livre du centenaire du code civil, Paris 1904, Bd. I S. 355 ff. auf S. 362 f. (Sonderabdruck S. 8 f.), der zutreffend sagt: „. . . *les richesses collectives ne créent pas plus les personnes morales que les richesses individuelles ne créent les personnes physiques.*" In entgegengesetztem Sinne in der neueren italienischen Wissenschaft namentlich Bonelli (La teoria della persona giuridica, in der Rivista di diritto civile anno II, 1910, S. 445 ff., 593 ff. auf S. 499, 609 ff. und insbes. 614 ff.), der mit Nachdruck (gegen Ferrara) an dem Vermögen

Begriffe des Rechtssubjekts im potentiellen Sinne und des Rechtssubjekts im aktuellen Sinne, wirft (abstrakte) Rechts-

---

als dem Substrat der Rechtspersönlichkeit festhält, und dessen Lehre von der juristischen Person sich als eine Fortbildung der Brinzschen Zweckvermögenstheorie darstellt und darin gipfelt, daß sich jedes selbständige Subjekt von Vermögensbeziehungen in letzter Analyse auf eine Vermögenseinheit zurückführe und alle Rechtsbeziehungen des Privatrechts lediglich zwischen Vermögen bestünden (S. 655 f., 673). Diese Auffassung ist für unser positives Recht wie für das italienische unhaltbar (vgl. im übrigen bereits oben S. 94 Anm. 184); indem sie den Gedanken der Zugehörigkeit der Rechte (und Sachen) zu dem geeinten und selbständig gedachten Vermögen (einer juristischen Person) an die Stelle des Gedankens der Zuständigkeit der Vermögensrechte an das (rechtsfähige) Subjekt (oder die mehreren Subjekte) setzt und die Frage nach dem Subjekt des Vermögens für schädlich und rechtlich sinnlos (!) erklärt, weil Subjekt der Zugehörigkeitsbeziehungen der einzelnen Vermögenselemente eben das Vermögen selbst sei (S. 651), verwechselt sie den Rechtsinhalt (den potentiellen Gehalt) der subjektiven Rechte mit der subjektiven Bezogenheit des einzelnen Rechtsinhalts (insbes. deutlich S. 651) und eliminiert letzten Endes (ähnlich wie die Schwarzsche Theorie vom Rechtszweck; vgl. oben S. 80 Anm. 161) den Begriff eines Rechtssubjekts im potentiellen Sinne (der „Person"), als der durch die Rechtsordnung zum Erwerben und Haben von subjektiven Rechten (den Vermögenselementen!) und Pflichten befähigten subjektiven rechtlichen Einheit.

Wir halten also im Sinne des Textes daran fest, daß das Vermögen nicht Wesensmerkmal der juristischen Person ist. Es gibt genug juristische Personen, die sowohl bei ihrer Entstehung als später kein Vermögen haben und zur Erreichung ihrer vorgesetzten Zwecke auch gar keines brauchen; man denke etwa an Vereine mit wissenschaftlichen oder Kultzwecken (vgl. auch den Hinweis auf die zahlreichen vermögenslosen italienischen Brüderschaften bei Ferrara, a. a. O., S. 441 Anm. 2). Hat aber ein solcher Verein einmal juristische Persönlichkeit erlangt, so ist dies nicht etwa nur „una personalità puramente nominale", sozusagen „una personalità . . . senza la persona giuridica" (so Bonelli, a. a. O., S. 621), sondern er ist volle Rechtsperson, ebensogut wie ein rechtsfähiger Verein mit Vermögen.

Dies muß nach unserem Recht — und mangels gegenteiliger positivrechtlicher Bestimmungen wohl ebenso nach ausländischen Rechten — auch für Stiftungen festgehalten werden: entstehen kann eine Stiftung jedenfalls ohne alles Vermögen, auch ohne einen Anspruch auf Vermögenswidmung gegenüber dem Stifter; daß sie einstweilen (bis zum Erwerb eines Vermögens durch Zuwendungen) regelmäßig nicht wirken kann, berührt ihre Existenz nicht. Die Stiftung kann daher auch bestehenbleiben trotz Erschöpfung ihres Vermögens —

fähigkeit und (konkrete) Rechtsträgerschaft durcheinander, verwechselt die Rechtsfähigkeit als das Wesensmerkmal der „Person“ [194]) mit der Rechtszuständigkeit als einer spezifischen inneren Beziehung, einer wesentlichen Funktion des einzelnen subjektiven Rechts[195]).

Anders dagegen bei der Rechtsgemeinschaft: Für sie ist die (aktuelle) Zuständigkeit subjektiver Rechte (insbesondere subjektiver Vermögensrechte) unerläßliche Vorbedingung[196]).

---

und zwar im Hinblick auf jederzeit denkbare neue Zuwendungen —, solange überhaupt der Stiftungszweck mit vermögenswerten Mitteln erreichbar bleibt. So auch die überwiegende Meinung; vgl. Oertmann, a. a. O., S. 227 Bem. 2c zu § 87. — Anders allerdings das neue schweizerische ZGB. in Art. 80; es verlangt die „Widmung eines Vermögens“ als Vorbedingung für die Entstehung der Stiftung (vgl. auch Art. 52). Daher wird hier auch der Verlust des Vermögens als Untergangsgrund angesehen; vgl. Egger, Kommentar zum Personenrecht, S. 245 Bem. 3 zu Art. 80; S. 259 Bem. 2a zu Artt. 88, 89; Hafter, Personenrecht, im Gmürschen Kommentar Bd. I S. 257 Bem. II 1e zu Artt. 88, 89. Für das schweizerische Recht wird daher nicht die oben S. 94 Anm. 184 angegebene Auffassung der Stiftung, sondern ihre Auffassung als verselbständigtes, d. h. als Rechtssubjekt gefaßtes Zweckvermögen die zutreffende sein; vgl. Egger, a. a. O., S. 244 Vorbem. 6 vor Art. 80. Im übrigen darf man bei der Frage der Notwendigkeit oder Nicht-Notwendigkeit eines (aktuellen) Vermögens juristischer Personen den Begriff des Vermögens nicht mit Bonelli (a. a. O., S. 616 ff.) in so übertrieben weitem und unscharfem Sinne verstehen, daß von ihm alle zukünftigen Rechte, alle Anwartschaften, „aspettative, speranze“ auf zukünftigen Rechtserwerb, jeder wirtschaftliche Wert „pur esistendo solamente in spe“ (S. 621) umfaßt werden, so daß „Vermögen“ identisch gesetzt wird mit „potentialità patrimoniale“ (S. 619), mit „patrimonio in potenza“ (S. 621). Das würde ja nahezu auf eine abstrakte, objektivisch verstandene Vermögensfähigkeit (Fähigkeit zur Vermögensbildung) hinauskommen.

[194]) Bzw. als — primäre — rechtliche Eigenschaft eines Einzelträgers von subjektiven Rechten.

[195]) Durchaus zutreffend Ferrara, a. O., S. 442: „Qui ha influito una confusione tra pertinenza del diritto e capacità del diritto“. Es bleibt unverständlich, wie dieser Schriftsteller an andern Stellen die oben (S. 85 Anm. 171) wiedergegebenen und mit dem hier klar erkannten Gegensatze unvereinbaren Äußerungen tun kann.

[196]) Die sehr zweifelhafte Frage, ob es Rechtsgemeinschaften an Nicht-Vermögensrechten nach unserem positiven Rechte gibt und geben kann, ist später zu untersuchen (vgl. übrigens auch oben S. 87 Anm. 174 a. E.). Für die Verneinung einstweilen besonders Sohm, Der Gegen-

Denn die Frage nach der rechtlichen Struktur jeder Rechtsgemeinschaft bedeutet ein Problem der Rechtszuständigkeit; das Wesen jeder Rechtsgemeinschaftsart besteht in einer besonderen Zuständigkeitsform subjektiver Rechte[197]).

§ 7. Der „Rechtsanteil“.

Der Gang unserer Untersuchungen hat für die Begriffsbestimmung der „mehrheitlichen Rechtszuständigkeit“ und der „Rechtsgemeinschaft“ als negatives Resultat ergeben: einmal die Unzulänglichkeit des Gedankens einer Rechtszuständigkeit an eine „Gesamtheit“ der Gemeinschafter (§ 4), zum andern die Unzulässigkeit des Gedankens einer durch die mehreren Berechtigten gebildeten „Personeneinheit“ im Bereiche der Zuständigkeit eines Rechts an mehrere gemeinschaftlich (§ 5). Im Zusammenhang damit stand die Erkenntnis, daß die Kategorie des Rechtssubjekts im potentiellen Sinne und der Gedanke einer „Rechtsfähigkeit“ der Personenmehrheit für die Erklärung von Rechtsgemeinschaften einen ungeeigneten Ausgangspunkt darstellt (§ 6). Es gilt jetzt, die Begriffe der mehrheitlichen Zuständigkeit und der Rechtsgemeinschaft (des gemeinschaftlichen Rechts) positiv zu bestimmen.

Wenn, wie wir sahen, der Gedanke einer Zuständigkeit eines Rechts an mehrere gemeinschaftlich durch eine Auffassung nicht erfüllt wird, die für die (unmittelbare) Beziehung des Rechtsinhalts zum (aktuellen) Rechtssubjekt den einzelnen Rechtsgemeinschafter in einer Personengesamtheit oder Personeneinheit — die er mit bilden hilft — aufgehen läßt, so muß das Charakteristische des gemeinschaftlichen Rechts mit logischer Notwendigkeit darin liegen, daß die

---

stand, S. 22 f., 60 ff., 89 und in JheringsJ. Bd. 53, 1908, S. 373/4; zustimmend Binder in GoldschmidtsZ. Bd. 59, 1907, S. 57. Vgl. auch v. Liebe, Sachenrechtliche Erörterungen usw., Leipzig 1891, S. 136; andererseits aber Mot. Bd. II S. 874; Oertmann, Schuldverhältnisse, S. 901 Vorbem. 4 vor § 741; Hedemann im ArchBürgR. Bd. 31, 1907/08, S. 325 (gegen Sohm).

[197]) Wegen der „gesamthänderischen Rechtsgemeinschaften“ und der dort gegebenen Notwendigkeit des Vorhandenseins (aktueller) subjektiver Rechte vgl. unten S. 189 f. und S. 190 Anm. 361 in § 9.

Unterschiedenheit der einzelnen Mitberechtigten für die Rechtszuständigkeit nicht verschwindet. Es darf also der einzelne nicht lediglich mittelbar, d. h. zufolge seiner „Mitgliedschaft" in der berechtigten Mehrheit, Gesamtheit, Personeneinheit, an dem Rechtsinhalte teilhaben, sondern er muß unmittelbar mit dem Rechtsinhalt in Beziehung stehen; es muß an jeden einzelnen der Gemeinschafter eine eigene — ihrem Wesen nach, insbesondere in ihrer Abweichung von der Einzelzuständigkeit, sowie ihrer Einwirkung auf die Struktur des einzelnen subjektiven Rechts nach näher zu kennzeichnende — „Zuständigkeit" gehen, die sich mit den an die übrigen Berechtigten gehenden Zuständigkeiten zu einer „mehrheitlichen Zuständigkeit" des ganzen Rechtsinhalts zusammenschließt. Nur bei solcher Auffassung läßt sich sagen, daß nicht lediglich die „Gesamtheit", „alle Gemeinschafter zusammengenommen", das Subjekt des Rechts sind, sondern daß der eine (gemeinschaftliche) Rechtsinhalt auf mehrere Subjekte bezogen wird, mehreren Berechtigten gemeinschaftlich zuständig ist.

Die Zuständigkeit, die dabei an jeden einzelnen der Gemeinschafter geht, ist nun nicht die Zuständigkeit des vollen Rechtsinhalts wie im (normalen) Falle der Einzelzuständigkeit; sie vermittelt nicht jedem der mehreren für sich allein den ganzen Rechtsinhalt, es ist nicht jeder — ebenso wie ein Alleinberechtigter — „solidarisch" berechtigt[198]). Dies sollte schon darum selbstverständlich sein, weil einheitliche Zuständigkeit und mehrheitliche Zuständigkeit nach dem früher Gesagten[199]) notwendige Gegensätze sind und aus mehreren Einzelzuständigkeiten des ganzen Rechtsinhalts sich nicht

[198]) Die Theorien, die durch die Annahme einer mehrfachen „ungeteilten" Zuständigkeit desselben (identischen) Rechtsinhalts oder mehrerer gleicher solidarischer Rechtsinhalte das Miteigentum oder das Gesamteigentum (bzw. Mitrecht, Gesamtrecht) zu konstruieren suchen, müssen an andrer Stelle erörtert werden. Hier darf es genügen, den grundsätzlichen Unterschied der Einzelzuständigkeit (einheitlichen Zuständigkeit) und der „Anteilszuständigkeit" festzustellen. Vgl. auch unten S. 155 Anm. 282 zu § 8.

[199]) Vgl. oben S. 33 ff. in § 3; S. 58 ff. und Anm. 122 in § 5.

der entgegengesetzte Typus einer Zuständigkeitsform, das Recht mit mehrheitlicher Zuständigkeit, bilden kann[200]). Es würde auch dem Grundsatz der Konstanz des Rechtsinhalts widersprechen, da alsdann die durch die mehreren Einzelzuständigkeiten vermittelten Rechtspositionen ihren Inhalten nach — zusammengenommen — plus iuris ergeben müßten als der entsprechende Alleinberechtigte hat[201]). Die mehreren Zuständigkeiten sind vielmehr „anteilige Zuständigkeiten“, „Anteilszuständigkeiten“ [202]); sie sind Beziehungen des Rechtsinhalts auf jeden einzelnen der mehreren Gemeinschafter, die dem einzelnen eine — auf Grund eines vom Gesetz für die einzelne Rechtsgemeinschaftsart besonders gegebenen „Verteilungsmaßstabes“ (bzw. mehrerer im einzelnen maßgebender Verteilungsmaßstäbe) näher feststellbare — Beanteiligung irgendwelcher Art an jeder einzelnen der sämtlichen Befugnisse des Rechtsinhalts vermitteln, einen eigenen „Anteil“ am gemeinschaftlichen Rechtsinhalte, einen „Rechtsanteil“ (oder auch ein „Anteilsrecht“) [203]) als eine unmittelbare Beanteiligung an allen Befugnissen, die der Rechtsinhalt enthält.

---

[200]) Näheres bei Gelegenheit der Kollision der Rechte und der Erörterung des Gegensatzes dieser Rechtsfigur von der regelmäßigen Rechtsgemeinschaft (insbes. des Gegensatzes der §§ 1024, 1060, 1090 Abs. 2 einerseits, des § 745 BGB. andrerseits) in Teil II dieser Arbeit; vgl. einstweilen unten S. 138 ff. in § 8; auch Anhang IV auf S. 343 ff.

[201]) Vgl. oben S. 40 in § 3 und Anm. 77 dazu.

[202]) Der Ausdruck entspricht der Wortfassung des § 742 BGB.: „. . ., daß den Teilhabern . . . Anteile zustehen.“ Vgl. z. B. auch das neue RStempG. vom 3. Juli 13, Tarifst. 11 Anm. c Abs. 1; § 81 Ziff. 5 des badischen KostenG. vom 24. Sept. 1908 und Art. 31 Abs. 2 des württembergischen GKG. vom 1. Dez. 1906, welche von dem einem Miteigentümer „zustehenden Anteil“ sprechen, sowie auch § 7 Abs. 2 des österreichischen UrhG. vom 26. Dez. 95: „. . . Übertragung des jedem zustehenden Urheberrechtsanteils . . .“

[203]) Von den „Anteilsrechten der einzelnen Personen“, denen ein Recht kraft Erbengemeinschaft gesamthänderisch zusteht, spricht z. B. das bayrische GebührenG. vom 13. Aug. 10 in Art. 253 Abs. 2; von den einzelnen Gemeinschaftern als den „Anteilsberechtigten“ das preußische GKG. in § 3 Abs. 2 u. 3, das württembergische GKG. in Art. 62 Abs. 2.

So haben wir den Begriff des „Anteils" als terminus technicus unseres bürgerlichen Rechts im Bereiche aller Rechtsgemeinschaftlichkeit zu verstehen[204]). Wir können ihn vorläufig und ganz allgemein näher präzisieren als die Gesamtheit der dem einzelnen Gemeinschafter zustehenden Befugnisse, gerichtet auf Mitausübung des einen, allen Teilhabern gemeinsamen Rechtsinhalts[205]).

Von der Betrachtung der Rechtszuständigkeit aus, als des Angelpunktes jeder konstruktiven Untersuchung einer Rechtsgemeinschaftsart unseres positiven Rechts, und aus dem richtig verstandenen Begriffe der Zuständigkeit eines Rechts (Rechtsinhalts) „an mehrere gemeinschaftlich" ergibt sich uns damit der „Anteil" („Rechtsanteil") als ein notwendiger Wechselbegriff zu dem materiellrechtlichen Begriffe der „Rechtsgemeinschaft"[206]). Keine

---

[204]) Vgl. §§ 719 Abs. 1, 742 ff., 947 Abs. 1, 1010 Abs. 1, 1066 Abs. 1 u. 3, 1095, 1106, 1109 Abs. 1 Satz 2, 1114, 1258 Abs. 1, 3 u. 4; 1442 Abs. 1, 1482 Satz 1, 1490 Abs. 1 Satz 1, 2033 ff. BGB.; § 48 GBO.; §§ 858 ff. ZPO.

[205]) Wenn im folgenden dieser Rechtsanteile stets als „gegenständliche" oder „gegenstandsrechtliche" bezeichnet werden, so wird dabei an die Hauptgruppe der einer Rechtsgemeinschaft zugänglichen subjektiven Rechte, nämlich an die absoluten Vermögensrechte, gedacht (vgl. oben S. 27 Anm. 53 zu § 2). Soweit es sich um Rechtsgemeinschaften an relativen oder an Gestaltungsrechten handelt, trifft das Beiwort „gegenständliche" nicht zu; jedoch ließ sich eine allgemein passende Kennzeichnung dafür, daß der Rechtsanteil jeweils grundsätzlich den gleichen allgemeinen rechtlichen Charakter zeigt wie das ganze Recht, nicht finden.

[206]) Mit den „Rechtsanteilen" des Textes ist also, wie eigentlich überflüssig zu betonen, nicht nur eine Art von Wertanteilen oder von Mitgliedschaftsrechten gemeint, die neben einer sonstigen Zuständigkeit des Rechtsinhalts (als eines Ganzen) an die Gesamtheit der Teilhaber als an eine kollektive Einheit einhergehen (vgl. auch unten S. 230 Anm. 417 zu § 10). Denn unsere Anteilszuständigkeiten bedeuten gerade die Negation einer Zuständigkeit des Rechts an eine kollektive Personeneinheit. Daraus ergibt sich die reinliche Trennung unserer Auffassung namentlich auch von der neuerdings für die Bruchteilsgemeinschaft aufgestellten Konstruktion Saengers. Wenn dieser (Gemeinschaft und Rechtsteilung, S. 100) sagt: „Das Vorhandensein von Anteilsrechten ist eine Folgeerscheinung der Verbindung einer Mehrheit von Rechtsträgern, die immer eintreten muß", so meint er doch etwas ganz anderes als unser Text, der die unumgängliche Kor-

Rechtsgemeinschaft ohne Anteile der Gemeinschafter (insbesondere keine gegenständliche Rechtsgemeinschaft ohne gegenständliche Rechtsanteile); aber auch keine Anteile ohne Vorhandensein einer Rechtsgemeinschaft[207]).

---

relation der Begriffe Rechtsgemeinschaft und Rechtsanteil feststellt. Denn Saengers „Anteilsrechte" sind nach seiner eignen näheren Bestimmung „Mitgliedschaftsrechte" der einzelnen, die neben der Zuständigkeit eines ganzen und „ungeteilten" Rechtsinhalts an die „Gesamtheit der Teilhaber als solche" stehen (S. 109 f.; 106, 107, 110, 117, 121); er sieht also im Anteilsrecht nur die Stellung innerhalb der Kollektivperson und leugnet die Zerlegung oder Gliederung des (gegenständlichen) Rechtsinhalts in (gegenständliche) Anteilsrechte. Dem entspricht auch die Fassung seines eben angeführten Satzes, der nicht das für die Anteilsbildung wesentliche Moment, nämlich die mehrfache Zuständigkeitsbeziehung des Rechtsinhalts, sondern die Verbindung der mehreren Personen zu einem Kollektivsubjekt betont. — Saenger ist also, trotz abweichender Formulierung, im Grunde nicht sehr weit entfernt von dem Gedanken einer Kollektivperson im Sinne eines Rechtssubjekts mit verminderter Rechtsfähigkeit. Daß bei dieser letzteren Auffassung der „Anteil" des (sog.) Gemeinschafters nur als „Beziehung" unter Personen erfaßt wird und daß „der Inhalt der Gesamthänderanteile . . . keine unmittelbaren Beziehungen der Gesamthänder zur Sache" enthält, wird z. B. von Kattausch, Die Anteile der Miteigentümer usw., S. 58 u. 59 klar betont. Vgl. etwa auch noch Enneccerus in seinem Lehrbuch (mit Kipp-Wolff, Bd. I 1 S. 172 § 69 Anm. 6. Daher enthält die neueste Formulierung der herrschenden (von ihnen so bezeichneten) „Lehre der ungeteilten Gesamthandsberechtigung" bei Düringer-Hachenburg, Das Handelsgesetzbuch usw., Bd. IV, Mannheim und Leipzig 1914, S. 20 ff. Anm. 20 ff., die neben einer Zuständigkeit des einzelnen Rechts an die „mehreren Subjekte zusammen" (S. 23) als an die „Personeneinheit der Gemeinschafter" (S. 24) wegen der Sprachweise des Gesetzes „Anteile an den einzelnen Gegenständen" als „unmittelbare Berechtigungen", „unmittelbare Mitberechtigungen" (S. 21, 24, 25) annehmen, im Grunde einen unlöslichen Widerspruch und entspricht keineswegs im vollen Umfange, wie die Verfasser anzunehmen scheinen, der herrschenden Gierkeschen Lehre.

[207]) Dies hängt zugleich mit dem Bestehen einer die Anteile bindenden und zusammenschließenden „inneren Ordnung" zusammen, von der später zu reden ist; vgl. § 9 S. 162 ff. Daher sind „Anteile" im technischen Sinne nicht diejenigen meist sog. „Teilrechte", die zufolge einer Spaltung des einheitlichen Rechts in selbständige neue Rechte entstehen; z. B. auch nicht, trotz der Fassung des § 420 BGB., die durch Spaltung der Obligation entstehenden Teilgläubigerrechte. Vgl. darüber unten S. 128 ff. in § 8 sowie S. 109 Anm. 212.

Das so von uns gewonnene Ergebnis der Korrelation beider Begriffe findet übrigens seine Bestätigung in den erkenntniskritischen Untersuchungen Stammlers, denen zufolge auch innerhalb einer, die reinen Grundbegriffe und Kategorien des Rechts zum Gegenstand nehmenden und von dem Inhalt einer einzelnen geschichtlichen Rechtsordnung absehenden allgemeinen Rechtslehre sich die Begriffe der Rechtsgemeinsamkeit (Rechtsgemeinschaft) und des Rechtsanteils als Korrelatbegriffe herausstellen[208]).

---

[208]) Bei Stammler, Theorie der Rechtswissenschaft, erscheinen in der Tafel (S. 222 f.) der zusammengezogenen Grundbegriffe sowohl die Rechtsgemeinsamkeit als der Rechtsanteil. Da nun Stammler bei der Feststellung des Begriffs des „Rechts" als des unverletzbar selbstherrlich verbindenden Wollens (S. 46 ff.) den Gedanken an eine einseitige Bestimmung etwa nur des Begriffs des objektiven Rechts ausdrücklich beiseite setzt und den Rechtsbegriff vielmehr als den Gattungsbegriff, der gerade die Einteilung in die zwei Möglichkeiten — objektives und subjektives Recht — voraussetzt, so bestimmt, „daß er den Gedanken des rechtlichen Wollens unbedingt allgemein umspannt" (S. 103/4), und da er dann seine reinen Grundbegriffe aus den einzelnen Begriffsmerkmalen des Rechtsbegriffs ableitet (S. 125 ff.) und aus den verschiedenen möglichen Verknüpfungen dieser reinen Grundbegriffe sodann die zusammengesetzten Grundbegriffe gewinnt (S. 218 ff.), dürfen wir das Resultat seiner kritischen Untersuchungen auch hier für uns heranziehen, wo es sich um die durch den Begriff des subjektiven Rechts bezeichnete Ausstrahlung des zentralen Gedankens des „Rechts" handelt. (Vgl. auch S. 208 f., 376.) Da finden wir nun, daß auch Stammler in seiner Tabelle der zusammengezogenen Grundbegriffe Rechtsgemeinsamkeit und Rechtsanteil als Korrelatbegriffe aufstellt, und zwar die Rechtsgemeinsamkeit als Verknüpfung der reinen Grundbegriffe Rechtshoheit und Rechtsobjekt, den Rechtsanteil als Verknüpfung der reinen Grundbegriffe Rechtsunterstelltheit und Rechtsobjekt.

Die Übereinstimmung unseres Ergebnisses mit dem Stammlers ist, bei der völligen Verschiedenheit der Gedankengänge, die dazu geführt haben, für uns wertvoll nicht nur in dem Punkte der Korrelation jener beiden Begriffe an sich, sondern namentlich auch deshalb, weil für Stammler die Begriffe der Rechtsgemeinsamkeit und des Rechtsanteils „reine Begriffe" sind, die „noch gar nichts von den Besonderheiten des Rechtsinhalts irgendeines geschichtlichen gegebenen Rechts" enthalten (S. 219). Ganz ähnlich bedeuten aber auch uns die Begriffe Rechtsgemeinschaft und Rechtsanteil nur die für unser Recht — und entsprechend für viele andere Rechtssysteme — notwendigen allgemeinen Oberbegriffe, die noch nichts über die rechtliche Natur einer einzelnen positivrechtlich geregelten Rechtsgemeinschaftsart aussagen

Schon damit gelangen wir, gegenüber der konstruktiv unfertigen Auffassung einer Zuständigkeit des subjektiven Rechts (oder des Vermögens) an die Gemeinschafter „alle zusammengenommen", zu einem gewissen Ergebnis, indem wir erkennen, daß der Begriff des „Rechtsanteils" bei der wissenschaftlichen Bearbeitung irgendwelcher positivrechtlichen Sätze über Rechtsgemeinschaften und bei der rechtlichen Konstruktion der einzelnen Art von Gemeinschaft als eine „feste Gedankenrichtung"[209]), als „bleibendes Ordnungsprinzip"[210]) für die gedankliche Erfassung der Rechtsfigur nicht entbehrt werden kann. Mit der Negation von (gegenständlichen) „Anteilen" und mit dem Gedanken einer Zuständigkeit der gemeinschaftlichen Rechte (insbesondere der gemeinschaftlichen absoluten Vermögensrechte) an die „Gesamtheit" der Gemeinschafter läßt sich die Frage nach dem wirklichen Wesen irgendeiner Gemeinschaftsart unseres bürgerlichen Rechts niemals entscheiden. Unbekümmert darum, ob sich für die eine oder andere Art von Rechtsgemeinschaft auf Grund der positivrechtlichen Bestimmungen eine größere oder geringere Selbständigkeit des einzelnen Rechtsanteils hinsichtlich der Ausübung einzelner in ihm enthaltener Befugnisse ergibt, können wir daher ganz allgemein den Grundcharakter aller Rechtsgemeinschaft dahin bestimmen, daß sich dabei stets in dem einen rechtlichen Machtkreise (des einzelnen subjektiven Rechts)[211]), der durch den betreffenden — mehrheitlich zustehenden — Rechtsinhalt umschrieben wird, mehrere individuelle Rechtssphären unterscheiden lassen (deren Verknüpfung bei der einzelnen Gemeinschaftsart dann wiederum eine engere oder losere sein mag); wir können sagen, daß in allen Fällen sich der gesamte gemeinsame Rechtsinhalt (des einzelnen subjektiven

---

bzw. als konstruktive Lösung für die einzelne Gemeinschaftsart noch nicht genügen, und von denen insbes. der Rechtsanteil nicht etwa mit dem Begriff des verfügbaren Quotenrechts zusammenfällt.

[209]) Stammler, a. a. O., S. 219.

[210]) Stammler, a. a. O., S. 226.

[211]) Denn alle Rechtsgemeinschaft ist eben stets auf die Gemeinsamkeit einzelner subjektiver Rechte zurückzuführen!

Rechts) in **Rechtsanteile gliedert, in denen und durch die er ausgeübt wird**[212]).

---

[212]) Der Text vermeidet den üblichen Ausdruck „Teilrechte", „Rechtsteile", um nicht den Gedanken an einen „Bruchteil" des Rechts, an — angeblich notwendig vorhandene — zahlenmäßige Größenunterschiede und Größenverhältnisse zwischen dem Ganzrecht und dem Anteil schon in den terminus der Beanteiligung hineinzulegen, und um vielmehr den Gedanken der nach einem Zahlenverhältnis zu ermittelnden „Teilung" des Rechts von dem der Beanteiligung (in Gemeinschaftsverhältnissen überhaupt) zu trennen. Wenn man mit den späteren Erörterungen (§ 10 S. 226 ff.) anerkennt, daß die Teilung eines Rechts in qualitativ unter sich gleichartige Anteile nicht notwendigerweise einen ziffermäßigen Ausdruck zu finden braucht, und daß das „Teilrecht" nichts als den nach irgendwelchem rechtlichen Maßstabe bestimmbaren und bestimmten Rechtsanteil bedeutet, so mag man statt „Anteil" Teilrecht einsetzen und bei Rechtsgemeinschaften von einer Zerlegung des Rechts (Rechtsinhalts) in „Teilrechte" sprechen. (Vgl. auch Eck, einen Hauptvertreter der Rechtsgeteiltheitslehre beim Miteigentum, in seiner Besprechung von Steinlechner, in der KrVJSchr. Bd. 19, 1877, S. 236 f., welcher meint, es könne „eine Rechtsstellung, welche an allen den Inhalt eines Rechts bildenden Befugnissen einen Anteil gewährt, gar nicht besser denn als Anteil am Recht oder Teil eines Rechts bezeichnet werden".) Aber die Gefahr eines Mißverständnisses liegt in jedem Falle nahe, denn die Literatur bezeichnet mit „Teilrechten" üblicherweise auch die aus einem Rechtsinhalt durch sog. „wirkliche" Teilung des Rechts hervorgegangenen, in Zukunft ganz unabhängigen und in keinem Gemeinschaftsverhältnisse stehenden Einzelrechte (z. B. Teilhypothek, Teilforderung; vgl. unten S. 128 ff. in § 8). Ja, selbst die begrenzten Rechte (iura in re aliena) werden „Teilrechte", „Teilberechtigungen" genannt (so z. B. von Kohler, Urheberrecht an Schriftwerken und Verlagsrecht, Stuttgart 1906, S. 252; Handbuch des deutschen Patentrechts, Mannheim 1900, S. 498 ff.).

Bei diesem schwankenden Sinne des Wortes „Teilrecht" erscheint die Verwendung der Ausdrücke Anteil, Rechtsanteil, Anteilsrecht zur Bezeichnung der Rechtsstellung eines Gemeinschafters, für sich genommen, zweckmäßiger, zumal sie noch den Vorzug der Gesetzmäßigkeit hat. Vgl. bereits oben S. 104 Anm. 202 und Anm. 203 sowie die „anteilsberechtigten" Abkömmlinge bei der fortgesetzten Gütergemeinschaft (z. B. in §§ 1314 Abs. 2, 1485 Abs. 1 ff.) und besonders § 752 BGB.: die Aufhebung der Gemeinschaft durch Teilung in Natur erfolgt so, daß „der gemeinschaftliche Gegenstand", d. h. das gemeinschaftliche Recht (beim Eigentum: einschließlich der Sache) in „Teile" zerlegt wird, die den „Anteilen" der Teilhaber entsprechen, aber eben nicht die Natur der Anteile beim gemeinschaftlichen Recht, sondern die Natur des Einzelrechts haben. Darum ziehen wir auch den dem Ge-

Wir können aber zugleich weiter die mehreren Anteile zueinander in eine allgemeine Beziehung setzen. Denn wenn die Bildung der Rechtsanteile nach dem Gesagten darauf beruht, daß der eine Rechtsinhalt, der den mehreren Berechtigten gemeinschaftlich zukommen soll, auf sie alle als auf eine Mehrheit von Subjekten zwar auf Grund eines für die konkrete Gemeinschaftsart charakteristischen Verteilungsmaßstabes, aber doch eben auf jeden der Mitberechtigten in allen seinen Befugnissen bezogen wird, so muß sich daraus mit Notwendigkeit für jede irgendwie geartete Rechtsgemeinschaft eine grundsätzliche inhaltliche (qualitative)

---

setz besser entsprechenden Ausdruck der „Anteilszuständigkeit" (oben S. 104 und Anm. 202) dem der „geteilten Zuständigkeit" oder der „Teilzuständigkeit" vor, von welchen Sohm, Der Gegenstand, S. 69, spricht. Bleibt aber dabei der Gedanke an eine quotenmäßige Geteiltheit zunächst beiseite und wird zugleich ein Gegensatz von Teilzuständigkeit und Einzelzuständigkeit zugegeben, so liegt auch hier eine sachliche Verschiedenheit gegenüber unserer Auffassung nicht vor. — Daß das Wort „Teilrecht" nur die Bedeutung hätte: „das Recht etwas zu teilen", also soviel als „Teilungsrecht" (Teilungsanspruch), wie Grimm, Deutsches Wörterbuch, Bd. XI, Leipzig 1890 ff., S. 363, meint, ist zweifellos nicht zutreffend. Im Gegenteil: wir Juristen gebrauchen „Teilrecht" höchst selten im Sinne von Recht auf Teilung.

[213]) Dies gilt auch für die communio iuris des römisch-gemeinen Rechts und für die auf ihrer Grundlage geregelten Gemeinschaftsformen partikularer und ausländischer Rechte. Die im älteren gemeinen Recht, insbes. von den Naturrechtslehrern, gemachte Unterscheidung der communio pro indiviso in communio aequalis und inaequalis bezieht sich regelmäßig (vgl. aber auch Senckenberg in der oben S. 46 Anm. 88 zu § 4 genannten Dissertation cap. I §§ 8 bis 10) nur auf die ziffermäßige Gleichheit oder Ungleichheit der quotalen Rechtsanteile (vgl. z. B. Heineccius, Elementa iuris naturae et gentium, Halae 1758, lib. I § 231; Nettelbladt, Systema elementare universae iurisprudentiae naturalis, Halae Magdeburgicae 1785, § 203; auch schon Frommann, Tractatio inauguralis de condominio territorii, Tubingae 1682, Doktorand: Lauterbach, cap. III § 1) und ist übrigens ohne wissenschaftlichen Wert. Wenn auf ihr wiederum die Bestimmungen der §§ 2 und 3 I 17 ALR. beruhen (vgl. Göppert, Beiträge zur Lehre vom Miteigentum usw., Halle 1864, S. 15 Anm. 2, dessen Zitat aus Nettelbladt — § 222 — übrigens unrichtig ist), von denen der erste die Vermutung ausspricht, „daß jeder Miteigentümer gleiches Recht und ebensoviel Recht als der andere an der gemeinschaftlichen Sache hat", und der zweite von der Einflußlosigkeit einer „ungleichen Teilnehmung" auf die Beschaffenheit des Rechts der ein-

Gleichheit der Rechtsstellungen der Gemeinschafter untereinander ergeben[213] [214]).

---

zelnen spricht, so ergibt sich daraus, wie aus den grundsätzlichen Erörterungen unseres Textes, die Unhaltbarkeit der Auffassung von Koch (Allgemeines Landrecht, 8. Aufl., 1884 ff., Bd. II S. 491 Anm. 15 zu § 21 I 17), daß der § 2 die Möglichkeit einer (qualitativen) Ungleichartigkeit der Teilnehmungsrechte der einzelnen offen lasse, die das Prinzip des § 21 I 17 (Berechnung der Stimmenmehrheit nach dem Verhältnis der Anteile) ausschließen würde und eine Stimmenzählung nach Kopfteilen (vgl. § 22 I 17) herbeiführen müßte. Vielmehr ist darin nur von der zahlenmäßigen Gleichheit, von der Widerlegbarkeit der Vermutung für eine gleiche Größe der Anteile und von der Irrelevanz einer Größenverschiedenheit für die Qualität des Rechtsanteils die Rede. — Auch die Vermutung des § 742 BGB. („gleiche Anteile“) bezieht sich nicht auf die Gleichartigkeit der Rechtsstellungen der Gemeinschafter, sondern auf die gleiche „Größe“ (vgl. auch § 745 Abs. 1) der (bruchteilmäßig ausgedrückten) Anteile. Entsprechende Vorschriften in § 328 des sächsischen BGB., § 839 des österreichischen ABGB., Art. 674 Abs. 1 des italienischen, Art. 393 Abs. 2 des spanischen, Art. 250 des japanischen Zivilgesetzbuchs; vgl. auch Art. 646 Abs. 2 des schweizerischen ZGB.

[214]) Ein hübscher Anwendungsfall zu dem Grundsatze der qualitativen Gleichheit der Rechtsstellungen innerhalb einer Rechtsgemeinschaft bietet sich in der Lehre vom Stockwerkseigentum in den romanischen Ländern. Nach der — übrigens auch für das alte deutsche partikulare Stockwerkseigentum — üblichen Auffassung besteht in jenen Rechten zwischen mehreren Stockwerkseigentümern in der Hauptsache eine sog. communio pro diviso, daneben aber hinsichtlich einzelner Gebäudeteile, darunter auch hinsichtlich des Daches des Gebäudes, eine communio pro indiviso (Miteigentum); vgl. insbes. Pulvirenti in Ferrini e Pulvirenti, Delle servitù prediali, vol. I, Napoli 1908, S. 605ff., 616 ff. Begründet wird diese Auffassung damit, daß den Stockwerkseigentümern die Erhaltungskosten für jene Gebäudeteile nach Anteilen — entsprechend dem Wert der Stockwerke — zur Last fallen (vgl. insbes. Art. 664 code civil; Art. 562 codice civile). Nun enthält aber das italienische Gesetzbuch in Art. 564 eine besondere Bestimmung, die in den anderen Gesetzbüchern der romanischen Länder keine Parallele hat, wonach dem Eigentümer des obersten Stockwerks gestattet wird, ohne Zuziehung der andern Stockwerkseigentümer einen Aufbau, evt. ein neues Stockwerk, auf das Dach zu setzen, sofern er nur dadurch den Wert der anderen Stockwerke nicht beeinträchtigt. Aus dieser Bestimmung folgert die neue italienische Doktrin vereinzelt (zuerst Coviello, Della superficie, im Archivio giuridico vol. XLIX, 1892, S. 3ff. auf S. 136f., unter Hinweis auf das Verbot von Innovationen nach Art. 677) mit vollem Recht, daß an dem Dach eine communio pro

Bereits mit der Feststellung dieses Merkmals grenzt sich die Figur der Rechtsgemeinschaft oder Gemeinschaft im Sinne unseres Gesetzes ab gegen gewisse Rechtserscheinungen, die wir in der Literatur des öfteren als „Gemeinschaften" bezeichnet finden, bzw. die bei der Auslegung gewisser Vorschriften des Prozeß-, Stempel- und Kostenrechts unter den gesetzlichen Ausdruck der „Rechtsgemeinschaft" gebracht werden[215]), vor allem gegen das Verhältnis von Mutterrecht und Tochterrecht (Vollrecht und begrenztem Recht, insbesondere Eigentum und ius in re aliena)[216]), sowie auch —

indiviso aller nicht angenommen werden kann. Denn es wird hier einem Stockwerkseigentümer ausdrücklich eine Befugnis zugesprochen, die die andern nicht haben; wir haben also nicht Gleichheit, Gleichartigkeit, sondern qualitative Verschiedenheit zwischen den Rechtsstellungen der mehreren Stockwerkseigentümer insoweit. Damit wird aber die Annahme einer Rechtsgemeinschaft zwischen ihnen nach dieser Richtung ausgeschlossen, und es muß für das italienische Recht — anders als für die übrigen romanischen Rechte — die Rechtslage dahin aufgefaßt werden, daß das Dach des Gebäudes in einem der Ausübung nach im Interesse der anderen Stockwerkseigentümer gesetzlich in bestimmter Weise beschränkten Alleineigentume des obersten Stockwerkseigentümers steht (vgl. dazu Pulvirenti, a. a. O., S. 620 ff., auch S. 661).

[215]) Vgl. oben § 2 S. 9 ff.; insbes. hierzu S. 11 Anm. 21 und S. 12 Anm. 23.

[216]) Auf die Frage nach der konstruktiven Erklärung der Entstehung der begrenzten Rechte aus dem Vollrechte ist hier nicht einzugehen. Wie man auch über ihre Herleitung aus dem Hauptrechte denken mag, insbes. ob man mit der wohl herrschenden Auffassung eine „qualitative Teilung" annimmt oder die Entstehung in anderer Weise, etwa durch Vervielfältigung des Mutterrechts infolge Übertragung der Rechtsausübung (so namentlich Hirsch, Übertragung der Rechtsausübung, Bd. I, Berlin 1910), erklärt, jedenfalls ist sicher, daß von einer Zuständigkeit eines Rechtsinhalts (an mehrere gemeinschaftlich) nicht die Rede sein kann, sondern daß wir mehrere Einzelzuständigkeiten, oder richtiger: mehrere selbständige Zuständigkeitsformen einzelner ungleicher Rechtsinhalte, mehrere wahre subjektive Ganzrechte vor uns haben. So haben schon die Römer, die zuweilen den Nießbrauch als eine pars dominii bezeichneten (z. B. L. 4 D. 7, 1), zuweilen wiederum dies verneinten (z. B. L. 25 pr. D. 50, 16; L. 66 § 6 D. de leg. II) — vgl. hierzu neuestens eingehend Scialoja, Lezioni di diritto romano, proprietà, Roma 1908/9, S. 133 ff.; Brugi, Della proprietà, vol. I, Napoli e Torino 1911, S. 79 ff., 88 ff. —, eine „communio iuris" zwischen Eigentümer und Nießbraucher ausdrücklich geleugnet (L. 6

wo die Sache zweifelhafter wird — gegenüber dem Verhältnis der Rechte an Rechten (und zwar nicht nur im Falle des

---

D. 27, 9; vgl. auch L. 10 D. 7, 9) und insbes. auch die Annahme einer beschränkten Gemeinschaft, nämlich nur hinsichtlich des (auch im Eigentum mit enthaltenen) Nutzungsrechts, abgelehnt (L. 16 § 1 D. 10, 2). Für uns kann heute auch der Hinweis auf die Auffassung des preußischen Rechts vom geteilten Eigentum und dem „Miteigentum an der Proprietät" (vgl. ALR. § 18 I 8; §§ 1, 2 I 18) nicht dazu führen (dies gegen Schloßmann, Über den Begriff des Eigentums, in JheringsJ. Bd. 54, 1903, S. 342 f.), das Verhältnis von Vollrecht zum begrenzten Recht grundsätzlich als „eine Art Gemeinschaft" aufzufassen oder mit Bernatzik (Kritische Studien über den Begriff der juristischen Person usw., im ArchÖffR. Bd. 5, 1890, S. 167 ff. auf S. 280 ff.) einen Begriff der „Rechtsgemeinschaft" aufzustellen, der dadurch charakterisiert ist, daß „die Ausübung des Rechts des einen zugleich das Recht des andern zum Teil oder ganz befriedigt" (S. 280), und für den gerade eine qualitativ verschiedene Verteilung der Dispositionsbefugnisse unter die mehreren berechtigten Subjekte bedeutsam ist. Mag sich dieser Begriff der „Rechtsgemeinschaft" von Bernatzik mit jener älteren Lehre vom geteilten Eigentum berühren, „die auf der Konstruktion des Verhältnisses als eines gemeinschaftlichen Eigentums mit ungleichartigen Anteilsrechten beruht" (Gierke, Deutsches Privatrecht, Bd. II S. 371 § 121 I), und mag eine solche Auffassung im preußischen ALR. und im österreichischen ABGB. nachgewirkt haben, so ist jedenfalls der Begriff der „Rechtsgemeinschaft" unseres heutigen bürgerlichen Rechts ein anderer. Der „scheinbare Widerspruch, daß ein und dasselbe Recht zwei Subjekten zustehen und doch ein und dasselbe Recht bleiben könne" (Bernatzik, a. a. O., S. 316), löst sich uns in ganz anderer Weise als Bernatzik, und uns ist nicht wie ihm das beim „geteilten Eigentum" vorhandene „Nebeneinanderbestehen zweier Rechte" eine „Form der Rechtsgemeinschaft" (a. a. O., S. 315). Dies dürfte auch der herrschenden Auffassung entsprechen. Konsequenz ist, daß zwar bei Wegfall des begrenzten Rechts ohne weiteres der Vollberechtigte einrückt, mag man diesen Vorgang als „Elastizität" des Vollrechts (insbes. des Eigentums) oder als Wegfall einer Ausübungsbeschränkung ansehen (vgl. dazu Hirsch, a. a. O., S. 200 Anm. 1, S. 205, 218 ff.), daß dagegen nach der üblichen Auffassung der Rechtsanteil beim Miteigentum oder sonstigen Bruchteilsmitrechten nicht akkresziert, wenn ein Mitberechtigter ohne Nachfolger wegfällt.

Daß im übrigen das Verhältnis von Vollrecht und begrenztem Recht unter Umständen eine gewisse Ähnlichkeit mit wahren Gemeinschaftsverhältnissen haben kann, und daß insbesondere das Verhältnis zwischen Eigentum und begrenztem Recht dem Miteigentum bezüglich seiner tatsächlichen Wirkungen nahekommen kann, ist nicht zu leugnen; wir finden in der Literatur häufig Hinweise auf diese Ähnlichkeit,

Nießbrauchs oder Pfandrechts an Rechten, sondern auch im Falle von begrenzten Rechten urheberrechtlicher Art an Immaterialgütervollrechten und begrenzten Rechten)[217]);

namentlich auf die Ähnlichkeit zwischen Miteigentum einerseits und dem Verhältnis von Eigentum und Servitut andrerseits. (Vgl. z. B. eingehend mit Hervorhebung der bedeutsamen praktischen Unterschiede Laurent, Principes de droit civil, Bd. VII, Bruxelles-Paris 1872, S. 189 ff. Nr. 162 ff.; auch Zachariae-Crome, Französisches Zivilrecht, 8. Aufl., Freiburg i. B. 1894, Bd. I S. 530 Anm. 4 zu § 181; ferner auch Prot. Bd. III S. 42, wo — mit einem bisher anscheinend nicht bemerkten Druckfehler — die Beeinträchtigung des Eigentümers eines „herrschenden“ (anstatt eines „dienenden“!) Grundstücks zufolge der Servitut mit dem Miteigentumsverhältnisse verglichen wird.) Immerhin darf man keinesfalls so allgemein sagen wie Kohler (Das Autorrecht usw., in JheringsJ. Bd. 18, 1880, S. 378; zustimmend Wroblewski, Zur Lehre von der Kollision der Privatrechte, Wien 1894, S. 55 Anm. 1), daß das Verhältnis bei der regelmäßigen Mitberechtigung „dem Verhältnis der Servitut zu dem Eigentume ganz analog“ sei, weil „auch die Servitut . . . keine Verminderung des Eigentums, sondern ein kollidierendes Recht“ sei und die Nutzkraft der Sache in bestimmter Richtung zum Nachteil des Eigentums absorbiere. (Jedoch hängt diese Auffassung Kohlers mit seiner Konstruktion des Miteigentums als Zusammentreffen mehrerer solidarischer Rechte zusammen, die wir ablehnen.)

Aus der Negierung seiner „Gemeinschaft“ im Falle des Zusammentreffens von Vollrecht und begrenztem Recht folgt also z. B. für das heutige Recht die Ablehnung der verschiedentlich vertretenen Auffassung, daß im Falle des § 1021 Abs. 1 Satz 2 BGB. für die Unterhaltung einer Anlage auf dem dienenden Grundstück zwischen dem Grunddienstbarkeitsberechtigten und dem mitbenutzenden Eigentümer, mangels einer Vereinbarung der Beteiligten, Gemeinschaftsregeln — insbes. §§ 748, 742 BGB. — angewendet und aus ihnen eine Unterhaltungspflicht nach gleichen Anteilen abgeleitet werden könnte. (So unrichtig Fuchs, Grundbuchrecht, Bd. I, Berlin 1902, S. 292 f. Bem. a bb zu §§ 1020—1022 mit weiteren Zitaten für seine Ansicht; Turnau-Förster, Das Liegenschaftsrecht, Bd. I, Sachenrecht, 3. Aufl., Paderborn 1906, S. 567 Bem. 1 zu § 1021. Zutreffend dagegen Planck, Kommentar, Bd. III S. 367/8 Bem. 2 zu § 1021.) Die Verpflichtung der Unterhaltung der gemeinsam benutzten Anlage und die Kostentragung sind vielmehr abzumessen und zu verteilen nach Verhältnis der Interessen der beiden mitbenutzenden Berechtigten; in diesem Sinn auch die Vorschrift des schweizerischen ZBG. Art. 741 Abs. 2.

[217]) Gerade hier finden wir die Beziehung der beiden Rechte oft als eine „Mitberechtigung“ (schlechthin) oder ein „Gemeinschaftsverhältnis“ charakterisiert. (Vgl. z. B. Crome, System, Bd. III S. 536 § 439

ferner gegen das Verhältnis zwischen mehreren („unbelasteten") Miteigentümern bzw. Mitberechtigten und dem Nießbraucher oder Pfandgläubiger eines Miteigentumsanteils bzw. Mitrechtsanteils (vgl. §§ 1066, 1258 BGB.)[218] [219]), zwischen

bei Anm. 11 ff.; S. 888 § 510 nach Anm. 3; Bd. IV S. 20 Anm. 3 zu § 520; Ebbecke, Hauptverpflichtung und Nebenverpflichtung, im Recht 1912, S. 181 ff. auf S. 190 f., mitten zwischen den echten „Gemeinschaftsverhältnissen" der §§ 741 ff. BGB.) Das höchst bestrittene Problem der Rechte an Rechten ist hier nicht näher zu erörtern; es genügt für uns festzustellen, daß diese Art der „Mitberechtigung", des „Gemeinschaftsverhältnisses", die hier statthat, und für deren Regelung das Gesetz einen Komplex von Rechtsnormen besonderer Art (ein gewöhnlich sog. Legalschuldverhältnis) gibt, jedenfalls keine „Rechtsgemeinschaft" im technischen Sinne, keine „Gemeinschaft" im Sinne unseres 15. Titels des II. Buches des BGB. ist.

[218]) Damit wird die namentlich von v. Seeler, dem ersten Bearbeiter der Miteigentumslehre nach heutigem deutschen Recht (v. Seeler, Das Miteigentum nach dem bürgerlichen Gesetzbuch usw., Halle 1896, S. 47 ff.; seine Rezensenten: M. Wolff in GoldschmidtsZ. Bd. 49, 1900, S. 636 ff.; Oertmann im ArchBürgR. Bd. 17, 1900, S. 343 f.; Krüger in GrünhutsZ. Bd. 28, 1901, S. 236, erheben dagegen keinen Einspruch) vertretene Auffassung abgelehnt, als könnten sich „die verschiedenen teilbaren Rechte (Eigentum, Nießbrauch und wohl auch Erbpacht)" (warum übrigens nicht auch Pfandrecht, Hypothek, Grundschuld, Rentenschuld? vgl. auch v. Seeler, a. a. O., S. 71/2) „. . . als Teilrechte ineinander fügen und zu einer Gemeinschaft verschlingen" (S. 55), und als bestehe insbes. im Falle des Zusammentreffens von einem oder mehreren Miteigentumsanteilen (bzw. überhaupt Mitrechtsanteilen) mit einem an dem oder den mehreren Miteigentumsanteilen (Mitrechtsanteilen) bestellten Nießbrauch oder Pfandrecht eine wahre Gemeinschaft nach Bruchteilen (§§ 742 ff.) zwischen den „unbelasteten" Miteigentümern (Mitberechtigten) bzw. dem Alleineigentümer (Alleinberechtigten) und dem Nießbraucher oder Pfandgläubiger, indem der Nießbraucher oder Pfandgläubiger „in die Gemeinschaft der Miteigentümer an Stelle des Miteigentümers, an dessen Anteil sein Recht besteht", eintritt (so v. Seeler, a. a. O., S. 47 ff., insbes. S. 51, 53, 55, 56, 58, auch S. 68). Unzutreffend daher die Auffassung der §§ 1066, 1258 BGB. — außer bei v. Seeler — auch bei Adamkiewicz, Der Nießbrauch am Bruchteil, im ArchBürgR. Bd. 31, 1907, S. 21 ff., insbes. S. 26, 27, 43; Matthiaß, Lehrbuch des bürgerlichen Rechtes, 6./7. Aufl., Berlin 1914, S. 504 § 189 I A; vgl. dagegen etwa Hirsch, a. a. O., S. 274 f., 186 Anm. 1. Es entspricht eben der Auffassung unseres Gesetzes nicht, von einem „Gemeinschaftsverhältnisse der in § 1066 Abs. 1 (bzw. 1258 Abs. 1) bezeichneten Art" zu sprechen, wie dies z. B. Kretzschmar, Einführung in das Grundbuchrecht, Bd. II, Leipzig 1903, S. 251, tut.

mehreren („unbelasteten") gesamthänderisch Berechtigten und dem Nießbraucher oder Pfandgläubiger eines Gesamthandanteils (vgl. namentlich § 2033 BGB.)[220]), zwischen

---

Wie beim rechtsgeschäftlichen, so steht es auch beim gesetzlichen oder durch Pfändung entstandenen Pfandrecht; eine „Gemeinschaft" zwischen dem Quotenpfandberechtigten und dem unbelasteten Eigentümer (usw.) tritt nicht ein. Irrig daher Affolter in GrünhutsZ. Bd. 36, 1909, S. 605: Mit der Pfändung des Gemeinschafteranteils nach § 751 Satz 2 BGB. „geht . . . der Anteil auf den Gläubiger über. Er wird jetzt Teilhaber der Gemeinschaft . . ."

[219]) Auch für das römische und das gemeine Recht bestand hier keine „communio iuris". Neben der actio communi dividundo (directa) — vgl. L. 6 §§ 8, 9 D. 10, 3 — wurde allerdings nach Justinianischem Recht dem nicht belasteten Miteigentümer gegen den Pfandgläubiger des anderen eine actio communi dividundo (utilis) gegeben; vgl. L. 7 § 13 D. 10, 3; L. 2 § 1 C. 3, 37; auch L. 7 § 6 D. 10, 3. Aber die Einführung dieser Klage, die dem klassischen Recht unbekannt war, erklärt sich wohl am zutreffendsten mit Biondo Biondi, La legittimazione processuale nelle azione divisorie romane, Perugia 1913, S. 62 ff. und Kübler, Besprechung von Berger, in der KrVJSchr. Bd. 52, 1914, S. 37 ff. auf S. 43 daraus, daß sich die genannten Quellenstellen ursprünglich auf die fiducia bezogen, und daß „pignus" — wie sonst oft — hier interpoliert ist (vgl. auch P. Krüger in der Mommsenschen Digestenausgabe zu L. 7 § 13 cit.); gegenüber dem Fiduziar aber, der an dem Sachbruchteil (fiduziarisches) Eigentum hatte, war die Teilungsklage verständlich. (Kübler erwägt sogar die Möglichkeit eines indicium directum.) Selbst wenn man aber die Einführung dieser Klage unter Verzicht auf diese einleuchtende Erklärung mit Berger (Zur Entwicklungsgeschichte der Teilungsklagen usw., Weimar 1912, S. 63 ff.) bereits in die Zeit zwischen Julian und Ulpian verlegen und aus dem „Bedürfnis einer unmittelbaren Auseinandersetzung zwischen dem Eigentümer des reinen Teils und dem Pfandgläubiger des belasteten" erklären will (vgl. auch bereits Dernburg, Das Pfandrecht nach den Grundsätzen des heutigen römischen Rechts, Bd. II, Leipzig 1864, S. 395), so wäre jedenfalls die Einführung dieser Klage „eine starke Abweichung von dem Wege, den die Teilungsklage in ihrer Entwicklung einschlug" (Berger, a. a. O., S. 65), gewesen; der Gedanke an eine unterliegende wahre Rechtsgemeinschaft blieb dabei fern.

[220]) Zwischen dem rechtsgeschäftlich bestellten Nießbrauch oder Pfandrecht an einem Miterbenanteil (§ 2033 BGB.; vgl. § 86 Abs. 2 FGG.) und dem nicht belasteten Miterbenanteil besteht also keine (gesamthänderische) Rechtsgemeinschaft; die sich aus §§ 1068 Abs. 2, 1273 Abs. 2 in Verbindung mit §§ 1066, 1258 BGB. ergebende Beurteilung dieser Rechtsfigur führt ebensowenig wie in den echten Fällen der letzteren Art zu einem Eintritt des Nießbrauchers oder Pfandgläubigers in die (hier

Vollrecht oder begrenztem Recht und Quotennießbrauch bzw. Quotenpfandrecht[221]).

In allen diesen und in ähnlichen[222]) Fällen scheitert die Annahme einer echten „Gemeinschaft" und die Möglichkeit der — unmittelbaren — Anwendbarkeit von Gemeinschaftsgrundsätzen bereits an dem Vorhandensein einer qualitativen

---

gesamthänderische) Gemeinschaft und auch nicht zu einer echten Gemeinschaft anderer Art (etwa hinsichtlich eines gemeinschaftlich gedachten Nutzungs- oder Wertrechtes). Dasselbe gilt für das gesetzliche und das durch Pfändung entstandene Pfandrecht an einem Rechtsanteil eines Gesamthänders, also an einem Miterbenanteil (§ 2033 Abs. 1 BGB.; § 859 Abs. 1 Satz 1 und Abs. 2 ZPO.), einem Gesellschafteranteil (§ 859 Abs. 1 Satz 1 ZPO.; vgl. § 725 Abs. 2 BGB.).

[221]) Ob man hier mit den Mot. Bd. III S. 835 (auch S. 499) von einem „uneigentlichen Gemeinschaftsverhältnis" reden und auf eine „Gemeinschaft hinsichtlich der Nutzungsbefugnis" (vgl. dazu übrigens auch oben S. 112 Anm. 216) hindeuten will (vgl. die hierfür gegebene Regelung in E. I §§ 985 Abs. 2, 1185, die durch Fiktionen die Anwendung der Vorschriften über die Gemeinschaft ermöglichte), ist eine Frage ohne besondere Bedeutung; denn der Charakter als echte Rechtsgemeinschaft wird jedenfalls für die Rechtsfigur verneint, und die Anwendbarkeit der Gemeinschaftsregeln kommt nicht in Frage, da vielmehr die §§ 1066, 1258 BGB. entsprechend heranzuziehen sind. Der Gedanke einer (uneigentlichen) Gemeinschaft ist damit ebenso entbehrlich, wie für den Fall der §§ 1066, 1258 BGB. selbst. Bedenklich daher auch Gierke, Deutsches Privatrecht, Bd. II S. 689 § 147 IV: „Die Gemeinschaft ist so zu behandeln, als sei zugleich das Eigentum in Anteile zerlegt."

[222]) Man denke z. B. an den Fall, daß Nießbrauch oder Pfandrecht von einem Miteigentümer einer beweglichen Sache an einer Quote seines Eigentumsanteils bestellt ist, oder daß alle Miteigentümer zusammen nach § 747 Satz 2 BGB. oder auch Gesamthänder durch gemeinsame Verfügung eine Quote des gemeinschaftlichen Rechts (soweit dies nicht gesetzlich ausgeschlossen ist: vgl. insbes. §§ 1095, 1106, 1114, 1192 Abs. 1, 1199 Abs. 1) belasten. Diese beiden Fälle liegen ebenso wie der Fall des Zusammentreffens des Quotenberechtigten und des Alleinberechtigten, indem alle Miteigentümer bzw. Gesamthänder zusammen dem Quotenberechtigten gegenüber die Stelle des Alleineigentümers einnehmen. — Man denke ferner an die dem § 1066 BGB. ähnliche Rechtslage, die sich ergibt, wenn nach § 864 Abs. 2 ZPO. über den Miteigentumsanteil oder einen Grundstücksbruchteil eine Zwangsverwaltung angeordnet wird. Der Zwangsverwalter erhält dann eine dem Quotennießbraucher rechtsähnliche Stellung; vgl. Jäckel-Güthe, Reichsgesetz über die Zwangsversteigerung usw., 4. Aufl., Berlin 1912, S. 577 Bem. 2 zu § 146.

Ungleichheit der mehreren Rechtsstellungen, ganz abgesehen von dem weiteren, an anderer Stelle[223]) zu erörternden Moment der Selbständigkeit und grundsätzlichen Unabhängigkeit der mehreren Rechtsstellungen, das gleichfalls dem Begriffe der Rechtsgemeinschaft widerstreitet[224]).

Wir stellen also zunächst als den Grundzug jedes mehreren Personen gemeinschaftlich zustehenden subjektiven Rechts, jeder Rechtsgemeinschaft, fest:

Ausscheidung von (unter sich qualitativ gleichen) Rechtsanteilen, die irgendeine Beanteiligung an dem ganzen Rechtsinhalt unmittelbar gewährleisten; Gliederung (Abteilung, Zerlegung)[225]) des gesamten gemeinsamen

---

[223]) Vgl. unten S. 137 ff. in § 8.

[224]) Ein weiteres und letztes Moment, daß die Annahme einer „Rechtsgemeinschaft" ausschließt, liegt in dem in allen jenen genannten Verhältnissen wirksamen Gedanken eines Rangverhältnisses zwischen den mehreren Rechten (insbes. hat ja das belastete Recht gegenüber dem es belastenden begrenzten Rechte stets den schlechteren Rang); innerhalb einer Rechtsgemeinschaft ist aber der Gedanke eines Rangverhältnisses oder auch nur einer Gleichrangigkeit der Anteilsrechte durchaus abwegig. Vgl. unten S. 160 Anm. 293 zu § 8.

[225]) Nicht im Sinne einer restlosen Aufteilung eines Rechts in isolierte Einzelrechte. Daß schlechthin getrennte und rechtlich selbständige Machtsphären der einzelnen entständen, liegt in der Fassung des Textes nicht (ganz abgesehen von dem Sinne des Wortes „Rechtsanteil"). Vgl. unten § 8 S. 124 ff.

[226]) Es wird später (§ 9 S. 162 ff.) gezeigt werden, daß die „innere Ordnung" einer Rechtsgemeinschaft nicht nur den Charakter der einzelnen Gemeinschaftsart, sondern auch zu einem gewissen Grade den rechtlichen Inhalt ihrer Anteile näher bestimmt. Daraus scheint sich ein Gegensatz zu der Behauptung des Textes zu ergeben, wonach die Rechtsanteile in einer und derselben Gemeinschaft einander qualitativ gleich seien. Denn die „innere Ordnung" einer Gemeinschaft kann auch einmal — über eine bloße Ausübungsregelung hinaus — einzelne Befugnisse des ganzen gemeinsamen Rechtsinhalts in ungleicher Weise an die Gemeinschafter verteilen. Das gilt zunächst von einer rechtsgeschäftlichen Abänderung der dispositiven gesetzlichen inneren Ordnung in der regelmäßigen Rechtsgemeinschaft, der Gesellschaft, der Erbengemeinschaft, und sodann von der gesetzlichen inneren Ordnung der ehelichen Gütergemeinschaft (und ihren Abarten). Indessen wird man die so eintretenden inhaltlichen Verschiebungen der Anteilsrechte im Verhältnis zueinander bei den zuerst genannten Gemeinschaftsarten nicht wohl als eine Durchbrechung des Satzes von der grundsätzlichen qualitativen Gleichheit

Rechtsinhalts in (einander) qualitativ gleiche Rechtsanteile[226] [227] [228].

---

der Anteile ansprechen können; denn diese Verschiebungen lassen, als besondere Ausgestaltung der inneren (positiven) Seite des gemeinschaftlichen absoluten Rechtsinhalts, stets die Möglichkeit offen, durch eine rechtsgeschäftliche Neuordnung das volle Gleichgewicht der Rechtsanteile untereinander wieder herzustellen. Es bleibt jedem Anteil stets die Fähigkeit, durch Neubestimmung (vgl. insbes. die Ansprüche aus § 745 Abs. 2, 2038 Abs. 2 Satz 1 BGB.) den dem der andern Anteile völlig adäquaten Inhalt wieder zu erlangen. Damit aber, sowie mit der ursprünglichen, nach den betreffenden gesetzlichen Gemeinschaftsordnungen bestehenden qualitativen Gleichheit der Anteile, ist der Grundsatz des Textes genügend festgehalten.

Zweifelhafter ist, ob man die auf der ursprünglichen gesetzlichen Gemeinschaftsordnung beruhende Verschiedenheit der gesamthänderischen Anteilsrechte in der ehelichen Gütergemeinschaft und ihren Abarten als eine Ausnahme von dem genannten Grundsatze anzusehen hat. Wenn hier dem Ehemann als dem Haupt der Ehe und Herrn der Gütergemeinschaft (bzw. dem überlebenden Ehegatten bei fortgesetzter Gütergemeinschaft) von vornherein eine umfassende gesetzliche Verwaltungs- und Verfügungsbefugnis über die Gesamtgutsgegenstände eingeräumt ist, kraft deren das Gesamtgut nach außen hin geradezu wie sein eigenes Vermögen erscheint (vgl. dazu auch §§ 740, 745 ZPO.), wird man nicht gut anders können, als mit der grundsätzlichen und gesetzlich beabsichtigten Verschiedenheit in der Rechtsstellung der Ehegatten im Verhältnis zu den ihnen gemeinschaftlich zustehenden Vermögensrechtsinhalten zugleich eine qualitative Verschiedenheit ihrer gesamthänderischen Rechtsanteile (insbes. hinsichtlich der Befugnisse zum Besitz, zu faktischen Einwirkungen auf die Objekte der gemeinschaftlichen Rechte, zu Verfügungen — nicht allerdings, wie im vorigen Fall, auch hinsichtlich der Nutzungsbefugnisse) anzunehmen. Diese qualitative Verschiedenheit würde, zufolge der vom Gesetzgeber insoweit festgehaltenen (vgl. auch Mot. Bd. IV S. 349 ff.) alten deutschrechtlichen Muntgewalt des Ehemanns als der Grundlage auch der vermögensrechtlichen Beziehungen der Ehegatten (vgl. dazu Hübner, Grundzüge des deutschen Privatrechts, 2. Aufl., Leipzig 1913, S. 546, 558, 565 f., 569, 573, 575; §§ 93 I; 95 I 2 und III 1 a bzw. 2 a; 96 II und II 2 b) unmittelbar auf die besondere rechtliche Ausgestaltung des personenrechtlichen Grundverhältnisses der Ehegatten zurückführen, in welchem die ehemännliche Muntgewalt (die „Ehevogtei") — wenn auch nicht in der alten strengen Form — ein neben dem Gesamthandprinzip „funktionierendes Element ist" (Heusler, Institutionen des deutschen Privatrechts, Bd. II, Leipzig 1886, S. 402 § 149). Indem sich nun aber, wie unten zu zeigen ist (vgl. § 9 S. 185 ff.), die „innere Ordnung" der einzelnen gemeinschaftlichen Rechte der Ehegatten aus diesem durch jene beiden Elemente bestimmten Grundverhältnis als eine Teilwirkung desselben ergibt, müßte die Ungleichheit der Rechtsstellung der Ehegatten in ihrem personenrechtlichen Verhältnis zugleich ihre volle vermögensrechtliche Gleichberechtigung ausschließen und zu qualitativer Verschiedenheit ihrer Anteile an den einzelnen gemeinschaftlichen Vermögensrechten führen.

Andrerseits ergeben sich aus der wohl nicht zu umgehenden Annahme einer Identität (vgl. dazu M. Wolff in Enneccerus-Kipp-Wolff, Lehrbuch des bürgerlichen Rechts, Bd. II 2: Familienrecht, 6./8. Aufl., Marburg 1914, S. 245 § 66 III 2) der gütergemeinschaftlichen Gesamthand mit der nach „Beendigung" der Gütergemeinschaft bis zur vollzogenen Auseinandersetzung fortbestehenden gesamthänderischen Vermögensgemeinschaft (§§ 1471, 1497) und aus der dann unzweifelhaft vorhandenen qualitativen Gleichheit der gesamthänderischen Anteile der Ehegatten, deren „innere Ordnung" sich nunmehr nach §§ 1471 Abs. 2, 1472, 1497 richtet, gewisse Bedenken gegen die Auffassung einer vorherigen qualitativen Verschiedenheit der Gesamthandanteile. So wird denn auch für die ehelichen Gemeinderschaften des Mittelalters von Heusler ausdrücklich die Gleichartigkeit der Rechte der beiden Ehegatten am gesamthänderischen Vermögen betont, die durch eine auch weitgehende ehemännliche Verfügungsgewalt nicht beeinträchtigt werde, weil die „spezifisch güterrechtlichen Elemente . . . mit der Ehevogtei nichts zu schaffen" hätten und „das Gesamthandsprinzip die Wirksamkeit der Ehevogtei nicht ausschließt" (Heusler, a. a. O., S. 379 ff. und 386 § 146; S. 402 f. § 149 und § 150; S. 417 ff. § 153). Für das heutige Recht vertritt Kohler (Verfügungsnutznießung, Verfügungsgemeinschaft usw., im ArchZivPrax. Bd. 107, 1911, S. 258 ff. auf S. 266) die Ansicht, es handle sich bei der Verfügungsgewalt des Ehemanns „um eine zwar ungewöhnliche, aber doch völlig der Natur des gemeinschaftlichen Rechtes entsprechende Verfügungsweise; denn die Natur des gemeinschaftlichen Rechtes läßt unendliche Varianten in den Befugnissen der Gemeinschaftsgenossen zu, Varianten dinglicher Art ohne höchstpersönliche Schranke".

Die Entscheidung der Frage hängt, wie man erkennt, von der Auffassung des rechtlichen Charakters des ehemännlichen Verwaltungs- und Verfügungsrechts hinsichtlich des Gesamtgutes ab; es kann ihr hier nicht weiter nachgegangen werden (vgl. dazu übrigens auch Anhang II S. 316 f.). — Für das neue schweizerische Recht entstehen die eben genannten Bedenken hinsichtlich einer qualitativen Gleichheit der gesamthänderischen Anteile bei der Gütergemeinschaft nicht, da hier in Artt. 215 ff. ZGB. als bedeutsame — der frauenemanzipatorischen Bewegung Rechnung tragende — Neuerung die grundsätzliche Gleichstellung der Ehegatten hinsichtlich der Verfügungsbefugnisse über das Gesamtgut eingeführt und damit das Gesamthandprinzip zu voller Geltung gebracht ist; vgl. dazu Egger in seinem Kommentar zum schweizerischen Recht, Bd. II, Familienrecht, Zürich 1912 f., S. 183 ff. Vorbem. 2—5 vor Art. 178; S. 275 ff. Vorbem. bzw. Bem. zu Artt. 215 ff.

[227]) Der Grundsatz der qualitativen Gleichartigkeit und rechtlichen Gleichwertigkeit vermag sogar u. U. eine „quantitative" Ungleichheit der Rechtsstellungen der Gemeinschafter innerhalb einer Rechtsgemeinschaftsart in gewissem Umfange außer Wirkung zu setzen. Das zeigt sich für die von uns später noch eingehender zu betrachtende sog. Bruchteilsgemeinschaft in dem Falle, wenn bei nur zwei Mitberechtigten (Miteigentümern) mit verschieden „großen" Anteilen die Verwaltung und Benutzung des gemeinschaftlichen Gegenstandes geregelt werden soll. Hier wird man nur eine gütliche Vereinbarung der beiden Mitberechtigten — bei der immerhin die größere Beanteiligung dem einen Teilhaber ein faktisches Übergewicht gibt und auch der durch die Möglichkeit der Teilungsklage gegebene Zwang zur Verträglichkeit praktisch nicht ohne Bedeutung ist — oder aber die Klage aus § 745 Abs. 2 BGB. zulassen können. Dagegen scheint uns die Auffassung des BGB.-Kommentars von Reichsgerichtsräten (Bd. II, 1913, S. 677/8 Bem. 2 zu § 745), Staudingers (Kommentar Bd. II, 1912, S. 1439 Bem. I 2e zu § 745) und Cosacks (Lehrbuch des bürgerlichen Rechts, Bd. II, 1913, S. 468 § 268 1a) — sonst scheint zu dieser Frage nicht Stellung genommen zu sein — unrichtig, daß in diesem Falle gemäß § 745 Abs. 1 dem einen der Teilnehmer „von vornherein" (d. h. also: ohne daß ein besonderer Mehrheitsbeschluß beider Mitberechtigter erforderlich wäre, vielmehr in einseitiger Bestimmung) „die Stimmenmehrheit . . . und die hieraus fließende Machtbefugnis" (Staudinger) zukomme. Diese Auffassung würde nicht nur gegen den doch wohl festzuhaltenden Grundsatz bei Mehrheitsbeschlüssen überhaupt verstoßen, wonach ein stillschweigender Ausschluß der Minderheit unzulässig sein muß, und würde sich auch nicht mit dem für die regelmäßige Rechtsgemeinschaft geltenden Prinzip vertragen, wonach die Mehrheit der Teilnehmer nicht etwa ohne weiteres das Recht hat, die Minderheit gegenüber Dritten zu vertreten; sondern sie würde weiterhin — was uns hier angeht — den Mitberechtigten mit dem kleineren Anteil geradezu entrechten. Denn eine solche Auffassung heißt nichts anderes, als die Entscheidung über Verwaltung und Benutzungsart einzig und allein dem andern, mit dem größeren Anteil beteiligten Mitberechtigten anheimgeben, das Mitbestimmungsrecht des geringer Beteiligten, das ihm doch im Prinzip zustehen muß (vgl. § 744 Abs. 1), und das er sonst im Wege der Vereinbarung oder der Klage (§ 745 Abs. 2) geltend machen kann, überhaupt vernichten und damit die qualitative Gleichartigkeit und Gleichwertigkeit der Rechtsstellungen beider verneinen. Im übrigen würde die zitierte und hier bekämpfte Auffassung nicht nur, wie behauptet wird, für den Fall von zwei Berechtigten gelten müssen, sondern stets dann, wenn ein Mitberechtigter für sich allein die „Majorität" der Stimmen hat. Auch diese Konsequenz zeigt, daß die Auffassung sich nicht halten läßt. Es muß vielmehr in diesen Fällen die Anwendbarkeit des § 745 Abs. 1 in dem genannten Sinne und damit die Möglichkeit eines

Mehrheitsbeschlusses im wahren Sinne überhaupt entfallen. Das erscheint auch unzweifelhaft im Hinblick auf § 746 BGB. Denn wenn bereits die einseitige Bestimmung des mit größerem Anteil berechtigten Gemeinschafters den rechtlichen Wert eines ordnungsmäßig zustande gekommenen Mehrheitsbeschlusses hätte, so müßte diese seine einseitige Bestimmung über Verwaltungs- und Benutzungsart auch nach § 746 für und gegen die Sondernachfolger des bzw. der andern Berechtigten wirken. Das ist aber undenkbar. Denn unter § 746 fallen nicht nur die durch Mehrheitsbeschluß, sondern auch die durch einstimmige Willensentschließung aller (§ 744) und durch anderweitige freie Vereinbarung (§ 745 Abs. 2) getroffenen Regelungen. Allen diesen Arten aber, bei denen jeder Gemeinschafter in irgendeiner Weise mitzuwirken hat, kann nicht eine Regelung gleichgestellt werden, die einseitig nur von einem Gemeinschafter erfolgt; damit erhielte § 746 einen ganz andern Inhalt.

Die im Vorstehenden bekämpfte Auffassung wird übrigens auch für das italienische Recht, dessen Art. 678 unserm § 745 inhaltlich entspricht, verschiedentlich vertreten (vgl. insbes. Ricci, Corso teorico-pratico di diritto civile, 3a ed. Torino 1912, vol. V, S. 38 Nr. 29; Bonfante, I poteri della maggioranza e i diritti del singolo nell' aministrazione della cosa comune, im Foro Italiano anno XXXVIII, fasc. XXI, 1913, Sonderabdruck S. 6 f.), und zwar unter folgerichtiger Durchführung auch für mehr als zwei Beteiligte: der mit größerem Anteil (d. h. mit mehr als der „Hälfte") Berechtigte könne „prendere da solo le deliberazioni" hinsichtlich Verwaltung und Benutzung der Sache, die dann für alle andern bindend seien. Mit Recht gegen diese Auffassung F. S. Bianchi, Corso di codice etc., vol. IX 3 S. 924 ff. auf Grund des Wortlauts des Art. 678 Abs. 2, weil dort von einer Mehrheit, gebildet durch die „voti che concorrono alla deliberazione", gesprochen wird und daher die Auffassung, daß schon „un solo voto" die Mehrheit bilde, dem Gesetze widerspreche. (Für unsern § 745 Abs. 2 ist wegen seiner abweichenden Fassung mit dieser ohnehin schwächlichen Beweisführung nichts anzufangen, wenn man nicht etwa aus dem Worte „Stimmenmehrheit" Entsprechendes herausargumentieren will.) Zutreffender die weitere Begründung Bianchis, die etwa auf das von uns Gemeinte hinauskommt: wenn der mit größerem Anteile Berechtigte allein entscheiden könnte, so wäre die Verwaltung in Wahrheit nicht, wie sie nach gesetzlicher Vorschrift sein soll, gemeinschaftlich, sondern völlig in einer Hand konzentriert.

Die notwendige qualitative Gleichartigkeit der Rechtsstellungen der mehreren Bruchteilsmitberechtigten macht danach, falls nur zwei Mitberechtigte vorhanden sind, nicht nur — wie ohne weiteres klar ist — im Falle gleichgroßer Anteile, mangels der Möglichkeit einer Stimmenmehrheitsbildung (so auch die Entscheidung des RG. im Recht 1906, S. 374 Nr. 928 und die Kommentare; vgl. außer den Zitierten, a. a. O., z. B. auch Oertmann, Schuldverhältnisse, S. 905 Bem. 1 zu § 745), sondern auch im Falle ungleichgroßer Anteile einem Mehrheitsbeschluß nach § 745 Abs. 1 unzulässig. Es bleibt, sofern die Gemeinschaft aufrechterhalten werden soll, beim Scheitern einer gütlichen Vereinbarung nur die Klage aus § 745 Abs. 2 übrig, die ja auch zu einer unter § 746 fallenden „Regelung" führt, da das mit ihr erreichte Ergebnis nichts weiter ist als eine „Vereinbarung", bei der nur die Willenserklärung des einen Teils durch richterliches Urteil ersetzt wird. — Was hier für den Mehrheitsbeschluß unseres § 745 Abs. 1 gesagt ist, dürfte auch für den Fall der Reederei (§ 491 Abs. 1 HGB.) zutreffen.

Das im vorstehenden gewonnene Ergebnis kommt praktisch etwa auf dasjenige hinaus, welches das neue schweizerische ZGB. bei Anordnung von „wichtigeren Verwaltungshandlungen" nicht nur im Falle von zwei Mitberechtigten, sondern überhaupt in den Fällen, in denen einer mehr als die Hälfte des Ganzen hat, durch Aufstellung einer besonderen qualifizierten Mehrheit erreicht (vgl. Art. 647 Abs. 3 ZGB. und dazu Huber in den Erläuterungen zum Vorentwurf usw., Bern 1901/2, Teil II S. 68; für das italienische Recht dazu die ausdrückliche Feststellung des gleichen Rechtssatzes in der Entscheidung des Appellhofes von Trani in der Rivista di giurisprudenza vol. VI, 1881, S. 207 und dazu Bianchi, a. a. O., S. 925).

[228]) Die Notwendigkeit, gegenstandsrechtliche Anteile der einzelnen Teilhaber als unmittelbare Beanteiligungen am Rechtsinhalte auch für die gesamthänderischen Gemeinschaften anzuerkennen, kann nicht durch den Hinweis darauf widerlegt werden, daß die Form der gesamthänderischen Rechtsgemeinschaft als „Kollektiveigentum", „Gesamteigentum" einer engeren — oder weiteren — Personengruppe in der rechtsgeschichtlichen Entwicklung den Anfang alles Eigentumsrechts und aller Rechtsgemeinschaft gebildet hat, und daß in diesem ursprünglichen Gesamteigentum der Gedanke rechtlich unterscheidbarer Anteile der Genossen keine Stätte hatte. Die moderne Dogmatik hat sich nicht darum zu kümmern, ob eine primitive Rechtsauffassung und eine unentwickelte Rechtswissenschaft einer früheren Zeit ein der heutigen Gesamthandgemeinschaft geschichtlich vorangehendes Rechtsgebilde im Sinne einer Gemeinschaft mit gegenständlichen Anteilen der Teilhaber verstanden und konstruiert hat oder auch nur, nach dem Stande der Rechtswissenschaft, so hätte konstruieren können. Das heute wohl berechtigte dogmatische Bedenken, ob die vage Auffassung einer Zuständigkeit des Rechts an die „Gesamtheit" — ohne eine weitere Klärung dieses Gedankens — zureichend sei, läßt sich nicht als eine „künstlich geschaffene Schwierigkeit der Konstruktion" bezeichnen unter dem Hinweis darauf, daß die „Symbolik des primitivsten Rechtslebens" jenen Typus der Rechtsträgerschaft einer Gesamtheit „so plastisch klar und greifbar darzustellen vermocht hat" (so Saenger, Gemeinschaft und Rechtsteilung, S. 49). Das Vorrecht, mehr anschaulich als begrifflich zu sein, ist ein Vorrecht unentwickelter Rechtsdogmatik; eine spätere dogmatische Forschung mag wohl den Mangel eines klaren Bewußtseins von Rechtsanteilen bei den Genossen eines (im technischen

§ 8. Die Rechtsgemeinschaft als System von Rechtsanteilen.

Mit der Feststellung, daß sich in jeder Rechtsgemeinschaft, zufolge der mehrheitlichen subjektiven Bezogenheit eines (gemeinschaftlichen) Rechtsinhalts, Rechtsanteile der einzelnen Gemeinschafter als ihnen eigene Rechtsstellungen ergeben, ist aber der Begriff der Rechtsgemeinschaft nur zu einem Teile bestimmt[229]). Der Gedanke, daß jede „Gemein-

---

Sinne als gesamthänderischer Gemeinschaft aufzufassenden) Kollektiveigentums älterer Zeit als eine rechtskulturgeschichtlich interessante Tatsache konstatieren, hat sich aber mit einer unfertigen und aus verschwommenen Rechtsbegriffen aufgebauten Rechtsauffassung nicht zu begnügen. Im übrigen gilt ja auch sonst der Grundsatz, daß ältere Rechtsauffassungen, sofern sie sich als „mangelhafter Ausdruck eines noch nicht wissenschaftlich kultivierten Rechts" für eine zutreffendere rechtliche Auffassung darstellen, umgedeutet werden müssen (vgl. Huber, System und Geschichte des schweizerischen Privatrechts, Bd. IV S. 275 § 122).

Wir werden daher gegenstandsrechtliche Anteile bei gesamthänderischen Gemeinschaften selbst da behaupten dürfen, wo wir Kollektiveigentum älterer Zeiten oder heutiger primitiver Rechtskulturen fremder Länder, und insbesondere, wo wir Überbleibsel des alten Kollektiveigentums, das sich in unsere Zeit hinübergerettet hat, als Arten „gemeinschaftlichen Eigentums" (also unter Ablehnung eines einheitlich zuständigen Eigentums einer juristischen Person) rechtlich zu konstruieren unternehmen. Nur für jene zurückliegenden Epochen rechtskultureller Entwicklung eines Volkes, die individuelle Rechtssphären der einzelnen Rechtsgenossen und privates Vermögensrecht (insbes. am Grund und Boden) noch nicht kennen, müssen wir auf eine nähere Analyse des Kollektivrechts verzichten. (Daher ist auch die Parallelisierung des heutigen regelmäßigen Miteigentums mit jenem vorprivatrechtlichen Rechtszustande unter dem Hinweis, daß sich alle (!) charakteristischen Momente des Miteigentums in ihm wiederfinden — so Luzzatto, La comproprietà, S. IX ff. — rechtsdogmatisch verfehlt.) Das hat auch für außerdeutsche Rechtsgebiete zu gelten; vgl. z. B. die Versuche einer rechtlichen Konstruktion von Resten alten Kollektiveigentums in Italien, dessen positives Recht gesamthänderisches Eigentum nicht kennt, nämlich der usi civici o collettivi und der comunanze o participanze agrarie, einerseits bei Venezian, Dell' usufrutto, vol. I, Napoli 1906. S. 161 ff., als Korporationen mit lediglich obligatorischen Nutzungsrechten der Mitglieder, und bei Filomusi Guelfi, Diritti reali, 2a ed., Roma 1909, S. 101 ff., im Sinne des Gierkeschen genossenschaftlichen Gesamteigen-

schaft“ eines (einzelnen) subjektiven Rechts auf einer besonderen — nämlich einer mehrheitlichen — Zuständigkeit eines (gemeinschaftlichen) Rechtsinhalts beruht und sich als eine besondere Zuständigkeitsform eines Rechtsinhalts (oder: eines subjektiven Rechts) darstellt, führt uns ohne weiteres zu der Erkenntnis, daß für die dogmatische Erklärung dieser „Rechtsgemeinschaft“, dieser Gemeinsamkeit des Rechts, nicht schon die Analyse des einen Rechts in Rechtsanteile als in seine Elemente, seine Teilvorstellungen, ausreichen kann, und daß der Gedanke einer Aufteilung eines ganzen Rechts in Rechts-

---

tums, andrerseits bei Ferrara, Le persone giuridiche, S. 488 ff., unter Ablehnung des Gedankens einer juristischen Person als gesamthänderisches Eigentum im Sinne Gierkes, jedoch mit Ansätzen zur Annahme von (nicht fest bestimmten) Rechtsanteilen der Teilhaber; vgl. S. 490, 494. — Ähnliche Konstruktionsversuche für die sog. communaux in Frankreich; vgl. Venezian und Ferrara, a. a. O.

Wäre ein Verzicht auf eine heutige selbständige rechtliche Konstruktion älterer Rechtsbildungen durch die Rücksicht auf deren historisch treue Erfassung im Sinne ihrer Zeit geboten und wäre jede rechtliche Analyse solcher Rechtsfiguren mit dem Rüstzeug unserer heutigen Rechtsbegriffe unzulässig, so wäre ein Vergleich mit späteren Rechtsbildungen und damit ein Fortschritt in der Erkenntnis alter Rechtseinrichtungen nicht möglich, und es wäre aus dem rechtshistorischen Studium in Wahrheit für unser heutiges Recht und seine Fortbildung wenig Gewinn zu ziehen.

Nicht nur darum also, weil wir in den gesamthänderischen Gemeinschaften unseres heutigen deutschen Rechts ein Stück unsrer positiven Rechtsordnung vor uns haben, das wir mit dessen Rechtselementen erklären müssen (vgl. oben S. 5 f. in § 1), sondern auch darum, weil wir an die deutschrechtlichen Gesamthandverhältnisse überhaupt mit den Rechtsbegriffen unserer heutigen Dogmatik heranzugehen haben, sind uns bei der rechtlichen Konstruktion heutiger Gesamthandrechte die an die Symbolik der „gesamten Hand“ sich anlehnenden, im Grunde aber unpräzisen mittelalterlichen Rechtsauffassungen nicht maßgebend. Vgl. hierzu auch Binder, Die Rechtsstellung des Erben, Bd. III S. 14, 17, 29 sowie weiterhin (als Ergänzung der vorstehenden Auffassung eines Kollektiveigentums mit gegenstandsrechtlichen Anteilen) unten S. 244 Anm. 451 zu § 10.

[229]) Es bleibt zudem das Wesen dieses „Rechtsanteils“ noch im Dunkeln. Seine rechtliche Natur wird erst innerhalb der Erkenntnis des ganzen Begriffs der „Rechtsgemeinschaft“ klar bzw. kann erst im einzelnen für jede besondere Rechtsgemeinschaftsart festgestellt werden. Vgl. dazu unten § 11 S. 264 ff. und später Teil II.

teile (Teilrechte) uns den eigenartigen Charakter des „gemeinschaftlichen Rechts" noch nicht voll erschließt.

I. So sehr es daher als ein Fortschritt unserer heutigen Wissenschaft zu begrüßen ist, wenn sich in unserer Literatur auch für die gesamthänderischen Rechtsgemeinschaften die Auffassung immer mehr Bahn bricht, daß der Gedanke einer Zuständigkeit des „gemeinschaftlichen Rechts" an eine „Gesamtheit als solche" nicht genügen kann, und so zutreffend es ist, wenn man aus der Zuständigkeit eines Rechts an mehrere in jedem Falle — also eben auch bei gesamthänderischer Zuständigkeit — „Rechtsanteile" (d. h. gegenständliche Anteile am einzelnen Recht) als — irgendwie geartete und näher zu bestimmende — eigene Rechtsstellungen dieser mehreren ableitet[230]), so bedenklich ist es doch andrerseits, das den mehreren zustehende Recht — im Falle der regelmäßigen wie der gesamthänderischen Rechts-

[230]) Für das römisch-gemeinrechtliche Miteigentum und die auf seiner Grundlage erwachsene heutige regelmäßige Rechtsgemeinschaft (bzw. die entsprechende Rechtsfigur ausländischer Rechtssysteme) sind gegenstandsrechtliche Anteile (Rechtsteile, Teilrechte) durchaus herrschende Auffassung; Literaturbelege in den folgenden Anmerkungen (gegenteilige Auffassungen insbes. oben S. 66 Anm. 131 zu § 5). Die heute immer mehr an Boden gewinnende (vgl. auch oben S. 63 Anm. 125 zu § 5) Auffassung des gesamthänderischen Rechts im Sinne sog. „geteilter Mitberechtigung" wird vornehmlich vertreten von Nagler, Die gesamte Hand im Gesellschaftsrechte usw., im SächsArch. Bd. 10, 1900, S. 695 ff., insbes. 718 ff.; Joerges, Zur Lehre vom Miteigentum und der gesamten Hand usw., in GoldschmidtsZ. Bd. 49, 1900, S. 140 ff., insbes. 176 ff.; Bd. 51, 1902, S. 47 ff., insbes. S. 54 ff.; Binder, Die Rechtsstellung des Erben, Bd. III S. 6 ff. § 34; S. 42 ff. § 35; Dernburg, Umwandlung der Erbengemeinschaft in Sondereigentum der Erben, in BayZ. 1905 S. 33 ff.; Hellwig, Anspruch und Klagrecht, Leipzig 1900 und 1910, S. 200/1; Lehrbuch des Zivilprozeßrechts, Bd. III 1, Leipzig 1909, S. 109 Anm. 43 zu § 153; Pringsheim, Die Rechtsstellung des Erwerbers eines Erbteils usw., Breslau 1910 (in Leonhards Studien zur Erläuterung des bürgerlichen Rechts, Heft 32), S. 4 ff., 22 ff.; Schnell, Die Quotenfrage bei der offenen Handelsgesellschaft, Marburg 1913. — Aber auch die Sohmsche Lehre von den „personenrechtlichen Anteilen" muß hier genannt werden, da für sie die Rechtsanteile (beim gesamthänderisch gemeinschaftlichen absoluten Vermögensrecht) immerhin eigene Rechtsstellungen der einzelnen Teilhaber, wenn auch nicht Rechtsstellungen gegenstandsrechtlicher (vermögens-

gemeinschaft — lediglich darum als „gemeinschaftlich“ ansehen zu wollen, weil es „geteilt“ sei[231]), wenn dabei zugleich, wie dies namentlich bei der regelmäßigen Rechtsgemeinschaft allgemein geschieht, die durch den Gedanken der „Teilung“ gewonnenen „Teilrechte“ (Rechtsteile) als „voneinander völlig getrennte, ganz selbständige Rechte[232])

---

rechtlicher) Natur sind; vgl. Sohm, Der Gegenstand, S. 62, 69 f.; Oertmann, Schuldverhältnisse, S. 854 f. Vorbem. vor §§ 705 ff. unter 4 c. Aus der Rechtsprechung des RG. ist besonders hierher zu zählen RG. Bd. 65 S. 227 ff. und Bd. 68 S. 410 ff.

[231]) So heute meist die herrschende Auffassung der regelmäßigen Rechtsgemeinschaft, soweit sie (vgl. dagegen die Schriftsteller unten S. 143 Anm. 265) — wenn auch nicht immer in ausdrücklicher Formulierung — das Merkmal der Gemeinschaftlichkeit des Rechts bereits in der „Geteiltheit“ des Rechts in Teilrechte oder Einzelrechte erfüllt sieht. Ausdrücklich z. B. Crome, System, Bd. II S. 807 § 286 und Anm. 23: Bei der Gemeinschaft „ist das Eigentumsrecht als solches (?) geteilt; es steht den Miteigentümern gemeinschaftlich zu (im Sinne des § 741 BGB.).“ Vgl. auch G. Rümelin, Die Teilung der Rechte, Freiburg i. B. und Tübingen 1883, S. 34 f. Auch die Auffassung der Gesamthandgemeinschaft als geteilter Mitberechtigung gehört hierher, soweit die Erklärung der Gemeinschaftlichkeit eines einzelnen Rechts hier in gleicher Weise wie bei der regelmäßigen Rechtsgemeinschaft in der selbständigen (Einzel-) Zuständigkeit der quotalen (wenn auch unverfügbaren) Teilrechte gefunden wird (dazu unten § 10 S. 226 ff.); z. B. bei Pringsheim, a. a. O., S. 4 ff., 11 f.; zutreffender Binder, Das Problem der juristischen Persönlichkeit, S. 80 f.

[232]) So formuliert, durchaus im Sinne der herrschenden Miteigentumslehre des gemeinen und des heutigen Rechts, Hirsch, Übertragung der Rechtsausübung, Bd. I S. 222. Vgl. dazu die für diese heutige Auffassung grundlegenden Untersuchungen Wächters, Über Teilung und Teilbarkeit der Sachen und Rechte, im ArchZivPrax. Bd. 27, 1844, S. 155 ff., insbes. S. 164, 167 f., 183 f.; Handbuch des im Königreich Württemberg geltenden Privatrechts, Bd. II, Stuttgart 1842, S. 276 Anm. 12 zu § 43; S. 581 ff. § 75 3; ferner etwa Gierke, Das deutsche Genossenschaftsrecht, Bd. II S. 928 § 36 II, S. 947 ff. § 36 IV 2 („voneinander vollkommen getrennte und als selbständige Individualrechte besessene“ Anteile oder Quotenrechte); Binder, Das Problem, S. 78 ff., sowie die unten S. 133 wiedergegebene Stelle. — Ebenso die Vertreter der Rechtsgeteiltheitslehre in der italienischen Wissenschaft: für das klassische römische Miteigentum z. B. Bonfante, Istituzioni di diritto romano, 5a ed. Milano 1912, S. 281 § 95: „. . . una *molteplicità* di subbietti, una *molteplicità* di diritti distinti e indipendenti sulla cosa . . . ed un *unico* obbietto“. Für das heutige italienische

(und zwar unter sich und dem ganzen gleichartig) aufgefaßt werden. Denn bei einer solchen Formulierung läßt sich ein begrifflicher Unterschied zu jenen Rechtsfiguren in Wahrheit nicht mehr aufrechterhalten, bei denen ein Rechtsinhalt auf Grund irgendeines rechtlich bedeutsamen Tatbestandes, und indem er mit mehreren Personen in rechtliche Beziehung tritt, in mehrere selbständige und voneinander grundsätzlich unabhängige (je einer eigenen Zuständigkeitsform teilhaftige) gleichartige neue subjektive Rechte auseinanderfällt. Daß in solchen Fällen eine „Rechtsgemeinschaft" gerade nicht statthat, ist uns durchaus geläufig; nicht etwa nur im Gebiete der Obligationen, wo der römische Grundsatz nomina ipso iure divisa sunt[233]) bzw. heute die entsprechende Regel

---

Miteigentum De Filippis, Corso completo di diritto civile italiano comparato, vol. II, Napoli 1869, S. 185 ff. Nr. 324 ff.; z. B. S. 188 Nr. 330: „La parte di proprietà spettante ad ognuno, essendo distinta divisa ed indipendente dalle parte degli altri, è considerata come proprietà particolare . . ."; ferner neuestens Ferrara, Le persone giuridiche, S. 458: die den einzelnen Gemeinschaftern zustehenden Teilrechte „riposano *individualmente* ed *in modo autonomo* sul loro capo". Für das französische Recht Saleilles, De la personnalité juridique etc., Paris 1910, S. 8: Die copropriété sei „une juxtaposition de droits individuels à l'état inorganique . . ." (dazu S. 7 f. — unter Hinweis auf Binder, Problem, a. a. O. —, S. 170 f., 369, 387, 413 f.).

[233]) Wegen der Negierung einer communio iuris im gemeinen Recht in diesem Falle vgl. z. B. v. Savigny, Das Obligationenrecht usw., Bd. I, Berlin 1851, S. 320 f. §§ 31 f.; Ubbelohde, Die Lehre von den unteilbaren Obligationen, Hannover 1862, S. 19; Regelsberger, Pandekten, Bd. I S. 211 f. § 51 VI 2; Steinlechner, Das Wesen der iuris communio, Abt. I S. 63 ff.; auch Girard-v. Mayr, Geschichte und System des römischen Rechts, Berlin 1908, Bd. II S. 802. Dazu etwa Rümelin, Die Teilung der Rechte, S. 213: „Nach durchgeführter Teilung sind selbständige Forderungsrechte vorhanden, die sich in nichts von anderen Forderungsrechten unterscheiden."

[234]) Der Text denkt nur an den Fall, daß mehrere Gläubiger mit einem teilbaren Forderungsrecht in Beziehung treten, möglicherweise von allem Anfang an oder z. B., wenn der Gläubiger einen quotalen Teil abtritt, bei partieller cessio legis aus §§ 268, 774 BGB. (Wenn sich eine teilbare Forderung in der Hand eines und desselben Gläubigers in mehrere selbständige Einzelforderungen spaltet, z. B. durch Teilkündigung, Teileinklagung, kann — mangels mehrerer Berechtigter — die Frage nach einer Rechtsgemeinschaft nicht entstehen; ebenso bleibt der Fall der mehreren Schuldner beiseite, da uns hier nur die Frage nach einer etwaigen

des § 420 BGB. eingreift[234]), und wo gewiß der Gedanke der „Teilung“ des Rechts einen andern Inhalt hat als im Gebiete

---

Gemeinschaft subjektiver Rechte interessiert.) Bei einem solchen Auseinanderfallen in mehrere voneinander grundsätzlich unabhängige Einzelforderungen — wichtig für die Frage des Verzichts, der Aufrechnung, der Verjährung, der Rechtskraft — kann man nicht sagen, es bestünden zwar jetzt mehrere Teilobligationen, aber (nach wie vor) nur ein Schuldverhältnis; so z. B. W. Müller, Die gemischte Schenkung, in JheringsJ. Bd. 48, 1904/5, S. 209 ff., auch S. 223 ff., und neuestens eingehend Lent, Die Gesetzeskonkurrenz im bürgerlichen Recht und Zivilprozeß, Bd. I, Leipzig 1912, S. 160 ff. (mit einer unzulässigen Gleichsetzung der teilbaren dinglichen Rechte und der teilbaren Obligationen). Wir können vielmehr hier weder eine fortdauernde „Einheit“ eines (mehrheitlich zustehenden) Rechtsinhalts (wie beim gesamthänderischen und wahrhaft gemeinschaftlichen Forderungsrecht) noch eine „Einheit“ im Sinne der Identität des Leistungszweckes (wie beim Gesamtschuldverhältnis) feststellen; auch nicht (so Cosack, Lehrbuch des bürgerlichen Rechts, Bd. II S. 475 f. § 291a) eine „formelle Einheit“ bei grundsätzlicher Unabhängigkeit der Teilrechte. Die „Einheit“, die wir konstatieren können, ist nichts weiter als eine Einheit des Ursprungs der mehreren, jetzt selbständigen Forderungsrechte. Wenn daher auch aus dem ursprünglichen Begründungsakte der früheren einheitlichen Forderung ein gewisser Zusammenhang zwischen den jetzigen Einzelforderungen (Teilforderungen) gewahrt bleiben kann (z. B. bei Kaufpreisforderungen mehrerer Gläubiger aus einem Kaufvertrage gegen jeden die Einrede aus § 320 BGB. zulässig ist), so genügt das doch nicht, um — wie es z. B. Hellwig, Lehrbuch des deutschen Zivilprozeßrechts, Bd. III 1 S. 110 Anm. 48 zu § 153 (gegen Sohm und Oertmann) tut — das Auseinanderfallen des einen Forderungsrechts in selbständige Einzelrechte zu leugnen und eine wahre „Rechtsgemeinschaft“ (nach Bruchteilen) zwischen ihnen zu behaupten. Denn — und darauf kommt es an — eine den mehreren Gläubigern gemeinschaftlich zustehende Forderung (§§ 741, 754 BGB.), die Voraussetzung einer solchen Rechtsgemeinschaft wäre, ist zufolge des Tatbestandes, der die einzelzuständigen „Teilrechte“ entstehen ließ, nicht mehr vorhanden, und wenn man die Nachwirkungen des Begründungsaktes der ursprünglichen Einheitsforderung auf die jetzigen Einzelrechte durch eine fortdauernde Einheit des Schuldverhältnisses erklären will, so dreht man die Sache um. Unser heutiges Recht kennt jene eigenartige und ganz singuläre Rechtsform nicht, die Bluntschli als Redaktor des früheren privatrechtlichen Gesetzbuchs für den Kanton Zürich von 1853/55 neben der Solidarobligation und dem Teilschuldverhältnis (in unserem Sinne) als sog. Gesamtobligation in das Gesetz hineingebracht hat (§ 935 litt. b), die Rechtsform nämlich, bei der „zwar zunächst die Forderung oder Schuld in (scil. selbständige) Teile zerfällt, aber die Teile fortdauernd als Bestandteile einer

der absoluten (insbesondere dinglichen) Rechte[235]); sondern auch bei gewissen dinglichen Rechten (namentlich der Hypothek, der Grundschuld)[236]); ja, auch außerhalb des

---

sie verbindenden Gesamtforderung oder Gesamtschuld zu betrachten sind (eigentliche Teilforderungen oder Teilschulden)". Vgl. dazu die Bemerkungen Bluntschlis in seiner Staats- und Rechtsgeschichte, Bd. IV S. 237 ff. § 42, sowie auch oben S. 60 Anm. 123 zu § 5.

Nach unserm Recht sind also die aus der früheren einen Forderung entstandenen neuen „Teilrechte" (entgegen Lent, a. a. O., S. 167) wahre Einzelrechte, selbständige Forderungen, denen jetzt selbständige Schuldverhältnisse entsprechen, und es ist jedenfalls für unsere Frage nach einer etwaigen Rechtsgemeinschaft zwischen ihnen ohne Wert, zu untersuchen, ob man diese mehreren selbständigen Forderungen überhaupt oder nach mancher Richtung hin immer noch als ein Schuldverhältnis bezeichnen könnte. Will man damit lediglich einen der communio pro diviso oder der „scheinbaren" Gemeinschaft bei dinglichen Rechten (vgl. darüber auch unten S. 142 Anm. 263) entsprechenden Zusammenhang der einzelzuständigen Rechte bezeichnen (anders aber gerade Lent!), so ist dagegen nichts zu sagen, aber eben zugleich eine wahre Rechtsgemeinschaft geleugnet. Daher ist die von Cosack (a. a. O.) für unsere Rechtsfigur vorgeschlagene Bezeichnung einer „Gemeinschaft mit Teilberechtigung" durchaus abzulehnen.

Aus der Verneinung einer Rechtsgemeinschaft folgt zugleich, daß die mehreren Gläubiger als Streitgenossen gemeinschaftlich klagen können (§ 59 ZPO.) nicht, weil sie „in Rechtsgemeinschaft stehen", sondern, weil sie aus „demselben tatsächlichen und rechtlichen Grunde berechtigt sind". (Anders, wie wir oben in § 2 S. 9 ff. sahen, vielfach die Literatur unter Annahme eines nicht materiellrechtlich verstandenen „weiten" oder „untechnischen" Begriffs der Rechtsgemeinschaft.)

Daß eine Bruchteilsgemeinschaft an teilbaren Forderungen überhaupt undenkbar sei, wird mit den vorstehenden Ausführungen über die aus § 420 BGB. sich ergebende Rechtslage natürlich nicht behauptet. Die bekanntlich sehr zweifelhafte und bestrittene Möglichkeit einer solchen Bruchteilsgemeinschaft wird an späterer Stelle (in Teil III dieser Arbeit) zu untersuchen sein. Das preußische ALR., das den Grundsatz nomina ipso iure divisa sunt nicht hatte, kannte unzweifelhaft eine communio pro indiviso an teilbaren Forderungen; vgl. z. B. Göppert, Beiträge zur Lehre vom Miteigentum, S. 20 ff., 127 ff.; Leske, Vergleichende Darstellung des bürgerlichen Gesetzbuchs und des preußischen allgemeinen Landrechts, Berlin 1900, Bd. I S. 176.

[235]) Näheres darüber in Teil II bei Erörterung der Lehre von der „Teilung der Rechte".

[236]) So entstehen im Hypothekenrecht im Falle der Übertragung eines Forderungsteils (§§ 1153 ff.), bei Entstehen einer Teileigentümergrundschuld (§ 1176), bei Ersetzung eines Teils der hypothekarisch ge-

unmittelbaren oder mittelbaren Wirkungsbereichs des genannten Prinzips haben wir Entsprechendes, wofür die §§ 1025, 1109 Abs. 1 BGB. (Teilung eines grunddienstbar-

---

sicherten Forderung durch eine andere (§ 1180) unter gleichzeitiger Übertragung dieses Teils, bei Entstehen einer Eigentümergrundschuld (oder Eigentümerhypothek) für die mehreren Miteigentümer des belasteten Grundstücks (§§ 1163, 1164, 1168, 1170, 1171, 1143 Abs. 1, 1177) mehrere selbständige Hypotheken bzw. Grundschulden an Stelle der früheren einen Hypothek.

Das ist nicht unstreitig; Literatur und Rechtsprechung neigen zur Annahme einer Bruchteilsgemeinschaft nach §§ 741 ff.; vgl. z. B. BGB.-Kommentar von Reichsgerichtsräten, Bd. I S. 676/7 Bem. 3 zu § 744 (wo aber dem einzelnen Teilhaber für sich die Klage auf Löschungsbewilligung aus §§ 744 Abs. 2, 1011 zugebilligt wird). Wie hier insbes. KG. im ZBlFG. Bd. 7, 1906/7, S. 797 f., sowie Brachvogel, Hypothek und Hypothekenpost, ebenda S. 371 ff.

Die Entscheidung darüber, die ohne näheres Eingehen auf das Wesen der Grundpfandrechte und damit insbes. auf die Lehren von der Realobligation und der Sachhaftung stets nur unzureichend fundiert sein dürfte, wird von praktischer Bedeutung für die Frage der Verfügung, der Grundbuchberichtigung, der Anwendbarkeit des § 48 GBO. und des § 745 BGB., sowie auch für die Frage einer notwendigen Streitgenossenschaft (§ 62 erste Alternative ZPO.), wie sie von RG. Bd. 60 S. 270 sicherlich zu Unrecht zwischen den auf Löschungsbewilligung klagenden Miteigentümern, denen eine bezahlte Hypothek als Eigentümergrundschuld „nach Anteilen" angefallen ist, annimmt. (Näheres darüber an anderer Stelle.) Was für die Hypotheken gilt, gilt auch für die Grund- und Rentenschulden; vgl. dazu neuestens RG. in GruchotsBeitr. Bd. 56, 1912, S. 987 ff.

Auch bei Pfandrechten für Geldforderungen kann ein Auseinanderfallen des bisherigen einen Rechts in Einzelpfandrechte (Teilpfandrechte) vorkommen; vgl. auch v. Tuhr, a. a. O., S. 90 § 3 IV. Insoweit findet das im Text genannte Prinzip dann auch außerhalb des Sachenrechts Anwendung, wenn nämlich Pfandrechte an Immaterialgütern in Frage stehen, die wohl richtiger Anschauung nach nicht als rein dingliche Rechte, sondern wiederum als eine besondere Art von Immaterialgüterrechten anzusehen sind.

Zu beachten bleibt aber bei dem Vorangegangenen, daß nicht von dem Fall der rechtsgeschäftlichen Bestellung einer für mehrere Personen „nach Bruchteilen" gemeinschaftlichen (§§ 741 ff. BGB.) Hypothek, Grundschuld usw. gesprochen wird; ob eine solche echte Rechtsgemeinschaft (in der Regelform des Gesetzes) möglich ist, bleibt späterer Untersuchung (in Teil II dieser Arbeit) vorbehalten. Vgl. dazu etwa einerseits KG. im ZBlFG. Bd. 6, 1905/6, S. 477 f. und Bd. 8, 1907/8, S. 129 f.; andrerseits Predari, Die Grundbuchordnung, 2. Aufl., Berlin 1913, S. 657 Bem. 1 zu § 48 und S. 710/11 Bem. 1 zu § 61.

keitsberechtigten bzw. reallastberechtigten Grundstücks) einen lehrreichen, wenn auch heute regelmäßig verkannten Anwendungsfall bieten[237]).

II. Erhält schon von dieser Seite her die Auffassung des „gemeinschaftlichen" Rechts als einer Mehrheit von „Teilrechten" im Sinne gewöhnlicher, voneinander getrennter, selbständiger Einzelrechte einen erheblichen Stoß, so läßt sie sich auch nicht dadurch erfolgreich stützen, daß man — wie dies die bedeutendsten Vertreter der heutigen Rechtsgeteiltheitslehre für das Miteigentum (und die regelmäßige Rechtsgemeinschaft überhaupt) tun — das verbindende Moment, das allenfalls eine gewisse „Gemeinschaftlichkeit" herbeiführen könnte, in dem einen und gemeinsamen Objekt erblickt, auf das sich die mehreren (absoluten) Einzelrechte oder Teilrechte sämtlich in gleicher Weise beziehen[238]).

---

[237]) Anders die herrschende Lehre, die im Falle der realen Teilung eines Grundstücks, zu dessen Gunsten eine Grunddienstbarkeit (§ 1025) oder eine Reallast (§ 1109 Abs. 1; auch Überbau- und Notwegsrente: §§ 914, 917) besteht, eine (echte) Gemeinschaft nach Bruchteilen annimmt. U. E. fällt hier vielmehr das bisherige einheitliche Recht in mehrere selbständige Einzelrechte auseinander, womit eine (regelmäßige) Rechtsgemeinschaft ausgeschlossen wird.

Gerade dieser Fall ist für uns von besonderem Interesse, weil er den Gegensatz gut veranschaulicht zwischen selbständigen Einzelrechten, die an demselben Rechtsobjekt als gleichartige und gleichrangige Rechte bestehen, und den Rechtsanteilen einer Gemeinschaft, die nicht im gleichen Sinne gewöhnliche subjektive Einzelrechte, einheitlich zuständige Rechte sind (vgl. auch unten S. 265 f. in § 11). Es sei daher gestattet, unsere der herrschenden Lehre entgegengesetzte Auffassung der Rechtslage in den §§ 1025, 1109 Abs. 1 in einem Anhang (unten S. 333 ff. Anhang IV) ausführlicher zu begründen.

[238]) Vgl. etwa Unger, System des österreichischen allgemeinen Privatrechts, Bd. I, 5. Aufl., Leipzig 1892, S. 609 f. und namentlich Anm. 13 zu § 67; Gierke, Das deutsche Genossenschaftsrecht, Bd. II S. 928 § 36 II; auch Deutsches Privatrecht, Bd. II S. 384 § 122 II 2; Joerges in GoldschmidtsZ. Bd. 49 S. 140 ff., insbes. S. 146; Bd. 51 S. 48; Binder, Die Rechtsstellung des Erben, Bd. III S. 43: Das Eigentum, das in Miteigentum überführt wird, „spaltet sich in eine Reihe von selbständigen Teilrechten, welche dadurch miteinander verbunden sind, daß ihr gemeinsames Objekt eine ungeteilte körperliche Sache bildet"; ferner S. 47, 58 f.; derselbe, Das Problem der juristischen Persönlichkeit, S. 79 f., 82. — Für das italienische Recht z. B.

„Die herrschende Auffassung des Wesens der communio iuris ist" — wie Binder[239]) für die römisch-gemeinrechtliche wie für die heutige deutsche regelmäßige Rechtsgemeinschaft zutreffend, wenn auch wohl nicht ganz ausreichend formuliert — „die, daß eine Mehrheit selbständiger und gleichartiger Rechte vorliegt, die sich auf ein einheitliches ungeteiltes Objekt beziehen." Fügen wir, durchaus im Sinne der herrschenden Lehre, in diese Formulierung die Worte ein: ... eine Mehrheit selbständiger „unter sich und dem entsprechenden ganzen Rechte gleichartiger Rechte, deren Entstehung als durch Teilung des (früheren) ganzen Rechtes gedacht wird (Teilrechte, Rechtsteile)", die sich usw. ..., so haben wir die Rechtsteilungslehre in der üblichen Form als die nahezu allgemein angenommene Erklärung unseres heutigen gesetzlichen Regeltypus von Rechtsgemeinschaft (insbesondere unseres Miteigentums). Gerade die Formulierung Binders aber, die den Gedanken einer Rechtsteilung hinter dem der Selbständigkeit der Einzelrechte und der gleichzeitigen Beziehung der mehreren Rechte auf dasselbe Objekt verschwinden läßt, stellt uns hier, wo es auch uns vornehmlich auf diese Momente ankommt, die gedankliche Verbindung zu jenen anderen Miteigentumstheorien (Theorien der regelmäßigen Rechtsgemeinschaft) her, die, gleichfalls unter Ablehnung des Gedankens einer Zuständigkeit des einen Rechts an die „Gesamtheit als solche", aber doch eben in anderer Weise als die Rechtsgeteiltheitslehre, das „gemeinschaftliche Recht" als eine Mehrheit einzelner selbständiger Rechte begreifen; wir erkennen, wie nahe letzten Endes die Rechtsgeteiltheitslehre beim Miteigentum[240]) den sämtlichen anderen Miteigen-

---

De Filippis, a. a. O., S. 186 Nr. 325: „Tutti i partecipanti colpiscono col loro diritto distinto di proprietà la stessa cosa" (auch S. 189 Nr. 334). Im Grunde kann man die Vertreter der Rechtsgeteiltheitslehre ohne Ausnahme hierher zählen, insofern jedes (selbständig gedachte) „Teilrecht" sich stets auf das ganze Objekt des (angeblich) gemeinschaftlichen Rechts erstrecken soll.

[239]) Binder, Die Rechtsstellung des Erben, Bd. III S. 47 § 35.

[240]) Auch zufolge der Annahme voller qualitativer Gleichheit zwischen Ganzrecht und Einzelrecht (Teilrecht), welche Gleichheit nur bei der im folgenden zuletzt genannten Auffassung nicht gilt.

tumslehren, ja, wie nahe sie auch manchen für das gesamthänderische Eigentum aufgestellten Theorien kommt, die zwar den Gedanken der Teilung des Rechts beim Miteigentum ablehnen, aber doch die Fiktion einer Unabhängigkeit und absoluten Getrenntheit der mehreren Rechtsstellungen der Gemeinschafter aufrechterhalten wollen. Hierzu zählt nicht so sehr die (für das Miteigentum aufgestellte) kombinierte Rechts- und Sachteilungslehre, welche als Objekt der durch Teilung des Rechts entstandenen selbständigen Teilrechte (Einzelrechte) nicht das ganze Rechtsobjekt, die ganze Sache, sondern Rechtsobjektsquoten, ideelle Sachbruchteile, denkt (Wächter, v. Scheurl, Unger) und damit im wesentlichen noch auf dem Boden der Rechtsteilungslehre steht [241]; sondern es zählt hierher die reine Sachteilungslehre, welche Volleigentumsrechte an Sachquoten [242] annimmt (Göppert, Gierke, Kipp und die herrschende italienische Lehre) [243],

---

[241]) Vgl. Wächter in den oben S. 127 Anm. 232 angeführten Schriften sowie Pandekten, Bd. I, Leipzig 1880, S. 294 ff. § 64 II und III; Bd. II, 1881, S. 23, 26 f. § 121 III und Beilage; v. Scheurl, Teilbarkeit als Eigenschaft von Rechten, Erlangen 1884; ferner derselbe, Literaturbesprechung, in der KrVJSchr. Bd. 25, 1883, S. 525 ff., insbes. S. 529, 532 ff.; Unger, a. a. O., S. 415 ff. § 51 II; S. 607 ff. § 67.

[242]) Über das Miteigentum hinaus gedacht, müßten wir heute von der „Rechtsobjektsteilungstheorie" sprechen, welche Vollrechte (z. B. Immaterialgüterrechte) an Rechtsobjektsquoten annehmen würde. Näheres darüber, insbes. auch in ihrer Verwendung auf begrenzte Rechte, später in Teil II.

[243]) Vgl. z. B. Göppert, Beiträge zur Lehre vom Miteigentum usw., S. 15 ff.; derselbe in der KrVSchr. Bd. 14, 1872, S. 549; auch Puchta, Pagenstecher vertreten diese Auffassung. Klare Formulierung bei Czyhlarz in Glücks Pandekten, Buch 41/42, Teil I, Erlangen 1887, S. 138. Für das heutige bürgerliche Recht: Gierke, Deutsches Privatrecht, Bd. II S. 47 f. Anm. 39 und 40 zu § 103 (Sondereigentum an ideellen Sachteilen); vgl. auch S. 383 § 122 II 2; Kipp in Windscheid-Kipp, Lehrbuch des Pandektenrechts, 9. Aufl., Frankfurt a. M. 1906, Bd. I, S. 707/8 Zusatz 3 zu § 142. Auch die „selbständigen Rechte an Begriffsteilen" und die „selbständigen Rechtsobjekte und dinglichen Rechte" Sokolowskis, Die Philosophie im Privatrecht, Bd. I, Halle 1902, S. 408, 417 gehören hierher.

Die Sachteilungslehre ist besonders in der italienischen Wissenschaft beliebt und — wie in der italienischen Literatur selbst verschiedentlich festgestellt wird — „traditionell"; sie findet dort in der Fassung des

sowie vor allem die Auffassung, welche die mehreren selbständigen Rechtsstellungen der Teilhaber (Miteigentumsrecht usw.) als mehrere miteinander kollidierende volle gegenständliche, dem Alleinrecht qualitativ gleiche, subjektive Rechte (insbesondere z. B. Eigentumsrechte) mit gegenseitiger Rechtsbeschränkung bzw. Rechtsausübungsbeschränkung (Dernburg, Wroblewski, Scialoja, Simoncelli, Walsmann)[244]) oder als mehrere miteinander kollidierende

---

Art. 679 codice civile („Ciascun partecipante ha la piena proprietà della sua quota . . ."; ebenso § 829 des österreichischen ABGB. und Art. 399 des spanischen Zivilgesetzbuchs) für das heutige Rechtsinstitut eine wichtige Stütze. Vertreter z. B. Chironi, Istituzioni di diritto civile italiano, 2a ed. Torino 1912, vol. I S. 215 f. § 84; S. 269 ff. § 114; S. 318 § 147; besonders prononziert ausgesprochen (für das römische und das heutige Recht) bei F. Bianchi, La divisibilità usw., im Archivio giuridico vol. XXIX, 1882, S. 32 ff. auf S. 70/1: „Data dunque una comproprietà fra più persone, non si ha un *diritto* diviso e spezzato in parti fra di esse: si hanno altrettanti diritti i quali non possono qualificarsi come *parti* del diritto precedentemente unico, ma sono diritti distinti per sè stanti, integrali, diritti i quali trovano per oggetto non più la totalità della cosa, ma una parte . . . di essa" (vgl. auch ebenda, S. 42 f., 58 ff., 60/1). Vgl. ferner noch Pacifici-Mazzoni, Istituzioni di diritto civile italiano, 4a ed. von Venzi, vol. III 1, Firenze 1905, S. 435 f., 438 Nr. 148, 150; S. 448 f. Note a.

[244]) Für das römisch-gemeinrechtliche Miteigentum so insbes. Scialoja im Archivio giuridico vol. XXX, 1883, S. 184 (unter grundsätzlicher Zustimmung von Ferrini, Simoncelli und anderen italienischen Romanisten); neuerdings ausführlicher in Lezioni di diritto romano (proprietà), Roma 1908/9, S. 650 ff., z. B. S. 650: „Il rapporto di condominio è un rapporto di concorrenza di più proprietà sulla medesima cosa". So auch Bonfante in den früheren Auflagen seiner Istituzioni (vgl. auch im Bullettino dell' istituto di diritto romano, vol. XXV S. 212/3) und jetzt noch für das römische Miteigentum der vorklassischen Zeit. (Vgl. dazu die Auffassung Riccobonos für das klassische römische Miteigentum unten S. 221 Anm. 408 zu § 9.) Für das gemeinrechtliche und das preußische Miteigentum Dernburg, Pandekten, 7. Aufl., Bd. I, Berlin 1902, S. 454 f. § 195 3 (wenngleich er sich auf Windscheid und Steinlechner beruft) und Lehrbuch des preußischen Privatrechts usw., Bd. I, 5. Aufl., Halle 1894, S. 530 § 222: „Das Recht eines jeden ist . . . zwar seiner Anlage nach auf die Totalherrschaft über das Ganze gerichtet, gestaltet sich jedoch durch die Konkurrenz zu einem Teilrechte"; (gemeinrechtlich) Oertmann im ArchBürgR. Bd. 13, 1897, S. 118; ferner für das gemeinrechtliche und das heutige Miteigentum namentlich Wrob-

und sich in der Ausübung beschränkende gegenständliche, jedoch (nicht als Vollrechte, sondern) als „Teilrechte" auf-

---

lewski, Zur Lehre von der Kollision der Privatrechte, Wien 1894, insbes. S. 145 ff.; v. Liebe, Sachenrechtliche Erörterungen usw., Leipzig 1891, S. 134 f. Neuestens für die gesamthänderische ebenso wie für die regelmäßige Rechtsgemeinschaft des heutigen deutschen Rechts Walsmann, Der Verzicht, Leipzig 1912, S. 130 ff.; für das Miteigentum des heutigen italienischen Rechts Simoncelli, Istituzioni di diritto privato italiano, Roma 1914, S. 168 ff. Nr. 55 (unter ausdrücklicher Berufung auf Scialoja). Filomusi Guelfi (Enciclopedia giuridica, 6a. ediz., Napoli 1911, S. 257 Anm. 3 zu § 58), der diese Auffassung früher „in linea astratta" für zutreffend hielt, ist später davon zurückgekommen und erklärt jetzt die Kollisionslehre beim Miteigentum selbst als allgemeinen Gedanken für unzureichend und auf die gewöhnliche Rechtsgemeinschaft des geltenden italienischen Rechts für unanwendbar (insbes. wegen des Art. 679; vgl. dazu die vorige Anm. 243).

Ob die Schriftsteller dabei an eine Rechtsbeschränkung (so sicher Dernburg) oder an eine Ausübungsbeschränkung (so sicher Scialoja, Simoncelli und schließlich auch Wroblewski) denken, wird zuweilen nicht klar, weil Rechtsbeschränkung (im Sinne von Teilrechtsbildung) und Rechtsausübungsbeschränkung nicht getrennt werden. Die herrschende Lehre des gemeinen Rechts war dieser Auffassung übrigens gewiß nicht (dies gegen Walsmann, a. a. O., S. 130/1); man müßte sie denn schlechthin mit der Theorie von Eisele und Steinlechner (gleichzeitige Beziehung eines und desselben ungeteilten Eigentums auf mehrere Subjekte) zusammenwerfen und sie sämtlich als „Ungeteiltheitslehren" der Rechtsgeteiltheitslehre gegenüberstellen, also diese „herrschende Auffassung" mehr in der Negation der Rechtsgeteiltheit, als in einer gleichartigen positiven Konstruktion erblicken (in diesem Sinne z. B. Perozzi in der unten Anm. 247 zitierten Abhandlung, S. 79); vgl. auch unten S. 155 Anm. 282.

Genau betrachtet, lebt in dieser Auffassung für das Eigentum (und überhaupt für absolute Vermögensrechte) das alte deutschrechtliche Gesamteigentum des Justus Veracius und die auf diesem Begriff beruhende, längst überwundene älteste Gesamthandtheorie im Sinne eines dominium plurium in solidum wieder auf (Literaturnachweise zu letzterem bei Duncker, Das Gesamteigentum, S. 1 ff.; Gierke, Deutsches Privatrecht, Bd. II S. 377 Anm. 6 zu § 122). Man vgl. die nahezu wörtlich übereinstimmenden Formulierungen: (für Miteigentum) Scialoja im Archivio giuridico, a. a. O.: „. . . si abbia una concorrenza di domini su tutta la cosa, ciascuno dei quali domini appunto per le concorrenze degli altri, viene limitato nel suo eserzio"; (für das Gesamteigentum als „condominium moribus Ger-

gefaßte Einzelrechte (Wittkowsky)[245]) oder schließlich als mehrere eigenartig beschränkte gegenständliche, aber dem Ganzrechte (d. h. dem entsprechenden Alleinrechte) qualitativ ungleiche[246]) Rechte an demselben Objekte (Perozzi, v. Tuhr, Kattausch)[247]) betrachten.

Alle diese Theorien, so verschieden sie im übrigen das Wesen der regelmäßigen (bzw. auch der gesamthänderischen) Rechtsgemeinschaft erfassen, stimmen doch unter sich und mit der zuerst genannten Rechtsteilungslehre darin überein[248]), daß für sie sämtlich, bei der Selbständigkeit der

---

maniae") Hofacker, Principia iuris civilis Romano-Germanici, tom. II, Tubingae 1794, pag. 145 § 909: „Est vero hoc condominium pluribus in re indivisa ita competens, ut quilibet eius rei dominium in solidum habeat, sed limitato per concursum alterius condomini exercitio."

[245]) Wittkowsky, Die Kollision der Rechte usw., Königsberg i. Pr. 1911, insbes. S. 25 ff., 58 ff. Der Schwerpunkt seiner Konstruktion, die für die heutige regelmäßige Rechtsgemeinschaft ebenso gelten soll wie für die gesamthänderische, liegt in der Rechtekollision und nicht in der Rechtegeteiltheit.

[246]) Bzw. nur „ähnliche". Vgl. dazu auch unten § 11 auf S. 277 ff.

[247]) Für das römische Miteigentum vgl. Perozzi in seiner hochbedeutenden (dazu auch unten S. 273 Anm. 504 zu § 11) kritischen Abhandlung Saggio critico sulla teoria della comproprietà, in Il Filangieri vol. XV, 1890, S. 1 ff., 65 ff., 305 ff., 345 ff., insbes. S. 1 ff., 27 f., 263 ff.; derselbe, Istituzioni di diritto romano, vol. I, Firenze 1906, S. 471 ff. § 99, und neuestens Condominio e collegialità etc., in der Rivista del diritto commerciale vol. XI, 1913, parte Ia S. 564 ff., insbes. S. 587. Ferner für unser heutiges Recht v. Tuhr, Der allgemeine Teil, Bd. I S. 78, 82 ff., 87 § 3 I und IV (etwas einschränkend S. 237 § 14 II 1); Kattausch, Die Anteile des Miteigentümers usw., S. 4 f., und wohl auch Dossmann, Das Recht des Miteigentümers, Diss. Halle 1908, S. 102 ff. (trotz S. 105/6, 112). Vgl. ferner für das heutige italienische Recht Coviello, La quota indivisa etc., in der Giurisprudenza italiana vol. IV, 1903, S. 225 ff.; Bonelli, I concetti di comunione etc., in der Rivista di diritto commerciale vol. I, 1903, parte Ia S. 285 ff., insbes. 299 f., und neuestens Personalità e comunione, in derselben Rivista vol. XI, 1913, parte Ia S. 733 ff., insbes. 742 ff.

[248]) Wie nahe insbes. die Kollisionstheorien den Rechtsgeteiltheitslehren zufolge der hier angenommenen Mehrheit selbständiger Einzelrechte am ganzen Objekt kommen, zeigt sich in manchen Formulierungen von Anhängern der letzteren Lehre, insofern sie den Gedanken einer Konkurrenz der Teilrechte durchblicken lassen (vgl.

Einzelrechtsstellungen, das Moment der „Gemeinschaftlichkeit" (des subjektiven Rechts)[249]) in der Beziehung der mehreren Einzelrechte auch dasselbe Rechtsobjekt[250]), also in der Gemeinschaft (Gemeinsamkeit) des Gegenstandes des (absoluten) Rechts erfüllt gesehen werden soll bzw. lediglich darin gesucht werden könnte[251]). Das ist aber

---

z. B. die recht schwülstige Definition bei Vitalevi, Della comunione dei beni, parte Ia, Torino 1884, S. 14 Nr. 4); und es zeigt sich schließlich auch in der von Wittkowsky versuchten Kombinierung beider Auffassungen. Vgl. auch V. Puntschart, Die moderne Theorie des Privatrechts usw., Leipzig 1893, S. 87: „Weil die herrschende Lehre im Falle des Miteigentums eine Teilung des Rechtes annimmt, ohne zugleich ein Recht anzunehmen, so nimmt sie damit eine völlige Aufteilung des einen Rechtes vor und macht damit die Miteigentümer in Wirklichkeit zu Alleineigentümern." Stimmt man dem zu, so sind die „selbständigen Einzelrechte" der Miteigentümer nach der Rechtsgeteiltheitslehre durchaus nichts anderes als die mehreren „diritti per sè stanti concorrenti", die nach der Kollisionstheorie Scialojas (vgl. Lezioni di diritto romano, S. 658) je einem der mehreren (quasi-) Gemeinschafter an der ganzen Sache zustehen sollen. — Daß auch v. Tuhrs Lehre letzten Endes auf eine Rechtekollision hinauskommt, beweisen manche seiner Formulierungen; vgl. z. B. S. 83: „Aus der gleichen Stärke der Rechte und der Gemeinsamkeit des Objekts ergibt sich, daß die Herrschaft jedes Miteigentümers an der des andern seine Schranke findet"; und noch mehr S. 356 Anm. 28 a. E.: es sollen „beim Miteigentum nach Quoten an der Sache so viel selbständige, sich gegenseitig beschränkende Rechte bestehen, als es Miteigentümer gibt". Ist eine so charakterisierte Rechtsfigur nicht vielmehr eine Rechtekollision?

[249]) Soweit es nicht ausdrücklich preisgegeben wird; vgl. S. 143 Anm. 265.

[250]) Bei der Sachteilungslehre bezieht sich das einzelne Recht auf die Sachquote; indem aber alle Sachquoten in dem einen ungeteilten Sachkörper ihr Substrat haben, in dem ganzen Objekt „verkörpert" werden, wird schließlich die „Gemeinschaftlichkeit" doch wiederum in die rechtliche Beziehung der Einzelrechte zu demselben einen Sachkörper verlegt. Vgl. z. B. Göppert, a. a. O., anderseits aber doch auch F. Bianchi in der oben S. 134 Anm. 243 wiedergegebenen Stelle.

[251]) Dies knüpft, wie man erkennt, soweit die Rechtsteilungstheorie in Frage kommt, zugleich an den obigen Gedanken der Geteiltheit des Rechts in wahrhafte, selbständige, neue Einzelrechte (Einzelzuständigkeitsformen selbständiger Rechtsinhalte) unter Ausschluß einer Rechtsgemeinschaft an: auch die Teilhypothek, Teilgrundschuld, die neuen

unserm positiven Recht unzweifelhaft zuwider. Nach gesetzlicher Vorschrift ist gerade dann, wenn (von vornherein oder in sukzessiver Entstehung) mehrere gleichartige (und gleichrangige) absolute Einzelrechte vorhanden sind, die sich auf dasselbe Objekt beziehen, nicht eine Rechtsgemeinschaft[252]),

---

Servituten bei Realteilung des herrschenden Grundstücks (§ 1025) usw. beziehen sich auf dasselbe Rechtsobjekt. Wegen des Zusammenhangs gerade des letzten Falles mit der Rechtekollision vgl. unten Anhang IV auf S. 243.

[252]) Wir finden diesen Satz bereits als einen Grundsatz des klassischen römischen Rechts in der — allerdings sehr umstrittenen — L. 19 § 2 D. 10, 3 (Paulus). Die Stelle handelt richtiger Auffassung nach von dem Fall, daß ein Grundstückseigentümer mehreren anderen ein Wegerecht einräumt; der Jurist nimmt hier mit Recht nicht die Entstehung einer einzigen und gemeinschaftlichen Servitut an, sondern die mehrerer getrennter (evt. inhaltsgleicher) Servituten an demselben Grundstück und leugnet die Anstrengung einer Teilungsklage mit der Begründung: „quae enim communio iuris separatim (Mommsen schreibt: separati) intellegi potest?" d. h.: wie kann eine communio iuris angenommen werden, wenn gesonderte, getrennte, selbständige (Einzel-)Rechte vorliegen?

Wenn trotz dieser Verneinung einer Rechtsgemeinschaft hier zur Regelung des Gebrauchs zwischen den verschiedenen Servitutsberechtigten von Julian (L. 4 D. 43, 20) eine Klage gegeben wurde, so handelte es sich dabei, wie neuestens Biondi, La legittimazione etc., S. 46 ff. in geschickter und wohl überzeugender Weise gegenüber der herrschenden Auffassung und insbes. gegenüber Berger (Zur Entwicklungsgeschichte der Teilungsklagen, S. 51) dargelegt hat, um eine actio utilis, die nach ihrer Funktion und Struktur nichts mit der Teilungsklage zu tun hat, und die insbes. nicht (wie es übliche Auffassung ist) mit der actio communi dividundo utilis identifiziert werden darf. Sie diente vielmehr lediglich zur Ausübungsregelung zwischen den mehreren Einzelberechtigten („a regolare il quemadmodum utantur fra i vari titolari di più servitù uguali gravanti su di un medesimo fundo". Vgl. übrigens auch Berger, a. a. O.; sicherlich unrichtig Wroblewski, Zur Lehre von der Kollision usw., S. 210, daß die „eigentliche Funktion" der actio communi dividundo die als „kollisionsregelndes Mittel" sei).

Danach hätte also bereits das klassische römische Recht den gleichen Unterschied gemacht, den uns heute die Gegenüberstellung der §§ 745 und 1024 verdeutlicht: den Unterschied zwischen Rechtsgemeinschaft und Rechtekollision, was zugleich ein gewichtiges Argument gegen die Kollisionstheorie (Scialojas) beim römischen Miteigentum wäre.

sondern die von ihr begrifflich durchaus zu trennende und unter dem Gesichtspunkte der Rechtszuständigkeit geradezu entgegengesetzte[253]) Rechtsfigur der Rechtekollision gegeben (vgl. §§ 1024, 1060, 1090 Abs. 2 BGB.)[254]); beide Rechtsfiguren sind, wie ja auch die herrschende Lehre nicht nur unseres deutschen, sondern auch des ausländischen, insbesondere des italienischen und des französischen Rechts anerkennt[255]), und wie später[256]) noch genauer ausgeführt werden soll, erheblich voneinander verschieden, und diese Verschiedenheit läßt es — selbst bei gleichzeitiger Anerkennung gewisser praktisch zum Ausdruck kommender Ähnlichkeiten[257]) — keinesfalls zu, nach dem Vorgange Wroblewskis „die vermeintliche Verschiedenheit und den behaupteten Widerspruch beider Begriffe definitiv fallen zu lassen“[258]) und die regelmäßige Rechtsgemeinschaft oder gar

---

[253]) Denn Rechtekollision setzt eine Mehrheit von Einzelzuständigkeitsformen selbständiger Rechtsinhalte voraus, Rechtsgemeinschaft dagegen eine Form mehrheitlicher Zuständigkeit eines Rechtsinhalts.

[254]) Unverständlich ist es, wie demgegenüber Saenger, Gemeinschaft und Rechtsteilung, S. 92/3, den Satz aufstellen kann, es „widerspreche . . . fundamentalen Grundsätzen des Sachenrechts, mehrere identische (richtiger: gleiche) dingliche Befugnisse am selben Gegenstande bestehen zu lassen“. Das dürfte entweder ein fundamentaler Irrtum oder eine höchst mangelhafte Formulierung für den Satz von der rechtlichen Unzulässigkeit eines dominium oder (vgl. das bei Saenger Vorangehende) einer possessio plurium in solidum sein. Vgl. übrigens auch unten S. 160 Anm. 293 (wegen eines mehrfachen Nießbrauchs).

[255]) Die herrschende Lehre lehnt daher beim (regelmäßigen) Miteigentum im Falle des Verzichts eines Teilhabers die Anwachsung ab und nimmt Herrenlosigkeit des Anteils an, läßt dagegen bei Wegfall eines kollidierenden Rechtes das andere nunmehr ohne weiteres voll ausübbar sein und etwaige Ausübungsregelungen gegenstandslos werden. Daß sich diese verschiedene Beurteilung im Grunde mit der hier wie dort angenommenen Mehrheit selbständiger Einzelrechte an demselben ganzen Objekte nicht recht verträgt, wird dabei übersehen, bzw. es wird durch die Bezeichnung der Einzelrechte bei der Gemeinschaft als „Teilrechte“ eine angebliche Verschiedenheit der Rechtslage festgehalten.

[256]) Im Teil II dieser Arbeit.

[257]) Vgl. auch Mot. Bd. III S. 434, 486.

[258]) Wroblewski, Zur Lehre von der Kollision usw., S. 144.

alle Rechtsgemeinschaften, wie es in den angegebenen Ausprägungen versucht wird[259]), auf eine Rechtekollision zurückzuführen[260]).

---

[259]) Vgl. außer den oben S. 135 Anm. 244 und S. 137 Anm. 245 genannten etwa die Formulierung bei v. Liebe, a. a. O., S. 134 (für das Recht des E. I BGB.): „Die communio incidens ist ein Fall der Kollision". — Auch Kipp (bei Windscheid, Lehrbuch des Pandektenrechts, Bd. I S. 604 Ziff. 4 zu § 121 behandelt die Rechtsgemeinschaft zusammen mit der Rechtekollision, und Affolter, Das Fruchtrecht (in Fischers Abhandlungen Bd. XXI, 1), München 1911, faßt (S. 201 ff., 189) sowohl die regelmäßigen als die gesamthänderischen Rechtsgemeinschaften als „Rechtskollisionen" auf.

[260]) Der „Anteil" des einzelnen Gemeinschafters bildet sich eben, wie aus dem Gedankengange unserer Arbeit zur Genüge klar geworden sein wird, nicht durch die Konkurrenz mehrerer ganzer Rechtsinhalte (so Dernburg, Scialoja, Wroblewski, Walsmann u. a.), sondern durch die Teilnehmung mehrerer an einem Rechtsinhalte. Das bedeutet aber nicht nur eine Verschiedenheit der Betrachtungsweise des gleichen Gedankens, sondern einen erheblichen sachlichen Unterschied, der für die Grundauffassung aller Rechtsgemeinschaft wesentlich ist. Konkurrenz (Kollision) trennt, Teilnehmungsverhältnis verbindet. Es bestehen für uns nicht „mehrere Rechte mit demselben konkreten Inhalt gewissermaßen ‚feindlich' nebeneinander" (Walsmann, a. a. O., S. 131), sondern der „Anteil" des einzelnen läßt, als ein Bestandteil eines ganzen und gemeinschaftlichen Rechtsinhalts, seinem innersten Wesen nach für andere rechtlich gleichwertige Anteile anderer Mitberechtigter Raum. Schon darum kann man nicht sagen, daß das „Recht jedes Mitberechtigten seiner Natur nach das Vollrecht" sei (Walsmann, a. a. O., S. 132, und überhaupt die Ungeteiltheits- und die Kollisionslehren), ganz abgesehen von dem in solcher Auffassung liegenden Widerspruch zum Satze von der Konstanz des Gesamtinhalts. (Vgl. im übrigen auch oben S. 103 f. in § 7.) Nur so wird ja auch die zweifellose Möglichkeit ungleicher „Quoten" bei der regelmäßigen Rechtsgemeinschaft verständlich: sie kann sich eben aus der das Teilnehmungsverhältnis näher ausgestaltenden „inneren Ordnung" des gemeinschaftlichen Rechts (darüber S. 162 ff. § 9) ergeben. Dagegen müßte der Gedanke der reinen Konkurrenz mehrerer gleicher ganzer Rechtsinhalte, wenn er überhaupt — entgegen insbes. unserer heutigen gesetzlichen Auffassung der §§ 1024, 1060, 1090 Abs. 2 BGB. — die Annahme einer partes-Bildung rechtfertigte, jedenfalls stets zu gleichgroßen Teilrechten (Anteilen) führen. Vgl. zu letzterem übrigens auch Segrè, a. a. O., in der Rivista italiana vol. VIII, 1889, S. 194 ff., 199; Perozzi, Istituzioni, vol. I S. 474 § 99; Luzzatto, La comproprietà etc., S. 21 Nr. 13.

Vielmehr muß daran festgehalten werden, daß die bloße Gemeinschaft (Gemeinsamkeit) des Gegenstandes mehrerer selbständiger und getrennter gleichartiger und gleichrangiger[261]) gegenständlicher Rechte noch keine Rechtsgemeinschaft begründet[262]) [263]).

---

[261]) Für ungleichartige und für verschiedenrangige Einzelrechte braucht der Ausschluß einer „Rechtsgemeinschaft", soweit er sich nicht bereits aus dem an anderer Stelle (S. 110 ff. in § 7) Gesagten ergibt, nicht erst besonders dargelegt werden.

[262]) Sehr zutreffend daher das BayrObLG. im ZBlFG. Bd. 8, 1907/8, S. 775 f. (= BayZ. Bd. 4 S. 186 = DJZ. 1909 S. 216) in einem Falle, wo für zwei Personen je ein lebenslängliches Wohnungsrecht an denselben Wohnräumen bestellt war: „Daraus, daß die nebeneinander bestehenden Rechte denselben Gegenstand haben, ergibt sich eine gemeinschaftliche Benutzung der ihnen unterworfenen Räume, aber eine Rechtsgemeinschaft im Sinne des § 741 BGB. besteht nicht, jeder der Berechtigten hat nicht einen Bruchteilsanteil an einem gemeinschaftlichen Rechte, sondern ein selbständiges Recht." — Es ist daher mindestens irreführend und unzweckmäßig, die regelmäßige wie die gesamthänderische Gemeinschaft als „Gegenstandsgemeinschaften" zu bezeichnen (so Kohler, Lehrbuch des deutschen bürgerlichen Rechts, Bd. II S. 412 § 153 II; vgl. dazu auch unten S. 144 Anm. 267). Der Sohmsche Begriff des Gegenstandes bleibt hier beiseite.

[263]) Auch der rein äußerliche Zusammenhang rechtlich selbständiger Rechtsobjekte je einzelner selbständiger Rechte, die Rechtsobjektsverbindung, „Rechtsobjektsgemeinsamkeit" in diesem Sinne, begründet keine Rechtsgemeinschaft, sondern nur eine (römischrechtlich) sog. communio pro diviso (vgl. L. 5 § 16 D. 27, 9; L. 8 D. 6, 1; L. 43 pr. D. 41, 2; L. 6 § 1 D. 8, 4; L. 25 § 1 D. 50, 16), eine Pseudogemeinschaft, eine „scheinbare Gemeinschaft" (Ausdruck von Wächter), die gerade der echten communio iuris pro indiviso gegenübergestellt wurde. Über diese eigenartige Rechtsfigur, die in der Literatur nur wenig behandelt worden ist und in mehrfacher Richtung verkannt, namentlich auch als eine echte Bruchteilsgemeinschaft charakterisiert wird (so insbesondere von ihrem Hauptbearbeiter Pincles, Die communio pro diviso, in GrünhutsZ. Bd. 29, 1902, S. 689 ff. und Bd. 30, 1903, S. 767 ff.; derselbe, Beiträge zum römischen und heutigen Wasserrecht, in GrünhutsZ. Bd. 30, 1903, S. 421 ff.), soll an anderer Stelle (in Teil II dieser Arbeit) eingehender gehandelt werden. Dort wird zu zeigen sein, daß auf diese Pseudogemeinschaft Gemeinschaftsregeln nicht — auch nicht mittelbar — anzuwenden sind, sondern ganz andere Normen eingreifen, und daß auch im Falle der §§ 921 ff. BGB. (communio pro diviso an Grenzanlagen, Grenzmauern usw.), trotz der Heranziehung einzelner Gemeinschaftsbestimmungen durch § 922 Satz 4, entgegen der herrschenden Auffassung eine echte Bruchteilsgemeinschaft hinsicht-

Das konnte denn auch einzelnen bedeutenden Vertretern der herrschenden Rechtsgeteiltheitslehre nicht entgehen, und so haben sie sich — im Gegensatz zu andern Vertretern dieser selben Theorie[264]) — zu dem offenen Bekenntnis bequemt: indem bei der gesetzlichen Regelform, der sog. schlichten Rechtsgemeinschaft, das Recht „geteilt" sei, sei es gerade nicht „gemeinschaftlich"[265]) [266]). Damit wird also in folge-

---

lich des Benutzungsrechtes nicht angenommen werden darf, daß es sich vielmehr um eine besondere Regelung der Ausübung gegenständlich (hinsichtlich des Objekts) sich berührender Sonderrechte, um „ein die beiderseitigen Rechte beschränkendes nachbarrechtliches Rechtsverhältnis" (Mot. III S. 274) handelt.

Daß im übrigen diese Rechtsfigur nicht nur als Pseudogemeinschaft des Eigentums (insbes. unbeweglicher Sachen; vgl. das alte Stockwerkseigentum) vorkommt, lehrt ein Blick in das Gebiet der Immaterialgüterrechte, wo eine communio pro diviso eine häufige und praktisch wichtige Erscheinung ist (vgl. z. B. § 5 LitUG.; § 7 KunstUG.), sowie auch in das Grundbuchrecht, wo wir stets dann von einer Art Pseudogemeinschaft reden können, wenn infolge der üblichen Handhabung der Grundbucheintragungen mehrere auseinanderfallende Teilhypotheken oder Teilgrundschulden (vgl. dazu oben S. 130 und Anm. 236) auch weiterhin unter einer Nummer (als eine „Post") im Grundbuch und damit in äußerlicher, an ihre Entstehung aus einer früheren einzigen Hypothek oder Grundschuld erinnernder Zusammenfassung erscheinen, bzw. wenn in einer zwar nicht ordnungsmäßigen (vgl. z. B. RG. Bd. 75 S. 247 f.; aber andrerseits Henle, Grundbuchrechtliche Streitfragen, im Recht 1912 S. 77/8) aber häufigen Grundbuchpraxis mehrere materiell selbständige Hypotheken oder Grundschulden für verschiedene Gläubiger in äußerlicher Zusammenfassung und Zusammenziehung der Summen als eine „Post" eingetragen werden („Doppelhypotheken"; vgl. auch Güthe, Grundbuchordnung, 3. Aufl., Berlin 1913, Bem. 5 zu § 48 auf S. 975 f. und Bem. 8 zu § 61 auf S. 1091; Predari, Grundbuchordnung, S. 662 Bem. 7 zu § 48; auch S. 381/2 Bem. 37 l zu § 19). Auch wenn sich solche Fälle rein äußerlich als Bruchteilsgemeinschaften („zu gleichen Anteilen") darstellen, haben wir also zwischen den als „Rechtsanteilen" bezeichneten Rechten der mehreren Gläubiger lediglich eine Pseudogemeinschaft. Wegen der Konsequenz für die Frage der Verfügung vgl. etwa RG. in GruchotsBeitr. Bd. 56, 1912, S. 991. — Inwieweit damit eine wahre, regelmäßige Rechtsgemeinschaft an einem etwa vorhandenen, gemeinsamen Hypotheken- oder Grundschuldbriefe zusammentreffen kann, ist eine besondere Frage.

[264]) Vgl. oben S. 127 Anm. 231.

[265]) So vor allem ausdrücklich Binder, Das Problem der juristischen Persönlichkeit, S. 79: „Das Recht ist nicht gemeinschaftlich

richtiger Durchführung der Gedanken der herrschenden Lehre, die Gemeinschaftlichkeit des Rechts, die doch als das allernotwendigste Wesensmerkmal des Begriffs der „Gemeinschaft" des einzelnen subjektiven Rechts erscheinen sollte,

---

sondern geteilt" (also gerade umgekehrt als Crome! Vgl. oben S. 127 Anm. 231), „und gemeinschaftlich ist nur das Rechtsobjekt infolge der an ihm den Teilhabern zustehenden Rechte"; S. 102: „Die Gemeinschaft nach Bruchteilen bedeutet nicht Gemeinschaft des Rechts, sondern des reell ungeteilten Rechtsobjekts". Vgl. auch Binder, Die Rechtsstellung des Erben, Bd. III S. 65. Ähnlich Joerges, a.a.O., Bd. 51 S. 47, 80; dazu auch Bd. 49 S. 146 Anm. 25 (hierzu oben S. 8 Anm. 13 zu § 1) und S. 155. Für das französische Recht namentlich Saleilles, De la personnalité etc., der das Miteigentum als „une affirmation accentuée du droit individuel" und geradezu als „l'antipode du droit collectif" bezeichnet (S. 8; vgl. noch S. 170f., 387). — Es bleibt eben ein Widerspruch, wenn Crome einerseits (System Bd. III S. 431 § 420 II) sagt, es handle sich beim Miteigentum um „eine Summe von Einzelrechten (Teilrechten)", und doch andererseits Bd. II S. 807 § 286 II) den Satz aufstellt: „Die Gemeinschaft des Eigentums ist (wie das Eigentum selbst) ein dingliches Recht" (vgl. dazu auch oben S. 39 Anm. 74 zu § 3). Also wäre die Bruchteilsgemeinschaft doch nicht eine Summe von Einzelrechten, sondern ein Recht. Oder ist sie beides zu gleicher Zeit? Und in welchem Sinne ist sie dann eine Mehrheit einzelner Rechte, in welchem Sinne ein (gemeinschaftliches) Recht? Es will doch nicht einleuchten, daß sie darum ein Recht sei, weil sie eine Mehrheit von (Einzel-)Rechten ist. Man sieht, mit der Begründung: ein gemeinschaftliches Recht, weil Teilrechte, bzw. einzelne Teilrechte, weil im ganzen nur ein Recht, ist für die Erklärung der Rechtsgemeinschaft nicht viel anzufangen; der Gedanke mehrerer selbständiger Einzelrechte verträgt sich nicht mit dem der Gemeinsamkeit eines Rechts.

[266]) Aber auch für die Gesamthandrechte (der Miterben) läßt Binder, Die Rechtsstellung des Erben, Bd. III S. 42 ff., die „Gemeinschaftlichkeit" des einzelnen subjektiven Rechts fallen und gibt den einzelnen Miterben selbständige Einzelrechte (Teilrechte). Dies insbes. auch bei den gesamthänderischen Forderungen, die nach ihm geteilt und zugleich modifiziert werden, aber keine „wirkliche Rechtsgemeinschaft" darstellen (S. 52/3); die „angebliche Forderungsgemeinschaft" bedeute vielmehr, daß jeder Miterbe „ein selbständiges Recht auf Leistung an die Gemeinschaft" (!) erhält (S. 77). Vgl. dazu auch unten S. 173 Anm. 328 (auf S. 175) in § 9.

[267]) Im Grunde tun es bereits alle die, die mit Wächter (ArchZivPrax. Bd. 27 S. 165, 170, 184) und Unger (System Bd. I S. 416, 609 f.) wegen der „wirklichen", „durchgeführten" Teilung des Rechts nicht von einer Gemeinschaft des Rechts, sondern nur von einer „Gemeinschaft des Gegenstandes" reden. Unger wendet sich sogar aus-

offen preisgegeben[267]). Dies kommt aber einer Bankerotterklärung dieser Lehre gleich[268]).

Ebensowenig wie die Rechtsteilungslehre können aber auch jene genannten Theorien, bei der von ihnen angenommenen Selbständigkeit und Getrenntheit der Einzelrechte, auf deren gleichzeitige Beziehung zu demselben Rechtsobjekt eine „Gemeinschaftlichkeit“ eines subjektiven Rechts gründen[269]); und auch hier wird des öfteren (so namentlich heute von v. Gierke, v. Tuhr[270]) offen ausgesprochen, daß von einem „gemeinschaftlichen Rechte“ bei der vom betreffenden Autor angenommenen Konstruktion eben nicht die Rede sein könne und auch nicht sein solle, sondern daß an die Stelle eines (gemeinschaftlichen) Rechtes mehrerer Personen mehrere Einzelrechte träten[271]). Ja, man geht sogar in konsequenter

---

drücklich (S. 610 Anm. 13) gegen die „irrige“ Auffassung einer „Gemeinschaft des Rechts“ als der „Teilnahme mehrerer an einem und demselben Recht“.

[268]) Mit Recht Hölder, Das Problem der juristischen Persönlichkeit, in JheringsJ. Bd. 53, 1908, S. 40 ff. auf S. 68 (gegen Binder): „Wäre ... das Recht ‚nicht gemeinschaftlich, sondern geteilt‘, so wäre die communio keine communio.“ — Gemeinrechtlich haben namentlich Eisele (im ArchZivPrax. Bd. 63 S. 67) und Steinlechner (a. a. O., Abt. I S. 80 ff.) betont, daß jede Rechtsteilungslehre — wie auch jede Sachteilungslehre — schließlich die communio iuris negiere.

[269]) Wegen der Kollisionstheorien vgl. bereits oben S. 40 Anm. 77 zu § 3; S. 135 f. und später in Teil II.

[270]) Für die Sachgeteiltheitslehre im gemeinen Recht z. B. bereits Arnold, Kultur und Rechtsleben der Römer, Berlin 1865, S. 195: Das Mitberechtigungsverhältnis sei bei dieser Auffassung „eine notwendige Folge von der Einheit der Sache“, und liege „nicht in einer Gemeinschaft des Eigentums oder des dinglichen Rechts selbst“. Ähnlich auch Plathner in GruchotsBeitr. Bd. 22 S. 584, 586. Für die heutige Sachgeteiltheitsauffassung Gierke, Deutsches Privatrecht, Bd. II S. 388 f. § 122 II 2; S. 47 f. Anm. 39 und 40 zu § 103 IV: Es bestehe keine Gemeinschaft des Eigentums, sondern nur eine „objektive Gemeinschaft“ (dazu wiederum Bd. I S. 268 f. § 30 III 1 und Anm. 20). — Ferner für seine Auffassung v. Tuhr, a. a. O., S. 82/3 § 3 IV. Vgl. hierzu auch bereits oben S. 35 Anm. 70 zu § 3.

[271]) Daß eine positivrechtliche Regelung, die (ausdrücklich) das eine Eigentum an einer Sache bei Vorhandensein einer Mehrheit von Subjekten durch mehrere selbständige dingliche Rechte sui generis

Gedankenfolge noch weiter und erkennt für das Miteigentum bei Annahme der Rechtsteilungslehre bzw. der kombinierten Sach- und Rechtsteilungslehre und bei Annahme selbständiger, eigenartig beschränkter Einzelrechte der Teilhaber (Kattausch) nicht nur die Abwesenheit eines „gemeinschaftlichen" Eigentumsrechts, sondern überhaupt die „Eigentumslosigkeit" der Sache an[272]) und gelangt damit zu der

---

ersetzt, möglich und daher die Theorie Perozzis (und v. Tuhrs) in abstracto denkbar ist, bemerkt neustens Bonfante im Bullettino dell' istituto di diritto romano vol. XXV, 1913, S. 217 f. Mag dies auch richtig sein, so ist doch zu bestreiten, daß eine solche — unserm geltenden Recht jedenfalls unbekannte — Rechtsfigur sich als eine Beteiligung mehrerer an einem Rechte, als eine „Rechtsgemeinschaft" qualifizieren würde.

[272]) Für die Rechtsteilungslehre vgl. etwa de Vareilles-Sommières, De la copropriété, in der Revue critique de législation etc., 56e année, 1907, S. 530 ff.: Das eine Eigentumsrecht an der Sache werde durch mehrere Teileigentumsrechte (Einzelrechte) ersetzt („remplacé": S. 531); ein Eigentum an der Sache bestehe daher nicht (S. 534, 535), ebensowenig wie ein zerbrochenes Gefäß (!) noch existiere, „même si une fragile juxtaposition de ses parties vient à donner l'illusion passagère qu'il existe encore" (S. 534), oder wie eine teilbare Forderung, die sich in selbständige Teilforderungen gespalten hat (!), als ganze erhalten bleibe. (Die meisten Anhänger der Rechtsgeteiltheitslehre gehen nicht bis zur offenen Negierung des Eigentums an der Sache.) — Vom Standpunkt der Sach- und Rechtsteilungslehre aus, so meint neuerdings Romberg, Untersuchungen zur Auslegung des § 570 BGB., in GruchotsBeitr. Bd. 53, 1909, S. 635 ff. auf S. 654, bestehe an der drei Personen zusammen gehörenden Sache „juristisch kein Eigentum: der wirtschaftliche Begriff desselben setzt sich juristisch zusammen aus drei Eigentumsrechten an je einem ideellen Drittel". Die Unterscheidung eines juristischen und eines wirtschaftlichen Begriffs des Eigentums ist aber sicherlich unzulässig (vgl. übrigens auch oben S. 65 Anm. 130). — Für die zuletzt genannte Auffassung vgl. insbes. Kattausch, Die Anteile des Miteigentümers usw., S. 4 f.; auch S. 5: Der Miteigentümeranteil ist „Recht an eigentumsfreier Sache". Im Ergebnis ebenso v. Tuhr, a. a. O., S. 78, 82 f. § 3 I und IV und wohl auch Doßmann, a. a. O., sowie Perozzi (oben S. 137 Anm. 247). Nicht viel anders für das heutige italienische Recht Coviello und Bonelli — ihm zustimmend neuestens Giovene, Personalità giuridica etc., in der Rivista del diritto commerciale vol. XII, 1914, parte Ia S. 212 ff. auf S. 215 ff. — mit Annahme einer „proprietà in sospeso" bzw. mit dem Satze (Coviello, La quota indivisa etc., S. 38), das Miteigentum sei sozusagen „un fenomeno, non un noumeno", also

für uns völlig unbegreiflichen Vorstellung, daß die Regelform der Rechtsgemeinschaft unseres heutigen Rechts, das (schlichte) Miteigentum insbesondere, wesentlich Negation des betreffenden (nach der Auffassung des Gesetzes doch „vergemeinschafteten"!) absoluten Vermögensrechts an dem Objekte, Negation insbesondere des Eigentums an der Sache bedeute[273])!

---

mit Annahme eines subjektlosen Rechts, eines Eigentums „in potenza, allo stato latente", wie Giovene im Anschluß an Carnelutti (in der gleichen Rivista vol. XI parte Ia S. 103 f.) formuliert, oder einer „proprietà acefala", wie Ferrara (Le persone giuridiche, S. 460, 462) es — im Gegensatz zur „proprietà pluricefala" — bezeichnet. Vgl. auch Bonelli in der Rivista di diritto civile 1910 S. 667 (bei Erörterung der gesellschaftlichen Vermögensgemeinschaft): „. . . le cose non soggette alla signoria d' un individuo sono cose senza proprietario". (Dieser Satz begründet für ihn weiter die Auffassung der juristischen Person als subjektivierter Vermögensmasse ohne Zuständigkeitsbeziehung der einzelnen dazu gehörigen Rechte; vgl. dazu a. a. O., S. 649 sowie oben S. 99 Anm. 193 und wegen der unzulässigen Vermengung der beiden Probleme demnächst Anm. 274 a. E.). Im übrigen vgl. hierzu bereits oben S. 39 Anm. 74 zu § 3 und wegen des Gedankens der Eigentumslosigkeit der Sache bei gesamthänderischer Berechtigung (Deitigsmann) oben S. 94 Anm. 183 zu § 6.

[273]) In der Tat eine „teoria nihilista", wie Ferrara, a. a. O., S. 459 Perozzis und Bonellis Lehre nennt. — Mit voller Berechtigung wird daher gerade der Umstand, daß eine Theorie des Miteigentums auf die Eigentumslosigkeit der Sache hinauskomme, verschiedentlich geltend gemacht, um eine Konstruktion ad absurdum zu führen. So namentlich gegenüber der Lehre Scialojas: Die Kollision der mehreren Volleigentumsrechte ergebe gegenseitige „Elision" (Perozzi in Il Filangieri vol. XV S. 88; Luzzatto, La comproprietà, S. 21/2, 40, 45; vgl. auch dazu Wroblewski, a. a. O., S. 50 f.). Aber auch gegenüber der Rechtsgeteiltheitslehre: Die Auffassung der Teilrechte als wahrer Eigentumsrechte müsse zu gegenseitiger „Neutralisation" führen (van Biervliet in der Revue pratique a. a. O., 1909, S. 233/4); es ergebe sich in Wahrheit ein subjektloses Recht (Czyhlarz, a. a. O., S. 136; Perozzi, a. a. O., S. 67 ff.). Gegenüber französischen Auffassungen, die mit Rücksicht auf die positivrechtlich bestimmte deklaratorische Natur der Teilung (Gemeinschaftsaufhebung) den einzelnen nur suspensiv bedingte Volleigentumsrechte zusprechen: Es fehle dann überhaupt ein aktueller Eigentümer, und die gemeinschaftliche Sache werde „une sorte de res nullius" (Josserand, Essai sur la propriété collective, a. a. O., S. 372 f. bzw. 18 f.). — Darüber, daß die Frage der Subjektlosigkeit und die der Gemein-

III. Das Ergebnis unserer Betrachtungen ist danach ein höchst überraschendes; nämlich dies, daß letzten Endes weder die herrschende Auffassung der gesamthänderischen Gemeinschaft noch auch die herrschende Auffassung der Bruchteilsgemeinschaft noch schließlich die anderen gebräuchlichen Auffassungen dieser Rechtsformen uns eine wahre „Rechtsgemeinschaft" und ein in Wahrheit „gemeinschaftliches subjektives Recht" erklären. Denn wir mußten auf der einen Seite leugnen, daß die „Gemeinschaft eines subjektiven Rechts" lediglich eine Zuständigkeit des einen Rechts an die „Gesamtheit der Teilhaber als solche" bedeutet, weil eine solche Auffassung entweder noch nicht eine Lösung der Zuständigkeitsfrage, sondern nur eine Umschreibung des Problems aller Rechtsgemeinschaft darstellt (§ 4) oder jedenfalls uns nur eine einheitliche, nicht eine wahrhaft mehrheitliche Zuständigkeit eines Rechts erklären kann (§§ 5, 6). Und wir müssen jetzt andererseits, wenn wir auch den Gedanken eines „Rechtsanteils" des einzelnen Gemeinschafters als notwendiges Element in der Begriffsbestimmung jeder Rechtsgemeinschaftsart erkannten, dennoch die (namentlich für die regelmäßige Rechtsgemeinschaft allgemein) übliche Auffassung dieser „Rechtsanteile" (oder „Teilrechte") als gewöhnlicher getrennter und selbständiger subjektiver Einzelrechte ablehnen, weil wir damit niemals zu einem wahrhaft „gemeinschaftlichen Recht", zur Zuständigkeit eines Rechtsinhalts an eine Mehrheit von Berechtigten gelangen können, nicht zu einer „Rechtsgemeinschaft", sondern immer nur zu einer „Gegenstandsgemeinschaft" („Objektsgemeinschaft") einer Mehrheit von Einzelrechten.

Die Wahrheit liegt vielmehr hier — wie so oft — in der Mitte: es reicht für die Bestimmung des allgemeinen Begriffs der Rechtsgemeinschaft wie auch für die rechtliche Konstruktion der einzelnen Haupttypen von Rechtsgemeinschaft

---

schaftlichkeit des subjektiven Rechts aus verschiedenen Gesichtspunkten zu beurteilen sind, und daß bei zutreffender Auffassung weder die Annahme der Möglichkeit subjektloser Rechte eine Miteigentumskonstruktion stützen noch die Verneinung der Möglichkeit eine solche widerlegen kann, vgl. unten Anhang III auf S. 326 f.

unseres geltenden Rechts[274]) weder der Gedanke selbständiger Teilrechte oder Einzelrechte der Gemeinschafter aus, noch hilft die völlige Negierung der Bildung gegenstandsrechtlicher Anteile; insbesondere ist auch der bei den Vertretern der verschiedensten Auffassungen — in Deutschland wie im Auslande, für die gemeinrechtliche wie für die modernen schlichten Rechtsgemeinschaften — sowohl in der Zeit des gemeinen Rechts als auch gerade neuerdings so häufig auftauchende Satz, daß „Gemeinschaft" und „Teilung" des Rechts die schärfsten Gegensätze seien, sicherlich nicht der erlösende Gedanke, da er einerseits in seiner Zuspitzung über das Ziel hinausschießt[275]), und zum andern so lange Anlaß zu Unklarheiten und Zweifeln bieten muß, als man sich nicht

---

[274]) Entsprechendes gilt für das gemeine Recht und die bedeutenderen ausländischen Rechtssysteme, deren Rechtsgemeinschaftsbegriff, auch wo nur der eine, unserer regelmäßigen Rechtsgemeinschaft entsprechende Typus vorhanden ist, gleichfalls sich als Mehrheitszuständigkeitsform eines Rechtsinhalts bestimmen läßt. Vgl. die oben S. 41 Anm. 79 zu § 3 wiedergegebenen Grundparagraphen in den ausländischen Rechten.

[275]) Dies nicht nur dann, wenn unter Betonung des Gegensatzes von Rechtsgemeinschaft und Rechtsgeteiltheit die Gemeinschaftlichkeit des Rechts zugunsten einer Mehrheit ganz selbständiger Teilrechte (Einzelrechte) aufgegeben wird, sondern insbesondere auch dann, wenn der Gedanke jener Gegensätzlichkeit in der Auffassung einer Zuständigkeit der „gemeinschaftlichen" Rechte an die „Gesamtheit als solche", an ein „Kollektivsubjekt" endigt. In erster Hinsicht vgl. außer den oben S. 143 Anm. 265 Zitierten etwa Eisele im ArchZivPrax. Bd. 63 S. 34; Czyhlarz, a. a. O., S. 136 f.; in zweiter Hinsicht vgl., außer den bereits verschiedentlich erwähnten Schriften von Manenti, Luzzatto, ten Hompel, Grimm, Saenger (dazu die folgende Anmerkung), neuestens die scharfe Formulierung van Biervliets (in der Revue pratique, a. a. O., 1909, S. 235), eines Anhängers der Kollektivpersonenlehre, für alle auf römischrechtlicher Grundlage erwachsenen (schlichten) Rechtsgemeinschaften: „Il n'y a rien de plus contraire à la notion de copropriété, droit *collectif*, que l'idée d'une propriété *divisée*, même idéalement, entre plusieurs personnes" (dazu auch S. 232), sowie — im Ergebnis sogar im wesentlichen zutreffend, aber eben im Sinne der Leugnung gegenstandsrechtlicher Anteile überhaupt gemeint — auf S. 234: „. . . il est impossible de considérer la copropriété comme une juxtaposition de propriétés fragmentaires".

über den Begriff der „Teilung" des subjektiven Rechts völlig geeinigt hat[276]).

[276]) Die Ausdrucksweise von der „Teilung" des Rechts hat gerade in der Lehre von den Rechtsgemeinschaften schon viel Unheil angerichtet; so zutreffend sie vom Standpunkte des Laien aus und vom rein wirtschaftlichen Gesichtspunkte die Rechtslage (namentlich bei der Gemeinschaft nach Bruchteilen) zu kennzeichnen scheint, so unzulänglich ist sie doch für die rechtliche Konstruktion des Dogmatikers. Solange man die „Teilung" in Gemeinschaftsverhältnissen und außerhalb derselben, die sog. „ideelle" oder „intellektuelle", die „anbefohlene, nicht durchgeführte Teilung" Rümelins (Die Teilung der Rechte, z. B. S. 32, 80/1), und die gewöhnlich sog. „wirkliche" Teilung des Rechts unter gleichzeitiger Zerlegung des (bisher) einen Rechtsobjekts in mehrere Einzelobjekte, auf welche sich die einzelnen Teilrechte (oder neuen Rechte) nunmehr beziehen, nicht in der Weise auseinanderhält, daß man eine Verschiedenheit der rechtlichen Selbständigkeit der „Teilrechte" im einen und im andern Falle anerkennt und näher untersucht, solange man insbes. diese Verschiedenheit der „Rechtsgeteiltheit" im üblichen Sinne nicht auf eine Verschiedenheit der Zuständigkeitsform von Rechtsinhalten zurückführt, wird man mit dem Gedanken der „Rechtsteilung" allein für die Konstruktion der Rechtsgemeinschaften nicht weiter kommen. (Die Beziehung unserer Rechtsanteilsbildung zur Lehre von der „Teilung der Rechte" wird im II. Teile unserer Arbeit, bei Gelegenheit der Erörterung der regelmäßigen Rechtsgemeinschaft, hergestellt werden.) Dies um so weniger deshalb, weil von den einflußreichsten Schriftstellern in unserer Materie, von Wächter und Unger, die gewöhnlich sog. ideelle Teilung des Rechts (bei Erhaltenbleiben der Einheit des Rechtsobjekts) gerade als „durchgeführte, wirkliche" (Wächter im ArchZivPrax. Bd. 27 S. 184; Unger, System, Bd. I S. 609 f.) bezeichnet und eine Verschiedenheit der rechtlichen Natur der Teilrechte (als von partes divisae) bei bleibender Ungeteiltheit des Objekts und bei gleichzeitiger reeller Objektsteilung ausdrücklich in Abrede gestellt wird (Wächter, a. a. O., S. 184; Unger, a. a. O., S. 610).

Wenn daher Walsmann (Der Verzicht, S. 128) neuerdings in etwas schroffer Form meint, daß diese „Teilung des Rechts bei der Rechtsgemeinschaft . . . nichts weiter als ein inhaltsloses Schlagwort" sei, so wird man ihm insofern Recht geben müssen, als viele Schriftsteller sich mit diesem „Schlagwort" zur Erklärung des Rechtsinstituts begnügen, ohne selbst einen klaren Begriff damit zu verbinden, oder jedenfalls unter einer übermäßig hypostasierenden Auffassung des subjektiven Rechts. Denn daß lediglich mit dem Ausspruche, der „Umfang" des Rechts sei „quantitativ" geteilt — etwa wie man einen Klumpen Blei nach der „Größe" („quantitativ") in Teilstücke zerlegt —, sich bereits die komplizierte Rechtsfigur der regelmäßigen

Nach alledem hat also Steinlechner, so unzutreffend seine schließliche konstruktive Auffassung des gemeinrecht-

---

Rechtsgemeinschaft erkläre, läßt sich im Ernste nicht aufrechterhalten. Daher bringen die neuesten Untersuchungen Saengers auf dem Gebiete der „Gemeinschaft und Rechtsteilung" (S. 76 ff.) keine Förderung, und der Weg, den er zur Kritik und Widerlegung der herrschenden Rechtsteilungslehre einschlägt, ist verfehlt. Denn wenn er auch im Enderfolge gegenüber den meisten Vertretern der Rechtsgeteiltheitslehre im wesentlichen recht hat, so beruht doch seine ganze Polemik auf einem von ihm selbst aufgestellten Begriffe der „Teilung" des Rechts, der den heute in der herrschenden Lehre wohl in der Hauptsache angenommenen oder mindestens herausgefühlten Unterschied zwischen der sog. ideellen und der wirklichen Teilung (mit gleichzeitiger Rechtsobjektszerteilung) verwischt, und den die Vertreter der herrschenden Rechtsteilungslehre gewiß nicht sämtlich ohne weiteres akzeptieren werden (vgl. insbes. die höchst bedenkliche Formulierung S. 82/3). Indem nämlich Saenger — übrigens ohne auffallenderweise von dem Teilungsbegriff v. Tuhrs Notiz zu nehmen, wie er auch dessen sehr bedeutsame Miteigentumskonstruktion mit völligem Stillschweigen übergeht — unter dem Hinweis auf die Rechtslage bei teilbaren Forderungen seinen Untersuchungen einen Begriff der „Teilung" des Rechts voranstellt, der „als ein sehr wesentliches Kriterium der vollzogenen Rechtsteilung die restlose Selbständigkeit der entstandenen Teilrechte" (S. 84) enthält, muß er mit Notwendigkeit (vgl. auch v. Tuhr, a. a. O., S. 236 ff. § 14) zu dem Ergebnis kommen, daß „Gemeinschaft und durchgeführte (sic!) Teilung die denkbar schärfsten Gegensätze bilden, ja sogar einander schlechthin ausschließen" (S. 98). Es ist aber eben petitio principii, daß nur ein so gefaßter „Teilungsbegriff" denkbar sei und bei Gemeinschaften absoluter Vermögensrechte im gleichen Sinne wie im Gebiete der teilbaren Forderungen verstanden werden müsse, und es kommt vielmehr gerade darauf an zu sehen, ob nicht von manchen Vertretern der herrschenden Lehre der Begriff der Rechtsteilung in Gemeinschaften überspannt wird, indem die „Teilrechte" geradezu als völlig selbständige, gewöhnliche Einzelrechte aufgefaßt werden; es kommt darauf an zu erkennen, in welcher Weise bei der Rechtsgemeinschaft eine Anteilsbildung vor sich gehen kann, ohne daß doch zugleich die Rechtsanteile („Teilrechte") „restlos selbständig" werden, also eine Anteilsbildung, durch die in irgendeinem Sinne noch ein „gemeinschaftliches Recht", eine „Gemeinsamkeit des Rechts" erhalten bleibt, und inwieweit der Gedanke der „Teilung" zur Erklärung dieser Anteilsbildung wertvoll und brauchbar ist. In welchem Momente dann, bei Verwendung des Gedankens der Rechtsteilung, die „Gemeinschaftlichkeit" des Rechts erfüllt gesehen werden soll und kann, ist eine Frage für sich. Aber man darf nicht auf dem von Saenger eingeschlagenen

lichen Miteigentums auch sein mag, die richtige Empfindung gehabt, wenn er gelegentlich aussprach, daß „die Einheit des intellektuell geteilten Rechts ... nun einmal nicht entbehrt werden kann“[277]).

Wege die ganze Frage nach dem Verhältnis von Gemeinschaft und „Rechtsteilung“ in schlechthin negativem Sinne abtun und damit zugleich die Notwendigkeit der Annahme eines kollektiven Subjekts des gemeinschaftlichen Rechts (einer Zuständigkeit an die „Gesamtheit als solche“) für bewiesen halten. Dies um so weniger, wenn man sich, wie Saenger, a. a. O., S. 94/5, der groben Ungenauigkeit schuldig macht, sich zum Beweise der angeblichen „quantitativen“ Ungeteiltheit und Unteilbarkeit des Eigentums auf den „in der Literatur ganz vereinzelt dastehenden (!) Ausspruch Plancks“ zu berufen, „das Eigentum sei ein einheitliches, der Teilung widerstrebendes Recht“. In Wahrheit sagt nämlich Planck an der angezogenen Stelle (Komm. Bd. III, 3. Aufl., Berlin 1906, S. 163 Vorbem. vor § 903) unter Berufung auf die Mot. Bd. III S. 262, eine Teilung des Eigentums finde „nur nach ideellen Anteilen in der Form des Miteigentums (§§ 1008—1011) statt“, das Eigentum widerstrebe aber, als ein einheitliches Recht, der „realen Teilung“ (sic!) „mit der Wirkung ..., daß der eine Teilhaber diese, der andere jene Befugnis als Recht an der Sache erhält“. Es liegt auf der Hand, daß damit etwas total anderes, ja nahezu das Gegenteil von dem gesagt ist, was Saenger beweisen will, und daß richtig verstanden, der Ausspruch Plancks sicherlich nicht „vereinzelt“ in der Literatur unseres heutigen Rechtes dasteht (vgl. z. B. BGB.-Komm. von Reichsgerichtsräten, 2. Aufl., Berlin 1913, Bd. II S. 144 Bem. 1 zu § 903: das Eigentum sei „ein einheitliches Recht, das nicht real geteilt werden kann. Deshalb gibt es nicht ein Ober- und ein Untereigentum ...“; Crome, System, Bd. III S. 263 § 389 Ziff. 6), ja, daß er im Grunde überhaupt nur die (auch dem heutigen Eigentumsbegriff unseres Gesetzes entsprechende) allgemeine romanistische Auffassung wiedergibt, von der aus die Lehre vom „geteilten Eigentum“, dem dominium directum und utile, „wie schon aus historischen Gründen ein Mißgriff, so auch aus dogmatischen eine Monstrosität“ ist (so scharf Krainz in Krainz-Pfaff-Ehrenzweig, System des österreichischen Privatrechts, Bd. I, 5. Aufl., Wien 1913, S. 543 § 194).

[277]) Steinlechner, Das Wesen der iuris communio usw., Teil I S. 29. Dabei kann allerdings angesichts seiner Konstruktion (vgl. oben S. 40 Anm. 77) zweifelhaft bleiben, ob er diese „Einheit“, die für uns Einheitlichkeit des Rechtsinhalts trotz Bildung von Rechtsanteilen bedeuten soll, nicht vielleicht mehr im Sinne von Einzigkeit, Identität, Dieselbigkeit des einen Rechts versteht. Vgl. ferner zutreffend Hölder in JheringsJ. Bd. 53 S. 68: „Jede Gemeinschaft bedeutet die Einheit des verschiedenen Dingen Gemeinsamen, ohne die Einheit dieser

Das gilt in der Tat für die rechtliche Auffassung jeder Gemeinschaftsart, mögen nach positivrechtlicher Regelung die Anteile der Gemeinschafter noch so eng miteinander verbunden oder noch so stark verselbständigt, insbesondere als frei verfügbare Anteile den gewöhnlichen subjektiven Einzelrechten im Verkehr (nahezu) gleichgestellt sein[278]). Namentlich für die regelmäßige Rechtsgemeinschaft (nach Bruchteilen), deren konstruktive Erfassung im Mittelpunkt unserer späteren Untersuchungen und spezielleren kritischen Betrachtungen stehen wird, ist bereits hier gegenüber der, nicht nur von der herrschenden Lehre, sondern auch von den meisten anderen Theoretikern angenommenen konstruktiven Isolierung der Einzelrechte (Teilrechte) nochmals zu betonen, daß mit einer solchen Auffassung der Unterschied der Rechtsgemeinschaft einerseits zur sog. „wirklichen“ Geteiltheit des Rechts in selbständige unabhängige (d. h. nicht in Rechtsgemeinschaft stehende) neue Einzelrechte, deutlicher gesagt: Einzelzuständigkeitsformen selbständiger Rechtsinhalte[279]),

---

Dinge zu bedeuten. Daß jedem von ihnen ein Anteil an dem ihnen Gemeinsamen zukommt, bedeutet nicht dessen Geteiltheit.“

[278]) Inwieweit etwa für das reine, klassische, römische Miteigentum zufolge der scharf exklusiven Natur des quiritarischen Eigentumsrechts eine andere Auffassung angebracht ist, bleibe hier dahingestellt; vgl. dazu unten S. 221 Anm. 408 zu § 9 und, außer den dort wiedergegebenen bedeutenden Untersuchungen von Riccobono über die starken positivrechtlichen Verschiedenheiten des klassischen und des justinianischen Miteigentums, namentlich Bonfante, Istituzioni di diritto romano, S. 286 Anm. 1 zu § 95: es seien hierfür nur die Theorien möglich, „che riconoscono la *molteplicità* dei dominii e l'*indipendenza* del diritto di ciascun condomino“. Vgl. andererseits aber neuestens Wenger in GoldschmidtsZ. Bd. 70, 1911, S. 556: „. . . auch die römische communio pro partibus indivisis gewährt . . . ‚gemeinschaftliches Recht‘.“

[279]) Mit Unrecht wird von einzelnen Vertretern der Rechtsteilungslehre beim Miteigentum die Sachlage derjenigen bei Partialobligationen (vgl. § 420 BGB. und oben S. 128 f.) ausdrücklich gleichgesetzt (z. B. von Bonfante, Istituzioni, S. 281 § 95); es besteht vielmehr ein erheblicher Unterschied. (Darüber später in Teil II und III.) Das wird auch des öfteren ausgesprochen. So bezeichnet Regelsberger, Pandekten, Bd. I S. 210 § 51 1a (im Anschluß an Rümelin, Die Teilung der Rechte) das Miteigentum als eine „Mischung von Teilung und Gemeinschaft“, und für das heutige Recht trifft, abgesehen von seiner

oder auch „Teilrechte“ (in diesem Sinne)[280]), andrerseits zur Kollision der Rechte mit Notwendigkeit verwischt werden muß, und daß diese, die Rechtsanteile isolierenden Auffassungen[281]) schließlich doch einen Verzicht auf eine voll-

uns unrichtig scheinenden (vgl. oben S. 62 ff. in § 5) Auffassung der Gesamthand, Enneccerus (in Enneccerus-Kipp-Wolff, Lehrbuch des bürgerlichen Rechts, Bd. I 1, 9.—11. Aufl., Marburg 1913, S. 173 Anm. 8 zu § 69 und Bd. I 2, 6.—8. Aufl., 1912, S. 506 Anm. 2 zu § 403) wohl im großen und ganzen das Richtige, wenn er gegenüber der herrschenden Lehre sagt, die Bruchteilsgemeinschaft stehe in der Mitte zwischen Teilrechten und Gesamthandrechten, insofern es sich für ihn bei dem geteilten Recht „streng genommen . . . gar nicht um ein Recht mit einer Mehrheit von Subjekten“, sondern um mehrere Rechte handelt (Bd. I 1 S. 172 § 69 1), und andrerseits für ihn das Wesen der Gesamthandrechte darin besteht, „daß die Rechte mehreren Personen zusammen zustehen“ (a. a. O., Anm. 6 und sonst; vgl. oben S. 68 Anm. 133 zu § 5). Immerhin wird auch bei Enneccerus, obwohl er in den zuerst zitierten Stellen das übliche Zusammenwerfen der Gemeinschaft mit der Teilung der Rechte rügt, der spezifische Unterschied zwischen den durch wirkliche Rechtsteilung und durch Rechtsvergemeinschaftung (nach §§ 742 ff. BGB.) entstandenen „Teilrechten“ ihrer allgemeinen rechtlichen Natur nach nicht genügend klar, wenn uns über die letzteren an anderer Stelle ausdrücklich gesagt wird (Bd. I 2 S. 513 § 406): „auch . . . die Anteile der Teilhaber sind selbständige Rechte“.

[280]) Vgl. oben S. 126 ff. und wegen des Ausdrucks „Teilrechte“ für diese neuen Einzelrechte oben S. 109 Anm. 212 zu § 7.

[281]) Wohin die isolierende Betrachtungsweise führt, die den Zusammenhang der Anteile zur ganzen Zuständigkeitsform des gemeinschaftlichen Rechts übersieht, zeigt sich z. B. bei der Erklärung der Aufhebung des Miteigentums durch Teilung in Natur: während diese für uns stets die Beendigung einer Zuständigkeitsform eines eigenen Rechtsinhalts (vgl. oben S. 60 Anm. 122 zu § 5) und die Umsetzung von relativ unselbständigen Rechtsanteilen in absolut selbständige ganze Volleigentumsrechte (Eigentumsinhalte mit je eigener Zuständigkeitsform) an getrennten Sachstücken (genauer: neuen ganzen Sachen) bedeutet, ist sie nach v. Tuhr „nicht als Zerlegung eines Rechts in zwei Rechte zu denken, sondern besteht darin, daß die Gemeinschaft des Objekts für die beiden bereits bestehenden Rechte aufgehoben wird“ (v. Tuhr, a. a. O., S. 84 § 3 IV). Ähnlich auch bei Vertretern der herrschenden Rechtsgeteiltheitslehre; vgl. für das gemeine Recht Wächter in ArchZivPrax. Bd. 27 S. 184 und in seinem Handbuch des württembergischen Privatrechts Bd. II S. 582/3 § 75 Ziff. 3, und für das heutige Recht außer Hellmann in der KritVJSchr. Bd. 51, 1913, S. 380, der v. Tuhrs Auffassung auch für die Rechtsteilungs-

kommene Lösung des Gemeinschaftsproblems bedeuten müssen, insofern sie die Beteiligung mehrerer Personen an einem Rechtsinhalte nicht erklären und die Schwierigkeit umgehen, die darin liegt, daß die mehreren Rechtsstellungen der Gemeinschafter doch in irgendeinem Sinne „ein Recht" darstellen sollen[282]).

---

lehre für zutreffend erklärt, z. B. v. Ziegler, Zur Frage nach der Rechtsnatur der Emissionskonsortien, in HoldheimsMSchr. Bd. 16, 1907, S. 25 ff. auf S. 33: „Jeder behält (scil. bei der Teilung in Natur) Volleigentum (!), aber nur für sich allein, unbeschränkt, zwar nicht des Ganzen, aber immerhin eines Teils. Aber er behält eben Volleigentum, das er vorher schon hatte." Als ob das einzelne Miteigentumsrecht ebensogut und in gleichem Sinne Volleigentum wäre, wie das ganze Recht aller oder das Alleineigentum am real abgetrennten Sachstück! Zutreffender vom Standpunkte der Rechtsgeteiltheitslehre aus: „statt der Partialrechte am Ganzen, Vollrechte an Stücken" (Bekker, Grundbegriffe des Rechts und Mißgriffe der Gesetzgebung, Berlin und Leipzig 1910, S. 142). Man vgl. auch z. B. noch §§ 1066 Abs. 3, 1068, 1258 Abs. 3, 1273 BGB.

[282]) Daß die „Einheit" des Rechts so, wie sie von der sog. Ungeteiltheitslehre Eiseles und Steinlechners für das gemeinrechtliche Miteigentum verstanden wird — nämlich als das eine und identische Vollrecht, das je auf die einzelnen Mitberechtigten ganz bezogen wird —, das Problem des „mehreren gemeinschaftlichen Rechts", der Rechtsgemeinschaft, nicht lösen kann, ergibt sich bereits aus dem früher Gesagten, nämlich aus dem festzuhaltenden Grundsatze der Konstanz des Gesamtrechtsinhalts bei Wechsel der Zuständigkeitsformen und aus dem Gegensatze zwischen einheitlicher Zuständigkeit (Einzelzuständigkeit; scil.: des ganzen Rechts) und der in jeder mehrheitlichen Zuständigkeit enthaltenen Anteilszuständigkeit (scil.: eines Rechtsanteils). Vgl. dazu oben S. 40 f. und Anm. 77 zu § 3; S. 103 f. in § 7. Ihre Vertreter im gemeinen Recht waren besonders Eisele im ArchZivPrax. Bd. 63, 1880, S. 27 ff., insbes. S. 67 (unrichtig daher die Formulierung bei Saenger, Gemeinschaft und Rechtsteilung, S. 33); Czyhlarz in Glücks Pandekten, a. a. O., S. 135 ff., insbes. S. 137 Anm. 27 und S. 138 f. Für das heutige Recht: Cosack, Lehrbuch des bürgerlichen Rechts, Bd. II, 6. Aufl., Jena 1913, S. 465 § 285. Derselben Ansicht, nur unter gleichzeitiger Annahme einer Teilung des Wertes (eines in Wahrheit außerrechtlichen Momentes; vgl. unten S. 231 ff. und S. 234 Anm. 433 in § 10) waren gemeinrechtlich neben Windscheid, der seine dahingehende ursprüngliche Auffassung (bis zur 3. Aufl. seines Lehrbuchs des Pandektenrechts, Bd. I, Düsseldorf 1870, § 169a S. 475 ff., insbes. S. 477 Anm. 5) später aufgegeben hat, namentlich Steinlechner,

IV. Der richtige Weg für eine konstruktive Erklärung einer Rechtsgemeinschaft scheint uns vielmehr der, daß man die mehreren Rechtsanteile der Gemeinschafter als Bestandteile einer Zuständigkeitsform[283]) des einen Rechtsinhalts zu erfassen sucht, und damit als relativ unselbständige Bestandteile eines ganzen[284]) subjektiven Rechtes (insbesondere des einen absoluten Vermögensrechts), das sie zwar in ihrer Zusammensetzung ausmachen, aber nicht nur in dem Sinne, daß sie als mehrere Einzelrechte in ihrer nur vorgestellten Zusammenlegung einen, dem Herrschaftskreis eines Alleinberechtigten entsprechenden imaginären Herrschaftskreis ausfüllen[285]), sondern in dem Sinne, daß die rechtliche Um-

---

a. a. O., insbes. Teil I S. 111 f., 116, 127; Teil II S. 33, 36 f.; v. Schey, Über Rechtsverwandlungen, in GrünhutsZ. Bd. 8, 1881, S. 131 ff.; oder unter gleichzeitiger Annahme einer Teilung des Nutzens (der Nutzkraft) der Sache: Kohler, Das Autorrecht usw., in JheringsJ. Bd. 18, 1880, S. 129 ff. auf S. 377 ff.; derselbe, Gesammelte Abhandlungen, Mannheim 1883, S. 198 ff.; V. Puntschart, Die fundamentalen Rechtsverhältnisse des römischen Rechts, Innsbruck 1885, S. 109 ff., insbes. S. 119 f.; derselbe, Die moderne Theorie des Privatrechts usw., Leipzig 1893, S. 80 ff. — In der deutschen Literatur ist im wesentlichen nur diese Ungeteiltheitstheorie, nicht auch die aus ihr hervorgegangene (vgl. namentlich Wroblewski, a. a. O., S. 52 ff.) und zuweilen gleichfalls als „Ungeteiltheitslehre" angesprochene (vgl. oben S. 135 Anm. 244) Kollisionstheorie bekannt (Wroblewskis Ausführungen werden in der Miteigentumslehre allgemein übersehen); daher ist sich auch Walsmann, a. a. O., S. 13 ff., des Gegensatzes seiner Auffassung zur erstgenannten Lehre nicht bewußt. Vgl. dagegen die klare Betonung des Unterschiedes bei Bonfante, Istituzioni, S. 286 Anm. 1 zu § 95: „unica proprietà con molteplicità di subbietti" bei Windscheid, Eisele u. a.; gegenüber der „proprietà plurima integrale" bei Scialoja. Allerdings ist auch für die erste Theorie der Gedanke der „Konkurrenz" der mehreren Berechtigten unentbehrlich, und es ergibt sich daraus eine Verquickung mit der Rechtekollision; vgl. z. B. Steinlechner, a. a. O., Teil I S. 102 ff.; Teil II S. 204; Kohler, Gesammelte Abhandlungen, S. 187 sowie dazu seine jetzige Auffassung im Lehrbuch des bürgerlichen Rechts, Bd. I, Berlin 1906, S. 171 f. § 54 I 2 als Unterart der Rechtekollision.

[283]) Und zwar einer Form mehrheitlicher Zuständigkeit.

[284]) In dieser besonderen Zuständigkeitsform erscheinenden.

[285]) So die übliche Auffassung für das Miteigentum; vgl. Bonfante, a. a. O., S. 281 § 95; Binder, Die Rechtsstellung des Erben,

grenzung des durch den Rechtsinhalt näher bestimmten Herrschaftskreises hier durch eine eigentümliche Verknüpfung der Rechtsanteile erreicht wird, und daß dieser gemeinsame Herrschaftskreis, trotz der im Innern unterscheidbaren und möglicherweise auch nach außen hin Wirkung äußernden individuellen Rechtssphären der Gemeinschafter, als eine diese umschließende rechtliche Einheit erkennbar und wirksam bleibt. Nur so ist ja auch in Wahrheit verständlich, daß derjenige, der alle diese Rechtsanteile zugleich (durch einen „Gesamtakt") erwirbt, nicht lediglich eine Mehrheit oder eine Summe von Einzelrechten, sondern wiederum das eine ganze Recht — aber eben in veränderter Zuständigkeitsform, in Einzelzuständigkeitsform — erhält[286]). Das gemeinschaftliche Recht erscheint danach nicht als eine Mehrheit oder eine Summe isolierter gegenstandsrechtlicher Teilrechte (Einzelrechte), sondern als eine Mehrheit von Rechtsanteilen, die durch eine besondere Art rechtlicher Synthese zu der einen Zuständigkeitsform des gemeinschaftlichen Rechts zusammengeschlossen werden[287]).

Die besondere rechtliche Synthese der Rechtsanteile liegt in einem eigenartigen Komplex rechtlicher Beziehungen

---

Bd. III S. 45; de Vareilles-Sommières, a. a. O. („. . . prennent à eux tous la place vide:" S. 531); v. Tuhr, a. a. O., S. 78. Sie führt also, streng genommen, zu der „eigentumslosen" gemeinschaftlichen Sache; vgl. oben S. 145 f.

[286]) Die Gegenmeinung kann hier eine Verschmelzung der mehreren einzelzuständigen, selbständigen Rechte zu dem einen Alleinrecht nicht befriedigend erklären. Vgl. z. B. Binder, a. a. O.

[287]) Vgl. hierzu auch Sigwart, Logik, Bd. I, 4. Aufl., Tübingen 1911, S. 342 ff. § 41 über die Fixierung des Gehaltes zusammengesetzter Vorstellungen; ferner Stammler, Theorie der Rechtswissenschaft, Halle 1911, S. 768 IX 4 über die Unterscheidung der analytischen und der synthetischen Erörterung: „Jene löst einen zusammengesetzten Bewußtseinsinhalt . . . in seine gedanklichen Bestandteile auf. Aber sie würde es nicht vorzunehmen imstande sein, wenn nicht jener in einer gleichmäßigen Art der Synthesis zusammengezogen wäre. Sie setzt dieses in logischer Weise voraus; und sie tut nicht genug damit, in beliebiger Ausführung unterscheidbare Bestandteile zu sondern, sondern soll jene einheitliche Weise der Zusammenziehung klarlegen. Das vermag sie aber nur, wenn sie . . . Form und Stoff in kritischer Absicht trennt."

zwischen den Anteilsberechtigten und in eigenartigen rechtlichen Wirkungen gewisser, ihnen von der Rechtsordnung freigestellter, auf die nähere Bestimmung und Ausgestaltung des gemeinsamen Rechtsinhalts gerichteter rechtsgeschäftlicher Akte, Beziehungen und Rechtswirkungen, die sich weder sämtlich beim Alleinrecht im Keime vorfinden und durch die Auffassung irgendeiner „Teilung" des Rechtsinhalts oder selbst einer Beanteiligung an einzelnen Befugnissen auf diesen (typischen) Rechtsinhalt zurückführen noch auch aus dem Gesichtspunkte (rein) „interindividueller" Rechtsbeziehungen ausreichend erklären lassen, sondern eine ganz spezifische Rechtserscheinung bei Formen mehrheitlicher Zuständigkeit subjektiver Rechte, d. h. bei Rechtsgemeinschaften (gemeinschaftlichen Rechten) sind; eine spezifische Verknüpfungsweise der Rechtsstellungen mehrerer Personen, wie sie außerhalb der Formen mehrheitlicher Zuständigkeit von Rechtsinhalten nicht vorkommt, und die daher zu einer ganz besonderen Gattung subjektiver Rechtspositionen Veranlassung gibt. Diese besondere Gattung von Rechtspositionen, die sich unter der Bezeichnung „Rechtsanteile" wohl zutreffend als eigenartige Rechtsstellungen von den gewöhnlichen selbständigen subjektiven Einzelrechten abheben[288]), zeigt als ein Wesensmerkmal dies, daß sich — für

---

[288]) Insofern die mehreren Rechtsstellungen der Gemeinschafter nicht eine isolierte rechtliche Existenz nach Art gewöhnlicher subjektiver Ganzrechte (Einzelrechte) haben, hat es wohl einen Sinn, schon durch die Bezeichnungen jener Rechtsstellungen als Rechtsanteile oder Anteilsrechte (oder auch, richtig verstanden, „Teilrechte") den Unterschied zu den Einzelrechten anzudeuten. Darum ist uns der Begriff des Anteils mehr als ein nur „bildlicher Ausdruck" (Binder, Das Problem der juristischen Persönlichkeit, S. 80), und wir sind nicht mit Walsmann (Der Verzicht, S. 128 Anm. 4) der Ansicht, daß Binder „den Nagel auf den Kopf trifft", wenn er (a. a. O.) erklärt: „Auf dem Gebiete des Rechts kann es sich im Grunde nur um Recht oder Nichtrecht handeln, so daß die Vorstellung des Teilrechts nie das Wesen der Sache trifft." Das läßt sich nur für die Auffassung sagen, die Teilrecht und selbständiges Einzelrecht schlechthin gleichsetzt, nicht aber für die Auffassung des Textes. Daß auch „der Rechtsanteil" letzten Endes sich als ein „subjektives Recht" bezeichnen läßt, steht dem nicht entgegen; denn dann ist er jedenfalls „subjektives Recht" nicht im gleichen Sinne, als es das subjektive Ganzrecht ist.

das hauptsächlich interessierende Gebiet der absoluten Vermögensrechte[289]) — der „rechtliche Inhalt" dieser „Anteile" nicht schon zufolge eines Entstehungstatbestandes (Begründungsaktes) bestimmt im Sinne eines gesetzlich normierten typischen Rechtsinhalts (vgl. etwa die gesetzlichen Rechtstypen des Eigentums, Nießbrauchs, Pfandrechts, Urheberrechts, Patentrechts usw.), sondern daß lediglich das gemeinschaftliche Recht als Ganzes sich in seinem Rechtsinhalt jenen „typischen" Inhalten anpaßt, während der rechtliche Gehalt des einzelnen Rechtsanteils (für sich genommen) sich aus dem Inhalt des ganzen gemeinschaftlichen Rechts nur unter Hinzunahme jener besonderen rechtlichen Synthese erkennen und rechtlich bestimmen läßt, die die Rechtsanteile zugleich zur einen Zuständigkeitsform (Form mehrheitlicher Zuständigkeit) eines ganzen (typischen) Rechtsinhalts zusammenschließt[290]).

Weil eben der einzelne Rechtsanteil, für sich genommen, nicht schlechthin ein gewöhnliches subjektives Einzelrecht ist, insbesondere auf dem Gebiete der absoluten Vermögensrechte nicht ein gewöhnliches gegenstandsrechtliches, inhaltstypisches und isoliertes Einzelrecht, neben dem andere derartige Einzelrechte am selben Objekt bestünden, erklärt es sich, daß wir in dem Verhältnis der Rechtsanteile zueinander zwar — neben dem Gedanken einer (notwendigen) qualitativen Gleichheit[291]) — von einem begrifflich gegebenen „Koordinationscharakter" der mehreren bei dem gemeinschaftlichen Rechte sich bildenden Rechtsanteile sprechen können, daß aber der — bei gewöhnlichen selbständigen Einzelrechten gegenstandsrechtlicher Art am selben Rechtsobjekte mit Notwendigkeit eingreifende — Gedanke eines Rangverhältnisses, insbesondere einer vorhan-

---

Vgl. dazu auch unten S. 265 in § 11; andererseits aber noch S. 240 Anm. 443 zu § 10.

[289]) Über die Eigenart der Rechtsanteile bei obligatorischen Rechten an anderer Stelle (Teil III).

[290]) Vgl. dazu auch unten § 9 S. 218 ff. über die „rechtliche Färbung" des Rechtsanteils durch die innere Gemeinschaftsordnung.

[291]) Vgl. oben S. 110 f. in § 7.

denen Gleichrangigkeit (im technischen Sinne)[292]), hier keine Stätte hat[293]).

Die besondere rechtliche Synthese, die — den verschiedenen positivrechtlich verwirklichten Arten von Gemein-

---

[292]) Zu ihm muß, streng genommen, die Auffassung der „Teilrechte" als mehrerer selbständiger und getrennter Einzelobjekte am selben Objekt führen. So wird z. B. auch der bei Grundbucheintragungen häufigen Formel „zu gleichen Rechten und Anteilen" regelmäßig die Bedeutung beigelegt, daß die Anteilsrechte der Teilhaber „im Verhältnis zueinander im Range gleichstehen" (so KG. in OLGRspr. Bd. 10, 1905 I, S. 100, 423/4.

[293]) Unrichtig daher Hirsch, Die Übertragung der Rechtsausübung, Bd. I S. 405: „... Miteigentümer haben gleichen Rang, da ihnen dasselbe Recht gemeinschaftlich zusteht", was im übrigen auch im Gegensatze zu dem a. a. O., S. 190/1, 33 ff., 415 Gesagten steht, wonach der Rang nur über die Reihenfolge der Ausübung kollidierender Rechte entscheidet, der Zusammenhang zwischen Miteigentum und Rechtekollision aber abgelehnt wird. — Es besteht eben ein erheblicher Unterschied zwischen den Rechtsanteilen z. B. beim gemeinschaftlichen Nießbrauch und dem kollidierenden Zusammentreffen mehrerer gleichrangiger (ganzer) Nießbrauchsrechte an derselben Sache (§§ 1060, 1024 BGB.), welch letzteres übrigens nicht etwa undenkbar ist, weil, wie zuweilen behauptet wird (so auch neuestens wieder von Lent, Die Gesetzeskonkurrenz usw., Bd. I S. 149, 161), ein Nießbrauch nur einmal an einer Sache bestehen könne. Die „Gleichrangigkeit" der Nießbrauchsrechte im zweiten Falle kann durch eine „Verschiedenrangigkeit" ersetzt (und damit die Kollision beseitigt) werden, indem der eine Nießbraucher zurücktritt. Dagegen ist innerhalb einer Rechtsgemeinschaft der Gedanke einer möglichen Rangverschiedenheit oder Rangänderung der Anteilrechte völlig abwegig, wie eben auch der Gedanke einer Rechtekollision abwegig ist. Die Rechtsanteile sind eben nicht schlechthin „mehrere Rechte" (§ 879 Abs. 1 BGB.), sondern sind und bleiben Bestandteile eines (gemeinschaftlichen) Rechts. Als solche haben sie, wie wir sagen können, begrifflich „Koordinationscharakter", weil sie qualitativ gleiche Beanteiligungen an einem Rechtsinhalte sind, der seinerseits wiederum durch einen Entstehungstatbestand individualisiert ist. Aber dieser Koordinationscharakter der Anteile ist ein „charakter indelebilis", der jede „Rangverschiebung" der Anteilrechte untereinander von vornherein ausschließt. Dies ist also etwas ganz anderes als eine auf Besonderheiten der einzelnen Entstehungstatbestände beruhende bzw. durch spätere rechtsgeschäftliche Rangänderung herbeigeführte und eine Kollision vermittelnde „Gleichrangigkeit" widerstreitender Ganzrechte. (Vgl. dazu auch oben S. 141 Anm. 260 sowie S. 118 Anm. 224 zu § 7). Ganz verfehlt daher auch

schaft einer geschichtlichen Rechtsordnung entsprechend differenzierte — Verknüpfungsweise der Rechtsstellungen der Gemeinschafter zur Mehrheitszuständigkeitsform eines Rechtsinhalts nennen wir die „innere Ordnung“ der Rechtsgemeinschaft oder des gemeinschaftlichen Rechts.

Zufolge dieser inneren Gemeinschaftsordnung erscheinen die mehreren Rechtsanteile (Anteilrechte), selbst im Falle ihrer freien Verfügbarkeit (wie bei der regelmäßigen Rechtsgemeinschaft), für die rechtliche Betrachtung[294]) als nicht unabhängige, nicht selbständige, nicht getrennte[295]) gewöhnliche und etwa nur nach Art einzelzuständiger Rechte miteinander in Beziehung stehende Rechte; sondern sie erscheinen als eigenartige, zusammengehörige und sich ergänzende, zu einem gegenüber Dritten erkennbar abgegrenzten Rechtskreise sich zusammenschließende, einander in gewissen Fällen benötigende, ineinandergreifende, mit-

---

neuestens Ofner, Der soziale Gehalt der Hypothek, in der Festschrift für Klein, Wien 1914, S. 347 ff. auf S. 445: Im Verhältnis der Gläubiger mehrerer Hypotheken an einem Grundstück hätten wir (da den Hypothekaren jeweils ein ihrer Forderung in ihrem Range entsprechender Wertteil des Gutes gehöre!) „den eigentümlichen Fall einer Gemeinschaft pro indiviso“, bei welcher die (nach Quanten, Geldwerten bestimmten!) Anteile „nicht koordiniert, sondern nach einer Reihenfolge bestimmt sind“. Es bedarf kaum einer Ausführung, daß in solchem Falle von einer echten regelmäßigen Rechtsgemeinschaft für die Hypothekare — deren Annahme übrigens weder theoretisch noch praktisch irgendeine Bedeutung haben würde — keine Rede sein kann, sondern daß wir es vielmehr mit Einzelzuständigkeitsformen selbständiger Rechtsinhalte zu tun haben, deren Rangverhältnis durch ihr Zusammentreffen an demselben (sachlichen) Rechtsobjekt bedingt ist.

[294]) Und zwar nicht nur für die auf das Ganze des gemeinschaftlichen Rechts gerichtete, sondern ebenso auch für die auf das besondere rechtliche Wesen des einzelnen Anteils gerichtete rechtliche Betrachtung, insofern die „innere Ordnung“ des gemeinschaftlichen Rechts den rechtlichen Inhalt des einzelnen Anteils affiziert; vgl. außer dem früher Gesagten unten S. 281 f. in § 11.

[295]) Im Ergebnis übereinstimmend sagt Rümelin (Die Teilung der Rechte, S. 80) für das gemeinrechtliche Miteigentum, daß durch die Statuierung der Gemeinschaft zwischen den Miteigentümern „eben das Vorhandensein getrennter Rechts- und Machtsphären für jeden einzelnen negiert wird“.

einander notwendigerweise verbundene Rechtsstellungen[296]).

Das gemeinschaftliche Recht ist seinem Wesen nach nicht eine Mehrheit, nicht eine Summe von Einzelrechten, sondern ein „System von Rechtsanteilen“.

§ 9. Die „innere Ordnung“ des gemeinschaftlichen Rechts.

Wenn wir in den vorangehenden Untersuchungen den mehreren Rechtsstellungen der Gemeinschafter den Charakter gewöhnlicher subjektiver Einzelrechte absprachen, das gemeinschaftliche Recht vielmehr als ein auf eigenartiger rechtlicher Synthese beruhendes „System von Rechtsanteilen“ kennzeichneten und die Wirkung dieser rechtlichen Synthese zugleich unter dem Gedanken der Zuständigkeitsform eines Rechtsinhalts zu erfassen suchten, als dessen relativ unselbständige Bestandteile sich dann die einzelnen Rechtspositionen der Teilhaber darstellen, so kommt in dieser Auffassung des gemeinschaftlichen Rechts eine, gegenüber allen nicht mitberechtigten Dritten wirksame, festere Geschlossenheit des gemeinsamen Rechtskreises und eine engere gegenseitige Beziehung der mehreren Rechtsanteile zum Ausdruck, als sie von der üblichen Auffassung des „gemeinschaftlichen Rechts“ (insbesondere im Sinne der Geteiltheitslehre bei der regelmäßigen Rechtsgemeinschaft) als einer Mehrheit — oder auch einer Summe — von „Teilrechten“ oder Einzelrechten in Beziehung auf dasselbe Objekt gegeben werden kann[297]). Indem

[296]) Vgl. dazu auch unten § 11 S. 264 ff. sowie später in Teil II. — Daß zwischen den Anteilrechten („Teilrechten“) bei der regelmäßigen Rechtsgemeinschaft und den „wirklichen Einzelrechten“ ein „deutlicher Unterschied“ besteht, erkennt auch Lent, a. a. O., S. 162 f. richtig an, wenn auch seine Begründung nicht ausreicht.

[297]) Daß die Geschlossenheit des rechtlichen Machtkreises, in dem die mehreren Gemeinschafter stehen, je nach der „inneren Ordnung“ der einzelnen Gemeinschaftsart stärker oder schwächer nach außen hervortreten kann, ist bereits früher angedeutet und widerspricht dem im Text Gesagten offensichtlich nicht. Vgl. auch unten S. 196 Anm. 364.

wir damit den Gedanken irgendwelcher eigener, insbesondere gegenstandsrechtlicher (also gegenüber Dritten wirkender) Rechtspositionen der Teilhaber festhalten können, ohne zugleich den Gedanken eines (gemeinschaftlichen) ganzen Rechts preiszugeben, ergibt sich uns eine klare Trennung der Rechtsstellung des einzelnen Anteilsberechtigten gegenüber Dritten von den rechtlichen Beziehungen des Anteilsberechtigten gegenüber seinen Mitberechtigten und ein wesentlicher Unterschied (der Art nach) zwischen jenen und diesen Rechtsbeziehungen. Es scheiden sich, wie wir erkennen, die sämtlichen Personen, für und gegen welche der gemeinsame Rechtsinhalt bzw. dessen einzelne Bestandteile wirken und wirken können, in zwei Gruppen: in die „im Innern" des (gemeinsamen) rechtlichen Machtkreises stehenden Gemeinschafter, die Teilhaber am Recht, und in alle „außenstehenden", am Recht unbeteiligten und als Rechtsverletzer möglichen Dritten bzw. den von vornherein gegebenen und bestimmten (insbesondere obligatorischen) Rechtsgegner. „Interindividuelle" Beziehungen im Sinne von Beziehungen zwischen den Subjekten gewöhnlicher selbständiger Einzelrechte[298]) bestehen immer nur zwischen den Gemeinschaftern einerseits — sei es zwischen ihnen allen zusammen, soweit sie das gemeinschaftliche Recht gemeinsam ausüben, sei es zwischen jedem einzelnen von ihnen — und allen Dritten bzw. dem von vornherein bestimmten dritten Rechtsgegner andererseits; zwischen den (relativ unselbständigen) Anteilrechten dagegen bestehen ganz spezifische rechtliche innere Beziehungen zufolge der die Anteile zusammenhaltenden und bestimmenden inneren Gemeinschaftsordnung[299]).

[298]) Einzelzuständiger Rechtsinhalte; genauer: Formen einheitlicher Zuständigkeit selbständiger, insbes. typischer Rechtsinhalte.

[299]) Daß auch einmal ein Gemeinschafter selbst in jenem Sinne „Dritter" sein kann, ist sicher; man vgl. auch die §§ 1009, 2150 BGB. Die Entscheidung darüber, ob er im Einzelfalle allen Gemeinschaftern (dem gemeinschaftlichen Rechte) als ein solcher Außenstehender gegenübertritt, oder aber, ob es sich um die inneren rechtlichen Beziehungen zwischen den Anteilsberechtigten als solchen handelt, wird niemals Schwierigkeiten machen.

I. Hält man dies fest, so leuchtet ein, daß eine besondere rechtliche Verknüpfungsweise, wie wir sie in der demnächst genauer zu betrachtenden inneren Gemeinschaftsordnung finden, zwar die mehreren Rechtsanteile zu einem rechtlich geschlossenen und nach außen sich abgrenzenden Machtkreise zusammenschließen und zugleich die besondere Gliederung in diesem Ganzen bestimmen kann, daß aber die rechtlichen Wirkungen der im einzelnen gemeinschaftlichen Recht wirksamen inneren Ordnung nicht über das interne Verhältnis hinausreichen, insbesondere für und gegen den dem Rechte entgegentretenden Dritten (bzw. den einzelnen Schuldner eines gemeinschaftlichen Forderungsrechts)[300]) nicht vorhanden sind[301]). Im Verhältnis zu einem solchen Rechtsgegner kommt daher nicht nur der inneren gegenständlichen Gliederung des gemeinsamen Rechtskreises, sondern namentlich auch den besonderen, die Gemeinschafter selbst und ihre Rechtsnachfolger bindenden Regelungen und Bestimmungen (vgl. namentlich die §§ 745 f., 1010, 2038 Abs. 2 BGB.)[302]) eine rechtliche Bedeutung nicht zu. Oder mit anderen Worten: die besondere (positivrechtliche bzw. rechtsgeschäftliche) Ausgestaltung des gemeinsamen Rechtskreises im Innern[303]) geht die Dritten grundsätzlich nichts an, weil eben — abgesehen von der Wirkung des gemeinschaftlichen Rechts im ganzen — dem Dritten gegenüber die eigene

[300]) Unter dem „Dritten" des Textes ist ein Rechtsnachfolger eines Teilhabers natürlich nicht gemeint. Vgl. auch den folgenden Text und Anm. 302.

[301]) Inwieweit die Verfügbarkeit oder Unverfügbarkeit als das durch den besonderen Typus der Gemeinschaftsordnung (vgl. demnächst S. 191 ff.) bestimmte Wesensmerkmal des Rechtsanteils im Verhältnis zu Dritten Wirkung hat, ist eine andere Frage. Im Text handelt es sich für uns um die Wirkungen von Besonderheiten des gemeinschaftlichen Rechts, die innerhalb der Gemeinschaftsordnung — sei es vom einen oder andern Grundtypus — selbst liegen. Der Unterschied wird aus den folgenden Ausführungen des Textes klar werden.

[302]) Auch der derivativ-konstitutive Rechtserwerb ist Rechtsnachfolge. Daher haben die Anteilsregulierungen Wirkung im Verhältnis zum Nießbraucher und Pfandgläubiger am Anteil. Vgl. auch die §§ 1066, 1258 BGB.

[303]) D. h. insbes., wie sich demnächst zeigen wird: die Ausgestaltung der inneren Seite des absoluten Vermögensrechts.

(gegenstandsrechtliche) Stellung des einzelnen Anteilsberechtigten zunächst als solche wirkt, nicht aber der Anteil in seinem besonderen, durch die innere Ordnung näher bestimmten[304]) Inhalt.

Dies führt unmittelbar zu einer weiteren Rechtserscheinung, die auf das Wesen alles gemeinschaftlichen Rechts ein helles Licht wirft, und deren grundsätzliche Bedeutung gerade von unserer Auffassung aus zutreffend erfaßt wird. Es begegnet uns nämlich im Bereiche der Rechtsgemeinschaften eine eigenartige, gewöhnlich als „Sonderrecht" oder „Individualrecht" bezeichnete Befugnis des einzelnen Teilhabers zur Geltendmachung einer Reaktion des ganzen gemeinschaftlichen Rechts gegen Rechtsverletzung oder Rechtsanmaßung Dritter bzw. zur Geltendmachung einer Angriffswirkung dieses ganzen Rechts. Gemeint sind die Bestimmungen des § 1011 für das Miteigentum und des § 2039 für die Gesamthandrechte der Miterben, denen zufolge der einzelne Gemeinschafter gegenüber Angriffen eines Dritten auf die gemeinsame Rechtssphäre bzw. gegenüber Rechtsverweigerungen des Verpflichteten für sich allein und ohne Zuziehung der andern Gemeinschafter das gemeinsame Recht zu verteidigen bzw. geltend zu machen in der Lage ist (also insbesondere beim Eigentum durch Erhebung der Feststellungsklage[305]), der rei vindicatio, actio negatoria, confessoria, Publiciana der §§ 985, 1004, 1027, 1007; des Abholungsanspruchs aus § 1005 und des Grundbuchberichtigungsanspruchs aus § 894; aber auch der persönlichen[305]) Ansprüche aus §§ 987, 989, 990, 823 ff. BGB.), sofern er nur in einer Weise gegenüber dem Dritten[306]) auftritt, die keine Usurpation des ganzen Rechtes enthält[307]).

---

[304]) Hierzu unten S. 209 ff.

[305]) Entgegen der herrschenden Meinung für § 1011 bestritten von Hellwig, Anspruch und Klagrecht, S. 187.

[306]) Auch hier kann unter Umständen ein Mitberechtigter die Stellung des Dritten haben (oben S. 163 Anm. 299); vgl. z. B. RG. Bd. 65 S. 5 ff., 8: „Der § 2039 ist daher auch dann anwendbar, wenn der Miterbe der Verpflichtete ist."

[307]) In Betracht kommen für uns nur petitorische Rechtsbehelfe. Inwieweit der einzelne Teilhaber possessorisch für sich allein, aber zum Schutze der ganzen Sache Dritten gegenüber auftreten kann,

Wenn auch die positivrechtliche Einführung dieses Geltendmachungsrechts, das, nach verschiedenen unsicheren Versuchen in der gemeinrechtlichen Wissenschaft [308]), seine volle Anerkennung in der Praxis des preußischen Obertribunals und in der Wissenschaft des preußischen Rechts erhielt [309]), im wesentlichen auf Zweckmäßigkeitserwägungen beruht [310]) und zunächst dem Schutze des Anteilrechts des einzelnen dienen soll, damit ihm dieses durch eine aus Eigensinn, Gleichgültigkeit oder anderen (egoistischen) Motiven ent-

---

bleibt hier beiseite, da diese Frage mit der Geschlossenheit des gemeinschaftlichen Rechts nichts zu tun hat.

[308]) Man war sich zwar darüber einig, daß jeder Miteigentümer die actio negatoria und die confessoria in solidum anstrengen könnte, gab aber dem einzelnen grundsätzlich nur die vindicatio partis (vgl. Windscheid-Kipp, Pandekten, Bd. I S. 875 § 169a und Anm. 4d sowie insbes. Eisele im ArchZivPrax. Bd. 63 S. 53 ff.; Rümelin, Die Teilung der Rechte, S. 54). Anderseits hielt man unter Umständen die Klage auf Herausgabe der ganzen Sache an den einen Miteigentümer für gerechtfertigt (vgl. Arndts, Über den Beweis des Miteigentums, im Rheinischen Museum für Jurisprudenz Bd. 3, 1829, S. 215 ff.; auch Windscheid, a. a. O., Anm. 4d; Redenti, Pluralità di parti nel processo civile, im Archivio giuridico vol. LXXIX, 1907, S. 18 Anm. 1) und sah den klagenden Miteigentümer zugleich als den Stellvertreter aller übrigen Gemeinschafter an (so insbes. v. Seeler, Die Lehre vom Miteigentum nach römischem Recht, Halle 1896, S. 86).

[309]) Vgl. insbes. die Entscheidungen des preußischen Obertribunals Bd. 22 S. 136 ff.; Bd. 24 S. 86 ff.; Bd. 48 S. 118 ff.; Bd. 68 S. 277 ff.; Bd. 71 S. 152 ff. und die Darlegung dieser Praxis in RG. Bd. 20 S. 312 ff. auf S. 318 ff. Ferner Koch, Allgemeines Landrecht, Bd. I, 8. Aufl., Berlin und Leipzig 1884, S. 289 f. Anm. 38 zu § 450 I 5; Bd. II, 1886, S. 486 ff. Anm. 9 zu § 10 I 17; auch Rehbein, Die Entscheidungen des vormaligen preußischen Obertribunals, Bd. III, Berlin 1891, S. 238 ff. Nr. 270a, S. 277 ff. Nr. 271 und die Anmerkungen dazu; sowie Dernburg, Lehrbuch des preußischen Privatrechts, Bd. I, 5. Aufl., Halle 1894, S. 534/5 § 223 3c; Bd. II, 1897, S. 125 § 51 2; Bd. III, 1896, S. 706 f. § 239 2a. Gegen diese Praxis namentlich Förster-Eccius, Theorie und Praxis usw., Bd. I, 7. Aufl., Berlin 1896, S. 354 § 63 Anm. 8; Bd. III, 1896, S. 319 § 182 Anm. 43; Bd. IV, 1897, S. 582 ff., 587 ff. § 271. Vgl. aber gegen Eccius RG. Bd. 20 S. 322 ff. — Wegen der (nicht völlig übereinstimmenden) früheren sächsischen Praxis vgl. Hoffmann, Das bürgerliche Gesetzbuch für das Königreich Sachsen, Bd. I, Leipzig 1889, S. 160 Bem. 2 zu §§ 329, 330.

[310]) Vgl. Prot. Bd. V S. 862 ff.

springende Weigerung des Genossen, sich an der Geltendmachung des gemeinschaftlichen Anspruchs zu beteiligen, nicht verkümmert werden könne[311]), so ergibt sich doch eben als die unserm Gesetze zugrunde liegende Auffassung, daß dieser dem einzelnen Teilhaber zur Verfügung gestellte „ganze" Anspruch nicht aus einem imaginären, durch die gedachte Zusammenlegung mehrerer Einzelrechte oder (selbständiger) Teilrechte ausgefüllten rechtlichen Machtkreise[312]) abzuleiten ist, sondern aus einem in Wahrheit vorhandenen, rechtlich geschlossenen (wenn auch in sich gegliederten) Machtkreise, aus einem (nämlich gemeinschaftlichen) subjektiven Recht, innerhalb dessen der einzelne Teilhaber zwar einen (insbesondere gegenstandsrechtlichen) Anteil hat, der gegenüber Dritten wirksam ist, aber nicht einen Anteil im Sinne eines gewöhnlichen, für sich bestehenden, unabhängigen Einzelrechts.

Jenes Geltendmachungsrecht des einzelnen Teilhabers, jene Reaktion bzw. Angriffswirkung des ganzen (gemeinschaftlichen) Rechts zugunsten jedes einzelnen Mitberechtigten ist also nicht, wie es bei einer Auffassung der Teilrechte oder Einzelrechte als für sich bestehender, nach Art einzelzuständiger Rechte zustehender Rechtspositionen scheinen muß, eine auffallende Anomalie[313]), sondern ist

---

[311]) Vgl. Prot. Bd. V S. 864/5 und dazu Entscheidungen des Obertribunals Bd. 22 S. 143; RG. Bd. 20 S. 322, Bd. 65 S. 8/9.

[312]) Vgl. oben S. 156 f. in § 8.

[313]) Man beachte auch den Wortlaut des § 1011, der mit den „Ansprüchen aus dem Eigentume" nicht schlechthin „Eigentumsansprüche" meint, die dem einzelnen Miteigentümer bereits aus seinem Miteigentumsrechte selbst zukämen, sondern — wie sich aus dem Zusammenhalt von § 1011 und § 1008 ergibt — die Ansprüche aus dem, den mehreren „nach Bruchteilen" (d. h. in der gesetzlichen Regelform) zustehenden (gemeinschaftlichen) Eigentum, „die Ansprüche aus dem ganzen Eigentum" (BGB.-Kommentar von Reichsgerichtsräten, Bd. II S. 252 Bem. 1 zu § 1011). Wenn man also mit der Geteiltheitslehre Binders (oben S. 143 Anm. 265 zu § 8) oder der Lehre v. Tuhrs (oben S. 137 Anm. 247 zu § 8) das „gemeinschaftliche" Recht überhaupt leugnet, gerät man in Konflikt mit dem Gesetzeswortlaut. Die Erklärung des § 1011 bei Kattausch, Die Anteile der Miteigentümer usw., S. 24 ff. aus der (angeblichen) Natur

durchaus im Wesen des gemeinschaftlichen Rechts selbst begründet[314]), so wie es im Rahmen unseres positiven Rechtes sich darstellt[315]).

---

des Miteigentümerrechts als eigenartig beschränkten, selbständigen, dinglichen Rechts an der Sache befriedigt keineswegs.

[314]) Ob man dieses Geltendmachungsrecht (bei einer die Rechtsanteile isolierenden Betrachtung) insofern als lediglich „formellrechtlicher“ Natur bezeichnen könnte, als es sich sicherlich mit dem Inhalt der dem einzelnen Teilhaber für sich zustehenden Rechtsmacht nicht deckt — denn im einzelnen Anteilrecht selbst liegt eben nicht die ganze vindikatorische (usw.) Befugnis —, bleibt für uns ohne Bedeutung; gerade weil der einzelne (gegenständliche) Rechtsanteil für uns Bestandteil der ganzen Zuständigkeitsform ist, können wir jenes Geltendmachungsrecht, obwohl es über den rechtlichen Inhalt eines einzelnen Rechtsanteils (für sich genommen) hinausgeht, dennoch als materiellrechtlichen Reflex des ganzen gemeinschaftlichen Rechts auch in den einzelnen gegenstandsrechtlichen Anteil verlegen. Gegenüber Dritten wirkt eben sowohl die gegenstandsrechtliche Natur des einzelnen Anteils als auch der Zusammenhang der Rechtsanteile, die Geschlossenheit und spezifische Gliederung des gemeinsamen Rechtskreises. — Vgl. übrigens auch die im ganzen zutreffende Formulierung von Krückmann, Beschränkter Rechtserwerb oder qualitative Teilung usw., im ArchZivPrax. Bd. 103, 1908, S. 139 ff. auf S. 210: „Es wäre falsch zu sagen, jeder Miteigentümer habe die vindikatorischen und negatorischen Befugnisse ganz, es muß vielmehr heißen, daß jeder Miteigentümer eine vindikatorische und eine negatorische Befugnis zur alleinigen Verfügung hat.“ —

Die Mehrheit der gegenständlichen Anteile und ihre grundsätzliche rechtliche Gleichwertigkeit im Rahmen des gemeinschaftlichen Rechtskreises erklärt zugleich, warum die Reaktion bzw. Angriffswirkung des ganzen Rechts, indem sie zugunsten eines jeden der mehreren Gemeinschafter selbständig eintritt, möglicherweise im ganzen mehrmals stattfinden kann. Vgl. auch unten S. 171 f. wegen der mangelnden Rechtskraftwirkung für und gegen die nicht an der Klage beteiligten Gemeinschafter.

[315]) Zutreffend Hellwig, Anspruch und Klagrecht, S. 186: „. . . das Miteigentum des Klägers steht mit dem der andern Miteigentümer in engstem Konnex.“ Wenn er aber hieraus und aus den Grundsätzen über die Ansprüche auf unteilbare Leistungen folgert, daß die Vorschrift des § 1011 überflüssig sei und nur zu der (von der herrschenden Auffassung angenommenen, aber nach Hellwig irrigen) Anwendbarkeit des § 1011 auf teilbare persönliche Ansprüche (auf Schadensersatz wegen Beschädigung oder Vernichtung der Sache) verleite, so ist das sicherlich unzutreffend. Wir sehen vielmehr, daß die Vorschrift des § 1011 der Ausdruck eines höchst wichtigen und über die ihr

Wir haben daher in den beiden genannten Gesetzesvorschriften nicht „ganz singuläre Normen" [316]) zu erblicken, die innerhalb der regelmäßigen Rechtsgemeinschaft nur für das Miteigentum [317]) und innerhalb der Gesamthandberechtigungen nur für die Miterbenrechte [318]) gelten, sondern den Ausdruck eines allgemeinen und für alle Rechtsgemeinschaftsarten unseres Rechts geltenden Rechtsgrundsatzes, der die rechtliche Stellung des einzelnen Teilhabers eines irgendwie gemeinschaftlichen [319]) Rechts gegenüber Dritten im Falle der Verletzung, der Anmaßung, der Verweigerung des ganzen (gemeinschaftlichen) Rechts [320]) bestimmt [321]). Der einzelne Gemeinschafter ist

---

von Hellwig gegebene Bedeutung weit hinausreichenden Grundprinzips bei (regelmäßigen) Rechtsgemeinschaften ist, welches das positive Recht — zum mindesten bei dem wichtigsten Anwendungsfall — besonders auszusprechen sehr wohl Veranlassung hat. Vgl. auch unten S. 173 Anm. 328 a. E. (auf S. 176 f.).

[316]) So (für § 2039) Hellwig, a. a. O., S. 188, 342 Anm. 2 und die übliche Auffassung, anscheinend auch für § 1011. Vgl. etwa noch Lux, Die Notwendigkeit der Streitgenossenschaft (in Fischers Abhandlungen zum Privatrecht usw., Heft XIII 2), München 1906, S. 58: „Die Bestimmung des § 2039 ist eine Ausnahmevorschrift, die analoger Ausdehnung nicht fähig ist. Sie bildet vielmehr ein argumentum e contrario . . .," und weiterhin: „. . . es besteht kein Anlaß, das Prinzip der schlichten Mitberechtigung" — womit er gemäß S. 37 die §§ 1011, 2039 meint — „. . . auf die beendete Gütergemeinschaft oder die Gesellschaft des BGB. auszudehnen."

[317]) So Enneccerus in seinem Lehrbuch (mit Kipp und Wolff), Bd. I 2 S. 508 § 404 3: § 1011 sei eine „wichtige Ausnahme" beim Miteigentum, die im übrigen für Bruchteilsgemeinschaften nicht gelte. Im gleichen Sinne Planck, Kommentar, Bd. II S. 780 Bem. IVa vor § 741; S. 783 Bem. 2 zu §§ 744—746; Crome, System, Bd. II S. 815 § 286 IV 1.

[318]) Dies die herrschende Lehre.

[319]) Ob im Falle der ehelichen Gütergemeinschaft das Prinzip aus besonderen Gründen versagen muß (vgl. auch oben S. 118 Anm. 226 zu § 7) bleibe hier dahingestellt; im Stadium der „beendeten" Gütergemeinschaft (§§ 1471 ff.) gilt es u. E. sicherlich.

[320]) Ob bzw. inwieweit dieser Rechtsgrundsatz auch für Rechte gilt, denen kein Anspruch gegen Dritte entspringt, bzw. die nicht Anspruchscharakter haben, also für Gestaltungsrechte, kann erst später in Teil IV (Rechtsgemeinschaft bei Gestaltungsrechten) unter-

zufolge seines (gegenständlichen) Rechtsanteils zum Vorgehen, zur Klage gegen den Dritten aus dem gemeinsamen

---

sucht werden. Vgl. einstweilen etwa Planck, Kommentar, Bd. V (von Strohal, S. 265 Bem. 7 zu § 2039.

[321]) Mit Recht wird daher in der neueren italienischen Wissenschaft und Rechtsprechung (allerdings noch nicht herrschende Lehre!) die Befugnis des einzelnen Teilhabers bei der (dem italienischen Recht allein bekannten) „schlichten" Rechtsgemeinschaft (insbes. dem Miteigentum) auch ohne positivrechtlichen Ausspruch angenommen; so bereits Ricci, Corso teorico-pratico di diritto civile, jetzt 3a ed. (von Piola), vol. V, Torino 1912, S. 18 Nr. 12, S. 19 Nr. 13 (mit einigen gerichtlichen Entscheidungen); F. S. Bianchi, Corso di codice usw., vol. IX 3 S. 957 f., 961 f. Nr. 80 — dessen Begründung aus seiner Miteigentumsauffassung (vgl. oben S. 60 Anm. 123 zu § 5) unter Betonung des selbständigen Individualrechts des einzelnen (neben dem „Gesamtrecht" aller) jedoch wenig glücklich ist und sich nahezu vollständig mit der des RG. Bd. 20 S. 312 ff. (für das preußische Recht) gegebenen Begründung deckt, die wir auf Grund des bereits oben S. 60 Anm. 123 zu § 5 Gesagten als unzutreffend erkannten —; vor allem aber Redenti, Il giudizio civile con pluralità di parti, Milano 1911, S. 179 f. Nr. 105 (für die actio confessoria und die negatoria) und S. 202 Anm. 178 zu Nr. 117 (für die rei vindicatio) (mit klarer Unterscheidung des für uns allein in Frage stehenden Falles einer Klage gegen einen außenstehenden, unberechtigten Dritten und des — anders zu behandelnden — Falles der Klage gegen einen unter Behauptung eines eigenen Eigentumstitels oder Miteigentumstitels besitzenden Dritten, also des Falles, wo die Potiorität des Rechtstitels festzustellen ist), der (für die ersten Fälle) auf eine Abhilfe aus Art. 678 codice civile (etwa = § 745 BGB.) hinweist und (für den zweiten Fall) aus Artt. 1034, 679 codice civile ableitet, „che ciascun condomino può escludere totalmente il terzo provando che egli è titolare (insieme con altri) della proprietà." Bei Redenti auch Näheres über die Wirkungen des ergehenden Urteils auf die andern Miteigentümer (vgl. auch unten S. 171 Anm. 324) sowie die hauptsächlichste gegenteilige französische und italienische Literatur. — Für das neue schweizerische Miteigentum vgl. Art. 648 ZGB. und dazu Wieland, Kommentar zum Sachenrecht, S. 39 f. Bem. 3; Leemann im Gmürschen Kommentar, Bd. IV 1 S. 64 f. Bem. 6. Der französische Text, der von dem deutschen hier nicht unerheblich abweicht, gibt dem einzelnen Miteigentümer die Befugnis „de veiller aux intérêts communs". Als Ergänzung dieser materiellrechtlichen Sätze geben einzelne der neuen kantonalen Prozeßordnungen, wie z. B. die ZPO. für Luzern vom 28. Jan. 1913, Art. 58 Abs. 2, bei den Bestimmungen über die Streitgenossenschaft ausdrücklich jedem einzelnen der Mitberechtigten

Rechte legitimiert. Er klagt daher zwar auf Unterlassung der Störung schlechthin, auf Feststellung des Rechts für alle Gemeinschafter, auf Leistung, Herausgabe an alle usw.; aber er klagt allein und zunächst im eigenen Interesse, wahrt aber neben seinem Anteil zugleich das gemeinsame Recht[322]) und in ihm die (gegenständlichen) Rechtspositionen seiner Genossen. Daß er dabei grundsätzlich das gemeinschaftliche Eigentum im ganzen (insbesondere bei der regelmäßigen Rechtsgemeinschaft nicht nur sein eigenes „Teilrecht“) beweisen muß[323]), beruht eben darauf, daß er mit seiner gegenständlichen Rechtsposition zugleich eine Reaktion bzw. Angriffswirkung des ganzen gemeinschaftlichen Rechts geltend macht, und daß das ergehende Urteil Rechtskraftwirkung nur zwischen den Parteien und nicht für oder gegen die andern Gemeinschafter[324]) hat, liegt daran, daß der ein-

---

einer „Gemeinschaft eines Rechtes“ „das Recht, wenn nicht alle Ansprecher gemeinsam klagen, Klage zu stellen.“ Vgl. ferner §§ 37 Abs. 2, 39 der ZPO. für Zürich vom 13. April 1913.

[322]) Bei der regelmäßigen Rechtsgemeinschaft, wo frei verfügbare Rechtsanteile bestehen, hat er also die Wahl zwischen der Geltendmachung lediglich seines Rechtsanteils im eigenen Interesse oder aber der Geltendmachung des ganzen gemeinschaftlichen Rechts gegenüber dem Dritten im eigenen und zugleich im gemeinsamen Interesse aller Mitgemeinschafter. Eine Einwendung aus dem „Innenverhältnis“ der Gemeinschafter, etwa die Einwendung, daß der Kläger nach den besonderen Gebrauchsregelungen gar nicht zu dem Gebrauche berechtigt sei und daher die Rechtsanmaßung oder Störung des Dritten ihm gleichgültig sein könne, steht dem Dritten nach dem Gesagten nicht zu; noch weniger eine exceptio plurium litisconsortium.

[323]) So auch die übliche Meinung, die jedoch zuweilen den unzutreffenden und namentlich wegen der Nichterstreckung der Rechtskraft (vgl. den Text im folgenden) unrichtigen Gesichtspunkt einer gesetzlichen Vertretung der übrigen Miteigentümer durch den klagenden Genossen hineinzieht; so z. B. BGB.-Kommentar von Reichsgerichtsräten, Bd. II S. 252 Bem. 1 zu § 1011 (vgl. aber dagegen zutreffend Bd. III S. 532 Bem. 2 zu § 2039).

[324]) So heute die herrschende Lehre für die §§ 1011, 2039 BGB. (vgl. dazu auch Mot. Bd. III S. 446; Hellwig, Anspruch und Klagrecht, S. 182 Anm. 5) und bereits das frühere preußische und sächsische, sowie das geltende italienische und schweizerische Recht. Unterliegt also der klagende Miteigentümer, so bleibt für die andern die Möglichkeit einer gleichen Klage (insbes. auf Herausgabe der ganzen Sache

zelne klagende Mitberechtigte nicht Vertreter der übrigen ist[325]).

Die Betonung des genannten allgemeinen Rechtsgrundsatzes für die „Außenbeziehungen" gemeinschaftlicher Rechte[326]) ist besonders wichtig für das Gebiet der Gesamthandschaften[327]), da hier Literatur und Rechtssprechung,

---

an alle gemeinschaftlich) gegen den (zuerst) siegreichen Dritten unberührt. Daß sich hieraus, bei widersprechenden Entscheidungen, nach modernem Recht (insbes. wegen mangelnder Duplizität der rei vindicatio) lediglich ein theoretischer, nicht ein praktischer Konflikt entwickeln kann, zeigt Redenti, Il giudizio civile, a. a. O. — Anders bzw. zum Teil (hinsichtlich der actio confessoria; vgl. dazu L. 4 § 3 D. 8, 5) anders für das gemeine Recht v. Savigny, System des heutigen römischen Rechts, Bd. VI, Berlin 1847, S. 479 ff. § 301 II Da; Rümelin, Die Teilung der Rechte, S. 69; Windscheid (-Kipp), Pandekten, Bd. I S. 668 f. und Anm. 4—6 zu § 132; S. 875 Anm. 4 d zu § 169a; Binder, Die subjektiven Grenzen der Rechtskraft, Leipzig 1895, S. 48 ff.

[325]) Communis opinio. Vgl. auch Wieland, Schweizerisches Sachenrecht, S. 40 Bem. 3 zu Art. 648; andrerseits aber Crome, System, Bd. III S. 435 § 421 II 1, sowie auch oben Anm. 323.

[326]) Man darf diesen Grundsatz nicht etwa, statt auf die §§ 1011, 2039, auf die §§ 744 Abs. 2, 2038 Abs. 1 Satz 2, 1472 Abs. 2 BGB. zurückführen (wie etwa auch gemeinrechtlich, z. B. von Ubbelohde in den Göttingischen Gelehrten Anzeigen Bd. I, 1883, S. 795 die Legitimation des einzelnen Miteigentümers zur Erhebung der actio confessoria hinsichtlich des ganzen Miteigentumsgrundstücks zuweilen auf seine Befugnis zur selbständigen Vornahme von Erhaltungsmaßregeln abgeleitet wurde). Denn abgesehen davon, daß man dann immer nur eine an besondere Voraussetzungen gebundene und auf Notfälle beschränkte Geltendmachungsbefugnis des Gemeinschafters erhielte, würde dabei übersehen, daß die genannten Gesetzesvorschriften das Verhältnis der Anteilsberechtigten zueinander betreffen, also zur „inneren Gemeinschaftsordnung" gehören, die ja, wie wir sahen (vgl. oben S. 164 f.), Dritten gegenüber grundsätzlich keine Bedeutung hat, während für das „Außenverhältnis", als Grundlage der „Individualklage" gegen den Dritten, Bestimmungen heranzuziehen sind, die Beziehungen außerhalb der inneren Ordnung regeln. Es beruht also z. B. auf § 2038 Abs. 1 Satz 2, ob der Miterbe durch eine eigene Maßnahme eine Nachlaßverbindlichkeit begründet, dagegen auf § 2039, ob er gegenüber dem Dritten allein aktiv legitimiert ist. Wäre dem anders, so wäre § 1011 wegen des § 744 Abs. 2, § 2039 wegen des § 2038 Abs. 1 Satz 2 überflüssig.

[327]) Die Ausdehnung des § 1011 BGB. auf alle andern regelmäßigen Rechtsgemeinschaften dürfte in der Praxis nicht auf erheblichen

soweit sie der Frage überhaupt nähertreten, die von unserm höchsten Gerichtshofe angenommene Anwendbarkeit des § 2039 auf alle Gesamthandverhältnisse einstweilen noch nahezu einhellig ablehnen[328]).

Widerstand stoßen (vgl. übrigens auch RG. Bd. 60 S. 270 — dazu aber wiederum oben S. 130 Anm. 236 zu § 8 —; andrerseits jedoch auch oben S. 169 Anm. 317). Dies um so weniger, als die hierin vorbildliche preußische Praxis (vgl. oben S. 166 Anm. 309) zur Anwendbarkeit des allgemeinen Grundsatzes auf gemeinschaftliche Rechte überhaupt (und damit auch auf gemeinschaftliche Forderungen) bereits zufolge des weiteren preußischrechtlichen Begriffs des „Eigentums“ gelangen mußte; vgl. dazu insbes. RG. Bd. 20 S. 312 ff. In der heutigen Literatur wird die Geltung des Grundsatzes des § 1011 für alle regelmäßigen Mitberechtigungen zutreffend angenommen von Hellwig, a. a. O., S. 186 Anm. 15; Cosack, Lehrbuch, Bd. II S. 465 § 285 I 2 β; Saenger, Gemeinschaft und Rechtsteilung, S. 106/7 (aber nur für „eigentumsähnliche Vollrechte“, wie Patent-, Urheberrecht). — Wegen der analogen Ausdehnung des § 1011 auf Gesamthandverhältnisse vgl. unten Anm. 328 a. E. (auf S. 176 f.).

[328]) Die hier in Frage kommenden beiden Entscheidungen des RG. (in GruchotsBeitr. Bd. 49, 1905, S. 972 ff. (= JW. 1905 S. 146 f. Nr. 28) und in RG. Bd. 70 S. 32 ff. (vgl. dazu ferner JW. 1900 S. 553) sprechen aus, „daß § 2039 keineswegs eine singuläre, auf die Erbengemeinschaft beschränkte Bestimmung enthalte“, daß vielmehr die ihm zugrunde liegenden Erwägungen „auch auf die sonstigen, dem Bürgerlichen Gesetzbuch bekannten Gesamtrechtsverhältnisse zuträfen.“ (Für die gütergemeinschaftlichen Rechte nach Scheidung der Ehe vgl. übrigens bereits RG. Bd. 48 S. 269 ff. auf S. 271/2.)

Die Begründung in RG. Bd. 70 S. 32 ff. geht aber fehl, wenn sie den Grundsatz des § 2039 schlechthin mit dem (für die Forderungen mehrerer auf dieselbe unteilbare Leistung) „im § 432 im allgemeinen aufgestellten Grundsatze“ identifiziert (a. a. O., S. 34). (Ähnlicher Irrtum unter gleichzeitiger Annahme eines allgemein gegebenen selbständigen Geltendmachungsrechts des einzelnen Gesamthänders bereits bei Scherer, Recht der Schuldverhältnisse usw., Erlangen 1889, S. 997 f. Vorbem. 3 und S. 997/8 Vorbem. 4aα vor § 705; S. 419 Bem. 5b und S. 421 Bem. 7b zu § 432; Rehbein, Das bürgerliche Gesetzbuch usw., Berlin 1903, S. 443/4 Bem. II 3 und S. 470 Nr. 36 zu §§ 420—432; sowie jetzt BGB.-Kommentar von Reichsgerichtsräten, Bd. I S. 658 Bem. 4 zu § 714 für gesellschaftliche Rechte. — Gegen das Zusammenwerfen von unteilbaren Forderungen und Gesamthandforderungen vgl. etwa Lux, a. a. O., S. 39 f., 54; Enneccerus, a. a. O., Bd. I 2, 1914, S. 281 Anm. 7 zu § 319; Kaufmann, Das Eigentum am Gesellschaftsvermögen, S. 97 f.) Vielmehr besteht zwischen den beiden Rechts-

II. Die bisherigen Betrachtungen waren den „interindividuellen Beziehungen“ gewidmet, die zwischen den

---

figuren, die einerseits der § 432, andrerseits der § 2039 im Sinne hat, ein wesentlicher Unterschied, der durch die Kennzeichnung der Rechtszuständigkeit im einen und im andern Falle sofort klar hervortritt: Im ersten Falle haben wir mehrere ganze, selbständige und nur in demselben Ziel (derselben Leistung) zusammentreffende einzelzuständige (bzw. je eigener Zuständigkeitsform teilhaftige) Forderungsrechte auf (dieselbe) unteilbare Leistung, im zweiten Falle dagegen lediglich eine mehrheitlich zuständige gesamthänderisch gemeinschaftliche Forderung (mit Rechtsanteilen der Forderungsgemeinschafter), die ebensowohl auf eine teilbare, wie auf eine unteilbare Leistung gehen kann, und die insbes., sofern die Leistung an sich teilbar ist, nicht deshalb zu einer Forderung auf „unteilbare“ Leistung wird, weil für die Erfüllung § 2039 gilt. Es ist nicht wohl zu bezweifeln, daß in die Lehre von den unteilbaren Forderungen (und damit unter den § 432) nur die Fälle gehören, bei denen die Teilung mit Rücksicht auf den Inhalt der Leistung ausgeschlossen ist (vgl. z. B. Rümelin, Die Teilung der Rechte, S. 234). Dann hat aber der Fall des § 2039 mit den unteilbaren Obligationen nichts zu tun, weil die darin festgestellte besondere Gestaltung der Erfüllungsweise einer gesamthänderisch gemeinschaftlichen Forderung (bzw. eines solchen Anspruchs) nicht mit Rücksicht auf die Unteilbarkeit der Leistung angeordnet ist, d. h. weil hier gerade nicht „der Gedankengang . . . des Gesetzgebers den Weg über die Unteilbarkeit der Leistung nimmt“ (Rümelin, a. a. O.), und daher keine Wirkung der Unteilbarkeit des Forderungsrechts in Frage steht. Wenn daher auch äußerlich in der Wortfassung § 432 und § 2039 einander ähnlich sind, so ist doch ihre rechtliche Bedeutung eine ganz verschiedene: § 432 modifiziert als Wirkung einerseits der (an sich vorhandenen) Unteilbarkeit der Leistung, andrerseits der Mehrheit selbständiger und darum frei verfügbarer einzelner Ganzforderungsrechte für jedes einzelne dieser Forderungsrechte das Leistungsbegehren und damit den Inhalt des einzelnen Gläubigerrechts; § 2039 dagegen bestimmt die (wegen der Notwendigkeit der Überführung der einzelnen geschuldeten Leistung in das Gesamthandvermögen) normale Erfüllungsweise bei allen Gesamthandforderungen und gewährt zugleich den einzelnen Forderungsanteilsberechtigten eine (in ihrem unverfügbaren Anteilrecht zunächst nicht gelegene) eigene Befugnis zur Geltendmachung und Einziehung der gemeinschaftlichen Forderung für alle gegenüber dem Schuldner. Ebensowenig wie im Falle des § 432 die Unteilbarkeit der Leistung eine Veränderung der Zuständigkeitsform der mehreren Forderungsrechte mit sich bringt, in der Richtung insbes., daß aus den mehreren selbständigen (möglicherweise nacheinander begründeten!) Einzelforderungen auf

Gemeinschaftern einerseits und Dritten (Außenstehenden) andererseits, zwar auf Grund der Gemeinsamkeit einer in

---

dieselbe unteilbare Leistung eine „gemeinschaftliche" Forderung (also mit relativ unselbständigen Anteilen) würde, wie dies oft — namentlich unter der Nachwirkung der Regelung des preußischen Rechts — irrigerweise angenommen wird (vgl. z. B. — außer Mot. Bd. II S. 171 f., 885 — Dernburg, Das bürgerliche Recht usw., Bd. II 1, 4. Aufl., Halle 1909, S. 468 f. § 167 II; Oertmann, Schuldverhältnisse, S. 349 Vorbem. 5b zu §§ 420 ff.; S. 367 Bem. 1 zu § 432; gegen sie zutreffend Crome, System, Bd. II S. 11 f. § 139 2a; vgl. im übrigen auch oben S. 103/4 in § 7 darüber, daß sich mehrere einzelzuständige Rechte nicht zu einem mehrheitlich zuständigen Rechte vereinigen), ebensowenig macht umgekehrt die besondere Eigenart einer Form mehrheitlicher Zuständigkeit (insbes. die Unverfügbarkeit des Rechtsanteils) das (gemeinschaftliche) Forderungsrecht der Miterben (§§ 2039, 2032) oder anderer Gesamthandberechtigter in jedem Falle zu einem „unteilbaren", das damit von selbst der Vorschrift des § 432 unterfiele. (Andrerseits fällt aber auch nicht, wie Binder, Die Rechtsstellung des Erben, Bd. III S. 52 f., 77 meint, eine — gleichviel, ob teilbare oder unteilbare — Forderung durch Übergang auf mehrere Erben, anstatt „gemeinschaftlich" zu werden, in mehrere selbständige Rechte auf Leistung „an die Gemeinschaft" (!) auseinander, in selbständige Einzelrechte mit modifiziertem Inhalt; vgl. dazu auch oben S. 144 Anm. 266 zu § 8.) Die (auch in RG. Bd. 70 S. 33 zum Ausdruck kommende) Auffassung, daß die gesamte Hand „einen Fall der gesetzlichen Unteilbarkeit im Sinne des § 432" bilde (Scherer, a. a. O., S. 997/8; ähnlich aber auch Crome, System, Bd. V S. 706 § 739 4; vgl. dazu Bd. II S. 14 § 139 2b), und daß es sich beim gesamthänderischen Recht um eine „gemeinschaftliche Berechtigung in demselben Sinne und mit gleicher Bedeutung" handle, wie im Falle des § 432 (Rehbein, a. a. O., S. 470), ist verfehlt. Vielmehr ist daran festzuhalten, daß § 432 auf eine gemeinschaftliche (insbes. gesamthänderische) Forderung mehrerer überhaupt nicht zutrifft, sondern mehrere Einzelgläubiger im Sinne hat. (Wichtig auch für die Anwendbarkeit der §§ 741 ff. im Verhältnis dieser Einzelgläubiger zueinander, die von der herrschenden Lehre bejaht wird, wie sie auch schon von Mot. Bd. II S. 172 ohne weiteres angenommen wurde; Näheres später in Teil IV.)

Daher kann man auch die Anerkennung eines eigenen Geltendmachungsrechts für den einzelnen Mitberechtigten eines gemeinschaftlichen (insbes. eines gesamthänderischen) Rechts niemals aus § 432 ableiten, weil die Bedeutung dieser Bestimmung nicht in der Statuierung eines eigenen Geltendmachungsrechts jedes Gläubigers liegt — das ja eben wegen des eigenen Ganzforderungsrechts des

sich gegliederten Rechtssphäre, aber doch eben zugunsten jedes einzelnen Anteilsberechtigten (zufolge seiner eigenen

---

einzelnen eine Selbstverständlichkeit ist —, sondern in einer besonderen Modifizierung der Richtung des einzelnen Ganzforderungsrechts.

Der im übrigen — abgesehen von der Hineinziehung des § 432 — zutreffenden Grundauffassung des RG., die in § 2039 ein allgemeines Prinzip für alle Gesamthandverhältnisse erblickt und das selbständige Geltendmachungsrecht auch andern Gesamthändern zuspricht, folgen der BGB.-Kommentar von Reichsgerichtsräten, Bd. III S. 532 Bem. 2 zu § 2039 und Dernburg (-Engelmann), Das bürgerliche Recht usw., Bd. V, 3. Aufl., Halle a. S. 1911, S. 515 § 177 V; für ein Individualklagerecht jedes Gesellschafters unter Heranziehung des Gedankens der Unteilbarkeit der Leistung (§ 432) und des § 2039 (entsprechend RG. Bd. 70 S. 32 ff.) BGB.-Kommentar von Reichsgerichtsräten, Bd. I S. 569 Bem. 4 zu § 714; für die analoge Ausdehnung des § 2039 auf gütergemeinschaftliche Rechte im Stadium der Auseinandersetzung (§ 1472) zutreffend Planck, Kommentar, Bd. IV S. 280 Bem. 1 zu § 1472. — Gegen ein eigenes Geltendmachungsrecht eines Gesamthänders außerhalb des § 2039 insbes. Lux, a. a. O., S. 58 (vgl. oben S. 169 Anm. 316); Oertmann, a. a. O., S. 367 Bem. 1d zu § 432 sowie S. 876 Bem. 1c zu § 718; Cosack, Lehrbuch, Bd. II S. 439 f. § 276 2; Kaufmann, a. a. O.; Josef, Die Berechtigung des einzelnen Gesellschafters usw., im ArchBürgR. Bd. 38, 1913, S. 83 ff. (gegen RG. Bd. 70 S. 32 ff.) — vgl. aber andrerseits Josef im ArchZivPrax. Bd. 107, 1911, S. 182 Anm. 21 —; OLG. Kassel in OLGRspr. Bd. 22, 1911, S. 336 ff.; Hellwig, System des deutschen Zivilprozeßrechts, Bd. I, Leipzig 1912, S. 332 § 121 II 1a.

Für die Fortentwicklung der vom RG. und den vorhin genannten Schriftstellern inaugurierten Rechtsauffassung in der Praxis und für ihre Anerkennung in der Literatur scheint es uns übrigens nicht so sehr von Bedeutung, ob man die Gewährung des Individualklagerechts an den einzelnen Gemeinschafter — mit dem RG. — als eine Durchbrechung des Grundsatzes der gesamten Hand (der Verfügungsgebundenheit) ansehen will, oder aber — wie wir für richtig halten — als eine Konsequenz aus der Auffassung des Gesetzes vom gemeinschaftlichen Recht überhaupt, sofern man nur die allgemeine Geltung und die grundsätzliche Bedeutung des § 2039 für alle gesamthänderisch gemeinschaftlichen Rechte anerkennt. Ja, selbst die analoge Ausdehnung des § 1011 auf Gesamthandverhältnisse können wir uns gefallen lassen, wie sie Crome (a. a. O., Bd. II S. 785 Anm. 10 zu § 282) — wenn auch nur für gesellschaftliches Eigentum — ausspricht: „Gegenüber Dritten kann jeder Eigentum und Besitz verteidigen. Das folgt a fortiori aus § 1011 BGB. und der Besitzlehre." (Vgl. übrigens auch Planck, Kommentar, Bd. V S. 263 Bem. 2 zu § 2039. — Gegen eine analoge Ausdehnung des § 1011 Kaufmann, a. a. O.,

gegenstandsrechtlichen Stellung) eintreten; die „interindividuellen Beziehungen", bei denen lediglich die Gemeinschafter „alle zusammen" dem Dritten ebenso gegenübertreten, wie sonst der Alleinberechtigte eines gleichen Rechts, interessieren hier, wie ohne weiteres einleuchtet, nicht.

Das Moment, das den Charakter der Rechtsanteile als unselbständiger und zu einer Zuständigkeitsform eines Rechtsinhalts zusammengeschlossener Rechtspositionen bestimmt, liegt jedoch nicht in den Außenbeziehungen des einzelnen Mitberechtigten zu Dritten, sondern in seinen Innenbeziehungen zu den andern Anteilsberechtigten. Ihre Notwendigkeit ist offenbar; wenn, wie wir sahen[329]), die Befugnisse des gemeinsamen Rechtsinhalts in den einzelnen Rechtsanteilen und durch sie voll zur Ausübung gelangen sollen, so muß eben — soll nicht völlige Anarchie herrschen

---

S. 98; Hellwig, a. a. O.) Denn darin liegt zugleich die Anerkennung eines über den Bereich des Miteigentums bzw. der regelmäßigen Rechtsgemeinschaft hinaus wirkenden Prinzips, wie wir es, als im Wesen des gemeinschaftlichen Rechts selbst begründet, verteidigen.

Nur die Zurückführung dieses Prinzips auf § 432 (als auf die gesetzliche Bestimmung über mehrere Forderungen auf eine unteilbare Leistung) muß unterbleiben; § 432 macht vielmehr weder den § 2039 noch — wie ebenfalls des öfteren behauptet wird (so von Hellwig an der oben S. 168 Anm. 315 erwähnten Stelle und von Lux, a. a. O., S. 39) — den § 1011 überflüssig.

Übrigens wird für das neue schweizerische Recht mangels einer besonderen gesetzlichen Bestimmung bzw. zufolge andersartiger Regelung (gerichtliche Bestellung eines Vertreters auf Begehren eines Miterben: Art. 602 Abs. 3 ZGB.) ein Individualklagerecht des einzelnen Miterben nicht angenommen und insbes. auch nicht aus der unserm § 432 BGB. durchaus gleichen Bestimmung des Art. 70 Abs. 1 OblR. abgeleitet, obwohl man unzutreffenderweise auch die letztere Bestimmung („Ist eine unteilbare Leistung an mehrere Gläubiger zu entrichten, so...") als ein „Schuldverhältnis zu gesamter Hand" bezeichnet; vgl. dazu Escher, Das Erbrecht usw. (im Kommentar von Egger u. a.), Zürich 1912, S. 276 Bem. 3 zu Art. 602; Oser, Das Obligationenrecht, Zürich 1911 ff., S. 267 Bem. 3a zu Art. 70; S. 385 Vorbem. 2b vor Art. 143; v. Tuor, Das neue Recht, Zürich 1912, S. 291 f. Sollte aber nicht in den neueren kantonalen Bestimmungen über die Streitgenossenschaft (vgl. oben S. 170 Anm. 321 a. E.) auch für Gesamthandrechte ein Individualklagerecht des einzelnen grundsätzlich anerkannt sein?

[329]) Vgl. oben S. 104 f. in § 7.

und eine allseitige ungehemmte Aktionsfreiheit geradezu zur Negation der (vollen) Rechtsausübung führen — der einzelne Anteilsberechtigte gegenüber seinen Mitberechtigten in ein bestimmtes Verhältnis gesetzt werden, müssen die Einzelinteressen gegeneinander und gegen das gemeinsame Interesse abgewogen werden. Es bedarf der Abgrenzung der Rechtsstellungen der Teilhaber im Innern des gemeinsamen Rechtskreises, der Festlegung der den einzelnen zukommenden Nutzungs-, Einwirkungs-, Verfügungsbefugnisse hinsichtlich des Objektes des gemeinsamen Rechts, und dementsprechend des Ausschlusses oder der Einschränkung der freien Willkür des einzelnen in der Einwirkung auf das Objekt, sowie andererseits der Umgrenzung des Gebiets eines notwendigen — sei es rechtlich erzwingbaren oder nur in Güte erreichbaren — Zusammenwirkens aller zur rechtswirksamen Ausübung gewisser Befugnisse des ganzen Rechtsinhalts[330]), und schließlich der Gewährung von gegenseitigen

---

[330]) Eine gesetzgeberische Auffassung, die nur mit den Rechten der einzelnen Teilhaber operiert und die rechtliche Synthese der Anteile zu einer Zuständigkeitsform eines Rechtsinhalts nicht oder nicht genügend in Rücksicht zieht, kommt nicht dazu, den Willen der Mehrheit der Teilhaber (insbes. in der Frage der Verwaltung und Nutzung des gemeinschaftlichen Rechtsobjekts) in maßgebender und zweckmäßiger Weise zu verwerten. Die den praktischen Bedürfnissen nur mangelhaft genügende Regelung der communio pro indiviso des klassischen römischen Rechts ist im wesentlichen auf eine solche übertrieben individualistische rechtliche Gestaltung zurückzuführen. (Vgl. auch Perozzi, Istituzioni, Bd. I S. 473 § 99 sowie unten S. 221 Anm. 408). Daß die Ablehnung des Mehrheitsprinzips bei den Römern der klassischen Zeit (im übrigen vgl. die eben genannte Anmerkung) lediglich die „logische Folge der Gleichberechtigung" gewesen sei, wie Binder (Die Rechtsstellung des Erben, Bd. III S. 46) sagt, genügt als Erklärung offenbar nicht oder ließe sich nur dann behaupten, wenn man unter dieser „Gleichberechtigung" eine Gleichheit mehrerer völlig unabhängiger und voneinander getrennter Rechtsstellungen versteht (was bei Binder an dieser Stelle jedenfalls nicht zum Ausdruck kommt und in dem Worte gewiß nicht liegt); denn eine sonstige (qualitative) „Gleichberechtigung" der Teilhaber besteht auch bei den Rechtsgemeinschaften derjenigen Rechtssysteme, die das Mehrheitsprinzip eingeführt haben.

Soweit andrerseits spätere Rechtssysteme bei der schlichten Rechtsgemeinschaft den Mehrheitswillen als bestimmenden Faktor für ge-

Ausgleichungsrechten; erst dies alles vermag den durch das gemeinsame Recht gewährleisteten Genuß für alle Gemeinschafter in grundsätzlich gleichmäßiger, vollständiger und dem Interesse aller entsprechender Weise zu ermöglichen und der Rechtsstellung des einzelnen Gemeinschafters ihren vollen rechtlichen Inhalt zu geben. Die Gesamtheit der hierzu dienenden rechtlichen Beziehungen und Wirkungen, die wir als die „innere Ordnung" des einzelnen gemeinschaftlichen Rechts bezeichnet haben, stellt sich damit, wie man erkennt, für die hauptsächlichste Kategorie der gemeinschaftlichen Rechte, für die absoluten Vermögensrechte, als die nähere Ausgestaltung der sog. „inneren" oder „positiven" Seite des absoluten Rechts[331]) dar[332]), also derjenigen Richtung des

---

wisse Machtverteilungen und Ausübungsregelungen im Innern des gemeinsamen Rechtskreises eingeführt haben, beraubt sich eine dogmatische Auffassung, die diese so geregelten Gemeinschaftsformen nur als Summe selbständiger Einzelrechte konstruiert und ihre Beziehungen nach Art interindividueller Rechtsbeziehungen versteht, der Möglichkeit, jene Besonderheit der positivrechtlichen Regelung als organischen Bestandteil der gesamten, die gegenseitigen Beziehungen beherrschenden und dem gemeinschaftlichen Rechte eingegliederten „inneren Ordnung" zu begreifen.

[331]) Die Unterscheidung zwischen der inneren und der äußeren, der positiven und der negativen Seite ist nicht nur beim Eigentum (vgl. auch die Fassung der Eigentumsdefinitionen sowie dazu § 903 BGB.), sondern überhaupt für absolute Herrschaftsrechte üblich; vgl. z. B. Crome, System, Bd. III S. 260 § 389 1; Bd. IV S. 2 § 517 I; v. Tuhr, Der allgemeine Teil, Bd. I S. 133 § 6 I. Der Wert der herrschenden Auffassung, die bei diesen Rechten den dogmatischen Akzent auf die rechtliche Herrschaft über das Objekt legt und die Pflichten aller Dritten als Konsequenz des Rechtes betrachtet, so daß also die sog. „innere Seite" des Rechts nicht lediglich eine „juristisch indifferente res merae facultatis" darstellt (vgl. v. Tuhr, a. a. O., S. 93 § 4 I 2 und S. 134 § 6 I), zeigt sich gerade im Bereiche der Rechtsgemeinschaft, da hier die gesamte „innere Gemeinschaftsordnung" die rechtliche Ausgestaltung der „inneren Seite" des absoluten Vermögensrechts bedeutet. — Inwieweit die Sache bei relativen, insbes. obligatorischen gemeinschaftlichen Rechten anders liegt, muß hier dahingestellt bleiben. Eine „innere Seite" des Rechts ist dort im gleichen Sinne jedenfalls nicht vorhanden, wenn man auch (z. B. bei der gesamthänderischen Forderung) einerseits die rechtlichen Beziehungen der anteilsberechtigten Gemeinschafter untereinander und andrerseits die eine gemeinschaftliche Rechtsbeziehung zum Schuldner

absoluten Rechts, für welche die Rechtsordnung bei Normierung des Inhalts der Vollrechte, und damit (in unmittelbarer Anwendbarkeit) für die Normalform der Einzelzuständigkeit, sich mit der Absteckung der Grenzen des freien Einwirkungsbeliebens und der freien Ausübungswillkür im allgemeinen (gesetzliche Beschränkungen des Eigentums, des Urheberrechts usw.) und im Falle entgegenstehender Rechte Dritter begnügt, ohne im übrigen für das in diesem Rahmen mögliche vielseitige Einwirkungsbelieben des Berechtigten Interesse zu zeigen[333]); und für welche sie bei

---

begrifflich auseinanderzuhalten hat. Nur auf die erstere „Seite" des gemeinschaftlichen Forderungsrechts würde sich die „Gemeinschaftsordnung" beziehen; doch muß hier die Beziehung zum Schuldner in anderer Weise von der Vergemeinschaftung betroffen werden, als bei den absoluten Vermögensrechten die Beziehung der Berechtigten zu einem Dritten. Näheres später in Teil III dieser Arbeit.

[332]) Auch für die Forderungsrechte können wir das „Innenverhältnis" zwischen den Mitgläubigern ihrer Beziehung zum Schuldner sehr wohl begrifflich gegenüberstellen, müssen aber doch zugleich auch hier versuchen, beide Seiten des „gemeinschaftlichen" Forderungsrechts konstruktiv zu vereinigen (vgl. unten S. 207 f.). Der Text läßt jedoch die relativen Rechte beiseite, da die uns geläufigere Trennung der beiden Seiten beim absoluten Vermögensrecht die Erkenntnis des Wesens der inneren Ordnung und ihrer Bedeutung für die Gliederung der gemeinsamen Rechtssphäre und die rechtliche Bestimmung der Anteile bedeutend erleichtert und die Übertragung der so gefundenen Sätze auf gemeinschaftliche Forderungen besser an anderer Stelle vorgenommen werden kann.

[333]) Innerhalb der rechtlich anerkannten Grenze ist freies Handeln rechtlich erlaubt, aber es ist doch eben insofern „rechtsfreies" Gebiet, als diese innere Seite des Rechts von besonderer Regelung frei bleibt: der Alleinberechtigte kann mit dem Objekt seines Vollrechts „beliebig verfahren". (In der Anerkennung dieser beliebigen Einwirkungsmöglichkeiten als rechtmäßiger, mit rechtlichen Wirkungen ausgestatteter, zeigt sich wiederum, daß wir es nicht lediglich mit einem Reflex von Rechtspflichten aller Dritten zu tun haben.) Die Vernichtung des wertvollsten Gemäldes durch den Eigentümer, die miserabelste Verwaltung seines Grundstücks, die törichteste Art des Gebrauchs seines Eigentumsobjekts, das Unterlassen jeder wirtschaftlichen Ausbeutung eines Immaterialguts sind der Rechtsordnung grundsätzlich gleichgültig. „Unzulässige" Einwirkungen auf sein Eigentumsobjekt kann der Eigentümer nur vornehmen, wenn er die öffentlichen Interessen der Allgemeinheit, die Rücksichten

begrenzten Rechten nur mit Rücksicht auf die Interessen des am gleichen Rechtsobjekt Vollberechtigten[334]) eine nähere Regelung und Ausführung vornimmt, insbesondere in der Weise, daß sie den positiven Gehalt der Rechtsmacht des begrenzt Berechtigten durch Statuierung besonderer gesetzlicher Pflichten einschränkt und näher rechtlich bestimmt[335]).

---

auf ein nachbarliches Zusammenleben oder die Rechte Dritter verletzt. — Das gilt auch für die Mitberechtigten in ihrer „Gesamtheit", insofern sie als solche rechtlich ebenso dastehen wie der Alleinberechtigte.

[334]) Die nähere Regelung für den Fall des Zusammentreffens mehrerer begrenzter Rechte — Rangordnung bzw. §§ 1024, 1060, 1090 Abs. 2 BGB. — bedeutet keine nähere gesetzliche Normierung der positiven Seite eines dieser mehreren Rechte, sondern betrifft nur ihre Ausübung. Dagegen handelt es sich im Falle des Textes um nähere rechtliche Bestimmung einer Seite des Rechtsinhalts von absoluten Rechten. Vgl. auch unten im Anhang IV S. 342 f. (über den Fall des § 1025).

[335]) So begründen insbes. die §§ 1036 Abs. 2, 1037, 1038, 1039 BGB. nicht nur obligatorische Verpflichtungen des Nießbrauchers, die neben seinem dinglichen Rechte einherlaufen und mit diesem nur als „Legalschuldverhältnis" verbunden sind, nur dessen „Annex" bilden (so die übliche Auffassung; vgl. z. B. Staudinger, Kommentar, Bd. III S. 564 Vorbem. 1 vor § 1030; Crome, System, Bd. III S. 509 § 435 Anm. 4) oder auf einem „durch den Nießbrauch begründeten schuldrechtlichen Verhältnis" beruhen (so BGB.-Kommentar von Reichsgerichtsräten, Bd. II S. 275 Vorbem. 1 vor § 1030); und ebensowenig genügt eine Auffassung dieser Rechtswirkungen lediglich von seiten des Eigentümers her, als dessen (mittelbar zuständiger) „obligatorischer Rechte", „die ex lege . . . aus seinem Rechtsverhältnis zum Nießbraucher entstehen" (so v. Tuhr, a. a. O., S. 66/7 § 2 IV). Vielmehr begründen die genannten Gesetzesbestimmungen dingliche Schranken des Nießbrauchsrechts, Schranken seines positiven Inhalts; die aus ihnen folgenden gesetzlichen „Pflichten" gehören unmittelbar zum Inhalt des Nießbrauchs selbst. (Zutreffend Dernburg, Das bürgerliche Recht usw., Bd. III S. 601 § 182 II 1 für § 1037 Abs. 1; Planck, Kommentar, Bd. III S. 386 Bem. 4 vor § 1030.) Daß daneben, insbes. in den §§ 1041 ff., ein gesetzliches Schuldverhältnis zwischen Nießbraucher und Eigentümer normiert ist, wird dabei nicht übersehen. Aber die „Pflichten" des Nießbrauchers sind eben verschiedener Art, und nur die zuletzt bezeichneten sind, wenn sie auch als organische Bestandteile des ganzen Nießbrauchrechts aufgefaßt werden können (vgl. Gierke, Deutsches Privatrecht, Bd. II S. 613/4 § 140 II 1; S. 680 § 147 I 4 — jedoch ohne Unter-

Diese nähere rechtliche Ausgestaltung der „inneren Seite" des einzelnen, mehreren Subjekten gemeinschaftlich zustehenden absoluten Vermögensrechts durch die „innere Ordnung" [336]) — die also, wie festgehalten werden muß, in jedem einzelnen gemeinschaftlichen Rechte, gleichgültig welcher Gemeinschaftsart, wirksam ist [337]) und erst die innere Struktur dieses Rechts in dieser seiner Zuständigkeitsform vollendet — hat nach unserem positiven Recht entweder eine gesetzliche oder eine rechtsgeschäftliche oder eine gemischte (gesetzliche und rechtsgeschäftliche) Grundlage. Sie erscheint in unserem Bürgerlichen Gesetzbuch [338]) in zwei verschiedenen Typen:

A. Als den Normaltypus einer inneren Gemeinschaftsordnung und damit als den Regelfall des gemeinschaftlichen Rechts überhaupt betrachtet unser Gesetz denjenigen, bei

---

scheidung der dinglichen Begrenzungen des positiven Inhalts des Nießbrauchsrechts und der aus dem gegenseitigen gesetzlichen Schuldverhältnis folgenden Pflichten —; M. Wolff, Das Sachenrecht, S. 391 § 117 II 2), nicht nähere Begrenzungen des dinglichen Inhalts nach seiner positiven Seite hin, sondern in Wahrheit obligatorischer Natur.

[336]) Die „innere Ordnung" — wie stets in unsrer Arbeit — subjektivrechtlich, nicht objektivrechtlich verstanden.

[337]) D. h. nicht nur im Gesamthandvermögen als einer Einheit oder in dem (über die Gemeinsamkeit subjektiver Rechte hinaus wirkenden) Gesamthandverhältnisse als einem Ganzen genommen.

[338]) Ebenso im neuen schweizerischen Recht; vgl. hierzu und überhaupt zum folgenden die Erläuterungen zum Vorentwurf des schweizerischen Zivilgesetzbuchs (von Huber), Heft III, Bern 1902, S. 35 ff., 66 ff. Dagegen ist den Gesetzgebungen der romanischen Länder die Gesamthandgemeinschaft als gesetzliches Institut unbekannt, wenn die Doktrin auch öfters einzelne Gemeinschaftsformen, namentlich die Vermögensgemeinschaft unter Ehegatten, durch den Gedanken der gesamten Hand zu konstruieren versucht; so z. B. für das französische Recht in ausführlichster Darstellung Masse, Caractère juridique de la communauté entre époux usw., Paris 1902, insbes. S. 335 ff., 409, 438 ff., sowie auch Josserand, Essai sur la propriété collective, im Libre du centenaire vol. I, Paris 1904, S. 378 (= S. 24); für das italienische Recht Ferrara, Tracce della comunione di diritto germanico nel diritto italiano, in der Rivista di diritto civile anno I, 1909, S. 498 ff., insbes. S. 505 ff., und derselbe, Le persone giuridiche, S. 480 ff. Vgl. übrigens auch oben S. 123 Anm. 228 zu § 7 a. E.

dem sich die innere Ordnung des einzelnen gemeinschaftlichen Rechts, insbesondere die Ausgestaltung der inneren Seite eines absoluten Vermögensrechts, durch einen Komplex von Normen oder rechtsgeschäftlichen Vereinbarungen bestimmt, welcher lediglich bezweckt, die Teilnahme der mehreren Rechtssubjekte an diesem einzelnen Rechte (Rechtsinhalte) näher zu regeln, die besondere Kombination der mehreren Anteile gerade dieses (gemeinschaftlichen) Rechtes zu ordnen und die Grenzen der Herrschaft jedes einzelnen Gemeinschafters innerhalb des gemeinsamen Rechtskreises festzusetzen, und welcher dabei von allen sonstigen, möglicherweise zwischen den mehreren Subjekten bestehenden gegenseitigen Rechtsbeziehungen abstrahiert[339]). Die mehreren Rechtssubjekte werden lediglich zufolge der mehrheitlichen Zuständigkeit des einen Rechtsinhalts in ein bestimmtes, ziemlich kompliziertes, rechtliches Verhältnis zueinander gesetzt, das wir — für sich genommen, d. h. aus dem gemeinschaftlichen Recht herausgelöst gedacht — als „Gemeinschaftsverhältnis“ zwischen den Mitberechtigten (vgl. Art. 131 EG.BGB.)[340]), ja, selbst als „Gemeinschaft“[341]) der Miteigentümer (§§ 1066 Abs. 1, 1258 Abs. 1) oder sonstigen Mitberechtigten bezeichnen können, sofern wir uns nur dabei bewußt bleiben, daß wir „Gemeinschaft“ dann nicht identisch mit „Rechtsgemeinschaft“ nehmen, und daß es bei dem im

---

[339]) Ob durch den rechtlichen Tatbestand, welcher der Vergemeinschaftung des einzelnen Rechts zugrunde liegt (sei es ursprünglicher Erwerb, z. B. Schatzfund, Vermischung, Verbindung, sei es abgeleiteter Erwerb, Verfügung), die „innere Ordnung“ beeinflußt werden kann, ist eine andere Frage. Es kann dabei eine Beeinflussung der sog. „Größe“ des Anteils in Betracht kommen; d. h.: der zugrunde liegende Tatbestand kann maßgebend sein für die Fixierung des abstrakten Zahlenverhältnisses, das innerhalb der inneren Ordnung des gemeinschaftlichen Rechts eine ausschlaggebende Rolle spielt. Im übrigen aber ist diese (historische) „Grundlage“ während der Dauer der Gemeinschaftlichkeit des Rechts für die innere Ordnung irrelevant.

[340]) Art. 131 EG. und dazu E. I Art. 73: „das Gemeinschaftsverhältnis (der Miteigentümer) in Ansehung von Gebäudeteilen“.

[341]) „Gemeinschaft“ als das Verhältnis mehrerer Personen untereinander. Vgl. dazu die sprachlichen Bemerkungen oben S. 16 Anm. 34 zu § 2 und unten im Anhang I auf S. 297 f.

letzteren Falle so bezeichneten rechtlichen Verhältnis sich nicht schlechthin um interindividuelle Rechtsbeziehungen, insbesondere nicht etwa um ein bloßes obligatorisches Rechtsverhältnis oder um mehrere Schuldverhältnisse zwischen mehreren Einzelpersonen handelt oder einfach um eine Summe mittelbar zuständiger obligatorischer Rechte, welche den mehreren „Gemeinschaftern" als den Trägern selbständiger (gegenständlicher) Einzelrechte gegen die anderen zustehen, sondern um einen Komplex gegeneinander und durcheinander laufender rechtlicher innerer Beziehungen zwischen den Inhabern der mehreren unselbständigen Rechtsanteile eines gemeinsamen Rechts. Wir ziehen vor, dieses — so verstandene — „Gemeinschaftsverhältnis" unter dem Gedanken der die rechtliche Verknüpfung der Rechtsanteile vermittelnden „inneren Gemeinschaftsordnung" dem gemeinschaftlichen Rechte selbst einzugliedern[342]).

Das Charakteristische dieses Regeltypus von Gemeinschaftsordnung ist danach dies, daß die Gesamtheit der die Teilhaber am gemeinschaftlichen Rechte berührenden rechtlichen Beziehungen und Wirkungen, die jeden der mehreren Anteilsberechtigten in gleicher Weise binden und mit jedem der andern Anteilsberechtigten in Beziehung setzen, indem sie ihren einzigen und unmittelbaren rechtlichen Grund in der positivrechtlichen Anerkennung der Möglichkeit mehrheitlicher Zuständigkeit eines Rechtsinhalts überhaupt[343]) finden, durch rechtliche Momente oder Vorgänge unbeeinflußt bleiben, die sich außerhalb dieses konkreten mehrheitlich zuständigen Rechts, außerhalb dieser einzelnen „Rechtsgemeinschaft", zwischen den beteiligten Subjekten ereignen. Die „innere Ordnung" ist also hier eine *unabhängige*, selbständige, dem *einzelnen subjektiven Rechte eigentümliche, auf die einzelne Rechtsgemeinschaft zugeschnittene*; sie setzt die mehreren Gemeinschafter zueinander in rechtliche Beziehungen und schafft rechtliche Wirkungen, die sie alle gleichmäßig treffen, lediglich zufolge der Mehrheitszuständigkeit dieses einen Rechtsinhalts, und

[342]) Vgl. dazu namentlich im folgenden S. 207 f.

[343]) Vgl. dazu oben S. 35 Anm. 70 zu § 3.

sie gilt für sie nur in diesem einen Falle, nur im Rahmen dieser einmal gegebenen Gemeinsamkeit.

Diesen Regeltypus der inneren Ordnung, die spezifische innere Ausgestaltung eines einzelnen (gemeinschaftlichen) Rechts, einer einzelnen „Rechtsgemeinschaft" (Rechtsgemeinsamkeit) im technischen Sinne haben wir bei der regelmäßigen oder schlichten Rechtsgemeinschaft oder Mitberechtigung (§§ 742 ff.), der „Gemeinschaft nach Bruchteilen" in der Sprache unseres Gesetzes (§ 741).

B. Daneben kennt unser positives Recht einen weiteren Haupttypus innerer Ordnung des einzelnen gemeinschaftlichen Rechts, bei dem die Elemente, durch welche die innere Seite des einzelnen absoluten Vermögensrechts (im Falle der mehrheitlichen Zuständigkeit) ihre nähere rechtliche Ausgestaltung erfährt, aus einem Komplex von — kraft gesetzlicher oder kraft rechtsgeschäftlicher Bestimmung eintretenden — Rechtsbeziehungen und Rechtswirkungen familienrechtlicher, erbrechtlicher, schuldrechtlicher und gegenstandsrechtlicher Art entlehnt werden, welcher die Gemeinschafter, über die Teilnahme an dem einzelnen (seiner rechtlichen Struktur nach zur Untersuchung stehenden) gemeinschaftlichen subjektiven Recht, über den durch dieses einzelne Recht gegebenen gemeinsamen Rechts- und Interessenkreis hinaus, zueinander in ein, einen erheblichen Teil ihrer Interessensphäre berührendes „Gemeinschaftsverhältnis" setzt und ihre gegenseitigen Beziehungen auch ohne Rücksicht auf eine Gemeinsamkeit dieses oder jenes subjektiven Rechts regelt. Es besteht hier ein durch verwandtschaftliche oder vertragliche Bande geknüpftes engeres rechtliches Verhältnis zwischen mehreren Personen, in welchem — stärker als bei der von jedem Grundverhältnis losgelösten Singulargemeinschaft — persönliche und soziale Momente wirksam sind und die innere Ordnung des einzelnen in dieser Weise gemeinschaftlichen Rechts bestimmen[344]).

Im Bereiche dieser Rechtsgebilde besitzt zwar gleichfalls

[344]) Vgl. dazu auch Wieland, Schweizerisches Sachenrecht, S. 47 Bem. 1 zu Art. 652, der mit Recht den Ausdruck der „personenrechtlichen Gemeinschaft" wegen seiner Unbestimmtheit in unserer Materie vermieden wissen will.

jedes einzelne gemeinschaftliche subjektive Recht (insbesondere das absolute Vermögensrecht) seine eigene „innere Ordnung", weil es ja eben notwendigerweise seine eigene Zuständigkeitsform hat[345]); aber diese innere Gemeinschaftsordnung und damit die rechtliche Struktur des einzelnen gemeinschaftlichen Rechts läßt sich hier nicht erkennen, ohne daß auf jenes umfassendere „Gemeinschaftsverhältnis" zurückgegriffen würde. Die „innere Ordnung" des einzelnen gemeinschaftlichen Rechts (insbesondere absoluten Vermögensrechts) stellt sich also hier dar als eine besondere rechtliche Wirkung (Teilwirkung) eines grundlegenden Rechtsverhältnisses[346]); die inneren rechtlichen Beziehungen der Gemeinschafter zueinander und zu dem Rechtsobjekte des einzelnen gemeinschaftlichen absoluten Vermögensrechts (bzw. zu dem Schuldner des obligatorischen Rechts) richten sich, um in der Sprache des neuen schweizerischen Rechts zu sprechen (Art. 653 Abs. 1 ZGB.) „nach den Regeln, unter denen ihre gesetzliche oder vertragsmäßige Gemeinschaft[347]) steht".

Diesen Typus der „inneren Ordnung" eines einzelnen gemeinschaftlichen Rechts — der also stets ein zwischen den Beteiligten bestehendes oder zum mindesten vorhanden gewesenes (in das Auseinandersetzungsstadium übergegangenes) Grundverhältnis voraussetzt — haben wir in den verschiedenen Fällen gesamthänderischer Rechts-

[345]) Vgl. oben S. 93 Anm. 182 zu § 6.

[346]) Das ist die Bedeutung der sog. „Umgestaltung" des Vermögenrechts durch den Einfluß des Personenrechts oder der „vermögensrechtlichen Wirkung einer personenrechtlichen Gemeinschaft", von der die Lehre Gierkes spricht (vgl. z. B. Die Genossenschaftstheorie usw., S. 352; Deutsches Privatrecht, Bd. I S. 674 ff. § 80 V 2; Bd. II S. 393 § 122 a. E. und öfters), die aber zu Unrecht eine „personenrechtliche Verbundenheit" der mehreren Gemeinschafter zur Personeneinheit aus dem Grundverhältnis in die Rechtszuständigkeit des einzelnen gemeinschaftlichen Vermögensrechts hineinträgt und damit zu der bereits oben (§§ 4 f. S. 45 ff.) abgelehnten Zuständigkeit der gesamthänderischen Rechte an die „Gesamtheit" der Gemeinschafter als an ein Kollektivsubjekt gelangt.

[347]) Vgl. aber dazu das folgende im Text wegen der technischen Bedeutung des Wortes „Gemeinschaft".

gemeinschaft (gesamthänderisch gemeinschaftlicher subjektiver Rechte), der oft sog. „**Gesamtberechtigung**"[348]).

Es könnte scheinen, als ob damit der Wert unseres Begriffs der „Gemeinschaft" im Sinne von „Rechtsgemeinschaft" (Gemeinsamkeit subjektiver Rechte), wie wir ihn in der Titelüberschrift vor § 741 BGB. finden und aus dem charakteristischen Vordersatze des für alle Rechtsgemeinschaften grundlegenden § 741 („Steht ein Recht mehreren gemeinschaftlich zu, . . .") näher bestimmten[349]), in Frage gestellt würde, insofern man üblicherweise auch das Grundverhältnis im ganzen als eine „Gemeinschaft", eine Gemeinschaft zur gesamten Hand, ein Gemeinschaftsverhältnis bezeichnet.

Demgegenüber ist zunächst soviel sicher, daß durch die Verwendung des Wortes „Gemeinschaft" in Verbindungen wie „eheliche Gemeinschaft"[350]), „Gemeinschaft der Ehe-

---

[348]) Beide Typen innerer Ordnung kommen sowohl als gesetzliche wie als rechtsgeschäftliche wie als „gemischte" Ordnungen vor: so etwa

A. für die regelmäßige Rechtsgemeinschaft:
 a) gesetzliche Ordnung: beim Fehlen irgendwelcher Regelungen;
 b) rechtsgeschäftliche Ordnung: in reiner Form nicht denkbar, da auch bei weitestgehender vereinbarter (vgl. auch § 745 Abs. 3 Satz 2) Außerkraftsetzung der gesetzlichen Gemeinschaftsordnung gewisse Sätze nicht völlig ausgeschlossen werden können (vgl. § 749 Abs. 3);
 c) gemischte Ordnung: im Falle rechtsgeschäftlicher, „dinglich" wirkender (§§ 746, 750, 1010 Abs. 1) Verwaltungs- und Benutzungsordnung.

B. für gesamthänderische Rechte:
 a) gesetzliche Ordnung: gütergemeinschaftliche Rechte.
 b) rechtsgeschäftliche Ordnung: gesellschaftliche Rechte, sofern der Gesellschaftsvertrag die nähere Ausgestaltung des „Grundverhältnisses" und damit die innere Ordnung der einzelnen Gesamthandrechte vollständig vorsieht;
 c) gemischte Ordnung: gesellschaftliche Rechte, sofern die gesetzliche Ausgestaltung der inneren Seite (absoluter Vermögensrechte) durch Bestimmungen des Gesellschaftsvertrages ergänzt oder modifiziert wird; Miterbenrechte, sofern das Miterbenverhältnis gemäß §§ 2038 Abs. 2, 2042 Abs. 2, 745 f., 749 ff. näher geregelt ist.

[349]) Vgl. oben § 3 S. 29 ff.

[350]) §§ 1575 Abs. 1 Satz 1 und Abs. 2, 1576 Abs. 1, 1586 Satz 1,

gatten"[351]), „eheliche Lebensgemeinschaft"[352]), „häusliche Gemeinschaft" der Ehegatten[353]) oder anderer Personen[354]) die von uns für das Gebiet der subjektiven Rechte, vor allem der Vermögensrechte, als technische festgestellte Bedeutung des Wortes „Gemeinschaft" im Sinne von Gemeinsamkeit subjektiver Rechte, Rechtsgemeinschaft, nicht berührt wird; eine Unklarheit darüber, daß es sich bei jenen (zugleich und vielleicht in erster Linie ethisch bedeutsamen) Personenverbindungen zunächst nicht um (Rechts-) Gemeinschaften im Sinne von Mitberechtigungen, gemeinschaftlichen Rechten, sondern um andere „Gemeinsamkeiten" und um daran geknüpfte rechtliche Beziehungen handelt, kann gar nicht entstehen. Indem aber einzelnen dieser Personenverbindungen oder „Personengemeinschaften"[355]) zugleich vermögensrechtliche Bedeutung zukommt und sie insbesondere als Voraussetzung einer ehelichen oder einer fortgesetzten Gütergemeinschaft mittelbar die rechtliche Grundlage gesamthänderischen Eigentums und gesamthänderischer Rechte bilden können, scheint das gesamte grundlegende „Gemeinschaftsverhältnis" zwischen diesen Personen eine „Rechtsgemeinschaft", eine „Gemeinschaft" (zur gesamten Hand) bedeuten zu müssen, und es scheinen dementsprechend auch die übrigen bei gesamthänderischen Rechten vorhandenen Grundverhältnisse selbst, so also namentlich die Gesellschaft (einschließlich der offenen Handelsgesellschaft und des nicht rechtsfähigen Vereins), schlechthin „Gemein-

---

1587, 1933, 2077 Abs. 1 Satz 2 BGB.; Art. 17 Abs. 4 EG. und öfters. Vgl. Artt. 159 ff. des schweizerischen ZGB.

[351]) § 1353 Abs. 2 Satz 1; auch das schweizerische ZGB. a. a. O. Vgl. ferner die „geistige Gemeinschaft" der Ehegatten in § 1569 BGB.

[352]) §§ 1353 Abs. 1, 1360 Abs. 3 Satz 1.

[353]) §§ 1358 Abs. 2 Satz 3, 1567 ad 1 und ad 2, 1571 Abs. 2.

[354]) §§ 617 Abs. 1 Satz 1, 618 Abs. 2 (Dienstherrschaft und Gesinde), § 2028 Abs. 1. Vgl. auch die „Familiengemeinschaft" des schweizerischen Rechts (Überschrift des 9. Titels: Artt. 328 ff.) und die „Gemeinschaft zwischen Eltern und Kinder" (Überschrift vor Art. 270 ZGB.).

[355]) Vgl. dazu auch wegen der Verwendung des Wortes „Gemeinschaft" in diesem Sinne oben S. 16 Anm. 34 zu § 2 und im Anhang I auf S. 297 ff.

schaften" im Sinne des 15. Titels des II. Buches unseres BGB., „Rechtsgemeinschaften"[356]) zu sein.

Eine solche Auffassung ist jedoch ungenau. Vielmehr ruht das Gemeinschaftsproblem, das Problem der Rechtsgemeinschaften, mit dem wir es zu tun haben, im Rahmen unseres heutigen positiven Rechts durchaus in den Eigentümlichkeiten einer mehrheitlichen Zuständigkeit von (durch das objektive Recht näher bestimmten) Rechtsinhalten und ist zu lösen durch die Untersuchung einer besonderen Zuständigkeitsform subjektiver Rechte und der in ihr wirkenden inneren Gemeinschaftsordnung. Darum besteht zwar in den Fällen der „gesamthänderisch" zustehenden Rechte ein für das einzelne gemeinschaftliche Recht (für die einzelne „Rechtsgemeinschaft") „maßgebendes Rechtsverhältnis" (§ 48 GBO.), ein Grundverhältnis; aber dieses Grundverhältnis ist nicht selbst in seiner Totalität die „Gemeinschaft", die „Rechtsgemeinschaft". Das Grundverhältnis ist vielmehr „Rechtsgemeinschaft", „Gemeinschaft" in dem (im Bereiche der Vermögensrechte) heute technischen Sinne, d. h. im Sinne des aus § 741 gewonnenen Begriffs und im Sinne der Überschrift vor § 741, nur insoweit als es gemeinschaftliche Rechte einschließt[357]). Nur in diesem Sinne also haben wir von einer „Rechtsgemeinschaft zur gesamten Hand", einer „gesamthänderischen Rechtsgemeinschaft" zu sprechen, wenn wir

---

[356]) Die Bedeutung des Wortes „Rechtsgemeinschaft" im Sinne juristischer Person (vgl. oben S. 17 Anm. 35 zu § 2) steht hier — als eine in unserm Gebiete untechnische — nicht in Frage.

[357]) Darum kann also das Gesetz von einer „Gemeinschaft der Erben" sprechen (§ 16 Abs. 2 KO.) und damit das Rechtsverhältnis zwischen den Erben in Ansehung des ihnen gemeinschaftlichen Nachlasses (vgl. die Überschrift vor § 2032 BGB.) meinen; und nur in Ansehung des Gesellschaftsvermögens, nicht in Ansehung des gesamten (insbes. des rein schuldrechtlichen; vgl. demnächst Anm. 361) Gesellschaftsverhältnisses, wird „die Gesellschaft" in §§ 16, 51 KO. als eine „Gemeinschaft" bezeichnet. Vgl. ferner die Bestimmung des § 1669 BGB. über die bei Wiederverheiratung des Vaters (oder der Mutter) notwendig werdende Einreichung eines Vermögensverzeichnisses und Auseinandersetzung, „soweit in Ansehung dieses Vermögens eine Gemeinschaft zwischen ihm und dem Kinde besteht".

nicht das Wort Rechtsgemeinschaft in einer der Wortbildung und seiner Grundbedeutung widersprechenden Weise[358]) gebrauchen wollen; und nur in diesem Sinne stellen wir der regelmäßigen oder schlichten Rechtsgemeinschaft die gesamthänderische (das „Gesamteigentum“[359]) insbesondere) gegenüber und verstehen wir das Wort „Rechtsgemeinschaft“ in den verschiedenen früher erwähnten Gesetzesbestimmungen des Prozeß-, Kosten- und Stempelrechts[360]) [361]).

---

[358]) Vgl. dazu oben S. 16 Anm. 34 und S. 19 Anm. 39 zu § 2.

[359]) Technischer Ausdruck des schweizerischen ZGB.; vgl. Artt. 652 ff.

[360]) Vgl. oben § 2 S. 9 ff.

[361]) In diesem Sinne ist daher auch die Auffassung Binders, Die Rechtsstellung des Erben, Bd. III S. 222 § 40 II zu berichtigen, daß das Wort „Gemeinschaft“, auf die vertragsmäßigen Vermögensgemeinschaften (Gesellschaft, Gütergemeinschaft in ihren verschiedenen Formen) angewendet, eine andere Bedeutung habe, als bei der Singulargemeinschaft, weil diese vertragsmäßigen Vermögensgemeinschaften vorliegen könnten, ohne daß überhaupt ein im Sinne der Singulargemeinschaft gemeinschaftliches Objekt vorhanden zu sein brauche; „Gemeinschaft“ bezeichne hier „die Summe der Rechtsverhältnisse, die sich an einen besonders gearteten Tatbestand knüpfen . . . und die sich im konkreten Falle sehr wohl auf gegenseitige Obligationen beschränken können.“

Die Auffassung geht schon darin fehl, daß sie die genannte Bedeutung des Wortes „Gemeinschaft“ als eine Besonderheit der auf Vertrag beruhenden Vermögensgemeinschaft auffaßt, während doch, wie wir gesehen haben, diese Bedeutung von „Gemeinschaft“ als des zwischen mehreren Personen (als den Teilhabern am gemeinschaftlichen Recht) bestehenden Rechtsverhältnisses sich aus dem ursprünglichen und rechtlich primären — also auch für die „Vermögensgemeinschaften“ primären! — (bürgerlichrechtlichen) Begriff von Gemeinschaft als Gemeinsamkeit subjektiven Rechts in jedem Falle entwickeln kann. Aber Binder tut auch Unrecht, für die Summe der das „Gemeinschaftsverhältnis“ ausmachenden Rechtsverhältnisse, insbes. auch für etwaige obligatorische Beziehungen (wie ein lediglich schuldrechtliches Gesellschaftsverhältnis) schlechthin das Wort „Gemeinschaft“ als die technische und zutreffende Bezeichnung anzuwenden oder zuzulassen. Die „Gesellschaft“ des bürgerlichen Rechts (wie auch des Handelsrechts) ist nicht schlechthin und notwendigerweise eine „Gemeinschaft“, eine „Rechtsgemeinschaft“; das darf auch aus der Fassung des § 741 BGB. nicht herausgelesen werden, die in ihrem Nebensatz („sofern sich nicht . . .“) in erster Linie auf die Gesamt-

III. Die grundlegende Verschiedenheit in der Art einer inneren Ordnung des einzelnen gemeinschaftlichen Rechts,

---

handverhältnisse verweist. Die „Gesellschaft" hat vielmehr sowohl eine schuldrechtliche als eine gegenständliche Seite, und nur die letztere (das den mehreren Gesellschaftern gemeinschaftlich zustehende Gesellschaftsvermögen) ist im echten Sinne „Gemeinschaft". Wenn also eine auf Gesellschaftsgründung gerichtete Vereinbarung bereits vor der Bildung eines Gesellschaftsvermögens obligatorische Beziehungen knüpft und schuldrechtliche Wirkungen auslöst, so besteht in diesem Stadium zwar die „Gesellschaft" als Schuldverhältnis, nicht aber die „Gesellschaft" als eine „Gemeinschaft" im Sinne des Gesetzes, als eine „Rechtsgemeinschaft". Und wenn bei manchen gesellschaftlichen Vereinigungen, und zwar bei einer großen Zahl der im Wirtschaftsleben wichtigsten (man denke an die sog. Interessengemeinschaften, an gewisse Kartellformen, Emissionskonsortien, Grundstücksverwertungsgesellschaften u. a. m.; vgl. dazu jetzt Düringer-Hachenburg, Das Handelsgesetzbuch usw., Bd. IV, Mannheim und Leipzig 1914, S. 259 ff. Anm. 302 ff.), ein (gesamthänderisches) Gesellschaftsvermögen überhaupt nicht gebildet wird, ja, vielleicht nach dem (insbes. vorübergehenden) Gesellschaftszwecke gar nicht notwendig ist, so liegt wiederum zwar eine „Gesellschaft" im Sinne eines einzelnen Schuldverhältnisses oder, wie man gewöhnlich sagt, eine „Innengesellschaft" vor, nicht aber zugleich eine (gesellschaftliche) Rechtsgemeinschaft. Inwieweit sich mit dieser Innengesellschaft regelmäßige Rechtsgemeinschaften verbinden können (vgl. dazu Düringer-Hachenburg, a. a. O., insbes. S. 261 f., 262, 269, 270, auch S. 294 ff. Anm. 304, 306, 315, 317, 353 ff.), ist eine Frage, die an dieser Stelle, wo es sich uns um den Gegensatz „der Gesellschaft" qua schuldrechtlichen Grundverhältnisses und qua gesamthänderischer Rechtsgemeinschaft — und nicht um eine etwa auf vertragsmäßiger causa beruhende, von diesem (obligatorischen) „Grundverhältnis" aber rechtlich (hinsichtlich der inneren Ordnung) unabhängige regelmäßige Rechtsgemeinschaft — handelt, beiseite bleiben kann.

Wenngleich wir diese klare Trennung der beiden Seiten des Gesellschaftsverhältnisses und die auf ihr beruhende Abgrenzung der Begriffe Gesellschaft und (Rechts-) Gemeinschaft in Literatur und Rechtsprechung vermissen (unzulänglich auch Düringer-Hachenburg, a. a. O., S. 14 f. Anm. 13), vielmehr üblicherweise die Gesellschaft schlechthin als eine besondere Art von Gemeinschaft aufgefaßt finden, so dürfte doch die eben ausgesprochene Auffassung um so leichter auf Zustimmung rechnen können, als sich zwischen ihr und der herrschenden Gesellschaftslehre ein wichtiger Berührungspunkt darbietet. Die herrschende Lehre kennt ja auch „Gesellschaften" ohne (gesamthänderisches) Gesellschaftsvermögen und entscheidet

die wir soeben erkannt haben, und die offenbar durchaus verbietet, die durch den einen Typus von innerer Ordnung

---

sich mit der ständigen Rechtsprechung des Reichsgerichts dahin, „daß eine Gesellschaft im Sinne der §§ 705 ff. BGB. begrifflich weder die Begründung eines Gesellschaftsvermögens, noch die Leistung von Beiträgen voraussetzt“. (RG. Bd. 80 S. 268 ff. auf S. 271. Vgl. auch Bd. 77 S. 223 ff. auf S. 226/7 und ferner z. B. Nagler im Sächs-Arch. Bd. 10 S. 730; Enneccerus, a. a. O., Bd. I 2 S. 484 § 396 Anm. 1; Crome, System, Bd. II S. 769 § 280 Ziff. 5.) Das bedeutet aber doch nichts anderes, als daß sich eben dann für diejenigen Vorschriften der §§ 705 ff., aus denen die „innere Ordnung“ der einzelnen gemeinschaftlichen Rechte folgen würde, vorläufig bzw. dauernd keine Möglichkeit der Anwendung ergibt. Dann muß aber in jedem solchen Falle betont werden, daß die Gesellschaft insoweit (nicht „als Gemeinschaft“, sondern nur „als Schuldverhältnis“ besteht. (Zutreffend BGB.-Kommentar von Reichsgerichtsräten, Bd. I S. 262 Bem. 6 zu § 718.) Wir dürfen also, um Binders Worte richtig zu stellen, die hier vorhandene „Summe der Rechtsverhältnisse“ zwischen den Gesellschaftern, „die sich . . . auf gegenseitige Obligationen beschränken . . .,“ gerade nicht als „Gemeinschaft“ (im technischen Sinne) bezeichnen.

(Andrerseits stehen die beiden Begriffe aber auch in einem andern Verhältnis zueinander als nach den späteren Ausführungen Binders [Problem der juristischen Persönlichkeit, S. 86], die allerdings dem Gesagten erheblich näher kommen.)

Es bleibt jedoch für unser heutiges Recht zu beachten, daß in den Fällen, in denen die Bildung eines Gesellschaftsvermögens beabsichtigt wird, die „Gesellschaft“ regelmäßig mit einem Vermögen beginnen und daher bereits mit ihrem Entstehen „Rechtsgemeinschaft“ („Gemeinschaft“) sein wird. Denn als Bestandteile des Gesellschaftsvermögens wird man nicht nur, wie vielfach angenommen wird (vgl. die bei Staudinger, Kommentar, Bd. II 2 S. 1357/8 Bem. IV 2b zu § 705 und S. 1389/90 Bem. III 1a zu § 718 Zitierten und diesen selbst), die tatsächlich geleisteten Beiträge der Gesellschafter rechnen dürfen, sondern auch die noch nicht entrichteten Beiträge, und zwar diese als Forderungen auf die Beitragsleistungen. (So — entgegen RG. Bd. 54 S. 297 — jetzt RG. Bd. 76 S. 276 ff. mit reichen Literaturbelegen auf S. 280, sowie BGB.-Kommentar, a. a. O., S. 661 Bem. 2 zu § 718. Die Frage ist immerhin recht zweifelhaft; man vgl. insbes. die neuesten Ausführungen bei Düringer-Hachenburg, a. a. O., S. 81 f. Anm. 84; S. 86 Anm. 91; S. 97 Anm. 106; S. 122 Anm. 144 für die gegenteilige Ansicht.) Bei dieser Auffassung entsteht also unmittelbar mit dem Abschluß des Gesellschaftsvertrages (sofern nicht der Ausschluß eines Gesellschaftsvermögens gewollt ist) regelmäßig zugleich ein, mindestens aus derartigen allen Gesellschaftern gesamt-

charakterisierte Rechtsgemeinschaftsart der durch den andern Typus bestimmten unterzuordnen[362]), vermittelt uns nun

---

händerisch gemeinschaftlichen Forderungsrechten bestehendes Gesellschaftsvermögen (vgl. auch v. Tuhr, a. a. O., S. 349 § 20 III und Anm. 10 daselbst, sowie BGB.-Kommentar, a. a. O.) und damit zugleich die Gesellschaft qua Rechtsgemeinschaft.

Aus dem Gesagten folgt, daß die sog. „Stille Gesellschaft" (§§ 335 bis 342 HGB.) keine Rechtsgemeinschaft und daher eine „Gesellschaft" auch nur im Sinne eines reinen Schuldverhältnisses ist. Denn wenn nach § 335 Abs. 1 HGB. die Vermögenseinlage des stillen Gesellschafters in das Vermögen des Kaufmannes übergeht und ein den beiden gemeinschaftlich zustehendes Recht oder Vermögen hier niemals gebildet wird, sondern immer nur das einzelzuständige Vermögen des Kaufmanns vorhanden ist, so wird damit eben der Begriff der Rechtsgemeinschaft, der Gemeinschaft im Sinne des Gesetzes ausgeschlossen. Es können also — und dies gilt für alle Gesellschaften ohne Gesellschaftsvermögen im Sinne des § 718 BGB. — die Vorschriften des bürgerlichen Rechts über die „Gesellschaft" (§§ 705 ff.) nur insoweit ergänzend Anwendung finden, als sie sich nicht auf die gegenständliche Seite, auf die Gesellschaft qua (gesamthänderische) Rechtsgemeinschaft beziehen, und es ist im übrigen stets noch zu prüfen, ob nicht die so anwendbaren Vorschriften durch das Fehlen eines Gesellschaftsvermögens beeinflußt werden. (So wohl auch die übliche Auffassung. Vgl. etwa Gierke im ArchBürgR. Bd. 19, 1901, S. 135; Staub-Könige, HGB., Bd. I S. 1200 Bem. 2 zu § 335 und jetzt bes. Düringer-Hachenburg, a. a. O., S. 4 Anm. 2; S. 262 Anm. 305; S. 264 ff. Anm. 308 ff.; auch Oertmann, Schuldverhältnisse, S. 875 Bem. 2a zu § 705 und S. 880 Bem. 5 zu § 718.) Hält man dies fest, so kann man aber konsequenterweise — und in diesem Punkte irrt die herrschende Lehre — die §§ 16, 51 KO. auf die stille Gesellschaft nicht anwenden, weder bei Konkurs des Geschäftsinhabers, noch bei Konkurs des stillen Gesellschafters. Das sollte auch schon darum einleuchten, weil ja die ratio legis durchaus versagt, insofern eben ein Anteil des Konkursschuldners an einer Vermögensgemeinschaft mit einem Dritten nicht vorhanden ist. (Trotzdem anders die herrschende Lehre. Vgl. insbes. Jaeger, Konkursordnung, 3./4. Aufl., Berlin 1913, S. 183 Anm. 5 zu § 16; S. 609 Anm. 3 zu § 51, trotz der Betonung des Prinzips, daß in Ansehung von Gegenständen, die im Alleinrechte des Gemeinschuldners stehen, für die §§ 16, 51 kein Raum sei: S. 609, a. a. O.; S. 182 Anm. 1 zu § 16; vgl. ferner Staub-Könige, a. a. O., S. 1221 Anm. 17 zu § 340 HGB.) Ob man der „Stillen Gesellschaft" noch die rechtliche Qualität einer „Gesellschaft" überhaupt ganz absprechen will, wie das insbes. Lübbert (in GoldschmidtsZ. Bd. 58, 1906, S. 464 ff.: selbständiges Rechtsverhältnis unseres Systems, am nächsten der partiarischen Ge-

unmittelbar die dogmatische Erklärung für eine höchst bedeutsame Wesensverschiedenheit der (gegenständlichen)

---

schäftsbesorgung — § 675 BGB. — verwandt), Kohler (Lehrbuch des bürgerlichen Rechts, Bd. II, Berlin 1906, S. 395 § 147 III 1: Kreditverhältnis mit gesellschaftsähnlicher Beteiligung an Gewinn und Verlust) und andere (vgl. etwa die Nachweisungen bei Lehmann, Lehrbuch des Handelsrechts, Leipzig 1908, S. 349 Anm. 4 zu § 67) tun, bleibe dahingestellt. Wenn man „Gesellschaft" nicht schlechthin mit (gesamthänderischer) „Rechtsgemeinschaft" (Vermögensgemeinschaft) oder „Gemeinschaft" gleichsetzt, wird man wohl unbedenklich in der „Stillen Gesellschaft" den Charakter der bürgerlichrechtlichen „Gesellschaft qua Schuldverhältnis" wiederfinden können.

Entsprechendes, wie von den gesellschaftlichen Gesamthandverhältnissen, gilt aber auch von der ehelichen Gütergemeinschaft. Wenn hier Binder seine obengenannte Auffassung auf die praktisch gewiß äußerst seltenen Fälle stützt, wo der Güterstand der ehelichen Gütergemeinschaft (im Sinne des Gesetzes) vereinbart werde, ohne daß beide (!) Ehegatten Vermögen haben, das zugleich Gesamtgut würde, so ist doch die hieraus abgeleitete Schlußfolgerung unrichtig, daß die „eheliche Gütergemeinschaft" nur „eine Abstraktion" sei (Binder, a. a. O., S. 224), die also im Sinne des Gesetzes „Rechtsgemeinschaft" (Vermögensgemeinschaft) auch ohne Gemeinsamkeit subjektiver Rechte wäre. Vielmehr bedeutet das Vorliegen einer „Gütergemeinschaft im Sinne des Gesetzes" in diesem Falle lediglich, daß gewisse gesetzliche Bestimmungen über diesen Güterstand schon vor der Bildung eines Gesamtguts zur Anwendung kommen. Wenn dann aber bereits in diesem Stadium von einer ehelichen „Gütergemeinschaft" gesprochen wird, so geschieht das cum grano salis, im Hinblick auf ein voraussichtliches gütergemeinschaftliches Gesamtgut, nicht aber in dem Sinne, als ob eine „Gütergemeinschaft" auch ebensogut eine „Gemeinschaft der Ehegatten ohne Güter" sein könnte; ist doch auch eine „Rechtsgemeinschaft" (im wahren Sinne) niemals ein „Gemeinschaftsverhältnis" ohne gemeinsame Rechte. Der genannte Fall der ehelichen Gütergemeinschaft bietet also keinen Anlaß, unsere Auffassung des Textes zu modifizieren, sondern bestätigt nur das früher (S. 16 Anm. 34 zu § 2) und an anderer Stelle (Anhang I auf S. 294 ff.) Gesagte, daß die Bedeutung des Wortes „Gemeinschaft" als die einer rechtlichen Beziehung zwischen Personen neben der primären Bedeutung einer „Gemeinsamkeit von etwas" steht. „Gütergemeinschaft" bezeichnet eben zugleich die Gemeinsamkeit der Güter und die „güterrechtlichen Verhältnisse" (§ 1432) der Ehegatten, ihren „Güterstand".

Die vorstehenden Ausführungen richten zugleich die unzutreffende Unterscheidung Cromes (System, Bd. II S. 806 § 286 I), die dieser zwischen der „eigentlichen Gemeinschaft" (worunter für ihn die

Rechtsanteile bei der regelmäßigen Rechtsgemeinschaft einerseits, der gesamthänderischen andererseits. Da nämlich die innere Ordnung der gesamthänderischen Rechte, als aus der Regelung des Grundverhältnisses näher bestimmt, notwendigerweise dauernd abhängig bleibt von diesem Grundverhältnis, dem ganzen umfassenderen (gesamthänderischen)

---

regelmäßige Rechtsgemeinschaft und die Miterbenschaft fallen sollen) oder dem „gewöhnlichen Gemeinschaftsverhältnis" einerseits und der Gesellschaft bzw. der Gütergemeinschaft als auf Vertrag beruhender (und wohl „uneigentlicher") Gemeinschaftsverhältnisse andrerseits machen will. —

Es bleibt danach bei dem Ergebnis des Textes, daß im Falle gemeinschaftlicher Rechte mit einer inneren Ordnung des zweitgenannten Typus die „Grundverhältnisse", mit denen nach gesetzlicher Vorschrift Gesamthandeigentum und Gesamthandrechte („Gesamtberechtigungen") verbunden sind, und denen die „innere Ordnung" des einzelnen gemeinschaftlichen Rechts entlehnt wird, „Rechtsgemeinschaften", „Gemeinschaften", im technischen Sinne (und zwar: zu gesamter Hand) eben darum und nur insoweit sind, als sie eine bestimmte Gemeinschaftlichkeit (mehrheitliche Zuständigkeit) subjektiver Rechte, insbes. Vermögensrechte, einschließen.

Dieses Ergebnis berührt sich, wie man erkennt, mit dem oben S. 101 f. in § 6 a. E. Gesagten: Für jede „Rechtsgemeinschaft" ist die aktuelle Zuständigkeit subjektiver Rechte unerläßliche Bedingung.

[362]) Unzutreffend daher für das heutige Recht nicht nur die Auffassung der gesamthänderischen Gemeinschaftlichkeit als einer Art von Bruchteilsgemeinschaft (darüber noch unten S. 259 Anm. 484 zu § 10), sondern auch umgekehrt die Unterordnung der Bruchteilsgemeinschaft unter die gesamthänderische Berechtigung, die neuerdings z. B. von Romberg (Untersuchungen zur Auslegung des § 570 BGB., in GruchotsBeitr. Bd. 53, 1909, S. 635 ff. auf S. 652 ff.) und Saenger (a. a. O., S. 99, 102, 117) ausdrücklich behauptet wird. — Die Schriftsteller, die durch eine gleichartige Auffassung der Rechtszuständigkeit als solcher, d. h. insbes. durch Annahme einer Zuständigkeit an die „Gesamtheit" auch bei der Bruchteilsgemeinschaft, letzten Endes zu einer entsprechenden Unterordnung dieser Gemeinschaft unter die Gesamthandschaft gelangen, bleiben beiseite, ebenso diejenigen, die mit Gierke (Deutsches Privatrecht, Bd. II S. 384 ff. § 122 II 2) bei der Bruchteilsgemeinschaft neben den selbständigen Teilrechten eine gesamthänderische Verwaltungsgemeinschaft anerkennen wollen (vgl. z. B. Kaufmann, Das Eigentum am Gesellschaftsvermögen, S. 10 Anm. 2, S. 40, der aber an letzterer Stelle nahezu eine Unterordnung unter die Gesamthandgemeinschaft in dem oben gerügten Sinne vornimmt).

„Gemeinschaftsverhältnisse“, dergestalt, daß sich die mehreren inneren Ordnungen der so gemeinschaftlichen Rechte als eine Wiederholung einer und derselben, in allen auf jener Grundlage erwachsenen gemeinschaftlichen Rechten wiederkehrenden, sozusagen „typischen“ Gemeinschaftsordnung darstellen, läßt sich das einzelne gemeinschaftliche Recht, solange das Grundverhältnis zwischen den Beteiligten andauert, immer nur als Ganzes[363]), nicht aber auch nach seinen einzelnen — an sich gegenstandsrechtlichen — Rechtsanteilen von diesem Grundverhältnis loslösen, weil mit einer auch nur teilweisen Aufhebung des Abhängigkeitsverhältnisses zwischen der inneren Ordnung des einzelnen gesamthänderischen Rechts und dem Grundverhältnis dem gemeinschaftlichen Rechte die Basis für die unbedingt notwendige innere Ordnung entzogen würde. So ergibt sich die vom positiven Recht angeordnete Unverfügbarkeit der Rechtsanteile der einzelnen Teilhaber an dem einzelnen gesamthänderisch gemeinschaftlichen Vermögensrechte (§§ 719 Abs. 1, 1442 Abs. 1, 1497 Abs. 1, 1519 Abs. 2, 1549, 2033 Abs. 2 BGB.) als unumgängliche Konsequenz der Eigenart der das Verhältnis der Rechtsanteile zueinander bestimmenden und sie zur Zuständigkeitsform des (gemeinschaftlichen) Rechts zusammenschließenden[364]) inneren Ordnung[365]) [366]).

---

[363]) Insbes. also im Wege der Veräußerung durch alle Gesamthänder gemeinschaftlich. Vgl. auch Art. 654 Abs. 1 des schweizerischen ZGB.

[364]) Die Geschlossenheit des einzelnen rechtlichen Machtkreises ist zufolge der Unverfügbarkeit der Rechtsanteile hier eine festere, als bei der regelmäßigen Rechtsgemeinschaft; das gesamthänderische Recht ist sozusagen ein potenziertes gemeinschaftliches Recht.

[365]) In Übereinstimmung mit unseren früheren Ergebnissen wird also die (namentlich bei der herrschenden Gesamthandlehre übliche) Auffassung abgelehnt, daß Verfügungen über Anteile an den einzelnen gesamthänderischen Rechten um deswillen nicht möglich seien, weil Anteilsrechte überhaupt nicht bestünden; so z. B. BGB.-Kommentar von Reichsgerichtsräten, Bd. III S. 121 Bem. 1 zu § 1442. — Anderseits wird aber auch eine Auffassung abgelehnt, die die Unverfügbarkeit des Anteils bei Gesamthandrechten durch ein besonderes, jedem Teilhaber im Interesse der übrigen auferlegtes gesetzliches Verfügungsverbot im Sinne des § 135 BGB. erklären will, wie dies insbes. Nagler

Anders dagegen bei jenem, innerhalb der regelmäßigen Rechtsgemeinschaft wirkenden Typus der „inneren Ord-

---

(im SächsArch. Bd. 10 S. 724 f.) für Gesellschaftsrechte annimmt. Es handelt sich nicht um einen seiner inhaltlichen Eigenart nach an sich verfügbaren Rechtsanteil, über den aus einem besonderen (sozusagen von außen an ihn herantretenden) Grunde nicht verfügt werden kann (nur dann aber kann von einem „gesetzlichen Veräußerungsverbot" gesprochen werden; vgl. Oertmann, Allgemeiner Teil, S. 419 Bem. 1a und 2 zu § 135; auch Binder im ArchBürgR. Bd. 34, 1910, S. 243/4), sondern um einen seiner inhaltlichen Eigenart nach unverfügbaren Rechtsanteil. Denn die innere Ordnung des gemeinschaftlichen Rechts bestimmt, wie im Text sogleich zu zeigen ist (vgl. S. 209 ff.), den rechtlichen Inhalt des einzelnen Anteils; der Typus innerer Ordnung aber, der bei den sog. Gesamthandverhältnissen in dem einzelnen gemeinschaftlichen Rechte wirksam ist, schafft, aus dem im Text dargestellten Rechtsgrunde, immer nur unverfügbare Rechtsanteile. Indem also die rechtliche Natur des einzelnen Anteils ebensowohl auf dem Inhalt der ihn bestimmenden inneren Ordnung als auf dem besonderen Typus dieser inneren Ordnung beruht, ist die Unverfügbarkeit des gesamthänderischen Anteils zugleich „notwendige Folgerung aus der Rechtsnatur der Anteile", und nicht bloß „positive Schutzbestimmung" (entgegen Saenger, a. a. O., S. 57/8).

Damit ergibt sich, daß die „Rechtsidee der gesamten Hand", die im Grundverhältnis — wenn auch in den verschiedenen Arten je in verschiedener Weise (vgl. auch unten S. 217 Anm. 405) — wirksam ist, indem sie die innere Ordnung des einzelnen Gesamthandrechts mit bestimmt, nicht ohne Einfluß auf die „gegenstandsrechtliche Zuständigkeit" ist. (Dies gegen Joerges und Pringsheim; vgl. ferner unten S. 259 Anm. 484 zu § 10.) Wir finden, daß die Rechtsanteile im Falle der gesamthänderischen Gemeinschaft — ganz abgesehen von der später zu erwägenden Frage, ob man sie als „Quotenanteile" aufzufassen hat (unten S. 226 ff. § 10) — spezifisch anderer Art sind als die bei der regelmäßigen Rechtsgemeinschaft, weil die innere Ordnung im einen und im anderen Falle, wie oben gezeigt, einen ganz andern Typus der rechtlichen Synthese der Anteile zu einer Zuständigkeitsform eines Rechtsinhalts darstellt.

Immerhin darf man zufolge dieser eigenartigen Rückwirkung des Grundverhältnisses auf die innere Ordnung des gemeinschaftlichen Rechts und damit auf die einzelnen gesamthänderischen Anteile, diesen Anteilen (am einzelnen Vermögensrechte, am einzelnen „Gegenstande") nicht mit Sohm (Der Gegenstand, S. 62 f., 55 ff.) und Oertmann (Schuldverhältnisse, S. 854 f. Vorbem. 3cγ zu §§ 705 ff.) den Charakter vermögensrechtlicher, insbes. gegenstandsrechtlicher Rechtspositionen absprechen, und sie als „personenrechtliche", als Begleiterscheinungen des personenrechtlichen Verhältnisses der Mitglied-

nung“, der völlig losgelöst ist von den sonstigen Beziehungen der Gemeinschafter, indifferent gegen irgendein „Grund-

---

schaft in einer mit Vermögensgemeinschaft ausgestatteten Personengemeinschaft betrachten. Vielmehr ist der Anteil des Gesamthänders an den einzelnen Gegenständen unbedingt gegenstandsrechtlicher, vermögensrechtlicher Natur, und nicht etwa „ein aus der Mitgliedschaft erwachsenes einzelnes Mitgliedsrecht“ (Sohm, a. a. O., S. 70); seine Unverfügbarkeit beruht daher für uns nicht — wie für Sohm (a. a. O.) — darauf, daß die einzelnen Mitgliedsrechte grundsätzlich von der Mitgliedschaft untrennbar sind.

Daß bei allem die Sohmsche Lehre erhebliche Berührungspunkte mit der im Texte vertretenen Auffassung der Gesamthandrechte hat (vgl. auch noch unten S. 217 Anm. 404, aber andrerseits auch S. 229 Anm. 416 zu § 10), wird nicht verkannt. Uns scheint aber doch, als ob die Auffassung der „personenrechtlichen“ Anteile (am einzelnen gemeinschaftlichen Vermögensrecht) und der Gedanke der Mitgliedschaft in einer personenrechtlichen Gemeinschaft — mag auch Sohm selbst den Gegensatz zu denjenigen Lehren, die bei der Gesamthandberechtigung eine Kollektivperson und damit eine Art Rechtssubjekt (im potentiellen Sinne) annehmen, ausdrücklich betonen (vgl. a. a. O., S. 65 Anm. 1) und mag vor allem seine Auffassung letzten Endes durch seinen Begriff des „Gegenstandes“ und dessen Verankerung in der Verfügbarkeit einer Rechtsstellung bedingt sein (vgl. dazu Binder, Der Gegenstand, in GoldschmidtsZ. Bd. 59, 1907, S. 59 ff.) — dennoch allzusehr zu einer Auffassung hinneigen oder jedenfalls den Zusammenhang mit einer Auffassung nahelegen, die den Gesamthändern als Einzelsubjekten eine wahre und eigene Beziehung zum Rechtsinhalt des einzelnen Vermögensrechts versagt, eine wahre anteilige Rechtszuständigkeit an jeden von ihnen leugnet, um die Gesamthänder zufolge einer nicht vermögensrechtlich gearteten „Mitgliedschaft“ nur mehr mittelbar an dem Rechtsinhalt des gemeinschaftlichen Rechts teilhaben zu lassen. Man vgl. dazu auch die Auffassung Saengers (Gemeinschaft und Rechtsteilung, S. 99 ff.), der für die Bruchteilsgemeinschaft wie für die gesamthänderische eine Zuständigkeit an die Gesamtheit als solche und zugleich Mitgliedschaftsrechte der Gemeinschafter behauptet, und namentlich die neuesten Ausführungen bei Düringer-Hachenburg (a. a. O., S. 20 ff. Anm. 20 ff.), deren rechtliche Konstruktion der (gesellschaftlichen) Gesamthandberechtigungen anscheinend eine Verbindung zwischen der herrschenden Lehre von der (kollektiven) „Personeneinheit der Gemeinschafter“ als der Rechtsträgerin („Lehre der ungeteilten Gesamthandsberechtigung“: S. 24) und der Sohmschen Theorie von den „personenrechtlichen Anteilen“, der Mitberechtigung des Gesamthänders an den einzelnen Gegenständen als dem „unmittelbaren Ausfluß der Mitgliedschaft“ (S. 22, 24) herstellen will. Jedoch ist nicht

verhältnis", das auch sonst ein rechtliches Band um die mehreren Gemeinschafter schlänge, und bei dem das Gesetz

---

recht verständlich, wie die Verfasser, wenn sie das ganze, gesamthänderische Recht den „mehreren Subjekten zusammen" (S. 23), ihrer „Personeneinheit" (S. 24) zuständig sein lassen, dennoch jeden einzelnen Gesamthänder an dem einzelnen Rechte „unmittelbar berechtigt" sein lassen können (S. 21, 24, 25) und wiederum diese unmittelbaren Berechtigungen oder „Anteile" der einzelnen Gesamthänder, trotz ihrer angeblich personenrechtlichen Natur, „rechtlich und wirtschaftlich zu ihrem Vermögen" (d. h. zum Privatvermögen des einzelnen Gesamthänders) rechnen können (S. 14, 12). Wegen des ersteren Punktes vgl. auch oben S. 62 Anm. 124 zu § 5.

[366]) Ist es in der Tat, wie Joerges (in GoldschmidtsZ. Bd. 72, 1912, S. 551 f.) meint, „eine logische Unmöglichkeit, im Rahmen des bürgerlichen Gesetzbuchs eine befriedigende Theorie des Gesellschaftsvermögens aufzustellen"? Wenn unser positives Recht eine objektive Einheit des Vermögens nicht kennt, und daher auch das Gesamthandvermögen sich für die dogmatische Betrachtung stets in eine Summe von (gemeinschaftlichen) subjektiven Rechten zerlegt, so dürfte sich — abgesehen von gewissen, für unsere Betrachtung ferner liegenden Momenten, wie dem Surrogationsprinzipe — die eigenartige Geschlossenheit der (nach außen einheitlich wirkenden) Gesamthandvermögen erklären lassen einmal aus der durch die besondere Kategorie von innerer Ordnung bei Gesamthandrechten gegebene Unverfügbarkeit der Anteile, im Verein mit dem Ausschluß eines Teilungsrechts hinsichtlich des einzelnen gemeinschaftlichen Rechts, und zum andern aus der „Typizität" (der „Einlreitlichkeit" in diesem Sinne) der in allen so gemeinschaftlichen subjektiven Rechten gleichmäßig wiederkehrenden inneren Ordnung. Weil die vielen gemeinschaftlichen Rechte derselben Subjekte sämtlich hinsichtlich der Zuständigkeitsform durchaus gleichartig sind, und weil ein und dasselbe Grundverhältnis ihre innere Ordnung bestimmt (vgl. dazu auch unten S. 217 Anm. 405), erhält die Vielheit, die Summe dieser Rechte den äußeren Schein der Einheit (wie ja auch beim Vermögen des Einzelsubjekts die anscheinende Einheit durch die Gleichheit der Zuständigkeitsbeziehungen und der Zuständigkeitsform — Einheitszuständigkeitsform — der vielen, das Vermögen bildenden, subjektiven Rechte vermittelt wird). — Im übrigen soll nicht behauptet werden, daß die eben gemachte Andeutung auch die sämtlichen Schwierigkeiten, die sich einer einheitlichen Auffassung der positivrechtlichen Regelung unserer erheblich stärker in der Richtung auf die juristische Person hin entwickelten, offenen Handelsgesellschaft (insbes. auch der prozessualen und konkursrechtlichen Bestimmungen) entgegenstellen, restlos zu lösen imstande wäre. Vielleicht wird man nicht anders können, als — bei der allein richtigen Zuweisung dieses

oder die Vereinbarungen der Beteiligten den Anlaß zur näheren Bestimmung der inneren Beziehungen einzig und allein in der mehrheitlichen Zuständigkeit des einzelnen subjektiven Vermögensrechts finden. Hier kann es auch bei Übergang der einzelnen Rechtsanteile auf einen Rechtsnachfolger, solange eine mehrheitliche Zuständigkeit in der

---

Rechtsgebildes unter die Gesellschaften und die Rechtsgemeinschaften (also bei Leugnung eigener materieller Rechtsfähigkeit) — gewisse Rechtssätze als notgedrungene Konzessionen des Gesetzgebers an die Bedürfnisse des Handelsverkehrs (vgl. dazu auch neuestens Lehmann in GoldschmidtsZ. Bd. 74, 1913, S. 464, 467) hinzunehmen und sich in der Tat mit Dernburg (Das bürgerliche Recht usw., Bd. II 2, 3. Aufl., Halle 1906, S. 637 f. § 365a II) und Ferrara (Le persone giuridiche, S. 565 ff.) dahin zu resignieren, daß eine einheitliche konstruktive Auffassung des Rechtsgebildes der offenen Handelsgesellschaft innerhalb des deutschen Rechts, eine Erklärung des gesamten einschlägigen Normenkomplexes von einem rechtlichen Gesichtspunkte aus, unmöglich ist, weil eben „una accozzaglia di norme intimamente stridenti“ (Ferrara, a. a. O., S. 566) für sie gilt. In jedem Falle dürfte der Gedanke einer formellen „Parteifähigkeit“ (Wach, Handbuch des deutschen Zivilprozeßrechts, Bd. I, Leipzig 1885, S. 520 ff. § 46 II, und derselbe, Der Eidesbeweis in den Prozessen der offenen Handelsgesellschaft, in BuschsZ. Bd. 9, 1886, S. 433 ff.; dazu neuestens etwa Nagler, Der Parteibegriff usw., im Rechtsgang Bd. I, 1913, S. 56 ff., insbes. S. 67 ff., 81 f., 113) der offenen Handelsgesellschaft den Vorzug verdienen vor der Auffassung einer singulären materiellen Rechtsfähigkeit der Gesellschaft (des Gesellschaftsvermögens) als eines selbständigen Sondervermögens (Hellwig, Anspruch und Klagrecht, S. 266 ff., System des deutschen Zivilprozeßrechts, Bd. I S. 152 ff., 155 ff. § 69 und sonst öfters in seinen Schriften), womit man letzten Endes nur wieder zu dem „personenähnlichen Rechtsgebilde ohne Rechtsfähigkeit“ oder der „Quasi-Person“ (vgl. dazu Hellwig selbst, System, a. a. O., S. 158) gelangt, die wir zufolge ihres nicht mehr als umschreibenden Wertes (vgl. auch Hellwig, Anspruch, a. a. O.: „Behandlung“ der offenen Handelsgesellschaft „in gewissen Beziehungen“ als juristische Person) als eine zur Charakterisierung gewisser Rechtsfiguren brauchbare allgemeine rechtliche Kategorie nicht anerkennen können (vgl. oben S. 72 Anm. 136 zu § 5). — Über die praktische Bedeutung der Annahme oder Ablehnung juristischer Persönlichkeit vgl. übrigens neuestens Lehmann, a. a. O., S. 465 Anm. 1, sowie — in einem völkerrechtlichen Fall — ebenda, S. 462 ff., als Entgegnung auf Kohler, Die offene Handelsgesellschaft als juristische Person, in GoldschmidtsZ. Bd. 74 S. 456 ff.; dazu dann wiederum Kohler im ArchBürgR. Bd. 40 S. 229 ff.

Regelform noch erhalten bleibt und nicht etwa die Zuständigkeitsform selbst verändert wird (d. h. Gesamthandberechtigung oder Alleinberechtigung an die Stelle tritt), niemals zu einem Vakuum hinsichtlich der inneren Ordnung kommen. Ja, es kann zufolge der heute positivrechtlich anerkannten sog. „dinglichen“ Wirkung der wichtigeren rechtsgeschäftlichen Bestimmungen und Abänderungen der dispositiven gesetzlichen Ordnung (der sog. „Regelungen“; vgl. §§ 746, 751, 1010 Abs. 1) sowie zufolge der weiteren „dinglichen“ Wirkung der bei der Auseinandersetzung geltend zu machenden Ansprüche aus den §§ 755, 756, 1010 Abs. 2 nicht einmal die Kontinuität der einmal wirksamen inneren Ordnung einer Rechtsgemeinschaft durch den Eintritt eines Sondernachfolgers eines Anteilsberechtigten beeinträchtigt werden. Es ist also hier für den Bestand und die innere Ausgestaltung des einzelnen gemeinschaftlichen Rechts ganz irrelevant, ob diese oder eine andere Person als anteilsberechtigte in der Rechtsgemeinschaft steht; der einzelne Gemeinschafter wird sozusagen zu einer „fungiblen“ Person, der Rechtsanteil demgemäß frei verfügbar (§ 747 Satz 1) und kann daher[367]) im Rechtsverkehr nahezu

---

[367]) Gewöhnlich sagt man, der einzelne Anteil sei „selbständiges, freies Vermögensobjekt (!) des Teilhabers“ (so Mot. Bd. II S. 874 und — im Anschluß an sie — Oertmann, Schuldverhältnisse, S. 907 Bem. 1 zu § 747; Staudinger, Kommentar, Bd. II S. 1441 Bem. I zu § 747 und andere); er bilde eine „besondere Wertziffer“ (Crome, System Bd. II S. 805 § 286 I), existiere als „selbständiger Wert“ (Crome, a. a. O., S. 785 § 282 Anm. 9), und sieht darin den Grund seiner Verfügbarkeit. Aber man wird damit der Eigentümlichkeit der Rechtsstellung des Gemeinschafters im Rahmen der gemeinschaftlichen Machtsphäre nicht gerecht und faßt die Sache mehr wirtschaftlich als juristisch auf. Daß die innere Ordnung auf ein abstraktes Bruchteilsverhältnis abgestellt wird (vgl. dazu unten S. 239 f. in § 10 und später in Teil II), macht den einzelnen Anteil gewiß wirtschaftlich zu einem festen Vermögenswert und erklärt insbes. seine Belastung mit sog. Wertrechten; aber zur Begründung der rechtlichen Verfügbarkeit des einzelnen Anteils darf man nicht bloß den Rechtsanteil isoliert genommen und nach seiner wirtschaftlichen Bedeutung betrachten, sondern muß festhalten, daß doch ein irgendwie „gemeinschaftliches“ Recht vorhanden ist, dem der Rechtsanteil zugehört. Uns erklärt sich darum die Verfügbarkeit zutreffender aus der Eigen-

wie ein gewöhnliches einzelnes (selbständiges) subjektives Recht funktionieren[368]).

IV. Soviel über den allgemeinen Charakter der inneren Gemeinschaftsordnung des einzelnen Rechts. Betrachten wir den Inhalt der „inneren Ordnung" des näheren, so ist zunächst vor allem zu betonen, daß diese Ordnung nicht lediglich eine Regelung der (bloßen) Ausübung von — an sich selbständigen — Teilbefugnissen der Gemeinschafter bedeutet, und daß das die mehreren Rechtsanteile zusammenschließende Moment nicht etwa nur darin liegt, daß zum Zwecke einer unter Umständen notwendig werdenden einheitlichen Ausübung des gemeinsamen Rechtsinhalts für die Bildung eines einheitlichen Willens (insbesondere auch eines die Minorität zwingenden Mehrheitswillens) der Gemeinschafter gesorgt wird. Vielmehr bedeutet und erzielt die „innere Ordnung" darüber hinaus eine nähere inhaltliche Bestimmung[369]) und — als Ausgestaltung der „inneren Seite" des gemeinsamen absoluten Vermögensrechts — eine wesentliche Vervollständigung der (gegenständlichen) rechtlichen Machtstellungen

---

art der in der regelmäßigen Rechtsgemeinschaft wirkenden inneren Ordnung.

[368]) Daß er es nicht ist, sondern im Rahmen der Mehrheitszuständigkeitsform eines Rechtsinhalts dogmatisch erfaßt werden muß, ist zur Genüge betont; vgl. ferner auch unten S. 265 in § 11.

[369]) Die innere Gemeinschaftsordnung ergibt das Maß und die inhaltliche Begrenzung des einzelnen Anteils (vgl. auch § 10 S. 248 ff.). Daher ist „Anteil" (im technischen Sinne) nicht das Maß der Mitberechtigung (so unzutreffend v. Tuhr, a. a. O., S. 83 Anm. 17 zu § 3), sondern ist die Mitberechtigung (des einzelnen) selbst. Das entspricht jedenfalls dem gesetzlichen Sprachgebrauch im Gebiete der Gemeinschaft nach Bruchteilen, wo das „Maß" des Anteils sich im wesentlichen nach dem betreffenden „Bruchteil" bestimmt (vgl. dazu unten § 10 S. 239 ff.). Anteil und Bruchteil sind nicht identische termini, wie das unzutreffenderweise in der Literatur fast allgemein angenommen wird (dazu unten § 10 S. 226 ff., 251 Anm. 467). — Eine andere Bedeutung (als den Anteil am Recht) hat „Anteil" wohl in einigen vereinzelten Gesetzesstellen außerhalb der Gemeinschaftslehre; vgl. bereits S. 109 Anm. 212 zu § 7 wegen des § 420 BGB., sowie auch Walsmann, Der Verzicht, S. 133 Anm. 2.

der Gemeinschafter[370]), wie sie durch die anteiligen Zuständigkeiten des Rechtsinhalts an die einzelnen Gemeinschafter zunächst vermittelt und gegeben sind. Dies gilt auch insoweit, als wir in diesem einheitlich aufzufassenden Komplex rechtlicher Beziehungen und Wirkungen, wie bereits angedeutet[371]), neben den unter den Gemeinschaftern wirkenden Abgrenzungen ihrer gegenständlichen Herrschaftsmacht (über das Objekt) und neben dem gleichfalls gegenständlichen Charakter tragenden, für einzelne Gemeinschaftsformen anerkannten Recht auf Aufhebung der Gemeinschaft[372]), rein obligatorische[373]) Innenbeziehungen unterscheiden müssen, also etwa insbesondere gegenseitige

---

[370]) Im Anhang IV (S. 333 ff.) wird die Rechtslage aus § 1025 BGB. eingehender betrachtet. Die herrschende Lehre nimmt in diesem Falle zu Unrecht eine wahre, regelmäßige Rechtsgemeinschaft (hinsichtlich der Grunddienstbarkeit nach Realteilung des herrschenden Grundstücks) an. Unsere Ausführungen im Anhang zeigen klar, daß bei den Rechtsbeziehungen zwischen den dienstbarkeitsberechtigten Eigentümern der mehreren herrschenden Grundstücke von einer „inneren Ordnung" im Sinne des Textes, wie wir sie bei jeder wahren Rechtsgemeinschaft als deren Wesensmerkmal erkennen können, nicht die Rede ist; insbes. geht nicht etwa die Festlegung einer Höchstgrenze für die allseitige Ausübung der Dienstbarkeiten (§ 1025 Abs. 1 Satz 1 zweiter Halbsatz) der bei gemeinschaftlichen dinglichen Rechten vorhandenen Ausgestaltung der positiven Seite des Rechts parallel, und es ist ein objektives Moment (der Vorteil des herrschenden Teilgrundstücks) und nicht etwa die innere Ordnung einer angeblichen, regelmäßigen Rechtsgemeinschaft, die den Inhalt der einzelnen Dienstbarkeit jedes herrschenden Teilgrundstücks bestimmt.

[371]) Vgl. oben S. 178 f.

[372]) Der „Teilungsanspruch" bei der regelmäßigen Rechtsgemeinschaft ist als unmittelbar aus dem (gegenständlichen) Rechtsanteil fließende Befugnis aufzufassen, die zur Ergänzung der inneren Gemeinschaftsordnung für den Fall ihrer Unzulänglichkeit gegeben ist, und nicht als obligatorischer Anspruch aus einer obligatio ex communione, wie dies wohl herrschende Auffassung ist. Näheres darüber bei Gelegenheit der Erörterungen in Teil II. Über diese schon gemeinrechtlich sehr bestrittene Frage siehe einstweilen (im Sinne der herrschenden Meinung) Binder, Die Rechtsstellung des Erben, Bd. III S. 79 ff. (mit Literatur).

[373]) Sie finden sich nicht etwa bloß in der regelmäßigen, sondern auch in der gesamthänderischen Rechtsgemeinschaft.

Ansprüche auf Herausgabe zu Unrecht gezogener Nutzungen, Ansprüche aus geführter Verwaltung oder Geschäftsführung, Ansprüche auf Ersatz von Schaden aus Verstößen gegen die Verwaltungs- und Benutzungsordnung oder überhaupt aus Verschulden, auf Ausgleichung wegen gemeinschaftlich zu tragender, von einem Teilhaber aufgewendeter Lasten und Kosten des gemeinschaftlichen Objekts und ähnliches[374]). Auch diese Bestandteile der inneren Gemeinschaftsordnung dürfen nicht lediglich als ein, neben einer isoliert gedachten gegenständlichen, gegen Dritte und zugleich gegen die Mitgenossen wirkenden Rechtsstellung (neben dem selbständigen „Einzelrecht") des Teilhabers herlaufendes, selbständiges obligatorisches Rechtsverhältnis aufgefaßt werden, wie das für die regelmäßige Rechtsgemeinschaft üblich ist und durch die gesetzliche Regelung aller in dieser Gemeinschaftsform hervortretenden Beziehungen und Rechtswirkungen im II. Buche unseres Gesetzes unter der Gesamtüberschrift (7. Abschnitt vor § 433 BGB.) „Einzelne Schuldverhältnisse" nahegelegt wird[375]), obwohl doch, wie an anderer Stelle zu

[374]) Rechnet man im Bereiche der regelmäßigen Rechtsgemeinschaft die §§ 748, 755 f., trotz gewisser „dinglicher Sicherung", nicht zum gegenständlichen Teil der Gemeinschaftsordnung, weil sie nicht eine nähere Ordnung der positiven Seite des gemeinschaftlichen Rechtes betreffen, so würde dies für die Ansprüche aus den §§ 755 f. den rechtlichen Charakter als eigenartige Belastungen einzelner Anteilsrechte zugunsten der anderen Teilhaber ergeben. Es wird aber tiefer dringender Untersuchung bedürfen, ob nicht vielleicht für diese Ansprüche auch die Auffassung als besondere Modifikationen des gegenständlichen einzelnen Anteilsrechts sich halten läßt. Näheres über ihre sehr zweifelhafte Konstruktion in Teil II.

[375]) Dies ist die allgemeine Auffassung des gemeinen Rechts: obligatio ex communione, quasi-kontraktartiges Rechtsverhältnis zwischen den Teilhabern, insbes. die obligatorischen Ansprüche auf Gebrauchsgestattung, Kosten, Auslagenerstattung und Teilung enthaltend; vgl. z. B. Windscheid(-Kipp), Pandekten, Bd. II S. 933/4 und Anm. 1 zu § 449; Steinlechner, Das Wesen der iuris communio usw., Teil II S. 130 ff. Ebenso die heutige Doktrin; vgl. z. B. Kipp bei Windscheid, a. a. O., S. 940 zu § 449 unter Ziff. 1: es trete, wenn ein Recht mehreren gemeinschaftlich zusteht, eine „Gemeinschaft nach Bruchteilen" mit den daran geknüpften obligatorischen Wirkungen ein; Staudinger, Kommentar, Bd. II S. 1429 Vorbem. I vor § 741: die §§ 741 ff. regelten die „obligatorischen Beziehungen zwischen den Teilhabern in einer Rechtsgemeinschaft", sowie S. 1431

zeigen sein wird[376]), die Bestimmungen der §§ 742 ff. in der Hauptsache andere als rein obligatorische sind[377]).

Vielmehr ist in jedem Falle die gesamte innere Ordnung eines gemeinschaftlichen Rechts[378]) Bestandteil des Rechtes selbst[379]) in dieser seiner besonderen

---

Bem. 3 zu § 741: „Das aus den §§ 741 ff. für die Teilhaber sich ergebende Verpflichtungsverhältnis untereinander trägt den rechtlichen Charakter eines Schuldverhältnisses, woraus sich seine Stellung an dieser Stelle des BGB. erklärt“; BGB.-Kommentar von Reichsgerichtsräten, Bd. I S. 675 Bem. 2 zu § 741: „Die §§ 742—758 regeln das Verpflichtungsverhältnis der Teilberechtigten untereinander.“ Binder, a. a. O., S. 59, meint: „Immerhin liegt dieser obligationenrechtlichen communio eine communio des Eigentumsobjekts (!) zugrunde.“ Also entsprechend seiner Auffassung, die die Gemeinschaftlichkeit des Rechts aufgibt und dafür mehrere Einzelrechte in Richtung auf dasselbe Objekt annimmt (vgl. oben S. 132 f. und S. 143 Anm. 265 zu § 8), wahre „interindividuelle“, und zwar rein obligatorische Beziehungen zwischen den Inhabern selbständiger dinglicher Rechte am selben Objekt, aber keine Spur eines engeren Bandes, das diese „Teilrechte“ von anderen einzelzuständigen Rechten unterschiede. Denn daß das ungeteilte Objekt „die Grundlage rechtlicher Beziehungen der Miteigentümer untereinander bildet“ (Binder, a. a. O., S. 58), hebt die Selbständigkeit der (angeblichen) Einzelrechte ebensowenig auf wie im Falle des Legalschuldverhältnisses zwischen Eigentümer und Nießbraucher. — Ähnlich auch ausländische Schriftsteller; vgl. z. B. Venzi in Pacifici-Mazzoni, Istituzioni di diritto civile italiano, vol. III 1, 4a ed. Firenze 1905, S. 449 Anm. a zu S. 436 (unter besonderem Hinweis auf die Regelung unseres deutschen BGB.).

Zweifelhaft kann übrigens bei dieser Auffassung sein, ob es sich bei mehreren Teilhabern einer Gemeinschaft um ein einheitliches und einziges Schuldverhältnis zwischen ihnen allen oder um eine Mehrheit von Schuldverhältnissen handeln würde. Vgl. auch unten S. 210 Anm. 392 und für den Fall der Gesellschaft z. B. einerseits Staudinger, Kommentar, Bd. II S. 1353/4 Bem. I 2 zu § 705, andrerseits Oertmann, Schuldverhältnisse, S. 860 Bem. 4c α zu § 705.

[376]) Vgl. später Teil II.

[377]) Man prüfe nur daraufhin die §§ 742—758 und man wird finden, daß ein Teil von ihnen (auf absolute Vermögensrechte bezogen) den Charakter absolutrechtlicher Bestimmungen (z. B. §§ 743 Abs. 2, 747), andere (insbes. § 745 Abs. 1) nahezu den Charakter organisatorischer Rechtssätze hat, und daß für reine Obligationen nur ein kleiner Teil übrigbleibt.

[378]) In ihrem oben S. 178 f. umschriebenen Inhalt.

[379]) Daraus folgt zugleich die Unzulänglichkeit der systematischen Stellung des größten Teiles der Bestimmungen der §§ 741 ff. (vgl. auch

Form mehrheitlicher Zuständigkeit; sie ist insbesondere bei absoluten Vermögensrechten die stets notwendige Ergänzung, der notwendige Ausbau der reinen gegenständlichen Seite des Rechts, die in dem Rechtsinhalt

---

Anm. 377). So gut die Absicht des Gesetzgebers war, allgemeine Grundsätze über Rechtsgemeinschaften überhaupt aufzustellen und die Besonderheiten, die eine mehrheitliche Zuständigkeit im gesetzlichen Regelfalle für den Rechtsinhalt mit sich bringen soll, zusammenfassend für alle möglichen subjektiven Rechte zu normieren, so ist doch einerseits die Auffassung und Bezeichnung der gesamten inneren Ordnung einer regelmäßigen Rechtsgemeinschaft als eines „einzelnen Schuldverhältnisses" (vor § 433) verfehlt, und zum andern das Fehlen eines zusammenfassenden Hinweises auf die Rückwirkung gewisser schuldrechtlicher oder personenrechtlicher Grundverhältnisse auf die innere Struktur der einzelnen gesamthänderischen Rechtsgemeinschaft ein systematischer Mangel. Wegen des ersteren Vorwurfes vgl. auch Geib, Die rechtliche Natur der actio communi dividundo, Diss. Tübingen 1882, S. 95 Anm. 291; v. Schey, Die Obligationsverhältnisse des österreichischen allgemeinen Privatrechts, Bd. I, Wien 1890—1907, S. 9 Anm. 35. Zutreffender das neue schweizerische ZGB., das zwar auf die Aufstellung von Grundsätzen über gemeinschaftliche Rechte überhaupt verzichtet, dafür aber beim Eigentum als dem Grundrecht und dem praktisch wichtigsten Falle für eine mögliche Rechtsgemeinsamkeit die beiden Hauptgemeinschaftstypen behandelt und allgemeine Grundsätze über das Miteigentum in Artt. 646 ff., über das Gesamteigentum in Artt. 652 ff. aufstellt, hinsichtlich des letzteren aber doch so, daß für die aus der verschiedenen rechtlichen Gestaltung der maßgebenden Grundverhältnisse folgenden Differenzierungen der inneren Ordnung des gesamthänderischen Eigentums Raum bleibt. Noch zutreffender das neue japanische ZGB., das im II. Buche (Sachenrecht; vom 28. April 1896) in Artt. 249 ff. genaue Regeln über das Miteigentum (als die einzige Gemeinschaftsform) gibt, die mit unsern §§ 742 ff. und dem italienischen Gemeinschaftsrecht im wesentlichen übereinstimmen, und in dem letzten Artikel dieses Abschnitts (Art. 264) bestimmt, daß die vorangehenden Vorschriften entsprechende Anwendung finden sollen überall da, „where property rights other than ownership are owned by several persons . . ." (so die Übersetzung bei Becker, Annotated civil code of Japan, Bd. I, London-Yokohama 1909), also auf alle Rechtsgemeinschaften bei Vermögensrechten, sofern sie nicht besonderen gesetzlichen Regeln unterliegen. (Im schweizerischen ZGB. fehlt bekanntlich eine Vorschrift über die Anwendbarkeit der Miteigentumsregeln auf regelmäßige Mitberechtigungen überhaupt; im Entwurf des russischen Zivilgesetzbuchs von 1899/1903 ist in § 836, der letzten Bestimmung des Miteigentumstitels, dessen Anwendbarkeit auf gemeinschaftliche Sachenrechte vorgesehen.) Ähnlich das spanische ZGB., das im Sachenrecht, nach dem Titel vom Eigentum,

(namentlich des Vollrechts) nicht als bestimmt gegliederter Teil der ganzen Rechtsmacht, sondern nur als ein, näherer rechtlicher Ausgestaltung fähiger und (im Falle mehrheitlicher Zuständigkeit) bedürftiger Rahmen gegeben ist. Daher involviert eine rechtsgeschäftlich einführbare oder abänderbare[380]) innere Ordnung eine — gesetzlich näher umgrenzte — (gegenstandsrechtliche, sachenrechtliche) Bestimmungsfreiheit der Gemeinschafter über die innere Seite ihrer gemeinschaftlichen absoluten Vermögensrechte[381]).

Eine andere Auffassung reißt den einheitlichen Begriff des „gemeinschaftlichen Rechts" auseinander und sprengt sogar die notwendigerweise zusammengehörigen gegenstandsrechtlichen Befugnisse des einzelnen Anteilsberechtigten[382]), während doch gerade umge-

---

von der Gemeinschaft des Eigentums und anderer Rechte handelt (Artt. 392 ff.); ähnlich auch Artt. 673 ff. codice civile italiano. — Über die systematische Stellung der bruchteilmäßigen Rechtsgemeinschaft in Rechtsordnungen und Lehrbüchern noch einiges in Teil II.

[380]) D. h. eine zunächst gegebene dispositive gesetzliche innere Ordnung abändernde.

[381]) Das gilt also von den gegenstandsrechtlichen Bestimmungen des Gesellschaftsvertrages nicht weniger als von den (nach üblicher Ausdrucksweise „dinglich wirkenden") Regelungen aus den §§ 745 f., 2038 Abs. 2 Satz 1, 2042 Abs. 2 BGB.

[382]) Denn nichts anderes bedeutet es, wenn für das römisch-gemeine und das heutige (regelmäßige) Miteigentum behauptet wird, das Recht des einzelnen Genossen, die gemeinsame Sache zu benutzen, sei nicht eine unmittelbare dingliche Befugnis auf Grund seines Anteils, sondern habe den Charakter eines obligatorischen Anspruchs (gegen die anderen Genossen) auf Gestattung, der sich aus dem Schuldverhältnisse der communio ergebe; so v. Seeler, Die Lehre vom Miteigentum nach römischem Recht, S. 6, 13/4, 33 f., 90 f., 107; Bonelli in der Rivista di diritto commerciale vol. I, 1903, parte Ia S. 299, 308; Bonfante in der Rivista di diritto civile, vol. I, 1909, S. 289 f. (vgl. aber dazu jetzt Bonfante im Bullettino dell'istituto di diritto romano vol. XXV S. 212 Anm. 1). Dagegen scharf Perozzi, insbes. neuestens wieder in der Rivista del diritto commerciale vol. XI, 1913, parte Ia S. 564 ff. auf S. 585 ff. Auch Carnelutti, Personalità giuridica etc., in der Rivista del diritto commerciale vol. XI S. 102 betont (gegen Bonfante), daß bei solcher Auffassung die positive Seite des Eigentumsinhalts völlig außer acht gelassen werde. Zutreffend für unser heutiges Recht z. B. Kohler, Lehrbuch des bürgerlichen Rechts, Bd. II, Berlin 1906, S. 413 § 153: der Anspruch auf Mitbe-

kehrt die inneren Beziehungen der Gemeinschafter — seien sie gegenständlichen oder auch nur obligatorischen Charakters — mit ihrer Dritten gegenüber wirksamen gegenstandsrechtlichen Stellung in eine organische Verbindung gesetzt und konstruktiv vereinigt werden müssen[383]) [384]).

---

nutzung aus § 743 BGB. sei nicht etwa schuldrechtlicher Pflichtanspruch, sondern sei gegenstandsrechtlich. Vgl. auch unsern Text im folgenden, insbes. S. 211 ff.

[383]) Für die Gegenmeinung vgl. außer den oben S. 204 Anm. 375 Genannten z. B. Binder, Die Rechtsstellung des Erben, Bd. III S. 58 f. und insbes. Bonfante, a. a. O., S. 289 ff., der (auch für das moderne Recht) es für unbedingt notwendig erklärt, die beiden einander widersprechenden „Systeme“ des Eigentums und der Obligationen im Miteigentum konstruktiv zu trennen, und der meint, daß — infolge dieser aus entgegengesetzten rechtlichen Quellen fließenden Regelung — dem Miteigentumsrecht ein unversöhnlicher innerer Gegensatz eigentümlich sei. Auch Oertmann, Besprechung von v. Seeler, Das Miteigentum usw., im ArchBürgR. Bd. 13, 1897, S. 117, findet, daß v. Seeler „scharf und treffend zwei Bestandteile, einen dinglichen und einen obligatorischen (obligatio ex communione)“ unterscheidet. Vgl. aber dagegen oben Anm. 382. — Für das römische Miteigentum scheidet streng Scialoja, Lezioni di diritto romano, S. 660: Die obligatorischen Beziehungen seien rein persönliche, „che non hanno alcuna relazione colla natura intrinseca del diritto di condominio“. Vgl. ferner noch Sokolowski, Die Philosophie im Privatrecht, Bd. I, Halle 1902, S. 436/7, der in dem Gegensatz zwischen den obligatorischen und den dinglichen Beziehungen (in der „Beschränkung der dinglichen Herrschaft über den ideellen Teil durch jene obligatorischen Ansprüche und Verpflichtungen“) den Grund sieht, „weshalb die ganze Lehre vom condominium niemals auf einheitliche Prinzipien gestellt werden konnte.“

[384]) Wir halten ja auch beim (einzelzuständigen) Vermögensrecht zwar die innere und die äußere Seite auseinander, vereinigen aber dennoch beide zur Einheit einer rechtlichen Stellung. Warum sollen also beim gemeinschaftlichen Recht diejenigen Innenbeziehungen und Innenwirkungen, die eine nähere rechtliche Ausgestaltung der positiven Seite des absoluten Vermögensrechts bedeuten, aus dem gemeinschaftlichen Recht ausgesondert und als besonders geartetes, womöglich lediglich obligatorisches Rechtsverhältnis zwischen Einzelberechtigten, also als eine, den gewöhnlichen interindividuellen Rechtsbeziehungen völlig parallele Rechtsfigur dem gemeinschaftlichen Recht selbst und seinen Anteilen gegenübergestellt werden, wenn doch das gemeinschaftliche Recht ohne diese innere Ordnung nicht sein kann und rechtlich (insbes. nach seiner positiven Seite hin) unvollständig bleibt?

V. Damit erscheint aber nicht nur die innere Ordnung als Bestandteil des gemeinschaftlichen Rechts als eines Ganzen, sondern es erscheinen weiterhin die aus der konkreten inneren Ordnung sich für die einzelnen Anteilsberechtigten ergebenden Befugnisse und Ansprüche gegen ihre Mitgenossen als Bestandteile ihrer gesamten Rechtsstellung innerhalb der gemeinschaftlichen Rechtssphäre, als Bestandteile ihres „Anteilrechts" oder „Rechtsanteils" selbst, als Stücke seines — durch die innere Ordnung besonders bestimmten und ergänzten — rechtlichen Inhalts[385]). So sind insbesondere die Befugnisse der Teilhaber auf Mitgebrauch und auf Teilnahme am Fruchtertrag[386]), an der Verwaltung des gemeinsamen Gegenstandes[387]), das Recht auf Aufhebung der Gemeinschaft[388]), Bestandteile des Anteils des einzelnen Teilhabers und zwar gegenstandsrechtlicher[389]), nicht obligatorischer[390]) Natur[391]); man kann sie geradezu

---

[385]) Die Auffassung der zwischen den Gemeinschaften einer regelmäßigen Rechtsgemeinschaft laufenden und die innere Ordnung des gemeinschaftlichen Rechts darstellenden Beziehungen als mittelbar zustehender obligatorischer Rechte (vgl. dazu v. Tuhr, a. a. O., S. 66 f. § 2 IV) reicht für sich allein gewiß nicht aus. Vgl. dazu unten S. 210 Anm. 393.

[386]) Einschließlich des Rechts auf ordnungsmäßige Benutzungsregelung überhaupt und auf Unterwerfung unter eine bestimmte Benutzungsordnung.

[387]) Einschließlich des Rechts auf Mitwirkung zu einer Verwaltungsregelung überhaupt oder auf Zustimmung zu gewissen Verwaltungsmaßnahmen.

[388]) Einschließlich des Rechts auf Unterwerfung unter einen bestimmten Teilungsmodus, auf Zuteilung eines reellen Sachstücks eines früheren Miteigentumsgegenstandes, auf Zwangsversteigerung eines gemeinschaftlichen Grundstücks, auf Zuteilung eines Teiles des Verkaufserlöses usw.

[389]) Anders die herrschende Lehre. Zutreffend insbes. Kohler, Lehrbuch des bürgerlichen Rechts, Bd. II 1 S. 413 § 153 III. — Wegen des Rechtes auf Teilung vgl. auch oben S. 203 Anm. 372.

[390]) Wegen etwaiger wirklicher obligatorischer gegenseitiger Ansprüche vgl. oben S. 203 f.

[391]) Ein am Miteigentumanteil bestelltes begrenztes dingliches Recht ergreift also ohne weiteres diese Befugnisse als Bestandteile des Miteigentumsanteils; die vom Nießbraucher, Pfandgläubiger kraft eigenen dinglichen Rechts auszuübenden Rechte, „die sich aus der

als „innere gegenständliche Befugnisse" (innere absolute, innere dingliche Befugnisse) bezeichnen, insofern sie die Grenzen der Herrschaftssphären der Gemeinschafter im Innenverhältnis, im Innern der gemeinsamen Rechtssphäre regeln[392] [393]).

Gemeinschaft der Miteigentümer in Ansehung der Verwaltung der Sache und der Art ihrer Benutzung ergeben" (§§ 1066 Abs. 1, 1258 Abs. 1), haben selbst im weitesten Umfang dinglichen Charakter. Unzulänglich daher (im Sinne der üblichen Auffassung) Staudinger, Kommentar, Bd. III S. 598 Bem. I 2a, b zu § 1066: der Nießbraucher habe ein „dingliches Recht" auf „Ausübung der obligatorischen Rechte seines Auktors, die sich auf die Verwaltung und Benutzung (sic!) der Sache beziehen (§§ 742—745)".

[392]) Man könnte auch daran denken, von „quasi-absoluten", „beschränkt absoluten" und schließlich von „relativ absoluten", „relativ dinglichen" Befugnissen zu sprechen, sofern die betreffenden Rechte, trotz ihrer anscheinend obligatorischen Form, in Wahrheit den Charakter des gegenständlichen, dinglichen Anteilrechtes teilen, aber eben nur gegen einen engeren Personenkreis, die andern Teilhaber, gerichtet sind, nur beschränkt, relativ wirken, während für die in dieser Weise näher inhaltlich bestimmten Befugnisse des einzelnen Teilhabers die außerhalb des gemeinsamen Rechtskreises stehenden Dritten nicht geeignete Rechtsgegner und nicht mögliche Rechtsverletzer sind. Man erkennt dabei, daß bei einem ganz engen Kreise von Gemeinschaftern (z. B. bei zwei oder drei Miteigentümern) diese inneren, auf ordnungsmäßige Ausübung des ganzen Rechtsinhalts gerichteten Befugnisse in der Tat die Natur (oder jedenfalls nahezu die Natur) gegenseitiger obligatorischer Rechte haben, daß sie aber, je größer der Kreis der Gemeinschafter wird, um so mehr den Charakter der Obligation verlieren, und daß dann der Gedanke beschränkt oder relativ dinglicher, gegenständlicher Befugnisse verständlich wird. Ist A zusammen mit 19 andern Miteigentümer (nach Bruchteilen) eines Grundstücks, so erscheint es zutreffender, einen inneren dinglichen Anspruch auf Mitgebrauch, auf Mitwirkung zu einer konkreten Verwaltungshandlung, auf Einwilligung zu einer notwendigen Verwaltungsmaßnahme, auf Aufhebung der Eigentumsgemeinschaft gegen alle 19 Genossen aus dem dinglichen Rechtsanteil abfließen zu lassen, als 19 persönliche Ansprüche gegen jeden einzelnen der Teilhaber anzunehmen, die doch wohl nicht so sehr auf einem einzigen Schuldverhältnisse zwischen allen Gemeinschaftern, als vielmehr auf einer entsprechenden Mehrheit von Schuldverhältnissen beruhen würden (vgl. dazu auch oben S. 204 Anm. 375 a. E.).

[393]) Die Bedeutung dieser Unterscheidung liegt — abgesehen von ihrem Werte für die Auffassung der gemeinschaftlichen Berechtigung überhaupt und für die Systematik — darin, daß (im Falle

Aber auch die durch die gesetzlich zugelassene „Bestimmungsfreiheit" der Gemeinschafter ermöglichten Regelungen oder „Bestimmungen" der Teilhaber[394]) sind nicht nur hinsichtlich des Rechtsinhalts im ganzen als eigenartige (rechtsgeschäftlich eingeführte) Modalitäten aufzufassen, die dieser Rechtsinhalt im Falle seiner Zuständigkeit an mehrere Personen (insbesondere in der Form der regelmäßigen Mitberechtigung) anzunehmen befähigt ist, sondern stellen sich zugleich[395]) — hinsichtlich der Anteilrechte — als nähere

verfügbarer Rechtsanteile, also bei der regelmäßigen Rechtsgemeinschaft) nur die „inneren gegenständlichen Befugnisse", nicht aber auch die, die innere Ordnung ergänzenden, rein obligatorischen gegenseitigen Ansprüche der Teilhaber mit der Veräußerung ihres Rechtsanteils als dessen gegenständlicher Bestandteil ohne weiteres auf den Sondernachfolger übergehen. (Vgl. dazu auch Wieland, Schweizerisches Sachenrecht, S. 36 Bem. 7b zu Art. 646.) Sie entstehen also (im Falle des Miteigentums) nicht „neu mit dem gesetzlichen Inhalt in der Person jedes Miteigentümers" als „Forderungen aus dem Miteigentumsverhältnis", wie v. Tuhr (a. a. O., S. 68 § 2 IV) für die Rechte aus §§ 744 Abs. 2, 745 Abs. 2 meint; die Wirksamkeit von Verfügungen über sie erklärt sich nicht aus einer solchen Neuentstehung (so v. Tuhr), insbes. gehört die Befugnis des Anteilsberechtigten aus § 745 Abs. 2 nicht weniger zum Inhalt des Anteilrechts als die etwa auf Grund ihrer durch Urteil erlangte Abänderung des Inhalts des Anteils. (Vgl. oben S. 207 Anm. 381.)

Es ist übrigens nicht einzusehen, warum v. Tuhr bei den von ihm angenommenen (mittelbar zuständigen) „Legalforderungen" des Eigentümers gegen den Pfandgläubiger, Nießbraucher, Servitutberechtigten eine engere Verbundenheit mit dem dinglichen Eigentumsrechte annimmt, als bei den (mittelbar zuständigen) „Forderungen" des Miteigentümers gegen die Genossen (insbes. aus den §§ 744 Abs. 2, 745 Abs. 2, 748), und warum er in den Fällen der ersten Art den unmittelbar mit dem Eigentumsübergang sich vollziehenden Übergang der („akzessorischen") Rechte auf den Sondernachfolger behauptet und ihre Neuentstehung beim Erwerbe des Eigentumsrechts verneint. Man sollte erwarten, daß er beim Miteigentum für die „mittelbar zuständigen" Forderungen das gleiche annähme. Aber es wirkt eben immer der alte Gedanke an ein reines Schuldverhältnis der Miteigentümer nach, an eine neben der selbständigen dinglichen Rechtsstellung stehende obligatio ex communione.

[394]) Entsprechendes dürfte von der aus § 2044 Abs. 1 erfolgenden Bestimmung des Erblassers gelten.

[395]) Soweit nicht reine Ausübungsregelungen in Frage kommen, z. B. über die Art des Gebrauchs und der Verwaltung, über den Zeit-

rechtliche Ausgestaltungen des Inhalts der Anteilrechte[396]) dar und die auf Grund ihrer dem einzelnen

---

punkt der Verteilung der Früchte usw. Das wolle man auch zur Vermeidung von Mißverständnissen bei den Ausführungen der nächsten Anmerkung nicht übersehen. Die „Bestimmungen“ aus § 745 (insbes. auch der Mehrheitsbeschluß) können eben nicht nur die Art und Weise des Gebrauchs und der Nutzung, sondern auch das Maß der Nutzung für den einzelnen und damit die „Größe“ seines Nutzungsrechtsanteils betreffen.

[396]) Es sind also — entgegen Mot. Bd. III S. 441, 442 und der herrschenden Meinung — nicht schlechtweg Belastungen der Anteile, insbes. beim Miteigentum nicht „echte Belastungen des Miteigentumsbruchteils“ (so M. Wolff, Sachenrecht, im Lehrbuch von Enneccerus-Kipp-Wolff, Bd. II 1 S. 290 § 88 I 1; vgl. auch die Entscheidung des BayrObLG. im Recht 1912 Nr. 432), sondern sind — soweit sie nicht nur die Art der Ausübung betreffen (vgl. Anm. 395) — Verschiebungen gewisser gegenständlicher Befugnisse der Gemeinschafter im Rahmen des gemeinschaftlichen Rechtsinhalts, Inhaltsänderungen der einzelnen Rechtsanteile unter Wahrung des Gesamtbefugnisbestandes des gemeinsamen Rechtsinhalts, und damit Modalitäten des ganzen Eigentums- oder sonstigen Rechtsinhalts, die man wohl nicht im gewöhnlichen Sinne als „Inhaltsänderungen“ (d. h. Änderungen des gemeinschaftlichen Rechtsinhalts selbst) bezeichnen kann, da sie weder eine „Mehrung“ noch eine „Minderung“ im ganzen mit sich bringen. Soweit aber der einzelne Rechtsanteil in Frage kommt, stehen die „getroffenen Bestimmungen“ auf derselben Linie, wie jene, in denen das Gesetz gegenüber den zunächst kraft Gesetzes eintretenden Inhaltsbestimmungen „abweichende Bestimmungen“ hinsichtlich eines (absoluten, insbes. dinglichen) ganzen Rechtsinhalts für zulässig erklärt (vgl. z. B. §§ 1193 Abs. 2, 1214 Abs. 3; auch §§ 879 Abs. 3, 1109 Abs. 2, 1177 Abs. 1 Satz 2, 1430, 1619 Abs. 1 Satz 2), bzw. wie jene besonderen „Bestimmungen“, die zur Ergänzung eines Rechtsinhalts notwendig werden (wie in §§ 912, 917 BGB.).

Diese Auffassung der „Bestimmungen“ der §§ 745 f., 749 ff., 2038 Abs. 2 Satz 1, 2042 Abs. 2, 2044 Abs. 1 Satz 2 BGB. als Änderungen der dispositiven gesetzlichen Gemeinschaftsordnung und als Inhaltsänderungen der einzelnen Rechtsanteile ist der gemeinrechtlichen und der heutigen deutschen Doktrin im wesentlichen (vgl. aber auch Kohler, Das Autorrecht usw., in JheringsJ. Bd. 18, 1880, S. 128 ff. auf S. 400; derselbe, Gesammelte Abhandlungen, Mannheim 1883, S. 183 ff.) unbekannt, wie überhaupt die im Text vertretene Auffassung der „inneren Ordnung“ des gemeinschaftlichen Rechts als eines Bestandteils seines Inhalts. Auch in der österreichischen, französischen und italienischen Wissenschaft scheint diese Auffassung, obwohl sie in gleicher Weise für diese Rechte zutreffen dürfte, nicht vertreten zu

Teilhaber zukommenden Befugnisse als Rechte auf unmittelbare Vornahme der so näher bestimmten Verwaltungs-

---

sein (schwache Anklänge bei Luzzatto, La comproprietà, S. 60, 73). Dagegen findet sich eine ähnliche Auffassung für das neue schweizerische Recht bei Huber (Erläuterungen zum Vorentwurf usw., Heft III S. 70/1) und Wieland (Kommentar zum schweizerischen Sachenrecht, S. 36 Bem. 7c zu Art. 646). Am nächsten kommt der hier vertretenen Auffassung in unserer deutschen Literatur der Gedanke einer „dinglich wirkenden Modifikation des Miteigentumsverhältnisses" (Oertmann) oder einer „dinglich wirkenden Beschränkung und Besonderheit des Gemeinschaftsverhältnisses im ganzen gedacht" (Staudinger), wenngleich gerade die letztere Konstruktion Staudingers mit seiner Auffassung des ganzen Gemeinschaftsverhältnisses der §§ 741 ff. als eines reinen Schuldverhältnisses (vgl. auch oben S. 204 Anm. 375) unvereinbar ist und auch mit seiner sogleich anzuführenden Auffassung des § 1010 nicht zusammenpaßt. (Vgl. zu der sehr bestrittenen Frage der rechtlichen Konstruktion dieser „Bestimmungen" auch Mot. Bd. III S. 442, sowie Oertmann, Schuldverhältnisse, S. 907 Bem. 2 zu § 746, auch S. 903 Bem. 2 a. E. zu § 743; Staudinger, Kommentar, Bd. II S. 1441 Bem. 1e zu § 746 und überhaupt die Kommentare zu §§ 746 und 1010 Abs. 1; sowie ferner Hirsch, Die Übertragung der Rechtsausübung, Bd. I S. 40; Kattausch, Die Anteile der Miteigentümer usw., S. 36 f.) Als eigenartige Modalitäten des Eigentumsinhalts, als Besonderheiten der Miteigentumsordnung sollten daher die „Bestimmungen" der §§ 745 f. usw., soweit bei Grundstücksmiteigentum ihre Eintragung zur Wirkung gegen Sondernachfolger eines Anteilsberechtigten notwendig ist (§ 1010 Abs. 1), ihre grundbuchliche Stelle in derjenigen Abteilung des Grundbuchs finden, in der die Eigentumsverhältnisse eingetragen sind, und nicht in derjenigen, die die dinglichen Belastungen des Eigentums aufnimmt. Denn es ist eben — entgegen Staudinger, Kommentar, Bd. III S. 521 Bem. 1c zu § 1010 (ähnlich Planck, Kommentar, Bd. III S. 343 Bem. 1c zu § 1010) — doch nicht durch § 1010 Abs. 1, trotz seiner Fassung, „eine besondere Belastung neben den Belastungen des 4. bis 9. Abschnitts des Sachenrechts, ebenso wie eine Grunddienstbarkeit, eingeführt", sondern es wird der grundbuchliche Vermerk einer näheren Inhaltsbestimmung des einzelnen Rechtsanteils für erforderlich erklärt, dieser Rechtsteil aber steht in der Rubrik des Eigentums (des Eigentümers) eingetragen. Daher entspricht der hier vertretenen Auffassung die grundbuchliche Handhabung in Sachsen besser als die in Preußen. Von der sächsischen AusfVO. zur GBO. vom 26. Juli 1899 § 54 wird nämlich, auch hinsichtlich der Fassung durchaus zutreffend, angeordnet, daß „Bestimmungen der in § 1010 Abs. 1, 2044 des Bürgerlichen Gesetzbuches bezeichneten Art" in der II. Abteilung eingetragen werden, in der die

und Benutzungshandlungen, also als eigenartige gegenständliche Herrschaftsbefugnisse[397]). Und schließlich sind die

---

Eigentumsverhältnisse zu buchen sind, und nicht in der III., in der die Lasten (insbes. Dienstbarkeiten, Reallasten, Hypotheken) stehen. (Ähnlich übrigens nach der sächsisch-koburgischen MinVO., das Grundbuchwesen betreffend, vom 1. Dez. 1899 §§ 33, 47, 49. — Dementsprechend wird auch die Stempelpflicht einer Eintragsbewilligung zu einer solchen „Bestimmung" der Miteigentümer nach sächsischer Praxis aus der Tarifst. 3 — Änderungen des Inhalts eingetragener Rechte — des sächsischen StempStG. vom 12. Jan. 1909 berechnet; vgl. Böhme-Lorey, Das Kgl. Sächs. Stempelsteuergesetz usw., Bd. II S. 36 Bem. 3 zur Tarifst. 3.) Dagegen bestimmt die preußische AVf. vom 20. Nov. 1899 zur Ausführung der GBO. in § 11 Abs. 1 Ziff. 1, allerdings in näherer Anlehnung an den Wortlaut des § 1010 BGB., die II. Abteilung des Grundbuchs zur Eintragung „der das Grundstück belastenden Rechte" (außer den Grundpfandrechten), „insbes. auch der in § 1010 Abs. 1 und in § 2044 . . . bezeichneten Belastungen des Anteils eines Miteigentümers oder Miterben" (vgl. auch dazu § 59 Ziff. 4 des preußischen GKG.).

In jedem Falle ist die Eintragung aus § 1010 Abs. 1 BGB., mag sie auch, wie in Preußen, unter den wahren Belastungen erscheinen, materiellrechtlich etwas anderes; sie bleibt „ein Buchvermerk ganz besonderer Art". (So zutreffend Kisch, Elsaß-lothringisches Landesprivatrecht, Halle 1905, S. 491 § 91 II 1 mit praktischen Konsequenzen für die Zeit bis zur Anlegung des Grundbuchs.) Für das neue schweizerische Recht, in welchem die bundesrätliche Verordnung, betreffend das Grundbuch, vom 22. Febr. 1910 in Artt. 31 ff. über die Eintragung solcher die Gemeinschaftsordnung näher regelnden Bestimmungen nichts vorsieht, wird die Eintragung entweder „als Teil der Eigentumsordnung unter der Rubrik des Eigentümers" (so insbes. Ostertag im Gmürschen Kommentar, Sachenrecht III. Abteilung, Bern 1910, S. 139 Bem. 4 zu Art. 946 für „allfällige Abänderungen der gesetzlichen Miteigentumsrechte", und anscheinend Wieland, a. a. O., S. 36 Bem. 7c zu Art. 646) oder außerdem auch, insoweit es sich bei der Regelung „dem Inhalte nach um den Gegenstand eines dinglichen Rechtes handelt", also namentlich bei Verschiebungen der Gebrauchs- und Nutzungsbefugnisse, „auf dem Wege der Belastung der einen Quote durch Ansprüche des Eigentümers der andern" (so — d. h. für beide Möglichkeiten — Huber, a. a. O., S. 71; Leemann im Gmürschen Kommentar, Sachenrecht I. Abteilung, 1911, S. 55 Bem. 11 zu Art. 646) für zutreffend gehalten, d. h. also (vgl. Art. 946 ZGB.) entweder in der ersten Abteilung (Eigentum) oder in der zweiten (Dienstbarkeiten und Grundlasten).

Die rechtliche Konstruktion der „Bestimmungen" der Miteigentümer hat Bedeutung für die Frage, ob für die grundbuchliche Ein-

bereits angedeuteten, aus Anlaß der Gemeinsamkeit des Rechts entstehenden obligatorischen Ansprüche gegen die Mitgenossen als Bestandteile der ganzen Rechtsstellung des Gemeinschafters im Rahmen des betreffenden gemeinschaftlichen Rechts aufzufassen, als Bestandteile seines „Rechtsanteils" in diesem weiteren, die gesamte (nicht bloß die gegenstandsrechtliche) Stellung des Teilhabers eines gemeinschaftlichen absoluten Vermögensrechts ausdrückenden Sinne[398]).

Der Rechtsanteil eines Gemeinschafters, für sich betrachtet, läßt sich danach, wie man erkennt, rechtlich näher bestimmen und in seinen Einzelbefugnissen feststellen und begrenzen immer nur unter Heranziehung der für die betreffende Form mehrheitlicher Zuständigkeit des einen Rechtsinhalts geltenden (gesetzlichen oder rechtsgeschäftlichen oder gemischten) inneren Ordnung. Er nimmt also stets ein Stück der jedem gemeinschaftlichen Rechte eigentümlichen rechtlichen Synthese der Anteile, einen Teil der

---

tragung nach § 1010 BGB., wie bei sonstigen Belastungen, materiellrechtlich die Einigung aus § 873 Abs. 1 BGB. und formellrechtlich die Bewilligung des von der Eintragung Betroffenen aus § 19 GBO. erforderlich ist, oder ob (wie es der hier vertretenen Auffassung entsprechen würde) eine Grundbuchberichtigung aus § 22 GBO., sei es auf Grund formgemäßer (§ 29 GBO.) Urkunden über die „Bestimmungen" oder auf Grund der Bewilligung der Miteigentümer zu geschehen hat. Vgl. dazu auch Güthe, Die Grundbuchordnung, 3. Aufl., Berlin 1913, Bd. II S. 1733 ff. unter „Miteigentum".

[397]) Bei dieser Auffassung bedarf es also in der Frage des Besitzesschutzes nach § 866 BGB. nicht, wie M. Wolff (Der Mitbesitz usw., in JheringsJ. Bd. 44, 1902, S. 143 ff.) und andere meinen, zur Anwendbarkeit des § 864 Abs. 2 der Ausdehnung dieser Bestimmungen auf obligatorische Ansprüche in Ansehung der Sache. Vielmehr bewirkt ein rechtskräftiges Urteil, das die neue Verteilung und Abgrenzung der Benutzungsbefugnisse der Miteigentümer feststellt (§ 745 BGB.), das Erlöschen eines vorher begründeten Besitzstörungsanspruches unmittelbar aus § 864 Abs. 2, weil die Handlungsweise des (früheren) Besitzstörers seiner jetzigen Gebrauchs- und Besitzesbefugnis gemäß ist, dem jetzigen rechtlichen Inhalt seines „Anteils" entspricht.

[398]) Darüber, daß sich diese wirklichen obligatorischen Ansprüche im Falle der Veräußerung des Rechtsanteils (bei regelmäßiger Rechtsgemeinschaft) anders verhalten als die gegenstandsrechtlichen Befugnisse, vgl. oben S. 210 Anm. 393.

Gemeinschaftsordnung, in sich auf. Wir können ihn (bei absoluten Vermögensrechten) — in Ergänzung der früher gegebenen allgemeinen Charakterisierung[399]) — näher definieren als einen Inbegriff von „inneren" und „äußeren" gegenstandsrechtlichen Befugnissen (die eine Beteiligung an allen Befugnissen des gemeinsamen Rechtsinhalts gewährleisten), inhaltlich näher bestimmt durch die konkrete Gemeinschaftsordnung und ergänzt durch gewisse (mittelbar zuständige) obligatorische Ansprüche gegen die anderen Gemeinschafter, die ihrerseits aus einem, mit der gegenständlichen inneren Ordnung untrennbar verknüpften, gesetzlichen Schuldverhältnisse[400]) fließen[401]), bzw. sich unmittelbar aus dem umfassenderen Grundverhältnis ableiten, aus dem sich die gegenständliche innere Ordnung selbst ergibt[402]).

Diese Auffassung trägt, durch Hineinziehung der konkreten Gemeinschaftsordnung als des Momentes der inhaltlichen Bestimmung der Anteile, den beiden in unserem Gesetz vorgesehenen Grundformen von Rechtsgemeinschaft Rechnung, der durch ein grundlegendes Rechtsverhältnis („Gemeinschaftsverhältnis" in diesem Sinne) „gebundenen" gesamthänderischen[403]) ebensowohl wie der von einem solchen Grundverhältnis „freien", „ungebundenen", regelmäßigen Rechtsgemeinschaft (nach Bruchteilen). Sie zeigen sich uns damit als wahre Unterarten einer „Rechtsgemeinschaft", die im wesentlichen gleichartig erfaßt werden können und erfaßt werden müssen, und deren Verschiedenheit untereinander nicht etwa darauf beruht, daß bei der einen Art gegenstandsrechtliche Anteile nicht ausgeschieden würden, oder

---

[399]) Vgl. in § 7 S. 122.

[400]) Das heißt also nicht nur aus einem selbständigen „einzelnen Schuldverhältnis" ex lege, das lediglich die Gemeinsamkeit des Rechts (die „Rechtsgemeinschaft") zur Grundlage nimmt.

[401]) So bei der regelmäßigen Rechtsgemeinschaft.

[402]) So bei den (einzelnen) gesamthänderisch gemeinschaftlichen Rechten.

[403]) Unsere Auffassung trägt zugleich den durch das jeweilige Grundverhältnis und dessen Art vermittelten Besonderheiten der gesamthänderischen Rechtsgemeinschaften Rechnung; vgl. dazu demnächst Anm. 405.

daß bei der anderen Art ein „gemeinschaftliches" Recht nicht vorhanden wäre, vielmehr an dessen Stelle eine Mehrheit von Einzelrechten träte; sondern die sich unterscheiden nach der Verschiedenheit der diese (stets vorhandenen) gegenstandsrechtlichen Anteile — als mehrere unselbständige rechtliche Machtstellungen — zur Zuständigkeitsform eines Rechts zusammenschließenden, in concreto geltenden inneren Gemeinschaftsordnung.

Insofern diese innere Ordnung den Rechtsanteilen zugleich ihr besonderes rechtliches Wesen aufprägt, können wir auch sagen: die Verschiedenheit der Gemeinschaftsformen untereinander beruht auf der inhaltlichen Verschiedenheit der Rechtsanteile, die in der in Frage stehenden Gemeinschaftsart für die einzelnen Teilhaber ausgeschieden werden; sie liegt in dem verschiedenen rechtlichen Wesen und dem verschiedenen rechtlichen Gehalt der Anteile[404]) [405]).

---

[404]) Vgl. auch Sohm, Der Gegenstand, S. 70 Anm. 1 (gegen Binder und Joerges), sowie das unten S. 259 Anm. 484 zu § 10 über Rechtsanteil und Rechtsquote Gesagte.

[405]) Daraus ergibt sich dann wiederum die Entscheidung der wichtigen Frage nach der Notwendigkeit von Verfügungsakten (insbes. einer Auflassung bei Grundstücken) sowie der Frage nach der Form von Verpflichtungsgeschäften zu Grundstücksübertragungen (§ 313 BGB.) und nach der Notwendigkeit vormundschaftsgerichtlicher Genehmigung dazu (§ 1821 Ziff. 1 und 3), sofern für ein einzelnes subjektives (Vermögens-) Recht, ohne gleichzeitigen Wechsel der mehreren Subjekte, die Art der Rechtsgemeinschaft verändert werden soll.

Daß bei Umwandlung von (regelmäßigem) Miteigentum oder Mitrecht in Gesamthandrecht derselben Personen und umgekehrt — insbes. beim Einbringen eines Miteigentumsgrundstücks in eine Gesellschaft derselben Personen, bei Übertragung des mehreren Miterben gehörenden Grundstücks an sie selbst zum Miteigentum mit (ziffermäßig) gleichen Anteilen u. a. m. — (dingliche) Veräußerungsakte (Übereignung, Auflassung) erforderlich sind und die §§ 313, 1821 a. a. O. anwendbar werden, entspricht der herrschenden Lehre. Für uns bedeuten diese Umwandlungen einen Wechsel der Zuständigkeitsformen von Rechtsinhalten, ebensogut wie die Überführung von Alleinrecht in gemeinschaftliches Recht und umgekehrt (vgl. oben S. 60 Anm. 122 zu § 5); denn wir haben es, wenngleich mit Formen mehrheitlicher Zuständigkeit, so doch mit solchen Zuständigkeitsformen zu tun, bei denen die rechtliche Synthese der Anteile durch eine innere Ordnung eines je

Diese Rechtsanteile bei beiden Gemeinschaftstypen aber sind, wie wiederholt betont werden muß, auch da, wo wir

---

völlig verschiedenen Typus vermittelt wird, was dann wiederum eine Wesensverschiedenheit der „Anteile“ des Miteigentümers und des Gesamthänders an dem einzelnen, die Zuständigkeitsform wechselnden Recht zur Folge hat.

Aber auch bei der Überführung von Gesamthandrecht in solches anderer Gattung (z. B. beim Einbringen eines Miterbengrundstücks in eine offene Handelsgesellschaft derselben Personen, bei Übergang von Rechten aus dem ehelichen Gesamtgut in ein Gesellschaftsvermögen der Ehegatten, bei Überführung eines Rechts aus dem Gesellschaftsvermögen einer bürgerlichen Gesellschaft in das einer offenen Handelsgesellschaft unter denselben Personen) muß gleiches gelten, insbes. also Auflassung des ganzen Grundstücks verlangt werden. Zwar von einer Veräußerung an „andere“ Rechtssubjekte (insbes. von einem „Eigentümerwechsel“) kann man hier ebensowenig reden wie im vorigen Falle. Wohl aber liegt wiederum ein Wechsel in der Zuständigkeitsform des Rechts (des Rechtsinhalts) vor. Denn da die Zuständigkeitsform des einzelnen Rechts durch die in concreto wirksame innere Ordnung bestimmt und individualisiert (d. h. zu diesem konkreten „gemeinschaftlichen Rechte“) wird, im Falle der Gesamtberechtigung aber, zufolge des Abhängigkeitscharakters der einzelnen inneren Ordnung von dem Grundverhältnis, einem andern Grundverhältnis notwendigerweise auch eine andere innere Gemeinschaftsordnung entspricht, so ändert sich, wenn die innere Ordnung eines mehrheitlich zuständigen Rechts in ein Abhängigkeitsverhältnis zu einem neuen Grundverhältnis gesetzt wird, auch die bisherige (Mehrheits-) Zuständigkeitsform des Rechts. Es unterscheidet sich danach, wie man erkennt, nicht nur z. B. das Gesamtgut bei der ehelichen Gütergemeinschaft „wesentlich durch die Verschiedenheit der inneren Organisation der Gemeinschaft“ von dem Gesellschaftsvermögen (so Planck, Kommentar, Bd. IV S. 248 Bem. 1 zu § 1442); sondern es unterscheidet sich das einzelne Recht in der einen gesamthänderischen Gemeinschaftlichkeit (etwa die gesellschaftliche Gesamtberechtigung) von dem gleichen Rechte in einer anderen gesamthänderischen Gemeinschaftlichkeit (etwa der entsprechenden gütergemeinschaftlichen, miterbenschaftlichen Gesamtberechtigung). Mit andern Worten: Der Gedanke der „gesamthänderischen“ (mehrheitlichen) Zuständigkeit eines Rechts reicht zur rechtlichen Bestimmung der Eigenart der Zuständigkeitsform dieses einzelnen Rechts nicht aus; in ihm finden wir stets nur den allgemeinen Grundgedanken der Abhängigkeit der „inneren Ordnung“ der einzelnen gemeinschaftlichen Rechte von einem Grundverhältnis (den Gedanken eines besonderen Typus der inneren Ordnung gemeinschaftlicher Rechte) wieder, aber nichts von den Besonderheiten der positiv-

sie einmal isoliert von den übrigen Anteilen und herausgelöst aus der Rechtsgemeinschaft betrachten, niemals ge-

---

rechtlichen Ausgestaltung dieses Grundverhältnisses, aus der erst die „innere Ordnung" im Einzelfalle näher bestimmt wird. (Darum ist auch bei grundbuchlicher Eintragung der Zuständigkeitsform des einzelnen gesamthänderischen Rechts — § 48 GBO.; vgl. dazu oben S. 93 Anm. 182 zu § 6 — die Bezeichnung des bestimmten maßgebenden Grundverhältnisses notwendig, und es genügt nicht etwa lediglich die Bezeichnung, daß die mehreren Gemeinschafter „zur gesamten Hand" berechtigt seien. So auch die herrschende Lehre; vgl. z. B. Güthe, a. a. O., Bd. I S. 978 Bem. 8 zu § 48.) Aber nicht nur Gesamtberechtigungen auf der Grundlage verschiedenartiger, sondern auch solche auf der Grundlage gleichartiger Grundrechtsverhältnisse, z. B. gesellschaftliche Gesamtberechtigungen, zeigen dann Verschiedenheiten in der Zuständigkeitsform, wenn die in ihnen wirksame innere Ordnung sich nicht aus einem und demselben Grundverhältnisse ergibt. Hinsichtlich der Notwendigkeit einer Übereignung, insbes. einer Auflassung, stehen daher diese Fälle den vorigen durchaus gleich.

Damit wird die verschiedentlich vertretene — von Kaufmann wohl zu Unrecht als die „herrschende" Meinung bezeichnete — Auffassung entschieden abgelehnt, daß aus einem Gesamthandvermögen Vermögensrechte in ein anderes, denselben mehreren Subjekten gemeinschaftlich zustehendes Gesamthandvermögen ohne Übereignung übergingen, und daß hier die einzelnen Rechte lediglich durch Willenserklärung der Beteiligten aus der einen (gesamthänderischen) Vermögenssphäre in die andere geschoben würden. (So insbes. Kaufmann, Das Eigentum am Gesellschaftsvermögen, S. 75 f.; Gildemeister, Offene Handelsgesellschaft zwischen Ehegatten usw., in GoldschmidtsZ. Bd. 54, 1904, S. 99 ff. auf S. 115 ff.; neuestens Düringer-Hachenburg, a. a. O., Bd. IV S. 136 Anm. 161 mit unzutreffender Berufung auf den demnächst genannten Fall des § 2 HGB. — Dagegen, wie hier, für die Notwendigkeit einer Übereignung und Auflassung: M. Wolff, Sachenrecht, S. 291 § 88 II; Staub-Könige, HGB., Bd. I, 1912, S. 473 Anm. 30 und S. 475 Anm. 39 zu § 105; Lehmann, Lehrbuch des Handelsrechts, Leipzig 1908, S. 301 Anm. 3 zu § 58 III; KG. in OLGRspr. Bd. 10, 1905, S. 407/8 bzw. KGJ. Bd. 28, 1905, Abt. A S. 251 ff. mit dem Zusatze, es handle sich „zwar vom wirtschaftlichen Standpunkte aus nicht um einen Eigentumswechsel, wohl aber vom rechtlichen".) Richtiger Auffassung nach entfällt nur insoweit die Notwendigkeit von Übereignungsakten und liegt ein Wechsel der Zuständigkeitsform nur insoweit nicht vor, als, trotz gewisser gesetzlich zugelassener Veränderungen in den Personen der an dem Grundverhältnis Beteiligten, die Identität des Grundverhältnisses gewahrt bleibt. Denn wenn hier auch diese in dem Grundverhältnis vor sich gehenden Veränderungen notgedrungen auf die

wöhnliche Einzelrechte, niemals typische Rechtsinhalte in der Form der Einzelzuständigkeit, insbesondere nicht schlechthin ein „quantitativ kleineres Teilrecht", das alle gegenständlichen Befugnisse des ganzen Rechts zu einem (quantitativen,

---

innere Ordnung des einzelnen gemeinschaftlichen Rechts zurückwirken und sogar, zufolge der Veränderung in der subjektiven Bezogenheit des einzelnen Rechts, eine neue Gliederung der gemeinsamen Rechtssphäre in Rechtsanteile zur Folge haben — man spricht hier, dem Gesetze (§ 738 BGB.) gemäß, von „Anwachsung" und „Abwachsung" der Anteile —, so ergibt sich doch die innere Ordnung des einzelnen (mehrheitlich zuständig bleibenden) Rechts — nicht aus einem andern, einem neuen, sondern — nach wie vor aus demselben maßgebenden (und nur in sich modifizierten) Grundverhältnisse. Als solche praktisch wichtigen und theoretisch höchst interessanten Fälle, in denen also, mangels einer Veränderung der Zuständigkeitsform des einzelnen Rechts, Übereignungen und Auflassungen nicht stattzufinden haben (vielmehr, im Bereiche der Grundstücksrechte, Berichtigungen des Grundbuchs durch Eintragung des neu hinzutretenden oder des ausscheidenden Gesamthänders), kommen in Betracht nicht nur z. B. der Fall des Eintritts eines Kommanditisten in eine offene Handelsgesellschaft (§§ 162, 173 HGB.) — einschließlich der Kommanditistenbeteiligung des Erben eines Gesellschafters (§ 139 HGB.) —, der Fall der Umwandlung eines unter einer bürgerlichen Gesellschaft betriebenen gewerblichen Unternehmens in eine Handelsgesellschaft mit Firma nach § 2 HGB. (vgl. hierzu etwa Staub-Könige, a. a. O., S. 651 f. Anm. 6, 7 zu § 162; S. 674 Anm. 1 zu § 173; S. 477 Anm. 49c zu § 105; S. 583 Anm. 17 zu § 139; Neudegger, Die Gesellschaft usw., im ArchBürgR. Bd. 34, 1910, S. 41 ff. auf S. 114); sondern weiterhin vor allem die Fälle des Ausscheidens eines Gesellschafters aus einer Gesellschaft und des (jetzt allgemein auch für die bürgerliche Gesellschaft zugelassenen) Eintritts eines neuen Gesellschafters in eine „bestehende" (d. h. in die bisherige und fortbestehende) Gesellschaft (§§ 736 ff. BGB.; 107, 130, 138, 140 f. HGB.), des Eintritts oder Ausscheidens von Vereinsmitgliedern eines nicht rechtsfähigen Vereins (§ 54 BGB.), des Eintritts der Abkömmlinge in die — nunmehr „fortgesetzte" — (eheliche) Gütergemeinschaft (§§ 1483 ff., 1557 BGB.). (Vgl. dazu Staub-Könige, a. a. O., S. 473 Anm. 31 zu § 105; S. 591 Exkurs zu § 141 Anm. 3; Oertmann, Allgemeiner Teil, S. 170 Bem. 2 f. zu § 54; Derselbe, Schuldverhältnisse, S. 894 f. Bem. 3 zu § 736; Staudinger, Kommentar, Bd. I S. 261 ff. Bem. VII 3b, c, 4, 5 zu § 54; Bd. II S. 1420 ff. Bem. II zu § 736 und die dort angegebene Literatur; Deitigsmann, Eigentumsübergang von Gesamthandsgrundstücken usw., S. 27 ff.; M. Wolff in Enneccerus-Kipp-Wolff, Lehrbuch, Bd. II 2: Familienrecht, 2. Bearbeitung, Marburg 1914, S. 250 f. § 67 III.)

ziffermäßig bestimmbaren) Teil enthielte[406]); sondern jeder (durch die anteilige Zuständigkeit des ganzen Rechtsinhalts dem einzelnen Mitberechtigten vermittelte) Anteil erhält durch die für ihn (und zugleich für die anderen Rechtsanteile) geltende innere Ordnung des gemeinschaftlichen Rechts eine spezifische „rechtliche Färbung", die ihn wesentlich von selbständigen Einzelrechten unterscheidet[407]).

Das „gemeinschaftliche Recht"[408]) ist, wie wir früher

---

[406]) So die herrschende Rechtsteilungslehre für die regelmäßige Rechtsgemeinschaft; vgl. z. B. Hirsch, a. a. O., S. 202.

[407]) Vgl. dazu oben S. 161 f. in § 8.

[408]) Eine „innere Ordnung" im Sinne unserer Ausführungen, die nicht nur rein „interindividuelle" (insbes. nicht lediglich obligatorische) Beziehungen zwischen den Inhabern mehrerer ganz selbständiger und getrennter Einzelrechte knüpft, sondern, darüber hinausgehend, eine besondere Art von Zusammengehörigkeit der mehreren Rechtsstellungen der Gemeinschafter begründet und damit den Gedanken eines in Wahrheit „gemeinschaftlichen" Rechtes mit (relativ unselbständigen und keinesfalls den Charakter von Einzelrechten tragenden) Rechtsanteilen festzuhalten gestattet, wird man bei genauerer Betrachtung nahezu für jede Rechtsgemeinschaftsform innerhalb der modernen Rechtssysteme erkennen. Der Blick für diese spezifische Verknüpfung der mehreren Gemeinschafterrechtspositionen scheint jedoch getrübt worden zu sein durch eine festgewurzelte Auffassung des römisch-gemeinrechtlichen Miteigentums, die, im Glauben an die Klassizität der sämtlichen für die konstruktive Auffassung des Instituts maßgebenden Quellenstellen, die Bestandteile der klassischen und die der justinianischen Regelung nicht auseinanderhielt und daher dem von Justinian beseitigten oder zum mindesten ganz erheblich abgeschwächten, schroff individualistischen Grundgedanken des altrömischen Miteigentums einen allzu bestimmenden Einfluß auf die Gesamtauffassung des gemeinrechtlichen Rechtsinstituts einräumte. (Man vgl. statt aller Windscheid-Kipp, Pandekten, Bd. I S. 873 f. und Anm. 3b zu § 169a: Das starre individualistische Prinzip, das wir in dem Satze des Sabinus L. 28 D. 10, 3 ausgesprochen finden, wird zwar als das beherrschende Prinzip des gemeinrechtlichen Miteigentums angesehen, aber es soll „nicht in abstrakter Konsequenz durchgeführt" sein, es soll nicht überall „die strenge Konsequenz des Prinzips . . . zur Geltung gebracht werden".) Indem dann wiederum auf dem Miteigentum der justinianischen Kodifikation und des gemeinen Rechts der Typus der schlichten Rechtsgemeinschaft nicht nur in unserm Rechte, sondern ebenso in den meisten modernen Rechtsordnungen (insbes. der romanischen Länder) beruht, ist auch in den gesetzlichen Formulierungen und den dogmatischen Auffassungen

(§ 8) erkannten, seinem Wesen nach nicht bloß eine Summation von Einzelrechten (Teilrechten, einzelnen Rechts-

---

dieser Institute immer wieder der individualistische Gedanke stark in den Vordergrund gerückt worden, selbst da, wo die Gesamtregelung des Instituts sich noch weiter, als im justinianischen Recht von einer Unabhängigkeit der Rechtsstellungen entfernte.

Heute haben uns die Fortschritte, die die Wissenschaft des römischen Rechts der modernen Interpolationenlehre verdankt, die sichere Erkenntnis gebracht, daß die Rechtsauffassung der Kompilatoren fast überall in einen Gegensatz tritt zu derjenigen der klassischen Juristen, und daß das römische Recht der ersten drei Jahrhunderte in dem Werke Justinians eine grundlegende Umgestaltung erfahren hat, die ihren letzten Grund haben mag in der Verschiedenheit der kulturellen und wirtschaftlichen Verhältnisse, der geistigen und sittlichen Anschauungen einer neuen Epoche, in einem veränderten Rechtsgefühl, das überall den schroffen Charakter der alten Rechtsformen und Rechtssätze zu mildern suchte.

Die Erkenntnis dieses Gegensatzes innerhalb des römischen Rechts ist offensichtlich für das dogmatische Verständnis der einzelnen Rechtsinstitute und ihre allmähliche Entwicklung von weittragender Bedeutung; sie ist es auch für unser Gebiet des Miteigentums und der Rechtsgemeinschaft. In seinem, für alle zukünftige Beschäftigung mit dem klassischen römischen Recht grundlegenden, römischen Privatrecht (bis auf die Zeit Diokletians, Bd. I, Leipzig 1908) hat Mitteis klar darauf hingewiesen, daß „die weitgehende Entstellung der römischen Denkweise, welche die Byzantiner durchgeführt haben, ... noch nicht in ihrer vollen Tragweite erkannt“ ist, und daß wir damit zu rechnen haben, „daß unsere überkommenen Begriffe noch lange nicht überall die römischen sind und wir allerorts auf Umlernen gefaßt sein müssen“ (S. 87 § 5 II). Auf dem engbegrenzten Gebiete, das uns interessiert, ist die „Freilegung des antiken Bodens“ in allerjüngster Zeit von Riccobono unternommen worden. (Dalla communio del diritto quiritario alla comproprietà moderna, in den Essays of legal history — vom Internationalen Historikerkongreß in London —, Oxford 1913, S. 33 ff. Seine Abhandlung stellt sich zugleich als Fortführung seiner Studien über den Einfluß des Christentums auf das römische Recht dar; seine jetzt eingehend begründete Auffassung — die schließlich die Umgestaltung des Miteigentumsinstituts auf das Eindringen christlicher Weltanschauung in das Recht zurückführt — ist früher bereits angedeutet; vgl. L'influenza del cristianesimo nella codificazione di Giustiniano, Vortrag vom gleichen Kongresse in Berlin, in der Rivista di scienza „Scientia“ vol. V, anno III I, 1909, S. 122 ff., insbes. hierzu S. 135 f.; Cristianesimo e diritto privato in der Rivista di diritto civile vol. III, 1911, S. 37 ff., insbes. hierzu S. 52 f.) Treffen Riccobonos Untersuchungen

inhalten in Einzelzuständigkeit), sondern ein „System von Anteilen“; die Rechtsanteile sind und bleiben für die dogma-

---

in allen Punkten oder jedenfalls in der Hauptsache das Richtige — was zu entscheiden mir nicht zusteht (vgl. dazu aber die hinsichtlich einer Trennung der für die konstruktive Beurteilung des klassischen und des justinianischen Miteigentumsinstituts maßgebenden Elemente skeptischen Bemerkungen von Bonfante in der oben S. 66 Anm. 131 zu § 5 genannten Abhandlung im Bullettino anno XXV S. 219/20 sowie ferner in Il ius prohibendi nel condominio etc., in Reale istituto Lombardo di scienze e lettere, Rendiconti, vol. XLVI, 1913, S. 670/1, 682) —, so dürfte im Gebiet des römischen Miteigentums eine völlige Neuorientierung notwendig werden. (Vgl. dazu ferner die neuesten, in gleicher Richtung sich bewegenden Sonderuntersuchungen Bonfantes, Il ius prohibendi usw., a. a. O.; L'azione autonoma del condomino, in der Rivista del diritto commerciale anno XI, 1913, parte II S. 882 ff.; Il „Ius adcrescendi“ nel condominio, in Il Filangieri anno XXXVIII, 1913, S. 705 ff.) Denn Riccobono lehrt uns, daß die grundlegenden Prinzipien, die unser Institut beherrschen, im klassischen römischen Recht und im justinianischen durchaus verschiedene, ja geradezu einander widersprechende sind, und daß das starr individualistische Miteigentum der alten Zeit einem Institut weichen mußte, das überraschende soziale und kollektivistische Züge aufweist, in welchem sogar bereits das Mehrheitsprinzip wirksam war (Dalla communio etc., S. 103 ff., 110/11). Demgemäß wäre es — und das meint auch Riccobono — undenkbar, die Miteigentumsinstitute jener beiden römischen Epochen völlig gleich zu konstruieren. (Vgl. dazu unsere Bemerkungen oben S. 6 Anm. 9 zu § 1.) Bei dem alten klassischen, auf dem spröden Begriff des quiritarischen Eigentums gegründeten Miteigentum ist nach Riccobono allein die Konstruktion mehrerer einander selbständig und unabhängig gegenüberstehender, kollidierender und einander gegenseitig beschränkender Eigentumsrechte an demselben Objekt möglich (S. 33 ff., 43, 52, 113/4; also die Konstruktion Scialojas, oben S. 135 Anm. 244 sowie S. 153 Anm. 278 zu § 8). Dagegen seien im justinianischen Miteigentum, in dem Riccobono die Grundlage und die wesentlichen Linien des modernen (schlichten) Miteigentums erblickt, die Miteigentümer nicht mehr unabhängig und getrennt, sondern miteinander verbunden und zu einer kollektiven Gruppe organisiert (S. 114).

Diese rechtlichen Konstruktionen nun, denen hier nicht nachzugehen ist, führt Riccobono — und damit kommen wir auf den für uns wichtigen Punkt — auf das Fehlen bzw. das Vorhandensein einer „disciplina“, einer (inneren) Ordnung, zurück. Für die Konstruktion des klassischen römischen Miteigentums, bei der also die Beziehungen der mehreren Berechtigten zueinander nur rein „interindividuelle“ sein würden, ist der Angelpunkt des ganzen Instituts

tische Betrachtung Bestandteile eines Ganzen. Eine Betrachtung, die von den einzelnen Rechtspositionen der

---

der berühmte Satz des Sabinus, L. 28 D. 10, 3: ... in re communi neminem dominorum iure facere quicquam invito altero posse. Unde manifestum est prohibendi ius esse; in re pari potiorem causam esse prohibendis constat. Daher gilt: „La comunione ... è un istituto senza disciplina, che non sopporta norme regolatrice, le quali sarebbero in contrasto col diritto assoluto dei titolari della proprietà" (S. 114). (Vgl. übrigens auch Hölder, Das Problem der juristischen Persönlichkeit, in JheringsJ. Bd. 53, 1908, S. 40 ff. auf S. 69: Die römische communio sei eine „unorganisierte", weil, „solange sie besteht, keiner sich dem andern fügen muß"; auch Scialoja, Lezioni di diritto romano etc., S. 658 ff., 729 f.) Bedenkt man jedoch, daß die Frage nach der Notwendigkeit eines positiven Konsenses (im Gegensatz zum „Nicht-Widerspruch") der sämtlichen Gemeinschafter zu Verwaltungshandlungen des einzelnen für das klassische Miteigentum in dem langjährigen und heftigen Streit der bedeutendsten zeitgenössischen italienischen Romanisten (insbes. Perozzi, Fadda, Bonfante, Pacchioni) wohl noch nicht endgültig entschieden ist (vgl. dazu jetzt auch Berger in der KrVJSchr. Bd. 72, 1914, S. 134), ja von Riccobono (mit Perozzi) bejaht wird (S. 55 f.; vgl. übrigens dazu noch Perozzi, Istituzioni, vol. I S. 475 Anm. 1 zu § 99; Hölder, Pandekten, Bd. I, Freiburg i. B. 1891, S. 362 Anm. 1 zu § 65; Scialoja, a. a. O., S. 726 ff.), und daß schon nach klassischem Recht (seit Sabinus) der Vereinbarung über einen zeitweiligen Ausschluß der Teilung dingliche Wirkung gegen den Sondernachfolger zukam (vgl. Mitteis, Römisches Privatrecht, Bd. I S. 113 Anm. 56 zu § 6; S. 254 § 14 a. E.; Sohm, Institutionen, 14. Aufl., Leipzig 1911, S. 564 Anm. 7 zu § 83; Scialoja, a. a. O., S. 858 f.), so wird man vielleicht doch einzelne Spuren einer „inneren Ordnung" auch im klassischen Miteigentum finden (vgl. übrigens oben S. 153 Anm. 278 zu § 8 sowie auch Scialoja, a. a. O., S. 659/60) und die völlige Leugnung einer „disciplina" für eine Übertreibung Riccobonos erklären können. (Dies tut, allerdings ohne Begründung, Baviera, Concetto e limiti dell' influenza etc., in Mélanges P. F. Girard, Paris 1912, Bd. I S. 67 ff. auf S. 92 gegen Riccobono in der Rivista, a. a. O., S. 52.) Jedoch wir wollen gern anerkennen, daß bei einer so stark individualistisch entwickelten Gemeinschaftsform, wie es das klassische römische Miteigentum nach der Darstellung Riccobonos ist, der dogmatische Gesichtspunkt einer durch eine innere Ordnung etwa gegebenen Zusammengehörigkeit von Rechtsanteilen zurückzutreten hat, und daß die Auffassung gewöhnlicher interindividueller Rechtsbeziehungen zwischen unabhängigen Rechtspositionen einzelner Personen (dafür namentlich neuestens wieder Bonfante im Bullettino dell' istituto di diritto romano vol. XXV, 1913, S. 196 ff., 212, 218: „tanti condomini, tante

Gemeinschafter ausgeht und durch Zusammenfügung der mehreren Anteile jenes Ganze, das gemeinschaftliche Recht als eine Zuständigkeitsform (Form mehrheitlicher Zuständigkeit) eines Rechtsinhalts, gewinnen will, kann dies

---

proprietà“; vgl. bereits Istituzioni, 5a ed., S. 286 Anm. 1 zu § 95), also die Auffassung wahrer subjektiver Einzelrechte und die Negation eines gemeinschaftlichen Rechts, dieser Rechtsbildung im ganzen adäquater sein wird. (Insofern kann daher der zu Beginn dieser Arbeit — § 1 S. 4/5 — wiedergegebenen Äußerung v. Tuhrs eine gewisse Berechtigung nicht abgesprochen werden; nur muß nach wie vor energisch bestritten werden, daß eine solche Auffassung unserer heutigen regelmäßigen Rechtsgemeinschaft gerecht würde. Auch für das moderne italienische Miteigentum, dessen positivrechtliche Regelung der unserer regelmäßigen Rechtsgemeinschaft ja ungemein nahe kommt, möchten wir dies — entgegen Bonfante in der Rivista di diritto civile vol. I, 1909, S. 289 — bestreiten.) Daß mit diesem Zugeständnis unsere grundsätzliche Auffassung einer in jedem wahrhaft gemeinschaftlichen Rechte notwendigerweise wirkenden inneren Ordnung nicht über den Haufen geworfen wird, ist ohne weiteres klar, und wird noch offenkundiger, wenn wir jetzt an der Hand der Untersuchungen und Ergebnisse Riccobonos die Ausgestaltung des justinianischen Miteigentums dem klassischen gegenüberstellen. Nach Riccobono (S. 57 ff.) ist die zentrale Regel des ganzen klassischen Instituts, wie sie Sabinus formuliert hat, durch Justinians Neuregelung in der Hauptsache beseitigt (S. 58 ff., 114); an ihre Stelle tritt das gemeinsame Interesse, der Vorteil der Gesamtheit als das bestimmende Moment (S. 93 ff., 115). Die Selbständigkeit und Unabhängigkeit („indipendenza“) der einzelnen geht verloren zugunsten des kollektiven Interesses (S. 114 f.), die Willensübereinstimmung wird (für einzelne Sacheinwirkungsakte) ersetzt durch den Mehrheitswillen (S. 103 ff., 115). „La dimostrazione fornita“ — so resumiert Riccobono S. 115 — „ha accertato nel modo più sicuro che la communione ebbe nel diritto giustinianeo una disciplina, nel senso più particolare che i socii sono ormai reciprocamente legati da un ordinamento che viene dalla legge, e che deve in ogni caso attuarsi, anche contro la volontà dei compartecipi.“ Wir haben also danach bereits im justinianischen Recht eine „innere Ordnung“ der Gemeinschaft, wir haben nicht mehr eine Mehrheit selbständiger Einzelrechte, sondern in Wahrheit ein gemeinschaftliches Recht mehrerer.

Riccobonos neueste Untersuchungen sind also eine ebenso wertvolle als unerwartete Stütze unserer Auffassung, die auch für das gemeinrechtliche Miteigentum und für die auf ihm beruhenden modernrechtlichen schlichten Rechtsgemeinschaften ein echtes „gemeinschaftliches“ Recht mit einer die (relativ unselbständigen) Rechtsanteile zusammenschließenden inneren Ordnung annehmen will.

daher nur dann, wenn sie schon bei der Betrachtung des einzelnen Rechtsanteils, an sich genommen, einen Teil der gesamten inneren Ordnung gedanklich mit einbezieht.

§ 10. Rechtsanteil und Quotenrecht.

Sowohl der Grundsatz von der Konstanz des Gesamtinhalts eines Rechts bei Verschiedenheit seiner Zuständigkeitsformen[409]) als auch die Auffassung des einzelnen Rechtsanteils als eines Bestandteils der ganzen Zuständigkeitsform des Rechtsinhalts[410]) ergeben die (ganz allgemeine) Feststellung, daß die Rechtsposition des einzelnen Teilhabers — mag sie als selbständige und von den anderen unabhängige, mag sie (wie hier) als unselbständige, mit ihnen verknüpfte aufgefaßt werden — jedenfalls gegenüber dem ganzen gemeinschaftlichen Recht ein minus (im weitesten Sinne genommen), oder wenn man so will, auch eine pars, ein „Teil" des Ganzen[411]), ist. Die letzten Untersuchungen haben uns weiter erkennen gelehrt, daß der rechtliche Gehalt des einzelnen Rechtsanteils eines (wie auch immer) gemeinschaftlichen Rechts sich durch die innere Ordnung dieser Rechtsgemeinschaft näher bestimmt. Damit scheint für ein abstraktes Zahlenverhältnis, das eine „Größenbeziehung" zwischen dem ganzen (gemeinschaftlichen) Recht und dem einzelnen Anteil (Teilrecht) herstellte, für ein Quotenverhältnis, das eine „quantitative" Verschiedenheit von Ganzrecht und Teilrecht bzw. der Teilrechte untereinander ziffernmäßig festlegte und in diesem Sinne die Rechtsanteile (die Teilrechte) „näher bestimmte" und gegeneinander abgrenzte, kein Raum zu sein; es scheinen vielmehr — innerhalb einer rein rechtlichen Betrachtung und Konstruktion — für die „quantitative" Relation die all-

[409]) § 3 S. 40 ff.; § 4 S. 45 ff.

[410]) § 8 S. 124 ff.

[411]) Also möglicherweise auch in dem Sinne, in dem das begrenzte dingliche Recht, der Nießbrauch, gegenüber dem Eigentume als ein minus an rechtlicher Machtfülle, eine pars dominii (vgl. auch oben S. 112 Anm. 216 zu § 7) anzusprechen ist. Das Nähere darüber gehört in die Untersuchungen über die einzelne Gemeinschaftsart; vgl. dazu auch § 11 (über das qualitative Verhältnis von Ganzrecht und Anteil).

gemeinen Gedanken eines „minus" auf seiten der Anteilrechte und einer, durch die innere Ordnung möglicherweise vermittelten Verschiedenheit der Anteile untereinander hinsichtlich ihres rechtlichen Gehaltes, ihrer rechtlichen „Intensität", ausreichen zu müssen.

Dies für die regelmäßige Rechtsgemeinschaft weiter zu verfolgen, klarzustellen, in welcher Weise bei ihr ein abstraktes Zahlenverhältnis eine Rolle spielt, und demgemäß die Bedeutung der „Quote", des „Bruchteils" bei ihr zu ermitteln, wird im wesentlichen Aufgabe der späteren Sonderuntersuchungen über diese Gemeinschaftsart sein[412]); immerhin werden die folgenden Ausführungen in einzelnen Punkten die regelmäßige Rechtsgemeinschaft zu berühren haben. In den jetzigen Erörterungen über den Charakter einer Rechtsgemeinschaft überhaupt und über das rechtliche Wesen der (insbesondere gegenstandsrechtlichen) Anteile ist es aber vor allem die Struktur des gesamthänderisch gemeinschaftlichen Rechts und seine Auffassung als sog. „geteilte Mitberechtigung"[413]), die uns Veranlassung gibt, die Frage aufzuwerfen: Sind die „Anteile" bei gemeinschaftlichen Rechten stets und notwendigerweise „Bruchteile", „Quoten", d. h. rechnerisch bestimmte und bruchteilmäßig ausgedrückte Anteile?

Für die Vertreter der Lehre von der geteilten Mitberechtigung bei der Gesamthand besteht kaum ein Zweifel an der Bejahung, und man muß diese Auffassung überhaupt als herrschende Meinung[414]) ansprechen, nicht nur, soweit

---

[412]) Insbes. in Teil II dieser Arbeit.

[413]) Vgl. dazu oben S. 127 Anm. 231 zu § 8.

[414]) Gegen sie insbes. M. Wolff, Sachenrecht, in Enneccerus-Kipp-Wolffs Lehrbuch, 1913, S. 291 § 88 II, sowie derselbe, Familienrecht, ebenda 1914, S. 232 § 61 III. Der gesamthänderische Anteil (an dem einzelnen Gegenstande) ist „kein Bruchteil (kein Quotenrecht); er läßt sich nicht ziffermäßig ausdrücken", „nicht stets in einer Quote rechnungsmäßig ausdrücken"; Crome, System des deutschen bürgerlichen Rechts, Bd. II S. 765 § 280 2; Bd. IV S. 346/7 § 585 1; Bd. V S. 693/4 § 738 I: zwar Anteile, aber nicht irgendein bestimmter Bruchteil; Cosack, Lehrbuch, Bd. II, 1913, S. 440/1 § 276 I 4 (für die einzelnen gesellschaftlichen Rechte): „Daß das Verhältnis der Anteile der einzelnen Gesellschafter zu dem ganzen Gesellschaftsrecht zahlenmäßig bestimmt werde, ist nicht nötig," und im

gegenstandsrechtliche Anteile am einzelnen Gesamthandrecht angenommen werden[415]), sondern darüber hinaus[416]), soweit

folgenden: Die Bestimmung der Anteile nach Quoten „hätte ... keinerlei rechtliche Bedeutung und würde auch dem Sprachgebrauch des BGB. nicht entsprechen." Vgl. auch Hellwig, Anspruch und Klagrecht, S. 201.

[415]) Die Vertreter der sog. geteilten Mitberechtigung bei der Gesamthand erklären es entweder ausdrücklich, oder sie identifizieren ohne weiteres Rechtsanteil und ideelle Quote, Bruchteilsrecht: so Nagler im SächsArchBürgR. Bd. 10 S. 723 f., 733 ff. (ideelle Quoten, Quotenrecht, aliquote Teilrechte, Quotenteilung, denen er allerdings S. 732 die „präzise Bestimmung der Berechtigungsanteile" bei der römischen Bruchteilsgemeinschaft, die „fixierte, grundsätzlich unveränderliche, gegen die Mitberechtigung der übrigen genau abgegrenzte [!] Quote" gegenüberstellt, als wäre sie gegenüber einer gewöhnlichen Quote sozusagen ein plus); Joerges in GoldschmidtsZ. Bd. 51 S. 52 ff. (Quotenteilung im Sinne einer Bildung von Bruchteilen des Rechts); Pringsheim, Die Rechtsstellung des Erwerbers eines Erbteils, S. 12 ff., 22 ff. (bestimmte Anteile nur als rechnerisch bestimmte, als Bruchteile, Quoten); Schnell, Die Quotenfrage bei der offenen Handelsgesellschaft, S. 20 ff. (rechnerisch unbestimmte Anteile sind überhaupt keine Anteile; „der Behauptung des Anteils ... muß notwendigerweise seine rechnerische Bestimmung folgen"; S. 31 ff.: „Miteigentumsquoten" der Gesellschafter"). Schon bei der Beratung des bürgerlichen Gesetzbuchs wurde — neben andern — diese Auffassung (für die Gesellschaft) dahin präzisiert, „daß auch bei dem Eigentume nach der gesamten Hand ein Quoteneigentum der Gesellschafter an den einzelnen Vermögensstücken bestehe, weil ohne Quotenteilung ein Miteigentum (!) nicht denkbar sei" (Prot. Bd. II S. 429); immerhin wurde abschwächend hinzugefügt: die einzelnen Teile seien „zwar nicht bestimmt, aber doch in jedem Augenblick bestimmbar". —

Die Stellungnahme Binders kann (trotz der demnächst S. 230 f. zitierten Äußerungen) zweifelhaft sein. Während er grundsätzlich (vgl. insbes. Rechtsstellung des Erben, Bd. III S. 9 ff.) die Gesamthandgemeinschaft als im Wesen mit der (regelmäßigen) Mitberechtigung gleichartig auffaßt (vgl. auch unten S. 259 Anm. 484 und Sohm, Der Gegenstand, S. 69 Anm. 9), betont er doch andrerseits, daß die rechtliche Bestimmtheit des gesamthänderischen Anteils nicht auf der Quote beruhe und legt auch schon darum, wie übrigens bei der Bruchteilsgemeinschaft selbst, auf seine Terminologie (vgl. auch in GoldschmidtsZ. Bd. 59 S. 58 ff.) — Quotenberechtigung, Quotenteil, Teilrecht (sämtlich identisch mit „Anteil"), Quotengemeinschaft — kein Gewicht (Problem der juristischen Persönlichkeit, S. 80). Wenn er danach einen Streit um die Bezeichnung, um

die herrschende Gesamthandauffassung den Ausschluß von (gegenstandsrechtlichen) Anteilen gerade mit der Undenk-

---

den terminus Quotenrecht, in der Tat als eine nicht „ernsthafte Kontroverse" zurückweisen kann (Problem, S. 80), so werden doch damit die Ausführungen unseres Textes nicht getroffen. Denn von einer bloßen terminologischen, einer „gänzlich untergeordneten Frage" (Binder, Problem, S. 80) kann insofern nicht die Rede sein, als es sich, zum mindesten hinsichtlich der vorhin genannten Schriftsteller, aber eben auch hinsichtlich Binders früherer Ausführungen (insbes. Rechtsstellung des Erben, Bd. III, vgl. namentlich S. 46 Anm. 10) um eine erhebliche sachliche Differenz in der Auffassung des rechtlichen Bestimmtseins und des Wesens des Gesamthandanteils, und damit der beiden Rechtsgemeinschaftsarten überhaupt handelt. Vgl. dazu unten S. 259 Anm. 484.

[416]) Seiner Formulierung nach gegen den Text auch Sohm, Der Gegenstand, S. 71: die „ideellen Teile" der Gesamthänder an den einzelnen Gegenständen seien „Teile, die in Bruchteilen rechnerisch bestimmbar sind. Unbestimmte Anteile können überhaupt nicht gedacht werden." Zunächst muß man es sicherlich als einen Widerspruch empfinden, wenn Sohms Anteile an den einzelnen Gegenständen, die doch (vgl. oben S. 196 Anm. 365 zu § 9) Mitgliedsrechte sein sollen, als personenrechtliche (!) zwar „nach Bruchteilen rechnerisch bestimmbar", aber doch keine Bruchteile sein sollen (S. 71). Indem aber Sohms „personenrechtliche Anteile" in Wahrheit, trotz ihres Namens, letzten Endes doch wohl sachenrechtlichen, gegenstandsrechtlichen Gehalt haben und nur nicht durch die abstrakte Quote als den Maßstab bestimmt werden, und indem durch ihre Bezeichnung als „personenrechtlicher" wohl in erster Linie der eigentümliche Charakter des Maßstabes der Beanteiligung mit ausgedrückt (nicht nur, wie v. Tuhr, a. a. O., S. 80 Anm. 12 zu § 3 sagt, Entstehung und Untergang der Gesamthand charakterisiert) wird, dürfte Sohm im ganzen der in unserem weiteren Texte vertretenen Auffassung doch näher stehen (vgl. auch oben S. 196 Anm. 365 zu § 9), insbes. auch näher als den „Bruchteilsrechten" Pringsheims, der (a. a. O., S. 24) eine sachliche Übereinstimmung mit Sohm behauptet.

Im übrigen wird Sohm auch sonst verschiedentlich — gewiß gegen seinen Willen (vgl. Der Gegenstand, S. 69 Anm. 9 a. E., S. 70 Anm. 11, S. 71) — schlechthin den Vertretern der geteilten Mitberechtigung zugezählt; so von Kaufmann, Das Eigentum am Gesellschaftsvermögen, S. 36 ff.; Schnell, Die Quotenfrage usw., S. 8, 23/4, 35. Zutreffender Oertmann, Schuldverhältnisse, S. 854 f. Vorbem. 4cγ vor § 705; Staudinger, Kommentar, Bd. II S. 1394 Bem. II 1 zu § 719, welche Sohms Auffassung als einen Mittelstandpunkt zwischen der Theorie der ungeteilten Gesamtberechtigung und der geteilten

barkeit anderer als quotaler Rechtsanteile begründet[417]). Uns interessieren hier in erster Linie die Vertreter der Lehre von der geteilten Mitberechtigung. Wir hören von ihnen, daß die Annahme, der „Anteil“ brauche „nicht in einer Quote zu bestehen“, „eine undenkbare Vorstellung“ sei[418]); daß andere als rechnerisch bestimmte Anteile (Quoten) „unbestimmte Anteile“ und somit „überhaupt keine Anteile“ seien[419]); daß „die Annahme eines Gesamteigentums ohne Quoten ... logisch widersinnig“ sei, obwohl die durch die „gesamte Hand“ gegebene Verfügungsbeschränkung die Frage nach der Höhe der Quote zu einer „praktisch gleichgültigen“ mache[420]), daß ein „logisches Bedürfnis“ zu einer rechnerischen Bestimmung, zu einer ziffernmäßigen Berechnung vorliege[421]), daß der nicht rechnerisch bestimmte Anteil „eine

Mitberechtigung ansehen; ähnlich Kattausch, Die Anteile der Miteigentümer usw., S. 47 f.

[417]) Für die herrschende Gesamthandlehre gilt das Gesagte also in negativem Sinne, insofern sie nicht-quotale Anteile nicht anerkennt; sie selbst nimmt ja eben eine Zuständigkeit an die „Gesamtheit“ als solche und damit eine anteillose Rechtsgemeinschaft an (vgl. oben S. 62 ff. und Anm. 124 zu § 5). Für das im Text Gesagte vgl. z. B. Gierke, Die Genossenschaftstheorie, S. 389 f., jedoch andrerseits S. 113; Das deutsche Genossenschaftsrecht, Bd. II S. 948 § 36 IV 2. Soweit Gierke an dem gesamthänderischen Vermögen „Anteile“ der einzelnen annimmt, gehen sie neben dem „ungeteilten Gesamtrecht“ einher (vgl. Deutsches Privatrecht, Bd. I S. 678 § 80 V 3; Bd. II S. 389 f. § 122 II 2; auch Die Genossenschaftstheorie, S. 497 f. und Anm. 2; die Berufung Kipps — Erbrecht, in Enneccerus-Kipp-Wolffs Lehrbuch Bd. II 2, 1913, S. 251 Anm. 15 zu § 82 — auf Gierke ist darum nicht berechtigt), oder sind Anteile am Werte des Vermögens, ohne die einzelnen Gegenstände des Vermögens zu ergreifen; sie haben damit eine andere Bedeutung als die „Anteile“ des Textes (vgl. auch oben S. 105 Anm. 206 zu § 7).

[418]) Binder, Die Rechtsstellung des Erben, Bd. III S. 31 (gegen Mot. Bd. IV S. 338).

[419]) So insbes. Binder, a. a. O.; Schnell, Die Quotenfrage usw., S. 20 ff.; Pringsheim, a. a. O., S. 13.

[420]) Lehmann, Lehrbuch des Handelsrechts, Leipzig 1908, S. 289 § 55 III.

[421]) Pringsheim, a. a. O., S. 12 Anm. 2 gegen Knoke, Das Recht der Gesellschaft, Jena 1901, S. 94, dessen Begründung: das Gesellschaftsvermögen werde ja nur den einzelnen in ihrer Verbindung, nicht dem einzelnen als solchen zugeschrieben, allerdings unzulänglich

Denkform ohne reellen Gehalt" sei[422]), und ähnliches mehr. Ist diese Auffassung berechtigt?

I. Eine zutreffende Stellungnahme hierzu wird von folgendem ausgehen müssen:

Jede „Quote", jeder „Bruchteil" bedeutet eine relativ quantitative Bestimmtheit[423]). Eine „quotale" Größenbestimmung[424]) setzt daher zunächst, da sie eine „relative" Bestimmung gibt, eine genau bestimmbare und bestimmte „Größe" des Ganzen voraus, auf welches die Quote bezogen wird[425]).

Nun wird aber für das ganze subjektive Recht (auch das Vermögensrecht) nicht bestritten werden können, daß — solange wir uns in den Grenzen einer rechtlichen Be-

---

ist. Was heißt denn aber „logisches Bedürfnis", wo es sich um die Bestimmung rechtlicher Beziehungen handelt? Mit Betrachtungen rein logischer oder gar rein mathematischer Natur (wie z. B. die bei Pringsheim, a. a. O., S. 7 sind; vgl. dazu ferner etwa unten S. 238 Anm. 438 wegen v. Scheurl), auf die sich meist (wenn auch nicht immer bewußt und klar ausgesprochen) die quotale Bestimmtheit der Rechtsanteile und ihre „Summierung" zur (zahlenmäßigen) Einheit des ganzen Rechts sowie die geradezu als Axiom hingestellte qualitative Gleichheit der Summanden-Quotenrechte und des summierten ganzen Rechts zurückführt, sollte man vielmehr auf dem Rechtsgebiete höchst vorsichtig verfahren, um nicht in die Fehler der glücklich überwundenen logischen Jurisprudenz zu verfallen. (Vgl. dazu Jhering, Geist des römischen Rechts, 4. Aufl., Leipzig 1888, S. 311 ff., insbes. 317 ff. § 59; Kohler, Lehrbuch des bürgerlichen Rechts, Bd. I S. 23 § 8 IV.) Die Ungeeignetheit mathematischer Betrachtungen für rechtliche Argumentationen betont deutlich Manenti, Concetto della communio etc., in Il Filangieri anno XIX, 1894, S. 492 ff., wenn er S. 498 sagt: der Beweis sei noch nicht erbracht worden und werde niemals erbracht werden, daß für die konkreten Rechtsbeziehungen durchaus dieselben Gesetze gelten wie für die rein abstrakten Größen- oder Zahlenverhältnisse. Vgl. auch Stammler, Theorie der Rechtswissenschaft, S. 399.

[422]) Schnell, a. a. O., S. 21, 22.

[423]) Vgl. auch Goldschmidt, Handbuch des Handelsrechts, 2. Aufl., Bd. II, Stuttgart 1883, S. 57 Anm. 1 zu § 63.

[424]) Oder quantitative Teilung, „Größenbestimmung durch Teilung" nach dem Ausdrucke Rümelins.

[425]) Im Sinne der Rechtsteilungslehre: eine genau bestimmbare Größe des Ganzen, das geteilt werden soll. Vgl. z. B. Rümelin, Die Teilung der Rechte, S. 124 und öfters.

trachtung halten — die Feststellung einer „Größe" im Sinne einer meßbaren quantitativen Eigenschaft niemals erforderlich ist, und daß dasjenige, was wir als „Umfang" des subjektiven Rechts bezeichnen, nicht eine besondere „rechtliche Eigenschaft" des subjektiven Rechts (neben seinem Gesamtinhalt) bedeutet, sondern nichts weiter ist als die rechtliche (aber nicht ziffermäßig ausdrückbare) Begrenzung seines Inhalts. Soll also beim „Teilrecht" eines Gemeinschafters der „Umfang" eine quantitative, quotal ausgedrückte Bestimmtheit (im Sinne einer wirklich meßbaren „Größe") bedeuten und ohne eine solche Größenziffer eine genügende rechtliche (also auch inhaltliche) Bestimmtheit und Begrenzung der Rechtsposition (des Rechtsanteils) nicht anerkannt werden können, so wird von der herrschenden Lehre eine grundlegende Verschiedenheit der rechtlichen Bestimmung von Teilrecht und von Ganzrecht behauptet. Dies ist aber — vom Standpunkt der herrschenden Lehre aus — jedenfalls recht erstaunlich, da für sie, wie wir sahen[426]), das Teilrecht letzten Endes nichts weiter ist als ein gewöhnliches Einzelrecht.

Aber zugegeben, daß die Besonderheit des „Teilrechts" gegenüber dem gewöhnlichen Ganzrechte in einer eigenartigen „rechtlichen Bestimmung" seines Inhalts[427]) liegt[428]), so käme man in unserer Frage nicht weiter, wenn man als die meßbare Eigenschaft des ganzen Rechtes, auf welche die quotale Bestimmung der Anteile bezogen werden könnte, und welche die vollkommene „rechtliche Bestimmtheit" des einzelnen Anteils ermöglichte, den Wert des ganzen (Vermögens-) Rechts setzen wollte.

Zunächst wird bezweifelt werden dürfen, ob damit eine „Eigenschaft" des subjektiven Rechts und gar eine „recht-

---

[426]) Oben S. 156 ff. in § 8; S. 209 ff., 215 ff. in § 9.

[427]) Meinetwegen auch: in einer eigenartigen rechtlichen Abgrenzung der Anteilsinhalte.

[428]) Was zu bestreiten wir gewiß keine Veranlassung haben, da nach unserer Auffassung diese eigenartige rechtliche Bestimmung durch die innere Gemeinschaftsordnung gegeben wird und, als Inhaltsbestimmung (rechtliche Bestimmung des Anteils), bei gewöhnlichen Ganzrechten sicherlich keine Parallele hat. Vgl. oben S. 218 ff. in § 9.

liche Eigenschaft“ als Maßstab genommen wird. Denn der Wert eines Gegenstandes, eines Gutes, ist richtigerweise nicht als eine ihm anhaftende Eigenschaft aufzufassen[429]), sondern ist „eine Vorstellungsform desselben unter dem Gesichtspunkte seiner vergleichsweisen wirtschaftlichen Brauchbarkeit, somit: ein wirtschaftliches Bedeutungsurteil über das Gut, ein Urteil über dessen wirtschaftliches Gewicht“[430]). Nun erscheint uns allerdings der Wert gewöhnlich so, als ob er in den Dingen selbst liege, „weil die objektive Ordnung der Natur und der Gesellschaft das Urteil im wesentlichen bestimmt“[431]), und wir finden daher zuweilen, bei im ganzen zutreffender Auffassung des Wertbegriffes, die Gesamtsumme aller wirtschaftlich in Betracht kommenden Eigenschaften eines Gegenstandes oder Gutes als dessen Eigenschaft aufgefaßt[432]).

---

[429]) Dies die (einheitlich für das Gebiet der Nationalökonomie wie der Rechtswissenschaft) herrschende Lehre. Literaturangaben sind an dieser Stelle entbehrlich; vgl. statt aller Goldschmidt, a. a. O., S. 70 ff. § 64, insbes. S. 79, sowie ferner neuestens Ketelhodt, Das Werturteil als Grundlage der Lehre vom Wert, München und Leipzig 1913, z. B. S. 1: „Der Wert ist keine Eigenschaft der Dinge, ebenso wie das Urteil über eine Sache nicht diese selbst oder eine ihrer Eigenschaften ist.“ — Die Frage ist wichtig auch für die Auslegung des § 119 Abs. 2 und des § 459 Abs. 2 BGB.: Irrtum über eine „Eigenschaft“ der Sache, zugesicherte „Eigenschaft“ des Verkaufsgegenstandes. Die herrschende Lehre entscheidet im Sinne des Textes; vgl. die Kommentare, insbes. etwa Oertmann, Allgemeiner Teil, S. 360 Bem. 4d β zu § 119 (mit Literatur); derselbe, Schuldverhältnisse, S. 424 f. Bem. 5b α zu § 459. Dazu auch RG. Bd. 61 S. 86, im Einklang mit der üblichen Praxis: Zwar nicht der Wert einer Kaufsache, wohl aber „die den Wert bildenden Faktoren“ seien im Sinne der genannten Vorschriften „Eigenschaften“.

[430]) Goldschmidt, a. a. O., S. 79 mit Verweisung auf die nationalökonomische Literatur. Vgl. auch S. 77: der Wert sei „(proportionaler) Brauchbarkeitsgrad“ des einzelnen Gutes, sei (Anm. 14) dessen „vergleichsweise wirtschaftliche Bedeutung“. Ferner etwa die Begriffsbestimmung bei Schmoller, Grundriß der allgemeinen Volkwirtschaftslehre, Bd. II, 1.—6. Aufl., Leipzig 1904, S. 105/6 Nr. 171.

[431]) Schmoller, a. a. O., S. 105 Nr. 171.

[432]) Vgl. Goldschmidt, a. a. O., S. 79. Korrekt ist dies gewiß nicht; denn die Summe der wirtschaftlich in Betracht kommenden Eigenschaften eines Gegenstandes (insbes. die nützlichen natürlichen

Für die übliche Gleichsetzung von Rechtsanteil und Rechtsquote wäre aber auch mit der letzteren — immerhin nicht einwandfreien — Auffassung nichts gewonnen. Gewiß läßt sich jedes gewöhnliche (selbständige) subjektive Recht und jede irgendwie geartete Rechtsposition wirtschaftlich (objektiv) werten, und es läßt sich, sofern sie als vermögenswert (geldwert) erkannt wird, stets eine Wertrelation zwischen ihr und andern geldwerten Rechtspositionen herstellen; also ist auch jederzeit möglich, ein solches Wertverhältnis zwischen mehreren (gegenständlichen) Rechtsanteilen eines irgendwie gemeinschaftlichen (absoluten) Vermögensrechts zu ermitteln und den einzelnen Anteil quotal zu bestimmen. Aber die so verstandene Quote drückt dann niemals eine rechtliche Bestimmtheit des Anteils aus — ebensowenig wie die Werteinheit des ganzen Rechts, auf welche die Quote bezogen wird, dieses ganze Recht rechtlich bestimmt —; sondern sie kennzeichnet die geringere wirtschaftliche Bedeutung des Anteils durch eine Quote jener Einheit, die sich auf den Wert des ganzen Rechts bezieht. Sie drückt ein Wertverhältnis auf wirtschaftlicher Basis aus, veranschaulicht uns die wirtschaftliche Kraft des Rechtsanteils, charakterisiert aber nicht sein rechtliches Wesen, seinen rechtlichen Grundcharakter, seinen rechtlichen Inhalt und dessen Begrenzung[433]). Vom

Eigenschaften einer Sache) sind dessen (deren) Tauglichkeit. Tauglichkeit und Wert sind aber nicht dasselbe. Für die Notwendigkeit scharfer Unterscheidung z. B. Ketelhodt, a. a. O., S. 1 f.

[433]) Auch nicht, wenn das Wertverhältnis nur indirekt auf das subjektive Recht (das Herrschaftsrecht), direkt auf das Rechtsobjekt bezogen wird. Die Lehre, die insbes. das absolute Vermögensrecht als das Recht an einem Wert betrachtet, und die schon Goldschmidt, a. a. O., S. 93 ff., insbes. S. 93 Anm. 61 nachdrücklich bekämpfte, wird neuerdings wieder von Nicol-Speyer, Systematische Theorie des heutigen Rechts, I. Abt., Berlin 1911, S. 232 ff. mit vielem Scharfsinn entwickelt; vgl. insbes. S. 240: „Das Rechtsobjekt ist immer ein Wert, nichts weniger, nichts mehr und nichts anderes.“ (Ähnlich auch M. Fuchs, Vermögen und Vermögensverwaltung, Berlin 1911, S. 19 f. für die „Sache“.) Auf dieser Auffassung basiert die Miteigentumslehre Girtanners (Die Rechtsstellung der Sache und der Eigentumsbegriff usw., in JheringsJ. Bd. 3, 1859, S. 233 ff. auf S. 239 ff.): Die Sache, „aufgefaßt als Repräsentant mehrerer Wertquoten“ (S. 256), ist Gegenstand des Miteigentums, sie ist „als Sachwert gedacht“

Standpunkte des Juristen aus kann daher bei einer in diesem wirtschaftlichen Sinne verstandenen Quotenangabe die rechnerische Bestimmung des Rechtsanteils nur (sozusagen)

---

teilbar (S. 244); daher hat jeder Miteigentümer „ein Recht an einem Teil, einer Quote des Werts in ihrer sachlichen Bestimmung" (S. 243). Neuestens kehrt bei Reinach, Die apriorischen Grundlagen des bürgerlichen Rechts (Sonderdruck aus Husserls Jahrbuch für Philosophie und phänomenologische Forschung, Bd. I), Halle 1913, S. 66 ff. diese Theorie (für die regelmäßige Rechtsgemeinschaft) wieder: „Gehörensobjekt ist hier die Sache selbst zu Bruchteilen ihres Wertes ... in dem Sinne ..., daß die Summierung dieser Wertteile gleich dem Wertganzen ist." (Darüber, daß auch Rümelin zu einer solchen Auffassung hinneigt, vgl. unten S. 237 Anm. 437.)

Auch die Widerlegung der (Windscheid-) Steinlechnerschen Miteigentumstheorie (des einen und identischen, jedem der mehreren ungeteilt zustehenden Eigentumsrechts bei gleichzeitiger Teilung des Wertes; vgl. oben S. 155 Anm. 282 zu § 8) ergibt sich, soweit die Wertteilung in Frage steht, von dem Gedanken des Textes aus. Ebensowenig wie der Rechtscharakter eines Ganzrechtes (insbes. des Eigentums) durch seine wirtschaftliche Bedeutung, durch seinen Wert bestimmt oder die rechtliche Charakterisierung durch die Angabe seiner wirtschaftlichen Bedeutung erschöpft wird, ebensowenig beruht das rechtliche Bestimmtsein eines Teilrechts in der Angabe des Wertverhältnisses zwischen Ganzrecht und Teilrecht (oder zwischen den mehreren Teilrechten) oder erschöpft die Angabe eines quotalen Wertverhältnisses den rechtlichen Inhalt des Rechtsanteils. Und ebensowenig wie ein Gut oder ein subjektives Recht oder ein Rechtsobjekt selbst „ein Wert" ist, ebensowenig ist das Anteilsrecht schlechthin eine Wertquote oder ein Recht an einer Wertquote eines als Eins gesetzten Wertes. Der Gedanke des Wertes kann also, wie Göppert (in der KrVJSchr. Bd. 14, 1872, S. 549) zutreffend bemerkt, nicht dazu „benutzt werden, um daraus das Charakteristikum des Miteigentums zu entnehmen". Eine auf den wirtschaftlichen Wert bezogene Bedeutung des Bruchteils in der rechnerischen Bestimmtheit des „Anteils" ergibt also weder eine „rechtliche Bestimmtheit", noch eine „rechtliche Unbestimmtheit" des Anteils. Mit Recht hat daher die gemeinrechtliche Doktrin die Windscheid-Steinlechnersche Lehre abgelehnt, weil (in der üblichen Ausdrucksweise) die Teilung des Wertes keine Erklärung der sog. intellektuellen Teilung sei und das Miteigentumsproblem vielmehr verschiebe. Vgl. z. B. Randa, Das Eigentumsrecht usw., Bd. I, 2. Aufl., Leipzig 1893, S. 227 Anm. 7 zu § 9; Eck in der KrVJSchr. Bd. 19, 1877, S. 232; Scialoja, Lezioni di diritto romano etc., S. 648 ff.; äußerst scharf Sokolowski, Die Philosophie im Privatrecht, Bd. I, Halle 1902, S. 413 f., der „Recht und Wert" geradezu „völlig unkommensurable Größen" nennt. —

ex post eintreten, d. h. nachdem für die rechtliche Betrachtung die Bestimmung des Anteils und seines „rechtlichen Umfanges“ vollzogen ist.

Immerhin würde, wenn mit der Auffassung, die wir bekämpfen, lediglich behauptet werden sollte, daß die Quote das Wertverhältnis kennzeichnen solle, und daß eine solche Bestimmbarkeit stets möglich sein, vielleicht auch unter wirtschaftlichem Gesichtspunkte stets erfolgen müsse, sich dagegen ernstlicher Widerspruch nicht regen; es würde aber dann der Begriff und der rechtliche Gehalt des Rechtsanteils (seine rechtliche Bestimmtheit) unabhängig von solcher quotalen Wertbestimmung bestehenbleiben[434]).

II. Der Sinn jener Auffassung ist jedoch ein anderer. Die in den verschiedenen Formulierungen enthaltene These geht vielmehr dahin, daß innerhalb einer rein rechtlichen Betrachtung der Begriff des Anteils oder des Teilrechts unbedingt eine mathematische, ziffermäßige Bestimmtheit und die Angabe eines Zahlenverhältnisses verlange, und daß nur eine quotale Abgrenzung der Anteile gegeneinander rechtlich relevant sei, „rechtliche Bestimmtheit“ ergebe.

Diese Auffassung dürfte sich nicht halten lassen[435]).

Entgegengesetzter Meinung dagegen insbes. Steinlechner, Das Wesen der iuris communio usw., Teil II S. 249 ff.; Segrè in der Rivista italiana vol. VIII, 1889, S. 194 Anm. 303.

[434]) Insbes. braucht sich auch bei regelmäßiger Rechtsgemeinschaft die „Wertquote“ des Anteils nicht schlechthin mit dem für ihn maßgebenden „Bruchteil“ (als einem Element der inneren Ordnung) zu decken. Wenn z. B. ein Eigentümer „zu einem Drittel“ zufolge einer die Verwaltung und Benutzung des gemeinschaftlichen Grundstücks betreffenden Regelung (§ 745 BGB.) mit seiner Zustimmung (§ 745 Abs. 3 Satz 2) — etwa gegen eine einmalige Abfindungssumme — auf mehrere Jahre von der Benutzung des gemeinschaftlichen Grundstücks (mit „dinglicher“) Wirkung ganz ausgeschlossen ist, so wird sich der derzeitige Wert seines Anteils (die Wertquote) gewiß nicht auf ein Drittel des Gesamtwertes stellen.

[435]) Auch der Gesetzgeber scheint nicht anzunehmen, daß jeder Rechtsanteil eine Rechtsquote (ein Bruchteilsrecht) sein müsse. Die Mot. (Bd. II S. 874, Bd. III S. 116 und vor allem Bd. III S. 155 ff., 434/5, 438; Bd. IV S. 337 f.) stellen einander gegenüber Anteile, die sich nach Bruchteilen bestimmen („rechnungsmäßig bestimmte An-

Spielt die ziffernmäßige Wertbestimmung, die sich doch immerhin an eine meßbare „Eigenschaft“ (i. w. S.) des Rechts (Rechtsinhalts) anlehnen und eine quotale Bestimmtheit liefern könnte, für die rechtliche Bestimmung von Rechtsinhalten keine Rolle und gibt sie auch für „Teilrechte“ keine rechtliche Bestimmtheit, so ist nicht recht einzusehen, wie dann die abstrakte Zahl zu einer allgemeingültigen und begrifflich notwendigen Funktion der Begrenzung von Rechtsinhalten, sei es auch nur derjenigen von (selbständig und unabhängig vorgestellten) Teilrechten oder (relativ unselbständig gedachten) Rechtsanteilen kommen könnte, oder welches etwa die rechtliche „Eigenschaft“ des subjektiven Rechts[436]) wäre, die eine durchgreifende Zerlegung eines ganzen Rechtsinhalts nach dem abstrakten Zahlenverhältnis gestattete, und die in allen Fällen einer Rechtsgemeinschaft, gleichviel von welchem Typus, der Teilrechtsbildung (Rechtsteilung, Anteilsbildung) zugrunde läge[437]).

---

teile“, Quoten), und solche, die sich nicht nach Bruchteilen bestimmen (sog. „anomales Miteigentum“). Vgl. dazu E. I §§ 762 und 946, dessen Fassung in Abs. 2 absichtlich (dazu Mot. Bd. III S. 438) für ein gemeinschaftliches Eigentum ohne bruchteilmäßige Anteile Raum lassen will; weiterhin E. I § 1344 Satz 1, der eine Zuständigkeit „nicht nach Bruchteilen“ für Gesamtgutseigentum und Gesamtgutsrechte aussprach, aber von der II. Kommission als „überflüssig und theoretisch nicht unanfechtbar“ gestrichen wurde (vgl. Prot. Bd. IV S. 233 unter Berufung auf Bd. II S. 425 ff.). — Vgl. ferner heute die Fassung der §§ 741, 1008 BGB.; § 48 GBO.: sie ergeben, mag man auch den Namen „Gemeinschaft nach Bruchteilen“ (§ 741) für die Regelform als wenig glücklich gewählt ansehen (vgl. dazu unten S. 239 Anm. 439), jedenfalls, daß der Gegensatz von nach Bruchteilen und nicht nach Bruchteilen sich bestimmenden Anteilen dem Gesetzgeber vorschwebt.

[436]) Außer dem Vermögenswerte.

[437]) So lange man sich von einer unzulässigen Hypostasierung des subjektiven Rechts freihält und aus rechtlichen Betrachtungen und Konstruktionen wirtschaftliche Momente ausscheidet, wird man nicht mit Rümelin (Die Teilung der Rechte, S. 30) und vielen anderen ganz allgemein sagen können, es seien im subjektiven Rechte „Größenverhältnisse enthalten“, und es werde nur immer dann von „Teilung des Rechts“ gesprochen, „wenn in bezug auf dieselben eine Größenbestimmung durch Teilung“ stattfindet. (Mit Recht gegen die erste Äußerung als unverständlich Krasnopolski in seiner Besprechung

Wenn diese Bedenken der herrschenden Lehre wenig Kopfzerbrechen machen, so dürfte sich dies, soweit nicht doch zuweilen — bewußt oder unbewußt — der wirtschaftliche Wert (der Vermögenswert) als das jederzeit quotisierbare Element gedacht oder empfunden wird, daraus erklären, daß jene Auffassung stets im Gedankenkreise der gemeinrechtlichen Lehre von der „Teilbarkeit als Eigenschaft von Rechten“ [438]) und der (die communio pro indiviso erklärenden) gemeinrechtlichen Rechtsgeteiltheitslehre bleibt und

in GrünhutsZ. Bd. 12, 1885, S. 502; vgl. auch noch Rümelin in JheringsJ. Bd. 28, 1889, S. 447.) Daß man bei solcher Auffassung zu dem Gedanken der Quotenmäßigkeit als einer allen Rechtsanteilen immanenten Art der „größenmäßigen“ Begrenzung (Umfangsbestimmung) gelangen muß, leuchtet ein. Rümelin selbst scheint aber dabei weniger an eine übertriebene Hypostasierung des subjektiven Rechts zu denken, sondern scheint, wie auch Krasnopolski (mit Rücksicht auf Rümelin, a. a. O., S. 32, 33; vgl. ferner noch S. 76, 78) annimmt, subjektives Recht schlechthin mit Vermögenswert gleichsetzen zu wollen, womit aber die Teilung auf eine außerrechtliche Eigenschaft bezogen wird. Vgl. im Text S. 232 ff. sowie insbes. S. 234 Anm. 433. (Andrerseits erkennt er aber an, daß für das Miteigentum der Gedanke einer quantitativen, quotativen Teilung als konstruktive Lösung nicht ausreicht; vgl. a. a. O., S. 91 f.)

In der späteren Kritik der Lehre von der „Teilung der Rechte“ (in Teil II) wird u. a. über die Gefahren zu sprechen sein, die in der Verkennung der Bedeutung bildlicher Ausdrücke für die juristische Argumentation liegen (vgl. einstweilen Schuppe, Über die metaphysisch-naturwissenschaftliche Richtung in der Jurisprudenz, in GruchotsBeitr. Bd. 34, 1890, S. 801 ff.; Kipp, Über Doppelwirkungen im Recht usw., in der Festschrift für v. Martitz, Berlin 1911, S. 211 ff.), und über die Schwierigkeiten, „die durch die Verwechslung der bildlichen Auffassung der Rechtswirkungen im Sinne der Körperwelt mit der wahren Natur der Dinge entstehen“ (Kipp, a. a. O., S. 220).

[438]) Dies der Titel der Schrift von v. Scheurl (Erlangen 1884), die mit der Definition beginnt: „Teilbarkeit als eine Eigenschaft von Rechten bedeutet nach römischem Recht ihre Fähigkeit, in mehrere Rechte zerlegt zu werden, wovon jedes ein Ganzes für sich bildet, und sich von dem Rechte, das in sie zerlegt wird, nur durch seine Größe (Quantität), nicht auch durch seine Beschaffenheit (Qualität) unterscheidet“ (S. 3). Darum ist für ihn eigentliche Teilbarkeit nur die „Möglichkeit rein arithmetischer Teilung eines Rechts“ (S. 6 und öfters); „das wahrhaft teilbare Recht muß in mehrere selbständige Rechte zerlegt werden können, welche mit ihm denselben Inhalt haben, während der Um-

heute ihren Ausgang von der Struktur der regelmäßigen Rechtsgemeinschaft, der Gemeinschaft „nach Bruchteilen"[439]) nimmt.

Für die regelmäßige Rechtsgemeinschaft mag in der Tat die Auffassung, daß ein Zahlenverhältnis, eine Quote, als Faktor der Inhaltsbegrenzung des Teilrechts (Anteils) fungiert, im ganzen nicht unzutreffend erschienen, und es soll ihr vorläufig[440]) nicht widersprochen werden. Daß in der inneren Ordnung dieser Gemeinschaftsart ein abstraktes Bruchteilsverhältnis wirksam ist, haben wir bereits gesagt[441]). Wenn also der einzelne Rechtsanteil, das einzelne „Teilrecht", hier üblicherweise als „Quotenrecht", „Bruchsteilsrecht" (oder nur „Bruchteil") bezeichnet und aufgefaßt wird, und wenn mit dem Gesetze von einer „Größe der Anteile" (§ 745 Abs. 1 Satz 2) und von dem dem einzelnen Anteil „entsprechenden Bruchteil" (§§ 743 Abs. 1, 745 Abs. 3 Satz 2) gesprochen wird, so ist diese Auffassung zwar — abgesehen davon, daß sich die „Bruchteilmäßigkeit" des Anteils, wie gleich zu zeigen, nicht bis in alle seine Einzelbefugnisse hinein durchführen läßt — insofern nicht einwandfrei, als sie stets den Gedanken an eine zu starke Hypostasierung des subjektiven Rechts oder an die Substituierung des Vermögenswertes nahelegt. Aber es ist zuzugeben, daß eine vollkommene

---

fang eines jeden von ihnen einen bestimmten Bruchteil des Umfangs ausmacht, den es selbst, das teilbare Recht, hat" (S. 7).

Die Lehre von der Teilbarkeit und der Teilung von Rechten wird an anderer Stelle (Teil II) eingehender behandelt werden müssen. Soweit im Text diesen späteren Erörterungen im gewissen Sinne vorausgegriffen werden muß, dürfen die Bemerkungen des Textes nur als eine vorläufige Stellungnahme zu den höchst schwierigen Fragen der sog. Teilbarkeit und Teilung des Rechts verstanden werden.

[439]) Über den Wert oder Unwert dieses gesetzlichen Ausdrucks ist hier nicht zu handeln; gegen den Ausdruck vgl. etwa Binder, Das Problem der juristischen Persönlichkeit, S. 79 f.; Hellwig, Lehrbuch des deutschen Zivilprozeßrechts, Bd. III 1 S. 108 Anm. 39 zu § 153; Pringsheim, a. a. O., S. 23; v. Seeler, Das Miteigentum nach dem bürgerlichen Gesetzbuch usw., Halle 1899, S. 106 (die beiden letzteren jedoch zufolge unzutreffender Gleichsetzung von Anteil und Bruchteil).

[440]) Vgl. aber auch unten S. 240 f., 253.

[441]) Oben S. 227.

rechtliche Bestimmung des Anteils, eine „Begrenzung“ seines Inhalts bzw. einzelner in ihm liegender Befugnisse, bei der regelmäßigen Rechtsgemeinschaft ohne ein ziffermäßiges Moment nicht auskommen kann, und daß man hier wohl sagen kann, die Quotenmäßigkeit des Anteils bilde einen Grundzug seines Wesens[442]).

Insofern ist also der Ausdruck Bruchteilsrecht (Bruchteil, Quote) für den Anteil bei unserer Regelform von Rechtsgemeinschaft brauchbar und kaum irreführend. Es bleibt aber dabei festzuhalten, daß diese Bezeichnung nicht von einer ziffermäßigen Teilung des Rechts nach einer so meßbaren rechtlichen Eigenschaft ausgeht[443]), und daß man daher auch nur mit großer Einschränkung und im Sinne einer abkürzenden Ausdrucksweise den üblichen Satz[444]) zulassen kann, daß die mehreren „Teilrechte“ der Gemeinschafter (als solche, d. h. als rein rechtliche Positionen genommen) in einem (abstrakten) Zahlenverhältnis zueinander stehen. Von unserm grundsätzlichen Standpunkte aus, wonach die „innere Ordnung“ es ist, die den Inhalt des Rechtsanteils der einzelnen Gemeinschaftsart (im ganzen wie in seinen Einzelbefugnissen) bestimmt und umgrenzt, und wonach das abstrakte Quotenverhältnis (nur) einen Teil der ganzen inneren Ordnung bildet[445]), möchten wir daher lieber in der Bezeichnung von der „Quotengeteiltheit“ des Rechts und von der rechnungsmäßigen, quotalen Bestimmtheit des Anteils, seiner Qualität als eines „Rechtsbruchteils“, eines „Quotenrechts“ (eines „Bruchteils“, einer „Quote“), eine

[442]) In diesem Sinne bestimmt § 48 GBO. bei der regelmäßigen Rechtsgemeinschaft die grundbuchmäßige Angabe der Anteile der Berechtigten „in Bruchteilen“. Vgl. aber auch demnächst S. 241 Anm. 446.

[443]) In diesem Sinne akzeptiere ich gern den Satz Binders (Das Problem der juristischen Persönlichkeit, S. 80), daß „der Ausdruck Quotenberechtigung selbst bei der römischen communio nur ein Notbehelf ist“. Vgl. dazu aber weiter S. 158 Anm. 288 zu § 8.

[444]) Wir finden ihn sogar bei v. Tuhr, a. a. O., S. 80 Anm. 11 zu § 3.

[445]) Ebensogut wie die kraft der Bestimmungsfreiheit der Gemeinschafter vereinbarten, dinglich wirkenden „Regelungen“; vgl. dazu auch (Huber) Schweizerisches Zivilgesetzbuch, Erläuterungen zum Vorentwurf, Heft III S. 71.

Ausdrucksweise erblicken, mit der nicht so sehr das den rechtlichen Gehalt des (gesamten) Anteils unmittelbar bestimmende Moment völlig zutreffend gekennzeichnet, als vielmehr „die Beteiligung mehrerer ohne Gebundenheit durch ein persönliches (Grund-) Verhältnis ausgedrückt werden will"[446]).

III. Nach alledem gibt die Feststellung eines Bruchteilsverhältnisses jedenfalls nur dann für die Erkenntnis des rechtlichen Bestimmtseins eines Anteilsinhaltes etwas her, und kann man die Auffassung einer „quotalen rechtlichen Bestimmtheit" nur insoweit gelten lassen, als in der inneren Ordnung des gemeinschaftlichen Rechts ein abstraktes Zahlen- (Bruchteils-) Verhältnis das maßgebende Moment bildet. Damit muß über das Gebiet der regelmäßigen Rechtsgemeinschaft hinaus der Gedanke einer Gleichsetzung von Rechtsanteil und Rechtsquote (Bruchteilsrecht) mit aller Entschiedenheit abgelehnt werden.

Gewiß ist richtig, daß der einzelne gegenständliche Anteil an einem gemeinschaftlichen (absoluten) Vermögensrechte „rechtlich bestimmt" sein muß[447]); aber für die „rechtliche

---

[446]) So zutreffend (Huber) Erläuterungen, a. a. O., S. 38; dazu oben S. 182 ff. in § 9. Von dieser Auffassung aus bedeutet die grundbuchmäßige Angabe der Anteile in Bruchteilen (§ 48 GBO.; vgl. oben S. 240 Anm. 442) die Hervorhebung des wichtigsten Momentes der inneren Ordnung und den Hinweis darauf, daß für ein so gemeinschaftliches Recht kein „maßgebendes (grundlegendes) Rechtsverhältnis" (§ 48 GBO.) besteht.

[447]) Insoweit scheint dasselbe zu sagen Pringsheim, a. a. O., S. 12 (für die Gesamthandrechte): „Wird die unmittelbare Berechtigung an den einzelnen Gegenständen erst einmal zugegeben, so erscheint das Leugnen bestimmter Anteile nicht mehr haltbar"; und weiter: „Logisch wie juristisch läßt sich ein unbestimmter Teil nicht begreifen ... Im Denken des Laien mögen unbestimmte Teile Platz finden; sobald der Jurist an dies Gebilde herantritt, muß er zerlegen und ordnen, muß er den Umfang auch dieses Rechts bestimmen können, weil er wie der Logiker nur mit festen Begriffen bauen darf. Anteil ist nichts anderes als Teil. Teil ist ein genau begrenztes Stück des Ganzen." (S. 12/3.) Aber die Übereinstimmung mit unserm Text ist keine sachliche, weil Pringsheim unter den „bestimmten" Anteilen immer nur „rechnerisch bestimmte", „Bruchteile" versteht und an die Möglichkeit anderweitigen „rechtlichen Bestimmtseins" gar nicht denkt bzw. sie von vornherein ablehnt. Aber warum muß denn,

Bestimmtheit" grundsätzlich eine ziffermäßige Festlegung des Berechtigungsverhältnisses der Anteile untereinander und zum ganzen Recht zu verlangen und die Fixierung eines Größen- oder Wertverhältnisses als einen wesentlichen Bestandteil der rechtlichen Struktur der Gemeinschaftsform

wenn der Jurist bei Betrachtung des Gemeinschafteranteils „den Umfang auch dieses Rechts" (scil. des einzelnen Teilrechts) bestimmen will, diese rechtliche Bestimmung eine grundsätzlich verschiedene sein von derjenigen, durch die der Umfang eines gewöhnlichen anderen Rechts bestimmt wird? (Vgl. oben S. 231 f.) Wenn Pringsheims Sätze über die „Bestimmtheit" des Anteils schließlich darin gipfeln: „Rechnerisch nicht bestimmte Teile sind nicht denkbar, weil Teil ja gerade ein Rechenelement ist" (S. 13), so ist dies — selbst die Gleichsetzung von Anteil und Teil zugegeben — eine petitio principii. Denn es fragt sich ja gerade, ob auch auf dem Gebiete des Rechts „Teil" immer nur „Rechenelement" ist, und ob sich überhaupt so mathematisch scharfe Abgrenzungen, wie sie einer bruchteilmäßig fixierten Größe entsprechen, so rein mathematische Zerlegungen von Rechtsinhalten durchführen lassen (vgl. dazu auch oben S. 230 Anm. 421). In Wahrheit wird mit dem Satze Pringsheims nur der arithmetische Begriff des Teils getroffen, nicht aber der allgemeine Begriff und noch weniger der auf verschiedenen Gebieten im bildlichen Sinne gebrauchte (auch z. B. in der Logik: „Teilvorstellungen", „Teilbegriffe"; vgl. dazu Sigwart, Logik, Bd. I, 1911, S. 343 f § 41 1), insbes. nicht der Begriff des „Teiles" in seiner letzten Endes nur bildlich gegebenen Anwendung auf das subjektive Recht und den Rechtsinhalt. „Teil" bedeutet auch sonst zunächst nur ein Gebilde, das in einem andern, dem Ganzen, enthalten ist, mit andern Teilen erst eine Einheit als Ganzes ausmacht und durch Zerlegung oder Analyse jeweilig aus der Einheit herausgehoben wird. (Vgl. Eisler, Wörterbuch der philosophischen Begriffe, 3. Aufl., Berlin 1910, S. 1488.) Wenn nun auch die (auf räumliche Verhältnisse zurückgehende) Relation des Ganzen und der Teile die Voraussetzung aller Vorstellung von Größe ist (Sigwart, a. a. O., S. 42 f. § 6 3), so ist darum — auf dem Gebiete der anschaulichen so gut wie auf dem der nicht anschaulichen Gegenstände — nicht alles nur dann und nur deshalb „Teil" eines Ganzen, wenn und weil das Größenverhältnis zum Ganzen rechnerisch ausgedrückt werden kann. (Vgl. auch die Beispiele bei Sigwart, a. a. O. und das S. 45 f. über kausale Relation zwischen dem Ganzen und den Teilen Gesagte.) Daß man dabei für unser Rechtsgebiet nicht einmal nur an den durch sog. qualitative Teilung ausgesonderten „Teil" eines ganzen Rechts (die einzelne Befugnis eines ganzen Befugniskomplexes) zu denken braucht, sondern daß es auch „quantitative Teile" ganzer Rechtspositionen gibt, die nicht „Rechenelemente" sind, dürfte der Text ergeben.

und der Bildung der Rechtsanteile im konkreten Falle anzusprechen, heißt letzten Endes subjektives Recht und wirtschaftliches Gut, Rechtsinhalt und Vermögenswert, Rechtsanteil und Wertteil verwechseln. Damit ein Anteil eines gemeinschaftlichen absoluten Vermögensrechts (oder ein „Teilrecht" in der üblichen Terminologie) „rechtlich bestimmt" sei, ist vielmehr immer nur notwendig, daß irgendein rechtlich brauchbarer und zur Differenzierung der Anteile ausreichender Maßstab vorhanden sei, der die mehreren gegenständlichen Rechtsstellungen und die in ihnen gegebenen einzelnen Befugnisse gegeneinander abgrenzt oder, wenn man so will, ihrem „Umfange" nach bestimmt. Rechtliche Differenzierung von Rechtspositionen geschieht aber grundsätzlich anders als auf ziffermäßigem Wege.

Zur Unterstützung dieses Satzes könnte man zunächst daran denken, gewisse quantitative Verteilungsmaßstäbe heranzuziehen, die einen gegebenen ganzen Rechtsinhalt in Teilrechte (Einzelrechte) zerlegen, ohne doch nach festen Bruchteilen zu teilen. So hat Krückmann[448]) zutreffend darauf hingewiesen, daß wir in dem individuellen Bedürfnis eines Berechtigten, sofern es den Rechtsinhalt und „Rechtsumfang" bestimmt, einen eigenartigen quantitativen Maßstab haben[449]), und daß das so bestimmte (Nutzungs- und Gebrauchs-) Recht eine ziffermäßig ausdrückbare Größenrelation zu dem Umfange desjenigen Rechts, aus dem es abgezweigt wurde, nicht zuläßt[450]).

---

[448]) Krückmann, Beschränkter Rechtserwerb oder qualitative Teilung usw., in ArchZivPrax. Bd. 103, 1908, S. 139 ff. auf S. 186 ff., 378.

[449]) Die qualitative Gleichheit bleibt dabei erhalten. Durch die Verschiedenheit der individuellen Bedürfnisse werden nur die Begrenzungen des Inhalts der einzelnen „Teilrechte", nicht ihre rechtliche Gleichheit untereinander verschoben. Vgl. auch Wendt, Rechtssatz und Dogma, in JheringsJ. Bd. 22, 1884, S. 299 ff. auf S. 377 (zur Definition des usus) sowie demnächst S. 244 Anm. 451.

[450]) Krückmann, a. a. O., S. 186 ff. macht ferner darauf aufmerksam, daß sich mit der sog. qualitativen Teilung eines Rechtsinhalts solche quantitativen Teilungen der übertragenen Befugnis kombinieren können, die nicht nach festen Bruchteilen, sondern nach einem andern, absolut feststellbaren und rechtlich ausreichenden Maßstabe, insbesondere dem des individuellen Bedürfnisses vor-

Der Gedanke ließe sich vielleicht sogar für gemeinschaftliche Rechte und für die rechtliche Bestimmung der darin enthaltenen Rechtsanteile zueinander verwerten[451]), und

---

genommen werden. — Als weiteren derartigen quantitativen, aber nicht bruchteilmäßigen Maßstab nennt er (S. 378, 251 ff.) beim Pfandrecht den „Maßstab der gesicherten Forderung".

Im übrigen ist daran zu erinnern, daß für die Lehre von der sog. qualitativen Teilung — als der konstruktiven Erklärung für die Entstehung des Tochterrechts aus dem Mutterrecht — regelmäßig auch der Gedanke an eine „quantitative" Verminderung, einen „Substanzverlust" (Krückmann) des Mutterrechts hinzukommt — daher doch eben die sog. „Elastizität" des Eigentums! —, ohne daß dabei jemals eine ziffermäßige Bestimmung für erforderlich gehalten würde; so z. B. wenn nach Büchel, Zivilrechtliche Erörterungen, 2. Aufl., Bd. I, Marburg 1847, S. 439 f. die Servitut als „eine wirkliche Ablösung aus dem intellektuellen Umfang des Eigentums" aufgefaßt wird. (Der Gedanke Krückmanns — vgl. insbes. ArchZivPrax. Bd. 101, 1907, S. 155 ff. —, daß das ganze Recht als eine „Gesamtheit" trotz dieses Substanzverlustes unberührt bleibt, scheint mir über die Schwierigkeit, die sich aus der vorherigen Anerkennung einer jedenfalls gegebenen, wenn auch nicht rechnungsmäßig abmeßbaren quantitativen Verminderung des Rechtsinhalts ergibt, nur mangelhaft hinwegzuhelfen. Vgl. im übrigen gegen die Lehre von der qualitativen Teilung und insbes. gegen Krückmann eingehend Hirsch, a. a. O., S. 201 ff.) Aber auch, wenn unter Ablehnung der qualitativen Teilung gesagt wird, daß die Grunddienstbarkeiten „bis zum Maß des Bedürfnisses des herrschenden Grundstücks dem Eigentum vorgehen" (so z. B. Dernburg, Pandekten, 7. Aufl., 1902, Bd. I S. 567 § 237 1; dazu auch S. 575 f. § 240 1); haben wir den Gedanken einer rechtlichen Abgrenzung der beiden Rechte (Dienstbarkeit und Eigentum) gegeneinander, die ein quantitatives Moment einschließt, ohne daß dabei an eine (über die rechtliche inhaltliche Begrenzung der Servitut hinausgehende) Abmessung gedacht würde.

[451]) Insbes. könnte man daran denken, gewisse Formen älteren gesamthänderischen Eigentums (Kollektiveigentums) oder die davon erhalten gebliebenen Überreste, soweit wir bei ihnen gegenstandsrechtliche Anteile anzunehmen haben (vgl. oben S. 123 Anm. 228 zu § 7), als Rechtsgemeinschaften aufzufassen, bei denen der Maßstab des individuellen Bedürfnisses der einzelnen Gemeinschafter das wesentliche Moment der rechtlichen Bestimmung der einzelnen gegenständlichen Anteile bildet (woraus sich eine bemerkenswerte Freiheit des einzelnen in der Nutzung und dem Gebrauch des Gemeinschaftsgutes ergäbe). Eine solche Auffassung scheint insbes. nahegelegt zu werden durch die neueren Untersuchungen des italienischen Romanisten Fadda über die, der römischen communio pro indiviso geschichtlich

es ließe sich in diesem Falle sagen, daß der Anteil, für den das Bedürfnis des Anteilsberechtigten das (wesentliche) Moment der Inhaltsbegrenzung bildet, doch nicht mehr und nicht weniger seinem Inhalte (und Umfange) nach „unbestimmt“ wäre, als die beschränkte persönliche Dienstbarkeit, für die das Bedürfnis des Berechtigten den Maßstab abgibt (§ 1091 BGB.), oder das Grunddienstbarkeitsrecht, bei dem das Bedürfnis des herrschenden Grundstücks entscheidet (§ 1019 BGB.). Einer etwa — ex post — aufgesuchten „Größenrelation“ der nach diesem Maßstabe sich bestimmenden „Teilrechte“ zueinander käme keinerlei rechtliche Bedeutung zu; für die konstruktive Erfassung der Rechtsfigur würde dadurch nichts gewonnen[452]).

Doch soll die Möglichkeit eines solchen Maßstabes in Gemeinschaftsverhältnissen hier nicht weiter verfolgt werden[453]). Wir legen mehr Wert darauf, daß selbst in den

---

vorangehende Gemeinschaftsform ohne bruchteilmäßig bestimmte Anteile, das bisher wenig geklärte altrömische consortium zwischen den heredes sui. (Fadda, Consortium, collega magistratuum, communio, in Studi in onore di Biagio Brugi, Palermo 1910, S. 139 ff., insbes. hierzu S. 146 ff.; vgl. dazu früher Pernice, Parerga II, in der Savigny-Zeitschr., rom. Abt., Bd. III, 1882, S. 65 ff.) Bei diesem consortium, das übrigens durchaus der ältesten Form deutschrechtlicher Gesamthandschaft, der unter Brüdern nach dem Tode des Hausvaters fortgesetzten Hausgemeinschaft mit ungeteiltem Familiengute entspricht, erscheint nach Faddas Untersuchungen die Rechtsstellung des einzelnen consors als eine unmittelbare Beanteiligung (ein „Rechtsanteil“) an den gemeinsamen Gütern, für die zunächst die Zugehörigkeit zu einem bestimmten Personenkreise entscheidend ist, deren rechtliche Bestimmbarkeit und nähere inhaltliche Begrenzung dann aber (nicht durch einen festen zahlenmäßigen, sondern) durch den Maßstab des Bedürfnisses des einzelnen Beteiligten gegeben war. Durch diesen Maßstab wurde also, auch bei etwaiger Verschiedenheit der individuellen Bedürfnisse, der Charakter der inhaltlichen Gleichheit der Rechtsanteile nicht beseitigt (vgl. S. 243 Anm. 449), andrerseits aber doch eine „quantitative“ Abmessung gegeben, ohne daß dabei für den Gedanken der Quote Raum gewesen wäre. Vgl. dazu auch unten S. 258 Anm. 483.

[452]) Das müßte auch für die eben angedeutete (Anm. 451) Konstruktion des alten Kollektiveigentums festgehalten werden.

[453]) Im Bereiche unseres positiven Rechts dürfte es zutreffender sein anzunehmen, daß dem individuellen Bedürfnis als dem Faktor

positivrechtlichen Ausgestaltungen der schlichten Rechtsgemeinschaft, bei der doch die Gleichsetzung von Rechtsanteil und Rechtsquote gang und gäbe ist, eine quotale Bestimmtheit niemals bis in alle der Beanteiligung offenstehenden Einzelbefugnisse des Rechts hinein durchgeführt und durchführbar ist, und daß daher, soweit eine quantitative Relation zwischen Ganzrecht und Rechtsanteil jedenfalls besteht, auch den neben einem zahlenmäßigen (quotalen) Element maßgebenden „Teilungsmaßstäben" oder Anteilsinhaltsbegrenzungen „quantitative" Bedeutung zukommen muß. So findet sich vor allem für die Beanteiligung an der (in einem Vollrecht oder begrenzten Recht liegenden) Gebrauchsbefugnis in der Vorschrift des § 743 Abs. 2 BGB. eine rechtliche Abgrenzung der Anteile gegeneinander[454]),

der rechtlichen Bestimmung einer Rechtsposition, ein selbständiges Einzelrecht entspricht und nicht ein „Rechtsanteil" eines gemeinschaftlichen Rechts mit einer auf das Moment des individuellen Bedürfnisses der einzelnen Mitberechtigten abgestellten inneren Ordnung.

Daher wird unten bei der Erörterung der Rechtslage aus § 1025 BGB. (im Anhang IV S. 333 ff.) angenommen, daß nicht eine Rechtsgemeinschaft nach Bruchteilen (§§ 741 ff.) hinsichtlich der Grunddienstbarkeit nach Realteilung des herrschenden Grundstücks vorliegt, auch nicht eine Rechtsgemeinschaft, deren Anteile sich nach dem individuellen Bedürfnis der neuen Teilgrundstücke bestimmen, sondern eine Mehrheit von Einzelservituten.

[454]) Eine rechtliche Abgrenzung (und zwar der Gebrauchsbefugnis, und nicht nur ein Maßstab für ihre Ausübung) liegt in § 743 Abs. 2 jedenfalls. Daß die Befugnis zum Gebrauch in jedem „Teilrecht" ganz (als solidarische) enthalten sei, wie meist behauptet wird (vgl. z. B. Doßmann, Das Recht des Miteigentümers, S. 72 f., 83; Hirsch, a. a. O., S. 40, aber im Widerspruch mit S. 202: sämtliche im Eigentum enthaltenen Befugnisse seien — bei zwei Miteigentümern — zur Hälfte geteilt!), läßt sich ebensowenig halten, wie daß sie für jeden Miteigentümer schlechthin eine quotale sei (so z. B. — außer der eben zitierten Stelle bei Hirsch — F. S. Bianchi, Corso di codice etc., vol. IX 3 S. 893 ff.). Im übrigen spielt auch, was nicht übersehen werden darf, der Unterschied der beschränkten und der unbeschränkten Gebrauchsmöglichkeit (Leistungsfähigkeit) des in Frage stehenden Objekts hinein.

Anders als der Text für das gemeine Recht Regelsberger, Pandekten, Bd. I, Leipzig 1893, S. 210 § 51 VI 1a: „Vom Recht nicht abgegrenzt ist der wirtschaftliche Gebrauch der Sache", indem er — im Sinne der heute üblichen Auffassung, aber eben nur auf die (schlichte)

die wir als quantitativen Maßstab aufzufassen haben, die sich aber nicht ziffermäßig und quotativ ausdrücken läßt, und mit deren rechnungsmäßiger Bestimmtheit, sofern sie auf der Grundlage einer wirtschaftlichen Wertberechnung möglich wäre, die Erkenntnis der „rechtlichen Abgrenzung" der Gebrauchsbefugnisse der Gemeinschafter nicht gefördert würde[455]).

Ist also insoweit eine wichtige Befugnis des ganzen Rechts einer ziffermäßigen Bestimmung und Abgrenzung im Falle der Verteilung an mehrere Gemeinschafter durchaus unzugänglich, so erweist sich auch im übrigen, daß die quotale Bestimmtheit des Teilrechts das Wesen und den Inhalt des Rechtsanteils bei der regelmäßigen Rechtsgemeinschaft nicht ausreichend erklären kann, weil eine Berechnung eines zahlenmäßigen Verhältnisses für andere Befugnisse — man denke an Verbotsbefugnisse — müßig und bedeutungslos[456]), wenn nicht unzutreffend wäre[457]). Und schließlich

---

Mitberechtigung beschränkt — davon ausgeht (S. 209), daß die Abgrenzung fehle, wenn die Mitberechtigung nicht „nach einem rechnerisch bestimmten Anteil (!) abgegrenzt" oder „geteilt" sei.

[455]) Das italienische Recht (ebenso das spanische ZGB. Art. 394) kennt in Art. 675 für die Gemeinschaft und (wörtlich ebenso) in Art. 1723 Ziff. 2 für die Gesellschaft, für die Abmessung der anteiligen Gebrauchsbefugnisse der Gemeinschafter gegeneinander noch weitere „quantitative", aber nicht bruchteilmäßige Maßstäbe neben demjenigen, den auch wir in § 743 Abs. 2 BGB. haben: nämlich Rücksicht auf die herkömmliche Zweckbestimmung (destinazione fissato dall' uso) und auf das Interesse der Gemeinschaft bzw. der Gesellschaft. Auch sie sind nicht als Begrenzungen nur der Ausübung einer solidarischen oder quotalen Gebrauchsbefugnis aufzufassen, sondern als nähere Inhaltsbestimmungen dieser Gebrauchsbefugnis selbst, die zugleich qualitative und quantitative Bedeutung (Inhaltsbegrenzung, Umfangsbestimmung) haben.

[456]) Vgl. Krückmann, a. a. O., S. 210 ff.

[457]) Hirsch, a. a. O., S. 207 nimmt gegen Krückmann (a. a. O.), indem er dessen nur nebenbei gegebene zahlenmäßige Verhältnissetzung der Anteile an der Verbotsbefugnis urgiert, an, daß die Verbotsbefugnis nicht „geteilt", sondern „vervielfältigt" sei. Auch hier scheint ein zu enger Begriff der sog. quantitativen Teilung vorzuliegen. (Vgl. auch Hoerner, Besprechung von Hirsch im ZBlFG. Bd. 11, 1910/11, S. 712.) Nimmt man jede, nach irgendwelchem Maßstab feststellbare, wenn auch nicht ziffermäßig auszudrückende,

dürfen wir auch solche nicht ziffermäßig ausdrückbare und dennoch quantitative Maßstäbe nicht vergessen, die hinsichtlich der (in einem umfassenderen subjektiven Rechte enthaltenen) Verwaltungs- und Benutzungsbefugnis zufolge der den Gemeinschaftern eingeräumten rechtsgeschäftlichen „Bestimmungsfreiheit“ [458]) in eine regelmäßige Rechtsgemeinschaft eingeführt werden[459]). Werden „die Grenzen des den einzelnen zustehenden Gebrauchs“ (vgl. § 866 BGB.) [460]) entgegen der dispositiven Bestimmung des § 743 Abs. 2 gemäß § 745 anderweitig festgelegt oder wird die Verteilung der Fruchtbefugnis entgegen dem den Bruchteilen der Teilhaber entsprechenden Verhältnis abgeändert[461]), so ergibt sich eine sicherlich rechtlich feststellbare, aber keineswegs ohne weiteres meßbare und ziffermäßig ausdrückbare „Bestimmtheit“ dieser Befugnisse des einzelnen Gemeinschafters als wichtiger Bestandteile seiner ganzen anteiligen Rechtsstellung, deren „quotale Bestimmtheit“ aber insofern auch für die Fruchtbefugnis vorläufig[462]) bedeutungslos werden kann[463]) [464]).

---

unmittelbare Beanteiligung an einem Recht oder einer Einzelbefugnis als „Teilung“ des Rechts, so ist auch die Beanteiligung an einer vergemeinschafteten Verbotsbefugnis im Verhältnis zur ganzen Verbotsbefugnis ein „Teil“.

Es zeigt sich wieder (vgl. schon oben S. 109 Anm. 212 zu § 7), daß der Begriff des „Teils“ eines Rechts, da man sich bei seiner Verwendung auf dem Rechtsgebiete von der Vorstellung der bruchteilmäßigen Begrenzung schwer freimachen zu können scheint, besser durch den farbloseren Begriff des „Anteils“ ersetzt wird.

[458]) Vgl. oben in § 9 auf S. 207 und S. 212 Anm. 396.

[459]) Insbes. dürfte nichts im Wege stehen, auch einmal eine Beanteiligung der einzelnen Gemeinschafter an der Gebrauchsbefugnis nach dem „individuellen Bedürfnis“ zu vereinbaren.

[460]) Richtiger: der den einzelnen zustehenden Gebrauchs b e f u g n i s. Vgl. dazu auch das in Anhang II auf S. 304 f. Gesagte. Es fällt hierunter die Befugnis zu tatsächlichen Einwirkungen auf das Rechtsobjekt überhaupt.

[461]) Von dem Falle einer nach § 745 möglichen völligen Entziehung der Gebrauchsbefugnis (vgl. P l a n c k, Kommentar, Bd. II S. 783 Bem. 9 zu § 743; S. 787 Bem. 6b zu § 745) wird abgesehen. Vgl. dazu übrigens oben S. 236 Anm. 434.

[462]) Eine gewisse „latente“ Bedeutung der Quote mag darin gefunden werden, daß dem Teilhaber die Möglichkeit bleibt, eine ent-

Der Begriff der üblicherweise sog. „quantitativen" Teilung eines Rechtsinhalts (eines ganzen Rechts wie auch

---

sprechende quotale Fruchtbefugnis im Falle einer rechtsgeschäftlichen Neuordnung des Fruchtbezugsrechtes aller wieder zu erlangen.

[463]) Man ist danach versucht, den an die Spitze dieser Erörterungen gestellten Satz (S. 230 f.) geradezu umzukehren und zu sagen: es liegt nicht nur nicht in allen Fällen einer Rechtsanteilsbildung ein logisches Bedürfnis und eine rechtliche Notwendigkeit zu bruchteilmäßiger Berechnung (Bestimmung) der Beanteiligung vor, sondern es ergibt sich im Gegenteil in den einzelnen Fällen eine logische und rechtliche Unmöglichkeit ziffermäßiger Abgrenzung der Anteile. Wie läßt sich aber dann die Gleichsetzung von Anteil und Bruchteilsrecht (Bruchteilsbefugnis) noch halten?

[464]) Selbst wenn man, um die Quote auch insoweit als Bemessung des Anteilsumfangs nicht aufzugeben, die ausdrückliche Abgrenzung der Gemeinschafter im Innenverhältnis aus § 745 BGB. als nähere rechtliche Bestimmung des abstrakten Quotenverhältnisses auffassen wollte, wäre damit doch zugleich zugegeben, daß der Bruchteil als Anteilsbemessung jedenfalls unzureichend ist und einer Ergänzung bedarf. Aber es scheint uns richtiger anzunehmen, daß diese Abgrenzung der (Nutzungs- usw.) Befugnisse im Innern die Quote in ihrer rechtlichen Bedeutung (als Maßstab der Beanteiligung) außer Kraft setzt und eine besondere rechtliche Abmessung einführt. Das gilt u. a. sogar für die (dinglich wirkenden: § 746) Vereinbarungen über eine ausschließliche Benutzung bestimmter räumlicher Teile eines Miteigentumsgrundstücks und damit auch für das Stockwerkseigentum in der durch Art. 182 EG.BGB. zugelassenen, z. B. vom bayrischen Übergangsgesetz Art. 42 normierten Rechtsform, wonach das alte Stockwerkseigentum in Zukunft Miteigentum mit der Maßgabe ist, daß jedem Miteigentümer das ausschließliche und dauernde Benutzungsrecht der Teile des Gebäudes zusteht, die ihm vor 1900 gehören. Dieses Stockwerkseigentum hat also die Besonderheit, daß der Miteigentümeranteil des einzelnen (bzw. die wesentlichste darin enthaltene Befugnis) seine (ihre) rechtliche Bestimmtheit und Abgrenzung gegenüber den anderen Anteilen nicht durch die abstrakte Quote, sondern durch eine konkrete, räumliche Begrenzung des Objekts der ausschließlichen und dauernden Benutzungsbefugnis erhält. Das Bruchteilsverhältnis ist hier, genau betrachtet, überhaupt nicht abstrakt festgelegt, sondern ist als ein Wertverhältnis herausgerechnet aus einem ursprünglich gegebenen und nach neuem Recht anders (nämlich nicht mehr als communio pro diviso) aufgefaßten Beteiligungsverhältnis, für welches (nicht eine Quote, sondern) eine ganz andere rechtlich erkennbare Abgrenzung den Maßstab bildet.

Es wird also für solches Stockwerkseigentum nach 1900 eine „rechtliche Bestimmtheit" des Anteils durchgeführt, die jedenfalls nicht

einer einzelnen Befugnis) — sei es im Bereich der Rechtsgemeinschaften, sei es außerhalb ihrer — wird also zu eng gefaßt, wenn dabei immer nur an eine „quotale“ Teilung, an eine Teilung nach festen Bruchteilen als dem Maßstabe, an eine bruchteilmäßige Bestimmtheit der „Teilrechte“ gedacht wird. Es ist vielmehr zu leugnen, daß die „rechtliche Bestimmung“[465]) des einzelnen Rechtsanteils eines gemeinschaftlichen Rechts mit der Feststellung eines quotal ausgedrückten Größenverhältnisses zwischen Anteil und Ganzrecht (oder zwischen den mehreren Anteilen) identisch ist oder auch nur die Feststellung eines solchen Größenverhältnisses (eine „Größenbestimmung“) notwendigerweise einschließt[466]). Die Glei-

auf der Quote beruht, sondern die ihrerseits erst die Grundlage für das nominelle Quotenverhältnis abgibt. Wir haben damit wiederum einen Fall, und zwar einen vom Gesetz als regelmäßige Rechtsgemeinschaft aufgefaßten, der die Behauptung der grundsätzlichen Notwendigkeit einer ziffermäßigen Begrenzung für Rechtsanteile widerlegt. (Vgl. dazu auch die Entscheidung des Bayr. ObLG. in der BayZ. Bd. 7, 1911, S. 91: bei dem gewöhnlichen Miteigentum, § 1008 BGB., sei „dessen Bruchteil gedacht“; bei diesem Stockwerkseigentum werde dessen Bruchteil „durch dieses räumliche Verhältnis . . . näher bestimmt“.)

[465]) Und rechtliche Begrenzung, „Umfangs“-Bestimmung in der üblichen Ausdrucksweise.

[466]) Eine rechtshistorische Betrachtung läßt uns erkennen, daß die Ausbildung eines Miteigentums mit rechnerisch fest bestimmten und evt. untereinander („quantitativ“) verschiedenen „Quotenanteilen“ in dem Sinne, wie wir sie in der sog. Bruchteilsgemeinschaft haben, für ein geschichtliches Recht regelmäßig das Ergebnis einer längeren Rechtsentwicklung ist, die zunächst mit einer einzigen, der am Grundeigentum stattfindenden kollektivistischen Gemeinschaftsform, dem Gesamteigentum, als der ursprünglichen, dem primitiven Kulturzustande eines ackerbautreibenden Volkes entsprechenden (und jedenfalls dem Sondereigentum vorangehenden) Form anhebt, in der sowohl der Keim für die Ausbildung weiterer Gemeinschaftsformen als der für die Ausbildung der juristischen Person enthalten ist. Das gilt auch für das römische Recht, das uns Spuren jenes alten Gesamteigentums (vgl. auch Scialoja, Lezioni di diritto romano etc., S. 41 ff.) noch in den XII Tafeln und sogar in den Pandekten zeigt. (Dazu z. B. Kübler, Die Aufgabe der historischen Rechtswissenschaft, im ArchRPhilos. Bd. 5, 1911/12, S. 588 ff. auf S. 598; vgl. auch die Verwendung des Wortes „communis“ für die Rechte einer universitas und dazu unten im Anhang I auf S. 300

chung: Rechtsanteil = Rechtsquote (Quotenrecht, quotal und rechnungsmäßig bestimmter Teil eines ganzen Rechts) ist — sofern sie mehr sein will als eine „wirtschaftliche" Erläuterung — unrichtig[467]). Es gibt unmittelbare Bean-

---

Anm. 29). Bei den ursprünglichen Gemeinschaftsverhältnissen der Miterben und der Familie hat der Gedanke der Quote, des rechnerisch bestimmten Anteils des einzelnen, durchaus gefehlt. (Vgl. auch Bonfante in der Rivista di diritto civile 1909 S. 290.) Und er mußte fehlen deshalb, weil hier das Prinzip der Gleichheit aller Genossen herrschte, das eben die Möglichkeit ungleicher und quotal ausgedrückter Beanteiligung ausschloß (vgl. dazu auch oben S. 244 Anm. 451). Der Begriff der Quote, des Bruchteils, gewinnt aber für das Verhältnis der Teilhaber am Recht erst Bedeutung, wenn das Prinzip der „brüderlichen" Gleichheit unter den mehreren Gemeinschaftern durchbrochen wird, und wird zudem nur verständlich, wo die (in den älteren Verhältnissen fehlende) Möglichkeit einer Aufhebung der Gemeinschaft durch reelle Teilung besteht. Das Miteigentum mit „festen" Quoten und möglicherweise (quantitativ) verschiedenen Quoten ist also nicht die „primitivste Gestaltung" (so Schnell, Die Quotenfrage usw., S. 23), sondern die kompliziertere Gemeinschaftsform, der „subtilere Begriff" (Fadda, Consortium usw., a. a. O., S. 149); es wird zufolge seiner Fähigkeit, sich durch die Teilung in Einzeleigentumsrechte umzusetzen, zu einem wichtigen Gliede in der Entwicklung des Kollektiveigentums zum Individualeigentum überhaupt. (Vgl. auch Kohler, Gesammelte Abhandlungen, S. 429.) Wegen des geschichtlichen Zusammenhangs der römischen communio pro indiviso mit jenen alten Gemeinschaftsformen ohne Quotenanteile, insbes. dem consortium, vgl. Fadda, a. a. O.; wegen des Zusammenhangs der alten (gesamthänderischen) schweizerischen Hausgemeinschaft und der Bruchteilsgemeinschaft vgl. Huber, Geschichte und System des schweizerischen Privatrechts, Bd. IV S. 250 ff., insbes. S. 250 Anm. 27 zu § 121; wegen des Zusammenhangs des römischen consortium und der societas omnium bonorum vgl. Girard-v. Mayr, Geschichte und System des römischen Rechts, Berlin 1908, S. 624 und Anm. 4 mit weiteren Belegen.

Bedenkt man, daß ein consortium (oben S. 244 Anm. 451) später auch auf der Grundlage einer Parteivereinbarung geschaffen werden konnte (Gellius, Noctes Atticae I 9, 12; vgl. Girard-v. Mayr, a. a. O., S. 624 Anm. 3 und S. 974 Anm. 2; Fadda und Pernice, a. a. O.), so wird man annehmen dürfen, daß in einer gewissen Epoche des älteren römischen Rechts neben der bereits ausgebildeten communio pro indiviso mit (festen) Quotenrechten der Gemeinschafter als eine zweite Gemeinschaftsform dieses consortium (societas inseparabilis: Gellius) bestanden hat, eine (unteilbare) Vermögensgemeinschaft mit nicht quotal bestimmten Rechtsanteilen.

[467]) Unzutreffend also z. B. auch v. Seeler, Das Miteigentum nach dem bürgerlichen Gesetzbuch usw., Halle 1899, S. 105, der behauptet,

teiligungen am Rechtsinhalt (insbesondere bei absoluten Vermögensrechten: Beanteiligungen gegenstandsrechtlicher Art), deren rechtliche Abmessung[468]) nicht auf einem Zahlenelement beruht, und die darum doch nicht zu rechtlich „unbestimmten Anteilen“ werden.

IV. Aus dieser Erkenntnis heraus muß die Auffassung der gesamthänderischen Rechtsgemeinschaften im Sinne der sog. geteilten Mitberechtigung, soweit sie in den Rechtsanteilen an den einzelnen Gegenständen Quotenrechte (zahlenmäßig bestimmte Anteile) erblickt, abgelehnt werden. Das Wesen der gesamthänderischen Rechtsgemeinschaft liegt, wie wir gesehen haben[469]), darin, daß die „innere Ordnung“ des einzelnen absoluten Vermögensrechts sich aus dem zugrunde liegenden (persönlichen, personenrechtlichen) Verhältnisse der Gemeinschafter als dessen Teilwirkung ergibt und zugleich dauernd von ihm (seiner etwaigen rechtlichen Entwicklung und Umwandlung) abhängig bleibt, und daß der einzelne Anteil wiederum seine nähere Ausgestaltung aus dieser inneren Ordnung empfängt. Indem nun aber zu dieser Ausgestaltung vornehmlich die Fixierung der „inneren gegenständlichen Befugnisse“ gehört, die innerhalb des gemeinsamen Rechtskreises die eigenen gegenständlichen Rechtsstellungen der Gemeinschafter gegeneinander bestimmen und abgrenzen, liegt in jeder solchen inneren Ordnung ein genügender r e c h t l i c h e r Maßstab für die gegenständliche Beanteiligung des einzelnen Gesamthänders und eine genügende r e c h t l i c h e Bestimmtheit; die Notwendigkeit, diese Beanteiligung ziffermäßig auszudrücken und „Quoten“ herauszurechnen, um damit erst zu einer vollkommenen rechtlichen Bestimmtheit des Anteils und zu einer Vollendung der Konstruktion der gesamthänderischen Rechtsgemeinschaft bzw. der rechtlichen Auffassung des

„daß das BGB. die Ausdrücke Anteil und Bruchteil (auch Bruchteil eines Grundstücks, z. B. 1095) einander gleichstellt und zwischen denselben nur aus sprachlichen Rücksichten variiert.“ Vgl. dazu auch oben S. 202 Anm. 369 zu § 9.

[468]) In Einzelbefugnissen wie möglicherweise hinsichtlich des ganzen Rechtsinhalts.

[469]) Vgl. oben S. 185 ff. in § 9.

einzelnen Gesamthandrechts zu gelangen, leuchtet nicht ein. Wie die Quote, der Bruchteil, selbst bei der regelmäßigen Rechtsgemeinschaft im Grunde nicht so sehr eine rechtliche Begrenzung des Anteils (d. h. der ganzen Rechtsstellung des Teilhabers) ist[470]), als vielmehr „die Grundlage, auf die die Freiheit der Bewegung in der Gemeinschaft abgestellt werden will“ [471]), und in diesem Sinne der „rechnerische Maßstab“ für die Beanteiligung an allen (oder richtiger: an den meisten der) durch den gemeinsamen Rechtsinhalt den Gemeinschaftern verbürgten rechtlichen Wirkungen und an der rechtlichen Betätigung innerhalb der gemeinsamen Rechtssphäre, so wird bei dem gesamthänderisch gemeinschaftlichen Recht die Freiheit in der Bewegung der Teilhaber auf ein „Grundverhältnis“ als auf den für die innere Ordnung maßgebenden Faktor[472]) und als auf die dauernde Grundlage aller rechtlichen Beanteiligung und Betätigung des einzelnen (innerhalb der gemeinsamen Rechtsmacht) abgestellt. Darin liegt ein ganz bestimmter rechtlicher, wenn auch eben nicht ein rechnerischer Maßstab, der zur Individualisierung und Abgrenzung der Anteile untereinander völlig (und ebensogut wie andere nicht rechnerische Maßstäbe) ausreicht und einer Ergänzung durch eine ziffermäßige Verhältnissetzung oder etwa eine Wertziffer grundsätzlich nicht bedarf[473]) [474]).

---

[470]) Vgl. auch oben S. 240 f.

[471]) (Huber,) Schweizerisches Zivilgesetzbuch, Erläuterungen usw., a. a. O., S. 38.

[472]) In dem früher bezeichneten Sinne; vgl. § 9 S. 186.

[473]) D. h. nicht um deswillen bedarf, um erst „rechtlich bestimmter“ Anteil zu werden.

[474]) Ähnlich liegt die Sache bei dem gemeinschaftlichen Altenteilsrecht der Ehegatten, wo wir zwar keine gewöhnliche Rechtsgemeinschaft nach Bruchteilen im Sinne des Gesetzes vor uns haben (vgl. auch oben S. 8 Anm. 15 zu § 1 sowie Predari, Die Grundbuchordnung usw., 2. Aufl., Berlin 1913, S. 663 Bem. 8 zu § 48), wo aber doch die „Rechtsanteile“ der beiden Ehegatten zufolge einer ganz bestimmten, aus gesetzlichen oder vertragsmäßigen Elementen bestehenden oder auch aus beiden Elementen gemischten „inneren Gemeinschaftsordnung“ rechtlich gegeneinander abgegrenzt, rechtlich bestimmt sind. Auch hier besteht ein „Maßstab“, aber kein ziffermäßiger, und die Angabe eines Quotenverhältnisses — etwa zu $^1/_2$ — wäre ohne jede rechtliche Bedeutung.

Ein zahlenmäßiges Moment, ein „Rechenelement“[475]), spielt als selbständiges Moment eines rechtlichen Bestimmens von Anteilen, als unmittelbarer Maßstab für die gegenstandsrechtliche Beanteiligung eines Gesamthänders an den einzelnen absoluten Vermögensrecht keine Rolle[476]). Nur soweit in dem (familienrechtlichen, erbrechtlichen, schuldrechtlichen) Grundverhältnis selbst einem Zahlenmoment rechtliche Bedeutung zukommt (wie etwa in der Erbengemeinschaft der quotalen Bestimmtheit der Erbteile[477]) oder in dem Falle, daß ein Gesellschaftsvertrag ausdrücklich bestimmte, untereinander verschiedene und für die gesellschaftlichen Beziehungen relevante Quotenanteile der einzelnen Gesamthänder festsetzt, oder im Bereiche der fortgesetzten Gütergemeinschaft), gewinnt dieses (quotale) Zahlenmoment, indem es zugleich die „innere Ordnung“ des einzelnen gesamthänderischen Rechts (neben anderen Momenten) mit bestimmt, auch für die Bemessung einzelner Befugnisse des gegenstandsrechtlichen Anteilsinhalts oder sogar für die Bestimmung des Gesamtinhalts der Anteile Bedeutung. Aber es ist nicht in dem gleichen Sinne wie bei der **regelmäßigen** Rechtsgemeinschaft, als abstraktes Zahlenverhältnis, in der inneren Ordnung wirksam, sondern sozusagen sekundär, indirekt, zufolge einer besonderen Rückwirkung einer Ausgestaltung, Entwicklung oder Umwandlung des maßgebenden Grundverhältnisses.

Man mag daher bereits darin ein Bedenken gegen die angebliche Bedeutung der Quote als eines notwendigen Moments der rechtlichen Bestimmung des Gesamthandanteils finden, daß diese „rechtliche Bestimmung“ doch in einem „veränderlichen“ Bruchteil gegeben würde[478]), der erst seiner-

[475]) Pringsheim; vgl. oben S. 241 Anm. 447.

[476]) Um in den (bildlichen) Ausdrücken Naglers (SächsArch. Bd. 10 S. 733/4) zu reden: Der „Quoteneinschnitt“ ist nicht — wie Nagler und die Vertreter der Lehre von der geteilten Mitberechtigung es hinstellen — dasjenige rechtliche Moment, welches „die einzelnen aliquoten (!) Teilrechte“ „in ihren Seitengrenzen (!) feststellt“.

[477]) Vgl. aber dazu wegen der Einwirkung der Ausgleichungsbeziehungen demnächst Anm. 479.

[478]) Indem innerhalb des Grundverhältnisses rechtlich bedeutsame Veränderungen oder Entwicklungen vor sich gehen können, die wiederum

seits aus dem Grundverhältnis und seiner Ausgestaltung und Entwicklung jeweils feststellbar wäre; denn damit wird eben nur immer wieder klargestellt, daß das Grundverhältnis und seine Regelung das maßgebende Moment der inneren Ordnung des einzelnen Gesamthandrechts und damit der Inhaltsbestimmung seiner Anteile ist[479]). Aber selbst wenn man

---

die innere Ordnung der einzelnen gemeinschaftlichen Rechte beeinflussen (z. B. Eintritt, Ausscheiden von Gesellschaftern oder Mitgliedern eines nicht rechtsfähigen Vereins, Auseinandersetzung und Ausgleichungsberücksichtigung bei Miterben), erscheinen die nach diesem, Veränderungen mit sich bringenden (beweglichen) Faktor gebildeten und durch ihn bestimmten Anteile selbst als „veränderliche", aber doch nur insofern, als man einen bestimmten Zeitpunkt ins Auge faßt und von der für ihn gewonnenen „rechnerischen Größe" ausgeht. Jedoch trifft man mit der (jeweiligen) ziffermäßigen Bestimmung der gesamthänderischen Anteile, wie wir sahen, überhaupt nicht den richtigen Gesichtspunkt für die Kennzeichnung des Anteils, und es ist daher die Ausdrucksweise von den „veränderlichen, variablen Quoten" für Gesamthandrechte irreführend. Noch unrichtiger aber ist es, die Veränderlichkeit der „Quote" bei der Gesamthand und die (durch Verfügungsakte, nicht durch „Vertrag", wie Pringsheim sagt, eintretende) „Quotenänderung" bei der regelmäßigen Rechtsgemeinschaft auf eine Stufe zu stellen, wie dies Laband (Beiträge zur Dogmatik der Handelsgesellschaften, in GoldschmidtsZ. Bd. 31, 1885, S. 1 ff. auf S. 52 ff.) und Pringsheim (a. a. O., S. 14 Anm. 3) tun. Insbes. ist die Labandsche Auffassung von einer jederzeitigen automatischen Änderung der Eigentumsquoten mehrerer Personen an dem ihnen gemeinschaftlich gehörenden Goldstücke „durch Geschäfte, welche sie in Veranlassung des unter ihnen zufällig begründeten Miteigentums mit Rücksicht auf dasselbe gemeinschaftlich abschließen", unrichtig. Die Bestimmungen der §§ 755 f. (Berichtigung gewisser Ausgleichungsansprüche aus dem gemeinschaftlichen Gegenstande) stehen (für eine Beurteilung der Rechtslage nach heutigem Recht) mit dem Gesagten nicht im Widerspruch; die Bemessung der „Quote" als des allgemeinen Maßstabs der gegenständlichen Beanteiligung bis zur Auseinandersetzung wird dadurch nicht berührt. Wenn Kohler (im ArchZivPrax. Bd. 91, 1901, S. 184) hier von „kleinen Gewichtsschwankungen" spricht, so trifft dies nur den wirtschaftlichen Gesichtspunkt.

[479]) Sehen wir dabei ab von der Möglichkeit des Ausscheidens eines bisherigen oder des Eintritts eines neuen Gesamthänders in das Grundverhältnis (etwa bei der Gesellschaft oder dem nicht rechtsfähigen Verein), die das Anteilverhältnis verändern, so behält insbesondere bei der Erbengemeinschaft für die „Größe" der materiellen Beteiligung des einzelnen Miterben am Nachlaß (und an den einzelnen Gegenständen)

dieses Bedenken fallen läßt, wird man auf Grund einer etwaigen Einwirkung eines Zahlenmoments aus dem Grundverhältnis auf die einzelne innere Ordnung eines gesamthänderisch gemeinschaftlichen Rechts nicht eine quotale Bestimmtheit der Anteile behaupten können. Gewiß kann auch einmal aus einem besonderen Anlaß[480]) (z. B. für

keineswegs stets oder dauernd „rechnerisch" die Höhe der Erbquote Bedeutung. Vielmehr bedingt die Notwendigkeit der Berücksichtigung der aus dem Grundverhältnis (dem „Rechtsverhältnis der Erben untereinander") sich ergebenden gegenseitigen Ausgleichungsberechtigungen der Miterben eine Verschiebung des ursprünglich maßgebenden (nominellen) Erbquotenverhältnisses, was dann für die Stimmenberechnung im Falle eines Mehrheitsbeschlusses aus §§ 2038 Abs. 2 Satz 1, 745 Abs. 1 Satz 2, für den Maßstab der Verteilung eines Reinertrages aus dem Nachlasse gemäß § 2038 Abs. 2 Satz 3 und die schließliche Teilung der Früchte gemäß §§ 2038 Abs. 2 Satz 2, 743 Abs. 1, für den Beitrag zu den Kosten und Lasten des Nachlasses nach §§ 2038 Abs. 2 Satz 1, 748 von (praktisch erheblicher) Bedeutung wird. (Vgl. dazu Heymann, Die Bedeutung der Ausgleichungspflicht für die Verteilung der Erbschaftsfrüchte, in JheringsJ. Bd. 42, 1901, S. 459 ff., insbes. S. 470 ff.; Strohal, Das deutsche Erbrecht usw., 3. Aufl., Bd. I, Berlin 1903, S. 77 § 16 und S. 81 § 17 II; Bd. II, 1904, S. 85, 88 und 93 Anm. 11i in § 64 Ziff. 3 und 6e; Planck, Das bürgerliche Gesetzbuch, Bd. V, 1908 (von Strohal), S. 260 ff. Bem. 1, 3 und 4 zu § 2038; S. 290 f. Bem. 3 vor §§ 2050—57; Crome, System, Bd. V, 1912, S. 702/3 und Anm. 8, 9 (mit weiteren Verweisungen) zu § 739. — Anders Kreß, Die Erbengemeinschaft usw., Jena 1903, S. 40; Pringsheim, Die Rechtsstellung des Erwerbers usw., S. 78 ff., 83 ff. — der aber bei der Auseinandersetzung Quotenänderungen eintreten läßt —; Kipp, Das Erbrecht, in Enneccerus-Kipp-Wolffs Lehrbuch, 2. Bearbeitung, Marburg 1913, S. 251 § 82 VI, nach denen sich die Anteile der Miterben schlechthin und dauernd bzw. jedenfalls bis zur Auseinandersetzung — also auch für Fruchtbezug, Stimmrecht usw. — nach den Erbquoten bestimmen sollen. Ebenso für die „Quotenrechte" der Gesellschafter Nagler im SächsArch. Bd. 10 S. 723 Anm. 77.)

[480]) Der Fall des Ausscheidens eines Gesellschafters nach § 738 BGB. bietet keinen solchen Anlaß. Denn hier wird nicht ein etwaiges „Quotenverhältnis" der mehreren gegenständlichen Gesamthandanteile am Gesellschaftsvermögen (oder ihr Wertverhältnis) ermittelt, sondern es wird nach Feststellung des Gesamtwertes des Gesellschaftsvermögens (vgl. § 738 Abs. 2) eine rechnerische Auseinandersetzung (§ 733) unter Abziehung der Gesellschaftsschulden, Ausscheiden der Einlagenwerte und ziffermäßiger Verteilung des Gewinns vorgenommen, eine Abrechnung zur Ermittlung eines etwaigen (d. h. sofern sich nicht etwa eine anteilige Verlustdeckungspflicht für den ausgeschiedenen Gesellschafter ergibt:

stempelrechtliche Fragen oder bei der Erbengemeinschaft wegen des Stimmrechts oder der Fruchtverteilung aus § 2038 Abs. 2[481])) für eine Gesamthandgemeinschaft die Ausrechnung von quotalen Beteiligungsziffern der einzelnen Gesamthänder (und zwar ihrer respektiven Beteiligung am Gesamthandvermögen bzw. eines ziffermäßigen Verhältnisses ihrer gegenstandsrechtlichen Anteile am einzelnen Gesamthandrecht) in einem bestimmten Zeitpunkte notwendig werden. Aber dies geschieht doch nicht so sehr zum Zwecke einer derzeitigen rechtlichen Umgrenzung des Gesamthandanteils an dem einzelnen gemeinschaftlichen Recht, als vielmehr entweder — wie bei den stempelrechtlichen Anlässen — zum Zwecke einer Wertberechnung (des einzelnen Rechtsanteils oder des Nettoanteils am Gesamtvermögen) im wirtschaftlichen Sinne[482]) oder aber im Interesse einer zweck-

§ 739) in Geld auszuzahlenden Guthabens an dem ausgeschiedenen und gegenständlich nicht mehr mitberechtigten (Anwachsung des Anteils an die übrigen!) bisherigen Gesellschafter, der jetzt lediglich ein (übertragbares; vgl. § 717 Satz 2) Forderungsrecht auf einen Geldbetrag gegen die Gesellschafter hat.

[481]) Insofern unrichtig Deitigsmann, Eigentumsübergang von Gesamthandsgrundstücken usw., S. 25: die Erbrechtsquoten würden bis zur Teilung des Nachlasses „überhaupt nicht praktisch".

[482]) Das Stempelrecht berücksichtigt stets die wirtschaftliche Bedeutung rechtlicher Transaktionen, insbes. bei Umwandlung von Miteigentum in Gesamthandeigentum und umgekehrt (sogar bei Umwandlung von Gesamthandeigentum in Eigentum einer juristischen Person, falls „wirtschaftlich" keine Veräußerung vorliegt; vgl. die Befreiungsvorschrift des preußischen Stempelsteuergesetzes Tarifst. 25c Abs. 2); daher hat hier eine Berechnung der „Größe" der Gesamthandanteile grundsätzlich die Bedeutung einer wirtschaftlichen Werbestimmung. Ähnliches gilt im Gebiete des Kosten- und Gebührenrechts, wo gleichfalls zum Zwecke der Wert- und Gebührenberechnung zuweilen gesetzlich ausgesprochen wird, daß die Erbengemeinschaft als eine „Gemeinschaft nach Bruchteilen" gilt; so z. B. Art. 253 Abs. 2 des bayrischen Gebührenges. vom 13. Juli 1910; Mecklenburg-Schwerinsche GKO. vom 18. Dez. 1899 und dazu VO. vom 20. Jan. 1911, die dem § 105 Abs. 2 den Satz 2 hinzufügt: „Im Falle der Gemeinschaft unter Miterben gilt im Sinne dieser Vorschrift jeder Miterbe als Miteigentümer nach Verhältnis seines Bruchteils am Nachlasse" (wobei übrigens die Verschiebungen zufolge der Ausgleichungsbeziehungen zu berücksichtigen sein werden; vgl. oben S. 255 Anm. 479).

mäßigen Regelung der gegenseitigen Beziehungen der Gemeinschafter innerhalb des Grundverhältnisses selbst (z. B. der Verwaltung des Gesamtvermögens, der Regelung einer ausnahmsweisen Reinertragsverteilung aus dem Nachlasse). Wenn damit zugleich eine solche innerhalb des Grundverhältnisses mögliche und bedeutsame Bruchteilsberechnung auch für einzelne Befugnisse des (einzelnen) Gesamthandrechts — etwa für die Nutzungsbefugnis der Miterben wegen des § 2038 — eine gewisse, der Bedeutung des abstrakten Zahlenverhältnisses in der inneren Ordnung der regelmäßigen Rechtsgemeinschaft vergleichbare, inhaltsbestimmende (-begrenzende) Funktion gewinnt, so scheint es dennoch rechtsdogmatisch verfehlt und würde einen verkehrten Gesichtspunkt in den Vordergrund der Konstruktion rücken, wenn man behaupten wollte, daß die „rechtliche Bestimmung" des ganzen gesamthänderischen Anteils und die rechtliche Abgrenzung der Anteile gegeneinander (nur) auf dieser ziffermäßigen Verhältnissetzung, auf dieser „quotalen Bestimmtheit" des Anteils oder gewisser Beteiligungen innerhalb des gesamten Gemeinschaftsverhältnisses beruhe[483]), daß der

[483]) Daher irreführend Darstellungen wie die bei Schnell, Die Quotenfrage, S. 20 ff.; vgl. insbes. S. 33: „Der Umfang der Miteigentumsquote (!) des einzelnen bestimmt sich im Zweifel nach der Zahl der an der Gesellschaft beteiligten Personen", also (S. 32) „nach Kopfteilen: concursu partes fiunt" (wobei also partes schlechthin mit Rechtsquoten identifiziert werden, nicht mit Rechtsanteilen; vgl. ebenso Nagler, a. a. O., S. 723). Ebensogut könnte man bei einer „quantitativen Teilung nach dem Bedürfnis" (oben S. 243 ff.) oder bei einer entsprechenden konstruktiven Auffassung einer kollektivistischen Gemeinschaftsform (oben S. 244 Anm. 451) sagen: die so entstehenden Teilrechte (Einzelrechte bzw. Rechtsanteile) seien nach „Kopfteilen" (also schlechthin nach der Zahl der Gemeinschafter) inhaltlich und umfanglich bestimmt, daher sei jedes ein Quotenrecht. (Vgl. gegen eine solche Auffassung für den Fall mehrerer Usuare bei nicht unbeschränkter Leistungsfähigkeit der Sache auch Ubbelohde in den Göttingischen Gelehrten Anzeigen, Bd. I, 1883, S. 803 [gegen Rümelin]: im Falle der Auseinandersetzung sei die Höhe der von dem benutzenden Usuar den andern zu leistenden Entschädigung gerade nicht „nach Kopfteilen" zu berechnen.) Diese Auffassung führt sich also für jene Gemeinschaftsform selbst ad absurdum. Mit der Berechnung der Größe von Rechtsanteilen „nach Kopfteilen" wird in den angegebenen Fällen, insbes. auch bei den heutigen Gesamthandrechten, für die Konstruktion nichts gewonnen,

einzelne gesamthänderische Rechtsanteil erst durch bruchteilmäßige Fixierung rechtliche Bestimmtheit erhalte[484]).

---

vielmehr der rechtliche Gesichtspunkt verschoben. Wo eine „quantitative" Verschiedenheit der gegenstandsrechtlichen Anteile rechtlich für die innere Gemeinschaftsordnung keine oder jedenfalls keine grundsätzliche Bedeutung hat (oder wo eine andere als quotal ausgedrückte quantitative Abgrenzung stattfindet), ist es dogmatisch unrichtig, eine quantitative Gleichheit („nach Kopfteilen") als charakteristisches Merkmal dieser Gemeinschaftsform und als notwendiges Element ihrer rechtlichen Konstruktion zu behaupten. Eine solche „quantitative" Gleichheit, die sich aus der qualitativen Gleichheit und Gleichberechtigung der Gemeinschafter (vgl. auch oben S. 110 f. in § 7) unmittelbar ableiten ließe, wäre etwas rechtlich Indifferentes und würde möglicherweise zu falschen Ergebnissen führen.

Ein gutes Beispiel dafür, daß die (qualitativ!) „gleichen Rechte" der Gemeinschafter nicht (zahlenmäßige) „Kopfteilung" bedeuten, bietet die heutige Gemeinderschaft des schweizerischen Rechts, Artt. 336 ff., insbes. Art. 339 ZGB., also eine Form gesamthänderischen Eigentums. (Vgl. dazu etwa Egger, Kommentar zum Familienrecht, Zürich 1913 f., S. 458 Bem. 2 zu Art. 339.) Die Auffassung einer quotenmäßigen Bestimmtheit der Anteile nach der Zahl der Teilhaber wäre hier ganz verfehlt, und dennoch mangelt es keinen Augenblick an einer „rechtlichen Bestimmtheit" der Beteiligung des einzelnen Gemeinders.

[484]) Wer dagegen die gesamthänderischen Anteile ohne weiteres als Quotenrechte (sei es auch nur als „veränderliche") und die Quote als rechtlich bestimmendes Moment auffaßt, kommt dazu zu sagen, daß die beiden Gemeinschaftsformen — regelmäßige und gesamthänderische Rechtsgemeinschaft — sich nicht durch eine Verschiedenheit in der rechtlichen Zuständigkeit voneinander scheiden (Joerges in GoldschmidtsZ. Bd. 51 S. 61; Pringsheim, a. a. O., S. 16), weil die Rechtszuständigkeit in beiden Fällen „nach Quoten" stattfinde und die Rechtsidee der gesamten Hand auf die sachenrechtliche Zuständigkeit ohne Einfluß sei (vgl. auch bereits oben S. 196 Anm. 365 zu § 9). Aber die Abhängigkeit der Gesamthandrechte von dem grundlegenden (familienrechtlichen, erbrechtlichen, schuldrechtlichen) Rechtsverhältnis bedeutet eben mehr als eine Bindung, die einer nach einem Bruchteilsverhältnis geteilten Rechtsgemeinschaft nur angefügt wird und „Quotenrechten" (in der üblichen Auffassung quotal inhaltlich bestimmter Teilrechte) lediglich die Unverfügbarkeit vermittelt. Der hier vorhandene, bei der regelmäßigen „Bruchteilsgemeinschaft" fehlende Abhängigkeitscharakter bringt vielmehr eine rechtliche Verschiedenheit auch in die sachenrechtliche Zuständigkeit selbst, schafft eine Verschiedenheit des Wesens des Anteils (vgl. oben S. 191 ff. in § 9), die durch die Möglichkeit oder die in gewissen Fällen gegebene Notwendigkeit der Berechnung eines ziffermäßigen (Wert-) Verhältnisses nicht berührt wird. Abzulehnen daher die

Dies gilt um so mehr, als es ja regelmäßig an jeder praktischen Veranlassung fehlt, das „Größen-“ oder Wertverhältnis der

Auffassung Pringsheims (a. a. O., S. 25): Bei Umwandlung von Miteigentum in Gesamteigentum unter denselben Personen und mit demselben „Quotenverhältnis“ „bleiben die Bruchteile an den einzelnen Gegenständen dieselben der Höhe nach, die Rechtszuständigkeit ändert sich nicht (!). Sie bleiben jedoch nicht dieselben der Art nach“, die „Miteigentumsart“ (!) werde verändert. Als ob die Änderung der Rechtszuständigkeit stets von der Veränderung eines Quotenverhältnisses abhängig wäre, und als ob sich die „Miteigentumsart“ (d. h. also die Art des gemeinsamen Eigentums) ändern könnte, ohne daß dies eine Änderung der Rechtszuständigkeit (genauer: der Zuständigkeitsform des Rechtsinhalts und damit eine Änderung in der Zuständigkeit der Rechtsanteile) bedeutete! Und dabei soll noch, wie Pringsheim (S. 16) versichert, die „Sachherrschaft“ der mehreren Gemeinschafter (d. h. die in ihren Anteilen liegende) kein Unterscheidungsmerkmal der schlichten und der gesamthänderischen Rechtsgemeinschaft abgeben!

Es wird also damit und mit den Ausführungen unseres Textes — ganz abgesehen von dem für uns stets maßgebend bleibenden Gedanken der Rechtsgemeinschaft als der Zuständigkeitsform eines Rechtsinhalts und der dadurch bedingten relativen Unselbständigkeit der Rechtsanteile — die Konstruktion der Gesamthandgemeinschaften auf der Grundlage einer „quotalen Mitberechtigung“ abgelehnt, wie sie von den Vertretern der Lehre der sog. geteilten Mitberechtigung bei der Gesamthand (Nagler, Joerges, Binder, Schnell u. a.; vgl. auch oben S. 288 Anm. 415 zu § 10) gelehrt wird. Mit einer solchen Auffassung kommt man stets auf eine „aus besonderen Gründen modifizierte Gemeinschaft nach Bruchteilen“ (Binder) im technischen Sinne hinaus, die lediglich unverfügbare Quotenrechte hat. (Vgl. insbes. Nagler, a. a. O., S. 723; Joerges in GoldschmidtsZ. Bd. 51 S. 51 ff., insbes. 56/7, 61 ff.; auch schon Bd. 49 S. 185 Anm. 145; Binder, Die Rechtsstellung des Erben, Bd. III S. 42 ff., insbes. S. 46 Anm. 10, auch S. 23 Anm. 40, S. 29 sowie auch Pringsheim, a. a. O., S. 22/3, trotz seiner Verwahrung auf S. 23. Vgl. dazu Sohm, Der Gegenstand, S. 63 Anm. 9, S. 69 Anm. 9 sowie Mot. Bd. III S. 434.) Darum ist auch die mit dem Gesetz in Widerspruch stehende, aber leider weit verbreitete Bezeichnung des gesamthänderischen Eigentums als „Miteigentum“, des Anteils als „Miteigentumsquote“, der Gesamthänder als „Miteigentümer zur gesamten Hand“ (so, abgesehen von den Vertretern der Lehre von der quotengeteilten Mitberechtigung, auch Crome, Dernburg, Cosack, RG.) zu vermeiden. (Vgl. übrigens auch oben S. 30 Anm. 58 zu § 3.)

Auch für das schweizerische Gesamteigentum (Art. 652; dazu Artt. 215 Abs. 1 und 2, 229 Abs. 1, 237, 239 Abs. 1, 339 Abs. 3, 602 Abs. 2 ZGB.; Artt. 530, 542, 549, 555 Abs. 2, 594 ObligR.) trifft die Auffassung nicht quotal bestimmter sachenrechtlicher Anteile der einzelnen zu.

gegenstandsrechtlichen Anteile als solcher[485]) vor Beendigung des Grundverhältnisses oder vor einem besonderen für den Entwicklungsgang des Grundverhältnisses bedeutungsvollen Zeitpunkte (z. B. dem Eintritt der fortgesetzten Gütergemeinschaft) ziffermäßig (bruchteilsmäßig) zu berechnen und zum Ausdruck zu bringen — von dem un-

---

Zwar Art. 215 Abs. 1 (wonach das Gesamteigentum „den beiden Ehegatten ungeteilt und insgesamt zugehört") scheint auf eine Auffassung im Sinne Gierkes zu deuten (vgl. auch dazu die Erläuterungen zum Vorentwurf Teil I, Bern 1901, S. 194: „Ausschluß jedes Gedankens einer besonderen Berechtigung des einzelnen an (?) einem ... ideellen Teil"; sowie Huber, Geschichte und System des schweizerischen Privatrechts, Bd. III S. 760 § 104), und die Fassung des Art. 652 („... es geht das Recht eines jeden auf die ganze Sache") erweckt geradezu den Anschein eines dominium plurium in solidum. Aber das „Recht eines jeden" ist eben nichts anderes als der „Anteil am Gesamtgut" (Art. 215 Abs. 2), der „Anteil des Gemeinders am Gemeinschaftsgut" (Artt. 343 Ziff. 3, 344 Abs. 1); die „Beteiligung zu gleichen Rechten" führt zu (sachenrechtlichen) „Gemeinschaftsanteilen" (Art. 339 Abs. 2 und 3), und diese sind sogar (bei der Gemeinderschaft der Artt. 336 ff.) durch Pfändung verwertbar (Artt. 343 Ziff. 3, 344), wenn auch sonst nicht frei verfügbar (Art. 653). Allerdings will die schweizerische Doktrin diese Anteile immer nur an dem ganzen Vermögen und nicht an den einzelnen Vermögensrechten annehmen (so Wieland, Sachenrecht, S. 49 Bem. 2 zu Art. 652; Leemann im Gmürschen Kommentar, Bd. IV, Sachenrecht, I. Abt. S. 82/3 Bem. 5 und S. 86 Bem. 14 zu Art. 652; Dübi, Die Gemeinschaften zur gesamten Hand usw., S. 97). Aber wenn auch für das schweizerische Recht, wie für das unsrige, das Vermögen nicht als objektive Einheit Gegenstand eines einheitlichen subjektiven Rechts ist (vgl. Artt. 745, 766 ZGB. und Wieland, a. a. O., S. 225 Bem. 5e zu Art. 745, S. 242 Bem. 1 zu Art. 766; Leemann, a. a. O., S. 4 Bem. 10 der Einleitung), so ist nicht einzusehen, wie Anteile an den einzelnen subjektiven Rechten als den Vermögensbestandteilen geleugnet werden können. Vgl. auch oben S. 93 Anm. 182 zu § 6.

[485]) Insbes. wird die Berechnung eines solchen „Größenverhältnisses" nicht dadurch notwendig, daß in einem Gesellschaftsvertrage für Geschäftsführungsakte — in Abänderung der gesetzlich bestimmten Einstimmigkeit — Entscheidung durch Mehrheitsbeschluß bestimmt ist. Denn hier hat entweder der Gesellschaftsvertrag Näheres darüber zu sagen, wie die Stimmenmehrheit zu bilden ist, oder aber es tritt die Auslegungsregel des § 709 Abs. 2 BGB. (Mehrheit nach Köpfen) ein. Daß in dieser letzteren Bestimmung nicht etwa die Anerkennung von quotalen Gesamthandanteilen „nach Köpfen" liegt (vgl. oben S. 258 Anm. 483), ist klar.

geschlichteten Streit der Meinungen über die Art der Quotenbestimmung (insbesondere für gesellschaftliche Gesamthandrechte)[486]) ganz zu schweigen[487]).

---

[486]) Vgl. dazu etwa neuestens Schnell, a. a. O., S. 22 ff.

[487]) Wenn nach unseren Ausführungen für die gesamthänderischen Anteile an den einzelnen Rechten einerseits die Unverfügbarkeit Wesensmerkmal ist, andrerseits die Notwendigkeit rechnerischer Bestimmtheit grundsätzlich ausscheidet, so sollte man dennoch die Anteile nicht als „unpraktisch“ (RG. Bd. 68 S. 413; zustimmend v. Tuhr, a. a. O., S. 79 Anm. 3 zu § 3; auch schon Thöl, Das Handelsrecht, 6. Aufl., Göttingen 1879, Bd. I S. 329 § 96) bezeichnen, zum mindesten nicht bei allen Gesamthandschaften. Zwar schlägt das von Hellmann in seiner Besprechung des v. Tuhrschen Buches (KrVJSchr. Bd. 51, 1913, S. 378) geltend gemachte Argument nicht durch, es könnten alle Gesamthänder, z. B. die drei Miterben, über einen Anteil an einem einzelnen Gegenstande verfügen, „und zwar über das zum Erbteil des einen von ihnen gehörenden Drittel mit der Maßgabe, daß dieser bei der künftigen Teilung an dieser Nachlaßsache keinen Teil mehr haben soll.“ Denn eine Verfügung in diesem Sinne mit dem ausdrücklich darauf gerichteten Willen der Miterben, die geradezu zur Sprengung der gesamthänderischen zweckgebundenen Vermögen führen würde, kann überhaupt nicht mit rechtlicher Wirksamkeit getroffen werden (vgl. auch M. Wolff in Enneccerus-Kipp-Wolffs Lehrbuch Bd. II 2, Familienrecht, 1914, S. 232 § 61 IV 1). Wohl aber sind die „Anteile“ in anderen Fällen „praktisch“. So im Gebiete des materiellen bürgerlichen Rechts z. B. für die Frage nach der Notwendigkeit einer vormundschaftsgerichtlichen Genehmigung zu einer Verfügung über ein Nachlaßgrundstück oder Gesellschaftsgrundstück, wenn ein minderjähriger Miterbe oder Gesellschafter vorhanden ist und also einen sachenrechtlichen Anteil hat, oder zu einem Rechtsgeschäft, durch welches eine Verpflichtung zu einer solchen Verfügung begründet werden soll: § 1821 Ziff. 1 und 3 (vgl. z. B. Kipp in Enneccerus-Kipp-Wolff, a. a. O., Familienrecht S. 437 Anm. 12 zu § 115 mit weiteren Belegen; RG. Bd. 54 S. 278 ff. mit unzutreffender Auffassung der gesamthänderischen Zuständigkeit; Schnell, a. a. O., S. 71 ff.; BGB.-Kommentar von Reichsgerichtsräten, Bd. III S. 387 Bem. 2 zu § 1821), ferner für die Frage, inwieweit bei einer Fahrnisgemeinschaft der Anteil eines Ehegatten an einem Nachlaß, der auch Grundstücke umfaßt, güterrechtlich zum unbeweglichen Vermögen gehört (§ 1551 BGB.). Nur wenn sachenrechtliche Anteile eines Miterben auch an den einzelnen Nachlaßgegenständen angenommen werden, kann insoweit der Anteil des erbenden Ehegatten am Nachlaßgrundstück als unbewegliches Vermögen in sein eingebrachtes Gut und nicht in das Gesamtgut fallen, was dann bei der Teilung des Gesamtguts von höchster Bedeutung ist. (Vgl. RG. Bd. 75 S. 297 ff.; M. Wolff, Familien-

Unser Ergebnis bleibt sonach dies: Das Wesen und die rechtliche Bestimmtheit des einzelnen Anteils eines irgendwie gemeinschaftlichen Rechts ergibt sich aus der inneren Gemeinschaftsordnung; sie bestimmt den rechtlichen Gehalt des einzelnen Anteils in seinen Einzelbefugnissen wie auch nach seiner Begrenzung (nach seinem „Umfange") und ergibt die rechtlichen Abgrenzungen der Anteile gegeneinander als der im Innern des gemeinsamen Rechtskreises abgeschiedenen Einzelmachtsphären. Für eine rechtliche Betrachtung ist damit eine genügende Bestimmtheit des einzelnen Anteils gewonnen; einem (abstrakten oder aus dem die innere Ordnung des gemeinschaftlichen Rechts bestimmenden Grundverhältnisse abzuleitenden) Bruchteilsverhältnisse kommt die Bedeutung eines (rein) rechtlichen Maßstabes für den einzelnen Anteilsinhalt nicht zu. Eine Berechnung einer „ziffermäßigen Größe" der Anteile und ihres quotalen Verhältnisses zueinander ist zur „rechtlichen Bestimmtheit" des Anteils nicht erforderlich.

Rechtsanteil ist nicht schlechthin bruchteilmäßig bestimmte Rechtsposition (Bruchteilsrecht).

---

recht, a. a. O., S. 267 Anm. 2 zu § 71; BGB.-Kommentar von Reichsgerichtsräten, Bd. III S. 189 Bem. 9 zu § 1551.) Die herrschende Gesamthandauffassung, welche sachenrechtliche Anteile der Gesamthänder an den einzelnen Gegenständen verneint, kann dagegen den § 1551 nur auf den Fall eines Erwerbes durch Erbfolge seitens des Ehegatten als Alleinerben anwenden und muß entweder allen erbschaftlichen Erwerb eines Ehegatten Gesamtgut werden lassen (so Meikel, Ererbtes eingebrachtes Gut usw., in SeuffBl. Bd. 68, 1903, S. 294 ff.) oder das — doch stets zufällige — Ergebnis der Erbauseinandersetzung für die Zuweisung der dann zugeteilten Vermögensstücke zum Gesamtgut oder zum eingebrachten Gut maßgebend sein lassen (so Staudinger, Kommentar, Bd. IV S. 618 Bem. 6 zu § 1551). Die Frage der Zugehörigkeit des gesamthänderischen Miterbenanteils am Nachlaßgrundstück zum Gesamtgut oder zum eingebrachten Gut ist übrigens auch weiter wichtig, z. B. für die Entscheidung, ob die Auflassung eines Nachlaßgrundstücks, etwa an einen Vermächtnisnehmer, von dem Ehemann oder von der erbenden Ehegattin zu bewilligen und zu beantragen ist, und wenn demgemäß der Vermächtnisnehmer auf Auflassung zu verklagen hat. (Vgl. dazu die Entscheidung des RG. in BayZ. Bd. 7, 1911, S. 365: die Frau habe als Inhaberin des Eingebrachten die Auflassung zu erklären, der Ehemann zufolge der §§ 1550 Abs. 2, 1525, 1395 seine Einwilligung dazu.)

§ 11. Rechtsanteil und Ganzrecht.

Die bisherigen Betrachtungen des Begriffs der Rechtsgemeinschaft (im Sinne des materiellen Rechts) haben uns als die beiden grundlegenden Gedankenrichtungen, welche für jede rechtliche Konstruktion einer besonderen Gemeinschaftsform maßgebend sein müssen, erkennen lassen: einmal die, daß die „Rechtsanteile" sich als (unselbständige) Elemente darstellen, ohne welche die (gegenständliche) Struktur des einzelnen gemeinschaftlichen (absoluten Vermögens-) Rechts nicht erfaßbar ist (§ 7); und zum anderen die, daß die Zerschlagung des einheitlichen Aufbaus einer Rechtsgemeinschaft (gleichviel welcher Art) in mehrere, aus der eigenartigen rechtlichen Synthese der Rechtsanteile gedanklich herausgelöste, isolierte und selbständig gedachte rechtliche Einheiten (nenne man sie Einzelrechte oder unabhängige Teilrechte) uns von dem Begriff der Rechtsgemeinschaft (Gemeinsamkeit eines Rechtsinhalts) abführen muß und das eine gemeinschaftliche Recht zur bloßen Vielheit oder Summe rechtlicher Summanden bzw. zu einem Verhältnis (letzten Endes) kollidierender Einzelrechte stempelt und die Rechtsgemeinschaft (bei absoluten Vermögensrechten) zur bloßen Gegenstandsgemeinschaft degradiert (§ 8 I, II). Wir haben erkannt, daß wir, um die Rechtsgemeinschaft als das, was sie nach unserem Gesetze sein soll, nämlich als eine besondere Zuständigkeitsform eines Rechtsinhalts, zu begreifen, mit dem Gedanken der Gliederung einer (durch einen bestimmten Rechtsinhalt gegebenen) Rechtssphäre in Rechtsanteile den weiteren Gedanken einer inneren Gemeinschaftsordnung verbinden müssen (§ 8 II, III; § 9), die als Niederschlag eines Komplexes positivrechtlicher bzw. rechtsgeschäftlicher Regeln (schuldrechtlicher, familienrechtlicher, erbrechtlicher, gegenstandsrechtlicher Natur) den besonderen Charakter, die besondere Physiognomie der einzelnen Gemeinschaftsart bestimmt, und daß wir erst aus der Verschmelzung beider Gedankenrichtungen einerseits die rechtliche Struktur der einzelnen Rechtsgemeinschaft (§ 9 II, IV), andererseits aber auch das rechtliche Wesen der in dieser Gemeinschaft als unselbständiges Element enthaltenen (gesamten) Rechtsstellung des einzelnen Teilhabers, seines „Rechtsanteils“, abzuleiten imstande sind (§ 9 III, V; § 10).

Wenn damit dieser so festgestellte Begriff der Rechtsgemeinschaft zu verlangen scheint, daß bei der rechtlichen Konstruktion einer einzelnen Gemeinschaftsart unseres positiven Rechts[488]) der einzelne Anteil an dem (insbesondere absoluten Vermögens-) Rechte grundsätzlich im Rahmen des gemeinschaftlichen Rechtskreises aller Teilhaber betrachtet werden müsse, so weisen doch schon die letzten Ausführungen[489]) und weist im Grunde bereits unsere Auffassung des Rechtsanteils als einer (wenn auch nicht schlechthin selbständigen, so doch immerhin irgendwie) eigenen gegenständlichen Rechtsposition des einzelnen Gemeinschafters auf die Möglichkeit und Berechtigung einer Betrachtung hin, die den einzelnen Rechtsanteil zum Ausgang nimmt. Bei einer solchen Betrachtung nun ergibt sich nach dem früher Gesagten eine rechtliche Bedeutung des einzelnen Rechtsanteils, für sich genommen, zwar sicherlich nicht in dem Sinne, als ob der Anteil ein gewöhnliches subjektives Einzelrecht darstellte, das ebensogut ein nach Art anderer (absolutrechtlicher) Rechtstypen gesetzlich statuierter selbständiger Rechtsinhalt in der Form der Einzelzuständigkeit — also eine selbständige Zuständigkeitsform eines typischen Rechtsinhalts — wäre, wie die vollen und die (technisch sog.) begrenzten Vermögensrechte (insbesondere die iura in re aliena) unseres Rechtssystems. Aber diese negative Feststellung läßt doch, im Hinblick auf die gegenständliche Natur und die Vermögenswertigkeit des einzelnen Rechtsanteils (bei gemeinschaftlichen Vermögensrechten) die Frage offen, ob nicht doch unter Umständen der einzelne Rechtsanteil im Rechtsverkehr nach Art eines gewöhnlichen subjektiven Rechts (insbesondere eines absoluten Vermögensrechts) funktionieren kann, eventuell bei welchen Gemeinschaftsformen und zufolge welcher gesetzlich anwendbaren Regeln; ob und in welchem Sinne er zugleich Bestandteil

[488]) Bzw. überhaupt eines positiven Rechts, dessen System in seinen allgemeinen Grundlagen dem unseres Rechts entspricht; vgl. oben S. 95 Anm. 185 zu § 6.

[489]) § 10 a. E. auf S. 263; vgl. ferner § 9 a. E. auf S. 224 ff.

des Privatvermögens des einzelnen Gemeinschafters ist, in welche Rechtskategorie wir ihn — sei es allgemein oder im Falle dieser oder jener Gemeinschaftsart, dieses oder jenes vergemeinschafteten Rechtsinhalts — zu stellen haben.

Diese verschiedenen Fragen, die sich bei der rechtlichen Konstruktion der einzelnen Rechtsgemeinschaft in dieser Richtung regelmäßig ergeben werden, konzentrieren sich in der Grundfrage: Wie verhält sich der einzelne Rechtsanteil, für sich genommen, seinem rechtlichen Wesen und rechtlichen Inhalt nach zu dem ganzen (gemeinschaftlichen oder alleinzuständig gedachten) subjektiven Rechte, insbesondere dem absoluten Vermögensrechte?

Es ist dies also die Frage nach dem qualitativen Verhältnis beider Rechtsstellungen[490]. Sie scheint voraussetzen zu müssen, daß man sich zunächst einmal über den rechtlichen Gehalt des einzelnen Anteils klar geworden ist, daß man den Inhalt des einzelnen Anteils bei der in concreto vorliegenden Rechtsgemeinschaft näher bestimmt hat. Aber bereits durch diese Inhaltsbestimmung wird ja notwendigerweise eine Beziehung des einzelnen Anteilsinhaltes zum ganzen (gemeinsamen) Rechtsinhalt hergestellt. Denn diese Bestimmung des Inhalts des einzelnen Anteils kann niemals von dem ganzen gemeinsamen Rechtsinhalt selbst abstrahieren; mag auch die innere Gemeinschaftsordnung noch so sehr für die nähere Ausgestaltung des Inhalts des einzelnen Anteils entscheidend sein[491]), so bleibt doch der gemeinsame Rechtsinhalt selbst (als ganzer genommen) stets die Grundlage, von der das Erkennen dieser näheren Ausgestaltung und damit des ganzen Wesens der Rechtsanteile einer einzelnen Rechtsgemeinschaftsart ausgehen muß. Daher ergibt sich für jede Gemeinschaftsart nicht nur die Möglichkeit[492]) einer quali-

---

[490]) Dagegen handelte es sich in § 10 um das sog. „quantitative" Verhältnis, insbes. um die Frage, ob der Rechtsanteil (stets) als eine ziffermäßig bestimmte oder bestimmbare Größe, eine Quote des als Einheit (Eins) gesetzten ganzen Rechts betrachtet werden müsse.

[491]) Vgl. oben § 9 S. 209 ff.

[492]) Die Möglichkeit bzw. Notwendigkeit einer solchen inhaltlichen Vergleichung wird nicht dadurch ausgeschlossen, daß für den einzelnen

tativen Vergleichung von Ganzrecht und Rechtsanteil aus der Art und Weise, wie der einzelne Rechtsanteil inhaltlich zu bestimmen ist; sondern es ergibt sich weiterhin die Notwendigkeit[492]) einer solchen Vergleichung in jedem Falle einer — nicht vom ganzen gemeinschaftlichen Recht, sondern — von dem einzelnen, seinem rechtlichen Inhalt nach bereits bestimmten bzw. in concreto im Rechtsverkehr für sich auftretenden Rechtsanteil ausgehenden Betrachtung, also insbesondere auch aus Anlaß der Beurteilung aller derjenigen rechtlichen Vorgänge, die lediglich auf den einzelnen Rechtsanteil bezogen werden sollen.

Die Frage nach der qualitativen Relation zwischen Ganzrecht und Rechtsanteil ist damit, wie man sieht, eine prinzipielle Frage, die für jede Art von Rechtsgemeinschaft auf Grund ihrer positivrechtlichen Regelung zu beantworten bleibt, und deren Beantwortung erst die rechtliche Konstruktion der einzelnen in concreto zur Untersuchung stehenden Rechtsgemeinschaft vollendet. Sie muß sich im übrigen auf dem den Rechtsgemeinschaften in allererster Linie zugänglichen Gebiet der absoluten Vermögensrechte (insbesondere dem des Eigentums und anderer Vollrechte) nahezu von selbst einstellen, weil hier jede apriorische Annahme (voller) qualitativer Gleichheit von Ganzrecht und Mitrecht (Teilrecht, Einzelrecht) angesichts des dem absoluten Recht anhaftenden Charakters der Ausschließlichkeit sofort das Bedenken auslöst, ob denn eine volle qualitative Gleichheit der beiden Rechtsstellungen überhaupt denkbar ist, und ob nicht vielmehr Begriff und Inhalt des konkreten (gemeinschaftlichen) absoluten (Voll-) Rechts zu einer Verneinung der Möglichkeit mehrerer mit diesem ganzen Rechte qualitativ gleicher Herrschaftsrechte über dasselbe Objekt führen müssen auf Grund der allgemeinen Wahrheit[493]),

---

Rechtsanteil der allgemeine Charakter als der eines gewöhnlichen selbständigen Einzelrechts geleugnet wird. Vgl. ferner unten S. 281.

[493]) Die begriffliche Möglichkeit eines mehrfachen (solidarischen) Vollrechts, insbes. Eigentums, wird zuweilen lebhaft verteidigt; so z. B. von Cosack in v. Gerber-Cosack, System des deutschen Privatrechts, 17. Aufl., Jena 1895, S. 132 Anm. 11 zu § 77; von Mode, Doppelsouveränetät im Deutschen Reiche usw., Diss. Berlin 1900, S. 13 ff. (vgl.

welche die Römer für das Eigentum als das sachenrechtliche Grundrecht in dem Satze aussprechen: duorum in solidum dominium esse non posse (L. 5 § 15 D. 13, 6)[494])[495]).

Man sollte daher vermuten, daß sich die einzelnen Gemeinschaftstheorien mit dieser Frage des näheren beschäftigen, und daß nicht nur mit der Möglichkeit und Notwendigkeit einer qualitativen Gleichheit, sondern auch mit der Möglichkeit einer qualitativen Verschiedenheit der beiden Rechtsstellungen gerechnet würde. Man sollte erwarten, daß für jede einzelne Gemeinschaftsart, an der Hand ihrer positivrechtlichen Ausgestaltung wie auch auf Grund des Rechtscharakters der einer solchen Vergemeinschaftung zugänglichen subjektiven Rechte, die grundsätzliche Möglichkeit bzw. die grundsätzliche Notwendigkeit der qualitativen

übrigens auch die oben S. 135 Anm. 244 erwähnte Kollisionstheorie). Der Satz der L. 5 § 15 D. 13, 6 wird dann lediglich als eine (aus praktischen Gründen getroffene) positivrechtliche Bestimmung des römischen Rechts aufgefaßt; vgl. z. B. Mode, a. a. O., S. 24 f.

[494]) Es ist durchaus verkehrt, die Bedeutung des obigen Satzes von Celsus damit herabsetzen zu wollen, daß man behauptet, er enthalte „nichts weniger als eine tiefe Wahrheit", sei vielmehr „eine ziemlich triviale Äußerung, die sich eigentlich von selbst versteht und sich in dieser Beziehung manchen anderen Aussprüchen der römischen Juristen" — wie L. 141 § 1 D. 50, 17; L. 1 § 9 D. 44, 7; L. 182 D. 50, 17 — „würdig anreiht" (Wroblewski, Zur Lehre von der Kollision der Privatrechte, S. 146, unter Berufung auf Steinlechner, Das Wesen usw., Teil I S. 95 f. und Eisele im ArchZivPrax. Bd. 63 S. 38).

[495]) In allererster Line hat also die Auffassung einer Rechtsgemeinschaft im Sinne einer Kollision ganzer und voller (absoluter Rechte) das Bedenken des dominium plurium in solidum durch nähere Klarstellung der qualitativen Relation zu beseitigen. Aber ebenso die üblichen Geteiltheitslehren, zumal wenn sie als Objekt der Vollrechte oder Teilrechte nicht das ganze Objekt (den ganzen Sachkörper), sondern die Objektsquote (den Sachbruchteil) annehmen und sich damit von dem gewöhnlichen Begriff des betreffenden Herrschaftsrechtes (des Eigentums als des Grundrechts an körperlicher Sache) zu entfernen scheinen. Weiter aber auch die Auffassung der Gesamthandgemeinschaften im Sinne der geteilten Mitberechtigung und schließlich selbst diejenigen Theorien, die (sei es für die regelmäßig- oder die gesamthänderische Gemeinschaft), neben dem der Gesamtheit der Gemeinschafter als solcher zustehend gedachten ganzen (gemeinschaftlichen) Rechte, Sonderrechte der einzelnen anzunehmen sich genötigt glauben. Vgl. zum letzteren Punkte demnächst Anm. 496.

Gleichheit oder der qualitativen Verschiedenheit kritisch erwogen oder zum mindesten eine Begründung dafür gegeben würde, inwiefern die Annahme einer qualitativen Gleichheit möglich oder notwendig, in welchem Sinne sie andererseits unmöglich oder nicht notwendig sei. Die Pflicht zu solcher Betrachtung trifft im Grunde alle Gemeinschaftstheorien in gleicher Weise, soweit sie überhaupt eine eigene, in Anlehnung an den Rechtsinhalt des Ganzrechtes inhaltlich irgendwie zu bestimmende Rechtsstellung des einzelnen Gemeinschafters annehmen[496]) und ihn nicht lediglich in einer juristischen oder kollektiven Person als dem (einheitlichen) Träger des Rechts aufgehen[497]) oder das ganze und volle Recht des einzelnen mit dem des Genossen (nicht nur qualitativ gleich, sondern sogar) identisch sein lassen[498]).

---

[496]) Hierzu zählen auch die Miteigentumskonstruktionen von F. S. Bianchi und Ramponi (vgl. oben S. 60 Anm. 123 zu § 5): Zuweisung des gemeinschaftlichen Rechts einerseits als eines ganzen an die „Gesamtheit" der Teilhaber, andrerseits (zugleich) als eines geteilten an die einzelnen, wobei ohne jedes Bedenken qualitative Gleichheit des Einzelrechts und des Ganzrechts angenommen wird; es zählen hierher weiter die Auffassungen von Diez — Recht der „Gesamtheit" und daneben obligatorische Sonderrechte der einzelnen; van Biervliet — Recht der „Gesamtheit" und daneben aus obligatorischen und dinglichen Bestandteilen gemischte Sonderrechte; Plathner, Manenti — Recht der „Gesamtheit" und Sonderrechte sui generis; Saenger — Recht der „Gesamtheit" und Mitgliedschaftsrechte der einzelnen Teilhaber. Auch diejenigen Auffassungen der Gesamthandberechtigungen im Sinne der kollektiven Einheit als des Rechtsträgers, die daneben Sonderrechte der einzelnen im Sinne von Wertanteilen annehmen (vgl. dazu Gierke, Deutsches Privatrecht, Bd. I S. 677 ff. § 80 IV 3 und oben S. 230 Anm. 417 zu § 10) haben Veranlassung, die Relation zwischen diesen Individualrechten und dem ganzen Rechte näher zu bestimmen.

[497]) Für die Theorien der juristischen und der Kollektivperson als des (einheitlichen) Trägers des einzelnen „gemeinschaftlichen" Rechts, die, neben dem Gesamtrecht aller, Sonderrechte des einzelnen verneinen (wie insbes. für das Miteigentum Luzzatto und für die Gesamthandberechtigungen die heute übliche Auffassung, die mit der Annahme der „Gesamtheit" als des Rechtssubjekts die Frage der Zuständigkeit für gelöst hält), entsteht die Frage des Textes nicht.

[498]) Die damit gemeinte Eisele-Steinlechnersche Miteigentumslehre braucht die qualitative Gleichheit von Alleinrecht und Mitrecht nicht näher zu erörtern; denn indem ihre Auffassung, daß jeder Teilhaber das eine identische, dieselbe ganze Sache ergreifende Eigentum

Ein Blick in die Literatur der Gemeinschaftstheorien, insbesondere der gemeinrechtlichen und modernen Miteigentumslehren, zeigt uns jedoch, daß die gangbaren Theorien regelmäßig den Gedanken einer völligen (oder gar notwendigen)[499]) qualitativen Gleichheit als selbstverständliche Prämisse, als ein des Beweises kaum bedürftiges[500]) Axiom voranstellen[501])

---

ganz hat, unmittelbar dem Gedanken entspricht, daß jeder Miteigentümer nicht weniger (Ganz-) Eigentümer des einen und einzigen Eigentums sei als der Alleineigentümer, wird die Frage nach einer besonderen qualitativen Relation, insbes. einer etwaigen Verschiedenheit zwischen beiden Rechtsstellungen, gegenstandslos. (Dafür bleibt der Theorie der Nachweis der Möglichkeit, daß das eine und identische Recht als ganzes gleichzeitig jedem der mehreren „Teilhaber" zuständig sein könne.) Ob aber nicht doch für diese Theorie die Behauptung, daß ein einziges Recht existiere, eine platonische bleibt und in der Tat dann so operiert wird, als wären mehrere Eigentumsrechte da (so Perozzi in seiner Kritik [vgl. demnächst S. 273 Anm. 504] auf S. 86), so daß auch hier wiederum die Frage nach einer qualitativen Relation gestellt werden könnte, bleibe hier dahingestellt.

[499]) Charakteristisch für den (sehr oft latenten) Gedankengang, der zur unbedenklichen Annahme der Notwendigkeit qualitativer Gleichheit führt, ist die Argumentation von Girtanner in JheringsJ. Bd. 3, 1859, S. 240: Wenn das Miteigentumsrecht nicht Eigentum wäre, „so müßte es als ius in re aliena (!) gedacht werden; dann wäre also an derselben Sache das Alleineigentum eines anderen möglich. Da solches nicht möglich (!), so müssen wir wohl das Recht des Miteigentümers als Eigentum anerkennen."

[500]) Des öfteren finden wir eine Art „mathematischer" Beweisführung: „Nur gleichartige Summanden ergeben eine gleichartige Summe"; ergo müssen die (scil. selbständigen) Teilrechte, wenn sich aus ihnen das ganze Recht (z. B. das Eigentum) zusammensetzen soll, diesem qualitativ gleichartig (also z. B. gleichfalls Eigentum) sein. (So z. B. jetzt Pringsheim, a. a. O., S. 7. — Gegen diese „famosa argomentazione" schon Manenti in Il Filangieri anno XIX, 1894, S. 498 f.) Genau betrachtet, ist dies aber ein analytisches Urteil; denn man verlegt bereits in dem Vordersatz — nur gleiche Summanden ergeben eine gleichartige Summe —, indem man das ganze Recht schlechthin als eine solche „Summe" auffaßt, den Gedanken, daß die Möglichkeit einer vollen qualitativen Gleichheit der Teilrechte und des ganzen Rechtes unbedenklich im gleichen Sinne anzuerkennen sei, wie eine solche Gleichheit zahlenmäßiger Summanden und ihrer Summe. Den Beweis dafür aber, daß das subjektive Recht wie eine höhere Zahl schlechthin arithmetisch teilbar sei, bleibt man schuldig; (vgl. dazu bereits oben S. 230 Anm. 421 zu § 10). Umgekehrt und etwas vorsichtiger Eck, ein Ver-

und das Verhältnis der beiden Rechtsstellungen von jenem Ausgangspunkte aus als ein jedenfalls nicht qualitatives bestimmen. Die üblichen älteren und heutigen Auffassungen, insbesondere die mit dem Gedanken der Teilung operierenden Theorien des (schlichten) Miteigentums, stellen sich somit letzten Endes als Versuche dar, das erwähnte Bedenken zu überwinden und die Prämisse der qualitativen Gleichheit von Ganzrecht und (einzelnem) Mitrecht mit dem Begriff des absoluten Rechts (insbesondere des Eigentums) zu vereinigen.

Eine solche Behandlung des Gemeinschaftsproblems und eine aus ihm folgende Auffassung der Rechtspositionen der einzelnen Gemeinschafter hat zwar den unleugbaren praktischen Vorzug, daß damit die sämtlichen auf das ganze Recht bezüglichen und für den Fall seiner Einzelzuständigkeit (also für das Alleinrecht) anwendbaren gesetzlichen Vorschriften in ihrem ganzen Umfange von selbst und unmittelbar auf das einzelne Mitrecht oder Teilrecht (bei unserer heutigen regelmäßigen Rechtsgemeinschaft) anwendbar werden. Es bleibt aber, theoretisch betrachtet, in jeder

---

treter der Rechtsgeteiltheitslehre, in JheringsJ. Bd. 35, 1896, S. 308: „Wenn Eigentum und Besitz ideell teilbar sind, so wird doch wohl ein Teil dieser Rechte dem Ganzen ebenso gleichartig sein, wie in aller Welt der Bruchteil es dem Ganzen ist, aus dem man ihn nur in Gedanken ausscheidet." — Ähnlich ferner, mit dem an anderer Stelle (S. 60 Anm. 123 zu § 5) gerügten Fehler einer doppelten Rechtszuständigkeit des einen Rechts, Ramponi, Della comunione, S. 10 (vgl. dazu auch soeben Anm. 496): Wenn das Miteigentum (als ganzes Recht) wahres Eigentum gegenüber der Kollektivität sei, so könne es gegenüber dem einzelnen Teilhaber (für sich betrachtet, als dessen „Teilrecht") nicht ein Recht von anderer Natur sein — eine Argumentation, die van Biervliet, a. a. O., in der Revue pratique 1909 S. 234/5 mit Recht als durchaus verfehlt erklärt.

[501]) Insbes. den Satz, daß das einzelne Miteigentumsrecht schlechthin „Eigentum" sei. Vgl. z. B., durchaus im herrschenden Sinne (der Rechtsteilungslehre), Hirsch, Die Übertragung der Rechtsausübung, Bd. I S. 202: das Miteigentum „unterscheidet sich nur durch die Quantität, nicht durch die Qualität vom Eigentum." Ebenso die Vertreter der Kollisionslehren; so z. B. Dernburg, Pandekten, Bd. I S. 454 f. § 195 3: „Begrifflich ist das Eigentum eines jeden Gemeinschafters von dem Alleineigentume nicht verschieden."

solchen rechtsdogmatischen Untersuchung eine bedenkliche Lücke, und dem schließlichen Resultate dieser Auffassungen wird, selbst wenn ihnen der Vereinigungsversuch jener unzweifelhaft vorhandenen Widersprüche mehr oder weniger geglückt sein sollte und eine einigermaßen einleuchtende und annehmbare Erklärung für die Entstehung der mehreren „Teilrechte“ aus dem qualitativ gleichen Ganzrechte gelungen ist, dennoch stets entgegengehalten werden müssen, daß zwei im Grunde sicherlich nicht in allen und jeden Punkten sich deckende Rechtspositionen im System der subjektiven Rechte schlechthin unter dieselbe rechtliche Kategorie (die Kategorie des Ganzrechtes)[502]) gestellt werden, ohne daß uns klar gemacht wird, zufolge welcher als unwesentlich ausgeschiedener Merkmale sich die Annahme der vollen qualitativen Gleichheit und die Unterstellung auch des Teilrechts (Mitrechts) unter die Kategorie des Ganzrechts (Alleinrechts) rechtfertigt.

Der Mangel, der in dieser Art der konstruktiven Behandlung liegt, mußte früher oder später empfunden und es mußte aus der Erkenntnis dieses Mangels als Konsequenz die Anregung zu einer grundsätzlich veränderten Auffassung des Gemeinschaftsproblems gezogen werden. Es lag daher geradezu in dem notwendigen Entwicklungsgange der Dogmatik des Gemeinschaftsrechts, daß sich neben jener älteren Richtung, sowohl für das gemeinrechtliche als auch für die modernrechtlichen Miteigentumsinstitute und schließlich auch für die deutschrechtlichen Gesamthandrechte, eine „neuere Richtung“ herausbildete, die — im Gegensatz insbesondere zu den üblichen Geteiltheitslehren — die Relation zwischen Ganzrecht und Mitrecht nicht als eine quantitative, sondern als eine qualitative zu bestimmen sucht und das Wesentliche einer konstruktiven Erklärung der Rechtsgemeinschaften gerade in der Anerkennung der qualitativen Verschiedenheit der beiden Rechtsstellungen — des Ganzrechtes einerseits, der einzelnen Mitrechte andererseits — erblickt.

---

[502]) Insofern man nämlich für das „Teilrecht“ den Charakter des „Einzelrechts“ festhält, aber doch zugleich die volle qualitative Gleichheit dieses Teilrechts oder Einzelrechts mit dem ganzen Rechte (dem Alleinrecht) betont.

Diese neuere Richtung wird inauguriert durch den Italiener Perozzi, der in seiner, in Deutschland leider gar nicht beachteten[503]), bedeutenden kritischen Abhandlung über die gemeinrechtlichen Miteigentumstheorien[504]), unter Ablehnung aller üblichen, auf jenem Vordersatz beruhenden Miteigentumslehren, gegen die ganze bisherige (nach seiner Auf-

[503]) In der kurzen Notiz v. Seelers (Die Lehre vom Miteigentum nach römischem Recht, S. 157 Anm. 1) über das Schlußergebnis Perozzis kann man eine der Bedeutung jener Abhandlung entsprechende Beachtung um so weniger finden, als v. Seeler glaubt, den Satz aussprechen zu müssen: „Positiv Neues bietet die Arbeit nicht gerade viel." Die italienischen Schriftsteller wissen den (insbes. kritischen) Wert und die (für die italienische Miteigentumsliteratur) anregende Kraft jener Abhandlung, selbst bei grundsätzlicher schärfster Gegnerschaft, besser zu würdigen; man vgl. etwa Ferrara, Le persone giuridiche, S. 458/9, und besonders neuestens Bonfante, einen der Bedeutendsten in der Materie des condominium, im Bullettino dell' istituto di diritto romano vol. XXV, 1913, S. 198 f.

[504]) Perozzi, Saggio critico sulla teoria della comproprietà, in Il Filangieri anno XV, 1890, insbes. S. 1 ff., 363 ff. Seine Arbeit steht, wie gesagt, an einem Wendepunkt in der Behandlung des Miteigentumsproblems. Während mit dem Ende der Herrschaft des gemeinen Rechts in Deutschland zugleich der Streit um das alte gemeinrechtliche Problem der Geteiltheit oder Ungeteiltheit des Miteigentums nachläßt, scheint für das neue Recht der Kampf der Meinungen um das Gemeinschaftsproblem in neuer Frontstellung zu beginnen, verursacht durch das Eingreifen der Vertreter der „neueren Richtung". Wenn auch diese neuere Richtung, die sich besonders an die Namen (Perozzi,) Coviello, Bonelli, Doßmann, v. Tuhr, Kattausch knüpft, in der deutschen Wissenschaft unbeeinflußt von Perozzis Ergebnissen entstand, so bleibt es doch sein Verdienst, als erster mit voller Klarheit den Mangel aufgedeckt zu haben, der für die alte Stellung des Miteigentumsproblems in der Nichtachtung der Frage nach der qualitativen Relation liegt, und den inneren Grund aufgezeigt zu haben, aus dem heraus die neuere Richtung einsetzen mußte.

Was seine eigene Stellung zu der Frage der qualitativen Relation und der Möglichkeit qualitativer Gleichheit anlangt, so scheint allerdings auch seine Beweisführung nicht ganz bedenkenfrei, weil er den Gedanken der Ausschließlichkeit des Eigentumsrechts, so wichtig er auch für unsre Frage ist, wohl doch auf die Spitze treibt. Näheres darüber gehört in die besondere Lehre von der Bruchteilsgemeinschaft (Teil II). Vgl. einstweilen gegen Perozzi die Kritik von Ascoli in der Rivista italiana per le scienze giuridiche vol. XI, 1891, S. 415 ff., der aber auch den springenden Punkt nicht erfaßt.

fassung) erfolglose Behandlungsweise des Miteigentumsproblems Front macht und in scharfer Dialektik den strikten Beweis dafür zu erbringen sucht, daß das Miteigentumsproblem — und wie wir nach seinen Ausführungen hinzufügen dürfen: das konstruktive Problem der (regelmäßigen) Rechtsgemeinschaft bei absoluten Vermögensrechten überhaupt — solange unlösbar bleiben müsse, als man sich nicht von jener früheren Behandlungsweise des Problems und von der üblichen Prämisse der vollen qualitativen Gleichheit der beiden Rechtsstellungen freimacht. Damit beschreitet er selbst als erster bewußt den neuen Weg und konstruiert die Miteigentumsrechte als mehrere (selbständige) von dem Ganzeigentum (dem Alleineigentum) qualitativ durchaus verschiedene Rechtspositionen[505]).

Für unser geltendes deutsches Recht können wir in der Theorie der regelmäßigen wie in der der gesamthänderischen

[505]) In unserer deutschen Wissenschaft hat namentlich Binder, sonst ein Vertreter der Rechtsgeteiltheitslehre, die Bedeutung der genannten Prämisse für das Miteigentumsproblem gleichfalls erkannt und (in Rechtsstellung des Erben, Bd. III S. 63 f.) die Relation zwischen Miteigentum und Eigentum „nicht sowohl als eine quantitative, als vielmehr als eine qualitative" bestimmen zu müssen geglaubt. Ähnlich sagt schon Wroblewski, Zur Kollision usw., S. 177: der Unterschied zwischen Alleineigentum und Miteigentum sei „qualitativ, nicht quantitativ". — Als einen Vorgänger der neueren Richtung kann man Rümelin ansehen, insofern er (Die Teilung der Rechte, S. 74 ff., 86 ff.) in kritischer Untersuchung die Zurückführung des römisch-gemeinrechtlichen Miteigentums auf eine glatte Relation zwischen qualitativ gleichartigen Mitrechten und Ganzrechten ablehnt; schließlich auch Regelsberger, Pandekten, Bd. I S. 210 und Anm. 25 in § 51 VI 1a.

In der französischen Wissenschaft wendet sich vor allem van Biervliet in der Revue pratique du notariat belge 1909 S. 225 ff. gegen den üblichen Vordersatz und meint (S. 234): „. . . il y a antinomie absolue entre la notion du droit de propriété sur une chose et la notion du droit de chacun des copropriétaires pris individuellement . . ." Jedoch verquickt er die Frage der qualitativen Gleichheit mit der Frage der Selbständigkeit der Miteigentumsrechte und versucht die Lösung des Problems durch die (von uns aus anderen Gründen, nämlich als dem Begriff der Rechtsgemeinschaft widersprechend, abgelehnten) Annahme eines Rechts der Kollektivität (vgl. dazu § 5 S. 57 ff.) und nebenher laufender, eigenartiger, aus obligatorischen und dinglichen Befugnissen gemischter Sonderrechte der Teilhaber. — Auch Brugi,

Rechtsgemeinschaft, soweit diese unter Annahme eigener Anteilrechte der Gesamthänder konstruiert wird, die beiden Richtungen erkennen: die eine, ursprüngliche, welche qualitative Gleichheit von Ganzrecht und Teilrecht ohne weiteres annimmt (insbesondere die herrschende Rechtsteilungslehre beim Miteigentum und der regelmäßigen Rechtsgemeinschaft)[506]), und die andere, spätere, welche qualitative Verschiedenheit behauptet, indem sie die „Anteile“ bei der regelmäßigen Rechtsgemeinschaft (eines absoluten Vermögensrechts) zu besonders gearteten gegenständlichen Rechten[507]) macht (v. Tuhr, Doßmann, Kattausch), und bei der gesamthänderischen mit dem Gedanken „personenrechtlicher“ (nicht gegenstandsrechtlicher und nicht vermögensrechtlicher) Anteile am einzelnen absoluten Vermögensrecht zugleich die qualitative Gleichheit dieses einzelnen Anteils mit dem ganzen Rechte (insbesondere z. B. die

---

Istituzioni di diritto civile italiano etc., 3a ediz., Milano 1914, S. 303 ff. § 37, der im wesentlichen die kombinierte Rechts- und Sachteilungslehre anzunehmen scheint (S. 305), begründet des näheren, daß das Recht des einzelnen Teilhabers nicht die Merkmale des Eigentums habe.

[506]) Das einzelne Miteigentumsrecht ist, wie gewöhnlich gesagt wird, „gleichfalls Eigentum“; vgl. Staudinger, Kommentar, Bd. III S. 515 Bem. I zu § 1008 und die dort Zitierten; „das Anteilsrecht des Miteigentümers (ist) auch Sacheigentum“: RG. Bd. 69 S. 40; dazu Bd. 56 S. 96. — Diese Auffassung wird regelmäßig durch den Hinweis auf Mot. Bd. III S. 438 bekräftigt, wonach der Entwurf — von dem insoweit unser Gesetz nicht abweiche — „das Recht des einzelnen als Eigentum ansieht“. Aber diese Äußerung der Motive entbindet die Rechtsdogmatik sicherlich nicht von der Verpflichtung, die grundsätzliche Möglichkeit einer völligen qualitativen Gleichheit zu untersuchen und die gesetzlichen Vorschriften daraufhin zu prüfen, ob eine solche Gleichheit in ihnen in der Tat verwirklicht ist und somit die Auffassung der Motive zutrifft.

Daß der Gesamthandanteil am einzelnen gemeinschaftlichen Eigentumsrecht (oder sonstigen absoluten Vermögensrecht) schlechthin „Eigentum“ (usw.) sei, wird allerdings von den Vertretern der geteilten Mitberechtigung selten ausdrücklich ausgesprochen, liegt aber im Sinne dieser Auffassung; vgl. z. B. Pringsheim, a. a. O., S. 7 ff. sowie oben S. 259 Anm. 484 zu § 10.

[507]) Die insbes. beim Miteigentum jedenfalls nicht wahres Eigentum, sondern eigenartig beschränkte dingliche Rechte sind.

Eigentumsqualität des ersteren) verneint (Sohm, Oertmann).

Bei dieser Lage der Stellungen und Lösungen des Gemeinschafts- (insbesondere des Miteigentums-) Problems sollte es scheinen, als ob die Geteiltheits- und die Kollisionstheorien ausnahmslos den Gedanken der qualitativen Gleichheit von Ganzrecht und Teilrecht (Einzelrecht) festhalten müßten, und als ob es bei ihnen gar nicht anders sein könnte. Dennoch finden wir in der Literatur auch unter den Vertretern dieser Theorien zuweilen die Auffassung, daß man eine qualitative Gleichheit der beiden Rechtsstellungen nicht annehmen dürfe[508]). Wie erklärt sich dieser anscheinende Widerspruch?

Man wird die Lösung darin finden müssen, daß die Begriffe der rechtlichen qualitativen Gleichheit und der rechtlichen Verschiedenheit höchst unsichere sind, die von den verschiedenen Schriftstellern nicht einheitlich, sondern je zuweilen strenger, zuweilen weniger streng genommen werden. In der Tat gibt es ja feste Kriterien „wirklicher Gleichheit" und „wirklicher Verschiedenheit", nach denen in allen Fällen die Entscheidung gegeben werden könnte, ebenso wenig, als es feste Kriterien „wirklicher Identität" gibt[509]).

[508]) So, als grundsätzliche Anhänger der Rechtsgeteiltheitslehre, namentlich Binder (vgl. oben S. 274 Anm. 505); Wieland, Kommentar zum schweizerischen Sachenrecht, S. 33 Bem. 2 zu Art. 646 sowie Krainz-Pfaff-Ehrenzweig, System des österreichischen allgemeinen Privatrechts, Bd. I, 1913, S. 538 § 193 mit der höchst unzulänglichen Begründung: „Das Anteilsrecht des einzelnen ist vom Vollrecht inhaltlich verschieden, denn wer ein solches Anteilsrecht erwirbt, tritt in eine bestimmte Gemeinschaft und das ist nicht jedermanns Sache." Vgl. auch wegen Brugi oben S. 274 Anm. 505 a. E., andererseits, als Vertreter der Kollisionstheorie, Wroblewski, a. a. O., S. 155, 159, 177. Die Berufung Binders (a. a. O., S. 64 Anm. 23) auf Eck als einen Vertreter der Auffassung qualitativer Verschiedenheit ist unzutreffend, da dieser (Besprechung reichsgerichtlicher Entscheidungen, in JheringsJ. Bd. 35, 1896, S. 284 ff. auf S. 308) sich ausdrücklich für die qualitative Gleichheit ausspricht und das Gegenteil aus der von Binder angeführten Stelle nicht herauszulesen ist. Auch Binders (a. a. O.) Zitat aus Göppert stimmt nicht.

[509]) Zu letzterem Bekker, Pandekten, Bd. I S. 106 § 33 Beil. I und schon früher, Das Recht des Besitzes bei den Römern, Leipzig 1880,

Wie der Begriff der Identität „auf einer mehr oder minder willkürlichen Begrenzung der Identitätsmerkmale“[510]), so beruht der Begriff der rechtlichen Gleichheit (Gleichartigkeit) und der korrespondierende Begriff der rechtlichen Verschiedenheit auf einer mehr oder minder willkürlichen Begrenzung der Gleichheits- bzw. Verschiedenheitsmerkmale. Über diese Begrenzung aber muß man sich im Einzelfall klar aussprechen, wenn anders die Gleichsetzung oder Ungleichsetzung Wert haben und über die Frage der Gleichheit oder Ungleichheit mit Erfolg debattiert werden soll.

Daraus folgt für eine dogmatische Untersuchung, die sich auf diesen Punkt richtet, daß zunächst einmal, vor[511]) der ganzen qualitativ vergleichenden Untersuchung der beiden Rechtsstellungen (Ganzrecht — Rechtsanteil oder Teilrecht), ein Denkprozeß liegen muß, der, von dem Begriff des einzelnen (absoluten oder relativen) Vermögensrechts bzw. der ganzen Kategorie der Rechte, auf welche der Gedanke der Rechtsgemeinsamkeit bezogen werden soll, und von der Gesamtheit der in dieser Kategorie enthaltenen Begriffselemente ausgehend, für diese Kategorie möglicher gemeinschaftlicher Rechte die Gleichheits- und Verschiedenheitsmerkmale für die demnächst vorzunehmende Vergleichung jener beiden Rechtsstellungen näher bestimmt und begrenzt.

Wie nötig eine solche vorgängige Begrenzung ist, um über eine willkürliche Charakterisierung der einzelnen Mitrechtsstellung hinaus zu einer klaren und jederzeit nachzuprüfenden Bestimmung der qualitativen Relation zu gelangen, erkennt man sofort, wenn man der möglichen Begrenzung der Gleichheits- und Verschiedenheitsmerkmale — ganz allgemein — näher nachgeht. Dann zeigt sich nämlich, daß die scharfe begriffliche Gegenüberstellung von Gleichheit und Verschiedenheit (Ungleichheit) nach einer feineren

---

S. 302 ff.; ferner O. Fischer, Das Problem der Identität und der Neuheit, in der Festgabe der Breslauer Juristenfakultät für v. Jhering, Breslau 1892, S. 28 f., 73: Identität und Neuheit seien darum „im allgemeinen ganz schwankende, nicht fixierbare Bezeichnungen“.

[510]) v. Tuhr, a. a. O., S. 219 § 12 I.

[511]) D. h. logisch wie zeitlich!

Differenzierung verlangt, und daß sich zwischen die polaren Gegensätze ein Mittelbegriff einschiebt, der beide Gedankenrichtungen ergänzt und einer Vergleichung von Inhalten auf dem Rechtsgebiete erst die wahre Bedeutung, den eigentlichen Wert verleiht. Indem nämlich qualitative (inhaltliche) Gleichheit als „absolute“ Gleichheit nicht nur qualitative Übereinstimmung zweier vorgestellter Objekte in der einen oder der anderen Richtung bedeutet, sondern Übereinstimmung des „Ganzen“ schlechthin (Ununterscheidbarkeit) und qualitative (inhaltliche) absolute Verschiedenheit die Negation hiervon, so ergibt sich ohne weiteres der Begriff der bloßen qualitativen (inhaltlichen) „Ähnlichkeit“ als einer partiellen oder relativen Gleichheit[512]) und zugleich partiellen (relativen) Verschiedenheit (Ungleichheit)[513]).

Da dieser gerade für uns Juristen wichtige Begriff der Ähnlichkeit nun wiederum erst dann wirklich verwertbar wird, wenn einerseits ein genaueres Merkmal, ein Maß für den zugleich bestehenden Unterschied angegeben werden kann, durch welches das bloß Ähnliche von dem absolut Gleichen sich scheidet, und wenn andrerseits mit Hilfe dieses Maßes nicht nur die größere oder geringere Ähnlichkeit, sondern weiterhin vor allem die Grenze bestimmt werden kann, jenseits welcher die Verschiedenheit die Ähnlichkeit überwiegt[514]), so scheint eine Vergleichung der rechtlichen Qualität zweier Rechtsstellungen sich nicht damit

[512]) Daß eine solche partielle Gleichheit etwas anderes ist als die oben (S. 68 Anm. 119 zu § 5) als gedanklicher Widerspruch bezeichnete „partielle Identität“ (Dieselbigkeit), leuchtet ein. Bei der partiellen Gleichheit des Textes handelt es sich um die vergleichende Vorstellung zweier (numerisch verschiedener) Bewußtseinsinhalte (insbes. nach ihrer Qualität), bei der Setzung der Identität um die zweimalige Vorstellung desselben Bewußtseinsinhalts, um die Vergleichung eines Begriffsinhalts mit sich selbst in verschiedenen Zeiten, verschiedenen Räumen, aus verschiedener Veranlassung. Vgl. dazu auch Eisler, Wörterbuch der philosophischen Begriffe, 3. Aufl., Berlin 1910, Bd. I S. 442 f., 540 ff.; Sigwart, Logik, Bd. I S. 111 f. § 14 5.

[513]) Wegen des Gegensatzes der rechtlichen Gleichheit (Gleichartigkeit) und Rechtsähnlichkeit vgl. auch Stammler, Theorie der Rechtswissenschaft, S. 625 ff., 635 ff.

[514]) Vgl. Sigwart, Logik, Bd. II S. 102/3 § 70 4.

begnügen zu dürfen, lediglich die Merkmale der Gleichheit und der Ungleichheit festzulegen; sondern es scheint auch die Grenze bestimmt werden zu müssen, die den absolut gleichen von den bloß ähnlichen rechtlichen Inhalt trennt, und die weitere Grenze, die den ähnlichen von den absolut verschiedenen scheidet. Solange daher über die Merkmale, nach denen man die (qualitative, inhaltliche) Gleichheit, Ähnlichkeit, Verschiedenheit mehrerer Rechtsstellungen zu bestimmen hat, nicht durch nähere Angabe Klarheit hergestellt[515]) und Übereinstimmung in der Dogmatik der Rechtsgemeinschaften gewonnen ist[516]), schweben die Behauptungen über eine qualitative Gleichheit, Ähnlichkeit,

---

[515]) Daß sich Schwankungen im Gebrauch bei demselben Schriftsteller nicht finden dürfen, ist selbstverständlich. Wenn also v. Tuhr einerseits sagt, der einzelne Miteigentümer habe ein „eigentumsähnliches Recht" (a. a. O., S. 86 § 3 IV), andrerseits aber meint, dieses Recht verleihe „eine dem Eigentum inhaltlich gleichartige Herrschaft über die ganze Sache" (S. 83 a. a. O.), so ist in der zweiten Stelle wohl nur eine Ungenauigkeit oder ein lapsus calami enthalten; denn es heißt ausdrücklich vorher: „Jedes dieser Rechte ist nicht Eigentum." Für v. Tuhr kann es sich also nicht mehr um inhaltliche Gleichartigkeit (Gleichheit), sondern nur noch um inhaltliche Ähnlichkeit oder inhaltliche Verschiedenheit handeln. Er entscheidet sich für die Ähnlichkeit; vgl. ferner S. 273 § 14 II 1; S. 360 § 20 Anm. 43.

[516]) Die Unsicherheit über die Bedeutung dieser Begriffe und ihre mehr oder weniger willkürliche Verwendung — außerdem allerdings auch noch die uneinheitliche Auffassung des Begriffs der Teilung des Rechts und des Rechtsteils — erklären es, daß wir bei den Vertretern einer und derselben Theorie (insbes. des Miteigentums) eine einheitliche Bestimmung der qualitativen Relation nur da finden, wo von vornherein ganz offen von der absoluten Gleichheit von Teilrecht und Ganzrecht ausgegangen wird, wo also die Konstruktion gerade nicht auf eine qualitative Differenzierung, sondern in Wahrheit lediglich auf eine quantitative Relation abgestellt wird. Dagegen wird sonst nicht schlechthin mit der gleichen rechtlichen Konstruktion die gleiche Auffassung und Bestimmung der qualitativen Relation der Einzelrechtsstellungen gegenüber dem ganzen Rechte gegeben. So verbinden insbes. die Vertreter der „neueren Richtung" mit der Leugnung der qualitativen Gleichheit von Einzelrecht und Ganzrecht — selbst wenn sich diese Leugnung in gleicher Weise auf das Fehlen der „Ausschließlichkeit" beim Teilrecht zurückführt — zuweilen die Behauptung einer (vollen) qualitativen Verschiedenheit — so Perozzi, a. a. O., insbes. Istituzioni, vol. I S. 471 ff. § 99; Bonelli, a. a. O., S. 297, 299; Kattausch, a. a. O.,

Verschiedenheit zwischen Mitrecht und Ganzrecht in der Luft und können die gegenseitigen Befehdungen widersprechender Auffassungen im Grunde nichts ausrichten[517]).

Auf die Frage nach dem qualitativen Verhältnis sind somit nicht nur, wie es zunächst den Anschein hatte, zwei, sondern sind drei Antworten möglich: qualitative Gleichheit, qualitative Verschiedenheit, qualitative Ähnlichkeit. Sie alle verlangen Klarheit darüber, was mit diesen drei Begriffen gemeint sein soll[518]). Zu einer wissenschaftlich wertvollen und praktisch brauchbaren Bestimmung des qualitativen Verhältnisses von Ganzrecht und Rechtsanteil innerhalb einer konkreten Gemeinschaftsart und für eine konkrete Kategorie vergemeinschafteter subjektiver Rechte muß daher verlangt werden, daß nicht lediglich eine gefühlsmäßige und unausgesprochene, sondern eine näher begründete und objektiv nachzuprüfende Begrenzung der Merkmale stattfindet, die einer Vergleichung der beiden Rechtsstellungen zugrunde gelegt wird und das im einzelnen gegebene Resultat

S. 4 ff. —, zuweilen die einer rechtlichen Ähnlichkeit — so Doßmann, a. a. O., S. 1 ff., 107/8, 112; v. Tuhr, a. a. O., S. 237 § 14 II 1; S. 360 Anm. 43 zu § 20.

[517]) Wir haben durchaus Analoges bei der Unterscheidung und Vergleichung von Vorstellungen und der Bildung logischer Begriffe; vgl. Sigwart, Logik, Bd. I S. 338/9 § 40 6. Auch hier liegt die Schwierigkeit „viel weniger in den Prozessen der Vergleichung selbst, als in der Aufstellung genauer und übereinstimmender Maßstäbe der Vergleichung".

[518]) Auch authentische Interpretationen des Gesetzgebers zu dem von ihm in einer bestimmten Gesetzesvorschrift verwendeten Begriffe der Gleichartigkeit kommen vor. Ein Beispiel dafür bietet der (von unserem § 60 ZPO. — „. . . wenn gleichartige und auf einem im wesentlichen gleichartigen . . . Grunde beruhende Ansprüche . . ." — durch Weglassung des Wörtchens „und" sich unterscheidende) § 11 Ziff. 2 der österreichischen ZPO., der nach der Auffassung der österreichischen Prozeßwissenschaft den (die Streitgenossenschaft ermöglichenden) Begriff der Gleichartigkeit der Ansprüche oder Verpflichtungen in abgeschwächtem Sinne (nicht im Sinne absoluter Gleichheit) erklärt, indem auch die auf einem im wesentlichen gleichartigen tatsächlichen und rechtlichen Grunde beruhenden Ansprüche als gleichartige angesehen werden sollen. Vgl. dazu Horten, Österreichische ZPO., Bd. I, Wien 1908, S. 74 Nr. 151 f. Bem. b 1 und α, β zu § 11, wo auch der Gegensatz der Gleichartigkeit zur Identität (§ 11 Ziff. 1) und zur Verwandtschaft (= Ähnlichkeit?) festgestellt wird.

gezeitigt hat. Es wird also insbesondere im einzelnen festzustellen sein, welche Inhaltsmerkmale für eine solche Vergleichung in Betracht zu kommen haben, und welche beiseite bleiben müssen. Für das weite und in unserer Materie so wichtige Gebiet der absoluten Vermögensrechte wiederum wäre es der Gedanke der „Ausschließlichkeit“ des Rechts, dessen Bedeutung für die Vergleichung von ganzem Rechtsinhalt und einzelnem Rechtsanteil genauer zu untersuchen wäre.

Im Rahmen der späteren konstruktiven Untersuchungen über die regelmäßige Rechtsgemeinschaft werden nach dem Gesagten der Bestimmung der qualitativen Relation Erörterungen über die Begrenzung der Gleichheits-, Ähnlichkeits- und Verschiedenheitsmerkmale voranzugehen haben. Daß die für uns aus der Rechtsgemeinschaft als einer Zuständigkeitsform eines Rechtsinhalts sich ergebende Auffassung des Rechtsanteils als eines rechtlich grundsätzlich unselbständigen Elements des einen gemeinschaftlichen Rechts (und seine Leugnung als eines gewöhnlichen Einzelrechts) die Möglichkeit der Vergleichung des isoliert genommenen und gedanklich aus der komplexen Vorstellung des gemeinschaftlichen Rechts herausgelösten Rechtsanteils mit dem ganzen Rechte nicht ausschließt, ist bereits erwähnt[519]); es handelt sich ja um zwei in sich abgeschlossene, wenn auch nicht koordinierte rechtliche Vorstellungen. Wichtiger ist hier noch die Erkenntnis, daß es in jedem Fall innerhalb der Untersuchung einer bestimmten Rechtsgemeinschaftsform andere Kriterien sind, nach denen sich die Frage nach der qualitativen Relation zwischen Rechtsanteil und Ganzrecht bestimmt, und andere, zufolge deren sich die Frage nach der Qualität des Rechtsanteils als eines selbständigen Einzelrechts bejaht oder verneint. Wir haben sozusagen zwei einander kreuzende Fragen, deren Betrachtung sich in verschiedenen Gedankengängen bewegt; die eine (letztgenannte) findet ihre Lösung im Rahmen einer Betrachtung der Zuständigkeitsform als der besonderen rechtlichen Struktur eines (gemeinschaftlichen) Rechtsinhalts, die andere im Rahmen

---

[519]) Vgl. oben S. 266 Anm. 492.

einer Betrachtung des rechtlichen Gehalts des (auf Grund der inneren Ordnung einer konkreten Gemeinschaftsart näher bestimmten) einzelnen Rechtsanteils. Die Lösung der Frage nach der Selbständigkeit des Rechtsanteils ist daher nicht präjudizierlich für die Beantwortung der anderen Frage nach der qualitativen Relation, insbesondere nicht in dem Sinne, daß etwa die Verneinung der Qualität des Rechtsanteils als eines gewöhnlichen selbständigen Einzelrechts ohne weiteres (mit der Möglichkeit einer qualitativen Vergleichung überhaupt) die etwaige Annahme einer qualitativen Gleichheit [520]) oder qualitativen Ähnlichkeit [520]) ausschlösse. Vielmehr ist, soweit die Frage nach dem qualitativen Verhältnis der Rechtsinhalte als solcher aufgeworfen und untersucht wird [521]), die Frage, ob oder inwieweit den Rechtsanteilen der Charakter selbständiger und unabhängiger Einzelrechte zuzubilligen oder abzusprechen ist, einstweilen ausgeschaltet.

---

[520]) Im Sinne eines nach gewissen vorher präzisierten Kriterien näher bestimmten Begriffs.

[521]) Daß der einzelne Rechtsanteil für den Zweck der Vergleichung seines rechtlichen Gehalts mit dem des ganzen Rechts aus der Zuständigkeitsform herausgelöst vorgestellt wird, bedeutet nicht seine konstruktive Auffassung als eines selbständigen Rechtsinhalts in Einzelzuständigkeitsform.

SCHLUSS.

§ 12. Rückblick.

Wir stehen am Ende unserer Betrachtung des materiellrechtlichen Begriffs der „Rechtsgemeinschaft“. Ein kurzer Rückblick sei gestattet.

Unsere Betrachtungen nahmen von zwei Punkten her ihren Ausgang: einmal von dem Gedanken, daß eine dogmatische Betrachtung der aus den beiden großen früheren Rechtssystemen übernommenen Grundformen von Rechtsgemeinschaft, der dem römischen Recht entstammenden regelmäßigen und der aus dem deutschen Recht überkommenen gesamthänderischen Rechtsgemeinschaft, im Rahmen unserer heutigen einheitlichen positiven Rechtsordnung — entgegen einer vor 1900 zulässigen Betrachtung — über die Auffassung dieser beiden Gemeinschaftstypen als heterogener und die Eigenart zweier in ihren Grundlagen wesentlich verschiedener Rechtssysteme widerspiegelnder Rechtsgebilde hinaus zu dem einheitlichen Gedanken und dem in unserem BGB. enthaltenen und jene beiden Haupttypen gleichmäßig umfassenden Gattungsbegriff der „Gemeinschaft“ oder „Rechtsgemeinschaft“ vordringen müsse; zum andern von der Auffassung, daß der außerhalb des BGB. in zivilrechtlichem Sinne verwendete Ausdruck „Rechtsgemeinschaft“ nicht bloß, wie die Literatur meint, einen Sammelnamen für allerhand materiellrechtlich nicht zusammengehörige Rechtsgebilde oder eine untechnische Bezeichnung bedeute, sondern eben jenen ganz bestimmten technischen Oberbegriff unseres heutigen materiellen Rechts. Damit schien uns — vor aller dogmatischen Untersuchung der regelmäßigen (schlichten) Rechtsgemeinschaft — erforderlich, den allgemeinen Begriff der (materiellrechtlichen)

„Rechtsgemeinschaft" näher zu bestimmen. Dies um so mehr, als — folgt man den für jene beiden Gemeinschaftsgrundformen herrschenden Rechtskonstruktionen und der üblichen Auffassung der Judikatur — im Bereiche unserer heutigen bürgerlichrechtlichen Dogmatik nicht nur nicht ein einheitlicher Oberbegriff der „Rechtsgemeinschaft" (oder „Gemeinschaft") vorhanden zu sein, sondern sogar jede wahre Rechtsgemeinsamkeit (Gemeinsamkeit eines Rechts zugunsten mehrerer Subjekte) in Frage gestellt scheint, insofern die Gesamthandlehre Gierkes in der Annahme einer „rechtsfähigen" kollektiven Einheit als der Trägerin des Gesamthandvermögens zum Gedanken eines Rechtssubjekts (im potentiellen Sinne) gelangt, die herrschende Rechtsgeteiltheitslehre beim Miteigentum und der regelmäßigen Rechtsgemeinschaft dagegen, indem sie das „gemeinschaftliche" Recht sich in eine Mehrheit von selbständigen Einzelrechten (Teilrechten) am selben Objekt verflüchtigen läßt, im Grunde die „Rechtsgemeinschaft" durch eine Gegenstands- (Objekts-) Gemeinschaft ersetzt.

Das Wesen aller Rechtsgemeinschaft glaubten wir nun in Anlehnung an die grundlegende Vorschrift des § 741 BGB., erkennen zu müssen aus der Bestimmung der besonderen rechtlichen Wirkungen einer eigentümlichen subjektiven Bezogenheit eines Rechtsinhalts, einer besonders gearteten „Zuständigkeit" des einzelnen subjektiven Rechts. Neben die gewöhnliche und im Rechtsleben normale Art aller Zuständigkeit subjektiver Rechte, die einheitliche (Einzel-) Zuständigkeit, tritt die Bezogenheit eines Rechtsinhalts (gleichzeitig) auf mehrere Subjekte, seine mehrheitliche Zuständigkeit.

Indem nun die besonderen rechtlichen Wirkungen, die durch eine solche mögliche Verschiedenartigkeit der Zuständigkeit vermittelt werden, zunächst (ganz allgemein ausgedrückt) in der Eigenart der rechtlichen Struktur desselben Rechtsinhalts — je nach seiner einheitlichen oder seiner (irgendwie) mehrheitlichen Zuständigkeit — gefunden wurden, löste sich der Begriff der „Zuständigkeitsform" eines Rechtsinhalts (oder eines subjektiven Rechts) als diejenige Denkform ab, unter der wir uns, bei Festhalten des Gedankens von der Konstanz des potentiellen Gehalts des jeweils zur Untersuchung stehenden Rechts, sowohl die Eigenheiten der Struktur des subjektiven Rechts im Falle seiner einheitlichen Zuständigkeit wie insbesondere im Falle seiner mehrheitlichen Zuständigkeit, also des „Alleinrechts“ und des (irgendwie) „gemeinschaftlichen Rechts“, zutreffend vorstellen zu können glaubten.

Dabei war der Gedanke der Konstanz des Gesamtinhalts eines Rechts bei Wechsel seiner Zuständigkeitsformen nicht nur für die Betrachtung der verschiedenen positivrechtlich möglichen und positivrechtlich verwirklichten Rechtsgemeinschaftsarten lehrreich, sondern vor allem für die Erkenntnis des Wesens einer mehrheitlichen Rechtszuständigkeit und für die Beurteilung der konstruktiven Auffassungen einer Rechtsgemeinschaftsform von Bedeutung. Die für verschiedene Typen von Gemeinschaft, vor allem für das gesamthänderisch gemeinschaftliche Recht (bzw. Gesamthandvermögen), beliebte Auffassung einer Zuständigkeit eines „gemeinschaftlichen“ Rechts (Vermögens) an die „Gesamtheit der Gemeinschafter als solche“ ergab sich uns, von jenem Gedanken der Konstanz aus, als eine rechtlich unzulängliche Erklärung einer Gemeinschaftsart, weil sie als angeblich konstruktive Lösung da aufhört, wo die rechtliche Analyse der einzelnen Gemeinschaftsformen gerade einzusetzen hat. Ja, wir erkannten jene Auffassung der Zuständigkeit des „gemeinschaftlichen“ Rechts an die „Gesamtheit als solche“ als eine geradezu fehlerhafte Konstruktion, sofern mit dieser „Gesamtheit“ der Gedanke einer (kollektiven) „Einheit“ in die Zuständigkeit des „gemeinschaftlichen“ Rechts eingeführt werden soll und als Subjekt eines gesamthänderischen Rechts oder Vermögens die (rechtsfähige) Personeneinheit bezeichnet wird. Der Gesichtspunkt eines Rechtssubjekts im potentiellen Sinne und einer — wenn auch nur abgeschwächten — (juristischen) „Person“ als der Trägerin der „gemeinschaftlichen“ Rechte erschien für die konstruktive Auffassung einer wie immer gearteten (insbesondere auch einer gesamthänderischen) Rechtsgemeinschaft als abwegig und nur danach angetan, den grundsätzlichen Gegensatz zwischen juristischer Person und Rechtsgemeinschaft sowie zwischen

Rechtssubjekt im potentiellen und im aktuellen Sinne zu verwischen.

Eine „mehrheitliche Zuständigkeit", die zu der „einheitlichen" in einen wahren Gegensatz zu treten befähigt ist, konnten wir vielmehr immer nur durch eine solche subjektive Bezogenheit des Rechtsinhalts auf die mehreren Subjekte erfüllt sehen, durch die jeder einzelne der Mitberechtigten eine unmittelbare Beanteiligung am Inhalt des gemeinschaftlichen Rechts, an allen diesen Inhalt ausmachenden Einzelbefugnissen erhält. Der Begriff der Rechtsgemeinschaft als einer besonderen Zuständigkeitsform von Rechtsinhalten (einer Form mehrheitlicher Zuständigkeit) forderte daher als sein notwendiges Korrelat den Begriff des „Rechtsanteils", und zwar nicht in dem Sinne einer mitgliedschaftlichen Rechtsstellung des einzelnen Gemeinschafters innerhalb eines für die Rechtszuständigkeit sich wiederum zu einer Personeneinheit (oder auch einer „Personengemeinschaft") zusammenschließenden Kollektivsubjekts, auch nicht im Sinne eines „personenrechtlichen" Anteils am einzelnen Vermögensrecht; aber andrerseits auch nicht in dem Sinne eines völlig selbständigen und isoliert rechtlich bestehenden subjektiven Einzelrechts, welches mit anderen selbständigen Einzelrechten lediglich einen imaginären Herrschaftskreis ausfüllt, der dem eines entsprechenden Alleinrechts gleichkommen würde; vielmehr in dem Sinne einer innerhalb des (durch den Rechtsinhalt des Ganzrechts bestimmten und für die rechtliche Betrachtung die Einheitlichkeit eines subjektiven Rechts wahrenden) gemeinsamen Rechtskreises dem einzelnen Gemeinschafter zugewiesenen, den rechtlichen Grundcharakter des ganzen gemeinschaftlichen Rechts festhaltenden, insbesondere (bei gemeinschaftlichen absoluten Vermögensrechten) gegenstandsrechtlichen Rechtsstellung des einzelnen Gemeinschafters.

Der Gedanke der Rechtsgemeinschaft als einer besonderen Zuständigkeitsform eines Rechtsinhalts schloß dabei für uns die Auffassung dieser gegenstandsrechtlichen Anteile als gewöhnlicher (selbständiger) subjektiver Einzelrechte mit selbständigen (insbesondere gesetzestypischen) Rechtsinhalten, ihre Auffassung als von Rechtsinhalten in Einzelzuständigkeitsform, aus. In der besonderen rechtlichen Synthese der mehreren Anteile zur Mehrheitszuständigkeitsform des einen Rechtsinhalts erblickten wir dasjenige Moment, das die rechtliche Auffassung eines (scil. gemeinschaftlichen) Rechts ermöglicht, und auf dem die — gegenüber Dritten in praktisch erheblicher Rechtswirkung sich zeigende — Geschlossenheit des Rechtskreises trotz seiner Gliederung in (gegenständliche) Rechtsanteile beruht. Nicht schon der Gedanke des Rechtsanteils, sondern erst die nähere Betrachtung dieser besonderen rechtlichen Synthese, dieser „inneren Gemeinschaftsordnung" und ihrer Verschiedenheiten je nach der (innerhalb des positiven Rechts verwirklichten) Art gemeinschaftlichen Rechts vermittelt uns die volle Erkenntnis des Wesens einer Rechtsgemeinschaft.

Die als „innere Gemeinschaftsordnung" verstandene Gesamtheit rechtlicher „Innenbeziehungen" und „Innenwirkungen" erschien uns aber in jedem Falle nicht lediglich als ein mit den (gegenständlichen) Rechtsstellungen in Verbindung stehendes, insbesondere nicht als ein nur obligatorisches Rechtsverhältnis (ein „Gemeinschaftsverhältnis" im Sinne eines „Schuldverhältnisses") zwischen den mehreren Mitberechtigten als den Inhabern von Einzelrechtsstellungen; sondern sie war uns einerseits organischer Bestandteil des ganzen gemeinschaftlichen Rechts, der insbesondere bei der Hauptkategorie gemeinschaftlicher Rechte, den absoluten Vermögensrechten, im wesentlichen eine nähere — gesetzliche bzw. (zufolge der „Bestimmungsfreiheit" der Gemeinschafter in gewissen Grenzen zulässige) rechtsgeschäftliche — Ausgestaltung der sog. positiven oder inneren Seite des Rechts bedeutet, bzw. eine (zur vollen Ausübung des ganzen Rechts im Interesse aller Berechtigten) notwendige Ergänzung dieser inneren Seite gibt; und die innere Ordnung war uns andererseits derjenige Faktor, der die Rechtsanteile ihrem gesamten rechtlichen Gehalt nach bestimmt und damit insbesondere zu eigenartigen „inneren gegenstandsrechtlichen" Befugnissen und Rechtswirkungen Veranlassung gibt.

Daher erkannten wir den durch diese innere Gemeinschaftsordnung vermittelten spezifischen Charakter des einzelnen Rechtsanteils als den — nicht eines schlechthin selbständigen, von den anderen Anteilen getrennten und unabhängigen subjektiven Einzelrechts im gewöhnlichen Sinne, das mit den andern „fremden" subjektiven Einzelrechten lediglich in „interindividuelle" Beziehungen tritt, sondern den — einer eigenartigen (selbst bei freier Verfügbarkeit) relativ unselbständigen, durch die jeweilige innere Gemeinschaftsordnung „rechtlich gefärbten" Rechtsstellung; wir erkannten in dem „Anteil" eine Rechtserscheinung, die grundsätzlich niemals für sich allein, sondern immer nur zusammen mit anderen (durch dieselbe innere Ordnung bestimmten) Rechtsstellungen gleicher Art auftritt und, im Gegensatz zum gewöhnlichen und inhaltstypischen subjektiven Recht, zu ihrer vollen Ausübung einer Inanspruchnahme der anderen („koordinierten") Rechtsanteile niemals entraten kann. Wir fanden so in den Rechtsanteilen eines gemeinschaftlichen Rechts eine besondere rechtliche Kategorie von Rechtspositionen, die wir nicht gut in dem gleichen Sinne als „ein subjektives Recht" auffassen können, in dem uns das entsprechende ganze Recht (das Alleinrecht wie das gemeinschaftliche Recht) „ein subjektives Recht" ist, und die, isoliert betrachtet, (jedenfalls soweit der durch die rechtliche Selbständigkeit bestimmte Charakter der Rechtsstellung in Frage steht) in eine andere rechtliche Kategorie subjektiver Rechtspositionen gehören — nicht nur als das entsprechende Ganzrecht, sondern auch — als gewisse, aus diesem ganzen Rechte (als einem umfassenderen) abgeleitete und „ausgeschiedene" (technisch sog.) begrenzte Rechte (insbesondere selbständige iura in re aliena)[522].

Nicht als ein Recht (oder ein Vermögen) einer „Gesamtheit als solcher", einer (rechtsfähig gedachten) kollektiven Personeneinheit, aber andrerseits auch nicht als eine Mehrheit getrennter Einzelrechte, auch nicht als eine Summe

---

[522]) D. h. insbes.: das einzelne Miteigentumsrecht ist keinesfalls in gleichem oder ähnlichem Sinne (selbständiges) „eigenartig beschränktes (dingliches) Recht an körperlicher Sache" (dies die Auffassung der „neueren Richtung"; vgl. oben S. 137, 146 in § 8), als etwa der Nießbrauch begrenztes (beschränktes) dingliches Recht ist.

von „Quotenrechten" erschien uns danach die Rechtsgemeinschaft, das gemeinschaftliche Recht, sondern als ein — je nach den positivrechtlichen Besonderheiten der inneren Gemeinschaftsordnung enger oder loser zusammengeschlossenes — System von Rechtsanteilen, die ihre rechtliche Einheit (im Sinne gewöhnlichen subjektiven Rechts) nicht in sich, sondern in der (höheren) Einheit des gemeinschaftlichen Rechts, in der Mehrheitszuständigkeitsform eines (lediglich in sich nach Anteilen gegliederten) Rechtsinhalts finden.

So also stellt sich uns der Begriff der „Rechtsgemeinschaft" im Sinne unseres materiellen bürgerlichen Rechts dar; von ihm kann und darf sich unseres Erachtens eine Rechtskonstruktion einer Unterart von Rechtsgemeinschaft unseres positiven Rechts nicht grundsätzlich entfernen, die in diesem Begriff vereinigten Elemente müssen auch in der Auffassung einer einzelnen Gemeinschaftsart festgehalten werden. Insbesondere erhalten wir nur dann eine zutreffende Abgrenzung unserer Rechtsfigur der Rechtsgemeinschaft (in ihren verschiedenen Ausprägungen) von anderen Rechtsfiguren, namentlich — sofern hier der oben berührte Gegensatz zwischen Rechtsgemeinschaft und juristischer Person beiseite bleiben kann — eine zutreffende Abgrenzung der Regelform der Rechtsgemeinschaft von dem in selbständige Einzelrechte (wahre Einzelrechtsinhalte in Einheitszuständigkeitsform) zerfallenden („reell" geteilten) Recht, von der Rechtekollision, von dem Verhältnis des Mutterrechts zum Tochterrecht, von dem Falle des § 1025 BGB. und ähnlichem mehr.

Finden wir so die Begriffsmerkmale der „Rechtsgemeinschaft" in der regelmäßigen nicht weniger als in der gesamthänderischen wieder, so liegt für uns der Wesensunterschied dieser beiden Gemeinschaftsgrundformen unseres heutigen Rechts nicht in der Bildung oder der Nichtbildung von gegenständlichen Anteilen, sondern in einer Verschiedenheit der inneren Gemeinschaftsordnung und in der durch die Verschiedenheit dieser inneren Ordnung im einen und im anderen Falle vermittelten Wesensverschiedenheit der Rechtsanteile. Namentlich gibt bereits der Gesamttypus der inneren

Ordnung, wie er einmal bei der regelmäßigen Rechtsgemeinschaft als von jedem Grundverhältnis abstrahierender, zum andern beim gesamthänderisch gemeinschaftlichen Recht als von einem schuldrechtlichen, familienrechtlichen, erbrechtlichen Grundverhältnis in dauernder Abhängigkeit bleibender obwaltet, dem einzelnen Rechtsanteil unmittelbar eine grundlegende rechtliche und für den besonderen Charakter der Gemeinschaftsform maßgebende Eigenschaft — dort die Verfügbarkeit, hier die Unverfügbarkeit — mit.

Indem die Gemeinschaftsordnung die gesamten Innenbeziehungen der mehreren Gemeinschafter zueinander gestaltet und innerhalb der gemeinsamen Rechtssphäre die für sie abgeschiedenen Anteile ihrem rechtlichen Inhalte nach bestimmt und im Verhältnis zueinander abgrenzt, erschien die übliche Identifizierung von Rechtsanteil und Quotenrecht unzutreffend, und es mußte vielmehr die für eine wahrhafte „rechtliche Bestimmtheit" des Anteils regelmäßig behauptete Notwendigkeit einer rechnerischen (bruchteilmäßigen) Bestimmtheit der Rechtsanteile und ihres Verhältnisses zum Ganzrechte im Rahmen einer rein rechtlichen Betrachtung oder Konstruktion geleugnet werden, bzw. es erschien eine solche etwa lediglich als wirtschaftliches Wertverhältnis aufgefaßte quantitative Relation im Bereiche rechtlicher Betrachtung als unbeachtlich. Immerhin mochte die Bezeichnung des Rechtsanteils als eines Quotenrechts für die regelmäßige Rechtsgemeinschaft, bei der ein abstraktes Zahlenverhältnis als primäres Element der inneren Ordnung eine erhebliche Rolle spielt, als eine zwar nicht ganz einwandfreie — sofern sie namentlich auch der Auffassung des „gemeinschaftlichen" Rechts als einer bloßen „Summe" von (selbständigen) Quotenrechten Vorschub leistet —, aber im ganzen unschädliche abgekürzte Ausdrucksweise hingehen; für die gesamthänderische Rechtsgemeinschaft aber bedeutet, wie wir erkannten, eine solche Auffassung eine völlige Verkennung des den einzelnen Rechtsanteil gestaltenden und inhaltlich bestimmenden Moments und eine Verkennung der Bedeutung des grundlegenden Rechtsverhältnisses für die innere Ordnung der gesamthänderischen Rechte, insofern hier ein Zahlenmoment höchstens sekundär und nur insoweit einmal Bedeutung erlangen kann, als es in dem unterliegenden Grundverhältnis selbst eine Rolle spielt. Mit der Ablehnung der meist behaupteten Notwendigkeit einer ziffermäßigen und rechnungsmäßigen Bestimmtheit des Anteils und einer Festsetzung eines quotalen Größenverhältnisses der Anteile zueinander und zum ganzen Recht schien der Sinn der quantitativen Relation zwischen Ganzrecht und Rechtsanteil, soweit die rein rechtliche Konstruktion in Frage kommt, über den allgemeinen Gedanken eines „minus" an rechtlichem Gehalt beim Rechtsanteil und über den Gedanken der näheren Bestimmung dieses minus durch die innere Gemeinschaftsordnung nicht hinauszugehen.

War sonach der Gedanke der Quote als eines den einzelnen Rechtsanteil rechtlich bestimmenden (und notwendigerweise bestimmenden) Moments im Bereiche der Rechtsgemeinschaften grundsätzlich abzulehnen, und konnte die quantitative Relation von Rechtsanteil und Ganzrecht im Sinne eines abstrakten Zahlenverhältnisses mehrerer Rechtspositionen zueinander im einzelnen Falle wohl einer wirtschaftlichen, nicht aber einer rein rechtsdogmatischen Betrachtung erheblicheres Interesse abgewinnen, so erschien praktisch wie konstruktiv bedeutend wichtiger die bei aller und jeder Gemeinschaftlichkeit subjektiver Rechte unumgänglich auftauchende Frage nach der qualitativen Relation zwischen dem gemeinschaftlichen Recht als ganzen und dem einzelnen Rechtsanteil (lediglich nach seinem rechtlichen Gehalt betrachtet und abstrahiert von dem Gedanken einer Selbständigkeit oder Unselbständigkeit), insofern angesichts der als Möglichkeiten in Betracht kommenden Relationen der (qualitativen) Gleichheit, Ähnlichkeit und Verschiedenheit eine rechtsdogmatisch wertvolle Bestimmung dieses qualitativen Verhältnisses für die einzelne einer Rechtsgemeinschaft zugängliche Kategorie subjektiver Rechte eine vorgängige, von dem typischen Rechtsinhalt dieser einzelnen Rechtskategorie (bzw. des einzelnen subjektiven Rechts) ausgehende, kritische Betrachtung der brauchbaren Vergleichungsmerkmale und eine Abgrenzung der Gleichheits-, Ähnlichkeits- und Verschiedenheitsmerkmale zu verlangen scheint, wenn anders die Behauptung einer so oder anders aufzufassenden qualitativen Relation eine kritisch nachzuprüfende und nicht lediglich eine gefühlsmäßige sein soll.

Dies war im wesentlichen der Gedankengang, in dem wir den allgemeinen Oberbegriff der „Rechtsgemeinschaft", der „Gemeinschaft" im technischen Sinne unseres materiellen bürgerlichen Rechts, und die in ihm enthaltenen Begriffselemente festzustellen versuchten. Wir können zusammenfassend sagen:

„Rechtsgemeinschaft" (gemeinschaftliches Recht) ist eine solche Zuständigkeitsform eines Rechtsinhalts (subjektiven Rechts) — bzw. als „Rechte-Gemeinschaft", Gemeinschaft einer Vielheit subjektiver Rechte oder Vielheit gemeinschaftlicher subjektiver Rechte, Gemeinschaft eines Vermögens, Vermögensgemeinschaft: die Summe solcher Zuständigkeitsformen von Rechtsinhalten —, bei der (bei denen) zufolge der mehrheitlichen Zuständigkeit des Rechtsinhalts für die Subjekte des Rechts gleichartige Rechtsanteile (bei absoluten Vermögensrechten: gegenstandsrechtlicher Art) — im Sinne eigenartiger unselbständiger und von den gewöhnlichen subjektiven Einzelrechten spezifisch unterschiedener Rechtspositionen — ausgeschieden werden, die durch eine „innere Gemeinschaftsordnung" als durch einen Komplex von Beziehungen und Rechtswirkungen auf Grund gesetzlicher bzw. rechtsgeschäftlicher Bestimmungen (insbesondere bei gemeinsamen absoluten Vermögensrechten: zum Zwecke der näheren Ausgestaltung der „positiven Seite" des Rechts) zu einem „System von Rechtsanteilen" zusammengeschlossen werden, und die nicht „rechtlich bestimmt" sind im Sinne eines ziffermäßig bestimmten, aliquoten Teils einer (rechtlichen) Einheit und sich für eine strenge rechtsdogmatische Betrachtung nicht als rechnungsmäßige Quotenrechte darstellen, sondern deren rechtlicher Gehalt, deren rechtliche Bestimmtheit und Abgrenzung gegeneinander sich aus der in dem gemeinschaftlichen Recht wirkenden inneren Ordnung ergibt derart, daß ein (abstraktes) Zahlenverhältnis nur als eines der Elemente dieser inneren Ordnung in Betracht kommen kann.

In kürzerer Formulierung bestimmen wir den Begriff der „Rechtsgemeinschaft" etwa dahin:

„Rechtsgemeinschaft (gemeinschaftliches subjektives Recht) bedeutet eine Zuständigkeitsform eines Rechtsinhalts, bei welcher mehrere (relativ) unselbständige gleichartige Rechtspositionen („Anteile") durch eine innere Ordnung zu einem System von Rechtsanteilen zusammengeschlossen werden.

Auf diesem Begriff der Rechtsgemeinschaft aufbauend und an dem Gedanken des gemeinschaftlichen Rechts als einer Zuständigkeitsform eines Rechtsinhalts festhaltend, sollen die weiteren Untersuchungen dem besonderen Wesen, der besonderen rechtlichen Struktur und den eigenartigen rechtlichen Wirkungen derjenigen Unterart von Rechtsgemeinschaft bei den einzelnen subjektiven Rechten gelten, die vielleicht nicht im praktischen Leben, wohl aber nach der Auffassung des Gesetzgebers die Regel darstellt: der regelmäßigen (schlichten) Rechtsgemeinschaft, der Mitberechtigung (§§ 742 ff. BGB.).

ANHANG.

I. Zur sprachlichen Ableitung und zur Terminologie.

(Vgl. S. 16 Anm. 34 zu § 2.)

Der Doppelsinn des Wortes „Gemeinschaft", einerseits als Gemeinsamkeit, andererseits als Verbindung von Menschen und als gegenseitige Beziehung zwischen ihnen, beruht auf dem ursprünglichen reichen Bedeutungsinhalt des adjektischen Stammwortes „gemein"[1]) in Verbindung mit der Doppelbedeutung der Endsilbe „schaft"[2]).

I. Was zunächst die etymologische Ableitung der Worte Gemeinschaft und communio anlangt, so entspricht weder die früher von Unger[3]) unter Berufung auf Mommsen und Vaniczek gegebene Ableitung des Wortes communis = „Mitverpflichteter", „Mitbelasteter" von con + munus (im Sinne von Obliegenheit, Last)[4]) noch die neuerdings von R. Joerges[5]) gegebenen Ableitung der Worte communio und Gemeinschaft aus com + unio, gem + ein + schaft[6]) dem

[1]) Vgl. dazu vor allem Grimm, Deutsches Wörterbuch, Bd. IV 1 II, Leipzig 1879—1897, S. 3169 ff.

[2]) Vgl. dazu besonders Adelung, Grammatisch-kritisches Wörterbuch der hochdeutschen Mundart, Leipzig 1793—1801, Bd. III, 1798, S. 1331 f.; Wiegand, Deutsches Wörterbuch, Bd. II, Gießen 1910, S. 667 f.; Kluge, Etymologisches Wörterbuch der deutschen Sprache, Straßburg 1909, S. 389.

[3]) Unger, Passive Korrealität usw., in JheringsJ. Bd. 22, 1888, S. 207 ff. auf S. 224 Anm. 39a.

[4]) Immerhin soll munus mit zu der in communis erscheinenden Stammwurzel „moin", „mun" gehören; vgl. das folgende im Text sowie die verschiedenen Auffassungen bei Meringer und Walde in den demnächst zitierten Schriften und Stellen.

[5]) R. Joerges, Die eheliche Lebensgemeinschaft usw., Halle a. S. 1912, S. 73 f.

[6]) Ähnlich schon Wackernagel, Wörterbuch zum altdeutschen Lesebuch, Basel 1839, S. 229/30: „communis für com — unis" (was = unus sei); dagegen Grimm, a. a. O., S. 3169.

sicheren und kaum mehr bezweifelten Ergebnis der heutigen Sprachforschung. Es werden vielmehr heute beide Worte — Gemeinschaft wie communio [7]) — auf die gemeinsame und weitverbreitete indogermanische Stammwurzel „mei", „moi"[8]), got. mein, lat. moin, mun zurückgeführt, mit der die Vorsilbe ga, ge, gi, lat. co, com (cum)[9]) verbunden ist. Ursprünglicher Sinn: „die sich innerhalb einer gemeinsamen Schutzwehr ansiedelten"[10]), „dieselben moenia[11]), dieselben Mauern, denselben Zaun, dieselben Hauswände miteinander haben, also die Hof- und Hausgenossen"[12]).

---

[7]) Daß gemein, mhd. gemeine, ahd. gimeini, got. gamains (dazu ferner angels. gemaens, engl. mean, nied. gemeen) mit dem lateinischen communis urverwandt ist, betont schon Wachter, Glossarium Germanicum, Lipsiae 1737, p. 556. Vgl. ferner außer den demnächst Genannten etwa noch Lottner in Kuhns Zeitschr. f. vergleichende Sprachforschung Bd. 7, 1858, S. 166; Kern, ebenda, S. 275; Brugmann in Indogermanischen Forschungen Bd. 18, 1905/6, S. 428; auch den Thesaurus linguae latinae, Bd. III 2, Leipzig 1906—12, S. 1968.

[8]) Bedeutung dieser Stammwurzel: „bauen", und zwar der Technik nach: „Pfahl, Pfosten, Säule". Vgl. insbes. Meringer in Indogermanischen Forschungen Bd. 18, 1905/6, S. 270 f. Dazu die lateinischen Worte moenia, municipium, altlat. moinicitium oder moinicitiis.

[9]) Bedeutung dieser Vorsilbe: „Zugehörigkeit, Vereinigung"; vgl. lat. cum = mit.

[10]) Grimm, a. a. O., S. 3170; er erinnert dazu (S. 3180) an die „gemeine Landwehr" = Schutzwall, der das ganze Gemeindegebiet umgab und sicherte.

[11]) Dazu altlat. comoins = communis; vgl. S. C. de Bacchan. (Corpus inscript. Lat., Bd. I 2 1, Leipzig 1893, 581, 11).

[12]) Vgl. Meringer, a. a. O. — Zur sprachlichen Ableitung überhaupt vgl. etwa noch Osthoff, Forschungen im Gebiete der indogermanischen nominalen Stammbildung, Bd. I, Jena 1875, S. 85 f.; Meringer, a. a. O., (ihm folgend) Kluge und Wieland, a. a. O., sowie von Wörterbüchern den Thesaurus, a. a. O., S. 1960 ff.; Littré, Dictionnaire de la langue française, Bd. I, Paris 1863, S. 688 ff.; Murray, A new english dictionary, Bd. II, Oxford 1893, S. 702; auch The century dictionary, Bd. I, Neuyork 1889, S. 1133. — Andere Auffassung der Stammsilbe „mei" z. B. bei Walde, Lateinisches etymologisches Lexikon, Heidelberg 1906, S. 135. Wegen der Verwandtschaft der Vorsilbe ge mit lateinisch co, cum vgl. außer den Genannten auch schon Müller, Mittelhochdeutsches Wörterbuch, Bd. I, Leipzig 1854, S. 450; wegen des Verhältnisses der (ursprünglichen) Form co zu cum: Brugmann, Die Ausdrücke für den Begriff der Totalität usw., Leipzig 1895, S. 21, 50.

II. Von dieser Grundlage aus entwickeln sich die sprachlichen Bedeutungen unseres Wortes Gemeinschaft[13]).

A. Aus dem Worte „gemein“, ausgesagt von Dingen als deren Eigenschaft, sich auf mehrere oder viele Personen zu beziehen, einer Mehrheit von Personen anzugehören[14]) (commune esse), entstand zufolge der Bedeutung der Endsilbe „schaft“ = Beschaffenheit, Art und Weise, Zustand (vgl. z. B. Gefangenschaft, Freundschaft, Wanderschaft, Nachbarschaft) die Bedeutung von „Gemeinschaft“ = Zustand eines Dinges, einer Mehrheit von Personen[15]) anzugehören, Gemeinsamkeit von etwas[16]). So sprechen wir von der Gemeinschaft der Sprache, der Sitte, des Glaubens, der Anschauungen, der Kultur, der Interessen usw.

Innerhalb des Rechts verwenden wir bzw. unsere Gesetze „Gemeinschaft“ in diesem Sinne — außer im Worte Rechts-

---

[13]) Wenn die folgenden Ausführungen in der strengen Sonderung der gegenständlichen und der persönlichen Bedeutung des Stammworts „gemein“ und der aus ihr folgenden Bedeutungsverschiedenheiten des Wortes „Gemeinschaft“ von den üblichen Darstellungen der deutschen Wörterbücher (insbes. auch von Grimm) abweichen, welch letztere sich im wesentlichen auf die Aufzählung der einzelnen Bedeutungsnuancen des Wortes beschränken, so lag das Bestreben zugrunde, die Doppelbedeutung des Wortes „Gemeinschaft“ — unter Zurückführung auf eine wesentliche Bedeutungszweiheit des Stammwortes — schärfer hervortreten zu lassen und zugleich seine gegenständliche Bedeutung (= Gemeinsamkeit von etwas) als die primäre und unserm Worte in erster Linie zukommende nachzuweisen. Vgl. dazu oben S. 16 Anm. 34, S. 190 Anm. 361; auch S. 15 Anm. 30 und unten S. 298 Anm. 23.

[14]) In dieser Bedeutung noch bei Adelung, a. a. O.: „gemeine Dinge“ für res communes omnium; übrigens auch z. B. bei Wieland, Geschichte der Abderiten, II. Teil 4. Buch bei dem berühmten Prozeß um des Esels Schatten. Heutige Überreste dieser Bedeutung von gemein in Zusammensetzungen wie Gemeinwohl, Gemeinsinn, Gemeinschuldner. Der heutige Sprachgebrauch ersetzt „gemein“ in diesem Sinne einerseits durch „allgemein“, andrerseits durch „gemeinsam, gemeinschaftlich“.

[15]) Eines zusammen gedachten oder im Leben zusammengeschlossenen engeren oder weiteren Kreises.

[16]) Altes synonymes Wort ist „Teilhabung“; vgl. z. B. Luther, Bücher und Schriften, Bd. III, Jena 1640, S. 508a ff.

gemeinschaft als der Gemeinsamkeit des objektiven oder des subjektiven Rechts[17]) — z. B. in Lebensgemeinschaft (§§ 1353 Abs. 1, 1360 Abs. 3 Satz 1 BGB.), Vermögensgemeinschaft, Gütergemeinschaft (§§ 1437 ff.), Errungenschafts- (§§ 1519 ff.), Fahrnisgemeinschaft (§§ 1549 ff.). Jedoch leiten die letzteren drei Ausdrücke bereits zur zweiten Bedeutung von „Gemeinschaft" über, indem sie nicht nur die Gemeinsamkeit der Güter als deren Zustand („Güterstand"), sondern auch das Rechtsverhältnis zwischen den Ehegatten, ihre „güterrechtlichen Verhältnisse" (§ 1432), bezeichnen[18]).

B. Die zweite Bedeutung von „Gemeinschaft" knüpft an die Verwendung des Adjektivums „gemein" auf Personen an. Indem es deren Eigenschaft, Mitglied (zunächst einer „Gemeinde", sodann) eines bestimmten Personenkreises zu sein, und des weiteren auch ihr gegenseitiges Verhältnis innerhalb des Personenkreises bezeichnet[19]), verschafft es, zufolge der doppelten Bedeutung der Endsilbe „schaft", einmal (a) in der bereits erwähnten des Zustandes, zum andern (b) im Sinne einer kollektivistischen, pluralischen Zusammenfassung (vgl. z. B. Bürgerschaft, Beamtenschaft, Mannschaft, Völkerschaft), dem Hauptworte „Gemeinschaft" die weiteren Bedeutungen

a) = Verhältnis dieser mehreren Personen untereinander,

b) = Gesamtheit der zu einem bestimmten Personenkreise gehörenden Personen.

---

[17]) Vgl. oben § 2 S. 14 ff. und S. 16 Anm. 35.

[18]) Was ja auch durch das Wort „Güterstand" mit ausgedrückt wird; vgl. § 1432 und dazu z. B. Art. 36 zu I EG.BGB.: „. . . die dem Mann kraft des Güterstandes zustehenden Rechte".

[19]) Eine solche Person ist nach alter Sprachweise „der andern gemein", auch „mit der andern gemein"; die mehreren sind „einander gemein". Vgl. dazu Grimm, a. a. O., S. 3175 ff. unter 3, S. 3194 ff. unter 5. Als heutiger Überrest dieser Bedeutung des Wortes: „etwas miteinander gemein haben". Im übrigen ist dieses „gemein", über die Bedeutung „vertraut, miteinander wohlbekannt, herablassend" (vgl. „sich mit jemand gemein machen"), ungebräuchlich geworden und — wie das Wort gemein überhaupt — allmählich im Werte heruntergekommen.

So sprechen wir — im wesentlichen ohne Unterscheidung der beiden Bedeutungen — von der politischen, der staatlichen Gemeinschaft oder dem „Gemeinwesen“, von Personengemeinschaften, von der Gemeinschaft aller Menschen (communio omnium hominum), der Gemeinschaft (auch der „Gemeine“ oder „Gemeinde“) der Heiligen (communio sanctorum) und ähnlichem mehr.

Auch innerhalb des Rechts begegnen wir diesen beiden Bedeutungen. Seltener der zu b: z. B. im preußischen Gesetz vom 2. April 1887, namentlich §§ 1 und 2, wo es gleichbedeutend und promiscue mit der „Gesamtheit der Beteiligten“ verwendet wird. Häufiger dagegen der Bedeutung zu a, der „Gemeinschaft“ mehrerer Personen als dem zwischen ihnen bestehenden Rechtsverhältnis, dem „Gemeinschaftsverhältnis“ [20]) (vgl. Art. 131 EG.BGB. und dazu E. I Art. 73: „... das Gemeinschaftsverhältnis der Miteigentümer“). So z. B. in „Gemeinschaft der Miteigentümer“ (§§ 1066 Abs. 1, 1258 Abs. 1), „Gemeinschaft der Erben“ (§ 16 Abs. 2 KO.; dazu § 51 KO. und die Überschrift vor § 2032 BGB.)[21]), auch in § 922 Satz 3 BGB.[22]) [23])

---

[20]) Dazu § 9 auf S. 183 f.

[21]) Vgl. aber oben S. 190 Anm. 357 zu § 9.

[22]) Auch das wenig schöne Wort „Geschlechtsgemeinschaft“ des § 1310 Abs. 2 bedeutet nicht eine Gemeinsamkeit des Geschlechts, etwa analog der „Blutsgemeinschaft“ als des Begriffsmerkmals der Blutsverwandtschaft (vgl. dazu z. B. § 42 I 1 ALR.; Art. 20 des schweizerischen ZGB. und dazu auch Egger, Kommentar zum Personenrecht, S. 64 Bem. 1a zu Art. 20), sondern eine geschlechtliche Beziehung zwischen zwei Personen.

[23]) Die gleiche Bedeutungszweiteilung wie Gemeinschaft haben die entsprechenden Worte in anderen Sprachen, insbes. das lateinische communio (vgl. auch S. 15 Anm. 30 zu § 2), das französische communauté (aus lat. communitatem), das italienische comunione, das englische community. Jedoch werden in den meisten Wörterbüchern die gegenständliche (A) und die persönliche (B) Bedeutung des Wortes nicht streng genug unterschieden; so auch nicht im Thesaurus linguae latinae, a. a. O., S. 1960 ff.; im Littré, a. a. O., S. 688 ff. u. a. Klare Trennung dagegen z. B. bei Hatzfeld-Darmestedter, Dictionnaire général de la langue française, Bd. I, Paris 1891, S. 476 (communauté = I. caractère de ce qui est commun; II. réunion de ceux qui vivent en commun); ferner Murray, a. a. O., S. 702 (community = I. a quality

Das vom Substantivum Gemeinschaft wiederum abgeleitete — und zwar von seiner primären Bedeutung zu A abgeleitete — Adjektiv „gemeinschaftlich" entspricht heute der Bedeutung des alten Wortes „gemein" in seinem gegenständlichen Sinne (zu A). Es bezeichnet im gewöhnlichen und in dem vom BGB. verwendeten (für uns somit technischen) Sinne das — nicht nur einer Person, aber auch nicht allen (ohne Ausnahme)[24]), sondern — mehreren Personen Gehörende, Angehörende[25]), insbesondere das mehreren Subjekten zugleich zustehende subjektive Recht, die im Miteigentum stehende körperliche Sache[26]).

III. Eine innerhalb der Dogmatik des bürgerlichen Rechts untechnische Bedeutung zeigt sich uns in der Verwendung von „Rechtsgemeinschaft" oder „Gemeinschaft" zur Bezeichnung auch solcher Personengesamtheiten[27]), welche, rechtlich zur Einheit zusammengeschlossen, unter der Rechtsform der juristischen Person — sei es des privaten oder des öffentlichen Rechts — erscheinen. Im Interesse der Gegenüberstellung der beiden Rechtsformen der Rechtsgemeinschaft und der juristischen Person ist die Verwendung unseres Wortes für die letztere Rechtsfigur besser zu vermeiden, und zwar auch dann, wenn mit dieser „Rechtsgemeinschaft" mehr das soziale (soziologische) Gebilde und weniger die juristische Kategorie bezeichnet werden soll, unter welche die betreffende Personenverbindung fällt[28]). Soweit dem-

---

or state; II. a body of individuals; jedoch bringt er Gesellschaften und soziale Verbindungen ohne juristische Persönlichkeit unter I).

[24]) Gehören die Dinge allen ohne gedachte subjektive Begrenzung (d. h. ohne Begrenzung auf einen in gewisser Weise abgegrenzten Personenkreis), so sind die Dinge nicht „gemeinschaftlich", sondern „allgemein"; sie gehören der „Allgemeinheit".

[25]) Vgl. z. B. auch die den Eltern oder den Ehegatten „gemeinschaftlichen Kinder": § 1757 Abs. 2; Art. 206 EG. usw.; die „gemeinschaftlichen Abkömmlinge": z. B. §§ 1482 ff.

[26]) Vgl. z. B. den gemeinschaftlichen Gegenstand: §§ 743 ff.; das gemeinschaftliche Eigentum: § 706 Abs. 2; die gemeinschaftliche Sache, das gemeinschaftliche Grundstück: § 1009 BGB.; so z. B. auch in § 25 Satz 1 des deutschen Zuwachssteuergesetzes vom 14. Febr. 1911.

[27]) Vgl. dazu auch die „persönliche" Bedeutung zu II B b.

[28]) Vgl. auch S. 17 Anm. 35 zu § 2. — Übrigens setzt das österreichische ABGB. ausnahmsweise in § 1023 die Ausdrücke Körperschaft und

gemäß das Adjektivum „gemeinschaftlich" (oder „gemein" als die ältere Form) für Gegenstände und Rechte von Körperschaften, Gemeinwesen (einer „Gemeine", Gemeinde) und anderer rechtsfähiger sozialer Gebilde gebraucht wird[29]),

---

Gemeinschaft einander gleich. Aber die Wissenschaft zur Zeit der Schaffung dieses Gesetzbuchs und daher dieses selbst unterschieden eben noch nicht genügend zwischen juristischer Person und Gemeinschaft bzw. Gesellschaft; vgl. Krainz-Pfaff-Ehrenzweig, System des österr. allgem. Privatrechts, Bd. I S. 175 f. § 80 III.

[29]) Also insbes. im Sinne des lateinischen publicus und im Gegensatz zu privatus. Vgl. bereits Josua Maaler (Pictorius), Die teutsch Spraach, Tiguri 1561 — das „erste wahrhafte deutsche Wörterbuch" (Grimm, a. a. O., Bd. I, Vorwort S. XXI) — auf S. 166d: „Gemein, yedermann zugehörig, publicus, communis". In diesem Sinne z. B. in der preußischen Gemeinheitsteilungsordnung vom 7. Juni 1821: die „gemeine Weide" (§ 41) oder „Gemeinweide" (§§ 42, 52 Abs. 2); der „gemeine Weideanger" (§ 172 Ziff. 1); die „Gemeingründe" (§ 171); ferner im preußischen Gesetz über die „gemeinschaftlichen Holzungen" vom 14. März 1881, worunter insbes. Holzungen der Realgemeinden, Nutzungsgemeinden usw. fallen (§ 1 Nr. 1).

Entsprechend das lat. communis zur Bezeichnung der Rechte und Gegenstände öffentlicher oder privater Körperschaften (universitates), insofern diese Gegenstände allen Mitgliedern zugute kommen (vgl. Cicero, De officiis lib. I § 53 und den servus communis civitatis in L. 6 § 1 D. 1, 8) und der Begriff der „universitas" nicht so sehr die rechtliche Einheit als den unpräzisen Gedanken der Gesamtheit, Kollektivität, der „sämtlichen" Mitglieder, von ihnen „allen zusammen" (vgl. dazu oben S. 54 f. in § 4 der Arbeit) wiedergibt. Vgl. dazu neuestens Bonfante im Bullettino dell' istituto di diritto romano vol. XXV, 1912/13, S. 197 und Anm. 1, der diese Bezeichnung der den universitates gehörenden Gegenstände mit res communes als quasi-technische anspricht; andrerseits aber Manenti in Il Filangieri vol. XIX, 1894, S. 327, 505 ff., insbes. S. 511 ff., der betont, daß diese „res communes" für eine Betrachtung der Rechtsgemeinschaften beiseite zu bleiben haben, weil sie nicht Objekt einer Gemeinschaft im Rechtssinne sind, sondern Bestandteil des Vermögens jener juristischen Personen (S. 513; dazu S. 514/5); d. h. also nach unserer Terminologie: weil sie Eigentumsinhalt in Einheitszuständigkeitsform und nicht in Mehrheitszuständigkeitsform sind. Vgl. aber dazu wegen des Zusammenhangs dieser Wortverwendung von communis mit der Entwicklung der juristischen Person und ihres (Einzel-) Eigentums aus dem ursprünglichen Rechtszustande der Kollektivität und des Kollektiveigentums auch die Andeutungen auf S. 250 Anm. 466 zu § 10 unsrer Arbeit.

ist es in rechtsuntechnischem, mehr wirtschaftlichem Sinne gemeint; unsere neueren Gesetze vermeiden daher mit Recht die Verwendung des Wortes in diesem Sinne[30]).

II. Zum Begriff der „Zuständigkeit“ eines subjektiven Rechts.

(Vgl. S. 32 Anm. 60 zu § 3.)

Der Begriff der „Zuständigkeit“ (schlechthin) ist uns und unseren Gesetzen geläufig in einem — man könnte zunächst sagen — formellrechtlichen Sinne, in einer Bedeutung, die in der Hauptsache in das öffentliche Recht und speziell auf amtliche oder überhaupt organschaftliche Stellungen von Personen oder Behörden innerhalb eines staatlichen oder körperschaftlichen Organismus hinweist. Der von uns für das Gebiet des materiellen bürgerlichen Rechts beanspruchte und gleichfalls bereits vielfach übliche Begriff der „Rechtszuständigkeit“, der „Zuständigkeit“ eines subjektiven Rechts, ist unsern Gesetzen unbekannt. Die folgenden Betrachtungen wollen versuchen, das Verhältnis und den Zusammenhang dieser anscheinend so heterogenen Begriffe der „Zu-

[30]) Anders noch z. B. die deutsche RV.; vgl. z. B. die Bezeichnung der nach Art. 35 daselbst dem Reiche ausschließlich übertragenen Zoll- und Steuergesetzgebung als „gemeinschaftlicher Gesetzgebung“ in Artt. 36 Abs. 3 und 37. Die „gemeinschaftliche Zollgrenze“ (z. B. Artt. 33, 34, 38 und sonst) rührt aus dem Zollvereinigungsvertrage vom 8. Juli 1867 bzw. dem Vereinszollgesetz vom 1. Juni 1869 her, wo die Verwendung des Wortes zutreffend war. Die RV. dagegen hätte besser von der einheitlichen Gesetzgebung, der einheitlichen Zollgrenze gesprochen, analog der „einheitlichen“ Kriegsmarine des Art. 53 Abs. 1 Satz 1, der einheitlichen Handelsmarine des Art. 54 Abs. 1, dem einheitlichen Heere des Art. 63 Abs. 1. Vgl. ferner die „gemeinschaftlichen Einnahmen“ des Reiches aus dem Post- und Telegraphenwesen in Art. 49 Satz 2 (an denen jedoch Bayern und Württemberg nicht teilhaben: Art. 52 Abs. 4) sowie in Art. 70 Abs. 1 Satz 2 und die „gemeinschaftlichen Ausgaben“ in Artt. 70 Abs. 1 Satz 1 und 3, Abs. 2 und 71 Abs. 1, obwohl doch das Reich auch vermögensrechtlich ein selbständiges Rechtssubjekt ist und es daher nur einen (einheitlichen) Reichsfiskus und nicht einen lediglich gemeinschaftlichen Fiskus gibt.

ständigkeit" auf dem öffentlichrechtlichen und dem privatrechtlichen Gebiete — oder besser, wie sich zeigen wird: dem sozialrechtlichen und dem individualrechtlichen — herzustellen und insbesondere den uns interessierenden individualrechtlichen (individualrechtlich-privatrechtlichen) Begriff näher zu bestimmen[1]).

I. Unter „Zuständigkeit" oder „Kompetenz" verstehen wir auf dem Gebiete des öffentlichen Rechts zunächst einen bestimmten — sei es von einem Staatswesen, einem (andern) Gemeinwesen, einer Körperschaft kraft Souveränität oder kraft der ihr zugestandenen (abgeleiteten) Herrschaftsgewalt selbstherrlich angenommenen, sei es einem staatlichen oder körperschaftlichen Organ verfassungsmäßig (satzungsmäßig) zugewiesenen — Inbegriff von staatlichen Aufgaben, von körperschaftlichen Zwecken und von Mitteln zur Erfüllung dieser Aufgaben und Zwecke[3]); oder wie man kurz sagen kann: einen bestimmten (angenommenen oder zu-

---

[1]) Die Erörterung führt, wie sich zeigen wird, auf grundbegriffliche und höchst bestrittene Probleme des öffentlichen und des privaten Rechts. Wenn dabei auch vielleicht zur vollen Erfassung des begrifflichen Inhalts der „Zuständigkeit" oder „Kompetenz" die Fragen nach den subjektiven Rechten und Pflichten der Staatsorgane, dem subjektiven Rechte der Organschaft, die Frage nach dem Verhältnis von Organschaft und Stellvertretung und damit die Frage nach der Handlungsfähigkeit und überhaupt dem Wesen der juristischen Person, sowie die Frage nach dem Verhältnis von Recht und Pflicht und nach der Denkbarkeit von verpflichtenden Rechten und berechtigenden Pflichten überhaupt und schließlich die Streitfragen nach der Auffassung der rechtlichen Stellung von Verwaltern von Vermögensmassen aufgerollt werden müßten, so dürften doch die nachfolgenden Erörterungen, die ja in gewissem Sinne auch eine allgemeine Stellungnahme zu jenen genannten Fragen enthalten, ausreichen, um für den, soviel ich sehe, nirgends erörterten Zusammenhang zwischen den beiden Bedeutungen des Begriffs der Zuständigkeit eine Grundlage zu gewinnen. Vgl. im übrigen auch noch unten S. 309 Anm. 26.

[2]) Vgl. wegen des Begriffs der Kompetenz des Staatswesens Anschütz, Deutsches Staatsrecht, in Holtzendorff-Kohlers Enzyklopädie Bd. II, 6. Aufl., Leipzig und Berlin 1904, S. 468, 516 bzw. ebenda, 7. Aufl., Bd. IV, 1914, S. 21, 66 f., 71 f.; auch Schoen, Deutsches Verwaltungsrecht, ebenda (1914), S. 214, 217.

[3]) Mit der Rechtsvermutung für die zurückbehaltene „Zuständigkeit" der ersteren: Art. 2 Satz 1 RV.

gewiesenen) öffentlichrechtlichen Wirkungskreis. Wir bezeichnen die einzelnen Gebiete der Staatstätigkeit und die Bereiche staatlicher Funktionen als (die einzelnen) „Zuständigkeiten" oder „Kompetenzen" und sprechen von der „Zuständigkeit" oder der „Kompetenz des Reiches" (Art. 23 RV.) zur Gesetzgebung auf gewissen Gebieten, in gewissen „Angelegenheiten" (z. B. Art. 4, 52 Abs. 2 RV.), von der Abgrenzung der Zuständigkeit der Einzelstaaten von derjenigen des Deutschen Reiches[3]). Wir sprechen weiter von der „Zuständigkeit" oder „Kompetenz" staatlicher und (überhaupt) körperschaftlicher Organe zur Ausübung gewisser Funktionen und von der Abgrenzung dieser Zuständigkeiten gegeneinander[4]) und verstehen darunter die einer Behörde, einem Beamten, einem körperschaftlichen Organ verfassungsmäßig zugewiesene und gegenüber anderen Wirkungskreisen gleicher und ungleicher Organe in besonderer Weise abgegrenzte[5]) Wirkungssphäre, innerhalb welcher das Organ durch seine Betätigung die staatlichen Aufgaben, die körperschaftlichen Zwecke erfüllen hilft[6]).

Die Zuständigkeit oder Kompetenz erscheint hier als eine (rechtliche) Fähigkeit oder Befähigung der Behörde, des Amtes, des Organs, das zufolge dieser Befähigung geradezu die (rechtliche) Eigenschaft einer „zuständigen Behörde"[7]), eines „zuständigen" Gerichts[8]), eines „zuständigen" Beamten[9]) oder einer „zuständigen amtlich bestellten Person"[10]) erhält[11]).

---

[4]) Z. B. der Zuständigkeit der Justizbehörden oder der „ordentlichen Gerichte, der „Zulässigkeit des Rechtsweges" einerseits und der Zuständigkeit der Verwaltungsbehörden und Verwaltungsgerichte andrerseits, vgl. § 13 GVG.; von den „Zuständigkeitsstreitigkeiten" oder den „Kompetenzkonflikten".

[5]) Sachliche, örtliche, funktionelle Zuständigkeit!

[6]) In dieser Bedeutung wird das Wort „Zuständigkeit" auch in den §§ 44 Abs. 1, 136 BGB.; Artt. 144 Satz 1, 148, 151 Satz 2 EG.BGB. verwendet, während sonst dieses Wort in unserem Gesetz nicht vorkommt.

[7]) Z. B. §§ 74 Abs. 3, 81 Abs. 2 Satz 2 und 3, 129 Abs. 1 Satz 1, 525 Abs. 2 Satz 1 BGB.

[8]) Z. B. §§ 210 Satz 1, 1435 Abs. 1, 1491 Abs. 1, 1492 Abs. 1.

[9]) Z. B. §§ 1640 Abs. 2 Satz 1, 1802 Abs. 3, 2002, 2003 Abs. 1 Satz 1.

[10]) Art. 150 EG.; insbes. eines Notars: z. B. §§ 1145 Abs. 1 Satz 2,

In diesem Sinne sprechen auch die Gesetze und sprechen wir davon, daß einem Staatswesen oder daß staatlichen und körperschaftlichen Organen bestimmte Funktionen, Verrichtungen, Tätigkeiten, Handlungen „zustehen“[12]; auch daß sie ihm „gehören“[13], daß die Organe diese Funktionen „ausüben“[14], oder auch, unter starker Betonung der Pflicht des Organs zu diesen Funktionen, daß sie ihnen „obliegen“[15].

Schon diese letzteren Ausdrücke erweisen sich als nicht völlig synonym. Sehen wir näher zu, wie sich diese Ausdrucksweisen rechtfertigen, was insbesondere der Begriff des „Zustehens“, der „Zuständigkeit“ gewisser Funktionen der staatlichen Organe bedeutet, so erkennen wir, daß es nur eine abgekürzte oder ungenaue Redeweise sein kann, die in jenen Wortverbindungen von gewissen rechtlich relevanten Tätigkeiten, Betätigungen, Verrichtungen, Geschäften, Handlungen, Unterlassungen als in der Wirklichkeit vor sich gehenden („aktuellen“) Handlungen oder Unterlassungen spricht[16]. In Wahrheit können hier, wie überall im Gebiete des Rechts, diese Betätigungen, Verrichtungen, Handlungen nur die tatsächlichen Erscheinungen, die der aktuellen Welt angehörenden Ereignisse sein, in denen die (rechtliche) Existenz einer Rechtsstellung, einer Rechtslage, eines Rechtsverhältnisses usw., als von etwas seinem Wesen nach Potentiellem, zur Offenbarung kommt. Zur Erfassung der entsprechenden rechtlichen Stellung, als deren tatsächliche Seite wir die aktuellen Handlungen oder Unterlassungen erkennen, müssen wir daher

1640 Abs. 2 Satz 1, 1802 Abs. 3, 2002; eines Standesbeamten: §§ 1320, 1321.

[11]) Bluntschli-Brater, Deutsches Staatswörterbuch, Bd. V, Stuttgart und Leipzig 1860, S. 647 definieren die Kompetenz oder Zuständigkeit einer Behörde geradezu als „deren Eigenschaft, wonach dieselbe vermöge ihres Geschäftskreises berechtigt und verpflichtet ist, ihre Amtstätigkeit in einer bestimmten Angelegenheit auszuüben . . .“

[12]) Vgl. z. B. für das Staatswesen: Art. 52 Abs. 2 und 3; für die staatlichen Organe: Artt. 12, 17, 50 Abs. 2 RV.

[13]) Art. 50 Abs. 1 RV.

[14]) Art. 56 Abs. 2 Satz 2 RV.

[15]) Art. 10 RV.

[16]) Mangelhaft daher die Fassung der Artt. 12, 15 Abs. 1, 17 Satz 1, 50 Abs. 2 RV.

jene Begriffe des Aktuellen in die Kategorie des Potentiellen umdenken[17]). Dann treten an die Stelle der Begriffe „Betätigung, Verrichtung, Handlung, Unterlassung" die Begriffe der „Aufgabe, Betätigungsmacht, Befugnis, Obliegenheit", und es stellen sich jene Betätigungen usw. als Ausübung der Befugnisse, Erfüllung der Obliegenheiten dar.

Es ergibt sich damit, daß dasjenige, was im Gebiete des Rechts „zusteht", stets rechtliche Machtstellungen und rechtliche Obliegenheiten, d. h. (für den einzelnen) subjektive Rechte und subjektive Pflichten sind. Wir haben es also hier bei den staatlichen Organen und ihren „Zuständigkeiten" mit ganz bestimmten amtlichen Aufgaben, amtlichen Obliegenheiten[18]), amtlichen Befugnissen, mit (öffentlichrechtlichen) Pflichten und Rechten zu tun. Wie die sog. „Zuständigkeit" oder „Kompetenz" eines Staatswesens, genauer betrachtet, nicht bloß ein Kreis von staatlichen Tätigkeiten und Funktionen als aktueller Betätigungen, sondern eine Gesamtheit von staatlichen „Aufgaben" und von „staatlichen Gewalten" ist, und damit von (selbst beigelegten) staatlichen Rechten und Pflichten, nämlich staatlichen Hoheitsrechten und Hoheitspflichten[19]), so ist die „Zuständigkeit" oder Kompetenz des staatlichen oder körperschaftlichen Organs nicht bloß ein bestimmter Kreis von aktuellen Tätigkeiten, amtlich geführten Besorgungen und Geschäften, sondern ein Kreis von Aufgaben, Obliegen-

[17]) Vgl. dazu neuerdings Nicol-Speyer, Systematische Theorie des heutigen Rechts, Bd. I, Berlin 1911, insbes. hierzu S. 209, sowie überhaupt wegen des Gegensatzes von Recht und Rechtsausübung Hirsch, Die Übertragung der Rechtsausübung, Bd. I S. 1 ff. § 1.

[18]) Vgl. z. B. die Fassung in Art. 10 RV.; § 3 RBG.

[19]) Gewöhnlich werden allerdings nur die Hoheitsrechte betont; z. B. von Gareis, Enzyklopädie und Methodologie der Rechtswissenschaft, 4. Aufl., Gießen 1913, S. 158 ff. § 46 f. Vgl. hierzu auch die Bezeichnung der Gesetzgebungshoheit auf öffentlichrechtlichem Gebiete in Art. 6 des schweizerischen ZGB. nach französischer Fassung als „la compétence des cantons en matières de droit public" und in deutscher Fassung als (Abs. 1) „öffentlichrechtliche Befugnisse" der Kantone bzw. (Abs. 2) als „Hoheit" der Kantone. Vgl. auch Art. 57 der Einführungsbestimmungen zum ZGB.

heiten[20]) und nur in diesem Sinne (ein amtlicher) „Wirkungskreis" (bzw., sofern auch im Worte „Geschäft" neben der aktuellen Bedeutung der Handlung das potentielle Moment der obliegenden Verrichtung, der Aufgabe, enthalten sein kann[21]), ein amtlicher „Geschäftskreis"); sie ist ein bestimmter Inbegriff von Pflichten und Rechten öffentlichrechtlicher Natur (gegenüber dem Staate), die das staatliche Organ zu erfüllen hat[22]).

Sämtliche ihm so „zustehenden" Pflichten und Rechte oder: die Gesamtheit dieser „Zuständigkeiten" der Pflichten und Rechte, die den Inhalt der ihm übertragenen (amtlichen, dienstlichen, organschaftlichen) Stellung ausmachen, nennen wir die „Zuständigkeit" des Organs, seine Zuständigkeit, seine Kompetenz.

„Zuständigkeit" im Sinne von organschaftlicher Kompetenz ist also hiernach, genau betrachtet, (nicht schlechthin die Zusammenfassung gewisser Pflichten und Rechte als Inhalt einer einheitlichen amtlichen, dienstlichen, organschaftlichen Stellung — sonst könnte man nicht gut von

---

[20]) Oder auch, wie die Gesetze zuweilen sagen, von „Angelegenheiten"; vgl. z. B. das preußische Zuständigkeitsgesetz vom 1. Aug. 1883.

[21]) Vgl. Grimm, Deutsches Wörterbuch, Bd. IV 1 II, Leipzig 1879 bis 1897, S. 3814 ff. unter III 1b und f.

[22]) Vgl. hierzu auch den „Familienrat" der §§ 1858 ff. BGB.: er „hat die Rechte und Pflichten des Vormundschaftgerichts" (§ 1872 Abs. 1 Satz 1), hat also durchaus die organschaftliche und amtliche Stellung einer Gerichtsbehörde; die Mitglieder außer dem Vorsitzenden sind also Laienrichter und haben im technischen Sinne des Wortes — im Gegensatz zum Vormunde, Gegenvormunde, Pfleger, Beistand (vgl. aber trotzdem die Zusammenstellung dieser aller im Art. 160 EG.) — ein öffentlichrechtliches Amt; vgl. §§ 1862 Abs. 1 Satz 1, 1869, 1878 Abs. 1. Sie sind daher „in gleicher Weise verantwortlich wie der Vormundschaftsrichter": § 1872 Abs. 2 Satz 2. Der Familienrat ist also wie das Vormundschaftsgericht staatliches Organ und hat einen bestimmten — nämlich dem des Vormundschaftsgerichtes hinsichtlich der Beaufsichtigung des Vormundes äquivalenten — Kreis von staatlichen Pflichten und Rechten; das Gesetz hätte daher besser, in Übereinstimmung mit der Terminologie öffentlichrechtlicher Gesetze, in § 1872 Abs. 1 Satz 1 von den Pflichten und Rechten anstatt von den Rechten und Pflichten des Vormundschaftsgerichtes gesprochen. Vgl. hierzu auch die „amtliche Befugnis" des Standesbeamten in § 1319 BGB., Art. 40 § 7 EG.BGB.

einer örtlichen, sachlichen, funktionellen Zuständigkeit reden —, und noch weniger ein Inbegriff von aktuellen Geschäften und Betätigungen, sondern) die Gesamtheit derjenigen rechtlichen Beziehungen, kraft deren bestimmte, zu einem Gesamtkreise (einem Amte) vereinigte Pflichten und Rechte gerade Pflichten und Rechte dieses bestimmten staatlichen oder körperschaftlichen Organs (dieser Behörde, dieses Beamten) sind.

Halten wir dies fest, so erscheint uns die Verwendung unseres Wortes auf dem Gebiete des materiellen Rechts (des Individualrechts) als eine völlig entsprechende; wir erkennen, daß die Zuständigkeit im Sinne von Kompetenz und die Zuständigkeit (= Rechtszuständigkeit), von der wir in unserer Arbeit reden, im Grunde durchaus dasselbe bedeuten, nämlich eine bestimmte rechtliche Beziehung subjektiver Rechte (Rechtsinhalte) bzw. Pflichten (Pflichtinhalte), sofern wir nur dasjenige Merkmal aus dem uns geläufigeren Begriff der (amtlichen, organschaftlichen) Zuständigkeit oder Kompetenz ausscheiden, das den organschaftlichen Pflichten und Rechten des öffentlichen Rechts und ihrer (Pflicht-, Rechts-) Zuständigkeit ihre Besonderheit gibt.

Die Besonderheit aller amtlichen und organschaftlichen Stellung gegenüber der Stellung eines gewöhnlichen subjektiv Berechtigten oder subjektiv Verpflichteten auf dem Gebiete des öffentlichen wie des privaten Rechts liegt in einem doppelten: einmal nämlich darin, daß sich stets Pflichten und Rechte zu einem Gesamtkomplex vereinigen, in welchem der Pflichtenkreis das Primäre und Überwiegende ist und die Zuweisung und Gewährung der Rechte im wesentlichen dem Zwecke dient, die Erfüllung der Pflichten zu ermöglichen und zu gewährleisten[23]). Dieser Charakter der

[23]) Besonders deutlich in Art. 63 Abs. 3 RV., Satz 1: „Der Kaiser hat die Pflicht und das Recht, dafür Sorge zu tragen . . .“; Satz 2: „Zu diesem Behufe ist der Kaiser berechtigt . . .“ Vgl. ferner Art. 50 Abs. 1 Satz 2 RV.: „Die vom Kaiser bestellten Behörden haben die Pflicht und das Recht, dafür Sorge zu tragen, daß . . .“ — Die nicht mit einer äquivalenten Pflicht verbundenen Rechte eines Beamten, wie das Recht auf Diensteinkommen, auf Beamtenrang usw., bleiben hier, als nicht interessierend und nicht unter den Begriff der Zuständigkeit oder Kompetenz fallend, beiseite.

Pflichtmäßigkeit der einzelnen organschaftlichen Handlung drückt sich aus in der öffentlichrechtlichen (strafrechtlichen, disziplinarrechtlichen) und der privatrechtlichen [24]) Verantwortlichkeit des Beamten für seine Handlungen. Infolge dieses Zusammenhangs von Pflicht und Recht wird nun eine Handlung des Organs (in der Regel) gleichzeitig Erfüllung einer dem Organ obliegenden Pflicht und Ausübung eines ihm zustehenden Rechtes; mit und in dieser Handlung werden staatliche, körperschaftliche Funktionen, staatliche und körperschaftliche Rechte und Pflichten ausgeübt bzw. erfüllt. Der Inhalt der organschaftlichen Pflichten und Rechte besteht also in der Ausübung bzw. Erfüllung körperschaftlicher (und insofern fremder) Rechte und Pflichten.

Dies führt unmittelbar zu der zweiten Besonderheit der organschaftlichen Stellung; sie liegt darin, daß die zu einer Gesamtheit vereinigten Pflichten und Rechte dem körperschaftlichen Organ nicht zu eigenem Interesse (als „selbstnützige"), sondern im altruistischen Interesse, im Interesse der Körperschaft zustehen. Die — nur vermittelst der Organe handlungsfähige — Körperschaft hat ihre eigenen, sich selbst gesetzten Aufgaben und Zwecke, ihre eigenen Rechte und Pflichten. Wenn sie sich zur Erfüllung dieser Aufgaben, zur Ausübung dieser Rechte und Erfüllung dieser Pflichten ihrer Organe bedient und diesen Organen mit ihrem verfassungsmäßig begrenzten Wirkungskreise einen Inbegriff von Pflichten und Rechten zuweist, deren Erfüllung und Ausübung zugleich körperschaftliche Funktion (d. h. Ausübung und Erfüllung der eigenen körperschaftlichen Aufgaben, Rechte, Pflichten) ist, so erlangen damit die Pflichten und Rechte der Organe zufolge ihrer Fremdnützigkeit einen von den gewöhnlichen öffentlichen und privaten subjektiven Pflichten und Rechten abweichenden Charakter. Ihre „Zuständigkeit" an die Organe bleibt trotzdem die besondere rechtliche Beziehung der einzelnen (organschaftlichen) Pflichten und Rechte auf das Organ, die diesem aber nicht (wie bei den eigennützigen privatrechtlichen Herrschaftsrechten)

---

[24]) Vgl. insbes. §§ 839, 1674, 1848, 1872 BGB.; § 12 GBO.

kraft freien Erwerbes (also nichts kraft eines Erwerbsaktes und Pflichterlangungsaktes), sondern kraft ihrer verfassungsmäßigen, satzungsmäßigen Zuweisung durch die Körperschaft zukommen. Die Besonderheit dieser „Zuständigkeit“ oder Kompetenz liegt also darin, daß sie stets eine Vereinigung von Pflicht- und Rechtszuständigkeit ist, und daß die Zuständigkeit der der Körperschaft gegenüber bestehenden Pflichten und Rechte unmittelbar aus der Organstellung fließt[25]. Indem nun aber im Falle des organschaftlichen Rechte- und Pflichtenkreises der Gedanke an die eigenen Rechte und Pflichten des Organs zurücktritt hinter dem Gedanken, daß dieses Organ Rechte und Pflichten der hinter ihm stehenden Körperschaft auszuüben bzw. zu erfüllen verfassungsmäßig berufen ist, verliert sich für den Begriff dieser (organschaftlichen) Zuständigkeit der Gedanke des (gleichzeitigen) eigenen Verpflichtet- und Berechtigtseins[26]),

---

[25]) Vgl. dazu Art. 18 Abs. 2 RV. — Durch die letztere Eigenart der Zuständigkeit — oder genauer der Begründung der Zuständigkeit — erlangen die organschaftlichen (Pflichten und) Rechte eine Ähnlichkeit mit den privatrechtlichen (und öffentlichrechtlichen) Persönlichkeitsrechten; vgl. auch S. 87 Anm. 174 zu § 6. Sie lassen sich daher als eine Art Persönlichkeitspflichten und Persönlichkeitsrechte bezeichnen. Vgl. dazu unten S. 313 und Anm. 35.

[26]) Des weiteren spielt der Umstand eine Rolle, daß häufig das Organ qua Institution und das Organ qua (konkreter) Träger der Organfunktion zusammengeworfen bzw. identifiziert werden. Wenn man den einzelnen innerhalb des gesamten Betätigungsgebietes der juristischen Person abgegrenzt gedachten Aktionsbereichen oder Kompetenzkreisen überhaupt die Bezeichnung von „Organen“ beilegen will, so kann dies lediglich eine abkürzende Ausdrucksweise bedeuten, um die Stelle zu bezeichnen, von welcher der für die juristische Person geltende (nach einer bestimmten Betätigungsrichtung zielende) Wille ausgeht (vgl. dazu O. Mayer, Deutsches Verwaltungsrecht, Bd. II, Leipzig 1896, S. 395 Anm. 2 zu § 58). Das wahre konstruktive Problem, welches die Rechtsstellung des „Organs“ einer juristischen Person darbietet (insbes. die Frage, ob die Organe in ihren Handlungen eigne oder [lediglich] fremde Rechte — Rechte der juristischen Person — ausüben, eigne oder [lediglich] fremde Pflichten erfüllen), entsteht jedenfalls niemals für die rechtliche Beziehung jener abstrakt gedachten Institution (des „Organs“ in diesem Sinne) zur juristischen Person, sondern stets nur für die rechtliche Beziehung des (konkreten) lebendigen Trägers jener Institution (bzw. der mehreren zur konkreten Organträgerschaft berufe-

und es erhält damit der Begriff der Zuständigkeit den Sinn des dem Organ zugewiesenen Wirkungskreises selbst, der

nen physischen Personen) zur Körperschaft. (Vgl. dazu noch Ferrara, Le persone giuridiche, S. 632 ff., 808/9.) Wird nun aber die mögliche Parallele der Begriffe Organ und Stellvertreter und die strittige Frage nach der Gleichheit oder Gegensätzlichkeit der unter diesen Begriffen verstandenen Rechtserscheinungen (wie dies allein zutreffend erscheint) auf den Organträger in seinem rechtlichen Verhältnis zu der (hinter ihm stehenden) juristischen Person bezogen, so vermag ich nicht einzusehen, wie man zur Auffassung des einzelnen, innerhalb einer Organzuständigkeit (Kompetenz) handelnden Wesens („Organs") als eines unselbständigen, seiner Rechtspersönlichkeit in diesem Umkreise (und damit der Fähigkeit zu eignen organschaftlichen Pflichten und Rechten) beraubten und von der juristischen Person mit umfaßten Stückes oder Bestandteils der körperschaftlichen Organisation gelangen will und damit (für die Beurteilung der Rechtsstellung des Organs nach außen) an einer prinzipiellen Unterscheidung von Organschaft und Stellvertretung festhalten kann. Der Organträger (und Entsprechendes gilt im Falle mehrerer Inhaber einer Organstelle) ist doch vielmehr „Organ" im Sinne eines für einen bestimmten Wirkungskreis der juristischen Person verfassungsmäßig berufenen Vertreters, der aus eigner Initiative und unter eigner Verantwortlichkeit (sowohl gegenüber der juristischen Person als gegenüber Dritten! Vgl. auch Art. 55 Abs. 3 des schweizerischen ZGB.) handelt.

Ist dies richtig, so läßt sich aber auch der im Staatsrecht (insbes. seit G. Jellinek, Allgemeine Staatslehre, 3. Aufl., Berlin 1914, S. 559 ff.) üblich gewordene scharfe Gegensatz von (körperschaftlichen) „Kompetenzen" (Organzuständigkeiten) und (eigenen) subjektiven Rechten (bzw. Pflichten) der Organe nicht aufrechterhalten; es läßt sich im Gegenteil, wie dies unser Text versucht, zwischen den beiden Begriffen eine wichtige Beziehung herstellen. Während die Auffassung, die den Organen stets nur körperschaftliche (insbes. staatliche) Kompetenzen, nicht aber eigne wahre subjektive Rechte und Pflichten zur Ausübung der Organfunktionen zuspricht, völlig im unklaren läßt, kraft welcher Rechtsbeziehung und rechtlichen Machtstellung der einzelne Organträger diese körperschaftlichen Kompetenzen ausübt, legt unser Text (in welchem das Wort „Organ" überwiegend im Sinne des Inhabers der organschaftlichen Stelle verstanden werden will) Wert darauf klarzustellen, daß dasjenige, was für das Organ qua Institution die (abstrakte, ideelle) Kompetenz oder „Zuständigkeit" bedeutet, für das Organ qua Inhaber der körperschaftlichen Organstelle (den Organträger) das Maß seiner eigenen Pflichten und Rechte angibt, daß also im konkreten Fall „seine" (sog.) „Zuständigkeit" einen in dieser bestimmten Weise durch abstrakte Festlegung der betreffenden Organstelle abgegrenzten Kreis von — ihm „zustehenden" — (organ-

Gesamtheit dessen, was das Organ verfassungsmäßig zu tun berufen ist, und so bezeichnen wir seine gesamte organschaftliche Stellung selbst als „seine Zuständigkeit“, innerhalb deren er zu handeln hat, und die er überschreiten kann.

II. Was bisher von den öffentlichrechtlichen Körperschaften und deren Organen (hinsichtlich öffentlichrechtlicher Funktionen) ausgeführt worden ist, gilt in entsprechender Weise von den juristischen Personen auf dem Gebiete des Privatrechts und von der rechtlichen Stellung ihrer Organe. Die diesen zustehenden „Obliegenheiten“[27]), deren „Ausübung“[28]) und „Erfüllung“[29]) Sache der Organe ist, und die in ihrer Zusammenfassung den dem einzelnen Organe „zugewiesenen Geschäftskreis“[30]) bilden, sind nicht schlechthin aktuelle Handlungen, Betätigungen, „zustehende Verrichtungen“ (§ 31 BGB.)[31]), sondern sind zustehende Rechte

---

schaftlichen) subjektiven Pflichten und Rechten bedeutet. (Zu Hoheitspflichten und Hoheitsrechten des Organs selbst werden damit diese Pflichten und Rechte bei staatlichen Organen natürlich nicht.)

Die „Zuständigkeit“ des Organs, von der wir üblicherweise — ohne Unterscheidung der beiden Bedeutungen des Begriffs „Organ“ — reden, ist also zwar in abstracto die Begrenzung eines (amtlichen) Wirkungskreises, aber im konkreten Fall eine „Zuständigkeit“ von eigenen (öffentlichen oder privaten) Pflichten und Rechten an einen (bzw. mehrere) Organträger — Pflichten und Rechten, deren näherer Inhalt sich durch die in jenem körperschaftlichen Wirkungskreise zusammengefaßten Aufgaben und Betätigungszwecke der juristischen Person selbst bestimmen. Oder, wie wir oben formulierten: eigene subjektive Pflichten und eigene subjektive Rechte zur Ausübung der Rechte, zur Erfüllung der Pflichten der juristischen Person.

[27]) Vgl. z. B. §§ 241 Abs. 2, 246 Abs. 3 und 4, 249 Abs. 1 und 2 HGB.; §§ 34 Abs. 2, 38 Abs. 3, 41 Abs. 2 GenG.

[28]) Vgl. z. B. § 246 Abs. 4 HGB.; § 38 Abs. 4 GenG.

[29]) Vgl. z. B. § 249 Abs. 1 HGB.

[30]) Vgl. z. B. § 30 Satz 2 BGB.; § 298 Abs. 1 und 2 HGB.

[31]) Der dem § 31 BGB. entsprechende § 46 E. I sagte in gewissem Sinne richtiger, andrerseits aber zu eng: „in Ausübung seiner Vertretungsmacht“; vgl. dazu die nicht ganz ausreichende Begründung der Abänderung in Prot. Bd. I S. 523. Vgl. auch Art. 658 des schweizerischen ObligR. sowie die „zustehende“ Vertretung in § 232 Abs. 2 HGB., den „zugewiesenen“ Betrieb von Geschäften und die „zugewiesene“ Vertretung in § 39 GenG.

und Pflichten dieser Organe[32]). Auch hier ist also der „zugewiesene Geschäftskreis“ der Organe ein Inbegriff ihnen zustehender (organschaftlicher) Rechte und Pflichten, die ihnen zwar als eigene, jedoch in fremdem Interesse, als fremdnützige, zustehen und die Ausübung der körperschaftlichen Rechte, die Erfüllung der körperschaftlichen Pflichten zum Inhalte haben. Daher ließe sich auch hier dieser organschaftliche Wirkungskreis als „Zuständigkeit“ oder „Kompetenz“ bezeichnen, wie das in der Tat zwar von der Wissenschaft des privaten Rechts, bemerkenswerterweise aber nicht von unseren Gesetzen[33]) geschieht.

Wenn unsere Gesetze es vermeiden, den für den Inhalt der rechtlichen Stellung staatlicher Organe und von Organen öffentlichrechtlicher Körperschaften geprägten Begriff der „Zuständigkeit“ (oder Kompetenz) auch zur Kennzeichnung des Inhalts der rechtlichen Stellung privatrechtlicher Organe zu verwenden, so mag dies vielleicht daher rühren, daß nach der Auffassung unserer Rechtsordnung im letzteren Falle nicht die Pflichten, sondern die Rechte prävalieren[34]), daß also die Organe in erster Linie Rechtssubjekte und nur in zweiter Linie Pflichtsubjekte sind. Man faßt daher in der Wissenschaft die Stellung des Organs privatrechtlicher juristischer Personen oft geradezu als (lediglich) „Organschaftsrecht“ auf, als ein „Personenrecht“ des Inhalts, „als Organ einer juristischen Person in verfassungsmäßiger Weise

---

[32]) Vgl. z. B. §§ 298 Abs. 2 HGB.; 89 Satz 1 GenG.; 71 Abs. 1 GmbHG.; ferner §§ 234 Abs. 1, 235 Abs. 1 und Abs. 2 Satz 1, 231 Abs. 1, 247, 250, 296 Abs. 1 Satz 2 HGB.; § 45 GmbHG.; §§ 25, 27, 39, 40 und insbes. 42 Abs. 1 GenG. — Vgl. ferner z. B. auch Art. 69 des schweizerischen ZGB.: „Der Vorstand hat das Recht und die Pflicht, nach den Befugnissen, die die Statuten ihm einräumen, die Angelegenheiten des Vereins zu besorgen und den Verein zu vertreten.“ Dazu auch noch Artt. 644 Abs. 3, 647, 655, 673, 699 des schweizerischen ObligR.

[33]) Anders das neue schweizerische ZGB., das in der, einen Bestandteil des Gesetzestextes bildenden (vgl. Egger, Kommentar zum schweizerischen Personenrecht, Zürich 1911, S. XX und S. 5) Marginalnote zu Art. 65 die Gesamtheit der Obliegenheiten der Vereinsversammlung als „Zuständigkeit“ bezeichnet.

[34]) Vgl. die Fassung der erwähnten Gesetzesstellen: „Rechte und Pflichten“.

zu wirken“[35]). Daß aber dieses Organ einer privatrechtlichen Körperschaft nicht nur Organschaftsrechte, sondern auch Organschaftspflichten hat, zeigt sich deutlich in seiner strafrechtlichen und privatrechtlichen Verantwortlichkeit für pflichtwidrige Organschaftshandlungen[36]).

Wir definieren auf Grund des Ausgeführten die „Zuständigkeit“ oder „Kompetenz“ eines körperschaftlichen Organs als die rechtliche Bezogenheit eines Inbegriffs ganz bestimmter organschaftlicher subjektiver Rechte und Pflichten auf ein bestimmtes körperschaftliches Organ kraft verfassungsmäßiger Zuweisung. Die Bezeichnung der Rechte und Pflichten als „organschaftlicher“ besagt, daß sie zwar als eigene, aber (im Gegensatz zu den gewöhnlichen subjektiven Rechten und Pflichten) nicht in eigennützigem Interesse, sondern in fremdnützigem gewährt sind. Man mag daher diese „Zuständigkeit“ amtlicher und organschaftlicher Rechte geradezu als eine behördliche, amtliche, organschaftliche Zuständigkeit (scil. von Rechten und Pflichten) bezeichnen, was dann zu dem Gedanken eines (zuständigen) Wirkungskreises hinführt[37]). Diese Zuständigkeit oder Kompetenz bedeutet

---

[35]) So Kohler, Lehrbuch des bürgerlichen Rechts, Bd. I S. 338 ff. §§ 139 ff.; Oertmann, Kommentar zum allgemeinen Teil, S. 84 Vorbem. 7b vor § 21, der mit Recht betont, daß dieses „Persönlichkeitsrecht“ ein mit individualrechtlichen Denkformen nicht völlig zu erfassendes subjektives Recht ist.

[36]) Vgl. für die (bei den Vereinen des BGB. fehlende) strafrechtliche Verantwortlichkeit: z. B. § 312 ff. HGB.; § 146 ff. GenG.; § 82 ff. GmbHG.; für die zivilrechtliche Verantwortlichkeit: z. B. §§ 27 Abs. 3, 664 Abs. 1, 276, 278 BGB.; §§ 241, 242, 298 Abs. 2 HGB.; §§ 34, 41, 89 Satz 1 GenG.; §§ 43, 71 Abs. 1 GmbHG.

[37]) Das deckt sich also nicht mit der (amtlichen) Zuständigkeit eines Beamten, eines körperschaftlichen Organs, mit der „amtlichen Zuständigkeit“ einer Person, von der Hölder (Natürliche und juristische Personen, Leipzig 1905, S. 125 und passim) im Gegensatze zur „privaten Zuständigkeit, die einem bestimmten Menschen . . . zukäme“, spricht. Für uns sind dasjenige, was „zusteht“, stets Rechte oder Pflichten; die Zuständigkeit kommt daher nach unserer Auffassung einem Menschen (einer Person) als „private“ überhaupt nicht zu, und als „amtliche“ nur in dem vorhin genannten Sinne, sofern man „Zuständigkeit“ mit amtlichem Wirkungskreis identifiziert.

also im Hinblick auf die Stellung des Organs einen eigenen Kreis privater Rechte und Pflichten, im Hinblick auf die Rechte und Pflichten der (nur durch ihre Organe handlungsfähigen) Körperschaft den Wirkungskreis, das Betätigungsgebiet, die Handlungssphäre des Organs. Gerade darum, weil wir gewohnt sind, mehr an die zweite Bedeutung der Zuständigkeit (= Wirkungskreis, Handlungssphäre, Gesamtheit bestimmter Funktionen und Verrichtungen) zu denken, und vielleicht auch darum, weil oft genug das Vorliegen besonderer organschaftlicher Rechte und Pflichten bestritten wird, erscheint uns — zu Unrecht! — der dem körperschaftlichen (sozialrechtlichen) Gebiete angehörige Begriff der „Zuständigkeit“ (Kompetenz) von jenem der Rechtszuständigkeit (und Pflichtzuständigkeit) des materiellen, insbesondere des bürgerlichen Rechts — oder besser: des individualrechtlichen Gebietes — als grundlegend verschieden.

III. Den Übergang von der bisher betrachteten Bedeutung des Begriffs der Zuständigkeit oder Kompetenz zu unserer „Rechtszuständigkeit“ vermitteln uns diejenigen Rechtsstellungen im Gebiete des privaten Rechts, wonach eine oder mehrere Personen zur Geschäftsführung einer nicht mit Rechtsfähigkeit ausgestatteten handelsrechtlichen oder einer bürgerlichrechtlichen Gesellschaft bestellt sind, und weiterhin diejenigen Rechtsstellungen, wonach eine Person zur Verwaltung eines fremden Vermögens oder von einzelnen Bestandteilen eines solchen bestellt ist, zur Wahrung fremder Interessen einen bestimmten Wirkungskreis mit eigenen Rechten und Pflichten zugewiesen erhält und sich mit Rechtswirkung für und gegen das seiner Verwaltung unterliegende fremde Vermögen bzw. dessen einzelne Bestandteile betätigt (Testamentsvollstrecker, Nachlaßverwalter, Konkursverwalter, Zwangsverwalter; Vormund, Pfleger, Beistand; elterlicher Gewalthaber, Ehemann). Allen diesen Fällen ist das gemeinsam, daß jemandem ein Komplex von eigenen Rechten und Pflichten zusteht, durch dessen Zuweisung an ihn die Ausübung fremder oder teilweise fremder Rechte, die Erfüllung fremder oder teilweise fremder Pflichten gewährleistet werden soll. Dabei trifft das, was über die gesetzliche Terminologie hinsichtlich des „Zustehens“ oben gesagt wurde, auch hier zu. Das „Zustehen“ der „Führung der Geschäfte“[38]), der „Verwaltung“ eines Vermögens bzw. der „Verwaltung und Nutznießung“[39]) bedeuten wiederum nicht lediglich das Zustehen einer aktuellen Funktion oder Betätigung, sondern das Zustehen von „Aufgaben“[40]), von „Obliegenheiten“[41]), von „obliegenden Verpflichtungen“ oder „obliegenden Pflichten“[42]) und von rechtlichen Machtbefugnissen und „Gewalten“ (elterliche Gewalt!), von (eigenen) privaten subjektiven Rechten und Pflichten[43]).

---

[38]) Vgl. z. B. §§ 115 Abs. 1 und 2; auch 114 Abs. 2, 118 Abs. 1, 164 Abs. 1 HGB.; §§ 709 Abs. 1, 711 Abs. 1, 730 Abs. 2 Satz 2; auch 716 Abs. 1, 717 Satz 2 BGB.

[39]) Vgl. §§ 1604 Abs. 1, 1656 Abs. 1, 1909 Abs. 1 Satz 2, 2213 Abs. 1 Satz 2 und 3; auch 744 Abs. 1, 1472 Abs. 1 Satz 1, 2038 Abs. 1 Satz 1 sowie 1585 Abs. 1 Satz 1, 1604, 1606 Abs. 2 Satz 2, 1648 BGB.

[40]) Vgl. § 2209 Satz 1 BGB.

[41]) Vgl. § 2217 Abs. 1 Satz 1 BGB.

[42]) Vgl. §§ 2219 Abs. 1, 2220 BGB.; §§ 82, 89 KO.; § 154 Satz 1 ZVG.

[43]) Vgl. daher das „Zustehen“ der „Befugnis zur Geschäftsführung“ in §§ 714, 730 Abs. 2 Satz 2 BGB., sowie überhaupt die „Befugnis zur Geschäftsführung“ (z. B. in §§ 116 Abs. 1, 117, auch 151 HGB.; §§ 712, 715, 729, 730 Abs. 2 Satz 2 BGB.) bzw. die „Verpflichtung zur Geschäftsführung“ (in §§ 723 Abs. 1 Satz 2, 727 Abs. 2 Satz 2 BGB.); ferner die ausdrücklichen Gesetzesbestimmungen über „Rechte und Pflichten“ zur Geschäftsführung: § 114 Abs. 1 HGB.; § 713 BGB.; über das dem Testamentsvollstrecker zustehende „Recht zur Verwaltung“ und die einzelnen darin enthaltenen „Befugnisse“: §§ 2208 Abs. 1, 2217 Abs. 1 Satz 2 (dazu § 2205 und andrerseits die Verpflichtung zur ordnungsmäßigen Verwaltung: § 2216 Abs. 1); über die dem Konkursverwalter bei seiner „Geschäftsführung“ (vgl. z. B. §§ 85, 88 KO.) „obliegenden Verpflichtungen“: § 82 KO. und die dem Gläubigerausschuß als dem dem Konkursverwalter zur Seite gesetzten Hilfsorgane mit eigener „Geschäftsführung“ (§ 91 Abs. 1) „obliegenden Pflichten“: § 89 KO.; über das „Recht und die Pflicht“ des Zwangsverwalters: § 152 Abs. 1 ZVG. zu seinen Handlungen oder seiner „Geschäftsführung“ (§ 153 Abs. 1 ZVG.; vgl. auch § 14 EG.ZVG.); über das „Recht und die Pflicht“ des Vormundes, für die Person und das Vermögen des Mündels zu sorgen: §§ 1793, 1794, 1800 BGB., Art. 136 Ziff. 1 EG.BGB., und demgemäß „Recht und Pflicht“ oder „die Rechte und Pflichten“ des Pflegers: §§ 1915 Abs. 1, 1693 (dazu die analoge Stellung von Nachlaßpfleger und Nachlaßverwalter: §§ 1960 Abs. 2, 1975 BGB.), des Beistandes: § 1693; über „Recht und Pflicht, für die Person und das Vermögen des Kindes zu sorgen“ (§ 1627) als Inhalt der „elterlichen Gewalt“ (vgl. dazu ferner §§ 1628, 1631, 1634, 1696 Satz 1, 1697 Satz 2, 1707 Satz 2, 1738 Satz 1,

Darum, weil in allen diesen Fällen die rechtliche Stellung der genannten Personen ein einheitlicher Rechte- und Pflichtenkomplex ist, bezeichnet das Gesetz die rechtliche Stellung einzelner von ihnen (ganz ebenso wie die rechtliche Stellung der vorhin betrachteten körperschaftlichen Organe!) als einem „Geschäftskreis“[44]), einen „Kreis von Angelegenheiten“[45]), einen „Wirkungskreis“[46]) oder sogar als ein — natürlich zivilistisches! — „Amt“[47]).

Eine gewisse Rechtsähnlichkeit dieser Stellungen mit den (wahren) Ämtern und organschaftlichen Stellungen muß

1765 Abs. 1 und Abs. 2 Satz 1 BGB.; Art. 206 EG.BGB.), deren letzter Bestandteil wieder schlechthin als „Vermögensverwaltung“ bezeichnet wird (§ 1638); vgl. dazu auch § 1667 Abs. 1 sowie die Pflichten und Rechte (!) ehelicher Eltern“ in Artt. 207, 208 Abs. 2, 209 EG.BGB.; über das „Verwaltungsrecht“ des Mannes am eingebrachten Frauengut (§ 1375), das zugleich eine Pflicht zu ordnungsmäßiger Verwaltung ist (§ 1374); dazu die „Rechte und Pflichten“ des Mannes, „die sich aus der Verwaltung und Nutznießung des eingebrachten Gutes ergeben“ in § 1409; entsprechend die „Verwaltung“ des Gesamtguts durch den Mann in § 1443 Abs. 1 und die „Rechte und Pflichten, die sich aus dieser Verwaltung ergeben“ in § 1457. Dazu die Bestimmungen über die Verantwortlichkeit für die Verletzung ihrer Pflichten: für die geschäftsführenden Gesellschafter in §§ 713 BGB., 105 Abs. 2 HGB.; für den Testamentsvollstrecker in § 2219 BGB.; den Konkursverwalter in §§ 82, 84 KO.; den Zwangsverwalter in §§ 154 Satz 1, 153 Abs. 2 ZVG.; für den Vormund, Pfleger, Nachlaßpfleger, Nachlaßverwalter, Beistand in §§ 1833, 1837, 1915 Abs. 1, 1960 Abs. 2, 1975 und dazu 1985 Abs. 2 Satz 2, 1963 BGB.

[44]) So für die Liquidatoren der offenen Handelsgesellschaft: § 149 Satz 2 HGB.

[45]) So für den Vormund: § 1796 BGB.

[46]) So für den Vormund und den Pfleger: §§ 1797 Abs. 1, 1910 Abs. 2, 1915 Abs. 1 BGB.; für den Beistand: §§ 1688 Abs. 2 und 3, 1689, 1690 Abs. 1 Satz 2 und Abs. 3, 1691 BGB.; Art. 41 zu II EG.BGB.

[47]) So das Amt des Testamentsvollstreckers: §§ 2197, 2201, 2202 Abs. 1 und Abs. 2 Satz 1, Abs. 3 Satz 2, 2215 Abs. 1, 2221 usw.; des Vormundes bzw. Gegenvormundes: §§ 1752 Abs. 1 Satz 1, 1799 Abs. 1 Satz 2, 1844 Abs. 1 Satz 2, 1878 Abs. 1 Satz 1 BGB.; Art. 160 EG. usw.; des Beistandes: § 1694 Abs. 2 BGB.; Art. 160 EG.; des Pflegers, Nachlaßpflegers, Nachlaßverwalters: § 1915 Abs. 1 BGB.; Art. 160 EG.; §§ 1960 Abs. 2, 1975, 1987 BGB. — Vgl. dazu auch das „Amt des Mitgliedes des Familienrates“ in §§ 1862 Abs. 1 Satz 1, 1878 Abs. 1 BGB.; Art. 160 EG.BGB., das nach dem oben Gesagten im Gegensatze zur Vormundschaft (usw.) ein wahres öffentliches Amt ist (S. 306 Anm. 22).

zweifellos anerkannt werden. In allen Fällen nämlich qualifizieren sich diese Komplexe von Pflichten und Rechten bzw. von Rechten und Pflichten als — bzw. schließen sie ein — Rechte und Pflichten zur Ausübung fremder[48]) Rechte und Erfüllung fremder[48]) Pflichten im eigenen Namen, sei es ganz oder vorwiegend in fremdnützigem Interesse, sei es zugleich in eigenem und in fremdem Interesse[49]). Die Ausübung des eigenen Rechts ist insoweit[50]) zugleich Erfüllung der eigenen Pflicht sowie zugleich Ausübung der fremden Rechte bzw. Erfüllung der fremden Pflichten. Darum wird auch die quasi-amtliche Rechtsstellung der zuletzt genannten Personen in Wissenschaft und Rechtsprechung oft genug nicht nur als eine Art „Amt" aufgefaßt (so auch für den Konkursverwalter und Nachlaßverwalter, bei denen das Gesetz diesen Ausdruck vermeidet), sondern auch ihr Wirkungskreis als ihre „Kompetenz", ihre „Zuständigkeit" bezeichnet.

IV. Je mehr nun diese Sachwalter fremder oder vornehmlich fremder Interessen ihre eigenen Rechte und Pflichten zugleich in eigennützigem Interesse haben und ausüben bzw. erfüllen, um so mehr nähern sich ihre Rechte und Pflichten den gewöhnlichen subjektiven (öffentlichen oder privaten) Rechten und subjektiven Pflichten, d. h. denjenigen eigennützigen Rechten, die nicht zugleich auch Pflichten (verpflichtende Rechte) und denjenigen im eigenen Interesse bestehenden Pflichten, die nicht zugleich auch Rechte (berechtigende Pflichten) derselben Personen sind, denen sie zustehen. Es nähern sich insbesondere die (zugleich verpflichtenden) Rechte privatrechtlicher Sachwalter den privaten subjektiven Herrschaftsrechten, den

---

[48]) Nämlich dem „Vertretenen" zustehender bzw. obliegender, unter Umständen (z. B. bei dem geschäftsführenden Gesellschafter) nur teilweise fremder Rechte bzw. Pflichten.

[49]) Vgl. insbes. auch § 2222 BGB.: Die Rechte und Pflichten des Testamentsvollstreckers können zum Inhalte haben, „daß dieser . . . die Rechte des Nacherben ausübt und dessen Pflichten erfüllt."

[50]) Insbes. bei den familienrechtlichen Gewalten des Vaters, der Mutter, des Vormundes, Beistandes, Pflegers innerhalb der ihnen obliegenden Vermögensverwaltung.

absoluten Vermögensrechten. Wenn das Gesetz von diesen mehr oder weniger eigennützigen subjektiven Rechten, insbesondere den Vermögensrechten, deren „Zuständigkeit" uns ja nach dem Texte vor allem interessiert, und zu deren von uns zu bestimmender „Zuständigkeit" wir hiermit endlich gelangen, sagt, daß sie jemandem „zustehen", so ist dies ein ganz bestimmter technischer Ausdruck des materiellen Rechts, und zwar ein ungemein häufiger Ausdruck[51]), der die Bedeutung hat, daß ein subjektives Recht oder genauer: ein bestimmter Rechtsinhalt auf ein Subjekt (den „Berechtigten") bezogen wird, daß ein Recht irgendwelcher Art jemandem „zugehört", „zuständig" ist, daß er es als „sein" Recht „hat".

So „stehen zu" nach dem Sprachgebrauch des BGB. subjektive Rechte[52]) der verschiedensten Art, dingliche[53]) wie obligatorische[54]) wie auch Gestaltungsrechte[55]) und wie schließlich einzelne Ansprüche[56]) und einzelne Befugnisse ganzer dinglicher Rechte[57]). Es „stehen zu" außerhalb des BGB. Urheberrechte bzw. einzelne Befugnisse der-

---

[51]) Er findet sich, abgesehen von anderen privatrechtlichen Gesetzen, im BGB. und EG. zusammen in diesem unserem Sinne 268mal!

[52]) „Rechte" stehen zu: z. B. §§ 268, 283 Abs. 2, 322 Abs. 1, 326 Abs. 2, 741, 1012, 1027, 1167, 1214 Abs. 1, 1267 Satz 2.

[53]) Dingliche Rechte: z. B. §§ 891 Abs. 1, 900 Abs. 1 Satz 1; Artt. 52, 120 Ziff. 2 EG.; vgl. auch §§ 8 Abs. 1, 21 GBO.; insbes. Eigentum: §§ 937 Abs. 2, 952 Abs. 1 Satz 1, 1008 BGB.; Artt. 126, 181 Abs. 2 EG.; Nießbrauch: §§ 1032 Satz 1, 1046 Abs. 1, 1061 Abs. 1; Pfandrecht: §§ 590 Abs. 1, 722 Abs. 2 Satz 1, 1205 Abs. 1 Satz 1, 1244, 1260 Abs. 1 Satz 1; Hypothek: §§ 1163 Abs. 1 Satz 1 und Abs. 2, 2165 Abs. 2; Grundschuld und Rentenschuld: § 2165 Abs. 2; ferner auch der Besitz: § 1081 Abs. 1 Satz 1 und 2.

[54]) Forderungen: z. B. §§ 392, 406, 422 Abs. 2, 575 Satz 1, 1125, 2175; obligatorisches Gebrauchsrecht: § 552 Abs. 1.

[55]) Es „stehen zu" das Anfechtungsrecht: §§ 200 Satz 1, 2080 Abs. 3; vgl. auch 770 Abs. 1, 318 Abs. 2 Satz 1; das Wahlrecht: § 262; das Rücktrittsrecht § 454; das Wiederkaufsrecht: § 502 Satz 1; das Vorkaufsrecht: §§ 513 Satz 1, 2035 Abs. 1 Satz 1; das Recht des Widerrufs: § 530 Abs. 2; das Kündigungsrecht: §§ 543 Abs. 1, 555, 596 Abs. 1, 1286 Satz 1, 1358 Abs. 2 Satz 3; das Ausschließungsrecht: § 737 Satz 2; das Recht zur Aneignung: § 928 Abs. 2 Satz 1; Artt. 129, 190 Satz 1 EG.

[56]) Z. B. §§ 255, 273 Abs. 2, 340 Abs. 1, 464, 703 Satz 1, 809.

[57]) § 1090 Abs. 1.

selben[58]), Mitgliedschaftsrechte, wie Aktien[59]), Geschäftsanteile[60]) usw.[61]).

Dieser ganz bestimmte technische Gebrauch des Wortes „Zustehen“ in unseren materiellrechtlichen Gesetzesvorschriften zur Bezeichnung dessen, daß ein subjektives Recht sich auf ein Subjekt bezieht[62]), sowie die im vorstehenden versuchte Zurückführung des Begriffs der den Gesetzen bekannten „Zuständigkeit“ oder Kompetenz auf die gleiche Bedeutung einer bestimmten (und der hier in Rede stehenden entsprechenden) rechtlichen Beziehung und die damit sich ergebende grundsätzliche Übereinstimmung oder zum mindesten Ursprungseinheit der anscheinend disparaten Begriffe

---

[58]) Vgl. §§ 28 Abs. 2, 30, 32, 61 Abs. 2 LitUG.; §§ 25 Abs. 2 Satz 1, 27 KunstUG.; auch dazu Artt. 5 Abs. 1, 11 Abs. 2 Satz 1 der Berner Übereinkunft.

[59]) §§ 225 Abs. 1 HGB.

[60]) § 18 Abs. 1 GmbHG.

[61]) Der Begriff „Zustehen“ trifft zwar im wesentlichen mit dem Begriff „Gehören“ zusammen, wo letzterer von subjektiven Rechten im allgemeinen, vom Vermögen und von „Gegenständen“ gebraucht wird (vgl. insbes. §§ 1, 43 KO.; § 7 Abs. 1 AnfG.); seine Verwendung ist aber einheitlicher, wohingegen „Gehören“ noch andere Bedeutungen hat. So hat „Gehören“ meist, namentlich auch im BGB., den spezielleren Sinn des „zu Eigentum Gehörens“ von Sachen (vgl. z. B. §§ 268 Abs. 1 Satz 1, 418 Abs. 1 Satz 3, 872, 932 ff., 953, 1009 Abs. 2, 1048 Abs. 1 Satz 2, 1362; auch 988). In anderen Fällen wieder bezeichnet „Gehören“ überhaupt nicht das Zustehen eines Rechts an eine Person, sondern die Eigenschaft eines Rechts (eines Gegenstandes), Bestandteil eines bestimmten Vermögens zu sein (vgl. z. B. §§ 207 Abs. 1, 718 Abs. 2, 719 Abs. 2, 1370, 1380 Abs. 1, 1414, 1438 Abs. 1 Satz 2, 2040 Abs. 2, 2041 und die „Zugehörigkeit“ zum Gesellschaftsvermögen in § 720, zur Erbschaft in § 2019 Abs. 2). Die gänzlich farblose unjuristische Verwendung von „Gehören“ (wie z. B. in §§ 92 Abs. 2, 94, 196 zu 7, 492 Abs. 1 Satz 1; 907 Abs. 2, 1041 Satz 12, 1043) bleibt hier außer Betracht. — Demgegenüber hat das Wort „Zukommen“ im BGB. mehr die Bedeutung von „später erhalten“, „gebühren“, „Anspruch haben auf“, steht also dem „Zustehen“ nicht gleich (vgl. §§ 616 Satz 2, 717 Satz 2, 1418 Satz 2, 2046 Satz 2, 2055 Abs. 1 Satz 2, 2056 Satz 1).

[62]) Ein Gebrauch, der übrigens keineswegs eine sprachliche Neuerung des BGB. darstellt, sondern sich ebenso in den früheren Gesetzen (z. B. im ALR., sächsischen BGB., österreichischen ABGB.) vorfindet. Vgl. dazu auch S. 78 Anm. 157 zu § 6 der Arbeit.

der „Zuständigkeit“ (im Gebiete des Sozialrechts und des Individualrechts) rechtfertigen es, das zu dem im Gesetze gebrauchten Verbum „zustehen“ gehörige Substantivum, die „Zuständigkeit eines Rechts“ oder „Rechtszuständigkeit“, im entsprechenden Sinne als rechtstechnischen Ausdruck innerhalb des materiellen Rechts und seiner Dogmatik anzunehmen und mit ihm die subjektive Beziehung des subjektiven Rechts, die Beziehung des Rechtsinhalts zum Subjekte des Rechts zu bezeichnen, und zwar diese Beziehung betrachtet vom Rechtsinhalte aus[63]).

Es ist damit nicht eine „Verknüpfung“ des subjektiven Rechts mit einem Subjekte in dem oft so verstandenen und oft gerügten Sinne gemeint, als ob das subjektive Recht als etwas bereits ohne diese subjektive Beziehung rechtlich für sich Bestehendes mit einem außerhalb seiner liegenden Rechtssubjekte in Beziehung gebracht würde; sondern es ist gemeint eine besondere Beziehung innerhalb des Gesamtgebildes des subjektiven Rechts, eine Beziehung, ohne welche das subjektive Recht (als wahres Recht) ebensowenig rechtlich besteht, als sie selbst ohne einen Rechtsinhalt und außerhalb des subjektiven Rechts vorhanden sein kann. Dieses Verhältnis zwischen dem „Bestehen eines Rechts“ (vgl. § 945 Satz 1), dem „rechtlichen Bestande“ des subjektiven Rechts (vgl. § 437 Abs. 1), seiner „Rechtsbeständigkeit“, und dem „Zustehen“ des Rechts, seiner Rechtszuständigkeit“, als einer (notwendigen) inneren Beziehung dieses rechtlichen Bestandes, ist nicht nur für die Frage nach der Möglichkeit subjektloser Rechte von Bedeutung, sondern noch mehr für unsere Auffassung der Rechtsgemeinschaften als subjektiver Rechte mit mehrheitlicher Zuständigkeit eines (gemeinschaftlichen) Rechtsinhalts [64]) [65]).

---

[63]) Daß dieser Begriff der Zuständigkeit subjektiver Rechte auch für das öffentliche Recht Wert hat, ist oben bereits angedeutet.

[64]) Wegen des Zusammenhangs zwischen der Frage nach den subjektlosen Rechten und der nach der Struktur gemeinschaftlicher Rechte vgl. Anhang III auf S. 326 ff.

[65]) Das Verhältnis von „Bestehen“ und „Zustehen“ eines Rechts

Die Rechtszuständigkeit als eine ganz bestimmte „innere“ Beziehung innerhalb des subjektiven Rechts ist also Bestandteil, Faktor, Element, Funktion des subjektiven Rechts, die bei den absoluten Vermögensrechten, mit denen wir es in unserer Arbeit in erster Linie zu tun haben, und auf die auch diese Ausführungen über die Rechtszuständigkeit vor allem gemünzt sind[66]), als „aktive Funktion“ des subjektiven Rechts der Beziehung des Rechtsinhalts zum Rechtsobjekte als der „passiven Funktion“ des subjektiven Rechts gegenübergestellt werden kann[67]).

---

wird gut veranschaulicht durch § 891 BGB.: die Vermutung in Abs. 1, daß dem grundbuchlich Eingetragenen „das Recht zustehe“, bedeutet nämlich zunächst einmal die Vermutung, daß dieses Recht überhaupt „bestehe“ (d. h., daß eine Zuständigkeitsbeziehung als notwendige subjektive Beziehung des Rechtsinhalts überhaupt vorhanden sei), und erst in zweiter Linie die Vermutung, daß dieses bestehende Recht dem Eingetragenen auch wirklich — als dem Berechtigten — „zustehe“. Umgekehrt ist der Sinn des Abs. 2: mit der Vermutung, daß ein gelöschtes Recht „nicht bestehe“, entfällt notwendigerweise die Möglichkeit einer Rechtszuständigkeit überhaupt und damit einer Zuständigkeit an den zuletzt Eingetragenen. Vgl. ferner den Gegensatz zwischen dem „bestehenden“ und dem — in bestimmter Weise — „zustehenden“ Eigentum in Art. 181 Abs. 2 EG.BGB.; sowie einerseits § 437 Abs. 1: Haftung für den „rechtlichen Bestand“ eines Rechts seitens des Verkäufers, und andrerseits § 2376 Abs. 1: Haftung des Erbschaftsverkäufers dafür, „daß ihm das Erbrecht zustehe“. — Man denke auch an den Fall der Prätendentenstreitigkeiten in § 75 ZPO., wo der Bestand des Rechts unzweifelhaft, aber die Zuständigkeit streitig ist, an den Fall der Hinterlegung nach § 372 Satz 2 BGB., wenn „Ungewißheit über die Person des Gläubigers“ besteht, an die Abhängigkeit des rechtlichen Bestandes der Hypothek als solcher von dem Bestehen der Forderung und an die davon getrennt zu haltende Frage der rechtlichen Zuständigkeit der Hypothek (insbes. §§ 1163, 1177 Abs. 1), die rechtwirksame Begründung einer Grundschuld trotz fehlender Valutazahlung und die Frage ihrer Zuständigkeit (dazu RG. Bd. 78 S. 64f). Auch im Patentrecht ist der Unterschied von großer Bedeutung; vgl. Kohler bei Dernburg, Bürgerliches Recht, Bd. VI S. 251 § 85 XII, S. 267/8 § 90 I u. II.

[66]) Vgl. aber ferner S. 87 Anm. 174 zu § 6.

[67]) Diese Ausdrücke gebraucht neuestens auch Binder, Besprechung von Stammler, Unbestimmtheit des Rechtssubjekts, in der KrVJSchr. Bd. 49, 1911, S. 247 ff. auf S. 267 für das „Rechtssubjekt“; vgl. dazu aber S. 75 ff. und S. 76 Anm. 152 zu § 6 dieser Arbeit. — In ganz anderem Sinne bezeichnet Wroblewski, Zur Lehre von der Kollision der Privat-

Sie steht sowohl zu dem Rechtsinhalte und der Beziehung des Rechtsinhalts zum Rechtsobjekte als auch andrerseits zur Rechtsausübung in einem Gegensatze[68]). Sie bedeutet eine Funktion oder allenfalls[69]) einen bestimmten Zustand des Rechtsinhalts (oder des subjektiven Rechts schlechthin); jedenfalls aber nicht einen Zustand oder eine Eigenschaft des Subjektes des Rechts. Wir sprechen daher nur von einer Zuständigkeit des subjektiven Rechts (oder des Rechtsinhalts) an das Subjekt, an eine Person[70]), und nicht von einer Zuständigkeit eines Subjekts, einer Person hinsichtlich eines Rechts[71])[72]).

---

rechte, Wien 1894, indem er das subjektive Recht ähnlich wie Jhering definiert (S. 32), die „rechtliche Sicherung" und die „Genußmöglichkeit" als „Funktionen" des subjektiven Rechts (S. 39/40).

[68]) Vgl. zu dem letzteren Gegensatze Hirsch, Die Übertragung der Rechtsausübung, Bd. I S. 1 ff., 24.

[69]) Genau genommen haben wir nicht die Zuständigkeit, sondern die „Zuständigkeitsform" als einen „Zustand" des Rechtsinhalts aufzufassen. Vgl. S. 37 ff. in § 3.

[70]) Auch die sog. Realrechte (insbes. die Grunddienstbarkeiten, Reallasten) stehen nicht dem (herrschenden) Grundstück selbst als dem Subjekt des Rechts zu, sondern dem jeweiligen Eigentümer des Grundstücks (vgl. dazu z. B. § 876 Satz 2 BGB.; Art. 120 Abs. 2 Ziff. 2 EG.BGB., §§ 8 Satz 1, 21 GBO.). Zur Annahme des Gegenteils dürfen weder einzelne Ausdrücke der römischen Quellen (ius praedii; fundo servitus debetur usw.), noch die Auffassung des preußischen ALR. (§ 125 I 2; § 12 I 22) noch auch die (dem preußischen Recht entstammende) als kurzer technischer Ausdruck eingebürgerte Bezeichnung vom „subjektiv-dinglichen Recht" verleiten; daß insbes. der in der gemeinrechtlichen Doktrin (z. B. bei Heise, Böcking, Duncker) zuweilen auftauchende Gedanke einer juristischen Persönlichkeit des berechtigten Grundstücks durchaus abwegig ist, bedarf heute keiner Ausführung. Mit der ungenauen Ausdrucksweise der „Zuständigkeit" des Realrechts „an das (herrschende) Grundstück" wird vielmehr lediglich eine Modalität der Zuständigkeit, nämlich eine mittelbare Zuständigkeit (vgl. oben S. 85 Anm. 173 zu § 6), bezeichnet. (So übrigens auch z. B. für das römische Recht Bonfante, Istituzioni, S. 310 § 101; im übrigen vgl. nur Wächter, Württemberg. Privatrecht, Bd. II S. 323 f. § 49 B.) Doch wird auch heute zuweilen noch das Grundstück selbst ausdrücklich als „Subjekt" der Dienstbarkeit erklärt; so z. B. für das italienische Recht von Brugi, Istituzioni di diritto civile italiano, 1914, S. 394 ff. § 49b.

[71]) So z. B. Hölder, Natürliche und juristische Personen, Leipzig 1905, insbes. S. 124 ff. Er spricht von der privaten und der amtlichen

Wir haben die Rechtszuständigkeit als einen Bestandteil des (gesamten) subjektiven Rechts charakterisiert. Daraus folgt: Die Rechtszuständigkeit ist noch nicht das subjektive Recht selbst[73]); sie ist aber auch für sich

---

Zuständigkeit eines bestimmten Menschen zur Wahrnehmung eines Privatrechtes, verwendet also „Zuständigkeit“ in einer an den Gedanken der Kompetenz anklingenden Weise; vgl. auch oben S. 313 Anm. 37 sowie noch Hölder, S. 233 ff., 240 f. über die „Persönlichkeit des Amtes“. — Vgl. ferner Düringer-Hachenburg, Das Handelsgesetzbuch usw., Bd. IV S. 24 Anm. 23, S. 136 Anm. 161, S. 138 Anm. 164: es bestehe „an den einzelnen Gegenständen des Gesellschaftsvermögens eine ungeteilte Gesamtzuständigkeit (!) aller Gesellschafter“; sowie Neudegger, Die Gesellschaft des Bürgerlichen Gesetzbuchs usw., im ArchBürgR. Bd. 34, 1910, S. 41 ff. auf S. 44/5: der „Anteil“ der Gesellschafter an den einzelnen Gegenständen bedeute „lediglich die Zuständigkeit der einzelnen Gemeinschafter, ihre bloße Mitgliedschaft zur Gesellschaft“.

[72]) Daß dieser Gedanke der Zuständigkeit (als einer Beziehung) des Rechtsinhalts an ein Subjekt festgehalten wird, ist also das mindeste, was für die Verwendung des Wortes auf materiellrechtlichem Gebiete verlangt werden muß, mag man im übrigen über den Zusammenhang der „Zuständigkeit des Rechts“ mit der Kompetenz eines staatlichen oder körperschaftlichen Organs denken, wie man will. Ja, man kann viel eher umgekehrt, nach dem Gesagten, auch im Bereiche körperschaftlicher Kompetenz von der Zuständigkeit eines Rechts oder einer Pflicht an ein körperschaftliches Organ sprechen und damit die genannte rechtliche Beziehung des organschaftlichen Rechts oder der Pflicht bezeichnen. Wir gebrauchen dann das „Zuständigsein“ mit der durch den besonderen Charakter der Rechte bzw. Pflichten gegebenen Nuancierung, die durch die französischen Ausdrücke „appartenir à quelqu'un“ bzw. „être de la compétence de . . . (d'un tribunal etc.)“ gut wiedergegeben wird.

[73]) Wie uns auch schon oben die Zuständigkeit oder Kompetenz nicht der Rechte- und Pflichteninbegriff selbst war, sondern eine bestimmte rechtliche Beziehung dieses Inbegriffs. Ungenau also die Verwendung von „Zuständigkeit“ statt des Rechtes selbst, z. B. „Zuständigkeit einer Sache an mehrere Subjekte“ — so Nagler im SächsArch. Bd. 10 S. 732 — statt des Eigentums der Sache; und unzutreffend, von einer „Sonderzuständigkeit des Miteigentümers an einer Sache“ statt von Sonderberechtigung, von „Gesamtzuständigkeit“ aller Gesamthänder an einem Grundstück, statt von Gesamteigentum zu reden — so Düringer-Hachenburg, a. a. O. — oder das „Sondereigentum des Miteigentümers an seinem ideellen Grundstücksanteil“ (!) als „seine Alleinzuständigkeit“ zu bezeichnen — so Neudegger, a. a. O., S. 49.

allein nicht ein (besonderes) subjektives Recht[74]). — Daher darf auch unter der (rechtlichen) Zuständigkeit oder der Rechtszuständigkeit eines Vermögens nicht ein besonderes einheitliches Vollrecht am Vermögen verstanden werden[75]), sondern immer nur die gedachte Zusammenfassung der einzelnen Zuständigkeiten der das Vermögen[76]) bildenden subjektiven Rechte; ein einheitliches subjektives Recht entspricht aber nach geltendem Rechte dieser gedachten Zusammenfassung von Zuständigkeiten nicht[77])[78]).

---

[74]) Also kein „Eigentum" an dem einzelnen subjektiven Rechte; vgl. auch Mot. Bd. III S. 257.

[75]) So zahlreiche Schriftsteller, um im Anschluß an das deutschrechtliche und in manche Gesetzgebungswerke — ALR., bayrisches LR., österreichisches ABGB., code civil und in engeren Grenzen auch das sächsische BGB. — übergegangene „Eigentum" an Rechten und am Vermögen auch für unser heutiges Recht einem besonderen einheitlichen Vollrechte am Vermögen zur Anerkennung zu verhelfen. Vgl. vor allem Gierke, Deutsches Privatrecht, Bd. I S. 539 § 68 III; Bd. II S. 360 und 367 § 120 IV 8 und V 8; vorher bereits Gierke, Der Entwurf eines bürgerlichen Gesetzbuchs und das deutsche Recht, Leipzig 1889, S. 47; ferner z. B. Zitelmann, Internationales Privatrecht, Bd. II, München und Leipzig 1898—1912, S. 21 ff.; Eltzbacher, Die Handlungsfähigkeit, Bd. I, Berlin 1903, S. 330 ff.; Langheineken, Anspruch und Einrede, Leipzig 1903, S. 156 ff. u. a. — Vgl. aber auch den Begriff des Eigentums im weiteren Sinne von Berechtigung in Art. 602 des neuen schweizerischen ZGB. und dazu Escher, Erbrecht (im Eggerschen Kommentar), Zürich 1912, S. 275.

[76]) „Vermögen" auch hier, wie oben S. 33 Anm. 65 zu § 3 im Sinne des Aktivvermögens genommen.

[77]) Also weder die Annahme eines besonderen subjektiven Vollrechts am Vermögen als einem einheitlichen Objekte noch die Annahme eines besonderen Rechts in der Form, daß man die Rechtsstellung des Vermögensinhabers unter Zusammenfassung der das Vermögen bildenden subjektiven Rechte als ein besonderes einheitliches Gesamtrecht auffaßt. Vgl. dazu etwa v. Tuhr, Der allgemeine Teil, Bd. I S. 328 f. § 18 VI; S. 358 f. § 20 VIII; M. Wolff, Sachenrecht, 1913, S. 150 § 51 VII 2; Walsmann, Der Verzicht, S. 58, 134.

[78]) Die im vorstehenden entwickelte Bedeutung der Rechtszuständigkeit als einer Beziehung innerhalb des subjektiven Rechts, die weder selbst das subjektive Recht noch auch für sich ein besonderes subjektives Recht ist, scheint uns besonders betont werden zu müssen gegenüber unklaren und schwankenden Terminologien, wie sie — abgesehen von den bereits genannten Schriftstellern (vgl. Anm. 71 und 73) — z. B. neuerdings besonders in einer Schrift von Kaufmann (Das Eigen-

Damit mag einstweilen der Begriff der Rechtszuständigkeit, wie er wohl bereits als technischer Ausdruck zu gelten hat und in dieser Arbeit gebraucht wird, genügend geklärt sein[79]).

---

tum am Gesellschaftsvermögen, München 1912) in überraschender Fülle auftreten, ohne von den Rezensenten dieser Schrift (Predari in GruchotsBeitr. Bd. 56, 1912, S. 396 f.; Blach, JLBl., Bd. 24, 1912, S. 79 f.) irgendwelche Anfechtung zu erfahren. Mag die nicht sehr glücklich gewählte Bezeichnung eines — entgegen den vorstehenden Bemerkungen — angenommenen besonderen Vollrechts an einem Vermögen, insbes. einem Gesamthandvermögen, als „Zuständigkeitsrecht" am Vermögen (so Kaufmann, z. B. S. 10 Anm. 5, 12, 23, 25 Anm. 28, 26, 30, 45, 50: „Zuständigkeitsrecht des gemeinschaftlichen Vermögens") noch allenfalls hingehen, so ist es jedenfalls eine ganz unhaltbare Anschauung, daß auch bei dem einzelnen subjektiven Rechte ein besonderes „Zuständigkeitsrecht" vorhanden sei, welches sich mit diesem subjektiven Rechte inhaltlich nicht decke (vgl. S. 59, 78/9). Aber auch die Bedeutung, die das Wort „Rechtszuständigkeit" bei Kaufmann annimmt, ist nicht zu billigen. Ihm bedeutet nämlich „Rechtszuständigkeit" zwar in der Regel richtigerweise die Beziehung eines subjektiven Rechts (Rechtsinhalts) zu einem Subjekt, oft aber geradezu das subjektive Recht selbst. So faßt er die Rechtszuständigkeit eines Vermögens selbst als Recht auf und setzt „die nackte Rechtszuständigkeit am Vermögen" mit dem „Eigentum am Vermögen" gleich (S. 1), bezeichnet die „Rechtszuständigkeit des Vermögens" als „das wichtigste und nächstliegendste (sic!) Vermögensrecht" (S. 50), und spricht demgemäß von einer „Beanteiligung an der Rechtszuständigkeit" (S. 30), von „Quoten der rechtlichen Zuständigkeit" (S. 12, 12/13) oder „Zuständigkeitsquoten" (S. 19, 34, 38 Anm. 36, 47), „Zuständigkeitsanteilen" (S. 12). Noch bedenklicher ist die Begriffsbildung „Zuständigkeitsgemeinschaft" statt „Rechtsgemeinschaft" (S. 21; im Sachregister S. 118) und der Satz, „daß die Zuständigkeitsbeziehung zwischen einer Person und einem Gegenstande ... immer Gegenstandsrecht und damit Vermögensrecht sein müsse" (S. 36/7), worin also die „Zuständigkeitsbeziehung" ein von dem hinsichtlich seiner Rechtszuständigkeit untersuchten subjektiven Rechte inhaltlich verschiedenes, eigenes, subjektives Recht sein soll. Unhaltbar schließlich noch Ausdrücke wie „die Zuständigkeit des ... Rechtsverhältnisses" (S. 103) und (ganz pleonastisch) die „Mitträgerschaft an der ungeteilten Zuständigkeit einer gesamthändischen Gemeinschaft" (S. 49).

Alles in allem eine Fülle durcheinander laufender, der Einheitlichkeit entbehrender, verwirrender und unklarer Terminologien, die sich in der Dogmatik unseres materiellen Rechts keinesfalls einbürgern dürfen.

[79]) Wegen der besonderen Arten und Formen der Zuständigkeit eines

Wie wir neben der Rechtsfähigkeit (im engeren Sinne) von einer „Pflichtfähigkeit“ als der Fähigkeit, Träger von subjektiven Pflichten zu sein, sprechen und diese mit unter dem Begriffe der Rechtsfähigkeit (im weiteren Sinne) und als Merkmal der „Person“ zu begreifen haben [80], so müssen wir neben der Zuständigkeit subjektiver Rechte auch von der Zuständigkeit subjektiver Pflichten oder Rechtspflichten sprechen [81]. Wir verstehen darunter diejenige Beziehung einer Rechtspflicht zu einer Person, durch welche gerade diese Person als der Verpflichtete (als das Pflichtsubjekt) rechtlich bestimmt wird.

Diese Relation der einzelnen Verbindlichkeit oder Pflicht mit ihrem Träger ist also eine der Zuständigkeit des subjektiven Rechts durchaus analoge Beziehung. Sie kommt jedoch für uns, die wir uns mit der Frage der Rechtsgemeinschaft zu beschäftigen haben, vorläufig nicht in Betracht; wieweit dieser Begriff für eine Untersuchung der Frage nach der Möglichkeit einer Gemeinschaft (insbes. einer Bruchteilsgemeinschaft) von Schulden von Bedeutung wäre, muß hier dahingestellt bleiben [82].

III. „Konstanz des Gesamtinhalts“, subjektlose Rechte und Korrealobligation.

(Vgl. S. 41 Anm. 78 zu § 3.)

I. Die Frage nach der Möglichkeit subjektloser Rechte spielt von jeher — und nicht zum Vorteil — in die kon-

Rechts und wegen des Verhältnisses der Begriffe Rechtszuständigkeit und Rechtssubjekt vgl. S. 38 f. in § 3 und S. 85 Anm. 173 zu § 6.

[80]) Daher insofern mangelhaft z. B. v. Tuhr, a. a. O., S. 369 § 21; Kohler, Lehrbuch des bürgerlichen Rechts, Bd. I S. 320 § 131; Krainz-Pfaff-Ehrenzweig, System des österr. allgem. Privatrechts, Bd. I S. 140 § 65, die mit der überwiegenden Meinung des heutigen und früheren Rechtes als „Person“ nur ein nach der Rechtsordnung zum Subjekte von subjektiven Rechten fähiges Wesen bezeichnen; dagegen mit Recht Kelsen, Hauptprobleme der Staatsrechtslehre, S. 514 ff. Vgl. auch S. 83 Anm. 170 zu § 6 sowie dazu Artt. 11, 53 des schweizerischen ZGB.

[81]) So z. B. auch v. Tuhr, a. a. O., S. 102 f. § 4 IV.

[82]) Vgl. dazu S. 33 Anm. 65 zu § 3.

struktiven Untersuchungen über das (gemeinrechtliche) Miteigentum und die Rechtsgemeinschaften überhaupt hinein [1]), ebenso wie auch in die Untersuchungen über das Wesen der Korrealobligation und über das der juristischen Person, bei welch letzteren namentlich die alte Fiktionstheorie und die Zweckvermögenslehre jene Vermischung nicht wohl vermeiden konnten.

In Wahrheit hat die Frage subjektloser Rechte mit der Frage der Denkbarkeit dieser oder jener Zuständigkeitsart eines Rechts und mit der Frage der Einwirkung einer besonderen Zuständigkeit auf die innere Struktur eines Rechts nichts zu tun [2]), und die Annahme subjektloser Rechte kann nicht etwa als Stütze einer besonderen Konstruktion einer Mitberechtigung verwertet werden [3]). Wie für die Korrealobligation auch von den Vertretern der herrschenden gemeinrechtlichen Einheitstheorie gegenüber entgegengesetzten Versuchen mit Recht daran festgehalten wurde, daß

---

[1]) Vgl. z. B. Windscheid, Die ruhende Erbschaft usw., in der Münchner Kritischen Überschau Bd. I, 1853, S. 181 ff., insbes. S. 186 ff.; derselbe, Zur Lehre von der Korrealität usw., ebenda Bd. VI, 1859, S. 219 ff.; derselbe, Die actio des römischen Zivilrechts, Düsseldorf 1856, Anhang S. 233 ff.; derselbe, Lehrbuch des Pandektenrechts, 9. Aufl., 1906 (von Kipp), Bd. I S. 219 ff. § 49; Bekker, Pandekten, Bd. I S. 196 ff. §§ 59 f., insbes. S. 204 f. § 59 Beil. II B; Steinlechner, Das Wesen der iuris communio, Teil I S. 2, 117 f., und für die Konstruktion des heutigen Miteigentums ten Hompel, Die juristische Natur des Miteigentums, Diss. Leipzig 1906, S. 27 f.

[2]) Gegen die Hineinziehung der Frage subjektloser Rechte in den genannten Fällen besonders Unger, Zur Lehre von den juristischen Personen, in der Münchner Kritischen Überschau, Bd. VI, 1859, S. 147 ff. auf S. 160 (gegen Windscheid); Böhlau, Rechtssubjekt und Personenrolle, Rostock 1871, S. 5; Zitelmann, Begriff und Wesen der juristischen Personen, Leipzig 1873, S. 36; v. Schey, Über Rechtsverwandlungen, in GrünhutsZ. Bd. 8, 1881, S. 139 Anm. 93 (gegen Steinlechner); auch Meurer, Die juristischen Personen nach Reichsrecht, Stuttgart 1901, S. 18 f.; Samhaber, Zur Lehre von der Korrealobligation, Erlangen 1861, S. 123/4; Dworzak, Literaturbesprechung, in (Haimerls) Österreichischer Vierteljahrsschrift für Rechts- und Staatswissenschaft, Bd. VIII, 1861, Anhang S. 53.

[3]) Letzteres gegen Steinlechner, a. a. O., Teil I S. 2 und 117; ten Hompel, a. a. O., S. 27/8. Vgl. übrigens auch S. 147 Anm. 273 zu § 8.

„die Möglichkeit der Einheit des Rechts trotz der Mehrheit der Subjekte ganz unabhängig von der angeblichen Selbständigkeit des Rechts gegen das Subjekt“ [4]) ist, so gilt für die Mitberechtigungen aller Art, im Gegensatz zur Einzelzuständigkeit der entsprechenden Rechte, daß die Annahme der hier wie dort vorhandenen Gleichheit des Gesamtinhalts des Rechts (die „Konstanz“ des Rechtsinhalts) weder eine Unabhängigkeit des Rechts oder Rechtsinhalts vom Rechtssubjekte bedingt noch eine derartige Abhängigkeit voraussetzt. Andrerseits hat zwischen dem Problem der subjektlosen Rechte und dem der juristischen Person schon Unger energisch die Scheidelinie gezogen: „Der Schluß von der Irrelevanz der individuellen Beschaffenheit eines Subjekts auf die Entbehrlichkeit eines solchen überhaupt, von der Gleichgültigkeit der Qualität auf die Überflüssigkeit des Vorhandenseins eines Subjektes ist unzulässig“ [5]). Für das Verhältnis der Theorie der subjektlosen Rechte zur Auffassung der Rechtsgemeinschaften können wir durchaus analog sagen: Unzulässig ist auch der Schluß von der Irrelevanz der Zuständigkeitsform eines Rechts — gegenüber dem durch seinen Gesamtinhalt festgehaltenen Charakter des Rechts — auf die Entbehrlichkeit einer Zuständigkeit des Rechts überhaupt, und unzulässig umgekehrt der Schluß von der Notwendigkeit oder Überflüssigkeit eines Subjekts auf die Frage der Zulässigkeit der Beteiligung mehrerer Subjekte an einem und demselben Rechte (Rechtsinhalte), der Schluß von der Denkbarkeit oder Undenkbarkeit eines subjektiven Rechts ohne Subjekt auf die Frage der Möglichkeit oder Unmöglichkeit einer bestimmten Zuständigkeitsform (insbesondere einer Form mehrheitlicher Zuständigkeit). Wäre dem nicht so, so müßte für die heute wohl herrschende Auffassung, die die Annahme subjektloser Rechte als eine contradictio in adjecto verwirft [6]), jede Zu-

---

[4]) Dworzak, a. a. O.; mit Unrecht gegen ihn Steinlechner, a. a. O., S. 117/8.

[5]) Unger, a. a. O., S. 160; zustimmend Zitelmann, a. a. O., S. 36 und Ferrara, Le persone giuridiche, S. 159. Vgl. auch Böhlau, a. a. O., S. 5 f.

[6]) Die Literatur für und gegen bei Windscheid-Kipp, Pandekten,

ständigkeit eines Rechtsinhalts an mehrere Personen, jede mehrheitliche Zuständigkeit und damit jede Rechtsgemeinschaft unbegreiflich sein.

Wegen der Gefahr der Verquickung des von uns ausgesprochenen Gedankens von der Konstanz des Gesamtinhalts des Rechts für die verschiedenen Zuständigkeitsformen mit dem Gedanken eines selbständigen und von einer subjektiven Beziehung unabhängigen, evt. ohne jede Zuständigkeit bestehenden Rechtsinhaltes vermeidet der Text, von einer Konstanz des „Bestandes des Rechts", des „objektiven Rechtsbestandes" zu sprechen. Wenn Bekker in Anwendung der besonders von ihm ausgebildeten Unterscheidung zwischen Bestand des Rechts oder objektivem Rechtsbestande und Zuständigkeit[7]) sagt, es bleibe (beim Eigentum) „die Sache und das Recht an ihr", der „Bestand des Rechtes", der „objektive Rechtsbestand" unverändert, gleichgültig, ob die Sache im Alleineigentum oder im condominium stehe[8]), so kommt dies anscheinend zunächst auf dasselbe hinaus, als was unsere Ausführungen in §§ 3 und 4 der Arbeit sagen wollen. Indem aber Bekker durch seinen Ausdruck stärker den Zustand der rechtlichen Gebundenheit des Objekts betont, entwickelt er den Begriff mehr in der Richtung des Gedankens an eine Unabhängigkeit dieses objektiven Rechtsbestandes von einer Rechtszuständigkeit überhaut[9]) derart, daß für ihn der objektive Bestand „nach

---

Bd. I S. 220 Anm. 3 zu § 49; vgl. ferner gegen subjektlose Rechte etwa noch Böhlau, a. a. O., S. 4 ff.; Meurer, a. a. O., S. 19, 26 f.; Kohler, Lehrbuch des bürgerlichen Rechts, Bd. I S. 147; Kornfeld, Soziale Machtverhältnisse, Wien 1911, S. 163, 170; Rud. Leonhard, Schiffe als Prozeßparteien usw., in der Festgabe für Brie, Leipzig 1912, (S.-Dr.) S. 23 f.; Nicol-Speyer, Theorie des heutigen Zivilrechts, Bd. I S. 290/1; Fuchs im ArchBürgR. Bd. 34, 1910, S. 377 ff., 407, 419; Lenhard, ebenda Bd. 35, 1910, S. 378 f.; Stammler, Unbestimmtheit des Rechtssubjekts, in der Festschrift für Gießen, 1907, S. 31 (455) ff.; derselbe, Theorie der Rechtswissenschaft, Halle 1911, S. 201, 356 sowie neuestens besonders Ferrara, a. a. O., S. 158 ff.

[7]) Vgl. Zeitschrift für vergleichende Rechtswissenschaft Bd. II, 1880, S. 27 ff.; Pandekten, Bd. I S. 50 ff.

[8]) Zeitschrift, S. 29; Pandekten, S. 52, 101/2.

[9]) Vgl. bes. Pandekten, S. 49, 54.

Umständen auch für sich allein zu stehen vermag"[10]); es kommt ihm vor allem auf den Satz an, „daß der objektive Rechtsbestand bei fehlendem und bei vorhandenem Subjekte der nämliche ist"[11]).

Mit einer solchen Auffassung deckt sich unser Gedanke offensichtlich nur zu einem Teile, nämlich nur insoweit, als es sich um die Konstanz des objektiven Rechtsbestandes für die verschiedenen Arten von Rechtszuständigkeit handelt; auf die Möglichkeit der Unabhängigkeit des objektiven Rechtsbestandes von der Zuständigkeit überhaupt, auf die Bekker Wert legt, kommt es uns dagegen gerade nicht an. Im Gegenteil: indem wir die Einwirkung der Art der Zuständigkeit auf den — lediglich innerhalb des einzelnen entstandenen oder als entstanden vorgestellten Rechtes gedanklich getrennten — Rechtsinhalt und auf die Struktur des ganzen Rechts untersuchen wollen, soll in dem Gedanken der Zuständigkeitsform des einzelnen Rechts oder Rechtsinhalts gerade eine bestimmte Abhängigkeit des Rechtsinhalts — nicht nach der Seite des Gesamtbestandes seiner Einzelbefugnisse, wohl aber nach der Seite seiner besonderen Struktur — von der im einzelnen Falle vorhandenen subjektiven Beziehung oder den mehreren subjektiven Beziehungen ausgedrückt werden. Wir denken nicht an ein selbständiges Element des subjektiven Rechts, das im Notfalle auch ohne subjektive Beziehung vorhanden sein kann, sondern trennen nur gedanklich innerhalb des einzelnen, einer bestimmten Zuständigkeitsform notwendig teilhaftigen subjektiven Rechts die beiden Grundelemente[12]) des Rechtsinhalts und der Zuständigkeit, um das gegenseitige Verhältnis dieser Grundelemente, und zwar insbesondere die Einwirkung von Veränderungen der Zuständigkeit auf den Rechtsinhalt (und des weiteren auf die Rechtsausübung) zu untersuchen.

---

[10]) Pandekten, S. 50.

[11]) Pandekten, S. 54.

[12]) Es handelt sich also um die in der Logik überaus häufige technische Operation der diskursiven Trennung, der Dekomposition eines (einheitlichen) Begriffs in verschiedene Begriffselemente. Vgl. dazu auch Vaihinger, Die Philosophie des Als ob, 2. Aufl., Berlin 1913, S. 32 ff., 36 ff., 372 ff.

Die Verwendung des Begriffs des objektiven Rechtsbestandes im Sinne Bekkers wäre daher dem Grundgedanken unserer Arbeit nicht förderlich. Der Gedanke der Konstanz des Gesamtinhalts eines Rechts trotz Wechsels der Zuständigkeitsformen verträgt sich nicht nur mit einer Abhängigkeit dieses Gesamtinhalts (des Rechtsinhalts in diesem Sinne) von der Rechtszuständigkeit, sondern verliert sogar bei Annahme der Selbständigkeit eines (schlechthin unverändert bleibenden) Rechtsinhalts seinen wahren Sinn. Denn die mehrheitliche Zuständigkeit äußert eben, wie unsere Arbeit zeigen will, Einwirkungen auf diesen Rechtsinhalt, indem sie die Art der Zusammensetzung und Anordnung seiner Bestandteile, den inneren Aufbau (insbesondere bei absoluten Vermögensrechten: die positive Seite) des subjektiven Rechts in besonderer Weise bestimmt und eine besondere Zuständigkeitsform dieses Rechtsinhalts zur Folge hat.

Aus dem gleichen Grunde sind für unsern Gedanken die Ausdrücke Jherings, wie „Gebundenheit des Rechtsobjekts", „passive Seite des Rechts"[13]) besser nicht zu verwenden, da sie gleichfalls stets an die „separate Existenz"[14]) und damit an — zum mindesten zeitweilig — subjektlose Rechte und ähnliche Rechtserscheinungen (Unbestimmtheit des Rechtssubjekts, Anwartschaften usw.) denken.

II. Bedeuten sonach die Scheidung von Rechtsinhalt und Rechtszuständigkeit und der Begriff der Zuständigkeitsform lediglich Denkweisen, die uns das Verständnis für das subjektive Recht und seine Struktur, insbesondere im Falle mehrheitlicher Zuständigkeit, erleichtern sollen[15]), und bedeutet uns der Satz von der Konstanz des Rechtsinhalts bei Wechsel der Zuständigkeitsformen (d. h. also: von der Einflußlosigkeit einer mehrheitlichen Zuständigkeit auf den gesamten potentiellen Gehalt des Rechts als solchen) lediglich eine Umschreibung und noch keine Lösung des Problems der Gemeinschaften (des Miteigentums insbesondere), so leuchtet ein, daß dieser unser Satz sich auch mit der an-

---

[13]) Vgl. Jhering, Passive Wirkungen der Rechte, in seinen Jahrbüchern Bd. 10, 1871, S. 387 ff.

[14]) Jhering, a. a. O., S. 394/5.

[15]) Dazu oben S. 37 Anm. 72 zu § 3.

scheinend mit ihm übereinstimmenden Formel der gemeinrechtlich sog. Einheitstheorie bei der (aktiven)[16]) Korrealobligation nicht deckt. Indem diese das Wesen der vielumstrittenen Rechtsfigur als „Einheit des objektiven Bestandes der Obligation bei Mehrheit der subjektiven Beziehungen" erklärte, d. h. objektiv nur eine einzige Obligation (einen objektiven Bestand) annahm, die (bzw. den) jeder der Gläubiger ganz hat, mußte für sie dieser objektive Bestand (in der Bedeutung der rechtlichen Existenz der Obligation) über den Begriff des Rechtsinhalts hinausgehen und irgendeine überhaupt vorhandene subjektive Beziehung als wesentliches Moment mit umfassen, da eine „subjektlose Obligation nichts weiter als der abstrakt vorgestellte Inhalt einer möglichen Obligation, nie aber eine wirkliche konkrete Obligation sein könnte"[17]). Damit aber scheidet sich diese Formel ihrem Sinne nach merklich von unserem Satze von der „Konstanz"[18]).

Der Unterschied zeigt sich am besten an den jeweiligen Gegensätzen: Den Gegensatz zur Formel der Einheitstheorie bildet einerseits die Geteiltheit der Obligation, andererseits die (bei Solidarobligationen angenommene) Mehrheit ganzer und inhaltlich übereinstimmender Rechte; dagegen entspricht dem Gedanken des Textes von der Konstanz (oder — in diesem Sinne — „Einheit") des Gesamtinhalts als Gegensatz eine Veränderung des Gesamtbestandes des Rechtsinhalts, wie er also z. B. (als Verminderung) im Falle der Bildung von begrenzten Rechten nach der Auffassung ihrer Entstehung durch „qualitative Teilung" eintreten würde.

---

[16]) Nur sie — nicht auch die passive Korrealobligation — kommt für die Gegenüberstellung mit dem Satze von der Konstanz in Betracht.

[17]) Dworzak, a. a. O., Anhang S. 45.

[18]) Ihr „objektiver Bestand" ist übrigens auch nicht identisch mit dem Bekkers, der daher (sowohl in der Zeitschrift für vergleichende Rechtswissenschaft, Bd. II S. 31/2, als auch in seinen Pandekten, Bd. I S. 52) die Anwendbarkeit seiner Unterscheidung von Zuständigkeit und objektivem Bestande auf Korrealobligationen ausschließt. Vgl. dazu aber ferner Bekker, Die prozessualische Konsumption, Berlin 1853, S. 225/6.

Auf die uns vor allem interessierenden absoluten Vermögensrechte übertragen, bedeutet daher die Formel der Einheitstheorie nicht nur eine Umschreibung des Gemeinschaftsproblems, sondern gibt sich bereits als eine Lösung und konstruktive Erklärung einer bestimmten Gemeinschaftsform, und zwar eine Lösung im Sinne der Eisele-Windscheid-Steinlechnerschen Ungeteiltheitslehre, die das gemeinrechtliche Miteigentum, analog der Korrealobligation, durch die Formel der „Einheit" oder „Ungeteiltheit des Rechtsinhalts (oder des Rechts) bei mehrfacher subjektiver Beziehung" zu erklären sucht[19][20].

IV. Die angebliche Rechtsgemeinschaft in den §§ 1025, 1109 Abs. 1 BGB.

(Vgl. S. 132 Anm. 237 zu § 8.)

Die Beurteilung der nach §§ 1025, 1109 Abs. 1 BGB. sich ergebenden Rechtslage ist sehr zweifelhaft[1]), wie auch schon im gemeinen Rechte der dem § 1025 entsprechende Fall verschieden beurteilt wurde[2]).

---

[19]) Vgl. dazu oben S. 155 Anm. 282 zu § 8.

[20]) Übrigens verfällt gelegentlich auch Bekker in den Fehler der Verwechslung von Konstanz des Rechtsbestandes mit der Einheit oder Ungeteiltheit des Rechts, wenn er in der Zeitschrift, a. a. O., S. 37, um seinen früheren Gedanken für das Miteigentum auszudrücken, dieses als Beispiel eines „ungeteilten Bestandes bei geteilter Zuständigkeit" bezeichnet.

[1]) Ebenso auch die entsprechende Rechtslage in anderen Rechtsordnungen, insbes. in der österreichischen, wegen der Unklarheit des § 485 ABGB.

[2]) Wenn wir schon hier darauf eingehen können, ohne zuvor die Theorie von der intellektuellen Teilbarkeit der Rechte berührt zu haben, die für die Lehre von der communio pro indiviso bekanntlich eine so große Rolle spielt und uns in Teil II dieser Arbeit beschäftigen soll, so hat das seinen Grund darin, daß die Entstehung der mehreren Rechte aus dem bisherigen einen subjektiv-dinglichen Rechte, die im Falle der Zerteilung des herrschenden Grundstücks stattfindet, mit der Frage der intellektuellen Teilung der Rechte nichts zu tun hat und namentlich durch eine sog. Unteilbarkeit des Rechts nicht ausgeschlossen wird.

I. Für das römisch-gemeine Recht (vgl. L. 6 § 1 D. 8, 6; L. 23 § 3 und L. 25 D. 8, 3; dazu L. 32 D. 8, 2)[3]) darf als überwiegende Lehre die angesprochen werden, daß bei (realer) Teilung des herrschenden Grundstücks einem jeden der neu entstandenen Grundstücke fortan eine eigene (der früheren einen Dienstbarkeit inhaltlich gleiche)[4]) Grunddienstbarkeit zukommt, und daß damit die Einheit der Servitut endete. Zweifelhaft bei dieser Auffassung war vor allem, wie das Entstehen der mehreren neuen Servituten aufzufassen sei, ob Vervielfältigung oder Teilung der früheren einen Servitut vorliege[5]), oder ob für die verschiedenen Arten von Servituten eine verschiedene Beurteilung Platz

---

[3]) Die Streitfrage kann hier für das römisch-gemeine Recht und für andere Rechte nicht eingehender betrachtet werden; es mag insoweit hingewiesen werden für das erstere, außer auf die bei Steinlechner angeführte ältere Literatur, etwa auf Steinlechner, Das Wesen der iuris communio, Teil I S. 56 ff., 130; Bd. II S. 247 f.; v. Scheurl, Teilbarkeit als Eigenschaft von Rechten, S. 64 f.; J. Merkel in der KrVJSchr. Bd. 28, 1886, S. 15; Dernburg, Pandekten, 7. Aufl., 1902, Bd. I S. 579 f. § 241 2 und bes. Segrè in der Rivista italiana Bd. VIII, 1889, S. 182 ff. (weitere ältere Literatur bei Bianchi in dem demnächst genannten Werke S. 342 Anm. 7); für das preußische Recht etwa Förster-Eccius, Theorie und Praxis usw., Bd. III, 7. Aufl., Berlin 1896, S. 386 § 187 I 3; Dernburg, Lehrbuch des preußischen Privatrechts, 5. Aufl., Halle 1894, Bd. I S. 596 f. § 244 2; S. 731 § 294 4; S. 762 § 308 1; derselbe, Bürgerliches Recht, Bd. III S. 565 f. § 167 Anm. 5, 6, 9, 11. — Über die Auslegung des § 485 (vgl. auch § 844) des österreichischen ABGB. siehe einerseits Randa, Der Besitz usw., 4. Aufl., Leipzig 1895, S. 790 § 35 Anm. 36 (unter Heranziehung des inhaltlich unserm heutigen § 1025 BGB. entsprechenden § 539 des sächs. BGB.), anderseits Krainz-Pfaff-Ehrenzweig, Österreichisches Privatrecht, Bd. I S. 714 f. § 249 4; für das französische Recht (Art. 700 code civil) Zachariae-Crome, Handbuch des französischen Zivilrechts, Bd. I, Freiburg i. B. 1894, S. 653 f. § 217 1 c, und vor allem für (das gemeine, französische und) das italienische Recht (Art. 644) Ferd. Bianchi, Trattato delle servitù legali nel diritto civile italiano, vol. I, Lanciano 1888, S. 340 ff. Nr. 103a, mit weiterer reicher Literatur.

[4]) Vgl. aber auch hiergegen Segrè, a. a. O., S. 185.

[5]) Welch letztere Teilung als eine impropria divisio den Grundsatz der sog. Unteilbarkeit der Servitut nicht durchbrochen haben würde; vgl. v. Scheurl, a. a. O., S. 65; Segrè, a. a. O., S. 182, 184 f.; auch Biondo Biondi, La legittimazione processuale nelle azioni divisorie romane, Perugia 1913, S. 14.

greifen müsse. Die Entscheidung dieser Frage ist für uns nicht von erheblichem Interesse[6]), sofern man nur zugibt, daß nicht mehr eine (etwa solidarisch zustehende), auch nicht eine (in anderer Weise) gemeinschaftliche Servitut, sondern daß nunmehr mehrere selbständige Einzelservituten je zugunsten der neuen (Teil-) Grundstücke vorhanden sind. Damit wird, worauf es uns ankommt, der Begriff einer Rechtsgemeinschaft hinsichtlich dieser neuen Servituten ausgeschlossen[7]); denn die Voraussetzung jeder Rechtsgemeinschaft ist eine mehrheitliche Zuständigkeit eines Rechts. Vielmehr muß man, soweit im einzelnen Falle gegenseitige Ausübungsstörung vorhanden ist[8]), eine Kollision der mehreren selbständigen Grunddienstbarkeiten (hinsichtlich der Ausübung) annehmen, und hier zum Zwecke der allseitigen Ausübungsregelung dieser kollidierenden Einzelrechte jene eigenartige actio utilis (L. 4 D. 43, 20) anwenden, die sich als ein besonderes und mit der actio communi dividundo utilis nicht schlechthin zu identifizierendes Rechtsmittel darstellt[9]).

II. Im Gegensatz zu dieser überwiegenden Auffassung der gemeinrechtlichen Doktrin (die allerdings zufolge der Behandlung der Frage bei der Lehre von der Teilung der Rechte mehr die Vervielfältigung bzw. Zerteilung der Servitut als das — mögliche — Entstehen eines Kollisionsverhältnisses betonte, und zugleich im Gegensatz zu der herrschen-

---

[6]) Höchstens für die Frage nach einer etwaigen, eine wahre Rechtsgemeinschaft ausschließenden communio pro diviso hinsichtlich des Rechts, an die man aber im gemeinen Rechte anscheinend nicht dachte. Vgl. dazu auch die zutreffende Bemerkung Segrès, a. a. O., S. 85, daß und warum die mehreren Servituten streng genommen nicht als Teilstücke der früheren einen Servitut bezeichnet werden dürfen; dazu aber auch unten S. 343 Anm. 24.

[7]) Vgl. auch S. 139 Anm. 252 zu § 8 der Arbeit (wegen der L. 19 § 2 D. 10, 3).

[8]) Nicht immer notwendig; man denke z. B. an Wegegerechtigkeiten.

[9]) Vgl. dazu Biondi, a. a. O., S. 44 ff. sowie oben S. 139 Anm. 252 zu § 8; ferner aber auch Berger, Zur Entwicklungsgeschichte der Teilungsklagen usw., S. 50 f.; Eck, Doppelseitige Klagen, S. 128 und Anm. 471.

den Lehre des geltenden französischen[10]) und des italienischen[11]) Rechts, wird nun für das heutige bürgerliche Recht (§ 1025 BGB.)[12]) fast allgemein bei Teilung des herrschenden Grundstücks die Entstehung einer Rechtsgemeinschaft an der den mehreren (herrschenden) Grundstückseigentümern der neu entstandenen Teilflächen gemeinschaftlich gedachten Servitut angenommen, und zwar einer gewöhnlichen schlichten Rechtsgemeinschaft, deren „Bruchteile" sich durch das Größenverhältnis der herrschenden (Teil-) Grundstücke bestimmen, und es wird auf die Regelung dieser

[10]) Trotz der diese Auffassung nicht begünstigenden Wortfassung des Art. 700 code civil, der zuerst von dem Grundstück spricht, welches „vient à être divisé", dann aber die Eigentümer der neuen Teilstücke („portions") als „copropriétaires" bezeichnet (worin gewöhnlich ein Redaktionsversehen erblickt wird; vgl. Dalloz, Nouveau code civil, tome Ier, Paris 1900—05, S. 1197 Nr. 3 zu Art. 700 mit Literaturnachweisen; doch wird Art. 700 auch auf den Fall des Miteigentums am herrschenden Grundstück mit bezogen). Vgl. demgegenüber die bessere Fassung des Art. 644 codice civile: „ciascun proprietario di una porzione".

[11]) Vgl. insbes. F. Bianchi, a. a. O., z. B. S. 342 „. . . la servitù non resta unica, ma si traduce in servitù moltiplice e distinte" (zugleich für das französische Recht). Für diese italienische Lehre liegt noch ein starkes Argument in den Artt. 671, 672 codice civile (= Artt. 709, 710 des französischen code civil; vgl. aber dazu die letzte Anm.): keine Verjährung der ganzen Dienstbarkeit bei Ausübung durch nur einen Miteigentümer des (einen) herrschenden Grundstücks bzw. bei Hemmung oder Unterbrechung der Verjährung gegenüber nur einem Miteigentümer — ein Rechtssatz, der nach der klaren Wortfassung für die Zeit nach der Teilung des herrschenden (Miteigentums-) Grundstücks (für die Zeit nach Aufhebung der Eigentumsgemeinschaft) nicht mehr gelten soll. Daraus ergibt sich, daß nach Auffassung des italienischen Gesetzes nach der Teilung des herrschenden Grundstücks eine „gemeinschaftliche" Grunddienstbarkeit nicht besteht. Sehr zutreffend F. Bianchi, a. a. O., S. 343: „Siamo dunque, rispetto a ciascuno dei fondi parziali, nella condizione normale di un fondo e di un proprietario unico."

[12]) Ebenso aber auch für § 1109 Abs. 1 BGB.; vgl. dazu jedoch die abweichende Fassung des diesem letzteren entsprechenden § 1058 E. I (in zweiter Lesung von der Redaktionskommission ohne nähere Angabe der Gründe beseitigt): „gemeinschaftliche Berechtigung nach Maßgabe der Größe der einzelnen Teile" (scil. des geteilten Grundstücks), und dazu die mehrfache Betonung einer hier vorliegenden echten Gemeinschaft in Mot. Bd. III S. 590 f.

Gemeinschaft (oder des „inneren Verhältnisses der mehreren Berechtigten“: Staudinger) § 745 BGB. angewendet, insbesondere also ein Mehrheitsbeschluß der mehreren Berechtigten zugelassen[13]).

Diese Auffassung ist jedoch unzutreffend; insbesondere ist die Anwendbarkeit des § 745 BGB. keinesfalls anzuerkennen[14]). Es kann nicht zugegeben werden, daß das

---

[13]) Vgl. insbes. Planck, Kommentar, Bd. III S. 375 f. Bem. III 1 zu § 1025; Staudinger, Kommentar, Bd. III S. 556 Bem. 1a zu § 1025 und die dort Zitierten; Güthe, Grundbuchordnung, 3. Aufl., Berlin 1913, S. 1681 unter „Gemeinschaft“ (mit weiterer Literatur); Predari, Die Grundbuchordnung usw., 2. Aufl., Berlin 1913, S. 656 Bem. 1 zu § 48 (etwas vorsichtiger); Gierke, Personengemeinschaften und Vermögensinbegriffe, S. 72 f. (für die entsprechenden §§ 976, 1058 des E. I) und derselbe, Deutsches Privatrecht, Bd. II S. 652 § 144 VI und S. 731 § 149 V (mit Annahme einer Servitut, jedoch ohne Hinweis auf § 745 BGB.; S. 652 Anm. 59 vielmehr: „Regelung nach § 1024“).

Anderer Ansicht, nämlich für die Annahme mehrerer (kollidierender) selbständiger Einzelrechte und für die Anwendung des § 1024, z. B. Crome, System, Bd. III S. 493 § 433 5; S. 623 § 455 3bα; S. 289 § 395 1cα und Anm. 23; Dernburg, Bürgerliches Recht, Bd. III S. 565 ff. § 167 2; M. Wolff, Sachenrecht (in Enneccerus-Kipp-Wolffs Lehrbuch), 1913, S. 361 § 108 II 1; Hirsch, Übertragung der Rechtsausübung, Bd. I S. 33 Anm. 2 und S. 369. — Eine (kaum haltbare) Mittelmeinung stellt v. Tuhr, Allgemeiner Teil, Bd. I S. 86 § 3 IV (dazu S. 237 Anm. 3 zu § 14) auf — wohl veranlaßt durch seine eigenartige Konstruktion der regelmäßigen Rechtsgemeinschaft, die den Unterschied zwischen dem gemeinschaftlichen Recht und mehreren kollidierenden Einzelrechten nahezu völlig verwischt —: zwar mehrere selbständige Servituten, aber nicht Anwendung des § 1024, sondern der §§ 741 ff., insbes. des § 745 Abs. 1, jedoch ohne Anwendbarkeit des Teilungsanspruchs. Für „entsprechende Anwendung“ des § 745 bei Annahme mehrerer Grunddienstbarkeitsrechte auch BGB.-Kommentar von Reichsgerichtsräten, Bd. II S. 270 Bem. 3 zu § 1025.

Für das neue schweizerische Recht vgl. zu dem (unserm § 1025 BGB. durchaus entsprechenden) Art. 743 im Sinne unserer Auffassung („mehrere selbständige Dienstbarkeiten“) Wieland, Kommentar zum Sachenrecht, S. 220 f. Bem. 1 zu Art. 743. Für den Fall der Reallast oder, wie das schweizerische Recht sagt, der Grundlast entscheidet er ebenso, obwohl hier eine dem § 1109 Abs. 1 BGB. entsprechende Bestimmung fehlt; vgl. Wieland, a. a. O., S. 285 Bem. 3 zu Art. 792 ZGB.

[14]) Die Frage, ob gemeinschaftliche Grunddienstbarkeit oder mehrere Grunddienstbarkeiten vorliegen, hat also, wie schon dieser Ausschluß des § 745 zeigt, — entgegen Mot. Bd. III S. 487 — erhebliche praktische

Gesetz, wie v. Tuhr[15]) behauptet, „im Falle des § 1025 von einer mehreren Personen zustehenden Servitut spricht“(?!) und daher auf diesen Fall — im Gegensatz zu § 1024 — die Regeln der §§ 741 ff. angewendet wissen will. Die gesetzliche Ausdrucksweise: „. . ., so besteht die Grunddienstbarkeit für die einzelnen Teile fort“ (§ 1025 Satz 1 erster Halbsatz), besagt nicht, daß nunmehr eine Grunddienstbarkeit mehreren berechtigten Grundeigentümern gemeinschaftlich zusteht; vor solcher Auffassung sollte schon § 1025 Satz 2 warnen. Die behauptete Anwendbarkeit des § 745 und die nach dessen Abs. 1 erforderliche Berechnung der Stimmenmehrheit nach der Größe der Anteile des gemeinschaftlichen Rechts ist im Falle des § 1025 undurchführbar; es ist ganz willkürlich, das Größenverhältnis der Grundstücksteilflächen zur Grundlage der „Größe“ der Rechtsanteile an der (angeblich) gemeinschaftlichen und einen Grunddienstbarkeit zu machen, während doch für jede Grunddienstbarkeit als oberster Grundsatz der gilt, daß sich ihr Inhalt und seine Begrenzung, ihr „Maß“ („Umfang“) nach dem Bedürfnis des herrschenden Grundstücks richtet (§ 1019). Bei der Beurteilung der Rechtslage ist vielmehr von diesem Gesichtspunkte auszugehen:

Die ganze rechtliche Existenz der Grunddienstbarkeit wird dadurch bestimmt und bedingt, daß die Grunddienstbarkeit für die Benutzung des herrschenden Grundstücks Vorteil biete (§ 1019). Daher muß eine Grunddienstbarkeit erlöschen (und Berichtigung des Grundbuchs gefordert werden können), wenn der Vorteil, den sie bieten soll, dauernd wegfällt; denn dann verliert sie ihre Existenzberechtigung[16]).

Bedeutung. Daneben kommt für die formellrechtliche Behandlung weiterhin in Betracht, daß — nach unserer Auffassung und entgegen der herrschenden Lehre — nicht im Grundbuch einzutragen ist, zu welchem „bruchteilmäßigen Anteile“ die einzelnen Grundstückseigentümer berechtigt sind. Wegen eines weiteren Unterschiedes vgl. unten S. 345 Anm. 28.

[15]) v. Tuhr, a. a. O., S. 86 § 3 IV.

[16]) Fast alle Kommentare und Lehrbücher schweigen. Vgl. aber Mot. Bd. III S. 482; Prot. Bd. III S. 308 f. und, wie der Text, insbes. M. Wolff, Sachenrecht, S. 363 § 108 V 5; Staudinger, Kommentar, Bd. III S. 547 Bem. 1e zu § 1019 und wohl auch BGB.-Kommentar

Diesem Grundsatz entspricht § 1025 Satz 2, der insofern über ihn hinausgeht, als nicht erst noch eine Berichtigung des Grundbuchs durchgeführt zu werden braucht, sondern bei Abschreibung des realen Grundstücksteils die damit erloschene Grunddienstbarkeit gar nicht mehr auf dem neuen Grundbuchblatt vermerkt werden darf[17]).

von Reichsgerichtsräten, Bd. II S. 263/4 Bem. 6 zu § 1019. — Der „bloße Wegfall der Ausübungsmöglichkeit", den Gierke, Deutsches Privatrecht, Bd. II S. 654 Anm. 69 zu § 144 ganz allgemein (nicht als Erlöschungsgrund, sondern nur) als Grund für das Ruhen der Grunddienstbarkeit anerkennen will, ist unseres Erachtens, sofern er eine dauernde und nicht behebbare Ausübungsunmöglichkeit infolge Wegfalls der Vorteilsgewährung bedeutet, endgültig Erlöschungsgrund. Dazu gehört ebensowohl der Wegfall der tatsächlichen Grundlage auf seiten des dienenden Grundstücks (z. B. völlige Erschöpfung des Tonlagers, der Sandgrube, die das herrschende Grundstück ausbeutete) als — was uns interessiert — auf seiten des herrschenden Grundstücks dauernder Fortfall des Bedürfnisses. — Vgl. auch für das österreichische Recht Krainz-Pfaff-Ehrenzweig, a. a. O., S. 711 § 249 1: „Die Dienstbarkeit erlischt, wenn sie zwecklos wird." Für das französische Recht (vgl. dazu Art. 703 code civil; entsprechend Art. 662 des italienischen, Art. 546 Ziff. 3 des spanischen Zivilgesetzbuchs) ist dieser Erlöschungsgrund communis opinio; vgl. Fuzier-Herman, Code civil annoté, tome Ier, Paris 1885—98, S. 1003 Nr. 27 zu Art. 703 mit französischer Literatur; Zachariae-Crome, a. a. O., S. 676 Anm. 2 zu § 225. Vgl. auch noch § 595 des früheren sächsischen BGB.: Erlöschen mit der Möglichkeit des Wiederauflebens der Servitut, also (unter Umständen) eine Art „Ruhen" des Rechts. Für das gemeine Recht hatte RG. einen allgemeinen Erlöschungsgrund für Servituten im Sinne des Textes geleugnet; vgl. RG. Bd. 26 S. 167 ff.; Bd. 27 S. 164 ff. (vielmehr regelmäßig nur Ruhen, nicht Untergang des Rechts) und dazu einerseits Windscheid-Kipp, Pandekten, Bd. I S. 1067 § 209 Anm. 19, auch S. 1093 § 215 Ziff. 2, andererseits Kohler, Beiträge zum Servitutenrecht, im ArchZivPrax. Bd. 87, 1897, S. 157 ff. auf S. 225.

Eine andere Lösung gibt das neue schweizerische Recht, das in Art. 736 Abs. 1 mit Wegfall des Interesses für das berechtigte Grundstück dem belasteten Grundstückseigentümer nur einen persönlichen Anspruch auf Löschung gibt, also die Dienstbarkeit als dingliches Recht einstweilen bestehen läßt; vgl. auch Artt. 735 Abs. 2, 734 und dazu Wieland, a. a. O., S. 212 f. Bem. 1 und 6 zu Art. 736.

[17]) Es ist also eine für das heutige Recht — wie für das gemeine — durchaus schiefe Auffassung, den § 1025 Satz 2 als einen „Ausnahmefall von dem Grundsatze der Unteilbarkeit" der Grunddienstbarkeit

Aber nicht nur die rechtliche Existenz überhaupt, sondern auch der Inhalt, der (an sich entstehenden bzw. bestehenden) Grunddienstbarkeit wird durch den Grundsatz des § 1019 bestimmt; über das hier normierte Maß hinaus ist nicht etwa nur eine Ausübungsschranke für die Dienstbarkeit vorhanden, sondern besteht (sofern es sich um eine dauernde und nicht etwa um lediglich vorübergehende Änderung im Bedürfnis des herrschenden Grundstücks handelt) rechtlich die Grunddienstbarkeit ihrem Inhalt nach nicht, und es kann Berichtigung des Grundbuchs verlangt werden[18].

Auf den Fall des § 1025, also auf die Zerlegung des bisher einen herrschenden Grundstücks in mehrere selbständige neue und ganze Grundstücke („Teilflächen", „Teilgrundstücke" im Verhältnis zum früheren einen Grundstück), angewendet — was in der Literatur, soweit ich sehe, nirgends

zu charakterisieren, wie dies regelmäßig geschieht; vgl. z. B. Staudinger, Kommentar, Bd. III S. 556 Bem. 2 zu § 1025; Planck, Kommentar, Bd. III S. 375 f. Bem. 1 und 2 zu § 1025.

[18]) Vgl. Mot. Bd. III S. 482; auch Prot. Bd. III S. 309; sowie Planck, Kommentar, Bd. III S. 364 Bem. 3 zu § 1019; BGB.-Kommentar von Reichsgerichtsräten, Bd. II S. 263 f. Bem. 6 zu § 1019; Kretzschmar, Einführung in das Grundbuchrecht, Bd. II, Leipzig 1903, S. 269 f.; M. Wolff, a. a. O., S. 352 § 106 III 2; Crome, System, Bd. III S. 488 § 431 2a. Nach Gierke, Deutsches Privatrecht, Bd. II S. 647 Anm. 35 zu § 144 soll die Eintragung „nicht bloß unrichtig, sondern nichtig", und daher (vgl. S. 346 § 119) wirkungslos sein; sie könne von Amts wegen entfernt werden. — Anders z. B. § 537 des sächsischen BGB., nach dessen Wortlaut das Bedürfnis des herrschenden Grundstücks nur die Ausübung, nicht den Inhalt bestimmt. Zwar wurde diese Vorschrift trotz ihrer klaren Fassung allgemein als Grundsatz für die Bestimmung des Inhalts der Servitut verstanden (vgl. z. B. Hoffmann, Kommentar zum sächsischen BGB., Leipzig 1889, Bem. 9 zu §§ 535—539 auf S. 258 f. und die dort wiedergegebenen Entscheidungen); jedoch dürfte es richtiger sein, den so positivrechtlich anerkannten Gegensatz von Inhaltsbestimmung und Ausübungsbegrenzung zu beachten, und zwar auch für unser heutiges materielles Recht (trotz mancher Ableugnung, z. B. bei M. Wolff, a. a. O., S. 356 Anm. 2 zu § 107), wie auch Hirsch, Übertragung der Rechtsausübung, Bd. I S. 1 ff. §§ 1 ff. betont. — Das neue schweizerische ZGB. Art. 736 Abs. 2 sieht für den Fall, daß sich das Interesse des Berechtigten nachträglich erheblich verringert, eine völlige oder teilweise Ablösung der Dienstbarkeit gegen Entschädigung auf Verlangen des Belasteten vor.

geschieht —, bedeutet dies: es muß sich auch für die diesen neuen Einzelgrundstücken als herrschenden Grundstücken entsprechenden servitutarischen Berechtigungen der Inhalt und das „Maß“ nach dem Bedürfnis des jetzigen neuen Einzelgrundstücks bestimmen; denn das Gesetz bewertet ja dieses in der Servitutenlehre grundlegende Moment für jedes der Teilstücke selbständig, wie sich aus § 1025 Satz 2 ergibt. Da nun aber keineswegs in Zukunft die Bedürfnisse der herrschenden neuen (Teil-) Grundstücke einander völlig gleich zu sein brauchen, und da sie ebensowenig in Zukunft im Verhältnis der räumlichen Größe der herrschenden Einzelgrundstücke zu stehen brauchen, so kann bei der Zerlegung des einen Grundstücks in diese Teilstücke zwar möglicherweise eine quantitative Verteilung nach dem Bedürfnis[19]) eintreten, wenn nämlich die Gesamtleistungsfähigkeit des belasteten Grundstücks beschränkt ist[20]) oder eine Höchstbegrenzung für das Bedürfnis des herrschenden Grundstücks im Begründungsakte näher angegeben ist und damit der Gesamtumfang der dem Berechtigten gestatteten Benutzung feststeht (sog. „gemessene“ Servitut)[21]). Es kann aber niemals schlechthin eine Verteilung nach einem ziffermäßigen Maßstabe erfolgen, der durch ein anderes, von dem Bedürfnis der herrschenden Einzelgrundstücke abstrahierendes Moment gegeben würde, insbesondere ein anderes Verhältnis (etwa Größen-, Wertverhältnis der neuen Einzelgrundstücke) als dasjenige der Bedürfnisse der Teilgrundstücke zueinander ausdrückte[22]).

---

[19]) Vgl. § 10 S. 243 ff.

[20]) Ist die Leistungsfähigkeit in der Richtung auf die von dem Grunddienstbarkeitsberechtigten beanspruchte Nutzung unbeschränkt, wie z. B. bei Wegedienstbarkeiten, so tritt unter Umständen eine „Vervielfältigung“ der (bisher einen) Servitut schlechthin ein.

[21]) Das Bedürfnis ist also hier näher bestimmt und sozusagen zahlenmäßig „umgerechnet“.

[22]) Es ist ganz willkürlich, die „gemessene“ Servitut einfach nach dem Größenverhältnis der herrschenden „Teilgrundstücke“ aufzuteilen, wie das üblicherweise angenommen wird (z. B. von Dernburg, Bürgerliches Recht, Bd. III S. 566 § 167 II; Staudinger, Kommentar, Bd. III S. 556 Bem. 1b zu § 1025; Wieland, Schweizerisches Sachenrecht, S. 221 Bem. 2 zu Art. 743). Das kann unter Umständen im

Wenn sonach für die Inhaltsbestimmung der durch die Grundstücksteilung entstandenen Servituten ein abstraktes Zahlenverhältnis keine Rolle spielt und damit die Rechtsform der Bruchteilsgemeinschaft hier nicht paßt, und wenn andrerseits unser positives Recht eine Rechtsgemeinschaft mit einem nach dem Verhältnis der Bedürfnisse der einzelnen Berechtigten sich bestimmenden Anteilsverhältnis nicht kennt, so darf, auch schon wegen der Qualität der Grunddienstbarkeit als eines subjektiv-dinglichen Rechts (§ 96 BGB.), zufolge der Entstehung der neuen Einzelgrundstücke nicht eine regelmäßige „Rechtsgemeinschaft" hinsichtlich einer einzigen, den mehreren herrschenden Grundstücks-

---

praktischen Ergebnis zutreffen, ist aber als allgemeiner Verteilungsgrundsatz sowohl für den Fall des § 1025 überhaupt als für gemessene Servituten im besonderen verkehrt. Denn es wird dabei das Hauptprinzip des Servitutenrechts außer acht gelassen. Man wird vielmehr sagen müssen: Maßgebend ist in Zukunft die Größe des Bedürfnisses des herrschenden Einzelgrundstücks. Ihr entspricht möglicherweise eine automatische „Herabminderung" (im Verhältnis zu der früheren „Gesamt"-Servitut) des Inhalts der Servitut für das Einzelgrundstück. Nur dann, wenn in einem gegebenen Falle die individuellen Bedürfnisse gleich bzw. relativ (d. h. der Grundstücksflächengröße entsprechend) gleich sind (wenn z. B. das Grundstück, für welches eine Weidegerechtigkeit für 60 Schafe bestellt ist, in zwei landwirtschaftlich gleich geartete und bedürftige Grundstücke im Verhältnis 2 : 1 geteilt worden ist), werden sich die nunmehrigen neuen „gemessenen" Servituten zueinander zugleich so verhalten, wie die räumlichen Größen der Teilgrundstücke (also im gegebenen Beispiel: zwei gemessene einzelne Weideservituten für 40 bzw. 20 Schafe). Aber zu sagen, daß nach der Größe der Grundstücke quantitativ geteilt werde, ist auch hier bestenfalls eine abgekürzte Redeweise.

Soweit nun durch die Veränderung des Bedürfnisses der Inhalt der neuen (Einzel-) Servitut abweichend von dem Inhalt der früheren ganzen Servitut bestimmt wird (insbes. also auch bei der „Reduktion" einer gemessenen Servitut), hat der Eigentümer des dienenden Grundstücks die actio negatoria gegen diesen herrschenden Eigentümer nicht erst — wie Planck, Kommentar, Bd. III S. 376 Bem. 1 zu § 1025 a. E. meint — dann, wenn dieser das Gesamtmaß der Ausübung, die für alle Grunddienstbarkeiten zusammen gegebene Höchstgrenze überschreitet (§ 1025 Satz 1), sondern schon dann (§ 1004), wenn er über den Inhalt seines (Einzel-) Dienstbarkeitsrechts hinaus das dienende Grundstück in Anspruch nimmt (also in dem obigen Beispiel: wenn er mehr als 40 Schafe auf die Weide treibt).

eigentümern gemeinschaftlich zustehenden Grunddienstbarkeit, sondern es muß eine Mehrheit einzelner, inhaltlich und umfanglich in der vorgenannten Weise selbständig bestimmter Grunddienstbarkeiten angenommen werden[23])[24]).

Diese so entstandenen Einzelservituten stehen also den jeweiligen Eigentümern der herrschenden Grundstücke nicht als etwaige Rechtsanteile eines (bruchteils-) gemeinschaftlichen Rechts in Anteilszuständigkeit (§§ 741 ff. BGB.), sondern sie stehen in Einzelzuständigkeit zu, als selbständige Einzelrechte (Einzelrechtsinhalte in Einheitszuständigkeitsform) an demselben Objekt (dem einen dienenden Grundstück) und unter sich von gleichem Range. Sie sind daher entweder ohne jede rechtliche Beziehung zueinander — wenn sie nämlich keine gegenseitige Ausübungsstörung zur Folge haben — oder aber (also nicht notwendig!) in Rechtekollision[25]).

---

[23]) Vgl. dazu auch S. 245 Anm. 453 zu § 10 der Arbeit. — Daß an eine gesamthänderische Rechtsgemeinschaft nicht zu denken ist, bedarf keiner Ausführung.

[24]) Denkt man an die quantitative Verteilung nach dem absoluten Maßstab des individuellen Bedürfnisses, so kann man die neuen Servituten wohl auch als „Teilstücke", und zwar als partes pro diviso der früheren einen Servitut betrachten. Gegen eine solche Auffassung insbes. Segrè, a. a. O., S. 185; Rümelin, Die Teilung der Rechte, S. 152 f., die aber eben nur eine quantitative Teilung nach ziffermäßigem Maßstabe kennen.

[25]) Ohne übrigens hier auf die Frage nach der Möglichkeit einer regelmäßigen Rechtsgemeinschaft an Grunddienstbarkeiten eingehen zu wollen, zu deren Lösung zunächst die Frage nach der Möglichkeit einer besonderen Gemeinschaft subjektiv-dinglicher Grundstücksrechte (§ 96 BGB.) — neben der Eigentumsgemeinschaft (dem Miteigentum) am herrschenden Grundstück — beantwortet werden müßte, dürfen wir doch zur Stütze der Richtigkeit der oben angegebenen Auffassung des § 1025 bemerken: Es wäre auffallend, wenn — wie z. B. Gierke, Personengemeinschaften usw., S. 72 meint — das subjektiv-dingliche Recht der Grunddienstbarkeit zwar im Falle eines Miteigentums am herrschenden Grundstück „als Bestandteil des Grundstücks zugleich einen Gegenstand der Eigentumsgemeinschaft am herrschenden Grundstück" bilden sollte, aber dann, wenn diese Eigentumsgemeinschaft durch Teilung in natura (§ 752) aufgehoben ist und reelle Teilstücke den einzelnen zugewiesen sind (§ 1025, der übrigens natürlich nicht nur diesen Fall umfaßt, sondern insbes. auch den, daß ein Grundstücks-

Für ihre Rechtsausübung sind zwei Maßstäbe aufgestellt. Der erste und in allen Fällen geltende hat Bedeutung in dem Verhältnis aller Grunddienstbarkeitsrechte zum dienenden Grundstück und ist gegeben im Interesse und zum Schutze des letzteren (bzw. seines Eigentümers) gegen übermäßige Beschwerung. Er setzt[26]) eine Höchstgrenze fest, innerhalb deren sich die einzelnen Ausübungsakte der mehreren Grunddienstbarkeitsrechte, alle zusammen gedacht, halten müssen. Sobald daher die Rechtsausübung eines oder mehrerer Grunddienstbarkeitsberechtigter diese zugunsten des belasteten Grundeigentümers gezogene Höchstgrenze überschreitet, werden sie zu einer „unzulässigen", und der Eigentümer hat dagegen die actio negatoria (§ 1004 BGB.). Dieser erste Maßstab ist also eine Ergänzung zu dem allgemeinen Maßstab („civiliter uti"), den § 1020 für die Rechtsausübung der Grunddienstbarkeit überhaupt gibt.

Der zweite Maßstab ist gegeben für das Verhältnis der mehreren Grunddienstbarkeitsberechtigten untereinander, und zwar im Interesse der Eigentümer

---

eigentümer sein Grundstück ohne gleichzeitige Teilabveräußerung grundbüchlich zerlegt), „das subjektiv-dingliche Recht nunmehr als gemeinschaftliches Recht der Eigentümer aller Teile gelten" sollte. Das bedeutet doch eine verschiedene rechtliche Beurteilung des subjektiv-dinglichen Rechts als Grundstücksbestandteils (§ 96) im einen und im anderen Falle: denn jedes einzelne der neuen grundbuchlich verselbständigten (Teil-) Grundstücke „non est pars fundi, sed fundus" (vgl. L. 6 § 1 D. 8, 4 und dazu den dem § 1025 BGB. entsprechenden § 976 Satz 2 E. I: „... wird durch die Teilung ein Grundstück gebildet, zu welchem ..."); es hat also seinen eigenen Grundstücksbestandteil im Sinne des § 96 BGB., und wenn man annimmt, daß das subjektiv-dingliche Recht von dem gemeinschaftlichen Eigentum am herrschenden Grundstück mit umfaßt wird, so sollte man für Alleineigentum an dem einzelnen herrschenden Grundstück Entsprechendes gelten lassen. Vgl. übrigens auch F. Bianchi, a. a. O., S. 342: es könne nicht eine Gemeinschaft des „accessorio" (der Servitut) bestehen, wenn die Gemeinschaft des „principale" (des Grundstücks; genauer, des Eigentums an diesem) nicht besteht bzw. beendet ist.

[26]) Als Auslegungsregel; also insbes., sofern nicht die ursprüngliche Bestellung des Rechts anders aufzufassen ist. Vgl. hierzu auch Mot. Bd. III S. 488; Prot. Bd. III S. 318.

der mehreren herrschenden Grundstücke. Er wird nur dann praktisch, wenn zufolge der besonderen Art der Grunddienstbarkeit und der entsprechenden Leistungsfähigkeit des dienenden Grundstücks für die mehreren Rechte die Voraussetzung des § 1024 vorliegt[27]); d. h. wenn die (gleichrangigen!) Rechte nebeneinander nicht oder nicht vollständig ausgeübt werden können („kollidieren"). Dann kann jeder der Berechtigten eine Ausübungsregelung verlangen, sei es durch allseitige Vereinbarung oder im Klagewege, für die — immer unter Berücksichtigung des genannten aus § 1025 sich für die Höchstbelastung durch die Gesamtausübung ergebenden Maßstabes — ein den Interessen aller herrschenden Grundstücke gerecht werdendes „billiges Ermessen" maßgebend ist[28])[29]).

§ 1025 ist also primär eine Norm für mehrere durch be-

---

[27]) Was ja keineswegs immer nötig ist; man denke wiederum an Wegegerechtigkeiten.

[28]) Diese Ausübungsregelung ist übrigens nicht, wie oft angenommen wird, eintragungsfähig und eintragungsbedürftig. (Vgl. z. B. Staudinger, Kommentar, Bd. III S. 555 Bem. 4 zu § 1024; Hirsch, a. a. O., S. 41 f., insbes. S. 42 Anm. 1 und außer den dort für die entgegengesetzte herrschende (?) Meinung Zitierten etwa noch Kretzschmar, Einführung in das Grundbuchrecht, Bd. II S. 255; andererseits im Resultat zustimmend zu Hirsch: Krückmann in IheringsJ. Bd. 59, 1911, S. 41 Anm. 2.) Auch hierin liegt ein Unterschied gegenüber der Auffassung als Rechtsgemeinschaft, bei der mit den §§ 745, 746 zur Begründung der Eintragungsbedürftigkeit ganz folgerichtig die Analogie aus § 1010 BGB. herangezogen wird; vgl. z. B. Planck, Kommentar, Bd. III S. 374 Bem. 3 zu § 1024.

[29]) Ob auf Grund dieses „billigen Ermessens" bei gemessenen Servituten von den Beteiligten oder vom Richter eine — von der zunächst durch das Verhältnis der Bedürfnisse der herrschenden Grundstücke gegebenen Maßbestimmung der neuen Servituten abweichende — „arithmetische Reduktion" (Crome, System, Bd. III S. 493 § 431 5) vorgenommen wird, ist eine besondere Frage; an der zunächst „automatisch" eintretenden (bzw. eingetretenen) Inhaltsregulierung der mehreren Servituten würde dadurch nichts geändert, da es sich ja dabei, wie stets in den Fällen einer Regelung kollidierender Rechte aus § 1024, nur um eine Bestimmung für die Ausübung handeln kann, nicht aber auf Grund des „billigen Ermessens" der Inhalt der kollidierenden Rechte verändert, für alle Zukunft eine neue Begrenzung des Inhalts (des Umfangs) der Grunddienstbarkeit gegeben werden kann.

sonderen gesetzlichen Tatbestand entstehende gleichrangige Grunddienstbarkeiten ohne Rücksicht auf etwaige Kollision oder Nichtkollision, sekundär ergänzende Norm für einen Fall der Rechtekollision, und steht insofern richtig nach § 1024 als der grundsätzlichen Bestimmung für die Lösung von Kollisionen begrenzter dinglicher Rechte.

Die beiden Paragraphen stehen aber noch in einem ganz besonderen Verhältnis zueinander. Die Ausübungsregelung nach § 1024 nämlich wird für die mehreren Berechtigten gerade dann praktisch werden, wenn der dienende Grundstückseigentümer infolge einer die Höchstgrenze des § 1025 Satz 1 übersteigenden Ausübung eines oder mehrerer Berechtigter die actio negatoria angestrengt hat. Dann hat jeder einzelne der mehreren Dienstbarkeitsberechtigten das dringende Interesse, daß in Zukunft nicht wiederum die andern ihm mit der Ausübung zuvorkommen und ihm die Ausübung seines Rechts mittelbar (nämlich wegen der erneut drohenden Unterlassungsklage des bereits genügend beschwerten dienenden Eigentümers) ganz oder teilweise unterbinden. Daher werden sie jetzt das Bestreben haben, die Ausübungsregelung nach § 1024 herbeizuführen, sei es durch Vereinbarung, sei es durch richterliche Entscheidung. Damit wird also § 1024 zu einem indirekt wirkenden Zwangsmittel des Eigentümers des belasteten Grundstücks, durch welches er die infolge der (seiner Beeinflussung unzugänglichen) Zerteilung des herrschenden Grundstücks erlangten mehreren berechtigten Grundstückseigentümer dazu bringen kann, eine Ausübungsregelung nach § 1024 vorzunehmen und damit in Zukunft für die Einhaltung der im § 1025 normierten und ihn interessierenden Ausübungshöchstgrenze selbst Sorge zu tragen, bzw. die Gewähr für eine solche Einhaltung (im Interesse des dienenden Eigentümers) zu erhöhen.

Betrachten wir diese gesamte Ausgestaltung der im Falle der Teilung eines herrschenden Grundstücks sich ergebenden Rechtslage und die gegenseitigen Rechtsbeziehungen zwischen den mehreren Eigentümern der herrschenden (Teil-) Grundstücke in Ansehung der Grunddienstbarkeit, so erkennen wir, daß es sich hier um Rechtswirkungen und Rechtsbeziehungen durchaus anderer Art handelt, als diejenigen sind, in denen eine rechtliche Synthese von Rechtsanteilen zur Zuständigkeitsform eines Rechtsinhalts, eine „innere Ordnung" eines gemeinschaftlichen Rechts (insbes. in der regelmäßigen Gestaltung der §§ 742 ff. BGB.) zum Ausdruck kommt, und daß daher der Gedanke einer echten Rechtsgemeinschaft hier verfehlt ist.

III. Die im vorstehenden gegebene Auffassung des § 1025 trifft ebenso für § 1109 BGB. zu; auch hier ist im Falle teilbarer Reallast nicht eine Rechtsgemeinschaft mit bruchteilmäßig bestimmten Anteilen anzunehmen, sondern das Entstehen mehrerer selbständiger Reallastrechte[30]). Im Falle einer unteilbaren Reallast entsteht ein dem § 432 BGB. analoges Verhältnis; ob sich dieses als eine wahre Rechtsgemeinschaft[31]) auffassen läßt, muß, bei der Unklarheit über das Verhältnis des § 432 zu den Rechtsgemeinschaften und insbes. zur Bruchteilsgemeinschaft, einstweilen noch dahingestellt bleiben.

---

[30]) Das ist von Bedeutung für die Beurteilung der Rechtsfolgen des späteren Wegfalls eines dieser Rechte. Dann entfällt, wie im Falle des § 1024 überhaupt, eine Ausübungsschranke für die anderen Rechte (vgl. auch Hirsch, a. a. O., S. 33 Anm. 1) und diese können nun ohne weiteres in weiterem Umfange, bis zur Höchstgrenze des § 1025, ausgeübt werden, ohne daß — wie im Falle der §§ 746, 1010 — eine etwaige grundbuchliche Eintragung (dazu oben S. 345 Anm. 28) hindernd im Wege stände (was Planck, Kommentar, Bd. III S. 375 Anm. 3 zu § 1024 übersieht).

[31]) Etwa auch eine Rechtsgemeinschaft zu gesamter Hand, wie Gierke, Deutsches Privatrecht, Bd. II S. 731 § 149 V meint.

QUELLENREGISTER.*)

I. Römische Quellen.

A. Vorjustinianische Quellen.

Cicero, De officiis.

Lib. I § 53: 300[29].

Cicero, De republica.

Lib. II § 48: 15[31].

Cicero, De legibus.

Lib. I § 23: 15[31].

Gellius, Noctes Atticae.

Lib. I cap. 9 § 12: 250[466].

B. Justinianische Quellen.

a) Digesten.

Lib.	Tit.	Lex
1	8	6 § 1: 300[29].
2	14	9: 49[92].
6	1	8: 142[263].
7	1	4: 112[216].
7	9	4: 112[216].
8	2	32: 334.
8	3	23 § 3: 334.
		25: 334.
8	4	6 § 1: 142[263], 334[25].
8	5	4 § 3: 171[324].
8	6	6 § 1: 334.
10	1	4 § 7: 49[91], 49[92], 51[93], 52[97].
10	2	16 pr.: 16[32].
		16 § 1: 112[216].
10	3	6 §§ 8, 9: 116[219].
		7 § 6: 116[219].
		7 § 13: 116[219].
		14 § 1: 15[30].
		19 § 2: 16[32], 18, 139[252].
		28: 221[408].
13	6	5 § 15: 267[493], 268.
17	2	31: 18[38].
27	9	5 § 16: 142[263].
		6: 18[38], 112[216].
28	1	20 § 7: 15[31].
30		34 pr.: 49[92].
31		66 § 6: 112[216].
34	3	7 § 5: 49[92].
36	1	80 § 8: 15[30].
41	1	34: 49[92].
41	2	43 pr.: 142[263].
43	20	4: 139[252].
44	7	1 § 9: 268[494].
45	3	1 § 4: 49[92].
		32: 16[32].
46	3	94 § 1: 18[38].
50	16	25 pr.: 112[216].
		25 § 1: 142[263].
50	17	23: 15[30].
		141 § 1: 268[494].
		182: 268[494].

b) Codex.

3	37	2 § 1: 116[219].
6	26	11: 49[92].

*) Das Quellenregister umfaßt nicht die im Anhang II (S. 301 bis 326) zitierten Gesetzesstellen.

II. Moderne Quellen.

A. Deutsche.

1. Reichsrechtliche.

Verfassung des Deutschen Reiches. Vom 16. April 1871. (RV.)
Artt. 33—38: 301[30].
Art. 49: 301[30].
Artt. 52—54: 301[30].
Art. 63: 301[30].
Artt. 70, 71: 301[30].

Gewerbeordnung. Vom 21. Juni 1869. (GewO.)
§ 86: 90[176].

Bankgesetz. Vom 14. März 1875. (BankG.)
§ 12: 90[176].

(Alte) Civilprozeßordnung. Vom 30. Jan. 1877.
§ 56: 12[23], 13[27].

Zivilprozeßordnung. Vom 30. Jan. 1877 / 17. Mai 1898. (ZPO.)
§ 59: 10, 11[21], 13[27], 16[34], 21, 21[45], 21[46], 128[234] (auf 130).
§ 60: 21[46], 280[518].
§ 62: 130[236].
§ 740: 118[226].
§ 745: 118[226].
§ 771: 65[130].
§§ 858 ff.: 105[204].
§ 859: 116[220].
§ 864: 117[222].

Konkursordnung. Vom 10. Febr. 1877 / 17./20. Mai 1878. (KO.)
§ 16: 30[56], 189[357], 190[361] (auf 193), 298.
§ 43: 65[130].
§ 47: 78[157].
§ 48: 79[159].
§ 49: 78[157], 79[159].
§ 51: 30[56], 189[357], 190[361] (auf 193), 298.

Gesetz, betreffend die Erwerbs- und Wirtschaftsgenossenschaften. Vom 1. Mai 1889. (GenG.)
§ 17: 90[176].

Patentgesetz. Vom 7. April 1891. (PatG.)
§ 4: 79[159].
§ 9: 79[159].
§ 11: 79[159].

Gesetz, betreffend die Gesellschaften mit beschränkter Haftung. Vom 20. April 1892. 10. Mai 1897. (GmbHG.)
§ 11: 90[176].
§ 13: 90[176].
§ 18: 29[54].

Gesetz zum Schutz der Warenbezeichnungen. Vom 12. Mai 1894. (WarenZG.)
§ 3: 79[159].
§ 5: 79[159].
§ 7: 78[156], 79[159].
§ 8: 79[159].
§ 10: 79[159].

Entwurf eines Bürgerlichen Gesetzbuchs für das Deutsche Reich, I. Lesung (E. I zum BGB.) von 1888.
§ 762: 236[435].
§ 946: 236[435].
§ 976: 337[13], 343[25].
§ 985: 117[221].
§ 1058: 336[12], 337[13].
§ 1185: 117[221].
§ 1344: 236[435].

Entwurf eines Einführungsgesetzes zum Bürgerlichen Gesetzbuch usw., I. Lesung (E. I zum EG.BGB.) von 1888.

Art. 73: 183[340], 298.

Einführungsgesetz zum Bürgerlichen Gesetzbuche. Vom 18. Aug. 1896. (EG.BGB.)

Art. 17: 187[350].
Art. 36: 297[18].
Art. 101: 78[156].
Art. 131: 183, 183[340], 298.
Art. 182: 249[464].
Art. 206: 299[25].

Bürgerliches Gesetzbuch. Vom 18. Aug. 1896. (BGB.)

§§ 21 ff.: 90[176].
§ 54: 217[405] (auf 220).
§§ 80 ff.: 90[176].
§ 96: 342, 343[25].
§ 119: 233[429].
§ 135: 196[365].
§ 161: 79[158].
§ 268: 128[234].
§ 313: 217[405].
§ 320: 128[234].
§ 356: 29[54], 78[156].
§ 420: 11[21], 21[46] (auf 24), 106[207], 128[234] (auf 130), 153[279], 202[369].
§§ 421 ff.: 11[21], 21[46] (auf 24).
§ 423: 21[46] (auf 24).
§ 432: 173[328], 347.
§ 433: 204, 205[379].
§§ 433 ff.: 38[73].
§ 459: 233[429].
§ 498: 38[73].
§ 502: 8[15], 29[54], 78[156].
§ 513: 8[15], 29[54].
§ 514: 78[156].
§§ 519 ff.: 38[73].
§§ 535 ff.: 38[73].
§§ 617, 618: 188[354].
§ 675: 190[361] (auf 194).
§§ 705 ff.: 190[361] (auf 192).
§ 706: 29[54], 299[26].
§ 709: 261[485].
§ 717: 256[480].
§ 718: 29[54], 190[361] (auf 193).
§ 719: 105[204], 196.
§ 725: 116[220].
§ 731: 30[56], 60[122].
§ 733: 256[480].
§§ 736 ff.: 217[405] (auf 220).
§ 737: 29[54].
§ 738: 217[405] (auf 220), 256[480].
§ 739: 256[480].
§ 741: 22, 29, 30[57], 33[65], 35[70], 128[234], 142[262], 185, 187, 189, 190[361], 236[435], 284.
§§ 741 ff.: 2[2], 11[21], 114[217], 130[236], 173[328] (auf 175), 204[375], 205[379], 212[396], 245[453], 337[13], 338, 343.
§ 742: 104[202], 110[213], 112[216] (auf 114).
§§ 742 ff.: 21[46] (auf 24), 27[53], 105[204], 115[218], 153[279], 185, 205, 293, 347.
§§ 742—745: 209[391].
§§ 742—758: 29, 29/30, 30[56], 204[375], 205[377].
§ 743: 205[377], 207[382], 239, 246, 246[454], 248, 255[479].
§§ 743 ff.: 299[26].
§ 744: 121[227], 130[236], 172[326], 210[393].
§ 745: 104[200], 110[213], 118[226], 121[227], 130[236], 139[252], 170[321], 187[348], 205[377], 210[393], 211[395], 215[397], 236[434], 239, 248, 248[461], 249[464], 255[479], 337, 337[13], 337[14], 345[28].
§§ 745 f.: 164, 187[348], 207[381], 212[396].
§ 746: 121[227], 187[348], 201, 249[464], 345[28], 347[30].
§ 747: 117[222], 201, 205[377].
§ 748: 112[216] (auf 114), 204[374], 210[393], 255[479].
§ 749: 187[348].
§§ 749 ff.: 187[348], 212[396].
§ 750: 187[348].

§ 751: 115[218], 201.
§ 752: 109[212], 343[25].
§§ 752 ff.: 60[123].
§ 754: 128[234].
§ 755: 201.
§§ 755 f.: 204[374], 254[478].
§ 756: 201.
§ 757: 60[122].
§ 774: 128[234].
§ 806: 78[156].
§§ 823 ff.: 165.
§ 864: 215[397].
§ 866: 215[397], 248.
§ 873: 78[156], 212[396] (auf 215).
§ 879: 160[293], 212[396].
§§ 885, 886: 79[158].
§ 888: 79[159].
§ 889: 78[156].
§ 893: 79[159].
§ 894: 79[158], 165.
§ 903: 38[73], 179[331].
§ 912: 212[396].
§ 914: 132[237].
§ 917: 132[237], 212[396].
§§ 921, 922: 78[156].
§§ 921 ff.: 142[263].
§ 922: 142[263], 298.
§ 937: 38[73].
§ 947: 105[204].
§ 965: 38[73].
§ 985: 165.
§ 987: 165.
§§ 989, 990: 165.
§ 1004: 165, 341[22], 344.
§ 1005: 165.
§ 1007: 165.
§ 1008: 29[54], 30[58], 167[313], 236[435], 249[464].
§ 1009: 163[299], 299[26].
§ 1010: 105[204], 164, 187[348], 201, 212[396], 345[28], 347[30].
§ 1011: 130[236], 165, 165[305], 167[313], 168[315], 169[316], 169[317], 171[324], 172[326], 172[327], 173[328] (auf 176).
§ 1012: 79[159].
§ 1019: 78[156], 245, 338, 340.
§ 1020: 78[156], 344.
§ 1021: 78[158], 112[216] (auf 114).
§ 1024: 78[156], 104[200], 139[252], 140, 141[260], 160[293], 181[334], 337[13], 338, 345, 345[29], 346, 347[30].
§ 1025: 131, 132[237], 138[251], 181[334], 203[370], 245[453], 333, 334[8], 336, 337[13], 338, 339, 339[17], 340, 341, 341[22], 343[25], 345, 346, 347, 347[30].
§ 1027: 165.
§ 1030: 38[73].
§§ 1036, 1037: 181[335].
§§ 1038, 1039: 181[335].
§§ 1041 ff.: 181[335].
§ 1060: 104[200], 140, 141[260], 160[293], 181[334].
§ 1061: 38[73], 75[147].
§ 1066: 105[204], 115, 115[218], 116[220], 117[221], 117[222], 154[281], 164[302], 183, 209[391], 298.
§ 1068: 116[220], 154[281].
§ 1090: 38[73], 104[200], 140, 141[260], 181[334].
§ 1091: 78[156], 245.
§ 1093: 78[156].
§ 1094: 38[73].
§ 1095: 105[204], 117[222], 251[467].
§§ 1098, 1099: 78[156].
§ 1100: 78[156].
§ 1105: 38[73].
§ 1106: 105[204], 117[222].
§ 1109: 78[156], 105[204], 131, 132[237], 212[396], 245, 333, 336[12], 337[13], 347.
§ 1113: 38[73].
§ 1114: 105[204], 117[222].
§ 1143: 130[236].
§§ 1153 ff.: 130[236].
§ 1163: 130[236].
§ 1164: 130[236].
§ 1168: 130[236].
§ 1170: 130[236].
§ 1171: 130[236].
§ 1172: 8[15], 29[54].
§§ 1176, 1177: 130[236].

§ 1180: 130[236].
§ 1191: 38[73].
§ 1192: 117[222].
§ 1199: 117[222].
§ 1237: 78[157].
§ 1258: 105[204], 115, 115[218], 116[220], 117[221], 154[281], 164[302], 183, 209[391], 298.
§ 1273: 116[220], 154[281].
§ 1310: 298[22].
§ 1314: 109[212].
§ 1353: 188[351], 188[352], 297.
§ 1358: 188[353].
§ 1360: 188[352], 297.
§ 1369: 188[351].
§ 1395: 262[487].
§ 1432: 190[361] (auf 194), 297, 297[18].
§§ 1437 ff.: 297.
§ 1438: 29[54].
§§ 1438 ff.: 217[405] (auf 220).
§ 1442: 105[204], 196.
§§ 1471 ff.: 169[319].
§§ 1471, 1472: 118[226] (auf 120).
§ 1472: 172[326], 173[328] (auf 176).
§ 1477: 30[56], 60[122].
§ 1482: 105[204].
§§ 1482 ff.: 299[25].
§§ 1485 ff.: 109[212].
§ 1490: 105[204].
§ 1497: 118[226] (auf 120), 196.
§ 1498: 30[56].
§ 1519: 29[54], 196.
§§ 1519 ff.: 297.
§ 1525: 262[487].
§ 1545: 30[56].
§ 1546: 30[56], 60[122].
§§ 1547, 1548: 30[56].
§ 1549: 30[56], 60[122], 196.
§§ 1549 ff.: 297.
§ 1550: 262[487].
§ 1551: 30[56], 262[487].
§ 1557: 217[405] (auf 220).
§ 1567: 188[353].
§ 1571: 188[353].
§§ 1575, 1576: 187[350].
§§ 1586, 1587: 187[350].
§ 1669: 30[56], 189[357].
§ 1757: 299[25].
§ 1821: 217[405], 262[487].
§ 1933: 187[350].
§ 2032: 173[328] (auf 175), 189[357], 298.
§ 2033: 116, 116[220], 196.
§§ 2033 ff.: 105[204].
§ 2038: 118[226], 164, 172[326], 187[348], 188[354], 207[381], 212[396], 255[479], 257, 258.
§ 2039: 165, 165[306], 169[316], 171[324], 172[326], 173, 173[328].
§ 2042: 60[122], 187[348], 207[381], 212[396].
§ 2044: 38[73], 75[147], 211[394], 212[396].
§ 2150: 163[299].

Grundbuchordnung. Vom 24. März 1897. (GBO.)

§ 19: 212[396] (auf 215).
§ 22: 219[396] (auf 215).
§ 25: 78[156].
§ 27: 78[157].
§ 29: 212[396] (auf 215).
§ 40: 78[156].
§ 41: 78[156], 79[159].
§ 48: 29[54], 78[156], 93[182], 105[204], 130[236], 189, 217[405] (auf 219), 236[435], 240[442], 241[446].

Gesetz über die Zwangsversteigerung und die Zwangsverwaltung. Vom 24. März 1897. (ZVG.)

§§ 91, 92: 78[156].
§§ 117, 118: 78[156].
§ 120: 78[156].
§§ 126, 127: 78[156].
§ 135: 78[156].
§§ 137 ff.: 78[156].
§ 181: 29[54].

Handelsgesetzbuch. Vom 10. Mai 1897. (HGB.)

§ 2: 217[405] (auf 220).
§ 107: 217[405] (auf 220).

§ 130: 217[405] (auf 230).
§§ 138, 139: 217[405] (auf 230).
§§ 140 f.: 217[405] (auf 230).
§ 162: 217[405] (auf 230).
§ 173: 217[405] (auf 230).
§ 210: 90[176].
§ 225: 29[54].
§ 335: 190[361] (auf 193).
§§ 335—342: 190[361] (auf 193).
§ 489: 29[54].
§ 491: 121[227] (auf 123).

Gesetz über die Angelegenheiten der freiwilligen Gerichtsbarkeit. Vom 17. Mai 1898. (FGG.)
§ 86: 116[220].

Gesetz, betreffend das Urheberrecht an Werken der Literatur und der Tonkunst. Vom 19. Juni 1901. (LitUG.)
§§ 1 ff.: 79[159].
§ 5: 142[263].
§ 6: 75[147].
§ 15: 78[156].
§§ 26, 27: 78[156].
§ 28: 78[156], 78[157].
§ 29: 38[73].
§ 30: 29[54], 75[147], 78[157].
§ 32: 38[73], 75[147], 78[157].

Gesetz über das Verlagsrecht. Vom 19. Juni 1901. (VerlG.)
§§ 1, 2: 79[159].
§§ 4, 5: 79[159].
§§ 6, 7 ff.: 79[159].
§ 28: 79[159].

Gesetz, betreffend das Urheberrecht an Werken der bildenden Künste und der Photographie. Vom 6. Jan. 1907. (KunstUG.)
§ 1: 79[159].
§ 5: 75[147].
§§ 5 ff.: 79[159].
§ 7: 142[263].
§ 8: 75[147].
§§ 15 ff.: 79[159].
§ 17: 78[156].
§ 25: 38[73], 75[147], 78[157].
§ 27: 29[54], 75[147], 78[157].
§§ 30, 31: 78[156].

Zuwachssteuergesetz. Vom 14. Febr. 1911.
§ 25: 299[26].

Reichsstempelgesetz. Vom 3. Juli 1913. (RStempG.)
Tarifst. 11 lit. c Abs. 1: 104[202].

2. Landesrechtliche.

a) frühere.

Das Bayrische Landrecht (Codex Maximilianeus Bavaricus civilis). Vom 2. Jan. 1756.
Teil II Kap. II § 16: 46[86].
Teil IV Kap. I § 21: 46[86].

Allgemeines Landrecht für die Preußischen Staaten. Vom 5. Febr. 1794. (ALR.)
Einleitung § 89: 60[123].
Teil I Tit. 1 § 42: 298[22].
Tit. 2 § 128: 78[157].
§§ 137, 138: 78[156].
Tit. 8 § 14: 41[79].
§ 18: 46[86].
Tit. 17 § 1: 41[79].
§§ 2, 3: 110[213].
§ 4: 60[123].
§§ 6—8: 24[47].
§§ 10, 11: 60[123].
§§ 15 ff.: 60[123].
§ 22: 110[213].
Tit. 18 §§ 1, 2: 112[216].
Tit. 19 §§ 18 ff.: 78[156].

Preußische Gemeinheitsteilungs-Ordnung. Vom 7. Juni 1821.

§§ 41, 42: 300[29].
§ 52: 300[29].
§§ 171, 172: 300[29].

Civil-Prozeßordnung für das Königreich Hannover. Vom 8. Nov. 1850.

§ 33: 21[46].

Prozeß-Ordnung in bürgerlichen Rechtsstreitigkeiten für das Großherzogtum Baden. Vom 31. Dez. 1831 / 12. April 1851.

§ 89: 21[46].

Bürgerliches Gesetzbuch für das Königreich Sachsen. Vom 2. Jan. 1863.

§ 225: 41[79].
§ 328: 110[213].
§ 509: 78[156].
§§ 513 f., 515: 78[156].
§ 523: 78[156].
§ 532: 78[157].
§ 537: 340[18].
§ 539: 334[3].
§ 560: 79[159].
§ 569: 78[157].
§ 595: 338[16].
§§ 638 ff.: 78[156].
§ 649: 78[156].
§ 663: 78[156].
§ 683: 78[156].
§§ 691: 78[156].

Zoll- und Handelsvereinigungsvertrag. Vom 8. Juli 1867.

Art. 3: 17[35].

b) geltende.

Preußisches Gesetz über gemeinschaftliche Holzungen. Vom 14. März 1881.

§ 1: 300[29].

Preußisches Gesetz, betr. die durch ein Auseinandersetzungsverfahren begründeten gemeinschaftlichen Angelegenheiten. Vom 2. April 1887.

§§ 1, 2: 298.

Gesetze und Verordnungen zur Ausführung von Reichsgesetzen.

1. Bayrisches Gesetz, Übergangsvorschriften zum Bürgerlichen Gesetzbuche betreffend. Vom 9. Juni 1899.

Art. 42: 249[164].

2. Sächsische Ausführungsverordnung (AusfVO.) zur Grundbuchordnung. Vom 26. Juni 1899.

§ 54: 212[396].
§ 64: 78[156].

3. Preußische Allgemeine Verfügung (AVf.) zur Ausführung der Grundbuchordnung. Vom 20. Nov. 1899.

§ 4: 78[156].
§ 11: 212[396] (auf 214).

4. Sächsisch-Coburgische Ministerialverordnung (MinVO.), das Grundbuchwesen betreffend. Vom 1. Dez. 1899.

§ 33: 212[396] (auf 214).
§§ 47, 49: 212[396] (auf 214).

5. Bayrisches Gesetz, die Abmarkung von Grundstücken betreffend. Vom 30. Juni 1900.

Art. 1: 51[95].

Jagdordnungen.

1. für die Hohenzollernschen Lande. Vom 10. März 1902.

§§ 2, 3: 38[73].

2. Preußische JagdO. Vom 15. Juni 1907.
§§ 2, 3: 38[73].
§ 6: 38[73].

Gerichtskostengesetze. (GKG.)

1. Baden: Kostengesetz. Vom 24. Sept. 1908.
§ 81: 104[202].
§ 93: 51[95].
§ 116: 51[95].

2. Bayern: Gebührenordnung. Vom 13. Aug. 1910.
Art. 253: 104[203], 257[482].

3. Coburg-Gotha: Gerichtskostengesetz. Vom 13. Dez. 1899.
§ 2: 10[20].

4. Elsaß-Lothringen: Gerichtskostengesetz. Vom 6. Dez. 1899.
§§ 74, 75: 51[95].

5. Mecklenburg-Schwerin: Gerichtskostenordnung. Vom 18. Dez. 1899 / 20. Jan. 1911.
§ 2: 10[20], 12[23].
§ 105: 257[482].

6. Preußen: Gerichtskostengesetz. Vom 25. Juli / 6. Aug. 1910.
§ 2: 10[20], 12[23], 25[48].
§ 3: 104[203].
§ 88: 30[56].

7. Sachsen-Altenburg: Kostenordnung für die Gerichte. Vom 24. Dez. 1899.
§ 3: 10[20].

8. Württemberg: Gerichtskostengesetz. Vom 1. Dez. 1906.
§ 2: 10[20], 25[48].
§ 31: 104[202].
§ 62: 104[203].

Stempelsteuergesetze.

1. Anhalt: Vom 21. Mai 1909.
Tarifst. 67: 10[19].

2. Braunschweig: Vom 23. Mai 1903 / 10. April 1906.
Tarifst. 73: 10[19].

3. Hessen: Gesetz über den Urkundenstempel. Vom 24. März 1910.
Tarifst. 89: 10[19].

4. Preußen: Vom 31. Juli 1895 / 26./30. Juni 1909.
§ 10: 25[51], 26[52].
Tarifst. 1: 26[52].
Tarifst. 25: 257[482].
Tarifst. 58: 26[52].
Tarifst. 71: 26[52].
Tarifst. 73: 10[19], 11[21], 24[47], 257[482].

5. Sachsen: Vom 12. Jan. 1909.
§ 10: 25[51], 26[52].
Tarifst. 3: 212[396] (auf 214).
Tarifst. 13: 26[52].
Tarifst. 24: 26[52].
Tarifst. 32: 26[52].

Wassergesetze.

1. Baden: Vom 26. Juni 1899.
§ 51: 90[176].

2. Bayern: Vom 23. März 1907.
Art. 115: 90[176].

3. Sachsen: Vom 12. März 1909.
§ 101: 90[176].

4. Württemberg: Vom 1. Dez. 1900.
Art. 80: 90[176].

B. Ausländische.

1. Frankreich.

Code civil. Vom 21. März 1804.

Art. 627: 79[159].
Art. 632: 79[159].
Art. 664: 111[214].
Art. 697: 78[157].
Art. 700: 334[3], 336[10].
Art. 702: 79[159].
Art. 703: 338[16].
Artt. 709, 710: 336[11].

2. Italien.

Codice civile. Vom 25. Juni 1865.

Artt. 425 ff.: 85[173] (auf 87).
Art. 562: 111[214].
Art. 564: 111[214].
Art. 640: 78[157].
Art. 644: 334[3], 336[10].
Art. 646: 79[159].
Art. 662: 338[16].
Artt. 671, 672: 336[11].
Art. 673: 15[30], 19[39].
Artt. 673 ff.: 205[379].
Art. 674: 110[213].
Art. 675: 247[455].
Art. 677: 111[214].
Art. 678: 121[227], 170[321].
Art. 679: 134[243], 135[244], 170[321].
Art. 1034: 170[321].
Art. 1723: 247[455].

3. Japan.

Zivilgesetzbuch. II. Buch (Sachenrecht). Vom 28. April 1896.

Artt. 249 ff.: 205[379].
Art. 250: 110[213].
Art. 264: 205[379].

3. Österreich.

a) Allgemeines bürgerliches Gesetzbuch. Vom 1. Juni 1811. (ABGB.)

§§ 16 ff.: 87[174].
§ 18: 87[174].
§ 361: 41[79], 46[86], 52[97].
§ 485: 333[1], 334[3].
§ 550: 41[79], 46[86].
§ 825: 16[34], 19[39], 41[79], 52[97].
§ 828: 46[86], 52[97].
§ 829: 134[243].
§ 839: 110[213].
§ 844: 334[3].
§ 888: 21[46] (auf 24).
§ 1023: 299[28].

b) Zivilprozeßordnung. Vom 1. Aug. 1895.

§ 11: 10[18], 11[21], 13[27], 16[34], 19[39], 21[46] (auf 24), 280[518].
§ 12: 21[46] (auf 24).

c) Urheberrechtsgesetz. Vom 26. Dez. 1895.

§ 7: 41[79], 104[202].

4. Portugal.

a) Codigo commercial. Vom 18. Sept. 1833.

Artt. 603 ff. (605, 606): 69[134] (auf 71).

b) Codigo civil. Vom 1. Juli 1867.

Art. 2175: 41[79].
Art. 2176: 53[98].

c) Codigo commercial. Vom 23. Aug. 1888.

Art. 105: 69[134] (auf 71).
Art. 108: 69[134] (auf 71).

5. Rußland.

Entwurf eines russischen Zivilgesetzbuchs. Von 1899/1903.

§ 836: 205[379].

6. Schweiz.

a) Frühere Kantonalrechte.

Aargau § 456: 41[79].
Freiburg Art. 541: 41[79].
Art. 542: 46[86], 51[96].

Glarus § 11: 41[79].
Graubünden § 208: 41[79].
Luzern § 243: 41[79].
Solothurn § 689: 41[79], 46[86].
Zug § 149: 41[79].
Zürich § 935: 128[234].

b) Schweizerisches Zivilgesetzbuch. Vom 10. Dez. 1907. (ZGB.)

Artt. 11 ff.: 58[119], 80[161].
Art. 20: 298[22].
Artt. 27 ff.: 58[119].
Artt. 52, 53: 58[119].
Artt. 159 ff.: 187[350].
Art. 215: 259[484].
Artt. 215 ff.: 118[226] (auf 120).
Art. 229: 259[484].
Art. 237: 259[484].
Art. 239: 259[484].
Art. 270: 188[354].
Artt. 328 ff.: 188[354].
Artt. 336 ff.: 258[483], 259[484] (auf 261).
Art. 339: 258[483], 259[484] (auf 260f.).
Artt. 343, 344: 259[484] (auf 261).
Art. 539: 68[132].
Art. 602: 93[182], 173[328] (auf 177), 259[484].
Artt. 641—643: 79[159].
Art. 646: 41[79], 110[213].
Artt. 646 ff.: 205[379].
Art. 647: 121[227] (auf 123).
Art. 648: 170[321].
Art. 652: 41[79], 259[484] (auf 260f.).
Artt. 652 ff.: 190[359], 205[379].
Art. 653: 186, 259[484] (auf 261).
Art. 654: 196[363].
Artt. 734, 735: 338[16].
Artt. 735 ff.: 78[156].
Art. 736: 338[16], 340[18].
Art. 741: 112[216] (auf 114).
Art. 743: 337[13].
Art. 745: 259[484] (auf 261).
Art. 749: 38[73].
Art. 766: 259[484] (auf 261).
Artt. 777 ff.: 78[156].
Artt. 782 ff.: 78[156].
Art. 946: 212[396] (auf 214).
Art. 964: 78[156].

c) Bundesrätliche Verordnung, betreffend das Grundbuch. Vom 22. Febr. 1910.

Artt. 31 ff.: 212[396] (auf 214).

d) Bundesgesetz über das Obligationenrecht. Vom 30. März 1911. (ObligR.)

Art. 70: 173[328] (auf 177).
Art. 530:, Art. 542:, Art. 549:, Art. 555:, Art. 594: 259[484].

e) Zivilprozeßordnung für den Kanton Luzern. Vom 28. Jan. 1913

Art. 58: 21[45], 170[321].

f) Zivilprozeßordnung für den Kanton Zürich. Vom 13. April 1913

Art. 37: 21[45], 170[321].
Art. 39: 170[321].

7. Spanien.

Código civil. Vom 27. Juli 1889.

Art. 392: 41[79].
Artt. 392 ff.: 205[379].
Art. 393: 110[213].
Art. 394: 247[455].
Art. 399: 134[243].
Art. 546: 338[16].

SACHREGISTER.

Ähnlichkeit: qualitative — von Ganzrecht und Rechtsanteil 277 ff.
Altenteilsrecht: gemeinschaftliches — der Ehegatten 8[15], 253[474].
Amt 302 ff., 316 f.
Anteil 104 ff., 124 ff., 202[369], 209 ff., 215 ff.
personenrechtlicher — 105[206], 126[230], 196[365], 229[416], 275/6.
gesamthänderischer — 262[487].
s. a. Rechtsanteil, Teilrecht, Quotenrecht, Mitgliedschaft.
Anteilsnießbrauch, Anteilspfandrecht 115 ff.
Anteilsrecht 104[203], 158[288].
Anteilszuständigkeit 104.
Außenbeziehungen 162 ff., 165 ff.

Besitzesgemeinschaft 27[53].
Bestimmtheit: rechtliche bzw. ziffermäßige (quotale) — des Anteils 109[212], 226 ff.
Bestimmung: inhaltliche — des Anteils 209 ff.
—en (= Regelungen) s. d. (insbes. 212[396]).
Bestimmungsfreiheit 207, 212[396], 247 f.
Bruchteil 226 ff.
s. a. Quote, Teilrecht, innere Ordnung.
Bruchteilsrecht 109[212], 226 ff.

communio (iuris) 13 ff., 294 ff., 298[23].
— aequalis und inaequalis 110[213].
— incidens 18[38].
— pro indiviso 18[38], 110[213], 221[408], 250[466].
— pro diviso 142[263].
communis 15[30], 250[166], 295[7], 298[23], 300[29].
consortium 244[151], 250[166].

Eigentum: geteiltes — 112[216].
Einheits- (Einzel-) Zuständigkeit 30 ff.

Forderungen 21[46] (auf 24), 128[233] und [234].
unteilbare — 173[328].
Forderungsgemeinschaft 144[266].

Gegenstandsgemeinschaft 137 ff.
Gemeinschaft 1 ff., 9 ff. (16[34], 19[39]), 29 ff., 124 ff., 183 f., 187 ff., 294 ff.
— nach Bruchteilen 2 f., 182 ff., 195[362], 204[375], 236[135], 239[439], 250[466].
s. a. (schlichte) Rechtsgemeinschaft.
gemeinschaftlich 299 ff.
Gemeinschaftsgrundtypen 2 ff.
Gemeinschaftsverhältnis 183 f., 185 ff., 297 f.
Gesamtberechtigung 185 ff.
Gesamte Hand 1 f., 62 ff., 123[228], 196[365], 227 ff.
Gesamteigentum, Gesamthandeigentum 1, 93[182], 123[228], 135[244], 186/7, 189/90, 205[379], 244[451], 250[466], 259[484].
Gesamthandverhältnisse 185 ff., 190[361].
Gesamtheit (der Mitberechtigten „als solche“) 45[85], 54 ff., 57 ff., 64 ff., 148, 186[346].
Gesamtvermögen (Gesamthandvermögen) 62 ff., 92 ff., 182[327], 190[361], 199[366].

Gesellschaft 70 ff., 189 f. (insbes. 189[357], 190[361]).
Gleichartigkeit (Gleichheit): qualitative — der Rechtsanteile 110 ff., 178[330].
Gleichheit: qualitative von Ganzrecht und Rechtsanteil 268 ff.
Grunddienstbarkeit (bei Teilung des herrschenden Grundstücks 132[237], 138[251], 203[370], 245[453], 333.
Gütergemeinschaft: eheliche — 118[226], 169[319], 187 ff. (insbes. 190[361] auf 194).

Individualklagerecht 165 ff.
Innenbeziehungen 163 ff., 174 ff.
innere gegenständliche Befugnisse 209 f.
innere Ordnung 118[226], 160 f. (156 ff.), 162 ff., 240 f., 252 ff., 253[474], 263.

Kollektivperson 62 ff., 97[187], 105[206].
s. a. Personeneinheit, moralische Person, Rechtssubjekt.
Kollisionstheorie 40[77], 134 ff., 155[283], 276.
s. a. Ungeteiltheitslehre, Gegenstandsgemeinschaft.
Kompetenz 301 ff. (309[26], 313, 316 f.).
Konstanz des Rechtsinhalts bei Wechsel der Zuständigkeitsformen 40 ff., 45 ff., 57, 104, 326 ff.
Koordinationscharakter der Anteile 159 f.
Korrealobligation 49[92], 331 ff.

Mehrheitszuständigkeit 30 ff., 34[67], 57 ff., 183 ff.
Miteigentum 1 ff., 54[102], 56[114], 66[131], 124 ff.
Mitberechtigung 30[58], 202[369].
geteilte — 126[230], 127[231], 185, 227 ff., 252 ff., 259[484].
s. a. Rechtsgemeinschaft.

Mitgliedschaft, Mitgliedschaftsrecht 97[187], 103, 105[206], 196[365].
s. a. personenrechtlicher Anteil, Kollektivperson.

Offene Handelsgesellschaft 69[134] (a. E.), 70 ff., 88[174], 199[366].
Organ 309[26].
Organschaftsrecht 309[25], 311 ff.

Person 79 ff.
juristische — 66[131], 68 ff. (insbes. 68[132]), 69[134]), 75[147], 94[184], 95[185], 99[193], 309[26].
moralische — 46[88], 52[97], 64[129].
relative juristische — 65[130], 72[136], 199[366].
s. a. Rechtssubjekt.
Personeneinheit (kollektive, rechtsfähige) 57 ff.
Personengemeinschaften 16[34], (185[344]), 187 ff., 297 f.
Persönlichkeitsrechte 87[174], 98[189].
Pflichtgemeinschaft 33[65].

Quote, Quotenrecht 226 ff.

Rangverhältnis der Rechtsanteile 118[224], 159 f.
Realrechte 322[70], 343[25].
Recht: begrenztes — (ius in re aliena) 112[216], 243[450].
gemeinschaftliches — 4, 34/5, 124 ff., 221 ff.
gesamthänderisches 4, 7, 62 ff., 92 ff., 126 ff., 165 ff., 173[328] (Forderungen), 185 ff., 199[366], 217[405], 226 ff., 252 ff.
subjektives — 31[59], 305 ff., 317 ff.
subjektloses — 146[272], 147[273], 326 ff., 328[6].
Rechte an Rechten 112 ff., 114[217].
Rechtekollision 137 ff., 181[334], 333 ff.
Rechtsanteil 104 ff., 124 ff., 209 ff., 215 ff.
Rechtsfähigkeit 85 f. (85[173]), 326.
s. a. Rechtssubjekt, Person.

Rechtsgemeinschaft 1 ff., 9 ff., 15 ff. (16[34], 19[39]), 33 ff., 77[155], 88 ff., 105 ff., 112[216], 124 ff., 187 ff.
— bei absoluten Vermögensrechten 27[53].
— bei Forderungsrechten 21[46] (auf 24), 27[53], 144[266], 173[328].
regelmäßige oder schlichte — 2 ff. (2[2]), 126 ff., 182 ff., 227, 239 ff., 259[484].
gesamthänderische — 2 ff., 54 ff., 62 ff., 76[152], 123[228], 126 ff. 185 ff., 189 f. (190[361]), 252 ff., 259[484].
Rechtsteilungslehre 126 ff. (127[232]), 132 ff., 274 f.
Rechtspflichten: subjektive — 305 ff., 317 f., 325 f.
gemeinschaftliche — 33[65].
Rechtssubjekt (im potentiellen und im aktuellen Sinne) 75 ff.
Rechtsträgerschaft 33[62], 77 ff.
Rechtszuständigkeit 30 ff., 75 ff., 301 ff., 319 ff.
Regelungen 164 f., 201, 207[381], 211 ff. (212[396]).
s. a. Bestimmungsfreiheit.

Sachteilungslehre 134 f., 138[250], 145[270].
Schuldgemeinschaft 33[65].
Stiftung 94[184], 99[193].
Stille Gesellschaft 190[361] (auf 193 f.)
Stockwerkseigentum 111[211], 142[263], 249[464].

Teilbarkeit der Rechte 8, 238 f., 333[2].
Teilgrundschulden, Teilhypotheken 130[236], 138[251].
Teilpfandrechte 130[236].
Teilrecht 106[207], 109[212], 124 ff., 153 ff., 158[288], 204[375], 228[415], 239 ff.
s. a. Anteil, Quotenrecht.
Teilung des Rechts: qualitative — 112[216], 243[450].
quantitative — 124 ff., 149 f. (150[276]), 226 ff., 237[437], 238[438], 247[457], 249 ff.
s. a. Rechtsanteil.
Teilungsanspruch 203[372].

Umfang des subjektiven Rechhts 231 f., 241[447], 243 ff., 338.
s. a. Bestimmtheit, Bestimmunng des Anteils.
Unverfügbarkeit des Anteils 164[301], 191 ff.
Ungeteiltheitslehre 40[77], 135[244], 155[282], 234[433], 269[498].
s. a. Kollisionstheorie.

Verhältnis: qualitatives — von Ganzrecht und Anteil 264 ff.
quantitatives — 226 ff.
Verfügbarkeit des Anteils 164[301], 191 ff.
Vermögen 33[65], 62[124], 90 ff., (Existenzbedingung der juristischen Person?) 98 ff.
gemeinschaftliches — 90 ff., 98 ff.
gesamthänderisches — 62 ff., 93[182], 94[183], 199[399], 217[405].
Zuständigkeit des —s 92 ff., 259[484] (auf 261), 323 f.
s. a. gesamthänderische Rechte bzw. Rechtsgemeinschaft.
Verschiedenheit: qualitative — von Ganzrecht und Rechtsantteil 268 ff.

Wert 232 ff.

Zuständigkeit 30 ff., 75 ff., 301 ff.
einheitliche (einfache) — 33 f., 38[73], 57 ff.
mehrheitliche — 33/4, 57 ff., 183 ff.
anteilige — 103 f.
Zuständigkeitsform 37 ff., 91 ff., 93[182], 103 f., 156 ff., 177 ff., 221 ff.
Wechsel der — 40 ff., 45 ff., 57, 60[122], 103/4, 154[281], 217[405], 326 ff.

FSC
www.fsc.org
MIX
Papier | Fördert gute Waldnutzung
FSC® C083411

Kolibri 360 GmbH
Ferdinand-Jühlke-Straße 7
99095 Erfurt, Deutschland
produktsicherheit@kolibri360.de